V&R

Arbeiten zur Geschichte des Pietismus

Im Auftrag der Historischen Kommission
zur Erforschung des Pietismus

Herausgegeben von
Hans Schneider, Christian Bunners
und Hans-Jürgen Schrader

Band 50

Vandenhoeck & Ruprecht

Claudia Tietz

Johann Winckler (1642–1705)

Anfänge eines lutherischen Pietisten

Vandenhoeck & Ruprecht

Mit 18 Abbildungen

Bibliografische Information der Deutschen Nationalbibliothek
Die Deutsche Nationalbibliothek verzeichnet diese Publikation in der Deutschen Nationalbibliografie; detaillierte bibliografische Daten sind im Internet über http://dnb.d-nb.de abrufbar.

ISBN 978-3-525-55836-2

Gedruckt mit freundlicher Unterstützung der Geschwister Boehringer Ingelheim Stiftung für Geisteswissenschaften in Ingelheim am Rhein, der Vereinigten Evangelisch-Lutherischen Kirche Deutschlands und der Nordelbischen Evangelisch-Lutherischen Kirche.

Umschlagabbildung: Porträt Johann Wincklers, aus: Johann Winckler, Ausführliche Betrachtungen, Hamburg/Rudolstadt 1697 (Bibliothek der Hansestadt Lübeck).

Printed in Germany.
Druck und Bindung: ⊕ Hubert & Co, Göttingen.

Gedruckt auf alterungsbeständigem Papier.

Vorwort

Diese Arbeit wurde im Sommersemester 2004 am Fachbereich Evangelische Theologie der Universität Hamburg als Dissertation angenommen. Für den Druck wurde sie leicht überarbeitet. Neue Literatur, die nach dem Abschluss der Arbeit erschienen ist, konnte jedoch aufgrund anderer Verpflichtungen leider nur noch in Ausnahmen berücksichtigt werden.

Professorin Dr. Inge Mager hat mich zu dieser Studie angeregt. Durch ihren Blick auf Kirchengeschichte im Leben von Menschen hat sie mein Interesse am Fach Kirchengeschichte geweckt. Die Entstehung der Arbeit hat sie mit anhaltendem Interesse und kritischen Fragen begleitet. Ihr danke ich besonders. Professor Dr. Johann Anselm Steiger, der das Zweitgutachten für die Dissertation erstellt hat, danke ich für seine Rückfragen und Hilfestellungen. Dem Publikationsausschuss der Historischen Kommission zur Erforschung des Pietismus gilt mein Dank für die Aufnahme der Studie in die Reihe *Arbeiten zur Geschichte des Pietismus*. Schließlich danke ich PD Dr. Ruth Albrecht, die meine Arbeit auf vielen Wegen begleitet hat.

Die Beschäftigung mit Johann Winckler wurde mir von 1999–2002 durch eine Stelle als wissenschaftliche Mitarbeiterin am Institut für Kirchen- und Dogmengeschichte am Fachbereich Evangelische Theologie der Universität Hamburg ermöglicht. Gerne erinnere ich mich an die Zusammenarbeit mit den Assistentinnen und wissenschaftlichen Mitarbeitern in dieser Zeit. Die Nordelbische Evangelisch-Lutherische Kirche hat die Untersuchung durch ein Promotionsstipendium im Jahr 2003/04 gefördert. Danken möchte ich auch Dipl. Ing. Hannelore Schlenzig-Juckel für die finanzielle Unterstützung der Veröffentlichung.

Rückhalt gaben mir meine Eltern Ingrid und Reinhard Tietz, mein Mann Jörn Buck und unsere Kinder Maria, Hanna und David. Ihnen sei Dank für die fröhliche Zuversicht, mit der sie die Arbeit an diesem Buch begleitet haben.

Hamburg, im Juli 2007 Claudia Tietz

Inhalt

Teil II: Bibliographie der Druckschriften und Autographen Johann Wincklers

Anhang

Einführung in die Fragestellung

Im Mittelpunkt der vorliegenden Studie steht der lutherische Theologe Johann Winckler (1642–1705). Er ist der kirchengeschichtlichen Forschung seit langem bekannt und wird dem frühen kirchlichen Pietismus um Philipp Jakob Spener zugerechnet. Obgleich sein Name in diesem Zusammenhang in der Literatur immer wieder erwähnt wird, fehlen bis heute nähere Kenntnisse über Wincklers Leben, Wirken und Schriften. Kennzeichnend für seinen Lebensweg sind viele unterschiedliche geographische Orte, soziale Kontexte und pfarramtliche Tätigkeiten: Johann Winckler war Müllersohn aus Kursachsen, Hofprediger in Darmstadt, ein Freund und Briefpartner Speners, beharrlicher Anhänger der Collegia pietatis, Hauptpastor an der Hamburger St. Michaeliskirche und einer der Protagonisten in den Hamburger pietistischen Streitigkeiten am Ende des 17. Jahrhunderts. Nach dem Studium in Leipzig und Tübingen wirkte er seit 1672 als lutherischer Pfarrer an verschiedenen Orten Hessens, in Mannheim und im fränkischen Wertheim sowie seit 1684 in der Großstadt Hamburg. Seine etwa 80 Veröffentlichungen umfassen akademische, exegetische, erbauliche und polemische Schriften.

Die neuere Pietismusforschung als der kirchengeschichtliche Forschungszweig, dem eine Arbeit über Johann Winckler zuzuordnen ist, setzte um 1970 ein und hat seitdem großen Aufschwung genommen. Sie brachte zunächst überblicksartige Gesamtdarstellungen des deutschen Pietismus hervor, Untersuchungen einzelner herausragender Gestalten wie August Hermann Francke und Philipp Jakob Spener sowie einige Reprintausgaben und Quelleneditionen. In einer zweiten Phase wurden seit etwa 1990 der spektakulärere radikale Flügel und die Frauen des Pietismus (z.B. Eva Margaretha von Buttlar und Johanna Eleonora Petersen) stärker in den Blick genommen. Erst in jüngster Zeit wendet sich die Forschung vermehrt den personellen und kommunikativen Strukturen des Pietismus, seinen regionalen Netzwerken, seinen theologischen Hauptthemen und seinen unauffälligeren Vertretern und Vertreterinnen »in der zweiten Reihe« zu. Die Arbeit über den bisher wenig beachteten Pfarrer und Schriftsteller Johann Winckler zählt zu diesen Forschungsprojekten, die theologischen Entwicklungen, Beziehungen und Abhängigkeiten auf struktureller und personeller Ebene sowie in regional- und sozialgeschichtlicher Hinsicht nachgehen.

Dass Winckler, obwohl schon der älteren Pietismusforschung bekannt, bis heute eine Randfigur ist, hat verschiedene Ursachen: Zum einen erachtete er selbst die Darstellung seiner Person, seines Lebensweges oder seiner Tätigkeiten nicht für wichtig. Von wenigen apologetisch gefärbten biographischen Passagen in seinen Streitschriften abgesehen, existieren von ihm keine autobiographischen Zeugnisse. Zum anderen ist die Forschungssituation, die in der Einleitung zur Biographie dargelegt und deshalb hier nur kurz zusammengefasst wird, durchaus unbefriedigend.[1] Als Winckler 1705 starb, entstanden einige Leichenreden und Nachrufe, die bis heute als Quellen zu seinem Leben herangezogen werden. Tatsächlich bieten diese Texte, die nicht auf eine kritische Auseinandersetzung zielen, nur die wesentlichen biographischen Eckdaten. Diese Lage änderte sich grundlegend erst durch die Teilbiographie, die Johannes Geffcken in der Mitte des 19. Jh. herausgab.[2] Seitdem hat es, mit Ausnahme einer rechtswissenschaftlichen Arbeit und zwei kleinen regionalgeschichtlichen Aufsätzen, keine wissenschaftliche Beschäftigung mit Winckler gegeben. Die gesamte ältere wie neuere Pietismusforschung rezipiert die in vieler Hinsicht lückenhafte, der Historiographie des 19. Jh. verhaftete Lebensbeschreibung Geffckens. Dass außerdem eine neuere Bibliographie seiner Schriften fehlt, führt zu dem Befund, dass in der bisherigen Forschung weder die gedruckten Veröffentlichungen noch die Briefe Wincklers eine nennenswerte Rolle spielen. Weitere Gründe für Wincklers Randstellung liegen darin, dass sein Name nicht für eine herausgehobene pietistische Position steht. Weder wird er mit einem programmatischen Werk verbunden, das theologisch prägend gewesen wäre, noch mit einer bestimmten thematischen Fragestellung. Stattdessen hat er zu verschiedenen Themen Erbauungsschriften, Predigten sowie auf konkrete Streitfälle und -schriften bezogene apologetische Texte veröffentlicht. Winckler wollte nach seinem eigenen Selbstverständnis nicht in erster Linie durch Schriften, sondern durch seine – für die Nachwelt allerdings viel schwerer zu erfassende – Amtspraxis als Lehrer, Prediger und Seelsorger vor Ort wirken. Die Auseinandersetzungen, an denen er beteiligt war, waren lokal und zeitlich begrenzt; sie hatten auf die theologiegeschichtliche Entwicklung des Pietismus keinen entscheidenden Einfluss. Zudem entfaltete der Pietismus an seiner Hauptwirkungsstätte Hamburg keine traditionsbildende Wirkung für die Kirche, sodass Winckler auch in der hamburgischen Kirchengeschichtsschreibung keine herausragende Rolle einnimmt.[3]

---

[1] Vgl. Teil I. 1.

[2] Vgl. J. GEFFCKEN, Johann Winckler, 1861.

[3] Für seine pietistisch eingestellten Kollegen, die Hamburger Hauptpastoren Johann Heinrich Horb und Abraham Hinckelmann, fehlten bis vor Kurzem ebenfalls Untersuchungen. Die neue

Winckler gehörte zur sog. ersten pietistischen Generation. Mit herkömmlichen kirchengeschichtlichen Epochenbezeichnungen gesprochen, steht er damit zwischen der lutherischen Orthodoxie und dem Pietismus. Die präzise inhaltliche, zeitliche und geographische Definition des Pietismus ist bis heute trotz intensiver Forschungen umstritten. Johannes Wallmann hat die Unklarheiten darüber, welche Erscheinungen dem Pietismus zuzuordnen sind, dadurch auszugleichen versucht, dass er zwischen einem »Pietismus im weiteren Sinn« und einem »Pietismus im engeren Sinn« unterscheidet: Den weiteren Pietismusbegriff bezieht er auf die »Frömmigkeitsrichtung, die auf Johann Arndt zurückgeht und sich vorrangig literarisch, also in pietistisch geprägten Texten (Erbauungsbüchern, geistliche Dichtung), niederschlägt«; mit dem engeren Pietismusbegriff charakterisiert er die »sozial greifbare[n] religiöse[n] Erneuerungsbewegung, die sich von Orthodoxie und beginnender Aufklärung absondert und durch Gruppen- und Gemeinschaftsbildung eigenständig formiert«.[4] In dieser Arbeit wird der engere Pietismusbegriff verwandt, um zu spezifischen Aussagen darüber zu gelangen, in welchen Bereichen Winckler an die Erneuerungsbewegung anknüpfte, die im letzten Drittel des 17. Jh. entstand und insbesondere mit dem Namen Philipp Jakob Spener und seiner Wirkungszeit in Frankfurt a.M. verbunden ist. Auf der Grundlage der These, dass der Pietismus sich nicht nur literarisch, sondern auch in neuen Gemeinschaftsformen niederschlug,[5] untersucht die vorliegende Studie den Werdegang eines ihrer Protagonisten. Sie fragt nach den Personen oder Gruppen, die Winckler an die pietistische Bewegung heranführten, nach dem Beziehungsnetz, in dem er über Theologie und Glauben kommunizierte, nach der Verbindung von Zeitereignissen, Alltagserfahrungen und Glaubensüberzeugungen in seinem Leben sowie nach seiner Amts- und Lebensführung. Besondere Aufmerksamkeit gilt Wincklers Engagement für die Collegia pietatis als der kennzeichnenden Gemeinschaftsform des Pietismus. Anhand der biographischen Darstellung versucht diese Arbeit dem Forschungsdesiderat Rechnung zu tragen, auf das Hartmut Lehmann hinweist, nämlich »die Motive und Ursachen zu klären, aus denen heraus die pietistische Glaubenswelt und die pietistischen Lebenswelten entstanden«[6].

Während es der neueren kirchengeschichtlichen Forschung gelungen ist, durch zahlreiche Einzelstudien zentrale Themen, Personen und Organisationsformen des Pietismus herauszuarbeiten, steht dies für die Epoche der

---

Studie von F. HARTMANN, Johann Heinrich Horb, 2004, untersucht dessen Biographie bis zum Beginn der Streitigkeiten um seine Person im Jahr 1693.

[4] J. WALLMANN, Pietismus, 1990, S. 10; DERS., Frömmigkeit, 2004, S. 81f.

[5] Vgl. H. LEHMANN, Absonderung, 2004; M. JAKUBOWSKI-TIESSEN, Eigenkultur, 2004.

[6] H. LEHMANN, Einführung, 2004, S. 14.

lutherischen Orthodoxie noch weitgehend aus.[7] Es fehlen auf breiterer Basis Darstellungen ihrer Vertreter und Zentren, Untersuchungen zu den theologischen Einflüssen, Themen und Arbeitsweisen sowie zu Frömmigkeit, Seelsorge und kirchlichem Alltag (Predigten, Erbauungsliteratur, Gebetbücher, Liedgut, Kirchenakten). Wie die neueren Forschungen zur lutherisch-orthodoxen Frömmigkeit gezeigt haben, sind die trennenden Unterschiede zwischen Orthodoxie und Pietismus nicht groß.[8] Umso drängender stellt sich die Frage nach den jeweiligen theologischen, ethischen oder soziologischen Spezifika.

Die traditionellen Epocheneinteilungen geraten derzeit ins Wanken durch eine verstärkte Erforschung der Geschichte der frühen Neuzeit, und zwar aus historischer, theologischer, literatur- und musikwissenschaftlicher Perspektive. Die deutsche Historiographie hat dabei den Begriff der »Konfessionalisierung« zum Paradigma für den entscheidenden Wandel erhoben, der sich seit dem späten 16. Jh. in Europa auf allen Ebenen des politischen, gesellschaftlichen und religiösen Lebens vollzog und das sog. konfessionelle Zeitalter einleitete.[9] Für die Kirchengeschichte plädiert z.B. Thomas Kaufmann dafür, lutherische Orthodoxie und Pietismus nicht als Epochen, sondern als Strömungen neben anderen innerhalb einer zwischen Reformation und Neuzeit angesiedelten »pluralen lutherischen Konfessionskultur« zu begreifen.[10] Da die Forschung hier jedoch im Fluss ist und die Konfessionalisierungsthese bislang nicht zu neuen thematischen Oberbegriffen in der kirchengeschichtlichen Wissenschaft geführt hat, wird in der vorliegenden Studie an der herkömmlichen Terminologie von Orthodoxie und Pietismus festgehalten.

Die sensible Wahrnehmung der engen Verflechtung von Orthodoxie und Pietismus führt in Bezug auf Johann Winckler dazu, ihn als einen lutherischen Theologen des ausgehenden 17. Jh. zu betrachten, der von verschiedenen Strömungen seiner Zeit geprägt war. Die wenigen bisherigen Studien, die Winckler berücksichtigen, legen ihn v.a. auf seine Beziehung zu Spener und die Hamburger Streitigkeiten fest. In diesen Kontexten wurde er von seinen Zeitgenossen und auch von der Forschung als Pietist eingestuft. Wie er dazu wurde, welche Tätigkeiten er vor der Hamburger Zeit ausübte und mit welchen anderen Personen er in Kontakt stand, ist jedoch unbekannt. Die vorliegende Untersuchung will den bisher nur partiell wahrge-

---

[7] Vgl. M. MATTHIAS, Orthodoxie I., 1995, S. 480.

[8] Vgl. z.B. E. AXMACHER, Praxis Evangeliorum, 1989; J.A. STEIGER, Johann Gerhard, 1997; Pietas in der Lutherischen Orthodoxie, 1998; T. KOCH, Johann Habermanns »Betbüchlein«, 2001; R. STEIGER, Gnadengegenwart, 2002.

[9] Vgl. E. KOCH, Das konfessionelle Zeitalter, 2000, S. 48; M. MATTHIAS, Theologie und Konfession, 2004, S. 13–18. Zur Forschungslage vgl. T. KAUFMANN, Konfessionalisierung, 1996.

[10] Vgl. T. KAUFMANN, Dreißigjähriger Krieg, 1998, S. 146.

nommenen Theologen Winckler genauer erfassen und seinen Werdegang anhand der erhaltenen Quellen rekonstruieren. Dazu wird die Methode der Biographik gewählt, weil durch sie kirchengeschichtliche Entwicklungsschritte auf besonders anschauliche Weise fassbar werden. Sie öffnet den Blick für die theologischen und frömmigkeitsgeschichtlichen Aspekte, ohne dass dabei andere, wie sozial- oder regionalgeschichtliche Faktoren außer acht gelassen werden.[11]

Die Darstellung der Biographie konzentriert sich auf die bisher unbeachtete erste Lebenshälfte Wincklers vor seiner Hamburger Tätigkeit, in der sich seine theologische Entwicklung in ihren wesentlichen Grundzügen vollzog. Diese Begrenzung hat mehrere Gründe: Sie beruht zunächst auf dem zeitlichen Rahmen eines Promotionsprojektes. Sodann hängt sie mit der skizzierten Forschungslage zusammen: Aus der Beobachtung, dass die Übergänge zwischen Orthodoxie und Pietismus fließend sind und auf einer breiteren Basis noch wenig Klarheit darüber besteht, an welche theologischen Traditionsstränge die erste pietistische Generation anknüpft, ergibt sich ein gesteigertes Interesse am frühen Werdegang Wincklers. Während er das Amt eines lutherischen Festungspredigers und Stadtpfarrers in Mannheim 1678 bereits als ein Förderer der Collegia pietatis, und den Dienst an der Hamburger Hauptkirche St. Michaelis 1684 als ein dezidierter Parteigänger Speners antrat, liegen die theologischen Motive und die praktischen Erfahrungen, die ihn zu einem Anhänger des frühen Pietismus machten, im Dunkeln. Auch die bisherige Forschung, die ihn fast ausschließlich im Kontext seiner Hamburger Zeit (1684–1705) betrachtet, reizt zu der Aufgabe, innerhalb der frühen Biographie (1642–1678/79) den Werdegang Wincklers zu erforschen.

Diese Studie fragt deshalb: Welche theologischen Themen interessierten den Handwerkersohn Winckler? Warum wurde aus dem kursächsischen Theologiestudenten ein Anhänger des frühen Pietismus? Was bewog ihn dazu, nach neuen Formen der Glaubensvermittlung zu suchen? Wie stand er zu den Collegia pietatis? Damit gehen Fragen nach seiner kirchlichen Sozialisation und theologischen Ausbildung einher: Welche Schulen besuchte er, und welche Professoren hörte er an der Universität? Wie war das Studium gegliedert, und wie wurde es finanziert? Und weiter: Wie sah die pfarramtliche Berufungs-, Ordinations- und Beförderungspraxis aus? Welche Aufgaben sollte er als Stadtpfarrer in Braubach, welche als Hofprediger in Darmstadt wahrnehmen? Wie gestalteten sich Ehe und Familienleben? In

[11] Vgl. J. WALLMANN, Pietismus, 1990, S. 11. Die biographische Erforschung des Pietismus hat in den letzten Jahren starken Aufschwung genommen; vgl. z.B. S. GOLDSCHMIDT, Johann Konrad Dippel, Göttingen 2001; A. DEPPERMANN, Johann Jakob Schütz, 2002; F. HARTMANN, Johann Heinrich Horb, 2004; R. ALBRECHT, Johanna Eleonora Petersen, 2005.

welchem sozialen Gefüge stand er als Pfarrer? Um Wincklers Entwicklung in der Spannung von Alltagserfahrungen und Glaubensüberzeugungen zu konturieren, sollen der regional-, sozial- und bildungsgeschichtliche Kontext, das Beziehungsnetz, in dem er lebte, sowie die ihn prägenden theologischen Einflüsse soweit wie möglich berücksichtigt werden.

Entlang von Wincklers Berührungen mit der frühen pietistischen Bewegung wird außerdem nach deren Anziehungskraft für die zeitgenössische Umwelt, den charismatischen Initiatorinnen oder Wortführern neben Spener, den charakteristischen Elementen sowie theologischen Schwerpunkten gefragt. Konkret gesprochen: Warum wurde ein Ort wie Darmstadt zu einem pietistischen Zentrum? Wie entstanden die ersten Erbauungsversammlungen in Hessen? Wer war dafür empfänglich? Welche Argumente wurden für und wider die Collegia pietatis vorgebracht? Wie erklärt sich die Sehnsucht nach der Selbstvergewisserung im Glauben durch kenntliche Zugehörigkeit und Frömmigkeit? Auf welche Vorbilder und Traditionen wurde bei der Suche nach einer erneuerten *praxis pietatis* zurückgegriffen?

Die Erarbeitung der theologischen Biographie Johann Wincklers beruht soweit wie möglich auf der Beschäftigung mit seinen Druckschriften und Briefen, welche Aufschluss über die theologischen Traditionen, Texte und Denkmuster geben, aus denen heraus er in konkreten kirchengeschichtlichen Situationen Antworten auf die Herausforderungen seiner Zeit suchte. Seine Autographen und gedruckten Werke sind in größerer Anzahl in deutschen Archiven und Bibliotheken erhalten.[12] Da ein neueres Schriftenverzeichnis Wincklers fehlt, legt diese Arbeit im zweiten Teil eine Bibliographie seines Gesamtwerkes vor, und zwar der bis zu seinem Tod veröffentlichten Monographien, Vorreden, Herausgeberschaften und Epicedien sowie der Autographen. Im Anhang werden Wincklers Nachlass, der etliche an ihn gerichtete Briefe umfasst, sowie die Sammlung der auf ihn verfassten Epicedien nach Autoren aufgeschlüsselt. Hier wird das weitgespannte Netz von Personen deutlich, mit denen er sich austauschte. Schließlich enthält der Anhang auch die Edition der frühesten Vita Wincklers. Innerhalb der hier dargestellten Biographie werden Wincklers Briefe teilweise ausgewertet, und zwar besonders hinsichtlich seiner persönlichen Beziehungen sowie seines Collegium pietatis am Darmstädter Hof und der sich daraus ergebenden Auseinandersetzungen. Einzelne gedruckte Veröffentlichungen von Winckler werden auf seine Ausbildung, seine Predigtweise, seine theologischen Schwerpunkte sowie seine Position zu den Collegia pietatis hin untersucht.

Es wäre wünschenswert, wenn auf der Grundlage des biographischen und bibliographischen Materials, das in dieser Studie bereitgestellt wird,

---

[12] Vgl. die aufgeführten Standorte in Teil II (Bibliographie).

zukünftig Wincklers spezifischer Beitrag für weitere Themengebiete erarbeitet würde. Dies gilt zum einen für folgende theologische Fragen, die im Pietismus strittig waren und zu denen Winckler sich in mehreren Schriften geäußert hat: die »Hoffnung besserer Zeiten« bzw. den Chiliasmus, das gegenwärtige Offenbarungshandeln Gottes durch Visionen und Träume sowie die Bedeutung der Bibel. Zum anderen wären in praktisch-theologischer Hinsicht Wincklers Predigten, seine exegetischen Arbeiten, sein Engagement für die Armenschulen sowie seine kirchenleitende Tätigkeit als Senior des Hamburger Geistlichen Ministeriums zu untersuchen. Schon im Kontext der frühen Biographie zeigt sich, dass Winckler zwar ein Freund Speners und ein Förderer der Collegia pietatis war, dabei aber durchaus eigene theologische Akzente setzte. So wäre auch für die spätere Zeit zu untersuchen, wie Winckler sich theologisch positionierte. Davon ausgehend wäre zu fragen, in welchen Bereichen er der frühen pietistischen Bewegung zugerechnet werden kann und in welchen Bereichen er lutherisch-orthodoxe Traditionen fortsetzte. Aufgrund der bisherigen Untersuchungen ist zu vermuten, dass die Beschäftigung mit Winckler zu weiteren Präzisierungen in der Rekonstruktion der Verflechtung von Orthodoxie und lutherischem Pietismus führt.

Teil I
Johann Wincklers Biographie (bis 1678/79)

1. Einleitung zur Forschungslage

Zur Erläuterung der bereits angedeuteten Forschungslage soll im Folgenden ein Überblick über die zeitgenössischen Primärquellen, die frühen biographischen Texte sowie die im 18. Jh. einsetzende Forschungsgeschichte zu Johann Winckler gegeben werden.

Die wahrscheinlich älteste, handschriftliche Kurzbiographie Johann Wincklers befindet sich in der Staats- und Universitätsbibliothek Hamburg.[1] Es handelt sich um ein lateinisches Manuskript, das ohne Angabe des Orts, des Datums oder des Verfassers auf anderthalb Folioseiten die Namen der Eltern, den Ausbildungsweg, die beruflichen Stationen, die beiden Eheschließungen und Nachkommen sowie Krankheit und Tod des Verstorbenen skizziert. Der Handschrift nach zu urteilen, könnte der Text von Wincklers ältestem Sohn Johann Friedrich stammen, der nach dem Tod seines Vaters auch für die Zusammenstellung der Epicedien sorgte. Ob Winckler für diese Vita zu Lebzeiten selbst ein Konzept entworfen hatte, ist nicht sicher. Das Manuskript stellt offensichtlich die lateinische Vorlage dar, nach der Caspar Büssing und Georg Eliezer Edzard die ersten Kurzviten Wincklers verfassten, die ihrerseits die Grundlage aller späteren Winckler-Forschung bilden. Dass Büssing und Edzard eine eigene Quelle, nämlich die genannte Handschrift, vorlag, ist der Forschung bisher nicht bekannt. Aufgrund der Bedeutung der Quelle für die gesamte Forschung zu Winckler wird sie im Anhang der vorliegenden Studie erstmals ediert. Wie Überprüfungen an Primärquellen ergaben, ist der Text bei der Nennung von Namen zuverlässig, bei der Angabe von Daten jedoch nicht immer ganz korrekt.

Bei den ersten gedruckten Lebensläufen Wincklers handelt es sich um biographische Anhänge zu den Predigten bzw. Reden, die anlässlich seiner Beerdigung am 14. April 1705 gehalten wurden. Der Hamburger Theologe und Mathematiker Caspar Büssing, der bei der Beerdigung predigte, fügte der Veröffentlichung seiner Predigt die erste gedruckte Lebensbeschreibung Wincklers an, die im Wesentlichen eine deutsche Übersetzung der genann-

---

[1] Vgl. Staats- und Universitätsbibliothek Hamburg (im Folgenden: SUB HH), Literatur-Archiv (im Folgenden: LA). Winckler, Johann, fol. 5f. Das Manuskript wurde von der Staats- und Universitätsbibliothek im Jahr 1931 zusammen mit einigen anderen Manuskripten von dem Berliner Antiquar David Salomon gekauft. Es wird in dieser Arbeit erstmals veröffentlicht; s. Anhang. 1.

ten handschriftlichen Vita darstellt.[2] Büssing publizierte außerdem ein sechsseitiges gereimtes Lobgedicht auf den Verstorbenen, das im Fußnotenapparat biographische Erläuterungen gibt.[3] Der Professor am Hamburger Gymnasium Georg Eliezer Edzard, der am gleichen Tag eine Gedächtnisrede auf Winckler hielt, schmückte die ihm vorliegende lateinische Quelle breit aus, fügte dieser aber ebenfalls keine neuen Sachinformationen hinzu.[4] Da alle späteren Kurzbiographien Wincklers aus dem 18. Jh. ihrerseits zum größten Teil auf den Texten von Büssing und Edzard basieren, eröffnen sie kaum neue Einsichten in Wincklers Lebenslauf, sein Druckwerk oder seine Wirksamkeit. Dabei sind folgende Texte zu nennen: die am 12. April 1705 gehaltene, aber erst im Februar 1706 gedruckte Predigt von Julius Henoch Roloffs,[5] die am 7. Mai 1705 von dem Rektor des Hamburger Johanneums, Johannes Schultze, vorgetragene lateinische Gedenkrede[6] sowie die *Trauer- und Trost-Gedancken* von Johann Albert Fabricius.[7] Bei den Publikationen der Gelehrten Edzard, Schultze und Fabricius handelt es sich um Lobreden im akademischen Milieu, in denen die Verdienste und das öffentliche Ansehen des Verstorbenen sowie die Trauer über den Verlust mit allen Mitteln barocker Rhetorik breit entfaltet werden, eine kritische Würdigung des Verstorbenen jedoch nicht erfolgt. In Wincklers Sterbejahr bzw. im darauffolgenden Jahr wurden außerdem zwei Nachrufe in den von Peter Ambrosius Lehmann herausgegebenen Zeitschriften *Nova Literaria Germaniæ* (1705) und *Historische Remarques* (1706) gedruckt.[8] Der erste dieser Beiträge wird zusammen mit den Texten von Büssing und Edzard bis heute als Quelle zu Wincklers Biographie genutzt.[9]

---

2 Vgl. C. BÜSSING, Gnade Gottes, 1705. Zu Caspar Büssing (1658–1732) vgl. AGL 1, 1750, Sp. 1465f; H.W. ROTERMUND, Gelehrtes Hannover 1, 1823, S. 308–310; H. SCHRÖDER, Lexikon 1, 1851, S. 458–463; F. HAMMER/H. VON SCHADE, Pastorinnen und Pastoren 1, 1995, S. 24; R. SCHÄFER (Hg.), Oldenburgische Kirchengeschichte, 1999, S. 319–326.

3 Vgl. C. BÜSSING, Norm und Form, 1705, Anm. 16–54.

4 Vgl. G.E. EDZARD, Elogium Funebre, 1705. Zu Georg Eliezer Edzard (1661–1727) vgl. AGL 2, 1750, Sp. 281f; ADB 5, 1877, S. 652; BBKL 2, 1990, Sp. 1464f.

5 Vgl. J.H. ROLOFFS, Ehre der Ruhe, 1706. Zu Julius Henoch Roloffs (1664–1729) vgl. AGL 7, 1897, Sp. 338; H. SCHRÖDER, Lexikon 6, 1873, S. 367; F. HAMMER/H. VON SCHADE, Pastorinnen und Pastoren 1, 1995, S. 155.

6 Vgl. J. SCHULTZE, Memoria Viri, 1705. Zu Schultzes Gedenkrede ist anzumerken, dass sie einen anschaulichen Bericht über Wincklers letzte Reise nach Hessen im Juli 1704 enthält, auf der ihn der Verfasser begleitete. Zu Johannes Schultze (1647–1709) vgl. AGL 4, 1751, Sp. 381f; H. SCHRÖDER, Lexikon 7, 1879, S. 101–104; ADB 32, 1891, S. 737.

7 Vgl. J.A. FABRICIUS, Trost-Gedancken, 1705. Zu Johann Albert Fabricius (1668–1736) s. Anhang. 3.2.

8 Vgl. Nova Literaria Germaniæ, 1705, S. 196–200; P.A. LEHMANN, Historische Remarques, 1706, S. 126–128. Zu Peter Ambrosius Lehmann (1663–1729) vgl. H. SCHRÖDER, Lexikon 4, 1866, S. 408–411; zu seiner Herausgebertätigkeit vgl. C. PRANGE, Zeitungen, 1978, S. 252–255.

9 Vgl. z.B. BBKL 13, 1998, Sp. 1364f.

Bereits Anfang des 18. Jh. erschienen die ersten Artikel zu Winckler in biographischen Sammelbänden, und zwar ausführlich und mit Quellenzitaten bei Heinrich Pipping (1707),[10] nur kurz und oberflächlich bei Erdmann Uhse (1714)[11] sowie mit einem speziellen Blick auf Wincklers sächsische Herkunft und Ausbildung bei Adam Christoph Carl Cuno (1769).[12] Kurzviten Wincklers fanden auch in die großen Lexika des 18. Jh. Eingang, z.B. in Johannes Mollers biographisches Werk *Cimbria Literata* (1744), Johann Heinrich Zedlers *Grosses vollständiges Universal Lexicon aller Wissenschaften und Künste* (1748) und Christian Gottlieb Jöchers *Allgemeines Gelehrten-Lexicon* (1751).[13] Moller bemühte sich, alle bisherigen Informationen zu Winckler zu bündeln und zu ergänzen; sein Verdienst liegt jedoch weniger in den Forschungen zu Wincklers Biographie als vielmehr in der Erstellung der ersten relativ umfassenden Bibliographie seiner Schriften.[14]

Einige neue Sachinformationen zu Wincklers Leben und Familie lieferten erst die Veröffentlichungen seiner Nachfahren. Ein Enkelsohn, der Theologe Johann Dieterich Winckler, setzte sich 1756 in der Zeitschrift *NOVA BIBLIOTHECA LVBECENSIS* kritisch mit dem in Jöchers *Allgemeinem Gelehrten-Lexicon* erschienenen Artikel auseinander.[15] Zur Widerlegung der dort aufgestellten Behauptung, dass sein Großvater ein Anhänger des Pietismus gewesen sei, verfasste er einen apologetischen Beitrag und veröffentlichte einige Briefe aus dessen Nachlass. Von der Forschung wurde dieser Text jedoch kaum beachtet. 1773 erschien ein ausführlicher genealogischer Überblick über Wincklers Nachfahren, der allerdings zu Winckler selbst keine neuen Erkenntnisse bringt.[16]

Bahnbrechend für die Beschäftigung mit Johann Winckler war die Veröffentlichung des Hamburger Hauptpastors und Kirchenhistorikers Johannes Geffcken, der 1861 unter dem Titel *Johann Winckler und die Hamburgische Kirche in seiner Zeit (1684–1705)* eine Teilbiographie publizierte, die bis heute als Standardwerk der Winckler-Forschung gilt.[17] Gemäß der Historiographie seiner Zeit beschreibt Geffcken in erzählendem Stil Wincklers Wirken in der St. Michaelisgemeinde in Hamburg, seine katechetische, pädagogische und karitative Tätigkeit, sein öffentliches Ansehen sowie die

[10] Vgl. H. PIPPING, Memoriam Theologorum, 1707, S. 1625–1651. Hier sind noch einmal die Leichenrede von Johannes Schultze (S. 1625–1643) und das Epicedium von Johann Fecht abgedruckt (S. 1646f); im Übrigen beruht der Artikel auf den Nova Literaria Germaniæ, 1705.

[11] Vgl. E. UHSE, Curieuses Lexicon, ²1714, S. 1003–1005.

[12] Vgl. A.C.C. CUNO, Gesammlete Nachrichten, 1769, S. 46f.

[13] Vgl. J. MOLLER, Cimbria Literata 2, 1744, S. 990–1004; GVUL 57, 1748, S. 516–526; AGL 4, 1751, Sp. 2008f.

[14] S.u. Teil II. 1.1.

[15] J.D. WINCKLER, Modesta Animadversio, 1756, S. 81–106.

[16] Vgl. Nachrichten, 1773.

[17] Vgl. J. GEFFCKEN, Johann Winckler, 1861.

Streitigkeiten, in die er mit seinen Kollegen um die Hamburger Oper, den Religionseid von 1690 und den pietistischen Hauptpastor Johann Heinrich Horb verwickelt war. Auf seiner Darstellung basieren alle nachfolgenden Lexikonartikel, die bis zum Anfang des 20. Jh. teilweise ausführlich auf Winckler eingehen, wie Hans Schröders *Lexikon der hamburgischen Schriftsteller* (1883), die *Allgemeine Deutsche Biographie* (1898) und die dritte Auflage der *Realencyklopädie für protestantische Theologie und Kirche* (1908). Aber auch neuere Veröffentlichungen zu den Collegia pietatis, zum hessischen Pietismus und zur Kirchengeschichte Hamburgs beruhen in ihren knappen Aussagen über Winckler wesentlich auf dieser Monographie.[18] Geffckens idealisierende Darstellung kann jedoch heutigen wissenschaftlichen Maßstäben nicht genügen: Sie ordnet z.B. weder Wincklers persönlichen und theologischen Werdegang in die Zeit- und Sozialgeschichte der zweiten Hälfte des 17. Jh. ein, noch ist sie an einzelnen praktisch-theologischen Themen interessiert, die für Winckler relevant sind, noch geht sie den Kommunikationsstrukturen und dem Beziehungsgeflecht nach, in dem dieser theologische Anregungen empfing und weitergab.

Die einzigen weiteren Veröffentlichungen, in denen aus den Quellen zu Winckler gearbeitet wurde, sind zwei Aufsätze der regionalen Kirchengeschichtsschreibung sowie die Monographie von Hermann Rückleben: Friedrich Walter untersuchte 1909 Wincklers Berufung und kurze Amtstätigkeit in Mannheim, während Erich Langguth 1970 das von Winckler angelegte Kirchenbuch in Wertheim vorstellte.[19] Rücklebens rechtswissenschaftliche Dissertation *Die Niederwerfung der hamburgischen Ratsgewalt* (1970) behandelt die mit den pietistischen Kontroversen verknüpften machtpolitischen Auseinandersetzungen zwischen dem Hamburger Rat und der Bürgerschaft, die sich v.a. im letzten Jahrzehnt des 17. Jh. in Hamburg abspielten.[20] Rücklebens Arbeit ist jedoch weniger an den strittigen theologischen Fragen der Hamburger pietistischen Unruhen interessiert, als vielmehr an deren geschichtlicher, politischer und sozialer Bedingtheit. Für Wincklers Tätigkeit in Hamburg ergibt die Untersuchung zwar einige neue Details (z.B. hinsichtlich der Collegia pietatis, der Sozialstrukturen der Kirchspiele und der Beziehungen unter den Hamburger Hauptpastoren), jedoch keine weiterführenden biographischen oder theologischen Einsichten.

Die skizzierte Forschungslage ergibt eine Vielzahl von Leerstellen in der Winckler-Forschung. Diese konnten im Rahmen eines Dissertationsprojektes nur in Auswahl gefüllt werden, sodass sich diese Arbeit auf die Biblio-

---

[18] Vgl. z.B. H. STEITZ, Programm, 1975; M. BRECHT, Philipp Jakob Spener, 1993, S. 344–351.

[19] Vgl. F. WALTER, Johann Winckler, 1909; »Inspectionalia«, 1970.

[20] Vgl. H. RÜCKLEBEN, Niederwerfung, 1970.

graphierung der Druckschriften und Autographen, die Sammlung und Sichtung der erhaltenen Primärquellen zu Wincklers Leben sowie eine v.a. die erste Lebenshälfte berücksichtigende Biographie konzentriert.

Im Hinblick auf die Quellen ist zunächst darauf hinzuweisen, dass es von Winckler selbst keine nennenswerten autobiographischen Mitteilungen gibt. In seinem gedruckten Werk äußert er sich weder zu seinem Werdegang noch zu seiner akademischen Ausbildung, seiner theologischen Entwicklung oder seinen geistlichen Tätigkeiten. Lediglich einige versprengte Hinweise, und zwar zu seinen Eltern, seiner Freundschaft mit Andreas Beyer und Philipp Jakob Spener sowie seinen beruflichen Stationen, finden sich in dem an seine Hamburger Gemeinde adressierten Traktat *An die geheiligten Häupter, getreuen Vorsteher und christliche Gemeinde zu St. Michaelis gerichtete Zugemütsführung* (1694).[21] Diese Schrift ist jedoch nur begrenzt aussagekräftig, da es sich um eine apologetisch gefärbte Verteidigung seiner Person und der von ihm veranstalteten Collegia pietatis handelt, die weniger auf eine Erhellung seines Lebensweges als auf eine ihn entlastende Interpretation umstrittener Auffassungen und Tätigkeiten zielt.

In der vorliegenden Studie wird erstmals anhand von Primärquellen Johann Wincklers frühe theologische Entwicklung erarbeitet. Dabei werden Kirchen- und Rechnungsbücher, Urkunden und Briefe herangezogen, um die bisher tradierten, archivalisch ungesicherten Daten in Wincklers Biographie zu verifizieren. Bei den genannten Quellen handelt es sich vorwiegend um handschriftliches Material. In gedruckter Form liegen lediglich die Universitätsmatrikeln, die Bestellung zum lutherischen Festungsprediger und Stadtpfarrer nach Mannheim (1678) sowie das von Winckler im Jahr 1679 in Wertheim begonnene Kirchenbuch vor.

Erstmals wird der Auktionskatalog von Wincklers Bibliothek, die nach dem Tod seiner Witwe im Jahr 1721 verkauft wurde, im Blick auf seine theologischen Prägungen und Interessen ausgewertet.[22] Einschränkend gilt jedoch für alle Aussagen über Wincklers Buchbesitz, dass wir nicht wissen, zu welchem Zeitpunkt und durch wen die Schriften erworben wurden. Sie könnten teils aus der Bibliothek seines 1695 verstorbenen Hamburger Kollegen, dem Orientalisten Abraham Hinckelmann, gestammt haben,[23] teils

[21] Vgl. J. Winckler, An die geheiligten Häupter, 1694 (benutztes Exemplar der SUB HH); vgl. Teil II. 1.3, Nr. 33a).

[22] Vgl. Catalogus, 1721.

[23] Abraham Hinckelmann (1652–1695), geb. im sächsischen Döbeln, besuchte seit 1664 das Gymnasium in Freiberg und studierte seit 1668 in Wittenberg, wo er 1670 zum Magister promovierte. 1672 wurde er Rektor in Gardelegen, 1675 Rektor des Katharineums in Lübeck und 1685 Diaconus an St. Nicolai in Hamburg. 1687 promovierte er in Kiel unter Christian Kortholt zum Dr. theol., wurde Hofprediger und Superintendent in Darmstadt und zugleich Honorarprofessor für Theologie in Gießen. 1689 kam er als Hauptpastor an St. Katharinen endgültig nach Hamburg. Seit 1675 war er mit Elisabeth Johanna Schirmer verw. Nottelmann verheiratet. Er verfasste

von seinem Sohn Johann Friedrich Winckler angeschafft worden sein.[24] Andrerseits könnte es sich bei den im Katalog zur Auktion angezeigten Werken auch nur um einen Restbestand der Bibliothek gehandelt haben, nämlich um Dubletten, welche der Sohn entbehren konnte.

Die für diese Arbeit relevanten Briefe stammen überwiegend von dem Theologen Philipp Jakob Spener, der einen ausgedehnten Briefwechsel mit Gelehrten, Politikern und Fürsten unterhielt. Wurden etliche seiner Briefe bereits in den alten, von ihm und seinem Nachlassverwalter Carl Hildebrand von Canstein komponierten Sammlungen publiziert, so bringt die neue, von Johannes Wallmann herausgegebene Edition der Spenerbriefe diese erstmals in vollständiger Form und chronologischer Reihenfolge. Wallmanns Ausgabe umfasst bislang Speners Frankfurter Jahre (1666–1680) und die frühe Dresdener Zeit (1686/87).[25] Die Frage nach Speners Briefen an Johann Winckler treibt die Winckler-Forschung seit ihren Anfängen um. Denn während die große Anzahl von Briefen Wincklers an den Begründer des lutherischen Pietismus immer bekannt war, wurde nach Speners Anteil an der Korrespondenz seit Beginn des 18. Jh. gesucht.[26]

Schriften zur biblischen Philologie, Altorientalistik, Exegese des Alten Testaments sowie Predigten und einige Kirchenlieder, die z.T. in Johann Anastasius Freylinghausens »Geistreiches Gesangbuch« (Halle 1704) aufgenommen wurden. Wissenschaftlich tat er sich v.a. durch seine arabische Koran-Edition (Hamburg 1694) hervor. Er stand in engem Kontakt mit dem Exegeten Caspar Hermann Sandhagen. Seit 1677 war er durch Vermittlung Johann Wilhelm Petersens mit Spener bekannt; vgl. AGL 2, 1750, Sp. 1612f; ADB 12, 1880, S. 460–462; H. SCHRÖDER, Lexikon 3, 1857, S. 255–263; G. BEHRMANN, Hamburgs Orientalisten, 1902, S. 51–54; HasSac 1, 1921, S. 14. Bd. 2, 1925, S. 44f; H. BRAUN, Hamburger Koran, 1959, S. 149–166; P.J. SPENER, Briefe 2, 1996, Nr. 117, S. 538. Bd. 3, 2000, Nr. 1, S. 3.

24 Johann Friedrich Winckler (1679–1738), geb. in Wertheim, war der erste, das frühe Kindesalter überlebende Sohn von Johann und Johanna Winckler, auf dessen Ausbildung besonderer Wert gelegt wurde. Von Kindheit an lernte er bei Esdras Edzard, Hiob Ludolf, Joachim Morgenweg und Sebastian Gottfried Starcke Rabbinica und orientalische Sprachen. Seit 1695 studierte er in Greifswald, wo er im Haus von Brandanus Heinrich Gebhard wohnte, dann unternahm er eine akademische Reise nach Den Haag (Johannes Colerus), Leiden (Jacob Perizonius) und Oxford (Bibliotheca Bodleiana). 1704 wurde er Professor für orientalische Sprachen am Hamburger Gymnasium, 1712 Pastor an St. Nicolai und 1730 zudem Senior des Hamburger Geistlichen Ministeriums. Seit 1707 war er mit der Hamburger Kaufmannstochter Dorothea Mancken (1681–1737) verheiratet; vgl. AGL 4, 1751, Sp. 2009f; Nachrichten, 1773, S. 3; J.O. THIESS, Gelehrtengeschichte 2, 1780, S. 284–286; J. GEFFCKEN, Johann Winckler, 1861, S. 233–235; H. SCHRÖDER, Lexikon 8, 1883, S. 86–89; G. BEHRMANN, Hamburgs Orientalisten, 1902, S. 55–57; F. HAMMER/ H. VON SCHADE, Pastorinnen und Pastoren 1, 1995, S. 208.

25 Vgl. P.J. SPENER, Briefe 1–4, 1992–2005; DERS., Briefe 1, 2003.

26 Den ersten Hinweis auf die gezielte Suche nach den Briefen Speners an Winckler liefert ein Schreiben von Carl Hildebrand von Canstein (1667–1719) an Johann Friedrich Winckler vom 23.8.1718. Er bat darin um die Briefe Speners mit dem Hinweis, dass ihm »nicht unbewust, wie Ewd. HochEhrwd. seel. Herr Vater mit wohlgedachtem seel. H. Dr. Spener in besonders fleißiger Correspondence gestanden; und deßen Briefe an den seel. Herrn Vater Zweiffels ohne Ewd. HochEhrwd. zugefallen, und in den Händen seÿn werden«; vgl. SUB HH, Nachlass Johann Friedrich Winckler (1679–1738), Nr. 14, S. 51–54, hier S. 52. Vgl. dazu die handschriftliche Notiz von

Tatsächlich war diese Suche – bis auf wenige Ausnahmen – bislang ohne Erfolg.[27] Der überwiegende Teil der heute bekannten Briefe Speners an Winckler wurde bereits in den genannten alten Sammlungen gedruckt, zum Teil undatiert und in gekürzter Form.[28] In der neuen Ausgabe der Spenerbriefe sind bislang nur drei Schreiben an Winckler veröffentlicht.[29] Wincklers Nachlass, der in der Staats- und Universitätsbibliothek Hamburg gefunden werden konnte, enthält zwei weitere, bis dato unbekannte handschriftliche Briefe Speners.[30]

Durch eine quellengestützte Aufarbeitung der frühen Biographie Johann Wincklers möchte die vorliegende Studie zur Wahrnehmung einer bisher wenig beachteten Gestalt im lutherischen Pietismus anregen sowie anhand seiner Person zur Erforschung des frühen Pietismus beitragen.

Wincklers Enkelsohn Johann Dieterich Winckler (1711–1784) in: SUB HH, Nachlass Johann Winckler, Register, o.S.

[27] So auch der Befund von J. Wallmann; vgl. P.J. SPENER, Briefe 2, 1996, Nr. 118, S. 540.

[28] Vgl. P.J. SPENER, Theologische Bedencken 3, 1702 S. 133–143; DERS., Theologische Bedencken 4, 1702, S. 600–605; DERS., Letzte Theologische Bedencken 1–2, 1711, S. 349f. Bd. 3, 1711, S. 256. 270–272. 331–337. 605f. Für Hilfe bei den Empfängerzuweisungen bedanke ich mich bei Herrn Prof. Dr. J. Wallmann; vgl. auch die Einleitung von D. Blaufuß in: P.J. SPENER, Letzte Theologische Bedencken 1–2, 1711, S. 53*–63*.

[29] Vgl. Speners Brief an Winckler vom 15.12.1676 bei P.J. SPENER, Briefe 2, 1996, Nr. 118, S. 540–553; Speners Brief an Winckler vom 16.2.1678 bei DERS., Briefe 3, 2000, Nr. 122, S. 590–592; Speners Brief an Winckler vom 28.11.1687 bei DERS., Briefe 1, 2003, Nr. 162, S. 698–700.

[30] Diese Briefe sind veröffentlicht bei C. TIETZ, Zwei Briefe, 2004. Zu Wincklers Nachlass s. Anhang. 2.

2. Die frühe Biographie Johann Wincklers

2.1 Kindheit und Schulbildung (1642–1660)

2.1.1 Kindheit auf der Golzernmühle

Johann Winckler wurde am 13. Juli 1642 als Sohn des Bauhandwerkers und Müllers Martin Winckler und der Maria Winckler geb. Drechsler in Döben bei Grimma in Kursachsen getauft. Der Taufeintrag unter dem Jahr 1642 lautet:

Den 13. Julii Ist Meister Martin Winckler Golzer Müllern ein Junger Sohn mitt Nahmen Johannes getaufft worden [von zweiter Hand:] NB dieser ist nachgehend ein Pfarrherr Theologus u. Prediger worden, Naml: Pastor Zu St. Michaëlis in Hamburg auch Ministerii daselbst Senior [von erster Hand:] Seine Paten Herr Nicolaus Fideler Pfarrer dieses orts Meister Michaël Löbe des Raths Müller Zu Grimma [von zweiter Hand:] HausFrau und die Mägdgen Schulmeisterin aus Grimma.[1]

Wahrscheinlich wurde er am selben Tag auf der Golzernmühle geboren.[2] Wincklers Paten wurden der ihn taufende Döbener Pfarrer Nikolaus Fiedler,[3] der im Dienst des Grimmaer Rats stehende Müllermeister Michael

[1] Taufbuch Döben (1593–1661), nachträglich paginiert, S. 321. Entgegen dem Taufeintrag schrieb Winckler sich selbst zeitlebens »Johan« bzw. »Johann«; diese Namensform wird daher in dieser Arbeit durchgängig verwandt. Die Ortsbezeichnungen werden der heutigen Schreibweise angepasst. Der Name von Wincklers Mutter Maria Drechsler wird im Taufbuch nicht genannt. Er entstammt dem frühesten biographischen Zeugnis; vgl. SUB HH, LA: Winckler, Johann, fol. 5; C. BÜSSING, Gnade Gottes, 1705, S. 32; G.E. EDZARD, Elogium Funebre, 1705, fol. 1^{v}.

[2] Der 13.7.1642 bzw. das auf diesen Tag fallende Fest der Hl. Margarete wird übereinstimmend als Geburtstag genannt, z.B. unter einem zeitgenössischen Porträt Wincklers von Leonhard Hechenhauer; vgl. J. WINCKLER, Ausführliche Betrachtungen, 1697 (benutztes Exemplar der Stadtbibliothek Lübeck), s. Teil II. 1.3, Nr. 45); J. SCHULTZE, Memoria Viri, 1705, S. 47. Falsch ist jedoch die Angabe, dass der 13.7. der Geburtstag und der 15.7. der Tauftag gewesen seien; vgl. SUB HH, LA: Winckler, Johann, fol. 5; C. BÜSSING, Gnade Gottes, 1705, S. 32; DERS., Norm und Form, 1705, Anm. 16.

[3] Nikolaus Fiedler (1601–um 1661), geb. in Großbothen, wurde 1631 Pfarrer in Döben. Er verlor noch im ersten Amtsjahr in Döben seine erste Frau an der Pest. Am Ende des Dreißigjährigen Krieges litten er, seine zweite Frau und acht Kinder große Not. Seine Nachfolger in Döben wurden 1661 Benjamin Vogel, 1675 Gregor Sailer und 1698 Wolfgang Georg Winckler, Sohn des Grimmaer Ratsherrn Wolf Heinrich Winckler und nicht direkt mit Johann Winckler verwandt; vgl. E. VOIGT, Döben, 1908, S. 94; Sächsisches Pfarrerbuch 1, 1939, S. 119. Bd. 2, 1940, S. 1028.

Abb. 1: Die Kirche in Döben

Löbe[4] bzw. dessen Ehefrau sowie die Grimmaer Schulmeisterin Anna Hillner.[5] Die Wahl des Döbener Dorfpfarrers Nikolaus Fiedler (1601–um 1661)

4 Der Rat der Stadt hatte die vormals dem Augustinerkloster gehörige große Mühle in Grimma 1540 gekauft. Er ließ sie durch zwei »Mühlherren« genannte Ratsherren verwalten, die ihrerseits seit 1556 einen Müller mit der Aufsicht über die Mühle betrauten. Als solcher fungierte wahrscheinlich Michael Löbe. In seine Dienstzeit fiel vermutlich die Zerstörung der großen Mühle: Im März 1644 wurde Grimma drei Wochen lang von schwedischen Truppen belagert. Als die kaiserliche Besatzung die Stadt nach längerem Widerstand aufgab, brannte sie die Mühle vorsätzlich vollständig ab; vgl. C.G. LORENZ, Grimma 1, 1856, S. 252–254

5 Anna Hillner bzw. Pfütze (†1684) war die Leiterin und einzige ordentliche Lehrerin der Grimmaer Mädchenschule. Sie leitete die Schule von 1636–1684, wobei ihr in den letzten Jahren Elisabeth Dietrich aus Grimma zur Seite stand. In zweiter Ehe heiratete sie den Stuhlschreiber, deutschen Schreib- und Rechenmeister Daniel Pfütze. Ihr Sohn Gottfried Hillner muss mit Winck-

sowie der Mädchenschullehrerin Anna Hillner (†1684) zu Paten deutet sowohl auf eine kirchliche Bindung als auch auf ein gewisses Bildungsinteresse der Eltern hin. Dass der städtische Müllermeister und Ratsbeauftragte Michael Löbe – oder seine Ehefrau – Pate stand, spricht für die Akzeptanz des Vaters im städtischen Handwerk sowie für die Orientierung der Eltern am Stadtbürgertum. Wahrscheinlich waren sie erst im Zuge des Dreißigjährigen Krieges nach Golzern gekommen.[6] Ihre Herkunft ist jedoch ungewiss: Sie stammten möglicherweise aus der Gegend westlich von Grimma oder aber aus südsächsischen, vielleicht im Erzgebirge oder im Vogtland ansässigen Müllerfamilien.[7]

Seiner Döbener Taufkirche fühlte sich Johann Winckler zeitlebens in besonderer Weise verbunden.[8] Von der Golzernmühle führte ein mehrfach gewundener Weg hinauf zur Kirche, die mitten im Flecken Döben auf steilen Felsen oberhalb der Mulde lag und mehrere Dörfer zu ihrem Kirchspiel zählte.[9] Die Döbener Kirche war ursprünglich eine romanische Saalkirche, die erst später einen Chorturm erhielt.[10] Von ihrem hohen Alter zeugt der heute noch erhaltene und in Gebrauch befindliche gewaltige romanische Taufstein, in dem sehr wahrscheinlich auch Winckler getauft wurde.[11] Die

---

ler etwa gleichaltrig gewesen sein. Er besuchte von 1652–1658 die Landes- und Fürstenschule in Grimma und seit 1658 die Universität Leipzig; vgl. C.G. LORENZ, Grimma 3, 1856, S. 1435f; vgl. Grimmenser-Stammbuch, 1908, S. 78. Zur Mädchenschule s.u. 2.1.2.

[6] Dass sich weder Trau- oder Bestattungseinträge der Eltern noch Tauf- oder Bestattungseinträge von weiteren Kindern in den Kirchenbüchern von Döben und Grimma nachweisen lassen, deutet darauf hin, dass die Eltern erst nach ihrer Eheschließung von auswärts nach Golzern kamen. Ältere Geschwister fielen möglicherweise der Pest zum Opfer, die in Grimmas Umgebung zwischen 1626–1639 so viele Tote forderte, dass diese nicht alle im Kirchenbuch aufgeführt wurden; vgl. Inspectionen Leipzig und Grimma, [1844], S. 219; C.G. LORENZ, Grimma 2, 1856, S. 633–635; E. VOIGT, Döben, 1908, S. 94f. Spätere Briefe Wincklers sowie die Veröffentlichungen von Zeitgenossen lassen jedoch vermuten, dass es Geschwister gab; vgl. SUB HH, Nachlass Johann Winckler, Nr. 123, S. 511; [J.F. MAYER,] Andere Abfertigung, 1695, S. 1113.

[7] Einerseits sind beide Nachnamen der Eltern in südsächsischen Müllerfamilien weit verbreitet; vgl. V. WEISS, Müller, 1996, S. 94f. 482–484 (und Einleitung). Andrerseits gibt es die Aussage Johann Friedrich Mayers, dass Winckler von den »Ponekauischen nach Pomsen gehörigen Güter[n]« stamme; vgl. [J.F. MAYER,] Andere Abfertigung, 1695, S. 1113. Familie von Ponickau, ein altes sächsisches Adelsgeschlecht, war v.a. in der Oberlausitz und in Meißen begütert. In der fraglichen Zeit war Hans Georg von Ponickau (1605–1663), kursächsischer Kammerherr, Stiftshauptmann in Wurzen und Domdechant von Meißen, Herr auf Pomßen, Kreischa, Kreischau, Köhra, Naunhof und Schönbrunn. Die Dörfer Pomßen, Köhra und Naunhof liegen zwischen Grimma und Leipzig, die anderen Besitzungen weiter entfernt; vgl. Neues allgemeines Deutsches Adels-Lexicon 7, 1930, S. 212f; M. WILDE, Ritter- und Freigüter, 1997, S. 512. 634. 636.

[8] Das bezeugt die unten erwähnte Kollekte für die Döbener Kirche.

[9] Im 17. Jh. gehörten die östlich der Mulde gelegenen Dörfer Döben, Golzern, Deditz, Dorna, Neunitz, Grechwitz, Naundorf und Bröhsen zum Kirchspiel; vgl. E. VOIGT, Döben, 1908; S. 66f.

[10] Zur Döbener Kirche vgl. DHDK Sachsen II, 1998, S. 346f.

[11] In dem Taufstein, der im Durchmesser 106 cm misst und 43 cm tief ausgehöhlt ist, konnte der Täufling dreimal ganz untergetaucht werden (Immersionstaufe), wie es in Kursachsen in der

Pfarrkirche wurde mehrfach erweitert und ausgeschmückt: 1591 erhielt sie einen prächtigen Hochaltar, der im Hauptfeld die Kreuztragung und Grablegung Christi und darunter die Stifterfamilie von Schönfeld unter dem Kruzifix kniend zeigt. Zwischen ca. 1695–1700 wurden abermals Erneuerungen vorgenommen (Verlängerung des Kirchenschiffs, Einbau von zwei doppelgeschossigen Emporen und einer Herrschaftsloge, Aufsatz einer barocken Turmhaube und Ausmalung der hölzernen Decke des Kirchenschiffs mit fünf Stationen der christlichen Heilsgeschichte), welche durch eine Kollekte von Wincklers Gemeinde St. Michaelis in Hamburg mitfinanziert wurden.[12]

Etwas oberhalb des Ortes lag die 1117 erstmals erwähnte Ritterburg Döben.[13] Sie befand sich während Wincklers Kindheit und Jugend erst im Besitz der Familie von Schönfeld (bis ca. 1660) und dann in dem der Familie von Arnim (bis 1782).[14] Die Döbener Burggrafen hatten die hohe Gerichtsbarkeit inne.[15] Sie waren in erster Instanz allein dem sächsischen Kurfürsten untergeben und besaßen die volle gerichtliche Selbstständigkeit über die in ihrem Herrschaftsgebiet lebenden, persönlich freien Bauern.[16] Die

---

Reformationszeit noch üblich war und in späteren sächsischen Kirchenordnungen des 16. Jh. nicht aufgehoben wurde; vgl. Luthers Taufbüchlein (1526), in: BSLK, [11]1992, S. 540; Der Große Katechismus (1529), Teil 4: Von der Taufe, in: ebd., S. 704; Des herrn Augusten, herzogen zu Sachsen, Ordnung (1580), in: EKO 1, 1902, S. 365f. 425f.

[12] Die Gemeinde St. Michaelis übersandte Ende des 17. Jh. 179 Gulden und 9 Groschen zur Erneuerung der Döbener Kirche. Die Döbener Gemeinde erinnerte sich dieser Spende dankbar und revanchierte sich nach dem Hamburger Großen Brand von 1842 mit einer Sammlung von 58 Talern, 18 Groschen und 4 Pfennigen zum Wiederaufbau der Hamburger Kirchen; vgl. Inspectionen Leipzig und Grimma, [1844], S. 218; E. VOIGT, Döben, 1908, S. 66.

[13] Zur Döbener Burg vgl. DHDK Sachsen II, 1998, S. 346; G. KÖBLER, Historisches Lexikon, [6]1999, S. 133. Die sächsischen Rittergüter, ursprünglich reine Lehnsgüter (*feuda*), waren seit Mitte des 15. Jh. immer mehr zu Eigengütern (*allodia*) geworden, zu frei vererb- und veräußerbarem Besitz. Ihre Bezeichnung leitet sich vom Kriegsdienst ab, den der Inhaber leisten oder durch Geldzahlungen an den Lehnsherrn ablösen musste. Döben war im Vergleich zu anderen kursächsischen Rittergütern relativ groß. Zu den sächsischen Rittergütern vgl. K. CZOK/R. GROSS, Kurfürstentum, 1989, S. 212f; M. WILDE, Grundherrschaftliche Qualitäten, 1998.

[14] Über den Besitzerwechsel von Burg Döben sind die Angaben unklar; vgl. Sächsisches Staatsarchiv Leipzig (im Folgenden: StAL), Amt Grimma, Nr. 827. Nr. 1039. Nr. 1120. Nr. 1346; Inspectionen Leipzig und Grimma, [1844], S. 218; E. VOIGT, Döben, 1908, S. 9; M. WILDE, Ritter- und Freigüter, 1997, S. 307. 380f.

[15] Seit dem 15. Jh. waren die sächsischen Rittergutsbesitzer durch den Besitz des Gutes zur vollen gerichtlichen Selbstständigkeit in ihrem Herrschaftsbereich befugt. Döben besaß mit Zustimmung der Leipziger Juristenfakultät bis Mitte des 19. Jh. die hohe Gerichtsbarkeit; vgl. E. VOIGT, Döben, 1908, S. 23; M. WILDE, Grundherrschaftliche Qualitäten, 1998, S. 47–49. 51.

[16] Die Bauern, Gärtner, Häusler und das Gesinde waren in Kursachsen zwar persönlich frei, aber leistungspflichtig und abhängig. Sie mussten Acker-, Ernte-, Hof- und Baufronen sowie verschiedene Abgaben leisten; vgl. E. VOIGT, Döben, 1908, S. 16–23; K. CZOK/R. GROSS, Kurfürstentum, 1989, S. 208–210. Zur sozialen Binnendifferenzierung der sächsischen Landbevölkerung vgl. V. WEISS, Bevölkerung, 1993, S. 76–82.

Abb. 2: Romanischer Taufstein

niedere Gerichtsbarkeit wurde durch die sog. Dorfrichter ausgeübt,[17] während die Geistlichkeit das Dotalgericht führte.[18]

---

[17] Die niedere Gerichtsbarkeit, auch Erb-, Unter- oder Vogteigericht genannt, wurde den Gemeindevertretern überlassen. Sie umfasste in Kursachsen lediglich geringe Vergehen, wie Schläge, Haareraufen, Kratzen, Lügen und Schmähungen, das Tragen verbotener Waffen, Verstöße gegen die Kleiderordnung sowie kleine Diebstähle; vgl. GVUL 8, 1734, Sp. 1494f; 24, 1740, Sp. 729–731; E. VOIGT, Döben, 1908, S. 24–27; M. WILDE, Grundherrschaftliche Qualitäten, 1998, S. 47.

[18] Das Dotalgericht betraf die Dotales, d.h. Dienst- und Fronleute sowie Pfarrbauern, die auf ererbten Dotalgütern arbeiteten und Untergebene des Pfarrers waren. Sie waren dafür von den Abgaben und Diensten gegenüber der weltlichen Obrigkeit befreit. Die Obergerichtsbarkeit über die Dotales stand dem Konsistorium und die Untergerichtsbarkeit dem Pfarrer zu; vgl. GVUL 7, 1734, Sp. 1352; E. VOIGT, Döben, 1908, S. 67f.

Die Golzernmühle, auf der Johann Winckler gegen Ende des Dreißigjährigen Krieges als Müllersohn aufwuchs,[19] lag unterhalb von Döben, etwa 5 km von Grimma entfernt, am südöstlichen Muldeufer auf dem Gelände der heutigen Papierfabrik Golzern GmbH. Sie befand sich etwas außerhalb des Dorfes Golzern, das 1650 14 Höfe zählte.[20] Die 1519 erstmals urkundlich erwähnte Mühle gehörte zum Rittergut Döben,[21] musste jedoch auch an das 1559 von Döben abgeteilte Rittergut Böhlen Abgaben entrichten. Im 17. Jh. verfügte die Golzernmühle über mehrere Mahlgänge,[22] die durch zwei hintereinander stehende Wasserräder angetrieben wurden. Am gegenüberliegenden Ufer des Mühlgrabens befand sich noch ein weiteres Rad für eine Öl- und eine Schneidemühle. Die wertvolle, im Jahr 1668 mit 2 000 Gulden veranschlagte Mühlenanlage[23] wurde von dem Bauhandwerker und Mühlenpächter Martin Winckler bewirtschaftet, dem in Friedenszeiten ein Knecht, ein Ölschläger und ein junger Gehilfe zur Seite standen.[24] Die an die Döbener Herrschaft zu zahlende Pacht betrug jahrhundertlang 280 Taler (320 Gulden) im Jahr; außerdem waren an das Rittergut Böhlen vom Metzgetreide 80 Scheffel Korn jährlich abzugeben.[25] Für das Gut Döben musste Martin Winckler alles Getreide mahlen, Malz schroten, Öl schlagen und Holz schneiden, ohne ein Entgelt beanspruchen zu können. Außerdem war er verpflichtet, das Vieh der Döbener Herrschaft zu mästen.[26] Mit dieser

---

[19] Eine der raren autobiographischen Äußerungen Wincklers lautet: »Ich bin in Meissen von einem Handwercks=Mann erzeuget/ dessen Profession fürnemlich die Bau=Kunst war/ und weil er das Mühlen=Werck verstunde/ pachte er/ indem Sachsen damals noch nicht den Frieden völlig erlanget/ eine Mühle unweit der Stadt Grimma/ in welcher ich gebohren/ nachgehends wohl in solcher kümmerlichen Zeit/ wenn niemand sonst zugegen/ auff meines Vatters weniges Viehe acht geben muste«; vgl. J. WINCKLER, An die geheiligten Häupter, 1694, S. 1056.

[20] Vgl. StAL, Amt Grimma, Nr. 1039.

[21] Sie wurde möglicherweise um 1470 errichtet, nachdem Golzern an die Ritterherrschaft Döben gekommen war. Zur alten Golzernmühle vgl. E. VOIGT, Döben, ²1929, S. 77–81.

[22] 1519 hatte die Golzernmühle vier, 1668 fünf und 1706 bereits sechs Gänge; vgl. StAL, Amt Grimma, Nr. 1346; E. VOIGT, Döben, ²1929, S. 77.

[23] Dies entsprach dem 18. Teil des Rittergutes Döben; vgl. StAL, Amt Grimma, Nr. 1346.

[24] »Die Stellung eines Mühlenpächters war im Vergleich zum Müllerknecht die nächsthöhere Stufe. Die Mühle gehörte zwar dem Pächter nicht, doch partizipierte er je nach Vertrag am Umsatz. Zudem verwaltete er den Betrieb ziemlich selbständig.« Nie übernahm ein alleinstehender Müller eine Mühle, immer war es ein Paar; vgl. V. WEISS, Müller, 1996, S. 11. Wann genau im Dreißigjährigen Krieg Martin Winckler die Golzernmühle anpachtete, lässt sich in den die Rittergüter Döben, Böhlen und das Amt Grimma betreffenden Akten im Leipziger Staatsarchiv nicht feststellen.

[25] »Die Mühle zu Golzern zinset jährl. nach Behlen 80 sfll Korn. Grimmisches Maaß. Nehmlich 20 sfll Conversionis Pauli 20 sfll Walpurgis 20 sfll Jacobi 20 sfll Simonis Juda«; StAL, Amt Grimma, Nr. 827. Zu Währungseinheiten, Gewichten, Maßen und Lebensmittelpreisen im 17. Jh. vgl. H. J. GERHARD/K.H. KAUFHOLD (Hg.), Preise, 1990.

[26] 1693 musste der Golzernmüller z.B. einen Ochsen und sechs Schweine für das Rittergut mästen. Er durfte dafür fünf Kühe und zwei Pferde von seinem eigenen Vieh zusammen mit der Herde des Ritterguts austreiben; vgl. E. VOIGT, Döben, ²1929, S. 78.

Tätigkeit beauftragte er wahrscheinlich seinen Sohn Johann, der davon berichtet, dass er als Kind das elterliche Vieh hütete.[27] Andrerseits waren die 16 Dörfer der beiden Herrschaften Döben und Böhlen angehalten, ihr Getreide nur in der Golzernmühle mahlen zu lassen, wofür der Müller rechtmäßig die Metze, d.h. den 16. Teil des gemahlenen Getreides, erhielt.[28] Aufgabe der Dorfbewohner war es auch, die Mühlsteine zu beschaffen, das Wehr zu bauen und den Mühlgraben einmal im Jahr zu räumen.

Während Johann Wincklers Kindheit in den letzten Jahren des Dreißigjährigen Krieges war die Golzernmühle in schlechtem Zustand. Besonders in der zweiten Hälfte des Krieges, zwischen der Schlacht bei Breitenfeld im Herbst 1631 und dem schwedisch-sächsischen Neutralitätsvertrag von 1645, litt Kursachsen unter den Gewalttaten, Belagerungen, Einquartierungen und Plünderungen der schwedischen, der kaiserlichen und der eigenen Soldaten sowie den zu leistenden Kontributionen.[29] Dazu kamen die Pestepidemien, die auch im Döbener Kirchspiel zwischen 1626–1639 wiederholt auftraten und etliche Höfe ganz entvölkerten.[30] Krieg und Krankheit führten dazu, dass in den Jahren um 1640 kaum Getreide geerntet wurde, die Viehbestände zusammenschmolzen und die Bauern ihre Abgaben nicht leisten konnten. Von der landwirtschaftlichen Krise war die Golzernmühle unmittelbar betroffen: Weil sie ihre Abgaben an Böhlen nicht leisten und auch das Rittergut Döben nicht für die Forderungen aufkommen konnte,[31] wurde die Mühle 1640 an Böhlen verpfändet und zahlte weder Pacht noch Zins. Mitarbeiter hatte der Golzernmüller eine Zeitlang gar nicht.[32] 1653, als die Mühle wieder Abgaben zu entrichten hatte, war die Golzernmühle gegenüber dem Rittergut Böhlen abermals mit 580 Scheffeln Korn im Rückstand. 1654 beklagten sich die Bauern der umliegenden Dörfer bei den Herren von Döben über den mangelhaften Zustand der Mühle und umgingen mehrfach den Mahlzwang.[33] Schließlich kam es aufgrund der schlech-

---

[27] Vgl. J. WINCKLER, An die geheiligten Häupter, 1694, S. 1056.

[28] Vgl. E. VOIGT, Döben, ²1929, S. 78; R. WISSELL, Handwerk 3, ²1981, S. 298–315.

[29] Zwischen 1630–1650 forderte der Krieg in Kursachsen etwa 400 000 Menschenleben; vgl. K. CZOK/R. GROSS, Kurfürstentum, 1989, S. 242–244.

[30] 1639 war im Döbener Kirchspiel ein Tiefstand in der Bevölkerungsdichte erreicht: Nachdem 1637/38 die Seuche so virulent war, dass kein einziges Kind im Taufregister eingetragen wurde, waren 1639 in jedem Dorf mehrere Höfe ausgestorben. Das führte zu einer Umverteilung der Güter: Die Gärtner (Kleinbauern) übernahmen die größeren Pferdnergüter und die wenigen Häusler (Handwerker) gegen Entrichtung eines Lehngeldes die freigewordenen Gärtnergüter. Die verlassenen kleinen Höfe der Häusler standen bis in die 1660er Jahre leer; vgl. E. VOIGT, Döben, 1908, S. 42f. 95; K. CZOK/R. GROSS, Kurfürstentum, 1989, S. 243.

[31] Das Rittergut Döben wurde aufgrund der schlechten Vermögensverhältnisse der Familie von Schönfeld seit ca. 1638 von einem Sequester verwaltet; vgl. StAL, Amt Grimma, Nr. 1038. Nr. 1039. Nr. 1190; E. VOIGT, Döben, 1908, S. 9. 93.

[32] Vgl. J. WINCKLER, An die geheiligten Häupter, 1694, S. 1056.

[33] Vgl. E. VOIGT, Döben, ²1929, S. 78f.

ten Versorgungslage wiederholt zu Streitigkeiten zwischen Müller und Mahlgästen, die diesem vorwarfen zu stark zu metzen.[34]

Im Hintergrund der Auseinandersetzungen zwischen den Mahlgästen und dem Golzernmüller ist neben der desolaten Nachkriegssituation die unsichere soziale Position von Müllern in der frühen Neuzeit zu vermuten. Wie die Schäfer, Gerber, Leineweber, Töpfer, Bader, Barbiere und Nachtwächter zählten auch die Müller zu den niederen Ständen und genossen nur geringes Ansehen. Sie verrichteten zwar eine unverzichtbare Arbeit, wurden aber v.a. im 16. und 17. Jh. vom »ehrlichen« Handwerk als »unehrlich« ausgegrenzt und am Aufstieg in das Zunfthandwerk und in die städtische Ehrbarkeit gehindert.[35] Dass Martin Winckler einen städtischen Müllermeister zum Paten für seinen Sohn bat, kann als Ausdruck für sein Bemühen um Anerkennung in der Müllerzunft gewertet werden. Die Herrschaftsträger nahmen die »unehrlichen« Gewerke hingegen häufig vor dem »ehrlichen» Handwerk in Schutz bzw. bestätigten ihre Ehrbarkeit. Der Grund für die Diffamierung mag in der abgeschiedenen, von der Dorf- und Stadtbevölkerung wenig kontrollierten Lebensweise der Müller gelegen haben,[36] eine auch für die Golzernmühle zutreffende Situation.

Aus der skizzierten Bedeutung der Golzernmühle, der Anzahl der normalerweise beschäftigten Mitarbeiter, den umfangreichen Tätigkeiten des Mühlenpächters und seiner engen Bindung an die Herrschaft lässt sich einerseits schließen, dass Wincklers Vater eine besonders verantwortungsvolle Stellung innerhalb der Rittergüter Döben und Böhlen innehatte.[37] Von seiner Frau heißt es, dass sie besondere Sorgfalt auf die religiöse Erziehung ihres Sohnes verwandte: »*educatus fuit a parentibus, imprimis a B. Matre ad omnem pietatem*».[38] Damit könnte neben einer bewussten häuslichen Frömmigkeit auch gemeint sein, dass sie ihren Sohn seit dem neunten Lebensjahr von der Mitarbeit in der Mühle zum regelmäßigen Schulbesuch freistellte, was durchaus nicht selbstverständlich war.[39] Andrerseits litt die

---

[34] So z.B. im Jahre 1638; vgl. StAL, Amt Grimma, Nr. 1190. Dieser Vorwurf war seit dem frühen Mittelalter so weit verbreitet, dass die Ordnungen des Müller-Handwerks spezielle Regelungen über das Metzen enthielten; vgl. R. WISSELL, Handwerk 3, ²1981, S. 308–315.

[35] Die Diffamierung »unehrlicher« Arbeit ist im Kontext der Entwicklung der Ehrbarkeit in der ständischen Gesellschaft der frühen Neuzeit, insbesondere des Handwerks, zu sehen. Die Begriffe »ehrlich« und »unehrlich« bezeichneten keine moralisch-sittliche, sondern eine mentalsoziale Kategorie. Zur Ehrlichkeit des Handwerks zählten handwerkliche Zuverlässigkeit, ausreichendes Einkommen und standesgemäße Lebensführung ebenso wie Frömmigkeit, sittlicher Charakter, gute Herkunft und zunftbewusster Geist; vgl. R. VAN DÜLMEN, Gesellschaft, 1993, S. 236–278.

[36] Vgl. ebd., S. 257.

[37] Dafür spricht auch die Wahl der relativ gebildeten, angesehenen Paten für den Sohn.

[38] Vgl. SUB HH, LA: Winckler, Johann, fol. 5; C. BÜSSING, Norm und Form, 1705, Anm. 17.

[39] In der feudalen Gesellschaft waren Kinderarbeit und Betteln der Kinder weit verbreitet und ein regelmäßiger Schulbesuch nicht selbstverständlich; vgl. I. HARDACH-PINKE/G. HARDACH

Familie des Golzernmüllers in der Folge des Dreißigjährigen Krieges v.a. in den Jahren um 1640 große Not und konnte sich aufgrund der schadhaften Mühlenanlage auch in den ersten Friedensjahren nur mühsam eine stabile Existenz aufbauen.[40] Hinzu kam die unsichere soziale Stellung der Müller als »unehrliche« Handwerker, die dadurch noch verschärft wurde, dass die Eltern wahrscheinlich ortsfremd und erst während des Krieges zugezogen waren. Insofern ist es zutreffend, wenn Winckler später von sich selbst sagt, er stamme – anders als die meisten Schulkameraden, Kommilitonen und Kollegen – aus einfachen ländlichen Verhältnissen.[41] Es mag auch aus diesen ersten Kindheitserfahrungen im Dorfhandwerkertum herrühren, dass Winckler auf seinem späteren Lebensweg den Blick für Menschen aus armen und niederen Ständen nicht verlor.

2.1.2 Besuch der städtischen Knabenschule in Grimma

Johann Winckler besuchte erst seit seinem neunten Lebensjahr – wahrscheinlich seit 1651 – die vierklassige städtische Knabenschule in Grimma.[42] Er erhielt, soweit wir wissen, zuvor keinen anderen Unterricht. Neben dieser Elementarschule bestanden zu jener Zeit in Grimma die Mädchenschule[43] und als Lateinschule die Fürsten- und Landesschule St. Augustin.[44]

(Hg.), Kindheiten, 1978, S. 1–59 (Einleitung), hier S. 32. Während T. Kaufmann beobachtet, dass oftmals die Väter die Erziehung ihrer Söhne unterstützten, scheint es in Wincklers Fall die Mutter gewesen zu sein; vgl. T. KAUFMANN, Universität, 1997, S. 145. 148.

[40] Winckler selbst spricht von der »kümmerlichen Zeit«, in der er geboren sei; vgl. J. WINCKLER, An die geheiligten Häupter, 1694, S. 1056.

[41] Zwar stammte im albertinischen Sachsen im 17. Jh. etwa jeder fünfte Pfarrer aus einer Handwerkerfamilie (in Württemberg dagegen nur jeder zehnte), darunter waren jedoch v.a. wohlhabende städtische Familien und kaum Dorfhandwerker; vgl. T. KAUFMANN, Universität, 1997, S. 358. V. Weiss errechnet für Sachsen um 1690, dass nur etwa 12% der Besitz- und Bildungsbürger Dorfbewohner zu Eltern hatten; vgl. V. WEISS, Bevölkerung, 1993, S. 146.

[42] Vgl. SUB HH, LA: Winckler, Johann, fol. 5; C. BÜSSING, Gnade Gottes, 1705, S. 32; G.E. EDZARD, Elogium Funebre, 1705, fol. 2^{r}; A.C.C. CUNO, Gesammlete Nachrichten, 1769, S. 46; C.G. LORENZ, Grimma 2, 1856, S. 690. Schülerlisten der Knabenschule aus dem 17. Jh. sind laut Auskunft von Marita Schön, Leiterin des Stadtarchivs Grimma, nicht erhalten.

[43] Die 1529 im Zuge der Kirchenvisitation eingerichtete Mädchenschule befand sich in einem nahe der Klosterkirche an der Stadtmauer gelegenen Haus. Die erste Leiterin war 1529–1548 Magdalena von Staupitz, Schwester des Johann von Staupitz und älteste der 1523 aus dem Kloster Marienthron bei Nimbschen geflohenen Nonnen. Bis 1685 unterrichteten an der Mädchenschule Frauen, seit 1710 nur noch Männer. Die Mädchen lernten Lesen und Schreiben; Unterrichtsinhalt waren die Zehn Gebote und andere Bibelstücke; vgl. Ordnung der Visitatoren für Grimma (1529), in: EKO 1, 1902, S. 571–575, hier S. 575; C.G. LORENZ, Grimma 1, 1856, S. 159f. Bd. 3, 1856, S. 1397. 1435f; E. KROKER, Katharina von Bora, 1905, S. 272.

[44] Die dritte Fürsten- und Landesschule Sachsens wurde nach den 1543 gegründeten Schulen St. Afra in Meißen und Schulpforta bei Naumburg von Kurfürst Moritz von Sachsen 1550 in

Abb. 3: Die Frauenkirche in Grimma

Die Knabenschule befand sich seit 1621 in einem neuerrichteten zweistöckigen Gebäude[45] am Frauenkirchhof neben der evangelischen Stadtkirche

---

Grimma eröffnet. Sie wurde in den Gebäuden des ehemaligen Augustinerklosters untergebracht, die seit 1684 grundlegend erneuert wurden. In St. Augustin sollten ca. 100 begabte Jungen ab dem 12. Lebensjahr unterrichtet werden, wobei es 50 Frei- und 50 Koststellen gab. Die Schule wurde jedoch im 17. Jh. teils wegen Kriegsunruhen, teils wegen Seuchen mehrfach geschlossen und beherbergte nur 25–75 Schüler; vgl. F. PAULSEN, Geschichte 1, [3]1919, S. 297–302; C.G. LORENZ, Grimma 1, 1856, S. 61–70. Bd. 2, 1856, S. 589–593. 658f; Fürsten- und Landesschule, 1930.

45 Seit 1799 wurde das Gebäude dann mehrfach umgebaut und erweitert. 1833 wurde die Knabenschule in das bislang von den Alumnen der Fürstlichen Landesschule genutzte Döringsche Freihaus verlegt, während die vormalige Knabenschule 1845 von der städtischen Armenschule bezogen wurde; vgl. zur Grimmaer Knabenschule C.G. LORENZ, Grimma 1, 1856, S. 153f. Bd. 3, 1856, S. 1398–1435.

Unserer Lieben Frau.[46] Im Schulgebäude lag neben den Klassenräumen auch die Wohnung des Rektors und ersten Lehrers Christian Lößnitzer, der die Schule von 1645–1695 leitete.[47]

Die Grimmaer Knabenschule war gemäß der Verordnung *Von schulen* im *Unterricht der visitatoren* (1528),[48] welche in ganz Kursachsen normativ galt, 1529 als Trivialschule eingerichtet worden. An der reformatorischen Schulordnung hielten auch die 1557 von Kurfürst August von Sachsen erlassenen Generalartikel fest.[49] Eine zusammenfassende Ordnung für die Fürsten- und Landesschulen sowie die Stadt- und Dorfschulen, die bereits im Sommer 1579 eingeführt wurde, erließ Kurfürst August zusammen mit der Kirchenordnung von 1580.[50] Auch die neue, bis 1773 gültige Schulordnung hielt am Prinzip des melanchthonischen Schulplans fest.[51] Der Hauptgegenstand des Elementarunterrichts war neben der Katechese die lateinische Sprache. Der Unterricht im Lesen, Schreiben und Sprechen des Deutschen und Lateinischen sowie das Auswendiglernen des *Kleinen Katechismus* begannen in der untersten Klasse. In den zwei oberen Klassen wurden entsprechend dem mittelalterlichen Trivium anhand ausgewählter lateinischer Klassiker Grammatik, Metrik und Rhetorik gelehrt sowie einige Stunden Rechnen, Musik und Griechisch gegeben. Bereits in der zweiten Hälfte des 16. Jh. war zu den vorgesehenen drei Klassen der Elementarschule in Grimma eine vierte für die »Alphabetarien« gekommen.[52] An sechs Wochentagen wurden täglich sechs Unterrichtsstunden gehalten. Am Samstag

---

[46] Die Frauenkirche, der älteste Sakralbau Grimmas, diente seit etwa 1250 als Stadtkirche. Ihre baulichen Ursprünge reichen bis in das erste Viertel des 12. Jh. zurück; vgl. DHDK Sachsen II, 1998, S. 339f. Während Wincklers Schulzeit amtierten an der Frauenkirche als Superintendent 1640–1652 Andreas Kunad und 1652–1662 Friedrich Holzmann, als Archidiaconus 1637–1675 Jakob Wächtler und als Diaconus 1637–1675 Johann Reißing; vgl. Sächsisches Pfarrerbuch 1, 1939, S. 225f.

[47] Während Wincklers Schulzeit wirkten an der Knabenschule neben dem Rektor Christian Lößnitzer, der 1638 den Magistergrad an der Leipziger Universität erworben hatte, als zweiter Lehrer und zugleich Kantor von 1635–1672 Johann Frentzel, als dritter Lehrer von 1649–1658 Johann Herphart und als vierter Lehrer von 1638–1667 der Kirchner Laurentius Prinz; vgl. C.G. LORENZ, Grimma 3, 1856, S. 1424–1433. 1447.

[48] Vgl. Unterricht der visitatoren an die pfarrherrn im kurfürstenthum zu Sachsen (1528), in: EKO 1, 1902, S. 149–174, hier S. 171–174.

[49] Vgl. General-Artikel und gemeiner Bericht (1557), in: ebd., S. 316–339, hier S. 325f.

[50] Ausgearbeitet wurde die sächsische Kirchen- und Schulordnung (1580) unter Hinzuziehung der württembergischen Kirchenordnung von 1559 von dem Tübinger Kanzler Jakob Andreae, dem Leipziger Superintendenten Nicolaus Selnecker und dem Generalsuperintendenten zu Wittenberg Polykarp Leyser I. zusammen mit den Rektoren der Fürsten- und Landesschulen in Meißen, Matthäus Dresser, und Grimma, Adam Sieber; vgl. C.G. LORENZ, Grimma 3, 1856, S. 1399f.

[51] Vgl. F. PAULSEN, Geschichte 1, ^{3}1919, S. 303f.

[52] Vgl. C.G. LORENZ, Grimma 3, 1856, S. 1398.

Abb. 4: Die städtische Knabenschule

Nachmittag wurden die Lieder des Sonntagsgottesdienstes geübt, das Sonntagsevangelium erklärt und die Vesper in der Frauenkirche gesungen. Nach dem Dreißigjährigen Krieg wurde in der Grimmaer Knabenschule wie auch in anderen Städten der Lateinunterricht allmählich zugunsten eines verstärkten Unterrichts im Schreiben, Rechnen und Singen reduziert.[53] Aus der Anfangsklasse wurde er ganz herausgehalten, und in den oberen Klassen wurden die Schüler nur so weit unterrichtet, dass sie von der Abschlussklasse auf die Fürstliche Landesschule oder eine andere höhere Lateinschule wechseln konnten.

[53] Vgl. ebd., S. 1403f.

Johann Winckler lernte in den vier Jahren, die er zwischen seinem 9. und 13. Lebensjahr zusammen mit anderen Bürgersöhnen auf der städtischen Knabenschule in Grimma verbrachte, deutsch und lateinisch sprechen, schreiben und lesen. Er wurde mit den Anfängen der klassischen lateinischen Literatur bekannt, lernte den *Kleinen Katechismus* und etliche Bibelstücke auswendig, wurde mit vielen Bibeltexten und Kirchenliedern seiner Zeit vertraut und erlernte die Grundlagen der Mathematik sowie der griechischen Sprache. Dass er anders als die Döbener Bauernsöhne die Stadtschule und nicht die einklassige Dorfschule in Döben besuchte,[54] mag neben den patenschaftlichen Beziehungen nach Grimma auf den Wunsch der Mutter zurückzuführen sein.[55] Andrerseits ist festzuhalten, dass Winckler weder von seinem Vater oder anderen Mentoren in besonderem Maße gefördert wurde noch häuslichen Privatunterricht erhielt noch eine der sächsischen Fürsten- und Landesschulen besuchte. Seine voruniversitäre Ausbildung entsprach damit nicht derjenigen, die für zukünftige Stadtpfarrer oder Theologieprofessoren üblich war.[56] So haben z.B. Philipp Jakob Spener, Johann Heinrich Horb, Johann Wilhelm Petersen oder Johann Friedrich Mayer nie die Volksschule besucht. Sie wurden stattdessen zu Hause oder bei Freunden der Familie von Eltern, Geistlichen oder Privatlehrern unterrichtet, bildeten sich im Selbststudium, besuchten fürstliche Landes- oder andere protestantische Eliteschulen und gingen oftmals schon im Alter von 15 oder 16 Jahren an die Universität.[57] Winckler dagegen wuchs nicht im verfeinerten akademischen Milieu auf, sondern erhielt seine Elementarschulbildung zwischen Söhnen von Bauern, Dorf- und Stadthandwerkern.

2.1.3 Besuch der St. Thomasschule in Leipzig

Nach Abschluss der Elementarschule wechselte Johann Winckler, wie viele andere begabte Schüler aus Grimma, im Alter von 13 Jahren auf die höhere Lateinschule in Leipzig.[58] Die Matrikel der Leipziger Universität gibt an,

---

[54] Vgl. E. VOIGT, Döben, 1908, S. 72f.

[55] Vgl. SUB HH, LA: Winckler, Johann, fol. 5; ADB 43, 1898, S. 365.

[56] Vgl. T. KAUFMANN, Universität, 1997, S. 145–148.

[57] Zu den Ausbildungswegen von Philipp Jakob Spener, Johann Wilhelm Petersen, Johann Friedrich Mayer und Johann Heinrich Horb vgl. J. WALLMANN, Philipp Jakob Spener, ^{2}1986, S. 64; M. MATTHIAS, Johann Wilhelm und Johanna Eleonora Petersen, 1993, S. 28–32; H. SCHRÖDER, Lexikon 3, 1857, S. 357–365, hier S. 357. Bd. 5, 1870, S. 89–164, hier S. 90; ADB 13, 1881, S. 120–124, hier S. 120; F. HARTMANN, Johann Heinrich Horb, 2004, S. 7f. 12.

[58] Die St. Thomasschule in Leipzig war bei vielen Grimmaer Bürgern bis ins 18. Jh. beliebter als die Fürstliche Landesschule in Grimma. Kriegsunruhen, Seuchen, Misswirtschaft, raue Sitten und der schlechte bauliche Zustand hatten dazu geführt, dass die Fürstenschule 1650 nur 38 Schüler zählte und die Rede des Rektors anlässlich der 100-Jahrfeier das Thema behandelte: *de*

dass Winckler im Sommersemester 1655 an der Universität Leipzig als »*non-iuratus*« aufgenommen wurde.[59] Da als »*non-iurati*« auch Schüler der Leipziger und anderer umliegender Lateinschulen eingeschrieben wurden, korrespondiert mit Wincklers Immatrikulation 1655 wahrscheinlich sein Eintritt in die Leipziger St. Thomasschule.[60]

Die am Westrand von Leipzig gelegene St. Thomasschule ging auf das Stift der Augustiner-Chorherren zu St. Thomas zurück.[61] Sie wurde 1543 dem Rat der Stadt Leipzig unterstellt und 1553 durch Spenden der Bürger an der Stelle der alten Klosterschule unmittelbar an der Stadtmauer neu aufgebaut.[62] In dem zweistöckigen Schulgebäude befanden sich die Unterrichts-, Speise- und Wohnräume der Schüler, die Wohnungen des Rektors und des Kantors, die Studierzimmer der Lehrer, die Bibliothek und ein Krankenzimmer.[63]

---

statu scholarum, an ruerint et ex quibus causis ruerint. Diese Umstände mögen auch die Schulwahl von Wincklers Eltern bestimmt haben; vgl. C.G. LORENZ, Grimma 3, 1856, S. 1404; Fürsten- und Landesschule, 1930, S. 24.

[59] Jüngere Matrikel 2, 1909, S. 500: »Winckler, Ioh. Grimmen. n. 16 *gr.* i S 1655 M 331, iur. R. D. Ittigio 1660.« Winckler wurde im Sommersemester 1655 unter dem Rektorat von Johannes Michaelis mit der Matrikelnummer 331 zunächst als »non-iuratus« eingeschrieben, da nach den Universitätsstatuten von 1620 die Vereidigung erst mit vollendetem 17. Lebensjahr vorgenommen werden durfte. Die Iniurati – auch Depositi genannt – stellten gegenüber den Iurati, den tatsächlich Studierenden, eine weit größere Zahl dar, z.B. standen im Sommersemester 1655 504 Iniurati 217 Iurati gegenüber. »Die Iniurati kamen zum überwiegend größten Theile als Universitätshörer nicht in Betracht. [... Sie] waren zum Theil kleine Kinder [...] oder Schüler, die daheim oder in Leipzig die Lateinschule besuchten [...] Sie hatten sich lediglich durch die mit Gebührenzahlung verbundene Deposition die Ehre erworben, daß ihr Name in der Matrikel genannt, und den Anspruch, daß bei der Bewerbung um das Baccalariat ihre Anciennität nach der ersten Einzeichnung gerechnet wurde«; vgl. ebd. Bd. 1, 1909, S. IL–LVIII. Oftmals lag die Inskription der unter 14-jährigen Knaben auch im Interesse der Eltern, die ihre Kinder so vor der Deposition und dem Pennalismus schützen wollten; vgl. T. KAUFMANN, Universität, 1997, S. 347f. Winckler zahlte die neben der etwas höheren Summe von 22 Groschen häufigste Immatrikulationsgebühr von 16 Groschen. Daraus ist zu schließen, dass seine Eltern nicht den »Armen« zugerechnet wurden, denen Gebührenminderung oder -erlass gewährt wurde; vgl. Jüngere Matrikel 2, 1909, S. XXIX.

[60] Der spätere Schulleiter der Grimmaer Knabenschule, dem möglicherweise Schulakten vorlagen, bestätigt das Jahr 1655; vgl. A.C.C. CUNO, Gesammlete Nachrichten, 1769, S. 46f. Dagegen überliefern die meisten anderen biographischen Texte wohl fälschlich das Jahr 1656 als Eintritt in die St. Thomasschule; vgl. SUB HH, LA: Winckler, Johann, fol. 5; C. BÜSSING, Gnade Gottes, 1705, S. 32; J. MOLLER, Cimbria Literata 2, 1744, S. 990.

[61] Mit dem Stift verband sich schon früh eine eigene Schule, in der einige wenige Knaben zum Chordienst ausgebildet wurden. Ein eigenes Schulgebäude neben der Thomaskirche ist 1254 urkundlich bestätigt. Zur Geschichte der St. Thomasschule vgl. B. KNICK (Hg.), St. Thomas, 1963.

[62] Auf den Fundamenten von 1553 stand die Schule bis 1902; vgl. ebd., S. 83.

[63] Vgl. Schul=Ordnung, 1634, Cap. II–V.

Abb. 5: St. Thomasschule und St. Thomaskirche

Von ihren Anfängen bis in das 18. Jh. war die St. Thomasschule eine *schola pauperum*, die aus ganz Sachsen arme Handwerker-, Kantoren- und Lehrersöhne unterschiedlicher Herkunft und Begabung aufnahm.[64] Bürger und Honoratioren der betriebsamen Messestadt Leipzig unterstützten die Schule durch freiwillige Stiftungen mit Kost, Kleidung, Unterkunft und Schulbüchern.[65] Im Gegenzug hatten die Thomaner regelmäßig Singedienst an den beiden Hauptkirchen St. Thomas und St. Nikolai zu leisten: Sie sangen bei hohen Festen des Kirchenjahres, begleiteten Leichenzüge und zogen drei-

[64] Neben der St. Thomasschule gab es als zweite Lateinschule die St. Nikolaischule; vgl. B. KNICK (Hg.), St. Thomas, 1963, S. IX. XIV.

[65] Zu den verschiedenen persönlichen Legaten im 17. Jh. vgl. ebd., S. 101–103.

mal wöchentlich singend durch die Gassen der Stadt (Currende).[66] Zum Singedienst wurden die Schüler in vier Kantoreien mit je etwa 12 Sängern eingeteilt,[67] die, nach ihrer musikalischen Qualität gestuft, von vier verschiedenen Lehrern geleitet wurden.[68] Im 16. und 17. Jh. hatte die Schule sieben *collegae ordinarii*[69] und zwei *collaboratores* (Hilfslehrer), die alle durch die bei den Hochzeiten, Begräbnissen und festgesetzten Umzügen gesammelten Gebühren und Spenden entlohnt wurden.[70]

Nach vielen Berichten über die Missstände während des Dreißigjährigen Krieges und einer strengen Schulvisitation erhielt die St. Thomasschule im März 1634 unter dem Rektorat von Wilhelm Avian vom Bürgermeister und Rat der Stadt eine neue Ordnung, welche die aus dem Jahre 1539 ablöste und bis 1723 in Kraft blieb. Die erste deutsche Leipziger Schulordnung fixierte in zehn Kapiteln zunächst die Rechte und Pflichten der Lehrer. Sie begann mit einer eindringlichen Ermahnung der Lehrerschaft zu väterlicher Liebe und Geduld gegenüber den Schülern: Die Präzeptoren sollten sich der Gewalt gegenüber den Knaben enthalten und »sie als Schüler/ und nicht als manicipia tractiren und halten«.[71] Sodann wurden die Aufgaben des Rektors, des Kantors und der Präzeptoren festgeschrieben: ihre Unterrichts- und Prüfungsverpflichtungen, die von ihnen zu vermittelnden Lerninhalte und ihre Anwesenheits- und Aufsichtspflichten in Schule und Kirche. Ein lateinischer Anhang zur Schulordnung von Georg Fabricius[72] »*ad studiosam juventutem*« legte die Pflichten der Schüler dar.[73] Ausführlich wurden die Kleidung und das Verhalten der Schüler im Allgemeinen, in der Kirche, im Unterricht, in den Wohnräumen (*cubicula*), bei der Morgen- und Abendandacht, beim Essen, bei Leichenumzügen, bei der Currende und während der Predigt kodifiziert.[74] Besonderer Wert wurde auf Frömmigkeit, Tüchtigkeit, Gehorsam und Gewissenhaftigkeit gelegt. Dann wurden die von den Schü-

---

66 Zum Singedienst vgl. Schul=Ordnung, 1634, Cap. VI. XIX–XX; B. KNICK (Hg.), St. Thomas, 1963, S. XVI. XIX. 153.

67 Vgl. M. GECK, Johann Sebastian Bach, 1991, S. 18.

68 Der Kantor, der Konrektor und die beiden Baccalaurei sollten die vier Chorgruppen leiten; vgl. Schul- Ordnung, 1634, Cap. VI. IX.

69 Rektor, Konrektor, Kantor, Tertius, Quartus, Baccalaureus funerum und Baccalaureus nosocomii, vgl. ebd.

70 Vgl. ebd., Cap. X.

71 Ebd., Cap. I, 12.

72 Georg Fabricius (1516–1571), geb. in Chemnitz, besuchte die Schulen in Annaberg und Leipzig und studierte in Leipzig. Bis 1538 arbeitete er als Lehrer in Chemnitz und Freiberg. Von 1539–1543 bereiste er Italien und studierte in Padua und Bologna. Seit 1546 wirkte Fabricius als Rektor der sächsischen Landes- und Fürstenschule St. Afra in Meißen. Er verfasste dichterische, philologische und historische Schriften und lieferte zusammen mit Johann Rivius die Grundlagen für die sächsische Schulordnung von 1580; vgl. ADB 6, 1877, S. 510–514; NDB 4, 1959, S. 734f.

73 Vgl. Leges et Statuta, 1634.

74 Vgl. ebd., Cap. I–XIII.

lern im Wechsel wahrzunehmenden Ämter des Vorstehers im *cubiculum*, des Quästors, des Heizers, der Putzhilfe und des Wächters sowie der Singedienst erläutert.[75] Ein den beiden Ordnungen angehängter Lehrplan legte die Unterrichtszeiten und -inhalte der vierklassigen Lateinschule fest.[76] Demnach unterrichtete der Rektor v.a. die Primaner, der Konrektor die Sekundaner, der Kantor und der Tertius die Tertianer und der Quartus die Quartaner. Der Kantor gab jeder Klasse mindestens einmal wöchentlich Musikunterricht. Der Schulunterricht fand an vier Tagen der Woche von 7–10 Uhr und von 12–15 Uhr statt. Mittwoch und Samstag nachmittags und sonntags war unterrichtsfrei. Donnerstag und Freitag morgens besuchten die Schüler während der regulären Unterrichtszeit den Gottesdienst in der St. Thomaskirche, die sich unmittelbar neben der Schule befand.

Inhaltlich waren sowohl die Schulordnungen als auch der Lehrplan von 1634 durch die Grundsätze des Theologen und Reformpädagogen Johann Amos Comenius bestimmt. Das Motto seines in der *Didactica magna* (tschech. 1632; lat. 1657) dargelegten Konzepts lautete: »Alle Menschen alles zu lehren«.[77] Damit forderte Comenius einerseits dazu auf, alle Kinder zu lehren, auch die sozial Schwachen, die weniger Begabten und die Mädchen.[78] Andrerseits wollte er den Sinnzusammenhang der ganzen Welt vermitteln, wobei er das Forschen und Verstehen als Nachvollzug des göttlichen Schöpfungsaktes verstand. Umfassende Aufgabe des Unterrichts sollte nach Comenius die Bildung des ganzen Menschen zu einem Leben gemäß seiner göttlichen Bestimmung sein. Für die Schule erstellte er einen Kanon von fünf Fachgebieten: Naturwissenschaften, Künste, Sprachen, Sittenlehre und Frömmigkeit.[79] Auch in der Didaktik schlug Comenius neue Wege ein: Der Unterricht sollte vom Prinzip der sinnlichen Anschauung und der Selbsttätigkeit geleitet werden. Parallel zur *Didactica magna* erarbeitete er Lehrbücher für den Unterricht der Sprachen und Naturwissenschaften. Die lateinische Ausgabe seines berühmten Sprachlehrbuchs *Ianua linguarum reserata* (1631) wurde 1634 als hauptsächliches Unterrichtsbuch in allen vier Klassen der Leipziger St. Thomasschule eingeführt. Außerdem wurden im Lateinunterricht Cicero und Vergil sowie im Griechischunterricht Isokrates gelesen. Neben lateinischer, deutscher und griechischer

---

[75] Vgl. ebd., Cap. XIV–XVIII.

[76] Vgl. ΣΚΙΑΓΡΑΦΙΑ, [1634].

[77] Zur Reformpädagogik des Johann Amos Comenius (1592–1670) vgl. H. BLANKERTZ, Pädagogik, 1982, S. 32–38; V.-J. DIETERICH, Johann Amos Comenius, 1991, S. 49–64, hier S. 54 (dort auch weiterführende Literatur).

[78] Zur Aufnahme auch sozial schwächerer Jungen – nicht Mädchen – in die St. Thomasschule nach dem Kriterium ihrer Musikalität und Lernfähigkeit vgl. Schul=Ordnung, 1634, Cap. II. VII.

[79] Zur Umsetzung dieser Lernziele an der St. Thomasschule vgl. Schul=Ordnung, 1634, Cap. I–III.

Etymologie, Grammatik, Prosodie, Syntax, Stilistik und Rhetorik sollten die Thomaner in Theologie, Arithmetik und Musik unterrichtet werden. Ziele des Lehrplans waren *pietas, linguae et artes*. Das wichtigste theologische Schulbuch war Leonhart Hütters *Compendium locorum theologicorum* (lat. 1610; dt. 1613), das als eines der verbreitetsten Lehrbücher der lutherischen Orthodoxie in Kursachsen in allen Lateinschulen verbindlich war.[80] An der St. Thomasschule hatte es spätestens im Jahr 1619 Melanchthons *Examen theologicorum* abgelöst und stand bis zum Ende des 18. Jh. auf dem Lehrplan. Laut der Schulordnung von 1634 traktierte der Rektor das Kompendium mit den Primanern und Sekundaner, der Konrektor nur mit den Sekundanern.[81]

Folgt man der Schulordnung, musste Johann Winckler, der 1655 als auswärtiger Schüler an der St. Thomasschule eintraf, anders als die bevorzugten Leipziger Knaben und Bürgerkinder eine Aufnahmeprüfung ablegen. Allgemeine Aufnahmebedingungen waren, dass der Schüler das zwölfte Lebensjahr vollendet hatte und »in arte Musica nicht rudes, sondern deroselben guten theils erfahren/ vnd ein Stück fertig und artig musiciren« könne.[82] Da Winckler als Alumnus eintreten, d.h. wie etwa ein Drittel der Thomaner durch Mitwirkung im Chor sein Kost- und Schulgeld verdienen und von den Legaten profitieren wollte,[83] wurde er wahrscheinlich außerdem vom Rektor in Grammatik, vom Kantor in Musik und von beiden dahingehend geprüft, ob er »mit Nutz zu unterweisen seyn möchte«.[84] Sodann musste er Gehorsam und Fleiß versprechen. Schließlich teilte ihn der Rektor in eine Wohnstube zusammen mit Schülern aus höheren Klassen ein, die ihn beaufsichtigen, ihm bei den Schulaufgaben helfen und ihn durch Worte und eigene Taten zu gottgefälligem Verhalten anleiten sollten.[85]

Während Johann Wincklers Schulzeit wurde die St. Thomasschule von Rektor Georg Cramer geleitet.[86] Durch das Einwerben zusätzlicher Speisungslegate bei den Leipziger Bürgern versuchte er, Hunger und Not der Alumnen zu mildern. In dem Streit, der 1660 zwischen der St. Thomasschule und dem kurfürstlichen Konsistorium in Leipzig über eine in deutscher Sprache aufgeführte Schulkomödie ausbrach, ergriff Cramer die Partei der

80 Zum »Compendium locorum theologicorum«, dem erfolgreichsten Lehrbuch des Wittenberger Theologen Leonhart Hütter (1563–1616), einem Verfechter der Konkordienformel, vgl. J.A. STEIGER, Nachwort, in: L. HÜTTER, Compendium, 2006, S. 699–791, bes. S. 700f. 747–754.

81 Vgl. ΣΚΙΑΓΡΑΦΙΑ, [1634].

82 Schul=Ordnung, 1634, Cap. VII, 1.

83 Vgl. M. GECK, Johann Sebastian Bach, 1991, S. 18.

84 Ebd.; vgl. Schul=Ordnung, 1634, Cap. II, 9.

85 Vgl. ebd., Cap. II, 13; Leges et Statuta, 1634, Cap. XIV.

86 Georg Cramer (1610–1676) war seit 1633 dritter Lehrer, seit 1634 Konrektor und seit 1640 Rektor der Thomasschule; vgl. B. KNICK (Hg.), St. Thomas, 1963, S. 102f.

theaterspielenden Schüler.[87] Als Konrektor wirkte seit 1642 Friedrich Rappolt, später Universitätsprofessor in Leipzig.[88] Kantor war bei Wincklers Ankunft Tobias Michael, dem aufgrund seiner Gebrechlichkeit Johann Adam Krieger zur Seite stand.[89] Als Michael 1657 starb, wurde Sebastian Knüpfer sein Nachfolger. Dieser widmete sich mit ganzer Kraft dem Kantorat: Er hielt wöchentlich sieben statt vier Musikstunden, ordnete die Kirchenmusiken neu und verfasste für die Universitätsstudenten eine eigene Sammlung *Lustiger Madrigalien und Canzonetten* (1663). Bei den häufigen Besuchen der St. Thomaskirche konnte Winckler während seiner Schulzeit einige der einflussreichsten Leipziger Theologen der Orthodoxie predigen hören:[90] den Superintendenten und Professor der Theologie Johann Hülsemann[91] sowie die Pfarrer und Diakone Abraham Teller, Martin Geier, Samuel Lange und Johann Ulrich Mayer.[92] Nachhaltig beeindruckt hat ihn nach eigenen Angaben der spätere Dresdner Hofprediger Geier, der für ihn in homiletischer Hinsicht zeitlebens ein Vorbild blieb.[93]

Neben dem regulären Unterricht zunächst durch die Baccalaurei und die Präzeptoren, dann durch Kantor Knüpfer und Rektor Cramer wurde Johann Winckler in seinen letzten Schuljahren durch Andreas Beyer (1636–1716) auf das Universitätsstudium vorbereitet.[94] Beyer, der seit seiner Kindheit an einer Gehbehinderung litt, war nur wenige Jahre älter als Winckler und stammte wie dieser aus einer bescheidenen ländlichen Handwerkerfamilie.[95]

---

[87] Zu den im 17. Jh. weit verbreiteten, öffentlichen Schüleraufführungen vgl. F. PAULSEN, Geschichte 1, ^{3}1919, S. 363–368.

[88] Zu Friedrich Rappolt s.u. 2.2.1.

[89] Zu den Kantoren der Thomasschule vgl. B. KNICK (Hg.), St. Thomas, 1963, S. 114–116.

[90] Vgl. M. MATTHIAS, Orthodoxie, 1995 (hier weitere Literatur).

[91] Johann Hülsemann (1602–1661), geb. in Esens in Ostfriesland, studierte in Rostock, Marburg, Leipzig und Wittenberg und wurde 1630 Doktor und Professor der Theologie in Wittenberg. 1646 wurde er nach Leipzig berufen, wo er Pastor an St. Nikolai und zweiter Professor der Theologie wurde. 1657 stieg er zum Superintendenten der Stadt Leipzig und zum ersten Professor für Theologie auf. Er verfasste eine Anleitung zum theologischen Studium (1638) und leistete Vorarbeiten zum »Consensus repetitus fidei vere Lutheranae« (1655) des Abraham Calov; vgl. ADB 13, 1881, S. 332f; G.B. WINER, Theologische Facultät, 1843, S. 16; O. KIRN, Theologische Fakultät 1, 1909, S. 70. 82; H. LEUBE, Reformideen, 1924, S. 57f.

[92] Zu Martin Geier und Samuel Lange s.u. 2.2.3.

[93] Vgl. Wincklers schriftliche Rechtfertigung seiner Predigtweise gegenüber dem Geistlichen Ministerium Hamburg vom 10.8.1690; SUB HH, Cod. Hans. III, 117–119 (Nr. 24, S. 2).

[94] Vgl. SUB HH, LA: Winckler, Johann, fol. 5; C. BÜSSING, Gnade Gottes, 1705, S. 32; G.E. EDZARD, Elogium Funebre, 1705, fol. 2^{r}.

[95] Andreas Beyer (1636–1716), geb. in Waldkirchen bei Zschopau, besuchte die Schule in Freiberg und seit 1657 die Universität in Leipzig, wo er 1660 zum Baccalaureus und 1661 zum Magister promovierte. 1662 wurde er Konrektor und 1672 Rektor an der St. Nikolaischule in Freiberg, 1680 Frühprediger und 1699 Amtsprediger an der St. Nikolaikirche. Er verstand angeblich 12 Sprachen und stand in Kontakt mit den Gelehrten Hermann von der Hardt und Georg Gentz. Neben pädagogischen Schriften verfasste er mehrere erbauliche Bücher, in denen sich auch sein technisches Interesse am Bergbau zeigte, z.B. »Der Christliche Bergmann« (Leipzig 1681),

Er studierte seit 1656 an der Universität Leipzig und erwarb sein Auskommen während des Studiums, indem er bei dem Geistlichen Johann Ulrich Mayer[96] famulierte, an St. Nikolai als Prediger aushalf und Thomaner auf das Studium präparierte. In seinen zu diesem Zweck eingerichteten philologischen und philosophischen Kollegs erlernte auch Winckler die biblischen Grundsprachen.[97] Außerdem fertigte Beyer private Abschriften, Bibliothekskataloge u.ä. für die Theologen Johann Ulrich Mayer und Martin Geier sowie für den bedeutenden Historiker Johann Andreas Bose an.[98] Er war auch mit den berühmten Theologieprofessoren Johann Hülsemann und Johann Adam Scherzer bekannt. Nach dem Studium in Leipzig ging Beyer zuerst in den Schuldienst, dann in das Pfarramt nach Freiberg. Er wurde seines großen Fleißes, seiner pädagogischen Begabung, seiner intensiven, besonders durch Johann Arndts *Paradiesgärtlein* (1612) inspirierten Gebetsfrömmigkeit und seiner Liebe zur Bibel wegen sehr gerühmt.[99] Sein auf dem Grabstein verewigter Wahlspruch lautete: »*Biblia noster amor*«. In Leipzig hielt Beyer »gottselige Exercitia in seinem Hauß mit andern über Arnds Christenthumb«,[100] d.h. über die *Vier Bücher vom wahren Christentum* (1605–1610), an denen auch Winckler teilnahm. Spätestens hier lernte Winckler die immens verbreiteten Erbauungsbücher von Johann Arndt kennen,[101] der als einer der meistgelesensten Schriftsteller des nachreforma-

---

»Salomonis Regier-, Haushaltungs- und Sitten-Kunst« (Leipzig 1684), »Seelen-Schatz« (Leipzig 1691). In seiner umfangreichen Bibliothek sammelte er u.a. Bibeln; vgl. Jüngere Matrikel 2, 1909, S. 30; C.G. WILISCH, Kirchen=Historie, 1737, S. 195–197; DERS., Geburt, 1757, S. 17–24. Zu Beyers bergmännischem Interesse vgl. T. NEESSE, Arbeiterschaft, 1987/88, S. 44f.

96 Johann Ulrich Mayer (1616–1679), geb. in Leipzig, Sohn des Juraprofessors Johann Mayer und Vater des Theologen Johann Friedrich Mayer, studierte in Leipzig und promovierte 1637 zum Magister. 1640 wurde er Sonnabendprediger an St. Thomas, 1645 Subdiaconus (Mittagsprediger), 1657 Diaconus (Vesperprediger), 1661 Archidiaconus und 1667 Pfarrer an St. Thomas. 1668 promovierte er zum Dr. theol. Er war in erster Ehe mit Ursula Sabine Braun (†1670) und in zweiter Ehe mit Anna Justine Schwendorf, der Witwe Hieronymus Kromayers, verheiratet; vgl. AGL 3, 1751, Sp. 328; J.G.W. DUNKEL, Nachrichten 2,4, 1756, S. 667–670; RE³ 12, 1903, S. 474; Sächsisches Pfarrerbuch 1, 1939, S. 333–336.

97 Vgl. Threni, 1705, S. 58f.

98 Die Privatbibliotheken waren deshalb von großer Bedeutung, weil die 1542 aus ehemaligen Klosterbeständen gestiftete Leipziger Universitätsbibliothek in der Mitte des 17. Jh. ungeordnet, veraltet und zudem für Studenten nur schwer zugänglich war. Die Studierenden waren daher auf das Wohlwollen von Gelehrten angewiesen, die wie Martin Geier, Friedrich Benedikt Carpzov und Johann Andreas Bose umfangreiche Büchersammlungen besaßen; vgl. D. DÖRING, Samuel Pufendorf, 1994, S. 12, H. HELBIG, Universität Leipzig, 1953, S. 77f.

99 Vgl. z.B. C.G. WILISCH, Geburt, 1757, S. 18. 20f.

100 J. WINCKLER, Wohlgemeintes Sendschreiben, 1690, fol. B2ᵛ (benutztes Exemplar der SUB HH); s. Teil II. 1.3, Nr. 15).

101 Der Auktionskatalog von Wincklers Bibliothek weist eine Frankfurter Ausgabe der »Vier Bücher vom wahren Christentum« von 1658 auf, die Winckler bereits in Leipzig besessen haben könnte. In seiner Bibliothek standen Arndts Erbauungsbücher wohl direkt hinter Thomas von

torischen Protestantismus zusammen mit Stephan Praetorius, Martin Moller, Philipp Nicolai, Valerius Herberger und Johann Gerhard seit etwa 1600 eine Wende im lutherischen Frömmigkeitsverständnis einleitete.[102] Arndt kann als eine übergreifende Figur für Orthodoxie und Pietismus gelten.[103] Nach Herkunft, Milieu und Berufspraxis war er ein orthodoxer Lutheraner und stellte auch das lutherische Kirchentum, das die selbstverständliche Ausgangsbasis und den Horizont seines Handelns bildete, nicht in Frage.[104] Theologisch knüpfte er jedoch an mystische und spiritualistische Traditionen an, deren Verlangen nach inwendiger religiöser Erfahrung er zur Geltung zu bringen versuchte.[105] Nach Arndt erweist sich das wahre, lebendige Christentum nicht in der reinen Lehre, sondern vorrangig in einem heiligen, aus der »neuen Geburt« kommenden Leben, das durch Selbst- und Weltverleugnung auf die Wiederaufrichtung der Gottebenbildlichkeit des Menschen abzielt.[106] Beyers Einfluss auf Winckler dürfte nicht zu unterschätzen sein: Zum einen stellte er für den Jüngeren ein Bindeglied zu der diesem bis dahin verschlossenen Welt der Universitätsprofessoren und gelehrten Stadtpfarrer dar. Zum anderen war er einer der ersten Mentoren, die Winckler zu einer verstärkten, v.a. an Arndt orientierten Frömmigkeitspraxis sowie zu vermehrter Bibellektüre anleiteten. Schließlich war Beyer in seinem erzieherischen Interesse und in den von ihm veranstalteten Exerzitien auf lange Zeit ein wichtiges Vorbild für Winckler.[107] Trotz bald getrennter Lebenswege blieben beide zeitlebens freundschaftlich verbunden.[108]

Kempens »De imitando Christo« (Basel 1576), während eine an dieser Stelle ebenfalls zu erwartende Ausgabe der »Theologia deutsch« fehlt; vgl. Catalogus, 1721, S. 304.

[102] Zu Johann Arndt (1555–1621) vgl. M. BRECHT, Aufkommen, 1993, S. 130–151; F.E. STOEFFLER, Johann Arndt, ²1994; J. WALLMANN, Pietismus, 1990, S. 13–24; DERS., Johann Arndt, 1995; DERS., Johann Arndt, 2005; DBE 1, 1995, S. 174f; RGG⁴ 1, 1998, Sp. 788f; H. GEYER, Verborgene Weisheit 1–3, 2001; H. SCHNEIDER, Arndt, 2006.

[103] Vgl. J. WALLMANN, Johann Arndt, 2005, S. 36.

[104] Vgl. H. GEYER, Verborgene Weisheit 1, 2001, S. 216–227, bes. 222f.

[105] Bis in die neueste Forschung wird Johann Arndts Stellung in der Kirchen- und Theologiegeschichte kontrovers beurteilt: Für die einen steht er in der Tradition des lutherischen Kirchentums und bereitete eine kirchliche Frömmigkeits- und Reformbewegung vor, für die anderen steht er v.a. im Kontext des mystischen Spiritualismus; vgl. H. GEYER, Verborgene Weisheit 1–3, 2001; T. KAUFMANN, Nahe Fremde, 2003, S. 239; H. SCHNEIDER, Johann Arndt als Lutheraner? (1992), in: DERS., Arndt, 2006.

[106] T. KAUFMANN, Nahe Fremde, 2003, S. 239; J. WALLMANN, Johann Arndt, 2005, S. 36; H. SCHNEIDER, Johann Arndt als Lutheraner? (1992), in: DERS., Arndt, 2006, S. 76. 79f.

[107] Noch über 30 Jahre später beruft sich Winckler bei der Verteidigung seiner Hamburger Collegia pietatis auf die Vorbilder Philipp Jakob Spener und Andreas Beyer; vgl. J. WINCKLER, Wohlgemeintes Sendschreiben, 1690, fol. B2^{v}.

[108] Vgl. Threni, 1705, S. 58f; Nova Literaria Germaniæ, 1705, S. 196; P.A. LEHMANN, Historische Remarques, 1706, S. 126.

2.2 Studienjahre (1660–1668)

2.2.1 Grundstudium an der Universität Leipzig

Im Sommersemester 1660 leistete Johann Winckler den akademischen Eid[1] und begann an der Leipziger Universität Philologie und Philosophie zu studieren.[2] Die Universität Leipzig war in der zweiten Hälfte des 17. Jh. vor Jena und Wittenberg die beliebteste deutsche Hochschule – auch bei den Grimmaer Bürgerssöhnen.[3] Sie zählte zwischen 1660–1670 durchschnittlich etwa 750–850 Studenten, von denen gut 300 im Hauptstudium Theologie studierten.[4]

Die Leipziger Universität war 1409 gegründet worden, nachdem König Wenzel IV. durch das Kuttenberger Dekret das Stimmenverhältnis an der seit 1348 bestehenden Universität Prag zugunsten der böhmischen Nation verändert hatte und aus Protest etwa 700 deutsche Magister und Studenten die Stadt verließen.[5] Wie in Prag gliederte die mittelalterliche Verfassung der Leipziger Universität das innere Leben der akademischen Körperschaft unter der Leitung eines Rektors in vier Nationen und vier Fakultäten. Von Anfang an bestanden eine *facultas artium*, eine juristische, eine medizinische und eine theologische Fakultät. Die Zugehörigkeit der Studenten und Lehrenden zu einer der vier »Nationen« der Meißner, Sachsen, Bayern und Polen bot die Voraussetzung für wichtige Universitätsrechte und hatte ursprünglich ihr sichtbares Zeichen in der Unterbringung in vier verschiede-

---

[1] Wincklers Immatrikulation an der Universität Leipzig (s.o. 2.1.3) wurde im Sommersemester 1660 unter dem Rektorat von Johannes Ittig um den Vermerk erweitert, dass er den akademischen Eid geleistet habe; vgl. Jüngere Matrikel 2, 1909, S. 500. Unter der Eidesleistung ist der 1579 eingeführte Gehorsamseid zu verstehen, den bis 1699 alle Mitglieder der Leipziger Universität gegenüber dem Universitätsrektor abzulegen hatten. »Die Iurati bildeten [...] die Studentenschaft. Daß sie Vorlesungen hörten oder wenigstens am Ort anwesend waren, war zwar nicht erforderlich, aber die Regel«;. ebd. Bd. 1, S. ILf; vgl. auch ebd., S. IL–LI. Bd. 2, S. XXIIf.

[2] Die meisten biographischen Texte geben als Jahr des Studienbeginns 1659 an; vgl. SUB HH, LA: Winckler, Johann, fol. 5; C. BÜSSING, Gnade Gottes, 1705, S. 32; G.E. EDZARD, Elogium Funebre, 1705, fol. 2r; A.C.C. CUNO, Gesammlete Nachrichten, 1769, S. 47. Demgegenüber ist jedoch aufgrund des Matrikeleintrags das Jahr 1660 anzunehmen. Bei Studienbeginn wurde an Winckler sicherlich die damals noch für alle Studienanfänger obligatorische Zeremonie der Deposition vollzogen, eine demütigende Handlung durch höhere Semester, bei der aus dem »rohen« und »bäuerischen« *beanus* der gesittete Student werden sollte; vgl. D. DÖRING, Samuel Pufendorf, 1994, S. 10; Jüngere Matrikel 1, 1909, S. LI–LIV.

[3] Im 17. Jh. studierten 338 junge Männer aus Grimma und Umgebung in Leipzig; vgl. C.G. LORENZ, Grimma 3, 1856, S. 601f. 683.

[4] Vgl. F. EULENBURG, Frequenz, 1904, S. 56. 102; G. MÜHLENPFORDT, »Sächsische Universitäten«, 1987, S. 35f.

[5] Zur Geschichte der Leipziger Universität vgl. G. WARTENBERG, Leipzig, Universität, 1990. Leider fehlt m.W. eine neuere zusammenhängende Darstellung der Geschichte der Leipziger Universität, ihrer Institutionen, Fakultäten und Stipendien.

nen Bursen.[6] Die materiellen Mittel der Leipziger Universität stammten im Rahmen des Kollegiensystems aus Pfründen, d.h. feudal belasteten, leistungspflichtigen Grundstücken und zinstragenden Kapitalien, die während der Reformation von Herzog Moritz erheblich vermehrt worden waren.[7] Auch strukturell war die Hochschule, wie Winckler sie während seiner beiden Studienaufenthalte 1660/61 und 1666–1668 kennen lernte, durch die Reformation des 16. Jh. geprägt. Grundlegend für die Universitätsverfassung im 17. Jh. waren die Satzungen, die Caspar Borner, Philipp Melanchthon und Joachim Camerarius im Zuge der 1539 im albertinischen Sachsen eingeführten Reformation erarbeitet hatten.[8]

Die philosophische Fakultät war 1558 von Joachim Camerarius reformiert worden und hatte erstmals neun fachwissenschaftlich festgelegte Professuren erhalten.[9] Als Lehrstoff der artistischen Fakultät wurden lateinische und griechische Grammatik und Literatur, aristotelische Dialektik, Rhetorik nach Quintilian und Cicero, Poetik anhand von Vergil und Terenz, höhere Mathematik, Arithmetik, Naturlehre und Physik definiert. Trotz der vielen späteren Visitationen und Veränderungen der Universität Leipzig bis zur Mitte des 17. Jh. scheint es im Großen und Ganzen bei diesem Fächerkanon geblieben zu sein.[10] Als theologisches Lehrbuch wurde wie schon an der St. Thomasschule Leonhart Hütters *Compendium locorum theologicorum* verwandt.[11] Durch das Visitationsdekret von Kurfürst Johann Georg II. waren 1658 regelmäßige zweisemestrige Vorlesungen nach dem Aufriss

---

6 Die Angehörigen der am stärksten vertretenen sog. meißnischen Nation – sie stellte nach dem Dreißigjährigen Krieg über die Hälfte der Leipziger Studenten – entstammten zunächst dem Herrschaftsbereich der Landesfürsten im thüringisch-obersächsischen Raum, die der sächsischen Nation dem Kurkreis Sachsen und Brandenburg, Norddeutschland, England, Skandinavien und Teilen des Baltikums, die der bayerischen Nation Franken, Süddeutschland, Österreich, der Schweiz, Frankreich, Italien und Spanien, und die der polnischen Nation Ostdeutschland, Böhmen, Mähren, Polen mit Litauen, Russland und Ungarn. Später wurden die Herkunftsbereiche der Nationen mehrfach neu definiert. Die vier Nationen traten zur Universitätsversammlung zusammen, stellten turnusweise den Rektor (bis 1830), die Mitglieder des Großen Rats sowie der Fakultäten und waren für die Besetzung der Lehrstühle zuständig; vgl. Jüngere Matrikel 2, 1909, S. XXVIf; H. HELBIG, Universität Leipzig, 1953, S. 9f. 35. 114.

7 1544 erhielt die Universität Leipzig von Herzog Moritz zusätzlich zu den drei »alten Universitätsdörfern« fünf zuvor dem St. Thomaskloster gehörige Dörfer mit allem Zubehör, die Zinsen ehemaliger Klostergüter im Leipziger Umland sowie das gesamte ehemalige Dominikanerkloster St. Pauli in Leipzig, dessen Klosterkirche zur Universitätskirche wurde; vgl. H. HELBIG, Universität Leipzig, 1953, S. 78–83; K. BLASCHKE, Universität Leipzig, 1987, S. 133f.

8 Zu Melachthons Beiträgen zur Universitätsreform vgl. I. MAGER, Melanchthons Impulse, 1999.

9 Zur philosophischen Fakultät der Leipziger Universität vgl. H. HELBIG, Universität Leipzig, 1953, S. 114f.

10 Um 1650 gehörten folgende Fächer zum philosophischen Grundstudium: beide klassische Sprachen, Philosophie, Geschichte, Logik, Metaphysik, Mathematik und Physik; vgl. D. DÖRING, Samuel Pufendorf, 1994, S. 20–26.

11 Vgl. J.A. STEIGER, Nachwort, in: L. HÜTTER, Compendium, 2006, S. 763–765.

des Kompendiums verordnet worden. Als Hörerschaft dieser elementaren Vorlesungen kamen v.a. diejenigen Studenten in Betracht, die sich wie Winckler aus finanziellen Gründen keine langen Studienzeiten erlauben konnten.

An der philosophischen Fakultät, die er wie alle zukünftigen Theologiestudenten zunächst für mindestens drei Semester besuchen musste, pflegte Winckler die zunehmend wechselseitige Beziehung zu Andreas Beyer, bis dieser 1662 als Konrektor nach Freiberg ging. Winckler half ihm bei seinen Kollegs, während er selbst weiterhin von Beyers Sprachunterricht profitierte.[12] Möglicherweise besuchte er auch die philologischen und philosophischen Vorlesungen des jungen Magisters Johannes Olearius (1639–1713).[13] Besondere Förderung empfing er von Friedrich Rappolt (1615–1676), den er schon als Konrektor der St. Thomasschule kennen gelernt hatte.[14] Der seit 1644 der philosophischen Fakultät angehörende Rappolt war während Wincklers Philosophiestudium Professor für Poesie.[15] Seit 1642 war er Konrektor der St. Thomasschule und zugleich zwischen 1663–1669 Rektor der St. Nikolaischule. 1667 wurde er außerordentlicher, 1670 ordentlicher Professor der Theologie in Leipzig. Rappolt bekleidete während seiner langjährigen Tätigkeit an der Leipziger Universität eine Vielzahl von Äm-

---

[12] Vgl. Threni, 1705, S. 58f; Nova Literaria Germaniæ, 1705, S. 196. Zu Andreas Beyer s.o. 2.1.3.

[13] Johannes Olearius (1639–1713), geb. in Halle, war ein Enkel des Helmstedter Theologen Johannes Olearius. Er studierte seit 1657 in Leipzig, Wittenberg und Jena, erwarb 1660 in Leipzig den Magistergrad und hielt seit 1661 philologische und philosophische Vorlesungen. 1663 wurde er Assessor der philosophischen Fakultät, 1665 Professor für Griechisch und 1668 Dr. theol. 1677 wurde er als Nachfolger von Friedrich Rappolt Theologieprofessor in Leipzig. Er wirkte mehrfach als Universitätsrektor und wurde 1683 Domherr zu Zeitz. Seit 1667 war er mit der Leipziger Professorentochter Anna Elisabeth Müller verheiratet. Olearius galt am Ende des 17. Jh. als einer der gebildetesten deutschen Theologen und betrieb v.a. biblische Exegese. Mit August Hermann Francke befreundet vertrat er einen gemäßigten, auf die Heiligung des Lebens zielenden Pietismus; vgl. AGL 3, 1751, Sp. 1053f. Bd. 9, 1816, Sp. 1052–1055; ADB 24, 1887, S. 280–282; BBKL 6, 1993, Sp. 1192–1195; NDB 19, 1999, S. 515f.

[14] Vgl. SUB HH, LA: Winckler, Johann, fol. 5; C. Büssing, Gnade Gottes, 1705, S. 32; G.E. Edzard, Elogium Funebre, 1705, fol. 2r.

[15] Friedrich Rappolt (1615–1676), geb. in Reichenbach, besuchte die sächsische Landes- und Fürstenschule in Schulpforta, studierte seit 1634 als kurfürstlicher Stipendiat in Leipzig und promovierte 1636 zum Magister. 1644 wurde er Assessor der philosophischen Fakultät, 1651 Professor für Dialektik und 1656 Professor der Poesie. 1667 wurde er Extraordinarius der Theologie, 1668 promovierte er zum Dr. theol. und wurde 1670 neben Johann Adam Scherzer, Georg Möbius und Georg Lehmann erst vierter, dann dritter ordentlicher Professor für Theologie an der Leipziger Universität und Domherr in Zeitz. Er hielt verschiedene Privatkollegien, u.a. solche gegen Papisten und Calvinisten. Seit 1647 war er mit Maria Elisabeth Franckenstein verheiratet. Er verfasste einen Horaz-Kommentar, theologische Abhandlungen über den Kolosser-, den Titus- und die Johannesbriefe sowie die »Meditationes supremae« zur Sterbevorbereitung; vgl. J.B. Carpzov, Friedrich Rappolt, 1678, S. 119–130; ADB 27, 1888, S. 301f; O. Kirn, Theologische Fakultät 1, 1909, S. 71. 126. 133; P.J. Spener, Briefe 2, 1996, Nr. 41, S. 188.

tern: das Prokanzellariat, das Dekanat der philosophischen bzw. theologischen Fakultät, die Leitung des kurfürstlichen Stipendiums, das Seniorat der Meißnischen Nation usw. Schließlich gehörte er zu den Gründungsmitgliedern des »Collegium Gellianum«, einer von 1641–1673 bestehenden frühen Gelehrtengesellschaft.[16] Ein kleiner Kreis von jüngeren Gelehrten, dem zeitweilig auch die Theologen Samuel Lange, Johann Adam Scherzer, Johannes Olearius, Johann Benedikt und Samuel Benedikt Carpzov angehörten, traf sich wöchentlich zu privaten wissenschaftlichen Vorträgen und Diskussionen, Wanderungen, Festen und gemeinsamem Gesang. Johann Benedikt Carpzov, der 1678 auf Rappolt die Leichenpredigt hielt, beschrieb den für Winckler wichtigsten Professor an der philosophischen Fakultät als ein hervorragendes Beispiel für die Einheit von Glaube und Lehre: Nicht allein gelehrte Bildung, sondern vielmehr der feste Glaube an die rechtfertigende Gnade Gottes habe Rappolt zu einem vorbildlichen Theologen und Lehrer etlicher bedeutender Männer gemacht.[17] Rühmend hob Carpzov zudem hervor, »mit was vor fleiß und treue er seine anvertraute discipulos unterrichtet« habe.[18]

Wo Johann Winckler während seiner Leipziger Studienzeit untergebracht war, ist unbekannt. Die meisten jungen Studenten wohnten im 17. Jh. unter der Aufsicht von Magistern in einer der Bursen und unterlagen genauen Disziplinarvorschriften.[19] Die Kollegien gehörten der Universität bzw. wurden von ihr gemietet, und die Studenten zahlten für Kost und Logis. Ältere

[16] Seinen Namen erhielt das »Collegium Gellianum« aus den »Noctes Atticae« des Aulus Gellius, in denen eine Art Fragespiel während des Saturnalienfestes geschildert wird, bei dem Probleme aus verschiedenen Wissensgebieten zu lösen waren. Die Zahl der Mitglieder des Kollegiums war auf neun begrenzt; Gäste nahmen nur sporadisch an den Treffen teil. Aufnahmebedingungen waren die Zustimmung der Mehrheit der Mitglieder, Gelehrsamkeit, *modestia*, Friedfertigkeit und Ehrlichkeit. Die von den Mitgliedern zu haltenden Vorträge behandelten vorrangig die *philologia sacra*, die griechische und römische Altertumskunde und aktuelle theologische Fragen, wie die Lehren des Georg Calixt. Großer Wert wurde im »Collegium Gellianum« auf die Gestaltung des musikalisch-literarischen Lebens gelegt. Als zweite Gelehrtengesellschaft entstand in Leipzig 1655 das »Collegium Anthologicum«, das sich in Organisation und Inhalt stark am »Collegium Gellianum« orientierte. Ihm gehörten Studenten und jüngere Magister an, wie Samuel Pufendorf, Balthasar Bebel und Valentin Alberti. Als dritte Gesellschaft wurde 1664 das »Collegium Conferentium« gegründet, dessen prominentestes Mitglied Gottfried Wilhelm Leibniz war; vgl. D. DÖRING, Gelehrtengesellschaften, 1989; DERS., Samuel Pufendorf, 1994, S. 15–18. 67f. In der neueren Veröffentlichung D. Dörings und K. Nowaks zu den Gelehrtengesellschaften im mitteldeutschen Raum (2000–2002) fehlen die genannten Leipziger Sozietäten.

[17] Vgl. J.B. CARPZOV, Friedrich Rappolt, 1678, S. 12f. Johann Benedikt Carpzov war mit Friedrich Rappolt offenbar gut bekannt; er hielt 1691 auch auf dessen Ehefrau, Maria Elisabeth Rappolt geb. Franckenstein, die Leichenpredigt.

[18] Ebd., S. 126.

[19] Zur Unterbringung Leipziger Studenten vgl. M. HEINZE, Konvikt, 1912; W. STIEDA, Leipziger Konvikt, 1912.

Abb. 6: Leipzig 1665

Studierende lebten oftmals als Famulus oder Kostgänger im Haus eines gelehrten Bürgers oder Geistlichen und erhielten dort Verpflegung und Unterricht.[20] Schließlich gab es die Möglichkeit, in das Konvikt aufgenommen zu werden. Das Konvikt war 1544 im Zuge der Gründung des Kurfürstlichen Stipendiums im ehemaligen Dominikanerkloster St. Pauli eingerichtet worden. Es wurde durch verschiedene private und kurfürstliche Stiftungen sowie das Kostgeld der Studenten finanziert. Im 17. Jh. diente es den 75 kurfürstlichen Stipendiaten als Wohnheim und vielen weiteren Studierenden als Mensa.

[20] In Wincklers Fall wäre hier an Professor Friedrich Rappolt zu denken. Zu dieser Frage vgl. D. DÖRING, Samuel Pufendorf, 1994, S. 11f.

2.2.2 Autodidaktische Studienphase und Magisterpromotion

Nach zwei Jahren musste Winckler mangels finanzieller Mittel das Studium für längere Zeit unterbrechen.[21] Er kehrte in seine Heimatstadt Grimma zurück, wo er seinen Lebensunterhalt als Hauslehrer erwarb und erstmals selbst pädagogisch tätig wurde.[22] Seine Studien setzte er selbsttätig fort.[23] Einen Eindruck davon, wie er diese betrieb, vermittelt vielleicht die Studienanleitung *Brevis discendae theologiae ratio*, die Melanchthon um 1530 für einen offenbar ratlosen Studenten aufsetzte.[24] In diesem, neben dem von Hieronymus Weller für das 16. Jh. wichtigsten Leitfaden für ein autodidaktisches Studium erteilte Melanchthon Anweisungen für ein studienbegleitendes oder auch ganz privates Lernen nach nur kurzem Universitätsaufenthalt und gab dem theologisch Interessierten folgende Empfehlungen: Zum einen sollte die Bibel gleichsam als erbauliche kursorische Morgen- und Abendlektüre nach und nach einmal ganz durchgelesen und im Blick auf darin enthaltene wichtige dogmatische Stellen bedacht werden.[25] Zum anderen sollte durch die Lektüre ausgewählter biblischer Passagen etwa des Römer-, Galater- und Kolosserbriefes ein eigenes dogmatisches System nach Art von Melanchthons *Loci Communes* (1521) erstellt werden. Nach der Erarbeitung des Neuen Testaments sollte ähnlich mit dem Alten Testament verfahren werden. Zuletzt rundete Melanchthon seine Ratschläge für das Selbststudium der Schrift durch den Appell ab, das Erkannte auch praktisch, d.h. in der eigenen Lebenswirklichkeit, zu bewähren.

Eine weitere Studienanweisung, die Einblick in Wincklers Privat- und Universitätsstudium gewähren könnte, ist der von dem Wittenberger Theologieprofessor und späteren Leipziger Superintendenten Johann Hülsemann veröffentlichte *Methodus studii theologici* (1638). Wie andere zeitgenössische Anleitungen für ein universitäres Theologiestudium, z.B. von Johann Gerhard, Abraham Calov, David Chytraeus oder Johann Andreas Quen-

---

[21] Finanzierungsnot führte bei vielen Theologiestudenten im 17. Jh. zu längeren Studienpausen. Im ersten Drittel des 17. Jh. lag die durchschnittliche Zeitspanne zwischen Immatrikulation und Übernahme eines Schul- oder Pfarramts bei 7,5 Jahren; vgl. T. KAUFMANN, Universität, 1997, S. 347f.

[22] Vgl. SUB HH, LA: Winckler, Johann, fol. 5; C. BÜSSING, Gnade Gottes, 1705, S. 32; Nova Literaria Germaniæ, 1705, S. 196; A.C.C. CUNO, Gesammlete Nachrichten, 1769, S. 47.

[23] Dass der Unterricht anderer Schüler oder Studenten eine verbreitete Möglichkeit war, das eigene Studium zu finanzieren, zeigen z.B. die Lebensläufe von Wincklers Zeitgenossen Andreas Beyer, Philipp Jakob Spener, Johann Heinrich May, Samuel Pufendorf und Balthasar Bebel.

[24] Zu Überlieferung und Inhalt der Studienanleitung vgl. I. MAGER, Melanchthons Impulse, 1999, S. 115–117.

[25] Zu der in der Orthodoxie verbreiteten Methode, die Bibel nach einem festen Lehrplan durchzulesen, vgl. J. WALLMANN, Katechismuschristentum, 1994, S. 45f.

stedt,[26] zeigt auch Hülsemanns Leitfaden unverkennbar melanchthonische Einflüsse: Betonung der Sprachkenntnisse, Hochschätzung der Rhetorik, Systematikunterricht anhand der *Loci Communes* durch Vorlesen (seitens der Professoren) und Abschreiben (seitens der Studenten).[27] Die umfangreichen Leselisten, die Hülsemann aufstellt, umfassen Kirchenväter, Scholastiker, Humanisten, Reformatoren und nachreformatorische Theologen. Es ist anzunehmen, dass Winckler, dessen spätere Bibliothek die Leitfäden von David Chytraeus und Lukas Osiander dem Älteren enthielt,[28] nach diesen oder ähnlichen Ratgebern das philosophische Grundstudium abrundete und das Theologiestudium aufnahm.

1663 war Winckler durch sein autodidaktisches Studium so weit fortgeschritten, dass er an die benachbarte Universität Jena reisen und dort zum Magister der Philosophie promovieren konnte.[29] Bisher war nicht bekannt, dass der Rektor Severus Christoph Olpe (1627–1673) als Wincklers Promotor wirkte und ihm den Magistertitel verlieh.[30] Aus Olpes Amtszeit ergibt sich für den Zeitpunkt der Magisterpromotion – entgegen der bisherigen Forschung – das Sommersemester 1663.[31] Ein längerer Aufenthalt an der

---

[26] Zu den genannten Studienanleitungen vgl. K.G. APPOLD, Melanchthonbild, 1999; T. KAUFMANN, Universität, 1997, S. 253–318.

[27] Vgl. K.G. APPOLD, Melanchthonbild, 1999, S. 81f.

[28] Der Auktionskatalog von Wincklers Bibliothek weist folgende Studienratgeber auf: D. CHYTRAEUS, De studio Theologiae recte inchoando, Rostock 1572; DERS., Sententia Syracidis, Wittenberg 1568; L. OSIANDER, Admonitio de studiis privatis recte instituendis, Tübingen 1591; vgl. Catalogus, 1721, S. 296f.

[29] Vgl. C. BÜSSING, Norm und Form, 1705, S. 33; Nova Literaria Germaniæ, 1705, S. 196; A.C.C. CUNO, Gesammlete Nachrichten, 1769, S. 47. In der Matrikel der Universität Jena 2, 1977, konnte Winckler nicht nachgewiesen werden. Laut schriftlicher Auskunft der Thüringer Universitäts- und Landesbibliothek Jena vom 14.3.2000 ergaben auch eingehende Nachforschungen im Universitätsarchiv keinen Hinweis auf einen Studienaufenthalt oder eine Magisterprüfung Wincklers in Jena. Auch in Leipzig konnte eine Magisterpromotion Wincklers nicht ermittelt werden. Dass Winckler in Jena dennoch tatsächlich die Magisterwürde erwarb, belegen seine Autoskripte, seine weitere kirchliche Karriere und die frühen biographischen Texte. Offiziell erscheint der Magistertitel erstmals auf dem Titelblatt der Disputation, die Winckler 1667 unter Kromayer verteidigte; vgl. H. KROMAYER, Disputatio II., 1667; s.u. 2.2.3. Wahrscheinlich führte die Aussage, dass Winckler in Jena den Doktorgrad erwarb, zu den Fehlangaben über Wincklers Doktor- bzw. Professorentitel; vgl. z.B. ADB 43, 1898, S. 366; H. STEITZ, Geschichte 5, 1977, S. 726.

[30] Vgl. SUB HH, LA: Winckler, Johann, fol. 5. Severus Christoph Olpe (1627–1673), geb. in Eisenach, studierte in Gotha und Jena und wurde bereits 1646 ordentlicher Professor für Poesie und außerordentlicher Professor für Moral an der Universität Jena. 1668 promovierte er zum Dr. theol. und wurde Superintendent in Römhild. Er veröffentlichte u.a. eine Dissertationsreihe: »Dissertatio academica, cuius prima pars de ratione status, altera de nobilitate, tertia de ministrissimo« (Jena 1663); vgl. AGL 3, 1751, Sp. 1070, Bd. 5, 1816, Sp. 1095; Matrikel der Universität Jena 2, 1977, S. LXXXXIV. CXVIII.

[31] Da Severus Christoph Olpe nur ein einziges Mal, im Sommersemester (6.2.–6.8.) 1663, als Rektor der Jenaer Universität und somit als Promotor fungierte, ergibt sich aus diesem Zeitraum der Termin für Wincklers Magisterpromotion; vgl. ebd. Dagegen nennt die bisherige Forschung

Hochschule war Winckler jedoch wegen seiner bedrängten finanziellen Lage verwehrt. Dass er wie einige andere Studenten, nicht in Leipzig, sondern in Jena die propädeutische Studienphase abschloss, lag wahrscheinlich daran, dass der Magistergrad hier in weit kürzerer Zeit und unter geringerem Kostenaufwand zu erhalten war.[32] Hohe Anforderungen wurden bei der Magisterprüfung in Jena nicht gestellt: Kenntnis der sieben freien Künste, der Ethik und Metaphysik des Aristoteles und eine *mediocris cognitio* der lateinischen und griechischen Sprache. Außerdem scheint keine schriftliche Disputation verlangt worden zu sein.[33] Allerdings waren in Leipzig die »fremden Magister« nicht gerne gesehen: Nur widerstrebend erteilte man ihnen die Lehrbefugnis (Habilitation).[34] Dass Winckler überhaupt den Magistergrad erwarb, war nicht selbstverständlich. Für das Pfarramt wurde dieser im Allgemeinen nicht vorausgesetzt.[35] Wincklers Magisterpromotion könnte daher zweierlei andeuten: Einesteils plante er für seine berufliche Zukunft möglicherweise schon früh eine höhere kirchliche Karriere oder eine wissenschaftliche Laufbahn; andernteils strebte er vielleicht zunächst nur die Lehrbefugnis an der artistischen Fakultät an, um durch Privatkollegs sein weiteres Studium finanzieren zu können.[36]

---

stets das Jahr 1664; vgl. z.B. J. GEFFCKEN, Johann Winckler, 1861, S. 2; ADB 43, 1898, S. 366; RE³ 21, 1908, S. 361; BBKL 13, 1998, Sp. 1364.

[32] Johann Hülsemann beklagte bei der Visitation von 1657, dass jedes Semester mehrere Studenten die Magisterpromotion in Jena absolvierten, und machte dafür den großen Zeit- und Kostenaufwand in Leipzig verantwortlich. Zu den hohen Kosten trug maßgeblich der aufwendige Magisterschmaus (*prandium*) bei. Auch im Leipziger Visitationsbericht von 1658 wurde eine Kostensenkung bei den Promotionen angemahnt; vgl. G. MÜLLER, Visitationen, 1906, S. 55; D. DÖRING, Samuel Pufendorf, 1994, S. 13. Samuel Pufendorf hielt sich für seine Magisterprüfung ebenfalls nur einen Monat in Jena auf; vgl. ebd. Auch den Grad des Baccalaureus, der zwar im 17. Jh. an Bedeutung verlor, aber gerade in Leipzig bis ins 18. Jh. hinein häufig verliehen wurde, scheint Winckler nicht in Leipzig erworben zu haben; vgl. H. HELBIG, Universität Leipzig, 1953, S. 116; D. DÖRING, Samuel Pufendorf, 1994, S. 12.

[33] Wie für andere zeitgenössische Promovenden ist auch für Winckler keine Magisterdisputation im Jenaer Universitätsarchiv nachweisbar; s.o.

[34] Vgl. D. DÖRING, Samuel Pufendorf, 1994, S. 13f.

[35] Zwar war seit Ende des 16. Jh. der weitaus größte Teil der evangelisch-lutherischen Pfarrerschaft akademisch gebildet, den Magister- oder Doktorgrad erwarb jedoch nur etwa ein Viertel der zukünftigen Pastoren. Oftmals wurde der Magistergrad – ähnlich dem Doktorgrad – erst nach der Berufung in ein Pfarramt erworben. Verlangt wurde der Magistergrad meistens für das Pfarramt an großen Stadtkirchen und für eine Superintendentur. Außerhalb der Universität galt der Magistergrad als Standesmerkmal der kirchlichen Elite und der städtischen Geistlichkeit. Er war Voraussetzung für die Doktorpromotion; vgl. T. KAUFMANN, Universität, 1997, S. 339–341.

[36] Als Magister mit Lehrbefugnis konnten Theologiestudenten erste Lehrerfahrungen an der philosophischen Fakultät sammeln und ihren Lebensunterhalt zugleich mit Privatkollegs in den Bursen verdienen; vgl. F. EULENBURG, Frequenz, 1904, S. 237f; T. KAUFMANN, Universität, 1997, S. 149. 155.

2.2.3 Theologiestudium an der Universität Leipzig

Die theologische Fakultät der Universität Leipzig, an der Winckler 1666 sein Studium fortsetzte, war durch Dotation von Herzog Moritz im Mai 1542 und neue, von Theologieprofessor Caspar Borner bearbeitete Statuten im Sommer 1543 eingerichtet worden.[37] 1542 waren je zwei »Leser« des Alten und Neuen Testaments eingesetzt worden, deren vier untereinander abgestufte Professuren bis 1750 bestehen blieben. Ihren Lehrbereichen nach waren diese nicht deutlich voneinander getrennt. Inhalte der Lektionen sollten die paulinischen Briefe (insbesondere der Römerbrief), das Johannesevangelium, die Psalmen, die Bücher Genesis und Jesaja sein, dazu die Schriften Augustins, wobei sich dogmatische und exegetische Themen in den Vorlesungen häufig überschnitten.[38] Daneben gab es seit der Reformation eine Professur für sog. Heilige Sprachen. Unter den ordentlichen Theologieprofessoren befand sich stets der der Fakultät präsidierende Leipziger Superintendent; auch die ersten Pfarrer von St. Thomas und St. Nikolai zählten fast immer zur theologischen Fakultät.[39] Das Extraordinariat war erst seit 1639 eine stehende Einrichtung. Dabei handelte es sich anfangs um einen bloßen Titel, den die zumeist jüngeren Kollegen erhielten, die während ihrer Anwartschaft auf ein Ordinariat zur unentgeltlichen Ergänzung der Lektionen bereit waren.[40] Neben den Professoren wirkten akademische Lehrer, die nach dem Erwerb eines theologischen Grades ihre Privatveranstaltungen öffentlich ankündigen durften.

Die Visitationen, die an der Leipziger Universität in der ersten Hälfte des 17. Jh. durchgeführt wurden, geben einen Eindruck der zeitgenössischen Situation.[41] Besonders während des Großen Krieges wurde vernehmliche Klage über den mangelnden Einsatz der Professoren geführt. Diese wurden wiederholt ermahnt, wöchentlich vier Stunden Kollegs und zweimal jährlich Disputationen zu halten, ihre Lehrmethoden zu verbessern und das Prüfungswesen ernsthafter zu handhaben. Zur Überprüfung der Vorlesungen verlangte die Kirchenleitung mehrfach – nachweislich in den Jahren 1622 und 1667 – die Einsendung studentischer Nachschriften. Daneben

---

[37] Zur theologischen Fakultät der Universität Leipzig vgl. O. KIRN, Theologische Fakultät 1, 1909, S. 121–133; G.B. WINER, Theologische Facultät, 1843, S. 4; H. HELBIG, Universität Leipzig, 1953.

[38] Vgl. H. HELBIG, Universität Leipzig, 1953, S. 87.

[39] Das gilt z.B. für Martin Geier, Johann Hülsemann und Samuel Lange; vgl. O. KIRN, Theologische Fakultät 1, 1909, S. 72.

[40] Als Extraordinarien wirkten z.B. Johann Adam Scherzer 1657–1663, Friedrich Rappolt 1661–1670 und Johann Christoph Nicolai 1663–1664; vgl. ebd., S. 126.

[41] Universitätsvisitationen fanden in Leipzig mindestens 1602, 1609, 1615, 1623 und 1657 statt, teilweise gemeinsam mit Visitationen der Universität Wittenberg; vgl. G. MÜLLER, Visitationen, 1906; I. PILL-RADEMACHER, Visitationen, 1993, S. 344–348.

bemühte man sich immer wieder um eine Verbesserung des Examen Ordinandorum, das von zwei Theologen in Gegenwart eines politischen Beraters der Kirchenleitung durchgeführt werden sollte.[42] Hinsichtlich der theologischen Lehre an der Leipziger Fakultät mussten alle Professoren bei der Visitation von 1657 einen Eid darüber ablegen, sich treu an das *Konkordienbuch* von 1580 zu halten, d.h. an die *Confessio Augustana* (1530), die *Apologie der CA* (1531), Luthers *Großen* und *Kleinen Katechismus* (1529), die *Schmalkaldischen Artikel* (1537), den *Tractatus de potestate Papae* (1537) und die *Konkordienformel* (1577). Hatte die Leipziger theologische Fakultät bis nach dem Dreißigjährigen Krieg ihre akademische Aufgabe v.a. im Ausbau der im *Konkordienbuch* festgeschriebenen Lehre gesehen und sich eng an Wittenberg orientiert, so war in den letzten Jahren vor Wincklers Aufnahme des Theologiestudiums zunächst unter Johann Hülsemann, dann zunehmend unter Daniel Henrici, Hieronymus Kromayer und Johann Adam Scherzer ein Perspektivenwechsel eingetreten.[43] Bei Hülsemann trat die Polemik im Vergleich zu zeitgenössischen Theologen bereits zurück; Scherzer plädierte dann für Unterrichtung statt Bekämpfung der theologischen Gegner.

Als Johann Winckler 1666 zum Studium an der theologischen Fakultät der Universität Leipzig eintraf,[44] stand diese personell im Umbruch: Daniel Henrici (1615–1666) starb im Jahr von Wincklers Ankunft.[45] Martin Geier (1614–1680), der über 25 Jahre lang in Leipzig als Professor für hebräische Sprache und Theologie sowie als Geistlicher an der Thomaskirche gewirkt hatte, war 1665 zum Oberhofprediger nach Dresden berufen worden.[46]

---

42 Vgl. G. MÜLLER, Visitationen, 1906, S. 21. 24.

43 Vgl. H. LEUBE, Reformideen, 1924, S. 56–63.

44 Vgl. SUB HH, LA: Winckler, Johann, fol. 5; C. BÜSSING, Gnade Gottes, 1705, S. 33; G.E. EDZARD, Elogium Funebre, 1705, fol. 2^r; A.C.C. CUNO, Gesammlete Nachrichten, 1769, S. 47. Bei seinem zweiten Aufenthalt an der Leipziger Universität 1666–1668 ließ Winckler sich nicht abermals immatrikulieren. Auf dem Titelblatt der 1667 erfolgten Disputation unter Hieronymus Kromayer wird Winckler als »*Theol. Cultor*« bezeichnet, d.h. als Liebhaber der Theologie, während andere Respondenten als Studenten aufgeführt werden. Dies könnte darauf hindeuten, dass Winckler nicht als regulärer Student eingeschrieben war.

45 Daniel Henrici (1615–1666), geb. in Chemnitz, studierte in Leipzig, Wittenberg und Jena, wo er zum Dr. theol. promovierte. Als Professor primarius der theologischen Fakultät in Leipzig wirkte er v.a. als Polemiker gegen die katholische Kirche und die Theologie von Georg Calixt. Er war maßgeblich an der Leipziger Bearbeitung des »Consensus repetitus fidei vere Lutheranae« beteiligt; vgl. AGL 2, 1750, Sp. 1496f; G. MÜLLER, Visitationen, 1906, S. 47f; O. KIRN, Theologische Fakultät 1, 1909, S. 70.

46 Martin Geier (1614–1680), geb. in Leipzig, wurde nach dem Studium in Leipzig, Straßburg und Wittenberg 1636 Privatdozent an der philosophischen Fakultät, 1639 Professor für Hebräisch und 1661 ordentlicher Theologieprofessor an der Universität Leipzig, wo er hauptsächlich Altes Testament las. Parallel dazu wirkte er seit 1643 als Subdiaconus, seit 1645 als Diaconus, seit 1657 als Archidiaconus und seit 1659 als Pastor an der St. Thomaskirche. 1661 wurde er in Leipzig zum Superintendenten, 1665 in Dresden zum Oberhofprediger berufen. Hier wirkte er mäßigend auf die

Johann Adam Scherzer wechselte 1667 vom theologischen Extraordinariat und der Hebräischprofessur auf die vierte theologische Professur; Friedrich Rappolt wurde sein Nachfolger im Extraordinariat. Von den Ordinarien, die Winckler während seines zweijährigen Theologiestudiums in Leipzig hörte, prägten ihn neben Samuel Lange (1618–1667), seit kurzem erster Pfarrer an der St. Thomaskirche, Superintendent der Stadt Leipzig und vierter Professor an der theologischen Fakultät,[47] v.a. Hieronymus Kromayer und Johann Adam Scherzer.[48] Bei beiden besuchte er sowohl die öffentlichen als auch die privaten homiletischen und theologischen Kollegs.

Hieronymus Kromayer (1610–1670) war seit 1643 Universitätsprofessor, zunächst für Geschichte und Beredsamkeit, dann seit 1657 für Theologie.[49] Sein historisches Interesse schlug sich in der Veröffentlichung einer nach Jahrhunderten gegliederten Kirchengeschichte bis in seine eigene Zeit nieder, in der er versuchte, Kirchen- und Profangeschichte in Beziehung zueinander zu setzen: *Ecclesia in politia* (1666). Seine unbekannteren exegetischen Arbeiten behandelten u.a. die Johannesapokalypse (1662) und den Galaterbrief (1670). Auf dogmatischem Gebiet zählte Kromayer zu den Vertretern der sächsischen Orthodoxie gegenüber der vermittelnden Helmstedter Irenik, ohne jedoch zu Lebzeiten große Wirksamkeit zu erzielen. Unter der Leitung von Johann Hülsemann stellte Kromayer unter der Mitarbeit von Daniel Henrici die Glaubensartikel im *Consensus repetitus fidei vere Lutheranae* (1655) zusammen, die von Abraham Calov in Wittenberg abschließend bearbeitet, aber erst 1664 herausgegeben wurden. Der *Con-*

---

theologischen Auseinandersetzungen ein. Er war ein bedeutender Prediger und Exeget, der sich enger am philologischen Textsinn als an der dogmatischen Auslegung orientierte. Er war stark von Johann Arndt beeinflusst und betätigte sich auch als Kirchenlieddichter; vgl. AGL 2, 1750, Sp. 903f; ADB 8, 1878, S. 504f; O. KIRN, Theologische Fakultät 1, 1909, S. 70f. 81f; Sächsisches Pfarrerbuch 1, 1939, S. 332–336; P.J. SPENER, Briefe 2, 1996, Nr. 22, S. 104; J. HAHN, Zeitgeschehen, 2005. Winckler besaß etliche von Geiers Werken; vgl. Catalogus, 1721, S. 15. 30–32. 63.

47 Samuel Lange (1618–1667), geb. in Meuselwitz, studierte seit 1634 in Leipzig, Wittenberg und Helmstedt. Er promovierte in Leipzig 1637 zum Magister, 1643 zum Lic. theol. und 1651 zum Dr. theol. 1643 wurde er Pfarrer und Superintendent in Pegau. 1659 wurde er in Leipzig Archidiaconus an der Thomaskirche, 1661 Pastor an der Nikolaikirche und 1665 Pastor an der Thomaskirche, Konsistorialassessor und Superintendent. Zugleich wurde er seit 1662 in rascher Folge vierter und dritter Professor der Theologie; vgl. AGL 2, 1750, Sp. 2257. Bd. 7, 1810, Sp. 1238f; G.B. WINER, Theologische Facultät, 1843, S. 17; O. KIRN, Theologische Fakultät 1, 1909, S. 71.

48 Vgl. C. BÜSSING, Gnade Gottes, 1705, S. 33; G.E. EDZARD, Elogium Funebre, 1705, fol. 2v.

49 Hieronymus Kromayer (1610–1670), geb. in Zeitz, studierte seit 1628 in Leipzig, wurde dort 1632 Magister der Philosophie, 1643 Professor der Geschichte, 1644 Professor der Beredsamkeit und 1645 Lic. theol. 1647–1657 bekleidete er das theologische Extraordinariat. 1651 zum Dr. theol. promoviert, wurde er 1657 vierter, 1658 dritter, 1661 zweiter und 1666 erster Professor der Theologie. Philosophisch vielseitig gebildet, war er ein glänzender Lehrer. Er war an der Abfassung des »Consensus repetitus fidei vere Lutheranae« beteiligt, den die kursächsischen Theologen 1655 unterzeichneten; vgl. NDB 13, 1982, S. 74f; BBKL 4, 1992, Sp. 679f.

sensus sollte als Bekenntnis des vereinigten orthodoxen deutschen Luthertums dienen und richtete sich gegen die für häretisch gehaltene Helmstedter Theologie; er erlangte jedoch nicht die erwünschte Bedeutung.[50]

Johann Winckler disputierte in Leipzig wahrscheinlich mehrmals unter Kromayers Vorsitz. Denn für Universitätslehrer wie für Studenten, v.a. Stipendiaten, bildeten die Disputationen unentbehrliche Leistungsnachweise.[51] Zum Druck gelangte eine lateinische Übungsdisputation vom August 1667, in der Winckler Kromayers Thesen zur paganen Religion der Römer verteidigte.[52] Es handelt sich um die zweite Abhandlung einer sich bis 1670 erstreckenden Vortragsreihe, in der Kromayer junge Magister in insgesamt 13 Disputationen verschiedene religiöse Lehren widerlegen ließ:[53] Auf die Untersuchung des römischen Paganismus folgten Streitgespräche über die Weigelianer und Rosenkreuzer, die Wiedertäufer und Quäker, das moderne Judentum, die Photinianer und Sozinianer, schließlich über das äthiopische Christentum und das Luthertum.[54] Von ihrer inhaltlichen Konzeption her beschreibt die Disputationsreihe die Durchsetzung der christlichen Heilslehre gegenüber anderen Religionen und Irrlehren als eine fortlaufende Entwicklung, die ihr Ziel im deutschen orthodoxen Luthertum findet.

Die von Kromayer verfasste und von Winckler mündlich verteidigte Disputationsschrift *De Paganismo* gliedert sich in fünf Teile: Die ersten zehn Thesen definieren zunächst den Begriff in Abgrenzung zur Kirche und zur Heilslehre der christlichen Religion sowie nach seiner etymologischen und geschichtlichen Bedeutung. Im zweiten Teil wird in 33 Thesen der Paganismus im Allgemeinen als eine Perversion des Gottesbegriffs kritisiert: Gott sei das einzige und höchste Prinzip alles Seins. Seinen negativen Attributen nach sei er *immobilis*, *indivisibilis*, *æternus* und *immortalis*, seinen positiven Attributen nach *unus*, *totus bonus* und *justus*.[55] Keinesfalls könne Gott durch »natürliche« menschliche Eigenschaften wie Missgunst und Hass oder durch Bezüge zu Tieren erfasst werden. Aus den Aussagen klassischer Autoren wie Aristoteles, Platon, Sokrates und Cicero sei Gott

---

50 Vgl. E.L.T. HENKE (Hg.), Theologicorum Saxonicorum consensus, 1846; H. LEUBE, Kalvinismus 1, 1928, S. 322–350; C. BÖTTIGHEIMER, Polemik, 1996, S. 291–297; H. STAEMMLER, Auseinandersetzung, 2005.

51 Für die Professoren gehörte das Halten von Disputationen zwar zum Pflichtpensum, bot aber auch eine zusätzliche Einnahmequelle. Zu gedruckten Disputationsschriften vgl. H. MARTI, Dissertation, 2001, S. 8.

52 Vgl. H. KROMAYER, Disputatio II., 1667; s. Teil II. 1.2, Nr. 1).

53 Nach Winckler disputierten in dieser Reihe u.a. die Magister und Theologiestudenten Michael Markgraf, Johann Philipp Lindner, Christian Krumholtz, Gottfried Richter, Adam Claus und Georg Ilmer; vgl. ebd.

54 Die gedruckte Disputationsreihe fand großen Anklang und erfuhr bis 1714 mindestens fünf Auflagen in Leipzig und Frankfurt a.M.; vgl. die erste Gesamtausgabe H. KROMAYER, Scrutinium religionum, tùm falsarum […], tùm unicè veræ et orthodoxæ Lutheranismi, Leipzig 1670.

55 Vgl. H. KROMAYER, Disputatio II., 1667, fol. A2^{r}–A3^{r}.

ebenfalls nicht zu erkennen: weder sein trinitarisches Wesen noch sein Willen und seine Werke, weder die erlösungsbedürftige menschliche Natur noch die göttlichen Heilsmittel und das Rechtfertigungswerk. Im dritten Teil wird in 12 Thesen den alttestamentlichen Hinweisen auf das frühe Heidentum nachgegangen. Angefangen vom heidnischen Götterglauben, der z.B. bei Kain, den Zeitgenossen Noahs und in Israels Umwelt (Moab) festgestellt wird, über die Hinwendung zum Monotheismus aufgrund der Offenbarungen Gottes im Exodusgeschehen bis hin zur Königszeit, in der sich Vielgötterei und Götzendienst wieder ausbreiteten, wird hier die Glaubensentwicklung Israels nachgezeichnet.[56] Der längste, vierte Teil der Disputation behandelt in 59 Thesen die römische Religion im engeren Sinne. Erst im Römischen Reich seien der Götterkult, das Priesteramt und die jährlichen Festtage von den ersten Königen nach Romulus eingeführt worden, um das Volk durch religiöse Bindung zum Gehorsam zu zwingen. Kromayers besonderes Interesse gilt den römischen Festen, Spielen und Opfern. Anhand etlicher Zitate aus der klassischen Poesie erläutert er den Bezug der Feste zu einzelnen Göttinnen und Göttern, ihre etymologische Bedeutung und inhaltliche Gestaltung.[57] Bis in die Karolingerzeit sei die heidnische Religion verbreitet gewesen. Selbst als die römischen Kaiser zum Christentum konvertierten, den Götzendienst verboten und die Tempel schlossen, hätten sie den paganen Volksglauben nicht ausrotten können. Die abschließenden elf Thesen konstatieren, dass die bei den Römern herrschende *idololatria crassissima* die Erkenntnis des wahren Gottes versperrt habe. Dagegen sei Gott als Einer und als trinitarisches Wesen zu erkennen, zu verehren und anzurufen. Die Disputation schließt mit der Bitte um die rechte Erkenntnis Gottes aus der Schrift, um Bewahrung durch den Heiligen Geist, um Anleitung zum Guten, Führung auf rechten Wegen und Standhaftigkeit in Verfolgung.

Die Disputation *De Paganismo* (1667) bildet den Anfang von Hieronymus Kromayers Entwurf der christlichen Heilsgeschichte als einer Geschichte der Überwindung des Heidentums, verschiedener Häresien (Weigelianismus, Rosenkreuzertum, Täufertum, Sozinianismus usw.) sowie des modernen Judentums. Die religionsgeschichtliche Untersuchung des Paganismus aus christlicher Perspektive beschreibt die alttestamentliche Glaubensentwicklung Israels von der Vielgötterei zum Monotheismus, das antike Heidentum im Mittelmeerraum und die Institutionalisierung der paganen Religion im Römischen Reich. Zwar zeichnet Kromayer die Religionsgeschichte in traditioneller Weise als eine aufsteigende Linie nach, an deren Spitze das lutherische Christentum steht, der vorchristlichen »Unheilsge-

56 Vgl. ebd., fol. B^r.
57 Vgl. ebd., fol. B2^v–C^v.

schichte« bemisst er jedoch breiten Raum.[58] Die helle Folie und das geschichtliche Ziel der Darstellung bietet der lutherisch-orthodoxe Gottesbegriff: Gegenüber der heidnischen Vielgötterei betont Kromayer den christlichen Monotheismus, nach dem Gott ein Wesen in drei Personen ist, gegenüber den anthropomorphen römischen Göttinnen und Göttern die immanenten Eigenschaften Gottes wie Unendlichkeit, Ewigkeit und Unveränderlichkeit und gegenüber dem paganen Kult die auf die Erlösungsbedürftigkeit des Menschen antwortende Rechtfertigungslehre. Dabei bildet die göttliche Trinität, in der Gott sich selbst offenbart und den Menschen zu sich bringen möchte, den Angelpunkt aller Rede von Gott.[59] In der Erweiterung der altkirchlichen Trinitätslehre um eine allgemeine Gotteslehre, welche Gottes Erkennbarkeit, Existenz, Wesen und Attribute beschreibt und dabei zugleich der Auseinandersetzung mit abweichenden Lehren dient, erweist sich Kromayer als ein typischer Vertreter der lutherischen Orthodoxie in der Nachfolge Johann Gerhards.[60]

Sein jüngerer Kollege Johann Adam Scherzer (1628–1683) gehörte der Leipziger theologischen Fakultät seit 1658 an und bekleidete während Wincklers Theologiestudium zuerst das Extraordinariat und dann die vierte Theologieprofessur.[61] Wie der bereits verstorbene Johann Hülsemann war Scherzer ein lutherisch-orthodoxer Dogmatiker. Berühmtheit und theologische Wirksamkeit erlangte er jedoch erst nach Wincklers Studienzeit durch sein vielgebrauchtes *Systema theologiae* (1680), das die ganze lutherische Glaubenslehre in 24 Punkten zusammenfasste, diese erläuterte und den *errores* der Ketzer aller Zeiten gegenüberstellte.[62] Noch kürzer gefasst war Scherzers *Breviculus theologicus* (1675),[63] das er als Grundlage seines

[58] Das zeigt sich besonders deutlich in dem detaillierten Verzeichnis der jährlichen römischen Festtage, ihrer religiösen Bezüge und Bedeutungen. Hier wird versucht, die heidnischen Feste anhand zeitgenössischer antiker Quellen in ihrer Eigenart zu erfassen, ohne sie im Einzelnen aus christlicher Perspektive abzuqualifizieren; vgl. ebd., fol. B2^v–C^v.

[59] Zur lutherischen Trintätslehre vgl. Confessio Augustana (1530), Art. 1, in: BSLK, ^{11}1992, S. 50; Apologia CA (1531), Art. 1, in: ebd., S. 145; Schmalkaldische Artikel (1537), Teil 1, in: ebd., S. 414; H.-G. PÖHLMANN/T. AUSTAD/F. KRÜGER, Theologie, 1996, S. 63–67; G. WENZ, Theologie 1, 1996, S. 552–578, hier S. 554–556.

[60] Vgl. M. MATTHIAS, Orthodoxie, 1995, S. 478.

[61] Johann Adam Scherzer (1628–1683), geb. in Eger, studierte Medizin und Theologie in Altdorf, Jena und Leipzig. 1657 wurde er an der Leipziger theologischen Fakultät Extraordinarius, 1658 Hebräischprofessor, 1667 ordentlicher vierter, später zweiter und erster Professor der Theologie, Assessor des Konsistoriums, Kanoniker in Meißen und Dompropst zu Bautzen. Er war mehrfach Dekan der theologischen Fakultät und Rektor der Universität. Er war ein gründlicher Kenner der hebräischen Sprache und der rabbinischen Literatur und schrieb als orthodoxer Dogmatiker zahlreiche Streitschriften gegen die verschiedensten Gegner; vgl. ADB 31, 1890, S. 137f; O. KIRN, Theologische Fakultät 1, 1909, S. 82. 133; P.J. SPENER, Briefe 2, 1996, Nr. 41, S. 192f.

[62] Vgl. O. KIRN, Theologische Fakultät 1, 1909, S. 82.

[63] Wincklers Bibliothekskatalog verzeichnet zwei Ausgaben: J.A. SCHERZER, Breviculus theologicus, Leipzig 1678 (lat.); ebd. 1686 (dt.); vgl. Catalogus, 1721, S. 297.

dogmatischen Unterrichts verwandte. Wie das *Systema theologiae* kam es den 1667 von der Dresdener Kirchenleitung unterbreiteten Vorschlägen entgegen, kürzere und bessere Lehrmethoden zu entwickeln.[64]

Ein knappes Jahr nach der Disputation unter Kromayer respondierte Johann Winckler Ende Juni 1668 auch unter dem Vorsitz seines Lehrers Scherzer im Rahmen von dessen »Collegium Antisocinianum«. Die fünf lateinischen Thesen Scherzers (Nr. 14–18), die Winckler mündlich verteidigte, standen in einer Reihe von insgesamt 20 öffentlichen dogmentheologischen Übungsdisputationen zur Trinitätstheologie, die im Sommerhalbjahr 1668 stattfanden.[65] Sie wurden 1672 in einer Sammlung von insgesamt 154 Disputationen aus Scherzers Kolleg im Verlag von Friedrich Lanckisch dem Jüngeren in Leipzig gedruckt.[66] Wenngleich reguläre universitäre Abschlussexamina im 17. Jh. nicht üblich waren, stand die kurze Disputation *De Trinitate* doch zumindest in zeitlicher Hinsicht am Ende von Wincklers Leipziger Studienzeit und konnte als Nachweis für ein erfolgreiches Theologiestudium dienen.[67]

Die von Johann Adam Scherzer formulierten Thesen *De Trinitate* zielen einerseits auf die Widerlegung der antitrinitarischen Lehrsätze, die Anfang des 17. Jh. von deutschen und polnischen Sozinianern aufgestellt worden waren. Namentlich richten sie sich gegen die Schriften von Johann Crell, Valentin Schmaltz und Christoph Ostorodt sowie gegen den *Rakauer Katechismus* (poln. 1605; dt. 1608; lat. 1609).[68] Zwischen 1562–1565 hatte sich die kleine Kirche der »Polnischen Brüder« von der calvinistischen Kirche abgespalten und zum Antitrinitarismus bekannt. In der polnischen Stadt Rakau war das Zentrum der Bewegung entstanden, die auch in Deutschland (z.B. in Danzig, Wittenberg und Gießen) viele Anhänger zählte. 1638 war

---

64 Vgl. O. KIRN, Theologische Fakultät 1, 1909, S. 123f.

65 Vgl. Collegii anti-socin. Disputatio XX., 1672 (benutztes Exemplar der Herzog August Bibliothek Wolfenbüttel); s. Teil II. 1.2, Nr. 2). Dass es sich bei den im »Collegium antisocinianum« gehaltenen Disputationen um öffentliche Streitgespräche handelte, geht aus dem Titelblatt der 1672 gedruckten Disputationssammlung hervor.

66 Friedrich Lanckisch II. (1618–1669), geb. in Leipzig als Sohn eines gleichnamigen Buchdruckers, studierte in Wittenberg, Jena, Erfurt und Helmstedt und erwarb den Magistergrad. Seit 1652 baute er zusammen mit dem Buchdrucker Johann Erich Hahn in Leipzig ein blühendes Geschäft auf. Johann Ulrich Mayer hielt 1669 die Leichenpredigt auf ihn. Sein Sohn führte die Offizin weiter; vgl. J. BENZING, Buchdrucker, ²1982, S. 287.

67 Vgl. H. MARTI, Dissertation, 2001, S. 2. 9. Winckler war am 30.4.1668 von dem Herzog von Schleswig-Holstein-Sonderburg-Wiesenburg zum Prinzeninformator nach Wiesenburg in Sachsen berufen worden (s.u. 2.3.1). Wahrscheinlich verließ er die Leipziger Universität nach der am 27.6.1668 gehaltenen Disputation.

68 Zu Johann Crell (1590–1631), Valentin Schmaltz (1572–1622) und Christoph Ostorodt (†1611) sowie zum polnischen Sozinianismus allgemein vgl. K. MÜLLER, Kirchengeschichte 2,2, 1919, S. 130–138; S. WOLLGAST, Sozinianismus, 1993; LThK³ 9, 2000, Sp. 796–798; W. URBAN, Sozzini/Sozinianer, 2000, S. 600–602 (dort auch weiterführende Literatur); W.-D. HAUSCHILD, Lehrbuch 2, ²2001, S. 255f.

das Zentrum zerstört, und 1658 die Bewegung durch einen Warschauer Sejmbeschluss verboten worden. Einer ihrer bedeutendsten Lehrer war der von Scherzer attackierte Johann Crell. Die »Polnischen Brüder«, von den Polemikern allgemein als »Sozinianer« bezeichnet, vertraten einen entschiedenen Moralismus und einen traditionskritischen Rationalismus. Sie kritisierten auf der Grundlage der Bibel, v.a. des Neuen Testaments, folgende christliche Grundlagen: die Lehren von der Trinität, den zwei Naturen Christi, der stellvertretenden *satisfactio*, der Rechtfertigung allein durch den Glauben, den Sakramenten, der Auferstehung des Fleisches und der Hölle als vernunftwidrig. Deshalb wurden sie von Katholiken, Lutheranern und Reformierten bekämpft. Auf lutherischer Seite war der Wittenberger Theologe Abraham Calov einer ihrer prominentesten und produktivsten Gegner, der den Antitrinitarismus und die individualistische Anthropologie, welche die Sozinianer vertraten, als Resultate bornierter menschlicher *ratio* attackierte.[69] Neben Calovs antisozinianischen Büchern zieht Scherzer in den vorliegenden Thesen wiederholt die Streitschriften des Danziger Theologen Johann Botsack heran.[70]

Andrerseits geht es in den Disputationsthesen *ex negativo* um die Darlegung der altkirchlichen Zweinaturenlehre als dem systematischen Kern lutherischer Theologie: die völlige Personeinheit der menschlichen und göttlichen Natur in Jesus Christus. Der erste der von Winckler zu verteidigenden Sätze lautet, dass Christus mit Gott wesentlich eins (These 14) und daher nicht geringer als der Vater ist.[71] Zwar sei Christus von Gott in die Welt gesandt worden, wobei mit Calov streng zwischen Sendung, Amt und Werk unterschieden wird, jedoch nicht aufgrund von Gottes Befehl, sondern »*per voluntatis suæ* [...] *liberrimum consensum*« (These 15).[72] Ebenso sei richtig, dass Christus den Auftrag des Vaters annahm, ihm gehorsam war und sich als sein Diener erwies (These 16), seine Gebete an den Vater richtete (These 17) und alles von ihm empfing (These 18). Doch aus diesen, von Crell und anderen Antitrinitariern vorgebrachten Argumenten lasse sich nicht ableiten, dass Christus von Gott abhängig, schwach und ungöttlich war. Vielmehr war Christus, wie durch die Aneinanderreihung etlicher Zitate aus dem Neuen Testament (v.a. dem Johannesevangelium), den

---

69 Zu Abraham Calov (1612–1686) vgl. ADB 3, 1876, S. 712–715; NDB 3, 1957, S. 99f; BBKL 1, 1990, Sp. 865f; J. WALLMANN, Calov, Abraham, 1981, S. 567f; S. WOLLGAST, Sozinianismus, 1993, S. 75f. 79f; RGG⁴ 2, 1999, Sp. 15f.

70 Zu Johann Botsack (1600–1674) vgl. AGL 1, 1750, Sp. 1282; S. WOLLGAST, Sozinianismus, 1993, S. 72. 76; DBE 2, 1995, S. 47. Scherzer bezieht sich auf folgende Werke: J. BOTSACK, Anti-Crellius, Danzig 1642; A. CALOV, Examen Librorum Joh. Crellii de uno Deo patre instituit, Leipzig [1646]. Diese wenden sich gegen: J. CRELL, De uno Deo patre libri duo, Rakau 1631.

71 Vgl. Collegii anti-socin. Disputatio XX., 1672, S. 170.

72 Ebd., S. 171.

Schriften der Kirchenväter sowie der Reformatoren Martin Luther und Johannes Brenz bewiesen werden soll, *summus Deus*, und zwar durch die Liebe Gottes.[73] Scherzer bezieht sich in seiner Argumentation implizit auf die in der *Konkordienformel* fundierte Lehre der *communicatio idiomatum*, d.h. den wirklichen Austausch der Eigenschaften beider Naturen zwischen Gott und Christus, die in drei Formen ausgesagt wird: dem *genus idiomaticum*, nach dem die Idiomata beider Naturen der ganzen Person des Gottmenschen zukommen, dem *genus maiestaticum*, nach dem die Majestätseigenschaften der göttlichen Natur auch der menschlichen Natur eigen sind, und dem *genus apotelesmaticum*, nach dem im Erlösungswerk Christi die Eigenschaften beider Naturen zusammenwirken.[74] Gegen jegliche Einschränkung der Gott-Mensch-Einheit in der konkreten geschichtlichen Person Jesu Christi wird betont, dass dieser auch hinsichtlich seiner menschlichen Natur alle göttlichen Majestätsidiomata besitze.[75] Winckler vertrat also in Scherzers Thesen die klassische lutherisch-orthodoxe Christologie, welche die Lehre von der Idiomenkommunikation mit den Lehren der beiden Stände (Erniedrigung und Erhöhung) und des dreifachen Amtes Christi (der prophetischen, priesterlichen und königlichen Vermittlung) mit der Absicht verband, das Heilsgeschehen ausschließlich vom Handeln Gottes her darzustellen.

Winckler begann im Rahmen seines Theologiestudiums auch erstmals selbst zu predigen, wobei ihm Andreas Beyer wiederum zur Seite stand.[76] Sein Einkommen erwarb er während der zwei weiteren Studienjahre wahrscheinlich durch philosophischen Privatunterricht und Predigtaushilfen.[77] In der zweiten Hälfte des Jahres 1667 widmete er dem Rat seiner Heimatstadt Grimma den Einzeldruck einer Dissertation – wahrscheinlich die unter Kromayer verteidigten Thesen *De Paganismo* – und erhielt dafür ein Geldgeschenk aus der Kämmerei;[78] vielleicht wurde er auch im folgenden Jahr

---

[73] Vgl. ebd., S. 170. 174f. 177.

[74] Zur lutherischen Christologie vgl. Confessio Augustana (1530), Art. 3, in: BSLK, [11]1992, S. 54; Formula Concordiae (1577), Art. 8, in: ebd., S. 1017–1049; O. WEBER, Dogmatik 2, 1962, S. 148. 157–159; T. MAHLMANN, Christologie, 1969; G. WENZ, Theologie 1, 1996, S. 552–578, hier S. 561–563; W.-D. HAUSCHILD, Lehrbuch 2, [2]2001, S. 442f.

[75] Vgl. Formula Concordiae (1577), Art. 8, in: BSLK, [11]1992, S. 1038–1040; Collegii antisocin. Disputatio XX., 1672, S. 176.

[76] Vgl. Threni, 1705, S. 58f; Nova Literaria Germaniæ, 1705, S. 196.

[77] Vgl. F.W. STRIEDER, Geschichte 17, 1819, S. 141.

[78] Nachweislich in der zweiten Hälfte des Jahres 1667 erhielt Winckler für eine dem Rat gewidmete Dissertation eine Zuwendung in Höhe von 4 Reichstalern und 12 Gulden; vgl. Stadtarchiv Grimma, Kämmereirechnungen Grimma 1667/68, fol. 67[v]. Um welche Disputation es sich handelt, habe ich nicht feststellen können. Der von mir eingesehene Druck der Disputation »De Paganismo« weist keine Widmung auf.

vom Grimmaer Rat finanziell unterstützt.[79] Außerdem scheinen die Professoren Scherzer und Kromayer, die Wincklers Theologiestudium inhaltlich maßgebend bestimmt hatten, sowie Rappolt, der Winckler noch aus dessen Lateinschulzeit kannte, den jungen Magister gefördert zu haben.[80] Möglicherweise verschafften sie ihm durch kleinere Arbeitsaufträge Nebeneinnahmen, empfahlen ihn als Hilfskraft an Studierende und Geistliche in Leipzig und unterstützten seine erste Berufsanstellung als Präzeptor auf Schloss Wiesenburg.

Zusammenfassend lassen sich Wincklers Leipziger Studienjahre formal in ein zweijähriges Artes-Studium (1660–1662), abgeschlossen durch die auswärtige Magisterprüfung in Jena (1663), eine längere autodidaktische Studienphase (1662–1666), während der er als Hauslehrer arbeitete, und ein zweijähriges Theologiestudium (1666–1668), das er ebenfalls durch Erwerbstätigkeit finanzierte, gliedern. Im artistischen Grundstudium, in dem er teils nach melanchthonischen Lehrbüchern die klassischen Sprachen, Philosophie, Geschichte, Logik, Metaphysik, Mathematik und Physik lernte, beeindruckte ihn v.a. der beliebte Universitätslehrer, Literaturwissenschaftler und Theologe Friedrich Rappolt. Während seines Selbststudiums folgte Winckler wahrscheinlich einem der weitverbreiteten lutherischen Studienratgeber und erarbeitete sich zumindest die wichtigsten Bücher der Bibel sowie ein dogmatisches Kompendium wie Leonhart Hütters *Compendium locorum theologicorum*, das ihm bereits von der St. Thomasschule bekannt war. Im Hauptstudium wurde Winckler v.a. durch den Kirchenhistoriker, Dogmatiker und Exegeten Hieronymus Kromayer sowie den Dogmatiker Johann Adam Scherzer geprägt. Die skizzierten Übungsdisputationen verdeutlichen, dass Winckler von seinen Leipziger Universitätslehrern in die typischen exegetischen und dogmatischen Grundlagen lutherisch-orthodoxer Theologie eingeführt wurde, wie sie im *Konkordienbuch* niedergelegt waren. Durch ständige Finanznot zur Unterbrechung des Studiums bzw. zur parallelen Erwerbstätigkeit gezwungen, konnte er die erlernten Methoden, Sprachen und Inhalte im Unterricht für andere erproben, reflektieren und vertiefen. Es ist anzunehmen, dass er durch die eigene Praxis schon früh pädagogische und didaktische Kompetenzen erwarb. Eine Übertragung des akademischen Lernstoffs in die eigene Glaubens- und Lebenswirklichkeit könnte unter Hinzuziehung der Schriften Johann Arndts in den Privatexerzitien seines älteren Mentors Andreas Beyer erfolgt sein.

---

[79] Nach C.G. Lorenz erhielt Winckler auch 1668 ein Stipendium vom Rat der Stadt Grimma; vgl. C.G. Lorenz, Grimma 3, 1856, S. 691. Diese Zuwendung konnte in den Rechnungsbüchern des Rats nicht nachgewiesen werden. Möglicherweise wurde die zweite Unterstützung ebenfalls aufgrund der Widmung einer Disputation gewährt, wobei an die unter Johann Adam Scherzer verteidigten Thesen »De Trinitate« zu denken wäre.

[80] Vgl. Nova Literaria Germaniæ, 1705, S. 197.

In privater Hinsicht ist schließlich festzuhalten, dass Winckler bereits während des Leipziger Studiums seinen späteren Hamburger Kollegen Johann Heinrich Horb kennen lernte sowie die Bekanntschaft von Johannes Olearius, Günther Heiler und Johann Friedrich Mayer gemacht haben könnte.[81]

[81] Zu Johannes Olearius s.o. 2.2.1. Günther Heiler nahm 1663 in Leipzig das Studium auf und promovierte 1665 zum Magister. Johann Heinrich Horb wurde im Wintersemester 1667 in Leipzig immatrikuliert. Johann Friedrich Mayer kam im Wintersemester 1665 an die Leipziger Universität und promovierte hier 1666 zum Baccalaureus art., 1668 zum Magister, 1672 zum Baccalaureus theol., 1673 zum Lic. theol. und 1674 zum Dr. theol.; vgl. Jüngere Matrikel 2, 1909, S. 168. 194. 281. Nur von Horb wissen wir mit Sicherheit, dass Winckler ihn an der Universität Leipzig kennenlernte; vgl. J. WINCKLER, An die geheiligten Häupter, 1694, S. 1059.

2.3 Weitere Ausbildung (1668–1672)

2.3.1 Prinzeninformator auf Hof Wiesenburg in Sachsen

Am 30. April 1668 wurde Winckler – vielleicht durch Vermittlung von Angehörigen der Leipziger Universität[1] – als herzoglicher Prinzeninformator nach Wiesenburg berufen.[2] Vom Sommer 1668 bis zum Frühjahr 1672 war er insgesamt knapp vier Jahre lang als Hauslehrer der jüngeren Söhne von Herzog Philipp Ludwig von Schleswig-Holstein-Sonderburg und Herzogin Anna Margaretha geb. Landgräfin von Hessen-Homburg angestellt.

Herzog Philipp Ludwig von Schleswig-Holstein-Sonderburg (*1620, 1664–1689)[3] war in zweiter Ehe seit 1650 mit Landgräfin Anna Margaretha von Hessen-Homburg (1629–1686)[4] verheiratet. Während der ersten Ehejahre wohnte die herzogliche Familie auf verschiedenen Höfen in Hessen: zunächst auf dem hessen-darmstädtischen Hofgut Hasselhecke bei Ober-

---

1 Vgl. Nova Literaria Germaniæ, 1705, S. 197. Denkbar ist auch, dass Angehörige des Grimmaer Rats, die Winckler im Theologiestudium finanziell unterstützt hatten, ihn als Informator nach Wiesenburg empfahlen.

2 Vgl. SUB HH, LA: Winckler, Johann, fol. 5; Nachrichten, 1773, S. 1. Eine Bestallungsurkunde oder einen Nachlass der Herzöge von Schleswig-Holstein-Sonderburg-Wiesenburg, die Wincklers Beschäftigung verifizieren könnten, habe ich nicht auffinden können.

3 Herzog Philipp Ludwig von Schleswig-Holstein-Sonderburg-Wiesenburg, Erbe von Norwegen, war ein Urenkel von König Christian III. von Dänemark und Norwegen (1504–1559), ein Enkel von Johann II. (1545–1622), seit 1582 Herzog von Schleswig-Holstein-Sonderburg auf Alsen, und der fünfte Sohn von Herzog Alexander von Schleswig-Holstein-Sonderburg. Bis zu seiner Resignation 1672 war er kaiserlicher Feldmarschall-Leutnant im Kürassier-Regiment. Er war dreimal verheiratet: Aus der ersten, 1643 mit Gräfin Katharina von Waldeck verw. Gräfin zur Lippe (1612–1649) geschlossenen Ehe überlebte nur die Tochter Dorothea Elisabeth (1645–1725) das frühe Kindesalter. Sie heiratete in erster Ehe 1661 den kaiserlichen Kammerpräsidenten Graf Georg Ludwig von Sinzendorf, in zweiter Ehe 1682 den kaiserlichen General Graf Johann Ludwig von Rabutin (†1716) und lebte in Wien, wo sie zur katholischen Konfession übertrat. In zweiter Ehe heiratete Philipp Ludwig 1650 Landgräfin Anna Margaretha von Hessen-Homburg und in dritter – kinderloser – Ehe 1688 Gräfin Magdalena Christiana Reuß-Ober-Graitz (1652–1697). Er wohnte mit seiner Familie von etwa 1664–1675 auf Wiesenburg. Nachdem er 1675 Burg und Amt Wiesenburg an seinen ältesten Sohn verkauft hatte, lebte er zunächst in Oberkotzau und dann bis zu seinem Tode im Haus seines Freundes Veit Hans Schnorr von Carolsfeld in Schneeberg. Er verfügte über gute Beziehungen zum Hof von Kurfürst Johann Georg II. von Sachsen (1613–1680) und Magdalene Sibylle geb. Markgräfin von Brandenburg-Bayreuth (1612–1687), hielt sich dort wiederholt selbst auf und stellte auch für seine Kinder Verbindungen zum Hof her; vgl. Europäische Stammtafeln. N.F. 1, 1980, Tafel 90A. Bd. I.3, 2000, Tafel 288; G. KÖBLER, Historisches Lexikon, [6]1999, S. 580f; C. MELTZER, Historia Schneebergensis, 1716, S. 1133. 1379. 1415; F.A. O'BYRN, Herzöge, 1880; M. TITZE, Veit Hans Schnorr von Carolsfeld, 1999.

4 Landgräfin Anna Margaretha von Hessen-Homburg war die einzige Tochter von Landgraf Friedrich I. von Hessen-Homburg (*1585, 1622–1638) und Gräfin Margareta Elisabeth von Leiningen-Westerburg (1604–1667) sowie die Schwester der Landgrafen Wilhelm Christoph, Georg Christian und Friedrich II. Sie starb 1686 auf Oberkotzau; vgl. Europäische Stammtafeln. N.F. I.2, 1999, Tafel 252; F.A. O'BYRN, Herzöge, 1880.

Mörlen[5] und seit 1653 abwechselnd in Bad Homburg v.d. Höhe[6] und Lißberg.[7] 1663 kaufte Herzog Philipp Ludwig die Herrschaft Wiesenburg an der Zwickauer Mulde, wo die Familie seit Anfang des Jahres 1664 lebte.[8]

Herzog Philipp Ludwig und Herzogin Anna Margaretha bekamen 15 Kinder, neun von ihnen überlebten das erste Lebensjahr:[9] Der älteste Sohn Friedrich (1651–1724) wurde Nachfolger seines Vaters als Feldmarschall-Leutnant im kaiserlichen Kürassier-Regiment. Nach seinem Rückzug aus dem aktiven Militärdienst 1672 ließ er sich auf Schloss Wiesenburg nieder. Er trat zum katholischen Glauben über und entließ 1677 den lutherischen Hofprediger. Seit 1672 war er mit Herzogin Charlotte von Liegnitz (1652–1707) verheiratet, die jedoch schon wenige Jahre nach der Hochzeit nach Breslau zog und sich 1680 scheiden ließ.[10] Sophie Elisabeth (1653–1684) lebte bis zu ihrem neunten Lebensjahr bei ihrer Großmutter, Landgräfin Margareta Elisabeth von Hessen-Homburg geb. Gräfin von Leiningen-Westerburg (*1604, 1638–1650, †1667),[11] und wurde 1667 deren Haupter-

---

5 Hasselhecke, ein teilweise befestigtes Gut mit einem mehrstöckigen Herrenhaus, liegt ca. 3 km südlich von Ober-Mörlen bei Friedberg. Der Hof, über den die ältesten Nachrichten aus dem 14. Jh. stammen, gehörte nach dem Dreißigjährigen Krieg eigentlich den Landgrafen von Hessen-Darmstadt. Diese waren verpflichtet, an die 1622 entstandene Nebenlinie Hessen-Homburg jährlich bestimmte Deputatgelder zu entrichten. Da sie die Zahlungen selten in vollem Umfang leisten konnten, traten sie in der zweiten Hälfte des 17. Jh. zum Ausgleich zeitweilig immer wieder kleinere Territorien an Hessen-Homburg ab. Gut Hasselhecke befand sich von 1633–1669, als es von Landgraf Ludwig VI. von Hessen-Darmstadt wieder eingelöst wurde, in der Hand der hessen-homburgischen Landgrafen; vgl. Repertorien Darmstadt 39. Abt. D11, 1997, S. 15–20; M. HINTEREICHER, Georg Christian von Hessen-Homburg, 1985, S. 165; Kulturdenkmäler. Wetteraukreis II, 1999, S. 886f.

6 Zu Bad Homburg v.d. Höhe, seit 1622 Residenz der Linie Hessen-Homburg s.u. 2.4.1.

7 Auch Lißberg, eine kleine Burganlage zwischen Büdingen und Nidda, war zwischen 1652–1700 die meiste Zeit von Hessen-Darmstadt an Hessen-Homburg verpfändet. 1652 erhielt Herzog Philipp Ludwig von Schleswig-Holstein-Sonderburg Lißberg zum Ausgleich für ausfallende Deputatgelder. 1669 kam Lißberg zusammen mit Philippseck an Landgraf Wilhelm Christoph von Hessen-Homburg-Bingenheim; vgl. Repertorien Darmstadt 39. Abt. D11, 1997, S. 20; L'Allemagne Dynastique 7, 1994, S. 45; HasSac 1, 1921, S. 366.

8 Terminus post quem ist der Erwerb Wiesenburgs am 2.11.1663; terminus ante quem ist die Geburt der Tochter Magdalena Sophie am 30.5.1664 auf Wiesenburg. Von der Mutter der Herzogin, Landgräfin Margareta Elisabeth von Hessen-Homburg, heißt es, dass sie seit Ostern 1664 auf Schloss Wiesenburg lebte; vgl. Hessisches Staatsarchiv Darmstadt (im Folgenden: StAD), Bestand D11, Nr. 1/8.

9 Zu den Kindern vgl. Europäische Stammtafeln. N.F. 1, 1980, Tafel 90A. Bd. I.1, 1998, Tafel 172f. Bd. I.3, 2000, Tafel 288; L'Allemagne Dynastique 7, 1994, S. 80–82; Kirchenarchiv St. Rochus Schönau (im Folgenden: KA Schönau), Fürstliche Hollsteinische Hofcapelle; C. MELTZER, Historia Schneebergensis, 1716, S. 413. 1379; F.A. O'BYRN, Herzöge, 1880.

10 Friedrichs einziger Sohn Leopold (1674–1744) zog nach Österreich. Er konvertierte dort ebenfalls zum Katholizismus, heiratete 1713 Prinzessin Maria Elisabeth von Liechtenstein verw. Fürstin von Liechtenstein (1683–1744) und bekam erst nach jahrelangem Drängen 1723 Wiesenburg übertragen.

11 Landgräfin Margareta Elisabeth von Hessen-Homburg geb. Gräfin von Leiningen-Westerburg war die einzige Tochter aus der ersten Ehe ihres Vaters Graf Christoph von Leiningen-

bin. Danach hielt sie sich sechs Jahre lang bei ihrem Onkel mütterlicherseits, Landgraf Friedrich II. von Hessen-Homburg (*1633, 1680–1708), und dessen erster Frau Margarethe Brahe (1603–1669) auf und lebte schließlich ein Jahr lang am Hof der Kurfürstin Magdalene Sibylle von Sachsen. Wahrscheinlich kam Sophie Elisabeth um 1670 nach Wiesenburg, wo sie sich eng an das Kammerfräulein Johanna Eleonora von Merlau anschloss. Die Prinzessin lernte 1672 Johann Jakob Schütz und Philipp Jakob Spener kennen und stand fortan mit beiden Männern sowie mit Johanna Eleonora von Merlau im Briefwechsel.[12] 1676 heiratete sie als dessen dritte Ehefrau den Bruder des sächsischen Kurfürsten, Herzog Moritz von Sachsen-Zeitz (*1619, 1657–1681). Carl Ludwig (1654–1690) wurde landgräflich hessischer General und Oberst der Leibgarde. Eleonora Margaretha (1655–1702) heiratete 1674 Fürst Maximilian August Moritz Liechtenstein. Sie trat zum katholischen Glauben über und starb in Wien. Christina Amalia (1656–1666) starb als Kind auf Wiesenburg. Wilhelm Christian (1661–1711) durchlief eine Militärkarriere in kursächsischen Diensten: Er wurde zunächst Infanterist, 1686 Rittmeister und Hauptmann im Kuffer'schen Regiment, 1690 Obristleutnant, 1697 Obristkommandeur zu Dresden und schließlich 1699 Generalmajor.[13] Vor seinem Eintritt in das Heer hielt er sich zwischen 1680–1685 häufig am kursächsischen Hof auf. Er starb unverheiratet auf Wiesenburg. Magdalena Sophie (1664–1720) lebte als junges Mädchen mehrere Jahre lang am Hof der Kurfürstin Magdalene Sibylle von Sachsen. 1685 trat sie die Nachfolge ihrer Cousine, Anna Sophie von Hessen-Darmstadt (1636–1683), als Äbtissin des evangelischen freien weltlichen Stifts Quedlinburg an. Sie konvertierte 1699 zum katholischen Glauben, gab ihr Amt auf und ging ins Kloster Mariazell im österreichischen Wienerwald.[14] Anna Friederike Philippina (1665–1748) heiratete

---

Westerburg mit Gräfin Anna Maria von Weißenwolff. Sie heiratete 1622 Landgraf Friedrich I. von Hessen-Homburg (*1585, 1622–1638). Die als tapfer, tatkräftig, klug und sehr fromm beschriebene Frau lebte bei ihrer einzigen Tochter und starb am 13.8.1667 auf Wiesenburg. Hofprediger Johann Jakob Schwenck verfasste einen Bericht über ihre Frömmigkeit, zu der häufige Gottesdienstbesuche, tägliche Betstunden, die fleißige Lektüre der Bibel und erbaulicher Bücher, die großzügige Unterstützung Armer und Kranker sowie christliche Ermahnungen der Angehörigen und Dienstboten zählten. Er schildert auch ihre letzten Lebensjahre und ihr Sterben auf Schloss Wiesenburg; vgl. StAD, Bestand D11, Nr. 1/8; KA Schönau, Fürstliche Hollsteinische Hofcapelle, S. 141; O. FUCHS, Mutter, 1938, o.S.; Europäische Stammtafeln. N.F. I.2, 1999, Tafel 252.

[12] Während die Briefe von Sophie Elisabeth nicht überliefert sind, wurden Speners und von Merlaus Briefe an sie neu ediert; vgl. M.C. LUDWIG, Sophie Elisabeth, [1684]; P.J. SPENER, Briefe 1, 1992, Nr. 139, S. 554. Bd. 2, 1996, Nr. 85, S. 391f; M. MATTHIAS, Mutua Consolatio, 1996.

[13] Zu Wilhelm Christians militärischer Laufbahn von vgl. Sächsisches Hauptstaatsarchiv Dresden, F.A. VON GÖPHARDT, Göphardt's alphabetisches Verzeichniss sächsischer Offiziere, bis mit 1815 (Abschrift von 1885), dank schriftlicher Auskunft vom 4.6.2002 von Frau Weisbach.

[14] Aufsehen erregte Magdalena Sophies Initiative, ein in ihrem Dienst stehendes 13jähriges türkisches Mädchen namens Ressige am 2.8.1688 in der Schneeberger St. Wolfgangkirche taufen

1702 als dessen zweite Ehefrau Herzog Friedrich Heinrich von Sachsen-Zeitz (1668–1713), den Sohn von Herzog Moritz von Sachsen-Zeitz und damit den Stiefsohn ihrer Schwester Sophie Elisabeth. Sie starb in Neustadt a.d. Orla.[15] Johanna Magdalena Louise (1668–1732) blieb unverheiratet. Sie lebte später auf Ilsenburg in der Grafschaft Stollberg und starb ebenfalls in Neustadt a.d. Orla. – Neben den Eltern und Kindern wohnten auf Wiesenburg weitere Familienangehörige wie die genannte Großmutter Landgräfin Margareta Elisabeth von Hessen-Homburg sowie ein umfangreicher Hofstaat.[16]

Das wohl nach 1200 auf einem Berg dicht am westlichen Ufer der Zwickauer Mulde errichtete *castrum* Wiesenburg liegt auf halbem Weg zwischen Zwickau und Schneeberg.[17] Es stand zunächst unter wettinischer Lehnsherrschaft und ging etwa 1400 in den Besitz der Familie von Planitz über. Während des Bauernkrieges kam es im Mai 1525 zu Unruhen in der Wiesenburger Herrschaft, wobei das Schloss geplündert wurde. 1553 wurde die Burganlage durch eine Feuersbrunst stark beschädigt. 1591 kaufte der Rat der Stadt Zwickau Burg und Amt Wiesenburg, veräußerte beides jedoch bereits 1618 an Kurfürst Johann Georg II. von Sachsen. Dieser verpachtete die Herrschaft zunächst und verkaufte sie Ende 1663 an Herzog Philipp Ludwig.[18] Zum Zeitpunkt des Ankaufs gehörten zur Herrschaft Wiesenburg 20 Dörfer sowie die Stadt Kirchberg.[19] Später erwarb der Herzog zusätzlich den Oberforst, ein ausgedehntes Waldgebiet, das neben Jagdmöglichkeiten

---

zu lassen. Im Beisein von ihrem Vater, ihren Brüdern und vielen anderen Verwandten, höherstehenden Bediensteten auf Wiesenburg und angesehenen Männern aus Schneeberg, wie Veit Hans Schnorr von Carolsfeld, wurde das Mädchen auf den Namen Christiana Ludovica Sophia getauft; vgl. Kirchenarchiv St. Wolfgang Schneeberg, Taufbuch (1687–1696), Nr. 9, S. 56^r–57^v; C. MELTZER, Historia Schneebergensis, 1716, S. 1135; G. KÖBLER, Historisches Lexikon, ^{6}1999, S. 502.

[15] Anna Friederike Philippina hatte einen Sohn, Moritz Adolf Karl (*1702, 1716–1759).

[16] Über die vielen verschiedenen Bediensteten, Handwerker und Angestellten auf Wiesenburg gibt das Kirchenbuch Auskunft. Danach gab es dort z.B. Förster, Jäger, Fischer, Schlachter, Büttner, Brauer, Bäcker, Köche, Feuerschürer, Tafeldecker, Mundschenke, Stallmeister, Sattelknechte, Schmiede, Kutscher, Schuster, Schneider, Waschmägde, Hausverwalter, Amtsschreiber und Steuereinnehmer, Sekretäre, Hofmeister, Informatoren, Torwächter, Trompeter und Leutnants sowie Knechte, Mägde, Kammerdiener, Kammerfräulein und -mädchen; vgl. KA Schönau, Fürstliche Hollsteinische Hofcapelle, S. 1–145.

[17] Zur Geschichte von Wiesenburg vgl. Handbuch der historischen Stätten Deutschlands 8, 1965, S. 360; Inspectionen Chemnitz, Stollberg, Zwickau und Neustadtel, [1842], S. 351; F.A. O'BYRN, Herzöge, 1880; K. STRELLER, Besiedelung, 1971.

[18] Zunächst erwarb Herzog Philipp Ludwig die Herrschaft am 2.11.1663 für 65 000 Taler als wiederkäufliches Lehen auf zwölf Jahre per kurfürstlichem Lehnsschein vom 17.3.1665. Ein Jahr später wurde in Dresden gegen eine Nachzahlung von 30 000 Talern der erbliche Kauf geregelt; vgl. F.A. O'BYRN, Herzöge, 1880, S. 2–4.

[19] Zu den Ortsnamen vgl. ebd., S. 2.

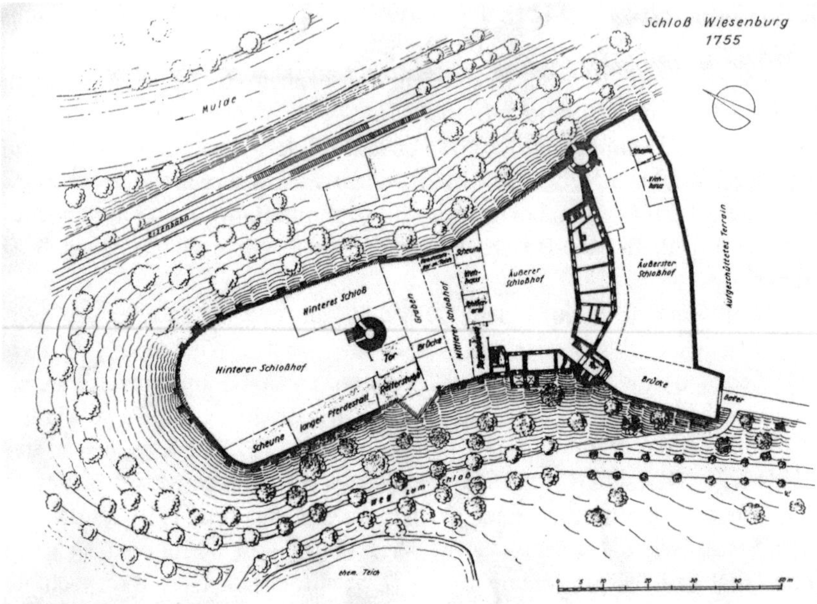

Abb. 7: Grundriss von Schloss Wiesenburg um 1750

Material für den von ihm stark geförderten Bergbau lieferte.[20] Nach der Übernahme der Herrschaft ließ die herzogliche Familie die Burg als ihren Wohnsitz mit grundlegenden Veränderungen neu aufbauen. 1675 verkaufte Philipp Ludwig Schloss Wiesenburg an seinen ältesten Sohn Friedrich, durch dessen Sohn die Herrschaft bereits 1725 wieder an das kurfürstliche Haus Sachsen kam.[21] Herzog Philipp Ludwig und Herzogin Anna Margaretha zogen nach der Übergabe Wiesenburgs nach Oberkotzau bei Hof im bayerischen Vogtland.[22]

[20] Der Herzog besaß auf seinem Unterforst ein Bergwerk, außerdem kaufte er mehrere Silber-, Kobalt- und Wismutgruben bei Schneeberg und Neustädtel. Nach anfänglichen Misserfolgen brachten sie ihm in den 1670er Jahren reichen Gewinn und machten den Herzog zu einem der bedeutendsten Bergbauunternehmer seiner Zeit und Region; vgl. ebd., S. 5–7.

[21] Am 2.11.1675 kaufte Herzog Friedrich die Herrschaft Wiesenburg für 110 000 Taler. Der Vetrag wurde am 4.3.1676 konfirmiert. Am 25.6.1723 verkaufte er Wiesenburg an seinen einzigen Sohn Leopold, der die Burg nicht mehr bewohnte. Nachdem sein Vater am 7.10.1724 verstorben war, verkaufte Herzog Leopold Wiesenburg bereits am 24.1.1725 für 126 400 Taler an Kurfürst Friedrich August I. von Sachsen; vgl. ebd., S. 7f. 13f; K. STRELLER, Besiedelung, 1971, S. 95f.

[22] Oberkotzau liegt im bayerischen Vogtland südlich von Hof am Einfluss der Schweßnitz in die Saale. Bis zum Aussterben des Stammes saßen die Herren von Kotzau auf Oberkotzau. Von 1662–1686 gehörte die Herrschaft Markgraf Christian Ernst von Brandenburg-Bayreuth (*1644, 1661–1712), der sie um 1686 an Philipp Ludwig verkaufte. Dieser veräußerte die Herrschaft um

Die umfangreichen Baumaßnahmen, welche die Herzöge von Schleswig-Holstein-Sonderburg nach dem Kauf der Herrschaft durchführen ließ, betrafen sowohl die Burg selbst als auch die unmittelbare Umgebung.[23] Außerhalb der Burganlage entstanden auf herrschaftlichem Grund Wirtschaftsgebäude, welche die Anfänge des Dorfes Wiesenburg bildeten.[24] Im äußeren Burghof wurden u.a. ein – heute noch erhaltener – achteckiger Torturm und Fachwerkbauten errichtet. Im inneren Burghof ließ man die im Erdgeschoss des steinernen Hauptschlosses befindliche Hofkapelle wieder herstellen, umbauen und erweitern. Die Kapelle war mit einem vergoldeten Altar, einer getäfelten Decke und einer Empore ausgestattet. Zusätzlich wurde ein Herrenchor eingebaut, unter dem sich die Männerstühle befanden, und gegenüber eine eigene Empore für die Beamten installiert, unter der sich die Frauenstühle befanden. Die Dienerschaft saß im Kirchenschiff.[25] Als 1803 der Palas im Innenhof der Burg einstürzte, zerstörte er die im Erdgeschoss befindliche Hofkapelle, deren Reste später abgetragen wurden.[26]

Als Johann Winckler im Sommer 1668 auf Schloss Wiesenburg eintraf, war die herzogliche Familie fest eingerichtet. Neben den Eltern und einigen ihrer Kinder lebte zu diesem Zeitpunkt auch Prinzessin Christine Wilhelmine von Hessen-Homburg-Bingenheim (1653–1722) auf der Burg.[27] Zum persönlichen Gefolge der Familie gehörten u.a. Mitglieder der in hessischen Diensten stehenden adligen Familien von Lindau,[28] von Geismar[29] und von Merlau. Johanna Eleonora von Merlau (1644–1724) lebte seit etwa 1660 erst als Hof-, dann als Kammerfräulein bei ihrer Patin, Herzogin Anna Margaretha.[30] Auch der Wiesenburger Hofprediger Johann Jakob Schwenck

---

1690 an Markgraf Georg Albrecht von Brandenburg-Bayreuth (*1666, 1701–1703); vgl. Europäische Stammtafeln. N.F. I.1, 1998, Tafel 140; L'Allemagne Dynastique 7, 1994, S. 45. 60–62.

23 Ein Inventarium aus dem Jahr 1664 gibt Auskunft über den gesamten Besitz; vgl. F.A. O'BYRN, Herzöge, 1880, S. 3f.

24 Vgl. K. STRELLER, Besiedelung, 1971, S. 95.

25 Vgl. ebd., S. 52.

26 Vgl. Inspectionen Chemnitz, Stollberg, Zwickau und Neustädtel, [1842], S. 36; K. STRELLER, Besiedelung, 1971, S. 52. 98.

27 Christine Wilhelmine von Hessen-Homburg-Bingenheim, die Tochter von Landgraf Wilhelm Christoph von Hessen-Homburg-Bingenheim aus dessen erster Ehe mit Landgräfin Sophia Eleonora von Hessen-Darmstadt, lebte nach dem Tod ihrer Mutter seit 1664 auf Wiesenburg. 1671 heiratete sie Herzog Friedrich I. von Mecklenburg-Schwerin (*1638, 1658–1688); vgl. B. SOKOP, Stammtafeln, ³1993, S. 23; Europäische Stammtafeln. N.F. I.3, 2000, Tafel 308.

28 Zu Familie von Lindau, deren Tochter Elisabeth Magdalena Winckler heiratete, s.u. 2.3.1.

29 Zu Familie von Geismar s.u.

30 Johanna Eleonora von Merlau (1644–1724), geb. in Frankfurt a.M., war von 1656–1675 Hof- und Kammerfräulein an verschiedenen Adelshöfen. Sie stand seit etwa 1660 im Dienst von Herzogin Anna Margaretha von Schleswig-Holstein-Sonderburg und lebte zwischen etwa 1664–1675 auf Hof Wiesenburg. 1675–1680 wohnte sie bei Maria Juliana Baur von Eyseneck geb. von Hynsperg (1641–1684), in Frankfurt a.M., hielt pietistische Konventikel und gab Mädchen-

Abb. 8: Äußerer Schlosshof Wiesenburg

(†1684), der die Gottesdienste an Sonn- und Feiertagen hielt, Taufen, Trauungen und Beerdigungen durchführte, sowie die Beichte hörte und das Abendmahl austeilte, hatte schon vor der Übersiedlung nach Wiesenburg im Dienst des Herzogs gestanden.[31] Als Schwenck 1677 nach der Übernahme Wiesenburgs durch Herzog Friedrich das Schloss verließ, sollte der Schönauer Geistliche Veit Drechsel auf Wiesenburg amtieren.[32]

Unterricht. 1680 heiratete sie den Theologen Johann Wilhelm Petersen (1649–1727), mit dem sie nach dessen Lüneburger Amtsenthebung in Magdeburg, Niederdodeleben und Thymer lebte. Sie veröffentlichte theologische Schriften zur Christologie, zum Chiliasmus und zur Allversöhnung und gilt als prominente Vertreterin des radikalen Pietismus; vgl. J. WALLMANN, Pietismus, 1990, S. 84–89; M. MATTHIAS, Johann Wilhelm und Johanna Eleonora Petersen, 1993; M.H. JUNG, Frauen, 1998, S. 108–131; R. ALBRECHT, Johanna Eleonora Petersen, 2005; s.u. 2.5.2.

[31] Johann Jakob Schwenck (†1684), geb. in Lich in der Wetterau, studierte seit 1633 in Marburg und wurde 1638 Schulmeister in Lich, 1645 Pfarrer in Ettingshausen, 1650 Rektor in Lich und Pfarrer in Nieder-Bessingen und 1653 Diaconus in Münzenberg. 1654 wurde er von Herzog Philipp Ludwig von Schleswig-Holstein-Sonderburg als Pfarrer in Lißberg eingeführt. 1664–1677 wirkte er als Hofprediger der herzoglichen Familie auf Wiesenburg und seit 1678 als Pastor in Adorf bei Chemnitz. Er führte während seiner Amtszeit auf Wiesenburg ein erhaltenes Kirchenbuch; vgl. KA Schönau, Fürstliche Hollsteinische Hofcapelle; HasSac 1, 1921, S. 366f. Bd. 4, 1930, S. 185; Sächsisches Pfarrerbuch 2, 1940, S. 862.

[32] Veit Drechsel (1615–1699), geb. in Weißenborn bei Zwickau, war seit 1641 Pfarrer in Schönau. Da er es auch nach dem Weggang Schwencks 1677 nicht als seine Pflicht betrachtete, auf Schloss Wiesenburg zu predigen, wurde ihm 1694 der Substitutus Johann Parsky (1661–1719) zugeordnet, der den Gottesdienst auf der Burg versah und 1699 Pfarrer in Schönau wurde; vgl.

Stellung und Aufgaben Johann Wincklers als Wiesenburger Prinzeninformator sind aus den zeitgenössischen Erziehungsinstruktionen der eng verwandten lutherischen Landgrafen von Hessen-Darmstadt bzw. Hessen-Homburg zu erschließen, die sich formal und inhaltlich am Modell der Fürstenspiegel orientierten.[33] Grundsätzlich zählte er als Hauslehrer wie Hofmeister, Sekretäre und Verwalter zum Hausgesinde. Er trat die Nachfolge des Magisters Michael Gebhard (†1671) an, der im Juli 1668 die Tochter des Hofpredigers heiratete.[34] Wahrscheinlich musste Winckler wie alle Pfarrer und Lehrer in Hessen-Darmstadt und Hessen-Homburg anlässlich seines Dienstantritts einen teilweise selbstständig formulierten Text, einen sog. Religionsrevers, über seinen lutherischen Glauben verfassen.[35] Vergleichbare Quellen enthalten das Bekenntnis zu den grundlegenden lutherischen Bekenntnisschriften, der *Confessio Augustana invariata*, der *Apologie zur CA*, den *Schmalkaldischen Artikeln* sowie dem Großen und *Kleinen Katechismus*, nicht jedoch zum gesamten *Konkordienbuch*.[36] Sodann wurde er dem Oberhofmeister der herzoglichen Familie – wahrscheinlich zuerst Wilhelm Ernst von Geismar,[37] später Jobst von Börstell[38] – unterstellt, der die Gesamtverantwortung für die Erziehung der jungen Herren trug. Ihm gegenüber waren der adlige Hofmeister und der bürgerliche Prin-

---

Inspectionen Chemnitz, Stollberg, Zwickau und Neustädtel, [1842], S. 36; Sächsisches Pfarrerbuch 1, 1939, S. 594. Bd. 2, 1940, S. 133. 668.

33 Vgl. W. RÜDIGER, Prinzenerzieher, 1877; L. FERTIG, Hofmeister, 1979, S. 38f; N. HAMMERSTEIN, Prinzenerziehung, 1983.

34 Michael Gebhard (†1671), geb. in Schneeberg, hatte in Leipzig studiert. Er heiratete am Ende seiner Dienstzeit als Prinzeninformator am 21.7.1668 in Kirchberg Anna Maria Schwenck. Von 1668 bis zu seinem frühen Tod wirkte er als Diaconus in Bad Homburg v.d. Höhe; vgl. Jüngere Matrikel 2, 1909, S. 125; KA Schönau, Fürstliche Hollsteinische Hofcapelle, S. 86; HasSac 4, 1930, S. 245.

35 Vgl. B. MENTZER, Kurtzes Bedencken, 1691, S. 34 (benutztes Exemplar der SUB HH); W. RÜDIGER, Prinzenerzieher, 1877, S. 27.

36 Die Kandidaten Daniel Kausdorf (1667) und Johann Conrad Eckard (1669) bekannten sich in den Religionsreversen, die bei ihrer Bestallung als Präzeptoren am hessen-darmstädtischen Hof angefertigt wurden, zur Confessio Augustana invariata, der Apologie der CA, der Wittenberger Konkordie von 1536 (welche in die Solida Declaratio der Konkordienformel aufgenommen wurde), den Schmalkaldischen Artikeln sowie dem Großen und Kleinen Katechismus Luthers; vgl. StAD, Bestand D8, Nr. 257/22. Nr. 257/23. Ein entsprechender Text von Winckler konnte nicht gefunden werden.

37 Familie von Geismar war eine der ältesten und angesehensten Familien Hessens. Im 17. Jh. standen etliche Familienangehörige als Hofmeister und -meisterinnen, Räte, Kammerjunker und Hofjungfern im Dienst der Landgrafen von Hessen-Darmstadt bzw. Hessen-Homburg. Zu ihnen zählte auch Wilhelm Ernst von Geismar, der nachweislich 1669 als Hofmeister fungierte. Ob der von Johann Jakob Schwenck als Wilhelm Ernst Bezeichnete mit Eitel Wilhelm von Geismar (s.u.) identisch ist, bleibt unklar; vgl. KA Schönau, Fürstliche Hollsteinische Hofcapelle, S. 6; GVUL 10, 1735, Sp. 658; F. LOTZ, Geschichte 2, 1972, S. 68.

38 Spätestens seit 1672 amtierte Jobst von Börstell als Hofmeister auf Wiesenburg; vgl. KA Schönau, Fürstliche Hollsteinische Hofcapelle, S. 11.

zeninformator weisungsgebunden. Sie waren nur für den Unterricht zuständig und wurden auch geringer bezahlt.[39] Der Hofmeister Philipp Friedrich von Geismar (1646–1701),[40] der Präzeptor Winckler, die beiden nachgeborenen Prinzen Carl Ludwig und Wilhelm Christian sowie mindestens noch ein weiterer Mitschüler geringeren Adelsranges, Georg von Geismar (*1654),[41] bildeten nun eine eigene kleine Gemeinschaft am Schloss.[42] Von dem theologisch gebildeten Informator wurde v.a. die Einführung der Schüler in den lutherischen Glauben verlangt. Dazu gehörte auch die Anleitung zur Frömmigkeit durch ausführliche Morgen-, Abend- und Tischgebete, tägliche Lektüre der Heiligen Schrift, häufige Gottesdienstbesuche und Memorieren der Predigt. Neben dem katechetischen Unterricht sollte der Präzeptor Latein- und Französischunterricht erteilen, während Griechischunterricht nur selten erwartet wurde.[43] Außerdem mussten die Prinzen in den Anfängen von Logik und Ethik, in den Historien des eigenen Hauses, des Reiches sowie anderer Länder (wahrscheinlich anhand von Johann Clüvers *Historiarum totius mundi epitome* von 1631) und in den verschiedenen Zweigen der Rechtswissenschaft unterrichtet werden.[44] Noch mehr als andere Kinder sollten die jungen Fürsten eher durch Zuhören und Vorsagen anderer lernen als durch eigenes Lesen, Schreiben und Memorieren.

---

[39] Von der gestaffelten Besoldung der Prinzenerzieher vermitteln die Gehaltslisten am größeren hessen-darmstädtischen Hof einen Eindruck: Dort erhielten um 1640 der Oberpräzeptor 250 Taler, der zweite Präzeptor 200 Taler und der Sprachmeister 150 Taler. Dagegen erhielt der Diener des Grafen nur 36 Taler und der Diener des jungen Prinzen 3 Taler; vgl. StAD, Bestand D8, Nr. 256. Am kleineren Homburger Hof erhielt der Präzeptor Nikolaus Waldschmidt 1640 nur 70 Taler sowie Verpflegung am Hof; vgl. W. RÜDIGER, Prinzenerzieher, 1877, S. 33.

[40] Philipp Friedrich von Geismar (1646–1701), geb. in Bad Homburg v.d. Höhe, war ein Sohn von Eitel Wilhelm von Geismar (1614–1679), der als Kammerrat, spätestens seit 1649 als Hofmeister und spätestens seit 1671 als Oberhofmeister im Dienst der Landgrafen von Hessen-Homburg und Hessen-Darmstadt gestanden hatte. Der Sohn studierte seit 1666 in Gießen und wurde 1669 Hofmeister auf Wiesenburg. Später wirkte er als Rat und Hofmeister bei der älteren Herzoginwitwe Magdalena Sibylla von Württemberg geb. Landgräfin von Hessen-Darmstadt (1652–1712) in Kirchheim unter Teck und seit 1699 bei der Herzoginwitwe Eleonore Juliane von Württemberg geb. Markgräfin von Brandenburg-Ansbach (1663–1724). Er war mit Eva Sophie von Phul (1662–1731) verheiratet; vgl. Hessisches Staatsarchiv Marburg, Bestand M 28, laut freundlicher Auskunft von Dipl. Archivar Klingelhöfer vom 17.10.2001; Neues Württembergisches Dienerbuch 1, 1957, §378. Bd. 2, 1963, §2573; Repertorien Darmstadt 38. Abt. E12, 1996, S. 336. 429; B. SOKOP, Stammtafeln, ^{3}1993, S. 13.

[41] Georg von Geismar (*1654), geb. in Bad Homburg v.d. Höhe, war ein jüngerer Bruder des Hofmeisters Philipp Friedrich von Geismar.

[42] Vgl. N. HAMMERSTEIN, Prinzenerziehung, 1983, S. 202f.

[43] Von einem immerhin möglichen Griechischunterricht könnten auch andere Mitglieder des Hofes profitiert haben, wie z.B. Johanna Eleonora von Merlau, die vor 1673 evtl. Kenntnisse des Griechischen erworben hatte und das Neue Testament im Urtext las; vgl. P.J. SPENER, Briefe 1, 1992, S. 579; R. ALBRECHT, Johanna Eleonora Petersen, 2005, S. 62f.

[44] Vgl. W. RÜDIGER, Prinzenerzieher, 1877, S. 30; N. HAMMERSTEIN, Prinzenerziehung, 1983, S. 205–209.

Die Unterrichtsfortschritte wurden in regelmäßigen mündlichen Examina im Beisein des Herzogs, des Hofpredigers und der Räte überprüft. Wincklers Tätigkeit als Prinzeninformator stellte im 17. Jh. einen normalen Abschnitt im Leben von Theologen und Juristen dar, besonders derjenigen, die sich wie Winckler keine Bildungsreisen leisten konnten.[45]

2.3.2 Begleiter am Tübinger Collegium Illustre

Bereits im Frühjahr 1669 verließ Winckler die Herrschaft Wiesenburg. Als Teil eines kleinen Gefolges, dem außerdem der Hofmeister Philipp Friedrich von Geismar, der Jüngling (*ephebus honoratus*) Georg von Geismar und der Lakai Johann Christoph Möckel angehörten, begleitete Winckler den 15-jährigen Prinzen Carl Ludwig nach Tübingen. Dort bezogen sie am 21. April 1669 das Collegium Illustre.[46] Möglicherweise führte die Reise von Wiesenburg nach Tübingen über Frankfurt a.M., wo Winckler dann Philipp Jakob Spener (1635–1705) kennen gelernt haben könnte, der dort seit 1666 im Pfarramt stand.[47] Winckler blieb als prinzlicher Privatlehrer drei Jahre lang in Tübingen. Erst am 26. März 1672 verließ er die Akademie wieder, um dem Ende 1671 an ihn ergangenen Ruf in das Pfarramt nach Bad Homburg v.d. Höhe zu folgen.[48]

[45] Viele junge Akademiker des 17. Jh. wirkten zwischen Studium und Antritt der ersten Dienststelle als Informatoren, so z.B. der Theologe Philipp Schlosser (1613–1675) als Informator der Prinzen von Hessen-Darmstadt, der Jurist Johann Andreas Frommann (1626–1690) als Informator der Pfalzgrafen bei Rhein, der Theologe Johann Heinrich Horb (1645–1695) als Informator von Justus Theodor von Münchhausen und der Theologe Johann Wolfgang Jäger (1647–1720) als Informator der Prinzen Karl Maximilian und Georg Friedrich von Württemberg.

[46] Vgl. H. DORN, Nova Matricula, 1969, S. 20f; Matrikeln der Universität Tübingen 3, 1953, S. 521. 530. Dass sich weder Winckler noch Prinz Carl Ludwig in die Universitätsmatrikel einschreiben ließen, war für die Besucher des Collegium Illustre kein ungewöhnlicher Vorgang, vgl. ebd. Bd. 2, 1953, S. VII.

[47] Dies vermutete J. GEFFCKEN, Johann Winckler, 1861, S. 269. 271

[48] Prinz Carl Ludwig verließ auf Wunsch seines Vaters zusammen mit Philipp Friedrich und Georg von Geismar und dem Diener das Collegium Illustre erst am 27.6.1672, um nach Bad Ems zu reisen, wo sich Familienangehörige zur Badekur aufhielten; vgl. H. DORN, Nova Matricula, 1969, S. 21; Matrikeln der Universität Tübingen 3, 1953, S. 518.

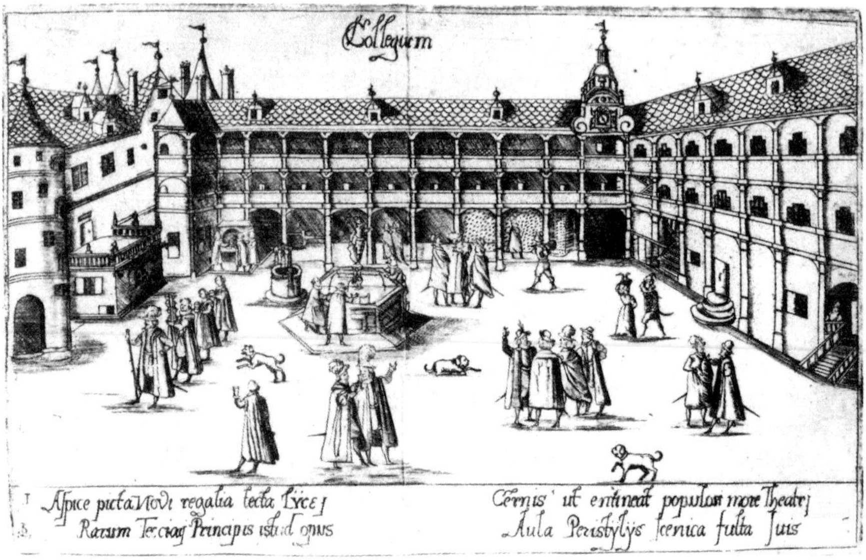

Abb. 9: Das Collegium Illustre zu Tübingen um 1600

Das Collegium Illustre in Tübingen war auf Wunsch der Tübinger Universität und mit Förderung der württembergischen Herzöge geplant und 1594 im ehemaligen Barfüßerkloster eingeweiht worden.[49] Zunächst war das Kollegium als weltliches Gegenstück zum Theologischen Stipendium konzipiert worden, in dem adlige, bürgerliche und »gemeine« Studenten zusammen wohnen, in der Tradition des Barfüßerklosters ein gemeinsames religiöses Leben führen und neben den Veranstaltungen an der Universität den Unterricht des Rektors in Recht, Geschichte und Latein besuchen sollten. Entgegen diesen in den Statuten von 1594 fixierten und vom Stuttgarter Landtag gebilligten Grundsätzen eines Universitätskollegiums betrieb der württembergische Herzog jedoch von Anfang an die Feudalisierung der Akademie nach französischen und italienischen Vorbildern. Bereits in den geänderten Statuten von 1596 setzte Herzog Friedrich durch, dass das Tübinger Kollegium fortan eine Adelsschule sein sollte, die von einem landadligen Oberhofmeister geführt und allein von adligen Studenten und ihren Hofmeistern, Präzeptoren und Dienern besucht werden sollte. Als Kollegiaten hatte Herzog Friedrich dabei seine eigenen Söhne sowie die Söhne befreundeter höherer Adliger vor Augen. Von Anfang an kamen als Studierende nur

[49] Zur Geschichte des Tübinger Collegium Illustre vgl. 500 Jahre Universität Tübingen. Bilder und Dokumente, 1977, S. 106–125; N. CONRADS, Ritterakademien, 1982, S. 105 (dort im Anhang eine Bibliographie zu den Ritterakademien).

Lutheraner in Betracht, da das Kollegium Teil der Tübinger Universität war, die sich streng an die *Confessio Augustana* und die *Formula Concordiae* hielt und entsprechende Bestimmungen auch für das Kollegium verfügt hatte.[50] War das Collegium Illustre zunächst noch Teil der Universität, so wurde es 1601 durch neue Statuten vollkommen von der Hochschule getrennt: Die Rechtsaufsicht erhielt der Oberhofmeister, für den Unterricht wurden vier Professuren eingerichtet, der Besuch der Universitätsvorlesungen wurde verboten, und für die Kollegiaten wurde eine eigene Matrikel angelegt. So veränderte sich das Tübinger Collegium Illustre zu einer selbstständigen, ganz auf die Bedürfnisse des Adels zugeschnittenen höheren Bildungseinrichtung und damit zur ersten deutschen Ritterakademie überhaupt.[51] V.a. im ersten Drittel des 17. Jh. erlangte die Schule – nicht zuletzt aufgrund ihrer geringen Studienkosten[52] – eine hohe Besucherfrequenz und eine gewisse Berühmtheit auch im Ausland, bis sie 1628 infolge des Dreißigjährigen Krieges geschlossen wurde. Nach dem Krieg wurde das Collegium Illustre 1648 zunächst nur intern für Prinz Johann Friedrich von Württemberg und sein Gefolge, 1653 aber offiziell wiedereröffnet. Es bestand dann bis 1688, als der Pfälzische Erbfolgekrieg die Kollegiaten vertrieb und andere Ritterakademien wie die in Turin und Wolfenbüttel seinen Platz einnahmen.[53]

Während Johann Wincklers Aufenthalt waren die Statuten von 1666 in Kraft, die bis zur Schließung des Instituts 1688 Gültigkeit behielten.[54] Nach

[50] Vgl. ebd., S. 111.

[51] Etwas spätere Gründungen deutscher Ritterakademien waren das Mauritianum (1598–1618) bzw. das Collegium Adelphicum Mauritianum in Kassel (1618–1627) und die nur kurze Zeit vor Ausbruch des Dreißigjährigen Krieges florierende Kriegs- und Ritterschule in Siegen (1617–1620). Auf der dänischen Insel Seeland gab es die von König Christian IV. nach dem Vorbild des Tübinger Collegium Illustre gegründete blühende und langlebige Ritterakademie Sorö (1623–1665); vgl. ebd., S. 115–136. 143–153. Erst seit Mitte des 17. Jh. entstanden dann an vielen Orten Deutschlands Ritterakademien und Adelsschulen, von denen die meisten ihre Blütezeit bis etwa zur Mitte des 18. Jh. hatten; vgl. ebd., S. 345–385; F. PAULSEN, Geschichte 1, ^{3}1919, S. 514–524; H. BLANKERTZ, Pädagogik, 1982, S. 39–42.

[52] Im Vergleich zu den beiden anderen, gleichzeitig existierenden Ritterakademien in Kassel und Sorö war das Tübinger Kollegium vergleichsweise billig: Die Unterkunft, der wissenschaftliche Unterricht und die Exerzitien wurden kostenlos angeboten, während die Reit-, Fecht- und Tanzübungen in Kassel und Sorö extra bezahlt werden mussten. Den größten Kostenpunkt machte an allen drei Instituten das Essen aus; vgl. N. CONRADS, Ritterakademien, 1982, S. 169–173.

[53] Fortan diente das Collegium Illustre nur sporadisch württembergischen Prinzen als Quartier, bis das Gebäude 1817 zum katholisch theologischen Konvikt wurde, das zu Ehren von König Wilhelm I. von Württemberg den Namen »Wilhelmsstift« erhielt und unter diesem Namen bis heute existiert; vgl. ebd., S. 153. An der Accademia Reale zu Turin wurde der Lehrbetrieb 1678 aufgenommen; die Ritterakademie Wolfenbüttel wurde 1687 durch Herzog Anton Ulrich eröffnet; vgl. ebd., S. 241. 286.

[54] Zur Verfassung des Tübinger Collegium Illustre vgl. H.-W. THÜMMEL, Universitätsverfassung, 1975, S. 434–448.

ihnen war das Collegium Illustre wie schon seit 1601 eine von der Universität völlig unabhängige Einrichtung, die allein der Direktion und Inspektion des württembergischen Herzogs unterstand. Eine Verbindung mit der Universität bestand nun jedoch insofern, als alle Kollegiaten die Vorlesungen der Universität und umgekehrt alle Studenten die Veranstaltungen – selbst die nichtwissenschaftlichen Exerzitien (Reiten, Fechten, Ballspielen usw.) – des Kollegiums besuchen durften. Die Beamten und Zöglinge des Kollegiums besaßen die gleichen Rechte und Freiheiten wie die Universitätsbürger. Anders als an der Hochschule mussten jedoch nicht nur die Lehrer, sondern auch die Schüler lutherischer Konfession sein. Bewohnte ein württembergischer Prinz das Kollegium, so bildete er dessen Haupt. Der Vorstand war der vom Herzog ernannte adlige Oberhofmeister. Er führte die Oberaufsicht, schrieb die Kollegiaten bei ihrer Ankunft in die Matrikel ein, wachte über die Disziplin und Tischordnung bei den gemeinsamen Mahlzeiten und war für die gesamte Verwaltung verantwortlich. Die Professoren hatten keine Mitverwaltungsrechte; sie waren allein für den Unterricht zuständig. In dessen Mittelpunkt stand anders als an den Lateinschulen und Universitäten der Realienunterricht, der die Zöglinge auf die dem Adel zufallenden Aufgaben im Hof-, Verwaltungs- und Militärdienst vorbereitete. Der erste Professor las jeden Vormittag eine Stunde Zivil- und Lehnrecht. Das gleiche Pensum erfüllte der zweite Professor für Politik und Geschichte, der zusätzlich am Nachmittag eine Stunde im Fach Eloquenz hielt. Der dritte Professor für französische Sprache las jeden Nachmittag eine Stunde. Außerdem sollten die Zöglinge höfische Fertigkeiten erwerben. Dafür standen die sog. Meister zur Verfügung, die Reit-, Fecht-, Tanz- und Sportlehrer. Wie bisher konnten nur Adlige als Schüler aufgenommen werden. Die Disziplinarordnung des Collegium Illustre ähnelte in vielen Punkten derjenigen der Universitätsstatuten, jedoch wurde die Disziplin mit Rücksicht auf den Stand der Zöglinge nicht so streng gehandhabt. Selbst zum wissenschaftlichen Vorlesungsbesuch waren nur die Jüngeren und Ärmeren verpflichtet. Diejenigen, die wie Prinz Carl Ludwig von Schleswig-Holstein-Sonderburg-Wiesenburg von einem eigenen Präzeptor begleitet und unterrichtet wurden, waren lediglich gehalten, zum guten Beispiel für die Ärmeren und Neuankömmlinge ein- bis zweimal die Woche einen Professor ihrer Wahl zu hören. Alle Kollegiaten hatten sich aber in Deklamationen, Disputationen und sog. Konsultationen (Erörterungen in Rede und Gegenrede) zu üben und an den theologischen Disputationen der Universität teilzunehmen, damit ihnen die lateinische Sprache geläufig würde.[55] Tatsächlich wollten in der zweiten Hälfte des 17. Jh. immer mehr adlige Schüler an der Universität studieren und im Collegium Illustre lediglich wohnen.

---

[55] Vgl. 500 Jahre Universität Tübingen. Bilder und Dokumente, 1977, S. 117f.

Abb. 10: Der Speisesaal des Collegium Illustre

Durch die fast permanente Anwesenheit württembergischer Prinzen – z.B. zwischen 1664–1676 – und Söhne anderer regierender Häuser besaß das Tübinger Collegium Illustre stärker noch als andere Ritterakademien den Charakter einer kleinen Residenz mit höfischem Gepräge und Zeremoniell.[56] Augenfälliger Ausdruck der Bedeutung der Adelshierarchie am Kollegium war das Essen an drei gesonderten »Tischen«, die in Preis und Angebot stark differierten: Während am untersten Tisch vier Speisegänge serviert wurden, erhielt der mittlere Tisch sechs Gänge und etwas Wein und der – auf einem Podest stehende – höchste Tisch zehn Gänge und reichlich Wein.[57] Die Kollegiaten hielten es gewöhnlich für unter ihrer Würde, am untersten Tisch zu essen. Auch von Prinz Carl Ludwig ist anzunehmen, dass er zusammen mit seinem Hofmeister Philipp Friedrich von Geismar am mittleren Tisch speiste, während der Präzeptor Winckler zum Essen wahrscheinlich am untersten Tisch saß.[58]

---

[56] Zwischen 1648–1682 weilten am Tübinger Collegium Illustre 18 deutsche Prinzen aus regierenden Häusern. Andere von deutschen Prinzen Ende des 17. Jh. häufig frequentierte Ritterakademien waren Turin und Wolfenbüttel, vgl. N. CONRADS, Ritterakademien, 1982, S. 179f.

[57] In Tübingen kostete vor dem Dreißigjährigen Krieg das Essen am untersten Tisch pro Jahr 78 Gulden, am mittleren 117 und am höchsten Tisch 156 Gulden. Zum Vergleich: Die Professoren des Kollegiums erhielten zur gleichen Zeit ein Gehalt von jährlich 150 Gulden zuzüglich einer nicht allzu hohen Naturalbesoldung; vgl. ebd., S. 171f.

[58] Bei Überfüllung der Akademie wurden die Tische z.B. nach Freiherren-, Edeljungen-, Präzeptoren-, Truchsessen-, Gesinde- und Nachttisch weiter ausdifferenziert; vgl. ebd., S. 181.

Am Collegium Illustre lehrten während Wincklers Zeit u.a. die Professoren Louis Du May und Burkhard Bardili. Louis Du May (†1681), ein französischer Protestant, war politischer Rat des Herzogs von Württemberg und lehrte bereits seit 1652 an der Tübinger Ritterakademie.[59] Aufgrund seiner adligen Herkunft nahm er den Rang des Primarius ein, unterrichtete jedoch das Fach des zweiten Professors: Geschichte und Politik. Burkhard Bardili (1629–1692) wirkte seit 1655 als Professor der Rechte an der Universität Tübingen und zugleich am Collegium Illustre.[60] Er vertrat das Fach des ersten Professors und las Zivil- und Lehnrecht. Bardili amtierte 1672 als Universitätsrektor. Mit beiden, Du May und Bardili, trat Winckler in persönlichen Kontakt.[61]

Die genannten Statuten von 1666 sowie zeitgenössische Schriften über die Rolle der Informatoren können Aufschluss über die nun vermutlich an Johann Winckler herangetragenen Aufgaben geben, die gegenüber seiner Tätigkeit auf Schloss Wiesenburg leicht verändert waren.[62] Demnach gehörte es zu seinen Pflichten, die Herrschaft täglich in *studiis pietatis* – praktisch und theoretisch – anzuleiten und ihr mit seinem eigenen guten Beispiel voranzugehen. So ist anzunehmen, dass Winckler Prinz Carl Ludwig zum Gottesdienst begleitete, mit ihm betete, sang und in der Bibel und Luthers *Katechismus* las.[63] Er gab wohl auch weiterhin täglich Lateinunterricht, der vorzugsweise anhand politischer oder geschichtlicher Texte zu erteilen

---

[59] Louis Du May (†1681), geb. im französischen Saletes, siedelte nach Reisen durch Amerika wegen seines protestantischen Glaubens nach Deutschland über. Er veröffentlichte heraldische, genealogische, juristische und politische Schriften; vgl. Neues Württembergisches Dienerbuch 2, 1963, §1147; DBF 12, 1970, Sp. 154f.

[60] Burkhard Bardili (1629–1692), geb. in Tübingen, war ein Schüler und Mitarbeiter des berühmten Juristen Wolfgang Adam Lauterbach (1618–1678) und gab dessen Konklusionen zu den Pandekten heraus (1692). Er wurde 1653 außerordentlicher und 1655 ordentlicher Juraprofessor in Tübingen, 1660 außerdem Rat und Hofgerichtsassessor; vgl. ADB 2, 1875, S. 55.

[61] Dies deuten die Gratulationen im Anhang zu seiner Dissertation an; vgl. J. WINCKLER, Oraculum Davidicum, 1672, Anhang, S. 1f (benutztes Exemplar der Universitätsbibliothek Tübingen), s. Teil II. 1.2, Nr. 3a).

[62] Vgl. z.B. V.L. VON SECKENDORFF, Teutscher Fürsten Stat, Frankfurt a.M. ³1665, W.H. VON HOHBERG, Georgica Curiosa, Nürnberg 1687, und andere Texte in Auswahl in: L. FERTIG, Hofmeister, 1979, S. 99–281. Hohberg verfasste ein eigenes Kapitel über die Aufgaben des Informators, der die Zöglinge auf Reisen begleitet, aus dem sich Vermutungen über Wincklers Tätigkeit ableiten lassen; vgl. ebd., S. 115–119. Die Ausführungen von Veit Ludwig von Seckendorff (1626–1692) sind für Wincklers Beschäftigung insofern von besonderem Wert, als dieser selbst von 1645–1648 als Hofmeister auf Schloss Marburg die Söhne Landgraf Georgs II. von Hessen-Darmstadt, Ludwig VI. und Georg III., sowie dessen jungen Cousin Friedrich II. von Hessen-Homburg unterrichtet hatte. Es ist anzunehmen, dass Wincklers Patronin Landgräfin Anna Margaretha von Hessen-Homburg, die Schwester von Friedrich II., das weit verbreitete Büchlein des berühmten Gothaischen Hof- und Kammerrats kannte; vgl. D. BLAUFUSS, Seckendorff, 1999; F. LOTZ, Geschichte 2, 1972, S. 59.

[63] Vgl. V.L. VON SECKENDORFF, Teutscher Fürsten Stat, ³1665, zit. nach L. FERTIG, Hofmeister, 1979, S. 103–105.

war.[64] Außerdem sollte er sich möglichst oft in der Nähe des Prinzen aufhalten, um dessen Auftreten und Umgang zu beaufsichtigen. Schließlich konnten an den Präzeptor auch Aufgaben des Hofmeisters delegiert werden: auf die richtige Ernährung des Prinzen zu achten, seine Gesundheit zu schützen, für eine angemessene Wohnung zu sorgen, die Kasse treu zu verwalten und über alles Buch zu führen.

2.3.3 Theologiestudent an der Universität Tübingen

Neben diesen Pflichten eröffnete der Aufenthalt in Tübingen Winckler aber v.a. die Möglichkeit, sein eigenes theologisches Studium fortzusetzen. Tatsächlich waren die drei Jahre, die er als bestallter Prinzeninformator in Tübingen verbrachte, die einzige Zeit, in der er kontinuierlich und ohne Unterhaltssorgen studieren konnte. Es ist davon auszugehen, dass er sowohl Veranstaltungen am Collegium Illustre als auch an der theologischen Fakultät der Universität besuchte.

Die Tübinger Universität war 1477 von Graf Eberhard von Württemberg-Urach gegründet, 1534–1561 im Sinne der Reformation umgestaltet und 1601 noch einmal neu statuiert worden.[65] Im Zuge der territorialen Konfessionsbildung wurde die Universität das zentrale Ausbildungsinstitut im Herzogtum Württemberg für rechtgläubige, d.h. dem Glauben des Landesherrn konforme Verwaltungsbeamte, Lehrer und Geistliche. Von Anfang an besaß die Universität vier Fakultäten.[66] Die seit 1535 evangelisch-theologische Fakultät nahm unter diesen insofern eine Sonderstellung ein, als ihre Mitglieder nicht vom Senat, sondern allein vom württembergischen Herzog nominiert und berufen wurden, während sie ihr relativ hohes Einkommen aus den ehemaligen Pfründen der Stadtpfarrei und des Herzoglichen Stipendiums bezogen.[67] Dies beruhte auf der engen Verbindung der theologischen Professuren mit den Ämtern am Stipendium und der Stadtpfarrei, welche die Universitätsordnung von 1561 und die Statuten von

---

[64] Vgl. N. HAMMERSTEIN, Prinzenerziehung, 1983, S. 228.

[65] Zur Geschichte der Tübinger Universität vgl. RGG³ 6, 1962, Sp. 1064–1068; H.-W. THÜMMEL, Universitätsverfassung, 1975; I. PILL-RADEMACHER, Visitationen, 1993.

[66] Zur Geschichte der theologischen Fakultät vgl. C. VON WEIZSÄCKER, Lehrer, 1877; H.-W. THÜMMEL, Universitätsverfassung, 1975, S. 170–185; Theologen und Theologie, 1977.

[67] Der Kanzler erhielt zwischen 1652–1768 jährlich ca. 340 Gulden, während der zweite und dritte Professor der Theologie je 231 Gulden bezogen. Dazu kamen ein Hauszins (Wohnungszuschuss) bzw. für den Kanzler freie Universitätswohnung, Holzgeld (Heizkostenzuschuss), Neujahrsgeld und Naturalbesoldungen in Form von Roggen, Dinkel, Hafer und Wein. Bis um 1700 waren die Tübinger Professoren aller drei oberen Fakultäten damit weit besser besoldet als höhere württembergische Regierungsbeamte oder Inhaber kleinerer Prälaturen; vgl. H.-W. THÜMMEL, Universitätsverfassung, 1975, S. 294–301.

1601 geschaffen hatten. Im 17. Jh. hatte die theologische Fakultät vier Professuren: Der Primarius war Propst der Stiftskirche und immer zugleich Universitätskanzler.[68] Als solcher war er der mächtigste akademische Amtsträger und repräsentierte stellvertretend die landesherrliche Aufsicht an der Universität. Der Kanzler war stets herzoglicher Rat und nahm die Generalsuperintendentur über mehrere württembergische Klöster und Prälaturen wahr. Der zweite Ordinarius fungierte als Dekan der Stadtkirche und erster Superattendent am Herzoglichen Stipendium. Er musste den Kanzler bei dessen Inspektionsaufgaben unterstützen. Mit dem dritten Ordinariat war das Pfarramt an der Stiftskirche mit der Stadtpfarrei und die Spezialsuperintendentur des umliegenden Amtes verbunden. Der vierte Professor wirkte als zweiter Superattendent am Stipendium. Von den vier Theologieprofessoren zählten jedoch nur die drei Inhaber von Kirchenämtern als Ordinarien, während der Professor quartus als Extraordinarius galt und nicht Mitglied des Senats oder der Fakultätsversammlung war. Von diesen Regeln gab es zwar im 17. Jh. Abweichungen,[69] die an die Ordinariate gebundene Hierarchie wurde jedoch stets streng beachtet. Voraussetzung für die Berufung auf eine Theologieprofessur war neben dem theologischen Doktorgrad und didaktischem Geschick die »rechte Religion«, worunter von der theologischen Fakultät und dem Stuttgarter Konsistorium im 17. Jh. die besonders eifrige Verteidigung der Augsburgischen Konfession und der *Konkordienformel* im Sinne der württembergischen Orthodoxie verstanden wurde.[70] Auffällig an allen Fakultäten der Tübinger Universität waren die vielen verwandtschaftlichen Beziehungen innerhalb der Professorenschaft, die dazu führten, dass im 17. und 18. Jh. faktisch alle Lehrstühle durch Söhne von in Tübingen ansässigen Familien besetzt waren.[71]

Mit den vier statuarisch vorgesehenen Professuren für Theologie waren bestimmte Fächer verbunden, deren methodische und inhaltliche Gestaltung jedoch stark variierte: Der erste und zweite Ordinarius sollten Exegese des Alten Testaments lesen, der dritte Professor Exegese des Neuen Testaments

---

[68] Vgl. I. PILL-RADEMACHER, Visitationen, 1993, S. 267f.

[69] Z.B. wurde im 17. Jh. mehrmals ein interimistisches viertes Ordinariat vergeben, weil die Kanzleistelle vakant war, so 1650 an Balthasar Raith und 1660 an Johann Adam Osiander. Außerdem vergab der Herzog mitunter ein fünftes Extraordinariat, so 1663 an Johann Anton Winter; vgl. H.-W. THÜMMEL, Universitätsverfassung, 1975, S. 179f.

[70] Bis zur Gewährung der Religionsfreiheit 1806 mussten sich alle Angehörigen des Lehrkörpers der Tübinger Universität auf das Konkordienbuch verpflichten; vgl. RGG^3 6, 1962, Sp. 1066; H.-W. THÜMMEL, Universitätsverfassung, 1975, S. 176.

[71] An der theologischen Fakultät galt dies in besonderem Maße für die Familien Osiander, Nicolai und Wagner; vgl. dazu die Stammtafeln bei W. ANGERBAUER, Kanzleramt, 1972. Die »Familienuniversität« war eine zeittypische Erscheinung; es gab sie auch in Basel, Marburg und Gießen; vgl. T. KAUFMANN, Universität, 1997, S. 152f.

und der Extraordinarius Dogmatik.[72] Das Programm von 1664 spezifizierte in einer Selbstverpflichtung der Fakultät folgende Aufgaben der Lehre:[73] Die 1652 neben den biblischen Vorlesungen eingerichtete *lectura controversia* sollte im Mittelpunkt aller Vorlesungen stehen, die so in ihren Dienst gestellt wurden. Die Professur für Kontroverstheologie, die zunächst Tobias Wagner für seine Person übertragen worden war, ging auf die Kanzlerprofessur über. Der zweite Ordinarius sollte fünf Stunden Altes Testament und zusätzlich zwei Stunden Hebräisch lesen. Der Tertius las Neues Testament. Im systematischen Kolleg sollte das für Württemberg verbindliche Lehrbuch, die 1600 erschienen *Loci theologici* des Matthias Hafenreffer, in zwei Jahren durchgearbeitet werden.[74] Der Extraordinarius war auch für die Veranstaltung von praktischen Predigtübungen zuständig. 1664 versprachen alle vier Professoren, regelmäßige Disputationen im Zusammenhang ihrer Vorlesungen sowie Privatkollegs zu halten. Neben den Universitätsvorlesungen und der Verwaltung der Kirchenämter waren viele Theologieprofessoren schriftstellerisch tätig, wofür ihnen der Herzog auch Freisemester gewährte. Außerdem führten sie Aufsicht über die Artistenfakultät und das Pädagogium und hielten die täglichen Morgen- und Abendpredigten an der Stiftskirche. Schließlich oblag der Fakultät die Vorzensur für alle in Tübingen zu druckenden sowie für alle von ihren Mitgliedern verfassten theologischen Schriften, gemäß der das Stuttgarter Konsistorium und die Regierung über die endgültige Druckerlaubnis entschieden. Die vormals umfangreicheren kirchlichen Pflichten der Universitätslehrer wie z.B. die Visitation traten im Laufe des 17. Jh. gegenüber den akademischen Aufgaben zurück.

Während Johann Wincklers Aufenthalt in Tübingen stand der Universität als Kanzler der Primarius für Theologie Tobias Wagner vor. Neben ihm lehrten an der theologischen Fakultät als zweiter Professor Balthasar Raith, als dritter Professor Johann Adam Osiander, als Professor quartus Christoph Wölfflin, der jedoch schon 1670 durch Georg Heinrich Keller abgelöst wurde, und als fünfter Extraordinarius Johann Anton Winter.[75] Sie hielten

---

[72] Die hebräische Lektur gehörte zeitweise zur philosophischen, zeitweise zur theologischen Fakultät und wurde erst 1751 endgültig der philosophischen Fakultät zugeteilt. 1720 wurde eine fünfte, kirchengeschichtliche Professur an der theologischen Fakultät eingerichtet; vgl. H.-W. THÜMMEL, Universitätsverfassung, 1975, S. 182. 253.

[73] Vgl. C. VON WEIZSÄCKER, Lehrer, 1877, S. 75–77.

[74] Der Katalog von Wincklers Bibliothek nennt auch eine Ausgabe in Wincklers Besitz: M. HAFENREFFER, Loci theologici, Frankfurt a.M. 1606; vgl. Catalogus, 1721, S. 266. 1702 veröffentlichte Johann Wolfgang Jäger (1647–1720) ein neues Lehrbuch unter dem Titel »Compendium Theologiae positiva«; vgl. M. BRECHT, Philipp Jakob Spener und die württembergische Kirche, 1966, S. 457; W. ANGERBAUER, Kanzleramt, 1972, S. 100. 160; BBKL 2, 1990, Sp. 1433–1435.

[75] Johann Anton Winter, zum Protestantismus übergetretener ehemaliger Jesuit, wirkte von 1663–1675 als fünfter Honorarprofessor für Theologie. Er sollte biblische Vorlesungen und philosophische Privatkollegs halten; vgl. C. VON WEIZSÄCKER, Lehrer, 1877, S. 69f; W. ANGERBAUER, Kanzleramt, 1972, S. 78; H.-W. THÜMMEL, Universitätsverfassung, 1975, S. 179.

die auch von allen Kollegiaten der Ritterakademie zu besuchenden theologischen Vorlesungen. Winckler trat an der relativ kleinen Tübinger Universität sowohl zu den genannten Theologieprofessoren und Angehörigen der Stiftsleitung als auch zu den Professoren der philosophischen Fakultät und einigen Studenten am Herzoglichen Stipendium in persönlichen Kontakt.

Tobias Wagner (1598–1680), erster Professor für Theologie, war nach einer kirchlichen Laufbahn 1653 auf die zweite theologische Professur sowie in das damit verbundene Dekanat der Tübinger Stiftskirche und die Leitung des Herzoglichen Stipendiums berufen worden.[76] Noch im gleichen Jahr hatte er die neugeschaffene Professur für Kontroverstheologie erhalten, die er auch bei seiner Ernennung zum Primarius und Kanzler der Universität 1662 behielt. Wagner war ein streitbarer orthodoxer Theologe von anscheinend besonders energischem und jähzornigem Temperament, der als Kanzler Disziplinarien und Bücherzensur streng handhabte – aber mitunter auch selbst unterlief. An der Fakultät lag er z.B. mit Johann Adam Osiander im Streit über die Frage der Sonntagsheiligung.[77] Wagner veröffentlichte eine Vielzahl historischer, theologischer und erbaulicher Schriften und hielt regelmäßig private Predigtkollegs. Nachweislich seit 1665 stand er mit Philipp Jakob Spener in Briefkontakt. Dieser widmete ihm und seinen drei Tübinger Kollegen Christoph Wölfflin, Balthasar Raith und Johann Adam Osiander 1678 den ersten Band seiner *Christlichen Bußpredigten.*[78]

Als zweiter Ordinarius wirkte Balthasar Raith (1616–1683), der 1656 zunächst außerordentlicher, dann 1660 ordentlicher Professor für Theologie und Stadtpfarrer in Tübingen geworden war.[79] Zugleich war er als Tobias

---

[76] Tobias Wagner (1598–1680), geb. in Heidenheim, besuchte die Klosterschulen Adelberg und Maulbronn, studierte seit 1619 Theologie in Tübingen und promovierte dort zum Magister. 1624 wurde er Diaconus, 1632 Pfarrer und Superintendent in Esslingen. Seit 1653 wirkte er als zweiter Theologieprofessor und Professor für Kontroverstheologie in Tübingen. 1656 wurde er Prokanzler und 1662 Kanzler der Universität. Seit 1625 war er mit Katharina Nicolai verheiratet; vgl. ADB 40, 1896, S. 582–584; W. ANGERBAUER, Kanzleramt, 1972, S. 65–80; A. BEUTEL, Lehre und Leben, 1996, S. 425–431.

[77] Im Anschluss an den Fall des in Augsburg amtsenthobenen Diaconus Johann Jakob Beyer (1636–1675) gerieten Tobias Wagner und Johann Adam Osiander in einen Dissens über die Frage der Sonntagsheiligung. Während Wagner die Auffassung seines Straßburger Freundes Sebastian Schmidt von der Abrogation des Sabbatgebots durch das Evangelium teilte, vertrat Osiander die in Württemberg auch in der Kirchenordnung verankerte Lehre, dass die strikte Sonntagsruhe unabdingbare Forderung des 3. Gebots sei; vgl. P.J. SPENER, Briefe 1, 1992, Nr. 90, S. 355f.

[78] Den zweiten Band widmete Spener 1686 Anton Reiser, Johann Winckler, Johann Heinrich Horb und Abraham Hinckelmann in Hamburg; vgl. P. GRÜNBERG, Philipp Jakob Spener 3, 1906, S. 225.

[79] Balthasar Raith (1616–1683), geb. in Schorndorf, studierte in Tübingen Theologie und orientalische Sprachen und promovierte 1635 zum Magister. Er war erst Repetent und Diaconus in Tübingen, seit 1646 Pfarrer und Spezialsuperintendent in Derendingen. 1656 promovierte er zum Dr. theol. und wurde außerordentlicher Professor der Theologie, 1660 ordentlicher Professor und Stadtpfarrer; vgl. ADB 27, 1888, S. 190f; P.J. SPENER, Briefe 2, 1996, Nr. 159, S. 678.

Wagners Nachfolger 1656 Superattendent und 1662 Obersuperattendent und damit Magister domus des Herzoglichen Stipendiums geworden. Raith las Altes Testament und Hebräisch und hatte ausgeprägte judaistische und kabbalistische Interessen; z.B. unterstützte er die judaistischen Forschungen der Prinzessin Antonia von Württemberg (1613–1679) und hielt 1673 die Einweihungsrede für die von ihr gestiftete kabbalistische Lehrtafel.[80] Daneben engagierte er sich mit Disputationen und Predigtübungen für die praktische Ausbildung der Theologiestudenten. Raith wurde von Zeitgenossen nicht nur wegen seiner theologischen und philologischen Gelehrsamkeit, sondern auch wegen seines frommen, wohltätigen Wesens gerühmt. Seit etwa 1655 stand er mit Philipp Jakob Spener in Kontakt, eine Beziehung, die durch dessen Aufenthalt in Tübingen 1662 noch vertieft wurde.[81] Wincklers bemerkenswerte Sprachkenntnisse, sein Interesse an rabbinischer Schriftauslegung und seine Tübinger Dissertation über Psalm 51,7 lassen vermuten, dass Winckler v.a. bei Raith Vorlesungen gehört hat.[82]

Gleichzeitig mit Raith war Johann Adam Osiander (1622–1697) 1656 als Professor für Griechisch und außerordentlicher Professor für Theologie an die Tübinger Universität gekommen.[83] 1660 war er zum interimistischen Ordinarius für Theologie und 1662 zum dritten Ordinarius und Stadtpfarrer berufen worden. Als Theologieprofessor war Osiander zwar für Griechisch und neutestamentliche Exegese zuständig, er lehrte jedoch auch andere theologische Disziplinen und veröffentlichte z.B. 1676–1678 einen mehrbändigen Pentateuch-Kommentar. Das Hauptgewicht seiner akademisch-theologischen Lehrtätigkeit lag auf der Polemik. So las Osiander nicht über neutestamentliche Bücher, sondern nur über einzelne Stellen – *loca difficiliora* –, mit denen man die Gegner am besten widerlegen konnte. Während Wincklers Studienzeit hielt Osiander u.a. eine Disputationsreihe über den Sabbat, mit welcher er die von ihm bezogene, umstrittene Position der strikten Sonntagsheiligung stärkte.[84] Osiander war einer der berühmtesten

[80] Vgl. J. WALLMANN, Philipp Jakob Spener, ²1986, S. 159; Europäische Stammtafeln. N.F. I.2, 1999, Tafel 258.

[81] Zu Speners Aufenthalt in Tübingen s.u. 2.3.5.

[82] Zu Wincklers Dissertation s.u. 2.3.4.

[83] Johann Adam Osiander (1622–1697), geb. in Vaihingen, ein Enkel von Lukas Osiander I. und Neffe von Andreas Osiander und Lukas Osiander II., war während seines Theologiestudiums in Tübingen herzoglicher Stipendiat und promovierte 1645 zum Magister. 1647 wurde er Stiftsrepetent, 1650 Diaconus in Göppingen und 1654 Diaconus in Tübingen. 1656 promovierte er zum Dr. theol. und wurde Professor für Griechisch und außerordentlicher Professor für Theologie in Tübingen. 1660 wurde er interimistischer Professor und 1662 Ordinarius für Theologie. 1680 wurde Osiander Prokanzler und 1681 Kanzler der Universität. Er war dreimal verheiratet: mit Anna Magdalene Schipper, Anna Maria Krull verw. Behr sowie Agathe Christine Gerhard verw. Dreher verw. Bauder; vgl. ADB 24, 1887, S. 488f; RE³ 14, 1904, S. 513; W. ANGERBAUER, Kanzleramt, 1972, S. 80–85.

[84] Vgl. J.A. OSIANDER (Hg.), Dissertationes de sabbatho, Tübingen 1672.

Theologieprofessoren seiner Zeit und zog viele – auch ausländische – Studenten nach Tübingen. Unter seiner Moderation nahm Johann Winckler zum Abschluss seines Studienaufenthalts in Tübingen an einer Disputation über Psalm 51,7 teil.

Professor quartus war Christoph Wölfflin (1625–1688), seit 1659 Dozent für Griechisch und seit 1660 vierter Professor für Theologie.[85] Selbst ehemaliger Stipendiat und Repetent am Tübinger Stipendium, war er seit 1660 stets Mitglied der Stiftsleitung. Kurz nach Wincklers Ankunft in Tübingen wurde Wölfflin 1669 zum württembergischen Hofprediger in Stuttgart befördert und verließ die Universität. Das vierte Extraordinariat für Theologie erhielt daraufhin Georg Heinrich Keller (1624–1702), zuvor Superintendent in Böblingen.[86] Bei der Berufung bezeichnete der für Keller eintretende Kanzler Wagner diesen als »from und gotsfürchtig«, »eyferig in seynem Predigambt«, »vorsichtig in seyner Superattendentz« und »gelehrt gnung«.[87] Später wurde Keller zweiter Theologieprofessor und Prokanzler der Universität. Keller erregte durch Schriften oder Taten kein besonderes Aufsehen. Er galt als einer der »Stillen im Lande«, dessen Milde und Frömmigkeit wiederholt gelobt wurden.

Als außerordentlicher Professor für orientalische Sprachen lehrte seit etwa 1671 der fast gänzlich unbekannte gebürtige Hamburger Albert von Holten (1637–1677) an der philosophischen Fakultät der Tübinger Universität.[88] Auch bei ihm hörte Johann Winckler mit Gewinn Vorlesungen, wie seine in der Dissertation von 1672 demonstrierten Arabisch- und Äthiopischkenntnisse belegen.

---

[85] Christoph Wölfflin (1625–1688), geb. in Owen, war Stipendiat in Tübingen und promovierte 1643 zum Magister. 1651 wurde er als Diaconus nach Aurach und 1657 als Diaconus nach Tübingen berufen. 1659 wurde er Professor für Griechisch an der Tübinger Universität und Ephorus des Theologischen Stifts, bereits 1660 aber Dr. theol., außerordentlicher Professor für Theologie und Stiftssuperattendent. 1669 machte ihn Herzog Eberhard III. von Württemberg zum Hofprediger, Konsistorialassessor und Abt von Lorch. 1680 wurde er Propst von Stuttgart; vgl. AGL 4, 1751, Sp. 2038; J. WALLMANN, Philipp Jakob Spener, ^{2}1986, S. 158.

[86] Georg Heinrich Keller (1624–1702), geb. in Hornberg, besuchte 1641–1649 die Tübinger Universität und war Stiftsrepetent. 1653 wurde er Oberdiakon in Kirchheim unter Teck, 1659 Pfarrer in Derendingen und 1661 Dekan in Böblingen. 1670 wurde er zum theologischen Extraordinarius nach Tübingen berufen. 1681 rückte er zum zweiten Ordinarius auf, 1698 wurde er nach Osianders Tod Prokanzler und 1699 Prälat in Alpirsbach. Er war seit 1654 mit Martha Reuchlin verheiratet; vgl. W. ANGERBAUER, Kanzleramt, 1972, S. 85–88.

[87] Universitätsarchiv Tübingen 3/9 (29.3.1670), zit. nach W. ANGERBAUER, Kanzleramt, 1972, S. 86.

[88] Albert von Holten (1637–1677), geb. in Hamburg, stammte aus einer Hamburger Senatorenfamilie. Nach dem Studium in Rostock (seit 1656), Leipzig, Jena und Altdorf wirkte er seit 1668 als Hofmeister des Grafen Georg Philipp von Ortendorf in Stuttgart. Um 1671 wurde er zum außerordentlichen Professor für orientalische Sprachen nach Tübingen berufen; vgl. H. BRUHN, Kandidaten, 1963, Nr. 82, S. 95; P.J. SPENER, Briefe 1, 1992, Nr. 90, S. 356.

Eng verbunden mit der theologischen Fakultät der Universität Tübingen war das Hochfürstliche bzw. Herzogliche Stipendium.[89] Es war 1536 von Herzog Ulrich von Württemberg nach dem Vorbild der 1529 von Landgraf Philipp I. von Hessen eingerichteten Marburger Stipendiatenanstalt gegründet worden und sollte die Ausbildung des Pfarrernachwuchses in Württemberg sichern.[90] Nicht die philosophische und theologische Fakultät der Universität, sondern das angegliederte Stipendium mit seinem Erziehungsprogramm und der Studienförderung galt fortan als wichtigste Bildungseinrichtung der württembergischen Kirche. Die ersten Ordnungen von 1536 und 1541 steckten den notwendigen institutionellen und ökonomischen Rahmen ab. Demnach sollte das Herzogliche Stipendium aus ehemaligem Kirchengut erhalten und vom herzoglichen Konsistorium verwaltet werden. Die Statuten von 1547 legten in 42 Artikeln die Hausordnung fest: Zu ihr zählten u.a. der Alltagsgebrauch des Lateins, das gemeinsame Frömmigkeitsleben und eine jährliche Sitten- und Studienkontrolle. Untergebracht wurde das Stipendium 1547 im ehemaligen Augustinereremitenkloster in Tübingen. Das Gebäude erhielt zwar in der zweiten Hälfte des 16. Jh. weitere Stockwerke und 1667–1670 anstelle der alten Fachwerkbauten zwei Untergeschosse in Stein, sein spätgotischer, klösterlicher Charakter blieb jedoch erhalten.[91]

Im Rahmen der zweiten württembergischen Reformation bekam das Herzogliche Stipendium unter Herzog Christoph von Württemberg seine endgültige Ordnung, die in die Große Kirchenordnung von 1559 aufgenommen und im Landtagsabschied von 1565 verfassungsrechtlich abgesichert wurde. Hier wurde sowohl die wirtschaftliche Grundlage als auch die Verfassung des Stipendiums verankert.[92] Die Stiftsleitung bestand aus zwei Superattendenten (Professoren der theologischen Fakultät), welche die Finanzaufsicht führen und auch erzieherische Aufgaben übernehmen sollten. Innerhalb der Institution oblag dem Magister domus (meist ein Professor der artistischen Fakultät) die allgemeine und ständige Überwachung. Außerdem wirkten am Stipendium ein Präzeptor, der für die Studienleitung und den zusätzlichen Unterricht zuständig war, und ein Probst bzw. Hausvater. Administrativ war das Stipendium direkt dem Stuttgarter Konsistorium und dem Kirchenrat unterstellt. Insgesamt sollten während einer acht- bis neunjährigen Ausbildungszeit in den niederen und höheren Klosterschu-

---

[89] Zum Herzoglichen Stipendium vgl. W.-U. DEETJEN, Stift, 1986; M. BRECHT, Konzeptionen, 1986; RGG³ 6, 1962, Sp. 1069–1071; H.-W. THÜMMEL, Universitätsverfassung, 1975, S. 433f.

[90] Zur Marburger Stipendiatenanstalt vgl. Studium und Stipendium, 1977.

[91] Ein neues Aussehen erhielt das Gebäude des Stipendiums erst 1792–1800 durch einen klassizistischen Neubau; vgl. W.-U. DEETJEN, Stift, 1986, S. 26.

[92] Zur Ordnung von 1559 vgl. I. PILL-RADEMACHER, Visitationen, 1993, S. 333–335.

len Württembergs und am Herzoglichen Stipendium ständig 350 Landeskinder »in Gottesfurcht, aller christlicher und gottseliger Education und Disziplin, desgleichen getreuer und emsiger Anhaltung und Beförderung ihrer Studien, sonderlichen aber zu Versehung und Besetzung der Ministerien der Kirchen Gottes und der Schulen gottseligen erzogen« werden.[93] Nach Besuch der Klosterschulen konnten etwa 150 Jungen im Tübinger Stipendium aufgenommen werden. Voraussetzungen der Aufnahme, über welche eine Prüfung vor dem Stuttgarter Kirchenrat entschied, waren gewisse Kenntnisse in Grammatik, Dialektik und Rhetorik, v.a. aber die Bereitschaft zum Theologiestudium, verstanden als Studium der Heiligen Schrift. Die Stipendiaten waren an der Universität immatrikuliert und nahmen am normalen Lehrbetrieb teil. Sie studierten zunächst zwei Jahre lang die artistischen Fächer, bevor nach Ablegung der Magisterwürde das etwa dreijährige Theologiestudium begann. Die an der Universität zu besuchenden Vorlesungen wurden im Stift von den *magistri repetentes* mit den Studenten wiederholt und durch zusätzlichen Unterricht durch den Präzeptor ergänzt. Als Repetenten wurden bis zu sechs der ärmsten Stipendiaten, die bereits den Magistergrad erworben hatten, ausgewählt und mit zehn Gulden zusätzlich entlohnt.[94] Fast alle Stipendiaten lebten während ihrer gesamten Studienzeit im Stift; nur wenige Theologiestudenten wohnten außerhalb des Stipendiums in der Stadt.

Obgleich Johann Winckler sich in Tübingen nicht primär als Theologiestudent, sondern als Prinzenerzieher aufhielt, knüpfte er zur theologischen Fakultät und zum Herzoglichen Stipendium doch enge Beziehungen: Er hörte theologische und philosophische Kollegs und offenbar auch Vorlesungen über orientalische Sprachen. Durch sein fleißiges Studium gewann er die Wertschätzung der Theologieprofessoren und wurde von ihnen »alle zeit vor einen Cand[idatum] Theologiae gehalten«, so eine spätere Aussage Philipp Jakob Speners.[95] Auch mit Magistern, Repetenten und Studenten am Stipendium freundete sich Winckler an, darunter mit Theophil Seeger,[96]

---

[93] Zit. nach M. BRECHT, Konzeptionen, 1986, S. 30f.

[94] Für jeden Stipendiaten waren 25 Gulden im Jahr ausgesetzt. Davon erhielten die Studierenden vierteljährlich eineinhalb Gulden bar, während die restlichen 19 Gulden von der Verwaltung für ihren Unterhalt verwandt werden sollten; vgl. W.-U. DEETJEN, Stift, 1986, S. 23f.

[95] Philipp Jakob Spener in einem Empfehlungsschreiben für Winckler an die Grafen Ludwig Ernst und Gustav Axel von Löwenstein-Wertheim vom 14.1.1679 bei P.J. SPENER, Briefe 4, 2005, Nr. 1, S. 3–7, hier S. 6. Wincklers Beziehungen zur theologischen Fakultät und zum Herzoglichen Stipendium werden durch die Gratulationsliste im Anhang zu seiner Dissertation belegt; vgl. J. WINCKLER, Oraculum Davidicum, 1672, Anhang, S. 1–3.

[96] Die genannten drei Repetenten weist die Gratulationsliste auf; vgl. ebd., S. 13–15. Theophil Seeger aus Tübingen war seit 1662 herzoglicher Stipendiat, erwarb 1665 den Magistergrad und war seit 1667 Stiftsrepetent. 1673 ging er als Diaconus nach Waiblingen; vgl. Matrikeln der Universität Tübingen 2, 1953, S. 302.

Johann Eberhard Brauch (†1689)[97] und Johann Conrad Hößlin. Der Stiftsrepetent Johann Conrad Hößlin (1645–1678) hatte als Privatlehrer der beiden ältesten Söhne des Juraprofessors und Spenerfreundes Johann Andreas Frommann (1626–1690) gewirkt und in dessen Haus die Lektüre von Johann Arndts *Vier Büchern vom wahren Christentum* eingeführt.[98] Als Prediger und Präzeptor an der Klosterschule Bebenhausen eröffnete er später wie Winckler ein Collegium pietatis. Wahrscheinlich bahnten sich in Tübingen auch mit anderen jungen Theologen teils langjährige Freundschaften an: Gleichzeitig mit Winckler hielten sich hier z.B. der spätere Informator seiner eigenen Kinder in Hamburg, Eberhard Zeller (1652–1714),[99] sowie Johann Jakob Zimmermann (1644–1693),[100] Johann Ludwig Hartmann (1640–1680)[101] und Albrecht Bengel (1650–1693)[102] auf. Durch seine per-

[97] Johann Eberhard Brauch (†1689), geb. in Vaihingen, war seit 1664 herzoglicher Stipendiat, erwarb 1666 den Magistergrad und wurde 1668 Stiftsrepetent. 1672 respondierte er Johann Adam Osiander in einer Dissertation über die Sonntagsheiligung. 1675–1687 war er Diaconus in Cannstatt; vgl. ebd., S. 303; Baden-Württembergisches Pfarrerbuch 3, 1991, S. 47, P.J. SPENER, Briefe 1, 1992, Nr. 153, S. 614.

[98] Johann Conrad Hößlin (1645–1678), geb. in Holzgerlingen, studierte seit 1663 in Tübingen, war seit 1664 herzoglicher Stipendiat und promovierte 1666 zum Magister. 1670–1675 war er Repetent am Theologischen Stift. 1675 wurde er als Prediger und Präzeptor an die Klosterschule nach Bebenhausen berufen. Er war mit Margaretha Barbara Wieland verheiratet; Spener stand bei der zweiten Tochter Juditha Tabitha (*1678) Pate; vgl. Matrikeln der Universität Tübingen 3, 1953, S. 523; P.J. SPENER, Briefe 2, 1996, Nr. 66, S. 305f.

[99] Eberhard Zeller (1652–1714), ein Sohn des württembergischen Theologen Christoph Zeller I., studierte als herzoglicher Stipendiat seit 1671 in Tübingen, promovierte 1674 zum Magister und wurde 1678 Stiftsrepetent. 1684–1686 wirkte er als Diaconus in Göppingen, wo er Privatkonvente hielt. Nach seiner Entlassung aus dem württembergischen Kirchendienst ging er 1686 zu Johann Jakob Schütz nach Frankfurt a.M. und darauf als Hauslehrer zu Winckler nach Hamburg. Dort hielt er zusammen mit Nikolaus Lange Konventikel, wurde des Separatismus verdächtigt und 1693 vom Geistlichen Ministerium zum Verlassen der Stadt gedrängt. 1693 wurde er Adjunkt, 1696 Pfarrer und Metropolitan in Wallau, wo er wegen seiner Lehren abermals angeklagt wurde. Er war mit Elisabeth Ritscher (†1707) verheiratet; vgl. J. GEFFCKEN, Johann Winckler, 1861, S. 240f; Matrikeln der Universität Tübingen 2, 1953, S. 334; AGL 4, 1751, Sp. 2175; A. DEPPERMANN, Johann Jakob Schütz, 2002, S. 284f.

[100] Johann Jakob Zimmermann (1644–1693), geb. in Vaihingen/Enz, studierte in Tübingen Mathematik und Theologie und war seit seiner Magisterpromotion 1664 Repetent am Herzoglichen Stift. 1671 wurde er Diaconus in Bietigheim, wo er unter den Einfluss des Chiliasten Ludwig Brunnquell (1631–1689) geriet und 1684 entlassen wurde. Darauf hielt er sich 1685 in Amsterdam und 1686 bei Johann Jakob Schütz in Frankfurt a.M. auf, wurde 1689 vorübergehend Professor für Mathematik in Heidelberg und ging im selben Jahr als Informator nach Hamburg. Kurz vor der Ausreise seiner Familie und 40 weiterer Personen nach Pennsylvanien starb er in Rotterdam. Zimmermann war ein Anhänger Jakob Böhmes und veröffentlichte astronomische, mathematische und chiliastische Schriften; vgl. AGL 4, 1751, Sp. 2207–2209; M. BRECHT, Chiliasmus, 1988, S. 36–49; A. DEPPERMANN, Johann Jakob Schütz, 2002, S. 281–284 (dort auch weiterführende Literatur); F. BRECKLING, Autobiographie, 2005, S. 55f.

[101] Johann Ludwig Hartmann (1640–1680), geb. in Lichtel bei Rothenburg o.T., studierte in Wittenberg, wo er 1659 zum Magister promovierte. Er wurde 1660 Pfarrer in Spielbach, 1662 Rektor des Rothenburger Gymnasiums und 1666 Pfarrer an St. Jakob und Superintendent von

sönlichen Kontakte zum Herzoglichen Stipendium konnte Winckler die intensive Reglementierung des Lebens der jungen württembergischen Theologen nicht verborgen bleiben. Zentral für die Gemeinschaft im Stipendium war – besonders seitdem in den 1660er Jahren ein verstärktes Interesse an der Frömmigkeit der Stipendiaten aufkam – die Teilnahme am Psalmgebet morgens und abends, das die Bitte um Erleuchtung und Ausbreitung der Kirche, die Fürbitte für die Obrigkeit und die Bitte um Fortschritt im eigenen Studium einschloss.[103] Möglicherweise nahm Winckler auch an dem Collegium biblicum teil, das der damalige Konsistorialrat Johann Valentin Andreae nach dem Dreißigjährigen Krieg eingerichtet hatte. Es handelte sich um eine zu Wincklers Studienzeit von Professor Balthasar Raith als dem Magister domus mit allen Magistern gehaltene kursorische Bibellektüre, die sowohl Aspekte der Frömmigkeitspraxis als auch der konfessionellen Polemik einbezog.[104] Vielleicht waren um 1670 in Tübingen für Winckler schon erste Anzeichen der Auffassung wahrnehmbar, die sich später in der aus der Visitation von 1688 hervorgegangenen *Instruction* niederschlug: Theologie galt als *habitus practicus* und darum solle in ihr »alles zu der praxi des Glaubens und Lebens eingerichtet werden«.[105]

Rothenburg o.T. 1670 promovierte er in Tübingen zum Dr. theol. Verheiratet war er seit 1661 mit Anna Margareta Kirchmayer. Über den Beginn seiner Freundschaft mit Spener, die ein 1669 einsetzender dichter Briefwechsel dokumentiert, ist nichts bekannt. Auf dessen Drängen richtete er 1676 ein akademisches Collegium pietatis ein, das auch nach seinem Tod fortbestand. Hartmanns Hauptwerk, »Pastorale Evangelicum« (Nürnberg 1678), ist eines der bedeutendsten pastoraltheologischen Werke des 17. Jh. Winckler besaß etliche seiner Schriften; vgl. F.W. KANTZENBACH, Separatismus, 1976, S. 33–35; Baden-Württembergisches Pfarrerbuch 2,2, 1981, S. 152f; P.J. SPENER, Briefe 1, 1992, Nr. 41, S. 160. Bd. 2, 1996, Nr. 5, S. 22; Catalogus, 1721, S. 61. 306f.

[102] Albrecht Bengel (1650–1693), der Vater von Johann Albrecht Bengel (1687–1752), kam zusammen mit Eberhard Zeller aus Stuttgart an das Tübinger Stipendium. Gleichzeitig mit Zeller wurde er hier 1669 Baccalaureus, 1671 Stipendiat und 1674 Magister. 1677 wurde er als Kollege von Johann Conrad Hößlin Präzeptor der Klosterschule in Bebenhausen und 1681 Diaconus in Winnenden bei Stuttgart. Im gleichen Jahr heiratete er Barbara Sophia Schmidlin (1660–1733). Er wird als ernster, sehr frommer und pädagogisch begabter Mann beschrieben, der sich Predigt, Katechese und Seelsorge in gleich hohem Maße widmete; vgl. Matrikeln der Universität Tübingen 2, 1953, S. 334; K. HERMANN, Johann Albrecht Bengel, 1937, S. 17f. Tafel 1–2; G. MÄLZER, Johann Albrecht Bengel, 1970, S. 18f.

[103] Vgl. M. BRECHT, Konzeptionen, 1986, S. 31f.

[104] 1684 nannte man es daher »Collegium biblicum theoreticopracticum«; vgl. ebd., S. 32.

[105] Zit. ebd., S. 33. Schon Johann Gerhard und Georg Calixt definierten die Theologie im Gegensatz zu den »theoretischen« als »praktische Wissenschaft« und bezogen den Glaubensbegriff in elementarer Weise auf die *praxis pietatis*; vgl. J. WALLMANN, Theologiebegriff, 1961, S. 51–54. 68; I. MAGER, Georg Calixts theologische Ethik, 1969, S. 134–138; DIES., Georg Calixt, ^{2}1994, S. 140; J. BAUR, Johann Gerhard, ^{2}1994, S. 104; M. MATTHIAS, Orthodoxie, 1995, S. 475f; C. BÖTTIGHEIMER, Polemik, 1996, S. 123–130. Zu Philipp Jakob Speners Verständnis der Theologie als *habitus practicus* vgl. P.J. SPENER, Pia Desideria (1675), ^{3}1964, S. 69. 76.

2.3.4 Dissertation: *Oraculum Davidicum*, 1672

Am Ende seines Tübinger Studienaufenthalts nahm Winckler im März 1672 an einer Disputation unter dem Vorsitz des berühmten Kontroverstheologen Johann Adam Osiander teil. Wie aus dem Titelblatt hervorgeht, das Winckler als Autor und Examenskandidaten ausweist,[106] verfasste er selbst als schriftliche Grundlage des akademischen Streitgesprächs eine lateinische Dissertation über Psalm 51,7 (»*Ecce, in iniquitate genitus sum, et in peccato concepit me mater mea*«), in der er Einzelaspekte der lutherischen Lehre von der Erbsünde entfaltete. Wie es im Regelfall üblich war, diente der Text dem gelehrten Publikum wahrscheinlich zugleich als Einladung. Die Schrift *Oraculum Davidicum*, deren Titel sich auf König David als Autor der Psalmen bezieht, wurde bei Johann Heinrich Reis in Tübingen gedruckt und – jedoch nur in einem Sonderdruck – Christoph Wölfflin und Philipp Jakob Spener gewidmet.[107]

Im Anhang zu Wincklers letzter akademischer Arbeit befindet sich eine außergewöhnlich lange Gratulationsliste, welche für das Ansehen des jungen Theologen spricht und Auskunft über seine persönlichen Beziehungen in Tübingen gibt.[108] Der Rangordnung nach beglückwünschten ihn der Universitätsrektor Burkhard Bardili, der Kanzler Tobias Wagner, der Professor primarius am Collegium Illustre Louis Du May, Professoren der theologischen und philosophischen Fakultät,[109] Präzeptoren am Collegium Illustre,[110] außerordentliche Professoren wie Albert von Holten sowie die bereits genannten Magister am Herzoglichen Stipendium. Offenbar diente die Veröffentlichung gleichzeitig als Abschiedsdissertation (*dissertatio valedictoria*), eine Sitte, die besonders häufig bei denjenigen Studenten anzutreffen war, welche die Universität verließen, ohne hier einen akademischen Grad erworben zu haben.[111]

---

[106] Vgl. J. WINCKLER, Oraculum Davidicum, 1672, S. 1. Zu Wincklers Dissertation vgl. H. MARTI, Dissertation, 2001, S. 4. 12; T. KNAPP, Geschichte, 1938, S. 73–77; I. EBERL, Akademische Würden, 1977.

[107] Nur eines der gefundenen Exemplare, das der Staatsbibliothek zu Berlin, enthält die Widmung, s. Teil II. 1.2, Nr. 3). An späterer Stelle bezeugt Winckler seine Wertschätzung Christoph Wölfflins mit dem Zusatz »*Patronum meum æviternum colendißimum*«; vgl. J. WINCKLER, Oraculum Davidicum, 1672, S. 28. Konkrete Kontakte zu Wölfflin konnten nicht nachgewiesen werden.

[108] Vgl. ebd., Anhang, S. 1–15.

[109] Z.B. Theodor Cellarius, Ordinarius für Griechisch an der philosophischen Fakultät und Stiftsephorus, und Johann Craft, Professor für Logik und Metaphysik, vgl. H.-W. THÜMMEL, Universitätsverfassung, 1975, S. 440; W. ANGERBAUER, Kanzleramt, 1972, S. 78. 243.

[110] Z.B. Johann Nikolaus Engelschall aus Saalfeld, der seit Juni 1669 Jura an der Tübinger Universität studierte und von Januar 1672 bis Juni 1674 als Informator am Collegium Illustre wirkte. Anschließend stand er als Inspektor im Dienst von Fürst Georg Philipp von Ortenburg; vgl. Matrikeln der Universität Tübingen 2, 1953, S. 337.

[111] Vgl. H. MARTI, Dissertation, 2001, S. 9.

a) Die angestrebte Doktorpromotion in Tübingen

Der Forschung ist bisher unbekannt, dass Winckler in Tübingen die Promotion zum Doktor der Theologie anstrebte. Seine Dissertation über Psalm 51,7 entstand allen Anzeichen nach im Rahmen eines theologischen Promotionsverfahrens.[112] Der wichtigste Beleg dafür ist ein bislang unbekannter Brief, mit dem Winckler am 27. Juni 1672 bei der Universität Tübingen vorstellig wurde.[113] Winckler hatte Ende März Tübingen verlassen, kehrte jedoch drei Monate später mit der Bitte um die Zulassung zur Doktorprüfung noch einmal zurück. Da er von hier aus seinen ehemaligen Zögling Prinz Carl Ludwig von Schleswig-Holstein-Sonderburg-Wiesenburg, der sich noch am Collegium Illustre aufhielt, auf Anordnung von dessen Vater nach Bad Ems begleiten sollte, konnte er den Bescheid der Universitätsleitung nicht persönlich abwarten und übergab sein Anliegen Professor Balthasar Raith.[114] Eine Antwort der Universität auf Wincklers Gesuch ist nicht erhalten.[115] Die theologische Doktorwürde hat Johann Winckler jedoch mit Sicherheit weder in Tübingen noch anderswo erlangt.[116]

Der übliche Ablauf einer Graduierung zum Doktor der Theologie in Tübingen im 17. Jh. geht aus den Tübinger Universitätsstatuten von 1601 hervor.[117] Diese forderten als Zulassungsvoraussetzungen zur Doktorpromotion, welche im Laufe des 17. Jh. die vormals unter Theologen übliche Verleihung der Lizentiatenwürde weitgehend verdrängt hatte,[118] neben ehrlicher Geburt und korrekter Immatrikulation die Eignung des Bewerbers nach seiner *eruditio*, *doctrina*, *pietas*, *innocentia morum*, *honestas* und

---

[112] Das ergibt sich u.a. aus dem Titelblatt der Dissertation, auf dem es heißt, dass Winckler sich dem theologischen Examen unterziehen werde (»*Theologorum Examini subjiciet*«), sowie den Versen von Balthasar Raith; vgl. J. WINCKLER, Oraculum Davidicum, 1672, S. 1. Anhang, S. 2.

[113] Das bisher unbekannte Gesuch Wincklers um die Zulassung zum Doktorexamen vom 27.6.1672 befindet sich im Universitätsarchiv Tübingen (im Folgenden: UAT), 16/6, Nr. 33.

[114] So der Vermerk auf dem Briefumschlag von Wincklers Gesuch; vgl. ebd.

[115] So die freundliche Auskunft vom Tübinger Universitätsarchiv durch Herrn Dr. Wischnath am 30.8.2002.

[116] In der Liste der Doktoren im Statutenbuch der Universität Tübingen wird Winckler nicht geführt; vgl. UAT 12/21. In Gießen, der Landesuniversität der Landgrafschaft Hessen-Darmstadt, wo Winckler nach Abschluss des Theologiestudiums von 1672–1678 an verschiedenen Orten als Pfarrer tätig war, gibt es im Dekanatsbuch der theologischen Fakultät ebenfalls keine Hinweise auf ein Gesuch Wincklers um die Verleihung der theologischen Doktorwürde, so die schriftliche Auskunft des Archivamtmanns T. Dette im Universitätsarchiv Gießen vom 18.11.2002. Winckler hat Zeit seines Lebens nicht den Doktortitel getragen. Auch ein Brief Philipp Jakob Speners vom 18.10.1683 bestätigt, dass Winckler zwar von seinem Studiengang und seiner Bildung her im Stande gewesen wäre, zum Lizentiaten oder Doktor zu promovieren, die Doktorwürde jedoch nicht erworben hatte; vgl. P.J. SPENER, Letzte Theologische Bedencken 3, 1711, S. 119.

[117] Die Bestimmungen zur theologischen Doktorpromotion in den »Nova Statuta Facultatis Theologicae« von 1601 (Kap. 6) sind abgedruckt bei A.L. REYSCHER (Hg.), Sammlung 11,3, 1843, S. 287–289; vgl. T. KNAPP, Geschichte, 1938, S. 73–77. Ein Beispiel für eine Tübinger Doktorpromotion aus dem Jahr 1641 gibt M. BRECHT, J.V. Andreae, 2002, S. 145–154.

[118] Vgl. I. EBERL, Akademische Würden, 1977, S. 350. 360.

gravitas.[119] Solche Kandidaten, die wie Winckler bereits den Magistergrad erlangt hatten, mussten außerdem ein vierjähriges Theologiestudium nachweisen. War der Kandidat nach reiflicher Beratung vom Universitätskollegium zur Promotion zugelassen, so hatte er zunächst eine Probevorlesung zu halten, bei der vor der »gelehrten Schuljugend« ein biblischer Text auszulegen war. Sodann musste er in einer öffentlichen Disputation vor dem theologischen Kollegium als Verteidiger auftreten. Um die schriftliche Vorlage zu diesem Teil des Promotionsverfahrens scheint es sich bei Wincklers genannter Inauguraldissertation über Psalm 51,7 zu handeln. Erst nach der Probevorlesung und der Disputation folgte das eigentliche theologische Examen, um das Winckler im Juni 1672 nachsuchte, sowie eine öffentliche Predigt. Hatte der Kandidat die Prüfungen zur Zufriedenheit aller Professoren bestanden, wurde er vom Dekan öffentlich zum Doktor der Theologie berufen.[120] Für die einzelnen Prüfungsteile war kein zeitlicher Rahmen vorgegeben, sodass sich das Verfahren durchaus über einen längeren Zeitraum hinziehen konnte.[121]

Über die Gründe, warum Wincklers Promotionsverfahren in Tübingen nicht abgeschlossen wurde, kann nur gemutmaßt werden: Entweder blockierte die Universität die Fortsetzung des Verfahrens, z.B. aufgrund formaler Fehler,[122] oder aber Winckler nahm selbst im Laufe der Zeit Abstand von der Graduierung, vielleicht wegen der mit der Doktorfeier verbundenen hohen Kosten,[123] wegen seiner offenbar auch ohne den Doktortitel möglichen, raschen Beförderung im kirchlichen Dienst oder wegen einer inneren Distanzierung vom Erwerb akademischer Grade. Auch von Philipp Jakob Spener ist bekannt, dass er theologischen Disputationen und Promotionen kritisch gegenüberstand und nachdrückliche Bemühungen um den Doktor-

---

[119] Vgl. A.L. Reyscher (Hg.), Sammlung 11,3, 1843, S. 288.

[120] Zur feierlichen Berufung in das Doktorat gehörten in Tübingen die Verleihung der Insignien und Rechte des Doktors, der Eid des Promovierten auf die Analogia fidei, die Augsburgische und Württembergische Konfession und die Formula Concordia, eine »Probe seiner Bildung«, eine kleine kirchliche Feier und schließlich der Doktorschmaus; vgl. ebd., S. 288f; T. Knapp, Geschichte, 1938, S. 77–79. Zu den geforderten Verwaltungskosten vgl. ebd.

[121] Zwischen der Verteidigung der Inauguraldissertation und dem Promotionstermin vergingen manchmal Jahre; vgl. H. Marti, Dissertation, 2001, S. 10. Den langwierigen Ablauf des Tübinger Promotionsverfahrens belegt auch die Doktorpromotion von Johann Ludwig Hartmann: Nach dem Erwerb der theologischen Lizentiatenwürde hielt er als Superintendent von Rothenburg o.T. im November 1670 seine Inauguraldissertation »De elencho morali«. Im Oktober 1671 reiste Hartmann als »theologischer Doktorand« nochmals nach Tübingen, um die Promotion abzuschließen; vgl. Matrikeln der Universität Tübingen 2, 1953, S. 343. 348.

[122] Winckler hatte in Tübingen nur drei, und nicht wie gefordert vier Jahre studiert; zudem hatte er sich von seinem Status her als Prinzeninformator, und nicht als Theologiestudent an der Universität aufgehalten.

[123] Die große Mehrzahl der württembergischen Theologen begnügte sich – auch aus finanziellen Gründen – mit dem Magistertitel; vgl. T. Knapp, Geschichte, 1938, S. 79.

grad jedenfalls ablehnte.[124] Schließlich könnte auch Wincklers neuer kirchlicher Dienstherr, der hessen-darmstädtische Landgraf, die Übernahme der Promotionskosten verweigert und Winckler deshalb zum Ausgleich schon im November 1672 das ehrenvollere und einträglichere Metropolitanat in Braubach verschafft haben.[125]

b) Aufbau und Inhalt der Abschlussarbeit

Die exegetisch und dogmatisch ausgerichtete Abschlussarbeit *Oraculum Davidicum* gliedert sich in eine Vorrede und drei Hauptteile, in welchen Winckler den Psalmvers zunächst nach seinem genuinen Wortverständnis auslegt (Kapitel 1), dann von der jüdischen Auslegungstradition her beleuchtet (Kapitel 2) und schließlich gegen »Sozinianer, Anabaptisten und Remonstranten« verteidigt (Kapitel 3). Erklärtes Ziel der Untersuchung ist die Bestätigung der kirchlichen Lehre, dass die menschliche Erbsünde »*connaturale, innatum et habituale*« sei, weil sie tatsächlich »*firmiter inexistit*«.[126] Im ersten Kapitel, der »*Genuina Textus Hermenia*«, stellt Winckler in neun philologisch-semantischen Argumentationsgängen den Leitgedanken des Textes heraus: die Existenz der Erbsünde.[127] Unter Hinzuziehung der Vulgata, der Septuaginta, aramäischer Targume, syrischer, äthiopischer und arabischer Übersetzungen des Alten Testaments untersucht er die einzelnen hebräischen Begriffe, welche in der Erzählung vom Sündenfall (1. Mose 3) auftreten, nach ihren innerbiblischen Bezügen. Als Sekundärliteratur verwendet er Kommentare der Kirchenväter sowie Schriften lutherisch-orthodoxer Theologen, v.a. aus dem ihm vertrauten kursächsischen Luthertum (Salomo Glassius, Abraham Calov, Johann Benedikt Carpzov und Martin Geier).

Das zweite Kapitel dient der Untersuchung des Sündenverständnisses in der jüdischen Auslegung, der »*Judæorum Textus Parhermenia*«, und zwar besonders der des großen aristotelischen Philosophen, Talmudisten und Arztes Moses Maimonides.[128] Winckler stützt sich dabei auf zwei Hauptwerke des Maimonides: den arabischen Mischnakommentar (1168), in dem

---

[124] Vgl. z.B. P.J. SPENER, Pia Desideria (1675), [3]1964, S. 64f. 71f. Einen Kandidaten, dessen theologische Doktorpromotion nicht vonstatten ging, ermutigte Spener unter Verweis auf Luthers *methodus theologiae*, der aus *meditatio*, *oratio* und *tentatio* bestehe, zur inneren Reinigung von Eitelkeit, Eigensinn und Einbildung. Er empfahl das inbrünstige Gebet um Verleugnung seiner selbst und um Bewahrung vor Rachsucht und Hass sowie »passive« innere Gelassenheit; vgl. P.J. SPENER, Theologische Bedencken 4, 1702, S. 478–485, hier S. 479. 483f. Wincklers Einvernehmen offenbar voraussetzend, äußerte sich Spener auch ihm gegenüber abfällig über die wissenschaftliche Theologie; vgl. P.J. SPENER, Briefe 3, 2000, Nr. 122, S. 590f.

[125] Die Promotionskosten wurden häufig vom zukünftigen Dienstherrn des Doktoranden aufgebracht; vgl. T. KAUFMANN, Universität, 1997, S. 155–157.

[126] J. WINCKLER, Oraculum Davidicum, 1672, S. 15.

[127] Vgl. ebd., S. 5–15, hier S. 5.

[128] Vgl. ebd., S. 15–25, hier S. 15. Zu Moses Maimonides (1138–1204) vgl. EJ 11, 1971, Sp. 754–781; J. MAIER, Mose ben Maimon, 1994; LThK[3] 6, 1997, Sp. 1207f; RGG[4] 5, 2002, Sp. 698f.

die verbindliche Auslegungstradition (Halacha) festgelegt wird,[129] und die philosophische Schrift *Moreh Nebuchim* (arab. 1190) in der lateinischen Übersetzung von Johann Buxtorf dem Jüngeren (1629).[130] Ebenfalls nach der Ausgabe Buxtorfs (1660) zitiert er den *Kuzari* des mittelalterlichen Dichters und Philosophen Jehuda ben Samuel ha-Levi,[131] einen fiktiven philosophischen Dialog über die Überlegenheit von Tradition und Offenbarungsreligion gegenüber der Philosophie und Verstandesreligion. Außerdem zieht er eine Vielzahl weiterer Texte heran, z.B. von den mittelalterlichen Exegeten und Philosophen Abraham ibn Esra[132] und David Kimchi[133] sowie den Gelehrten des 17. Jh. Rabbi Jom Tov Lipmann-Mülhausen[134] und Menasse ben Israel.[135] Bei der Übersetzung und Interpretation der jüdischen Literatur bezieht sich Winckler v.a. auf reformierte Hebraisten und Alttestamentler wie Sebastian Münster,[136] Johannes Drusius,[137] Friedrich Spanheim dem Älteren,[138] Johannes Hoornbeek[139] und Jakob Alting[140] sowie auf den lutherischen Orientalisten Theodor Hackspan.[141] Die so gewonnenen

[129] Winckler bezieht sich v.a. auf die Einleitungen zu »Abot« und »Sanhedrin«, in denen grundlegende Ausführungen zu Theologie und Ethik gemacht werden; vgl. J. WINCKLER, Oraculum Davidicum, 1672, S. 15. 18. Nach dem Auktionskatalog seiner Bibliothek besaß er neben anderen Werken des Maimonides dessen Mischnakommentar in einer hebräischen Ausgabe (Venedig 334); vgl. Catalogus, 1721, S. 978. 983.

[130] Zu Johann Buxtorf II. s.u.

[131] Zu Jehuda ben Samuel ha-Levi (1075–1141) vgl. EJ 10, 1971, Sp. 355–366; BBKL 3, 1992, Sp. 17–19; LThK³ 5, 1996, Sp. 766; RGG⁴ 4, 2001, Sp. 398f.

[132] Zu Abraham ibn Esra (1089–1164), mit Jehuda ben Samuel ha-Levi verbundener Dichter, Philosoph, Grammatiker und Astronom, vgl. AGL 1, 1750, Sp. 20f; EJ 8, 1971, Sp. 1163–1170.

[133] Zu David Kimchi (um 1160–1235), jüdischer Grammatiker, Exeget und Philosoph, vgl. EJ 10, 1971, Sp. 1001–1004; BBKL 3, 1992, Sp. 1483f; RGG⁴ 4, 2001, Sp. 966. Winckler besaß Werke Kimchis; vgl. Catalogus, 1721, S. 28. 33f. 71.

[134] Zu Rabbi Jom Tov Lipmann-Mülhausen (14./15. Jh.) vgl. AGL 2, 1750; Sp. 2461; EJ 12, 1971, Sp. 499–502.

[135] Zu Menasse ben Israel (1604–1657), rabbinischer Gelehrter, Prediger und Politiker in Amsterdam, vgl. EJ 11, 1971, Sp. 855–857.

[136] Zu Sebastian Münster (1488–1552), reformierter Hebraist in Basel, vgl. BBKL 6, 1993, Sp. 316–326; K.H. BURMEISTER, Münster, Sebastian, 1994; RGG⁴ 5, 2002, Sp. 1585.

[137] Zu Johannes Drusius (1550–1616), Professor für orientalische Sprachen in Leiden, vgl. BBKL 1, 1990, Sp. 1397f; RGG⁴ 2, 1999, Sp. 1002. Winckler besaß mehrere seiner Werke; vgl. Catalogus, 1721, S. 34. 79.

[138] Zu Friedrich Spanheim I. (1600–1649), reformierter Theologieprofessor in Leiden, vgl. RGG³ 6, 1962, Sp. 224; BBKL 10, 1995, Sp. 883–885.

[139] Zu Johannes Hoornbeek (1617–1666), Schüler von Gisbert Voetius, Alttestamentler und Professor in Leiden, vgl. O. RITSCHL, Dogmengeschichte 3, 1926, S. 453f; BBKL 2, 1990, Sp. 1049f; RGG⁴ 3, 2000, Sp. 1899. Der Auktionskatalog von Wincklers Büchersammlung weist eine Vielzahl von Hoornbeeks Werken auf; vgl. Catalogus, 1721, S. 345. 355. 363. 384. 394.

[140] Zu Jakob Alting (1618–1679), Professor für orientalische Sprachen in Groningen, vgl. RGG⁴ 1, 1998, Sp. 375. Winckler besaß Werke Altings; vgl. Catalogus, 1721, S. 11. 348. 836.

[141] Zu Theodor Hackspan (1607–1659), Philologe, Orientalist und Professor für Theologie an der Universität Altdorf, vgl. AGL 2, 1750, Sp. 1305f; ADB 10, 1879, S. 299f; M. FRIEDRICH, Abwehr, 1988, S. 67f.

exegetischen Erkenntnisse aus der jüdischen Auslegungstradition verknüpft Winckler nun auf das Engste mit Lehrsätzen der lutherisch-orthodoxen Dogmatik. Er stützt sich dabei auf das Werk des Straßburger Theologen Johann Conrad Dannhauer *Hodosophia christiana seu Theologia positiva* (1649; 1666), in dem das System der lutherischen Theologie nach der analytischen Methode in polemischer Abgrenzung gegen Katholiken und Reformierte als Heilsweg dargestellt wird.[142] Bemerkenswert ist, dass Winckler hier genau das dogmatische Lehrbuch benutzt, das Philipp Jakob Spener in seiner Straßburger Studentenzeit am meisten schätzte und das als sein theologisch-systematischer Ausgangspunkt innerhalb der lutherischen Orthodoxie anzusehen ist.[143] Abschließend bekräftigt Winckler in sechs kurzen Thesen die lutherische Lehre vom Wesen der Erbsünde: Die Sünde kam mit Adam in die Welt und wird durch die sexuelle Begierde (*concupiscentia*), die fleischliche Empfängnis und Geburt von den Eltern auf die Kinder *per traducem* fortgepflanzt, sodass seit Adam alle Menschen in Sünde geboren werden und ihrer ganzen Natur nach verdorben sind.[144] Diesen Tatbestand fasst Winckler mit der näheren Bestimmung der Erbsünde als *commune* und *originale* zusammen.[145]

Im dritten Kapitel, das der streittheologischen Auslegung des Bußpsalmverses gewidmet ist, beschäftigt sich Winckler polemisch mit der Kritik an der Erbsündenlehre, wie sie im 17. Jh. von Sozinianern und Arminianern bzw. den niederländischen Remonstranten vorgebracht wurde.[146] So widersprach z.B. Stephanus Curcellaeus, Professor am Amsterdamer Remonstrantenseminar und einer der wichtigsten Repräsentanten arminianischer

---

[142] Johann Conrad Dannhauer (1603–1666), geb. in Köndringen im Breisgau, studierte in Straßburg, Marburg, Altdorf und Jena. 1629 wurde er Professor für Rhetorik, 1633 Professor für Theologie und Münsterprediger in Straßburg sowie 1658 zusätzlich Kirchenpräsident. Er verfasste Lehrbücher, polemische Werke und akademische Disputationen. Sein Hauptwerk, »Hodosophia christiana seu Theologia positiva« (1649; 1666), besteht aus einem Prooemium und zehn »Phänomena«, die den Loci der Schuldogmatik entsprechen. Die Schrift ist relativ kurz; sie wird in der »Hodomoria Spiritus Papaei« (1653) und der »Hodomoria Spiritus Calviniani« (1654) kontroverstheologisch entfaltet; vgl. ADB 4, 1876, S. 745f; J. WALLMANN, Philipp Jakob Spener, ²1986, S. 100–115; DERS., Eigenart, 1995; RGG⁴ 2, 1999, Sp. 563f.

[143] Vgl. J. WALLMANN, Philipp Jakob Spener, ²1986, S. 107f; M. BRECHT, Philipp Jakob Spener, 1993, S. 282f.

[144] Zur lutherischen Lehre von der Erbsünde vgl. Confessio Augustana (1530), Art. 2, in: BSLK, ¹¹1992, S. 53; Apologia CA (1531), Art. 2, in: ebd., S. 146–149; Schmalkaldische Artikel (1537), Teil 3, in: ebd., S. 433–435; Formula Concordiae (1577), Art. 1, in: ebd., S. 843–849. 853; H.E. WEBER, Reformation 1,2, 1940, S. 6–21; T. KOCH, Mensch, 1992, bes. S. 561–563; H.-G. PÖHLMANN/T. AUSTAD/F. KRÜGER, Theologie, 1996, S. 77f; G. WENZ, Theologie 2, 1998, S. 542–580; C. AXT-PISCALAR, Sünde, 2001.

[145] Vgl. J. WINCKLER, Oraculum Davidicum, 1672, S. 24.

[146] Vgl. ebd., S. 25–36. Zu der von Sozinianern und Remonstranten geübten Kritik vgl. O. WEBER, Dogmatik 1, 1955, S. 668f; G.J. HOENDERDAAL, Arminius/Arminianismus, 1979, bes. S. 64; C. AXT-PISCALAR, Sünde, 2001, S. 409; RGG⁴ 1, 1998, Sp. 772–779.

Theologie, mit dem Winckler sich hauptsächlich auseinandersetzt, der Auffassung einer Vererbung der *corruptio* Adams und lehrte, dass nur eine aus freiem Willen begangene Gesetzesübertretung als Sünde gewertet werden könne.[147] Neben dieser Anschauung widerlegt Winckler in insgesamt acht Thesen folgende weitere Gedanken: Die Schuld Adams könne späteren Personen nicht zugerechnet werden; zwar gäbe es im Menschen eine Neigung zum Bösen (*proclivitas ad malum*), diese sei jedoch nicht mit der Ursünde gleichzusetzen; die Sünde der Konkupiszenz läge allein bei den Eltern, nicht bei den Kindern; der Hang zum Sündigen sei nicht in allen Menschen gleich stark ausgebildet; die Rede von einem *temperamentum corruptum* des Menschen stelle eine Beleidigung des Schöpfergottes dar; bei der Übertragung einzelner Sünden auf die ganze Menschheit handele es sich um eine maßlose Übertreibung. Winckler wehrt hier jeden Gedankengang ab, der auf eine Aufweichung der orthodoxen Erbsündenlehre hinauslaufen könnte, z.B. in der Diskussion um den »Zeitpunkt« des Sündenfalls. Bei der Argumentation für eine dem Einzelnen von seinen Eltern vererbte, von Geburt an innewohnende und sein Wesen im Innersten korrumpierende Ursünde beruft er sich wiederum auf Dannhauers knappe altprotestantische Schuldogmatik *Hodosophia christiana*. Den Abschluss der Dissertation bildet ein Ausblick auf das Verhältnis von göttlicher Gnade und menschlicher Erbsünde: Unter Bezugnahme auf Johann Hülsemann umschreibt Winckler Gnade als eine den Sünder strafende, gerechtsprechende und erlösende Macht Gottes.[148]

Thematisch lag die in zwei exegetische und einen kontroverstheologischen Teil gegliederte Schrift *Oraculum Davidicum* zum lutherischen Sündenverständnis ganz im Trend der Zeit. Unter Johann Adam Osianders Leitung entstanden in Tübingen zwischen 1670–1680 mehrere Disputationen mit ähnlicher inhaltlicher Ausrichtung.[149] Für Winckler, der bereits über Aspekte der Gotteslehre und einzelne Lehrsätze der Christologie disputiert hatte, stellte die Dissertation über das Wesen der Erbsünde die Erarbeitung eines weiteren Zentralthemas lutherischer Theologie dar.

---

[147] Zu Stephanus Curcellaeus (1586–1659) vgl. O. RITSCHL, 3, 1926, S. 362–364, hier S. 363; BBKL 1, 1990, Sp. 1175f; RGG[4] 2, 1999, Sp. 506.

[148] Vgl. J. WINCKLER, Oraculum Davidicum, 1672, S. 35f.

[149] Vgl. z.B. die Disputationen von Ludwig Heinrich Hiller anhand von Röm 7,18 »De peccato inhabitante« (1671), von Elias Heinrich »De fide iustificante« (1671), von Johannes Pfost »De fide infantum« (1672), von Christian Philipp Leutwein »De auxiliis gratiae divinae« (1674), von Johann Wolfgang Jäger und Ernst Conrad Reinhardt »De satisfactione Christi« (1675), von Johann Bernard Härlin »De poenitentia« (1675) sowie »De iustificatione hominis peccatoris coram Deo« (1680). Auch an der Universität Rostock dominierten im 17. Jh. exegetische Disputationen zu den Themen Rechtfertigung, Sünde und gute Werke; vgl. T. KAUFMANN, Universität, 1997, S. 418.

c) Das philologische Interesse und die rabbinische Rezeption bei Winckler

Im Vergleich zu den Thesen, die Winckler unter den Leipziger Theologieprofessoren Hieronymus Kromayer und Johann Adam Scherzer verteidigt hatte, fallen an seiner ersten selbstständigen akademischen Arbeit nun jedoch drei wesentliche Merkmale auf: erstens die strengere Unterscheidung zwischen biblischer Exegese und kontroverstheologischer Dogmatik, zweitens die intensive Auseinandersetzung mit der rabbinischen Hermeneutik und drittens die außergewöhnliche Kenntnis der arabischen und äthiopischen Sprache. In Tübingen vertiefte Winckler also einerseits die in Leipzig erworbenen Grundlagen theologischer Arbeit, z.B. hinsichtlich der Polemik gegen Sozinianer und Remonstranten, andrerseits erweiterte er sie um Kenntnisse des rabbinischen und talmudischen Schrifttums sowie der orientalischen Sprachen.

Für Wincklers Sprachstudien, die er wahrscheinlich unter Anleitung von Balthasar Raith und Albert von Holten getrieben hatte, scheint das epochale zweibändige *Lexikon heptaglotton* (1669) des englischen Privatgelehrten und Orientalisten Edmund Castell grundlegend gewesen zu sein. Es handelt sich um ein die hebräischen, aramäischen (hier: »chaldäischen«), syrischen, samaritanischen, äthiopischen und arabischen Wortstämme vergleichendes Wörterbuch (mit persischem Anhang), mit dem Winckler nachweislich im Jahr darauf arbeitete.[150] Möglicherweise zog er bereits in Tübingen auch die sechs Foliobände starke *Biblia polyglotta* (1657) heran, an deren Erstellung Castell unter der Leitung von Brian Walton ebenfalls mitgewirkt hatte. Die sog. Londoner Polyglotte war die verbreitetste und textkritisch am besten ausgestattete der frühen mehrsprachigen Bibelausgaben.[151] Sie bot in synoptischer Anordnung reiches Textmaterial in insgesamt neun Sprachen, darunter den masoretischen Text, die Targum-Ausgabe Johann Buxtorfs des Älteren, die Septuaginta in der sixtino-klementinischen Ausgabe (1628), die klementinische Vulgata (1592), den Samaritanus, die syrische Peschitta, die arabische Bibel aus der Polyglotte von Paris (1645) sowie den persischen Pentateuch aus der Polyglotte von Konstantinopel (1546). Der Auktionskatalog von Wincklers späterer Bibliothek weist neben diesen beiden exegeti-

---

[150] Vgl. J. WINCKLER, Geistlicher Krieger und Sieger, 1674, S. 15 (benutztes Exemplar der Hessischen Landes- und Hochschulbibliothek Darmstadt), s. Teil II. 1.3, Nr. 1); Catalogus, 1721, S. 845. Das »Lexicon heptaglotton« war das Lebenswerk Edmund Castells (1606–1685), der 1661 in Cambridge zum Dr. theol. promovierte, seit 1664 hier Professor für arabische Sprache und seit 1667 Kanonikus der Kathedrale von Canterbury war. Er hatte an der sog. Londoner Polyglotte mitgewirkt, bevor er nach zwölfjähriger Arbeit 1669 sein Lexikon herausgab, das in seiner Heimat jedoch kaum Interesse fand; vgl. AGL 1, 1750, Sp. 1746; Dictionary of National Biography 3, o.J., S. 1180f; British Biographical Index 2, 1998, S. 588.

[151] Der Auktionskatalog von Wincklers Bibliothek nennt die Erstveröffentlichung; vgl. Catalogus, 1721, S. 1. Zu der von Brian Walton (um 1600–1661) edierten »Biblia polyglotta« (London 1657) vgl. RE[3] 15, 1904, S. 528–535, hier S. 532f; A. SCHENKER, Polyglotten, 1997, S. 24.

schen Hilfsmitteln eine Vielzahl weiterer orientalischer Lehrbücher, Lexika und Grammatiken auf, die er zum Teil während seiner Studentenzeit kennen gelernt haben könnte, wie das *Dictionarium Hebraicum cum explicatione italica et latina* des David de Pomis (Venedig 1587), das *Dictionarium Hebraicum, Chaldaicum & Talmudico-Rabbinicum* des Philippe Aquinas (Paris 1629)[152] sowie die Grammatiken von Johannes Drusius, Moses Kimchi, Elias Levita und anderen Gelehrten.[153] Außerdem sind hier etliche hebräische Bibelausgaben verzeichnet, z.B. von Sebastian Münster (Basel 1534), Heinrich Stephan (Paris 1556), Joseph Athias (Amsterdam 1661), David Clodius (Frankfurt a.M. 1677) und Daniel Ernst Jablonski (Berlin 1699), kleinere Polyglotten mit hebräischem, aramäischem und rabbinisch-hebräischem Text, z.B. von Daniel Bomberg (Venedig o.J.) und Johann Buxtorf dem Älteren (Basel 1619), sowie mehrsprachige Teilausgaben der Bibel: einzelne prophetische Bücher, der Psalter, z.B. in Ausgaben von Johann Potkin (Köln 1518) und Augustus Justinianus (Genua 1556), oder das Neue Testament, z.B. in Ausgaben von Erasmus von Rotterdam, Theodor Beza und Heinrich Stephan (o.O. 1569).[154] Schließlich besaß Winckler auch die hebräische Bibelkonkordanz des jüngeren Buxtorf (Basel 1632).[155] Wincklers große Sammlung sprachwissenschaftlicher Hilfsmittel, hebräischer und polyglotter Bibelausgaben lässt sein dezidiertes Interesse an einer philologisch fundierten Exegese des Alten und Neuen Testaments erkennen, das in der Tübinger Dissertation erstmals fassbar wird.

Die an der Abschlussarbeit daneben zu beobachtende intensive Beschäftigung mit der jüdischen Auslegungstradition scheint ebenfalls auf Balthasar Raith bzw. auf die durch ihn vermittelten Impulse des Basler Hebraisten Johann Buxtorf des Jüngeren zurückzugehen.[156] Buxtorfs Übersetzungen der mittelalterlichen Schriften des Moses Maimonides und des Jehuda ben Samuel ha-Levi bilden im *Oraculum Davidicum* die Basis für Wincklers Beschäftigung mit der jüdischen Hermeneutik. Der wenige Jahre zuvor verstorbene Gelehrte war als Nachfolger seines Vaters einer der größten Kenner des rabbinischen Schrifttums im Protestantismus, der allerdings

[152] Vgl. Catalogus, 1721, S. 845–852. Zu David de Pomis (1525–1593) vgl. EJ 13, 1971, Sp. 844f. Philippe Aquinas war der christliche Name von Jehuda Mordechai (um 1575–1650) aus Carpentras; vgl. AGL 1, 1750, Sp. 490; A. SCHENKER, Polyglotten, 1997, S. 23.

[153] Vgl. Catalogus, 1721, S. 827–838. 843f. Zu Johannes Drusius s.o.; zu Moses Kimchi (†1190), dem Bruder des David Kimchi, vgl. EJ 10, 1971, Sp. 1007f; RGG^4 4, 2001, Sp. 966; zu Elias Levita (um 1469–1549) vgl. EJ 11, 1971, Sp. 132–135; RGG^4 2, 1999, Sp. 1214f.

[154] Vgl. Catalogus, 1721, S. 1–7.

[155] Vgl. ebd., S. 22.

[156] Zu Johann Buxtorf II. (1599–1664) vgl. ADB 3, 1876, S. 673–676; NDB 3, 1957, S. 84f; H.-J. KRAUS, Geschichte, ^{3}1982, S. 47–50; J. WALLMANN, Philipp Jakob Spener, ^{2}1986, S. 134–139; DBE 2, 1995, S. 261f; RGG^4 1, 1998, Sp. 1927. Winckler besaß eine Vielzahl der Werke Buxtorfs; vgl. z.B. Catalogus, 1721, S. 1. 22. 58. 80. 835.

gegen die textkritischen Erkenntnisse von Louis Cappel, Professor für Hebräisch und Theologie in Saumur, beharrlich die orthodoxe Lehre von der Verbalinspiration der Schrift und die unversehrte Ursprünglichkeit aller Vokalzeichen und Akzente im masoretischen Text behauptete.[157] Buxtorf stand in einer Anfang des 16. Jh. einsetzenden Reihe christlicher Theologen, darunter die genannten Hebraisten, Orientalisten und Alttestamentler, die sich angeregt durch Humanismus und Reformation mit der hebräischen sowie verwandten Sprachen beschäftigt hatten.[158] Primäres Ziel der vergleichenden semitischen Sprachwissenschaft des 16. und 17. Jh. war ein umfassendes Verständnis der hebräischen *lingua sacra*, welche als die Älteste und *matrix* aller übrigen Sprachen angesehen wurde.[159] Gründliche Sprachkenntnisse galten als Voraussetzung zur Erforschung der Originalquellen des Alten Testaments sowie seiner rabbinischen Auslegung, durch die man zu einem besseren Verständnis der Bibel überhaupt gelangen wollte.

Sind die Sprachforschungen christlicher Gelehrter des konfessionellen Zeitalters in Umrissen bekannt, so ist die daraus folgende Rezeption rabbinischer Schriftauslegung in der protestantischen Orthodoxie bis heute so gut wie unerforscht.[160] Die (kirchen-)historischen Arbeiten, die sich in letzter Zeit mit der Stellung der evangelischen Theologie zum Judentum im 17. Jh. beschäftigt haben, gehen v.a. von den sog. Judenschriften evangelischer Pfarrer aus und richten ihren Fokus auf die virulenten Fragen der Koexistenz von Juden und Christen sowie der Judenbekehrung.[161] Sie zeigen auf, dass die vertiefte Kenntnis der hebräischen Sprache sowie der alttestamentlichen und rabbinischen Schriften in der protestantischen Theologie nicht dazu führte, der jüdischen Religion eigene Geltung zu verschaffen, sondern nur allzu oft in den Dienst der Widerlegung und Zwangsbekehrung der Juden gestellt wurde.

Neben dieser Forschungsperspektive gilt es jedoch auch dem Sachverhalt nachzugehen, dass die orthodoxen Theologen hebraistische und rabbinische Forschungen aus eigenem theologischen Interesse betrieben, nämlich mit dem Ziel der tieferen Einsicht in die Heilige Schrift. So wird in jüngster

---

[157] Zu Louis Cappel (1585–1658) vgl. AGL 1, 1750, Sp. 1649f; BBKL 1, 1990, Sp. 923; H. JAUMANN, Cap(p)ellus, Ludovicus, 2000, S. 154f. Der Auktionskatalog von Wincklers Bibliothek weist die meisten der zwischen Buxtorf und Cappel gewechselten Schriften auf; vgl. Catalogus, 1721, S. 52. 57f.

[158] Zur Geschichte der Erforschung der hebräischen Sprache vgl. H. BAUER/P. LEANDER, Historische Grammatik 1, 1922, S. 36–49, bes. S. 40f; EJ 8, 1971, Sp. 9–71; H.-J. KRAUS, Geschichte, ³1982, S. 80–86; A.L. KATCHER, Christian Hebraists, 1984; D. MICHEL, Hebräisch, 1985, S. 506; S.G. BURNETT, Christian Hebraism, 1996 (hier weitere Literatur).

[159] Vgl. J.A. STEIGER, Rezeption, 2000, S. 197.

[160] Vgl. den jüngsten Befund ebd., S. 192.

[161] Vgl. A.L. KATCHER, Christian Hebraists, 1984; M. FRIEDRICH, Abwehr, 1988; DERS., Theologie, 1999; J. BRADEN, Hamburger Judenpolitik, 2001.

Zeit ein starkes judaistisches Interesse im Hinblick auf Johann Gerhard und Salomo Glassius konstatiert:[162] Der »Klassiker der Orthodoxie« Johann Gerhard forderte z.B. die Kenntnis des rabbinischen Hebräisch, des Aramäischen und Syrischen, um bestimmte Passagen des Alten Testaments verstehen, sich mit den Targumen beschäftigen, die aramäischen Ausdrücke im Neuen Testament und die Bibelkommentare der Rabbinen lesen sowie Disputationen mit den Juden anstellen zu können.[163] Auch Salomo Glassius, sein Schüler und Nachfolger an der Universität Jena, seit 1640 Generalsuperintendent von Sachsen-Gotha, maß der rabbinischen Bildung christlicher Theologen größte Bedeutung bei.[164] Das ist einerseits an seiner handschriftlich überlieferten Studienanleitung abzulesen,[165] andrerseits an seinem vielfach aufgelegten fünfbändigen Hauptwerk *Philologia sacra* (1623–1636).[166] Hier setzt sich Glassius intensiv mit der jüdischen Hermeneutik, einschließlich der Kabbala, auseinander und zeigt sich als überragender Kenner der hebräischen Sprache und rabbinischen Literatur. Für beide Theologen gilt, dass sie bei ihrer vielfältigen exegetischen Arbeit stets von der hebräischen Bibel ausgehen, explizit auf die sog. mündliche jüdische Auslegungstradition zurückgreifen und die Schriftauslegung besonders des Alten Testaments »in einem ständigen Gespräch mit der jüdischen Exegese« betreiben.[167]

---

[162] Vgl. J.A. STEIGER, Rezeption, 2000. Auch G. Müller hebt hervor, dass die Beschäftigung mit den rabbinischen Quellen im Christentum niemals so intensiv gewesen sei wie zur Zeit der lutherischen Orthodoxie; vgl. G. MÜLLER, Religionsgespräch, 1967, S. 513; DERS., Protestantische Orthodoxie, 1968, S. 453. 488; DERS., Antisemitismus, 1978, S. 149f.

[163] Johann Gerhard (1582–1637), geb. in Quedlinburg, studierte Medizin in Wittenberg, dann Theologie in Marburg und Jena, wo er 1606 zum Dr. theol. promovierte. 1606 wurde er Superintendent in Heldburg, 1615 Generalsuperintendent in Coburg und 1616 Theologieprofessor in Jena. Sein Hauptwerk sind die »Loci theologici« (1610–1622); weite ökumenische Verbreitung fanden außerdem seine »Meditationes sacrae« (1606); vgl. J. WALLMANN, Theologiebegriff, 1961, S. 5–84; M. HONECKER, Gerhard, Johann, 1984; J. BAUR, Johann Gerhard, [2]1994, S. 100; J.A. STEIGER, Johann Gerhard, 1997; RGG[4] 3, 2000, Sp. 727f.

[164] Salomo Glassius (1593–1656), geb. im thüringischen Sondershausen, studierte in Wittenberg und Jena, wurde 1619 Adjunkt der philosophoschen Fakultät in Jena und 1621 Professor für Hebräisch. 1625 wurde er Superintendent in Sondershausen, 1638 als Nachfolger von Johann Gerhard nach Jena zurückberufen. Bereits 1640 wurde er als Generalsuperintendent und Konsistorialassessor zum entscheidenden theologischen Berater von Herzog Ernst I. von Sachsen-Gotha. Er verfasste zahlreiche exegetische, praktisch-theologische und erbauliche Schriften; vgl. ADB 9, 1879, S. 218f; RE[3] 6, 1899, S. 671–674 (hier Bibliographie); NDB 6, 1964, S. 434f; BBKL 2, 1990, Sp. 252f; DBE 4, 1996, S. 25; RGG[4] 3, 2000, Sp. 936f; J.A. STEIGER, Rezeption, 2000, S. 201f. 218–221; V. ALBRECHT-BIRKNER, Reformation, 2002, S. 468f.

[165] Vgl. S. GLASSIUS, Bericht von dem Studio Theologico [um 1641], abgedruckt bei J.A. STEIGER, Rezeption, 2000, S. 222–232. Glassius gibt hier auch detaillierte Empfehlungen philologischer Hilfsmittel, polyglotter Bibeln, hebräischer und griechischer Bibelausgaben sowie systematischer und kirchengeschichtlicher Lehrbücher.

[166] Der Auktionskatalog von Wincklers Bibliothek enthält neben weiteren Werken des Salomo Glassius zwei Ausgaben der »Philologia sacra« (Frankfurt a.M./Hamburg 1653; Leipzig 1705); vgl. Catalogus, 1721, S. 57. 830.

[167] J.A. STEIGER, Rezeption, 2000, S. 192.

Ähnliches trifft auf Johann Matthäus Meyfart, Johann Hülsemann, Johannes Olearius und Johann Michael Dilherr zu.[168] Begründet wird die starke Rezeption der rabbinischen Tradition unter Verweis auf mehrere Gemeinsamkeiten zwischen der jüdischen und der christlichen Bibelhermeneutik: Beide Seiten hätten einen gemeinsamen kanonischen Text und bildeten von daher eine Auslegungsgemeinschaft; beide betrachteten jeden einzelnen biblischen Buchstaben als von Gott eingegeben; beide folgten weitgehend dem Prinzip, die Heilige Schrift aus sich selbst heraus auszulegen; beide gingen davon aus, dass jeder Bibelvers göttliche Weisheit zum Ausdruck bringe und darum eine Fülle möglicher Auslegungen enthalte.[169] Doch wenngleich für etliche orthodoxe Theologen ein vitales Interesse an der jüdischen Schriftauslegung zu konstatieren ist, wurde dieses durchaus nicht von allen Zeitgenossen geteilt: Der Stuttgarter Oberhofprediger Lukas Osiander der Ältere z.B. hielt das Studium der Rabbinen für vergeudete Mühe und befand, dass die Kenntnis des biblischen Hebräisch für Theologen ausreiche.[170] Angesichts der unterschiedlichen Bewertung der jüdischen Auslegungstradition in der lutherischen Orthodoxie wäre in der Forschung weiterzufragen, ob das Interesse an einer biblischen Exegese, welche die rabbinische Hermeneutik für die eigene Theologie fruchtbar macht, an bestimmte theologische Strömungen, Personen oder Fakultäten gekoppelt war und zu welchen Ergebnissen es führte.[171]

Für Johann Winckler ist festzuhalten, dass er sich spätestens seit seinem Tübinger Theologiestudium mit den semitischen Sprachen, der hebräischen Bibel und den frühen Bibelübersetzungen befasste, die jüdische Auslegung des Alten Testaments anhand talmudischer und rabbinischer Schriften studierte und selbstverständlich in seine Exegese biblischer Texte einbezog. Dies zeigt sich zuerst an der Dissertation von 1672, wird aber auch an späteren Druckschriften deutlich. So zieht er im *Bedencken über Hrn. Wilhelm Christoph Kriegsmanns also genannte Symphonesin* (Hanau 1679) die jüdische Literatur bei exegetischen, historischen und ethischen Fragen zu Rate, zitiert häufig und meistens in zustimmender Weise die Rabbinen im hebräischen Wortlaut und fügt selbst lateinische Übersetzungen hinzu.[172] Inhaltlich fällt auf, dass er seine christlichen Leser wiederholt auf die vorbildliche jüdische Frömmigkeit bezüglich der engen Bindung an die Heilige

---

[168] Vgl. ebd., S. 194. 201f.

[169] Vgl. RGG^4 1, 1998, Sp. 1441–1443; J.A. STEIGER, Rezeption, 2000, S. 201f. 204. 210. 215.

[170] Vgl. ebd., S. 203.

[171] Aufgrund fehlender Vorarbeiten kann diesen Fragen im Rahmen der vorliegenden Arbeit nicht nachgegangen werden.

[172] Vgl. J. WINCKLER, Bedencken, 1679, S. 12. 14f. 21–24. 58–61. 86f. 89f. 134–136 (benutztes Exemplar der Herzog August Bibliothek Wolfenbüttel), s. Teil II. 1.3, Nr. 2).

Schrift hinweist.[173] Auch die Aufstellung und die Bestände von Wincklers späterer Bibliothek sprechen für ein hauptsächlich exegetisch motiviertes Interesse an der rabbinischen Tradition: Zum einen standen hier christliche und jüdische Kommentare zu einzelnen Schriften des Alten Testaments nebeneinander,[174] zum anderen waren in einer speziellen Abteilung *Libri Rabbinici* etwa 180 Werke von Rabbinen und jüdischen Gelehrten versammelt.[175] Dabei handelt es sich um überwiegend in Amsterdam und Venedig gedruckte hebräische Schriften von mittelalterlichen sowie frühneuzeitlichen Autoren, darunter Rabbinen, Kabbalisten, Grammatiker, Wissenschaftler, Philosophen und Dichter.[176]

Wincklers judaistisches Interesse war also weder durch die politische Frage nach dem Umgang mit Juden motiviert noch durch die dogmatische Frage nach dem theologischen Verhältnis von Juden und Christen. Er vertritt in den untersuchten Schriften weder die Zwangsbekehrung der Juden noch die sog. Enterbungstheorie, derzufolge im neuen Bund die Heidenchristen als Gottes Volk an die Stelle der Juden getreten und damit zu Erben der biblischen Verheißungen geworden seien. Diese Auffassung wurde übrigens auch von Philipp Jakob Spener abgelehnt, der darauf hinwies, dass das Erstgeburtsrecht der Juden vor den Christen Gültigkeit behalte.[177] Vielmehr scheint Wincklers Hinwendung zur jüdischen Auslegungstradition grundlegend von der Konzentration auf die Heilige Schrift als Quelle und Norm lutherischer Theologie bestimmt gewesen zu sein. Es ist anzunehmen, dass er darin von der genannten Strömung innerhalb der lutherischen Orthodoxie beeinflusst war, welche für eine philologisch orientierte Exegese eintrat.

Hinsichtlich seiner exegetischen Ausbildung ist darauf hinzuweisen, dass Winckler seit seiner Studienzeit mit Werken der überwiegend dem kursächsischen Luthertum entstammenden Theologen Johann Gerhard, Salomo Glassius, Johann Hülsemann, Abraham Calov, Martin Geier und Sebastian Schmidt gearbeitet hatte, die auf unterschiedliche Weise eine besonders gründliche Exegese forderten.[178] Im Laufe der Zeit lernte Winckler offenbar die Kommentarwerke von Johann Gerhard und Sebastian Schmidt beson-

---

173 Vgl. ebd., S. 12. 21 24. 135f. Gegen J. Braden ist hier zumindest für Wincklers frühe Zeit eine gewisse Aufgeschlossenheit gegenüber den Juden zu konstatieren; vgl. J. BRADEN, Hamburger Judenpolitik, 2001, S. 292. 295.

174 Vgl. z.B. Catalogus, 1721, S. 33f.

175 Vgl. ebd., S. 977–986.

176 Etwa die Hälfte aller Schriften wurde in Amsterdam und Venedig gedruckt; weitere mehrfach vertretene Druckorte sind Frankfurt a.d. Oder, Krakau, Prag, Basel und Cremona; vgl. Catalogus, 1721.

177 Vgl. z.B. P.J. SPENER, Theologische Bedencken 3, 1702, S. 432; DERS., Letzte Theologische Bedencken 1, 1711, S. 286.

178 Diese Namen werden in Wincklers frühen Veröffentlichungen immer wieder genannt.

ders zu schätzen.[179] Der im Auktionskatalog seiner Bibliothek am stärksten vertretene Theologe Sebastian Schmidt war zwischen 1640–1643 von dem jüngeren Buxtorf in Basel ausgebildet worden und hatte vor der Annahme der Straßburger Professur im Jahr 1653 bereits eine Berufung auf den Tübinger Lehrstuhl für orientalische Sprachen ausgeschlagen.[180] In Straßburg trat er durch seine Kenntnisse und Arbeitsweisen in biblischer Exegese hervor: Anders als in der lutherischen Orthodoxie üblich, die unter dem Einfluss der aristotelischen Methode die Untersuchung der einzelnen Worte (*explicatio terminorum*) in den Vordergrund stellte, welche nach einem festen Untersuchungsschema dogmatisch definiert und nach dieser Norm exegetisch verwandt wurden, hatte bei Schmidt der *usus terminorum* im biblischen Kontext Vorrang. Damit vertrat er die Unabhängigkeit der exegetischen Theologie von der Dogmatik.[181] Philipp Jakob Spener rühmte seinem Lehrer ein unvergleichliches *donum exegeticum* nach und orientierte sich zeitlebens an Schmidts »Ideal[s] einer biblischen Theologie, die die Schriftauslegung in das Zentrum der Theologie rückt.«[182]

Winckler scheint in Tübingen durch eine exegetisch orientierte Theologie nachhaltig geprägt worden zu sein. So lässt sich an seiner Dissertation über Psalm 51,7 wie auch an späteren Veröffentlichungen sein Interesse an

---

[179] Der Auktionskatalog von Wincklers Bibliothek weist etliche Kommentare Johann Gerhards auf, und zwar zumeist in den Ausgaben seines Sohnes Johann Ernst Gerhard I. Darunter befinden sich u.a. die Kommentare zur Genesis (Jena 1637), zum Deuteronomium (Jena 1657), zu den Psalmen (Jena 1663), zum Matthäusevangelium (Jena 1663), zum Kolosserbrief (Jena 1660) und zum Hebräerbrief (Jena 1661), jedoch anscheinend nicht dessen wissenschaftliches Hauptwerk »Loci theologici« (1610–1622); vgl. Catalogus, 1721, S. 25f. 28. 39. 41. 43f. Von Sebastian Schmidt besaß Winckler etwa die Kommentare zur Genesis (Straßburg 1697), zum Buch Ruth (Straßburg 1696), zu den Samuelbüchern (Straßburg 1687–1689), zu den Königsbüchern (Straßburg 1697), zum Buch Hiob (Straßburg 1670), zu Kohelet (Straßburg 1691), zu den Propheten Jesaja (Hamburg/Frankfurt a.M. 1693), Jeremia (Straßburg 1697) und Hosea (Frankfurt a.M. 1687), zu den Korinther- und Kolosserbriefen (Hamburg 1696), zum 1. Johannesbrief (Frankfurt a.M./Leipzig 1687) und zum Hebräerbrief (Straßburg 1680); vgl. ebd., S. 25. 27. 29. 31f. 44f.

[180] Sebastian Schmidt (1617–1696), geb. im elsässischen Lampertheim, studierte v.a. in Straßburg und Basel Theologie. Er wurde zuerst Prediger in Ensisheim, 1649 Rektor des Gymnasiums in Lindau und 1653 in der Nachfolge seines Lehrers Johann Georg Dorsche Theologieprofessor in Straßburg. Seit 1666 war er zudem Präses des Kirchenkonvents. Er verfasste eine lateinische Bibelübersetzung und schrieb über nahezu alle biblischen Bücher Kommentare. Seine bekanntesten Schüler waren Philipp Jakob Spener und Caspar Hermann Sandhagen; vgl. AGL 4, 1751, Sp. 301–303; J. WALLMANN, Philipp Jakob Spener, ^{2}1986, S. 96–100; DERS., Eigenart, 1995, S. 90f. (In den einschlägigen Lexika fehlen Artikel zu Sebastian Schmidt.)

[181] Vgl. G. EBELING, »Biblische Theologie«, 1960, S. 73; J. WALLMANN, Philipp Jakob Spener, ^{2}1986, S. 98.

[182] Ebd., S. 99f. Spener widmete u.a. seinem Lehrer Sebastian Schmidt die Schrift »Einfältige Erklärung der christlichen Lehr« (Frankfurt a.M. 1677). Schmidt seinerseits zeigte durchaus Sympathien für den frühen Pietismus: Er teilte z.B. Johann Arndts Konzeption von der Gottebenbildlichkeit des Menschen, der notwendigen sittlichen Verwandlung der Christen und setzte sich 1676 als Kirchenpräsident für die Berufung von Speners Schwager Johann Ulrich Wild nach Esslingen ein; vgl. M. BRECHT, Aufkommen, 1993, S. 181; DERS., Philipp Jakob Spener, 1993, S. 327.

philologischer und rabbinischer Forschung, die hermeneutische Suche nach dem Literalsinn der Schrift, der Versuch, diesen aus dem innerbiblischen Vergleich zu erfassen, sowie die methodische Trennung zwischen Exegese und Systematik beobachten. Anders als in den von den Leipziger Professoren Kromayer und Scherzer verfassten Thesen bezieht er die Exegese nicht *a priori* unmittelbar auf die Dogmatik, sondern widmet der Übersetzung, der Untersuchung des Wortgebrauchs und der rabbinischen Auslegungstradition des Textes breiten eigenen Raum. Hier ist also seit der Tübinger Zeit eine neue Gewichtung der theologischen Disziplinen zu konstatieren. Andrerseits bleibt die systematische Entfaltung der lutherischen Erbsündenlehre gegen die »*frustranea effugia*« der Häretiker das Ziel der Untersuchung,[183] dem die Exegese letztlich dient. Tatsächlich wird an Wincklers Abschlussarbeit weder Kritik am Primat der Dogmatik als Theologie im eigentlichen Sinne noch an ihren lutherisch-orthodoxen Lehrinhalten laut. Das starke philologische und exegetische Interesse verbleibt ganz im Rahmen der oben skizzierten orthodoxen Bemühungen um eine sich am biblischen Text orientierende konfessionelle Theologie. Auffällig ist das geschärfte Problembewusstsein für die Spannung zwischen dem Text an sich, seiner geschichtlichen und seiner systematischen Auslegung. Diesem Problem begegnet Winckler mit dem gedanklichen und formalen Dreischritt von Textübersetzung und -exegese, Beschäftigung mit der jüdischen Auslegung und kontroverstheologischer Entfaltung des zugehörigen lutherischen Lehrtopos.

2.3.5 Zusammenfassung

Fragt man, welche theologische Prägung Winckler in Tübingen erfuhr und welche Bedeutung diese Zeit für seine weitere Entwicklung hatte, so ist das Folgende festzuhalten: Erstens wurde Winckler hier mit dem württembergischen Typus der lutherischen Orthodoxie konfrontiert.[184] Die evangelisch-theologische Fakultät war zunächst durch Johannes Brenz und dann durch die zweite Generation lutherischer Theologen wie Jakob Heerbrand, Jakob Andreae und Matthias Hafenreffer nachhaltig geprägt worden und trat bis zum Ende des 18. Jh. als eine Hauptvertreterin der lutherischen Orthodoxie auf. Besonders deutlich wurde dies im christologischen Kenosis-Krypsis-Streit, den die Tübinger im ersten Drittel des 17. Jh. gegen die Gießener Theologen führten.[185] Sie betonten die Unauflöslichkeit der Verbindung von

---

183 Vgl. J. WINCKLER, Oraculum Davidicum, 1672, S. 25.

184 Nach Spener erhielt Winckler in Tübingen »eine solide erudition der schrifft und auch, so viel nötig ist, der antiquität«; vgl. P.J. SPENER, Briefe 4, 2005, Nr. 1, S. 6.

185 Im Streit um das richtige Verständnis der *communicatio idiomatum* zwischen der Gottheit und der Menschheit des menschgewordenen Christus hatte die Gießener theologische Fakultät in

Gottheit und Menschheit in dem Gottmenschen Christus, der diese während seines Erdenlebens nur verborgen habe, und sie beschrieben Gottes Allmacht, ubiquitistische Gegenwart und Wirklichkeit in der Welt in fast mystischer Weise. Auch in den sog. Arndt'schen Streitigkeiten, die nach dessen Tod 1623/24 v.a. in Danzig und Tübingen kulminierten, vertrat die Tübinger Fakultät die härteste Linie.[186] Unter der Leitung von Lukas Osiander dem Jüngeren verwarf sie als einzige öffentlich Johann Arndts *Vier Bücher vom wahren Christentum*. Als mögliche Folge »der Schwenckfeldischen, Enthusiastischen und Wigelianischen Articul« in Arndts Erbauungsbuch warnte Osiander vor Auswüchsen wie dem Täuferreich in Münster.[187] Auch in der zweiten Hälfte des 17. Jh. trat die Tübinger Fakultät durch ihre ausgefeilte Polemik gegen Synkretismus, Cartesianismus und andere Irrlehren als vehemente Vertreterin der lutherischen Tradition Brenz'scher Prägung auf. Dass Winckler 1672 gerade unter dem schärfsten – und angesehensten – Polemiker der Fakultät, Johann Adam Osiander, disputierte, spricht dafür, dass er sich zeitweise durchaus mit der kämpferischen Rechtgläubigkeit der Württemberger Orthodoxie identifiziert hat. Gleichzeitig ist zu bedenken, dass Osiander ab etwa 1670 dogmatische Themen aufnahm, die für Winckler später eine wichtige Rolle spielen sollten wie die Frage nach der Art und Weise menschlichen Glaubens, der Buße und der Sonntagsheiligung.

Zweitens vertiefte Winckler in Tübingen seine orientalischen Sprachkenntnisse und erlernte zumindest die Grundlagen des Arabischen und Äthiopischen bei Balthasar Raith, Albert von Holten sowie vielleicht bei Repetenten am Herzoglichen Stipendium, welche ebenfalls Sprachunter-

---

der Nachfolge von Martin Chemnitz für eine »kenotische Christologie« argumentiert: Während seines Erdenlebens habe Christus auf den Gebrauch bestimmter Eigenschaften, die ihm durch die Vereinigung mit der Gottheit mitgeteilt worden waren, willentlich verzichtet bzw. sich ihrer entäußert. Dagegen argumentierte die Tübinger Fakultät in der Nachfolge von Johannes Brenz für eine »kryptische Christologie«: Der Menschgewordene habe die göttlichen Eigenschaften besessen, ohne sie öffentlich auszuüben, ihren Gebrauch also verborgen; vgl. O. WEBER, Dogmatik 2, 1962, S. 160f; J. BAUR, Auf dem Weg, 1977; M. BRECHT, Aufkommen, 1993, S. 146–149; RGG^4, 2001, Sp. 929–931; W.-D. HAUSCHILD, Lehrbuch 2, ^{2}2001, S. 443.

186 Lukas Osiander II. (1571–1638), seit 1620 Kanzler und erster Ordinarius, publizierte 1623 mit einem gemeinsamen Gutachten seiner Kollegen ein »Theologisches Bedenken« über Johann Arndts »Vier Bücher vom wahren Christentum«. Darin beschuldigte er Arndt katholischer, calvinistischer und flacianischer Irrtümer. Auf Osianders »Bedenken« reagierten die drei Verteidigungsschriften des holsteinischen Pastors Paul Egard (1579–1655), des Hitzackerer Hofpredigers von Herzog August von Braunschweig-Lüneburg, Heinrich Varenius (1595–1635), und des herzoglichen Leibarztes und Arndtschülers Melchior Breler († 1627). Spener berief sich bei seinen Empfehlungen Arndts durchgängig auf die Schrift von Varenius; vgl. P. GRÜNBERG, Philipp Jakob Spener 1, 1893, S. 60f; O.F. ARENDS, Gejstligheden 1, 1932, S. 217; G. FRANZ, Bücherzensur, 1977, S. 146–150; J. WALLMANN, Herzog August, 1980, S. 23–32; M. BRECHT, Aufkommen, 1993, S. 134–141.

187 Zit. nach G. FRANZ, Bücherzensur, 1977, S. 147.

richt erteilten.[188] Außerdem wurde er mit den Werken christlicher und jüdischer Orientalisten und Hebraisten des 16. und 17. Jh. wie Edmund Castell, Brian Walton, Johannes Hoornbeek, Johannes Drusius und Johann Buxtorf bekannt, durch die er tiefere Einsicht in das rabbinische und talmudische Schrifttum sowie in das Alte Testament gewann. Wie seine Dissertation zeigt, begann Winckler in Tübingen, strenger zwischen exegetischer und dogmatischer Textauslegung zu unterscheiden und der »*theologia biblica*« gegenüber der »*theologia scholastica*« den Vorzug zu geben.

Es ist drittens zu beachten, dass Winckler in Tübingen mit einigen etwa gleichaltrigen Theologen in Kontakt gekommen zu sein scheint, die später durch pietistische, separatistische oder chiliastische Äußerungen hervortraten. Zu diesen sind Johann Conrad Hößlin, Eberhard Zeller, Johann Jakob Zimmermann, Johann Ludwig Hartmann und vielleicht auch Albrecht Bengel zu zählen. An ihnen wird das Spektrum der theologischen Anschauungen deutlich, die junge Absolventen der Tübinger Fakultät zwischen etwa 1670–1680 entwickeln konnten: Es reicht von der Intensivierung der in der lutherischen Orthodoxie üblichen Bemühungen um gesamtkirchliche Reformen durch die traditionellen Mittel der Katechese, Seelsorge und Gemeindevisitation (z.B. bei Albrecht Bengel und Johann Ludwig Hartmann) über die Förderung der persönlichen *praxis pietatis* einzelner Christen durch Nachahmung der Collegia pietatis, die Philipp Jakob Spener 1670 auf für das deutsche Luthertum vorbildliche Weise in Frankfurt a.M. initiiert hatte (z.B. bei Johann Ludwig Hartmann, Johann Conrad Hößlin und Eberhard Zeller) bis hin zu separatistischen und schwärmerischen Neigungen zur Mystik Jakob Böhmes, zum Chiliasmus oder zu einem betonten Heiligungsstreben (z.B. bei Eberhard Zeller und Johann Jakob Zimmermann). Dabei waren die Grenzen zwischen den verschiedenen Versuchen, zu einer gesteigerten, im alltäglichen Handeln, im inneren Empfinden und in der sozialen Organisation spürbaren Frömmigkeit zu gelangen, offensichtlich fließend und wurden von den jeweiligen Personen auch nicht als widersprüchlich wahrgenommen. An Wincklers Beispiel wird dies besonders deutlich: Einerseits vertrat er selbst die herkömmliche lutherische Theologie, z.B. in der genannten Abschiedsdissertation (1672) oder der Leichenpredigt *Geistlicher Krieger und Sieger* (1674),[189] und bekannte sich öffentlich zu den lutherischen Bekenntnisschriften, z.B. bei seiner Anstellung als Prinzeninformator (1668) oder bei seiner Ordination (1672). Andrerseits hielt er zu dem in seinen theologischen Äußerungen über viele Jahre höchst auffälligen Zeller anscheinend den Kontakt aufrecht und stellte diesen 1687 in Hamburg sogar als Hauslehrer für seine Söhne ein. Erst um 1690, also

[188] Vgl. H. GÄTJE, Lehre, 1960, S. 22.

[189] S.u. 2.4.3.

fast 20 Jahre nach dem gemeinsamen Studium in Württemberg, wurde Winckler sich in den heftigen theologischen und politischen Auseinandersetzungen, in die er durch seine Kritik an der Hamburger Oper, sein Engagement für die Collegia pietatis und seine persönliche Nähe zu den öffentlichen Kirchenkritikern und sektiererischen Pietisten Eberhard Zeller, Nikolaus Lange und Johann Jakob Zimmermann geriet, dieses Konflikts bewusst.[190] Er bekannte sich im Mai 1690 ausdrücklich zum *Konkordienbuch* sowie »*contra Atheistas, Socinianos, Arminianos, Papistas, Calvinianos, Fanaticos, Jacobum Behm, Chiliastas, carnales Doctores, omnesque alios, in quantum Huic Veritati sunt contrarii*«,[191] distanzierte sich in einem längeren mühsamen Prozess von den Pietisten Zeller und Lange sowie von seiner früheren Freundin Johanna Eleonora Petersen[192] und vergewisserte sich so seiner Verankerung in der lutherischen Tradition.

Schließlich ist festzuhalten, dass sich spätestens während des Tübinger Aufenthalts Johann Wincklers Beziehung zu Philipp Jakob Spener angebahnt haben muss.[193] Den ersten sicheren Beleg einer Verbindung liefert Wincklers Abschiedsdissertation, die er dem Frankfurter Senior im März 1672 widmete.[194] Spener hatte im Sommer 1662 in Stuttgart und Tübingen einige Monate verbracht und dort wohl am Collegium Illustre zwei heraldische und genealogische Vorlesungen gehalten.[195] Er war von den gleichen Theologen, die einige Jahre später Winckler förderten, freundlich empfangen worden. Besonders zu Balthasar Raith, mit dem Spener bereits seit etwa 1655 in Verbindung stand, war ein freundschaftliches Verhältnis entstanden.[196] Beide verband das Interesse an hebräischen Studien und Kabbalistik

---

[190] Zu den Hamburger Auseinandersetzungen vgl. J. GEFFCKEN, Johann Winckler, 1861; H. RÜCKLEBEN, Niederwerfung, 1970; M. BRECHT, Philipp Jakob Spener, 1993, S. 344–351.

[191] Das auf den 17.5.1690 datierte handschriftliche Bekenntnis Wincklers in seinem Exemplar des Konkordienbuches ist abgedruckt bei [J. WINCKLER], Gründliche Untersuchung, o.O. 1697; Nova Literaria Germaniæ, 1705, S. 198; J. GEFFCKEN, Johann Winckler, 1861, S. 365.

[192] Vgl. die Vorrede Wincklers zu der von ihm postum edierten Predigtsammlung J.H. HORB, Das Vielfältige und Schmertzliche Leiden, 1700, fol. a2^{r}–e3^{v} (benutztes Exemplar der Bibliothek des Staatsarchivs der Freien und Hansestadt Hamburg), s. Teil II. 1.4, Nr. 6).

[193] J. Geffcken mutmaßte hingegen, dass Winckler Spener bereits auf der Reise von Wiesenburg nach Tübingen 1668 kennenlernte; vgl. J. GEFFCKEN, Johann Winckler, 1861, S. 269. 271.

[194] Vgl. J. WINCKLER, Oraculum Davidicum, 1672, S. 2 (hier: benutztes Exemplar der Staatsbibliothek zu Berlin – Preußischer Kulturbesitz).

[195] Zu Speners Aufenthalt in Tübingen vgl. P.J. SPENER, Eigenhändiger Lebenslauf (um 1682), 1996, S. 35f; M. BRECHT, Philipp Jakob Spener und die württembergische Kirche, 1966, S. 443–459; DERS., Philipp Jakob Spener, 1993, S. 283f; J. WALLMANN, Philipp Jakob Spener, ²1986, S. 153–164. Auch Johann Jakob Schütz hatte sich von 1659–1665 zum Jurastudium in Tübingen aufgehalten. Er unterhielt hier u.a. zu dem Juraprofessor Burkhard Bardili, dessen Söhnen Andreas und Karl Bardili sowie zu dem Medizinstudenten Nikolaus Hanneken Kontakt (s. Anhang. 2.2); vgl. A. DEPPERMANN, Johann Jakob Schütz, 2002, S. 48–54.

[196] Philipp Jakob Spener tauschte sich mit Balthasar Raith in Tübingen intensiv über Theophil Großgebauers »Wächterstimme aus dem verwüsteten Zion« (1661) aus. Die gegenseitige Wert-

sowie die Verehrung des Bibelgelehrten Johann Buxtorf. Spener hielt noch etliche Jahre nach seiner Reise die Beziehungen nach Württemberg aufrecht: Er pflegte sowohl die Kontakte zu einflussreichen Mitgliedern der württembergischen Kirchenleitung wie Johann Andreas Hochstetter[197] und Johann Georg Kulpis[198] als auch zu jüngeren württembergischen Theologen sowie zu Magistern am Tübinger Stift.[199] Hochstetter und Kulpis setzten sich später auf kirchenleitender Ebene für die Umsetzung der Reformen ein, die Spener in den *Pia Desideria* gefordert hatte. Das Ergebnis war zunächst die Studienreform des Herzoglichen Stipendiums von 1688, die den Unterricht in Exegese und Homiletik verstärkte und studentische Erbauungsstunden einführte.[200] Aufgrund der vielfältigen guten Beziehungen, die Spener zur württembergischen Kirche, zur theologischen Fakultät und zum Collegium Illustre unterhielt, könnte es sein, dass die Tübinger Theologen Winckler auf Spener aufmerksam machten und den Kontakt herstellten.[201]

Die drei Jahre, die Johann Winckler von 1669–1672 als Prinzeninformator am Collegium Illustre und als Theologiestudent an der Universität in Tübingen verbrachte, sind als letzter Abschnitt seiner Ausbildung zu verstehen. Sie vervollständigten die Entwicklung des jungen Theologen in mehrfacher Hinsicht: Erstens kann die Anstellung als Informator mit der damit verbundenen Reisebegleitung für den aus einfachen Verhältnissen stammenden Winckler als Pendant zu den für wohlhabende Adlige und Akademiker im 17. Jh. üblichen Bildungsreisen gesehen werden.[202] Wie die

schätzung der beiden Theologen lässt sich u.a. daran ablesen, dass Spener in den »Pia Desideria« (1675) Raith als einzigen württembergischen Theologen zitierte, während Raith ihm und Johann Andreas Quenstedt sein bedeutendstes theologisches Werk widmete, die Verteidigung der lutherischen Bibelübersetzung »Vindiciae Versionis S. Bibliorum Germanicae B. D. Martini Lutheri« (1676); vgl. J. WALLMANN, Philipp Jakob Spener, ²1986, S. 153. 159.

197 Zu Johann Andreas Hochstetter (1637–1720) vgl. P.J. SPENER, Briefe 3, 2000, Nr. 140, S. 666; M. BRECHT, Der württembergische Pietismus, 1995, S. 228.

198 Zu Johann Georg Kulpis (1652–1698) vgl. P.J. SPENER, Briefe 1, 1992, Nr. 81, S. 317; M. BRECHT, Philipp Jakob Spener, 1993, S. 339f.

199 Speners Interesse an den Theologiestudenten am Herzoglichen Stipendium wird durch seine Grußlisten belegt, z.B. am Ende des Briefes an Johann Conrad Hößlin vom Dezember 1677; vgl. P.J. SPENER, Briefe 3, 2000, Nr. 99, S. 474f. Auch über das Tübinger Collegium Illustre war Spener später noch gut informiert. Das zeigt sein Brief vom 25.2.1684 an Graf Johann Friedrich von Solms-Laubach, den er in Fragen des Unterrichts, der Kosten und der Betreuung seines Sohnes am Kollegium beriet; vgl. H. BRÄUNING-OKTAVIO, Aus Briefen, 1931, S. 179f. 190.

200 Später gab es am Stipendium beständig pietistische Gruppen, teils mit separatistischen Neigungen. Auf sie reagierte das Pietistenedikt von 1694; vgl. M. BRECHT, Philipp Jakob Spener und die württembergische Kirche, 1966, S. 448; DERS., Philipp Jakob Spener, 1993, S. 339f.

201 Von Balthasar Raith wissen wir aus einem Brief an Philipp Jakob Spener vom 17.3.1677, dass er seinen Tübinger Studenten Spener als einen Theologen empfahl, der sich für das wahre Christentum einsetzt; vgl. P.J. SPENER, Briefe 3, 2000, Nr. 228, S. 1071.

202 Die Ziele der adligen Kavalierstouren bzw. der bürgerlichen Studienreisen decken sich vielfach mit den Vorteilen, die Winckler durch die Reise nach Tübingen genoss; vgl. z.B. K. KELLER, Adel auf Reisen, 1997, S. 257–274; T. KAUFMANN, Universität, 1997, S. 149–151.

Kavalierstour den jungen Aristokraten durch den Aufenthalt an verschiedenen angesehenen Höfen die europäische Adelskultur erschloss und die Studienreise gutsituierten jungen Theologen durch den Besuch ausländischer Universitäten und Privatgelehrter wichtige Zusatzqualifikationen verschaffte, so führte die Reise nach Württemberg auch Winckler wahrscheinlich erstmals aus Sachsen heraus, zeigte ihm fremde Orte, Menschen und Sitten und erweiterte buchstäblich seinen Horizont.

Zweitens konnte Winckler am Tübinger Collegium Illustre mit einflussreichen, wohlhabenden und gelehrten Männern bekannt werden, den höfischen Lebensstil (Umgangsformen, Zeremoniell und »Exerzitien«) einüben, seine Kenntnisse in modernen Sprachen (Französisch), Geschichte, Politik und Jura ausbauen und am geselligen Leben teilnehmen.[203]

Drittens bot sich ihm an der Tübinger Universität die Chance, namhafte Theologieprofessoren seiner Zeit zu hören und seine theologische Bildung zu vertiefen. Die Bekanntschaft mit den Professoren der theologischen Fakultät konnte Wincklers kirchliche Laufbahn ebnen und weitere persönliche Kontakte in kirchlichen Kreisen eröffnen. Mit dem Ziel, in Tübingen schließlich den theologischen Doktorgrad zu erwerben, schloss Winckler sein Studium im Frühjahr 1672 mit einer öffentlichen Disputation endgültig ab. Zwischen Studium und selbstständiger Berufstätigkeit im Pfarramt stellte die Tätigkeit als Prinzeninformator auf Wincklers Lebensweg eine wesentliche Karrierestufe dar.

---

203 Vgl. zutreffend L. FERTIG, Hofmeister, 1979, S. 20–24.

2.4 Erste Berufserfahrungen im Pfarramt (1672–1675)

2.4.1 Diaconus in Bad Homburg v.d. Höhe

Im April 1672 trat Johann Winckler in Bad Homburg v.d. Höhe als Diaconus in den Kirchendienst ein. Bereits am 30. November 1671 war er von Landgraf Ludwig VI. von Hessen-Darmstadt (*1630, 1661–1678) an die Stadtkirche der knapp 20 km nördlich von Frankfurt a.M. gelegenen Residenz der Landgrafen von Hessen-Homburg berufen worden.[1] Wie der Ruf zustande kam und zu welchen Konditionen Winckler in Bad Homburg v.d. Höhe angestellt wurde, lässt sich nicht mehr genau rekonstruieren.[2] Es ist jedoch anzunehmen, dass die engen verwandtschaftlichen Beziehungen zwischen den Häusern Hessen-Darmstadt, Hessen-Homburg und Schleswig-Holstein-Sonderburg Wincklers Berufung den Weg ebneten und seine bisherige Brotgeberin, Herzogin Anna Margaretha von Schleswig-Holstein-Sonderburg-Wiesenburg geb. Landgräfin von Hessen-Homburg, die Vermittlung übernommen hatte.[3] Als ihr Sohn, Prinz Carl Ludwig, das Studium am Tübinger Collegium Illustre beendete, wurde Winckler als Informator entlassen und wie sein Vorgänger als Prediger in der Residenzstadt ihres Bruders weiterbeschäftigt. Seine erste Pfarrstelle versah Winckler nur etwa ein dreiviertel Jahr lang; bereits Ende 1672 erhielt er einen Ruf nach Braubach.

Das Haus Hessen-Homburg, in dessen Herrschaftsgebiet Winckler in den kirchlichen Dienst berufen wurde, war eine 1622 entstandene Nebenlinie

---

[1] Der Dienstantritt ergibt sich aus Wincklers Abreise aus Tübingen am 26.3.1672 und seiner Ordination am 14.4.1672; vgl. SUB HH, LA: Winckler, Johann, fol. 5; Matrikeln der Universität Tübingen 3, 1953, S. 518; H. DORN, Nova Matricula, 1969, S. 21; Nachrichten, 1773, S. 1.

[2] Nähere Angaben zu Wincklers Berufung, Besoldung und Aufgaben sind aufgrund fehlender Akten nicht möglich: Die Kirchensachen der Hessen-Homburger Archivbestände (Abt. 310 des Landesarchivs) und das Archiv des Darmstädter Konsistoriums wurden im Zweiten Weltkrieg zerstört. Auch in den Rechnungsbänden der Landgrafschaft Hessen-Darmstadt (Abt. 311 des Landesarchivs) haben sich für Bad Homburg v.d. Höhe keine Kirchenrechnungen der lutherischen Gemeinde erhalten, so die Auskunft von Frau Röck vom Hessischen Hauptstaatsarchiv Wiesbaden am 23.10.2001. Die Kirchenbücher der lutherischen Gemeinde Bad Homburg v.d. Höhe aus den Jahren 1668–1676 fehlen; vgl. Zentralarchiv der EKHN Darmstadt (im Folgenden: ZaEKHN), Kirchenbuch Bad Homburg v.d. Höhe Nr. 1 (1614–1699), Film Nr. 1132. Besondere Kirchenbücher für die Schlossgemeinde in Bad Homburg v.d. Höhe wurden nicht geführt, so die Auskunft von Dipl. Archivar Klingelhöfer aus dem Hessischen Staatsaarchiv Marburg vom 17.10.2001.

[3] So war z.B. Landgraf Wilhelm Christoph von Hessen-Homburg in erster Ehe mit Landgräfin Sophia Eleonora von Hessen-Darmstadt verheiratet. Seine jüngere Schwester Anna Margaretha von Hessen-Homburg hatte wie auch Sophia Eleonoras Bruder, Landgraf Georg III. von Hessen-Darmstadt, in die Familie Schleswig-Holstein-Sonderburg eingeheiratet; vgl. Europäische Stammtafeln. N.F. I.2, 1999, Tafel 248. 252. Dagegen nahm J. Geffcken an, dass Spener an der Berufung beteiligt war; vgl. J. GEFFCKEN, Johann Winckler, 1861, S. 269.

der Landgrafen von Hessen-Darmstadt.[4] Die Landgrafschaft Hessen war nach dem Tod von Philipp I. (*1504, 1518–1567) unter seinen vier Söhnen aufgeteilt worden, welche so Landgrafen in Hessen-Kassel, Hessen-Marburg, Hessen-Rheinfels und Hessen-Darmstadt wurden. Da sowohl der Marburger wie der Rheinfelser Landgraf kinderlos starben, wurden deren Gebiete in langwierigen Auseinandersetzungen zwischen Hessen-Kassel und Hessen-Darmstadt geteilt. Obwohl man in Hessen-Darmstadt die Primogenitur eingeführt hatte, erhielten die zwei nachgeborenen Söhne des ersten hessen-darmstädtischen Landgrafen Georg I. (*1547, 1567–1596) abermals selbstständige Herrschaftsgebiete: Der älteste Sohn, Landgraf Ludwig V. (*1577, 1596–1626), wurde Nachfolger seines Vaters in Hessen-Darmstadt, Philipp III. (*1581, 1609–1643) bekam das Gebiet um Butzbach und Friedrich I. (*1585, 1622–1638) Stadt und Amt Homburg sowie die Zusage jährlicher Deputatgelder. Die Herrschaft Hessen-Butzbach fiel jedoch bereits beim Tod von Landgraf Philipp III. an Hessen-Darmstadt zurück. Hier regierten im 17. Jh. nach Landgraf Ludwig V. von Hessen-Darmstadt dessen Nachkommen, die Landgrafen Georg II. (*1605, 1626–1661), Ludwig VI. (*1630, 1661–1678), Ludwig VII. (*1658, 1678, †1678), vormundschaftlich Elisabeth Dorothea geb. Herzogin von Sachsen-Gotha (*1640, 1678–1688, †1709) sowie Ernst Ludwig (*1667, 1688–1739).

Als der Begründer der hessen-homburgischen Seitenlinie Landgraf Friedrich I. 1638 starb, übernahm zunächst seine Witwe Margareta Elisabeth geb. Gräfin von Leiningen-Westerburg die vormundschaftliche Regierung für ihre Kinder.[5] Der älteste Sohn, Landgraf Wilhelm Christoph (*1625, 1650–1669, †1681),[6] verkaufte nach knapp zwanzig Jahren Regentschaft die Herrschaft an seinen Bruder Georg Christian (*1626, 1669–1673, †1677), der aus finanziellen Gründen Stadt und Amt Homburg bereits im

---

[4] Zu den Landgrafen von Hessen-Darmstadt vgl. Europäische Stammtafeln. N.F. I.2, 1999, Tafel 248f; K.E. DEMANDT, Geschichte, ²1972, S. 299–306; M. KNODT, Regenten, 1976, S. 11–37.

[5] Zur Landgrafschaft Hessen-Homburg bis 1680 vgl. F. LOTZ, Geschichte 2, 1972; Europäische Stammtafeln. N.F. I.2, 1999, Tafel 252. Zu Landgräfin Margareta Elisabeth von Hessen-Homburg s.o. 2.3.1.

[6] Landgraf Wilhelm Christoph von Hessen-Homburg-Bingenheim war seit 1641 Domherr zu Bremen, seit 1643 offiziell Landgraf von Hessen-Homburg und durch seine Heirat 1650 zugleich Landgraf zu Bingenheim, wo er residierte. Nach dem Verkauf von Hessen-Homburg regierte er neben Bingenheim seit 1669 die Ämter Lißberg und Philippseck. Der literarisch interessierte Landgraf gehörte wie sein Bruder Georg Christian der 1617 in Weimar gegründeten »Fruchtbringenden Gesellschaft« an. In erster Ehe war er mit Landgräfin Sophia Eleonora von Hessen-Darmstadt (1634–1663), in zweiter Ehe mit Herzogin Anna Elisabeth von Sachsen-Lauenburg (1624–1688) verheiratet, von der er sich 1672 scheiden ließ; vgl. F. LÜBBECKE, Vaterland, 1956, S. 54–57; F. LOTZ, Geschichte 2, 1972, S. 55; F. SCHMIDT, Kirchenbau 1, 1993, S. 3.

April 1671 verpfändete.[7] Pfandherren wurden der Privatgelehrte Johann Christian von Boineburg[8] und der Frankfurter Handelsherr Johann Ochs der Ältere, der in mehreren Wechselgeschäften als Bürge für die hessen-homburgischen wie hessen-darmstädtischen Landgrafen fungierte.[9] Nach dem Tod Boineburgs übernahm Landgraf Ludwig VI. von Hessen-Darmstadt im Jahr 1673 die Landgrafschaft in einem Vergleich und regierte Hessen-Homburg mit allen Ländereien und Rechten von 1674–1678.[10] Wincklers Diakonat in Bad Homburg v.d. Höhe fiel in die zweijährige Pfandzeit zwischen 1671–1673, in der das Land nominell von Landgraf Georg Christian von Hessen-Homburg regiert wurde, der sich jedoch über-

---

[7] Landgraf Georg Christian von Hessen-Homburg schlug früh eine militärische Karriere ein, stand in wechselnden, v.a. französischen Kriegsdiensten und konvertierte um 1660 zum Katholizismus. 1666 heiratete er Anna Katharina Pogwisch verw. Gräfin von Ahlefeld (1633–1694). Er kaufte am 20.2.1669 die Herrschaft Hessen-Homburg für 120 000 Gulden; vgl. F. LOTZ, Geschichte 2, 1972, S. 25–27. 56–58; M. HINTEREICHER, Georg Christian von Hessen-Homburg, 1985, S. 165–176; Repertorien Darmstadt 39. Abt. D11, 1997, S. 15f.

[8] Johann Christian von Boineburg (1622–1672), geb. in Eisenach, trat nach einem Jurastudium in Jena, Marburg und Helmstedt in den diplomatischen Dienst der Landgrafen von Hessen-Darmstadt und Hessen-Kassel, wo er das besondere Vertrauen von Landgraf Johann von Hessen-Braubach genoss. Seit 1652 stand er im Dienst von Johann Philipp von Schönborn, Kurfürst von Mainz, Bischof von Würzburg und Worms. Nach seiner Konversion zum Katholizismus 1653 wurde er zum Oberhofmarschall und Ratspräsidenten ernannt und in den Freiherrenstand erhoben. 1664 fiel er in Ungnade, verlor seine Ämter und lebte fortan als Privatgelehrter überwiegend in Frankfurt a.M., nach seiner Aussöhnung mit dem Kurfürsten um 1668 in Mainz. Er gehörte zu der kleinen Gruppe von Humanisten, die sich im 17. Jh. für eine innere und äußere Reform des Reiches einsetzten. Sein enger Mitarbeiter war Gottfried Wilhelm Leibniz; vgl. ADB 3, 1876, S. 222–224; NDB 2, 1955, S. 424f; J. WALLMANN, Philipp Jakob Spener, ²1986, S. 84. Spener vermittelte im gelehrten Briefwechsel und Bücheraustausch zwischen Boineburg und Gottlieb Spizel in Augsburg; vgl. P.J. SPENER, Briefe 1, 1992, Nr. 8, S. 37.

[9] Johann Ochs I. (1611–1677), geb. in Freudenstadt, kam 1633 als Handelsangestellter zur Tuch- und Modewarengesellschaft Piper in Frankfurt a.M. 1637 heiratete er die Witwe des Inhabers Elisabeth Piper (1601–1655), übernahm das Geschäft und erwarb Frankfurter Bürgerrecht. Unter seiner Leitung nahmen der Textil- und Weinhandel enormen Aufschwung; Nach dem Westfälischen Frieden belieferte er ganz Nordeuropa, Frankreich und England mit Pariser Modeartikeln. Er betätigte sich im Geld- und Wechselgeschäft mit Kaufleuten, Fürsten und Adligen, war Hoflieferant vieler bei ihm verschuldeter deutscher Fürsten, besorgte offizielle Bankgeschäfte, z.B. für die Rheinische Allianz, und zählte zu den einflussreichsten und vermögendsten Handelsherren Deutschlands. Wahrscheinlich war er einer der ersten Teilnehmer des Frankfurter Collegium pietatis. Spener hatte seit 1669 Kontakt zu ihm und seinem Bruder Hans Georg Ochs I. (1614–1680), der als Basler Bürger und Großkaufmann auch im Postwesen zwischen Straßburg und Basel tätig war; vgl. F.G. FRANZ, Finanzplatz Frankfurt, 1898, S. 49; Stolberg-Stolberg'sche Leichenpredigten-Sammlung 3, 1930, S. 224; E. HIS, Chronik, 1943, S. 60–70, P.J. SPENER, Briefe 1, 1992, Nr. 44, S. 170. Nr. 52, S. 204. Nr. 70, S. 269f; Frankfurter Biographie 2, 1996, S. 103.

[10] Am 11.6.1673 trat Georg Christian von Hessen-Homburg dann die Landgrafschaft in einem Vergleich an Ludwig VI. von Hessen-Darmstadt ab; vgl. M. HINTEREICHER, Georg Christian von Hessen-Homburg, 1985, S. 175; Repertorien Darmstadt 39. Abt. D11, 1997, S. 16.

wiegend in Frankfurt a.M. aufhielt, während alle Einnahmen aus der Herrschaft den beiden mächtigen Kreditgebern zuflossen.[11]

Die im Taunus gelegene Landgrafschaft Hessen-Homburg war ein kleines, etwa 60 km² umfassendes Territorium, das bis 1685 lediglich aus dem Residenzstädtchen Bad Homburg v.d. Höhe und vier Dörfern bestand.[12] Bad Homburg v.d. Höhe war bereits in römischer Zeit aufgrund seiner Salzquellen besiedelt und im Mittelalter Sitz einer selbstständigen Herrschaft.[13] Der Ort erhielt Ende des 12. Jh. unter den Herren von Eppstein eine spätromanische Burg, deren Reste das Fundament des heutigen Schlosses bilden. Von der Ende des 14. Jh. erbauten größeren Burganlage zeugt bis heute der freistehende runde Bergfried, der sog. Weiße Turm. 1355 wurde das Burgdorf zur Stadt erhoben und erhielt Frankfurter Stadtrecht. 1487 verkauften die Eppsteiner die Herrschaft Homburg an die Grafen von Hanau, über die sie 1521 an die hessischen Landgrafen kam. Wirtschaftlich stand Bad Homburg v.d. Höhe, dessen wichtigste Erwerbszweige Schäferei, Wollweberei, Müllerei, Landwirtschaft und Weinbau darstellten, im Schatten der nahen Messestadt Frankfurt a.M., welche gleichzeitig den Absatzmarkt bot.[14] Kurz nach dem Dreißigjährigen Krieg wurde mit Frankfurt a.M. eine regelmäßige Postverbindung eingerichtet.[15] Auf die angespannte Finanzlage der zweiten Generation des hessen-homburgischen Herrscherhauses verweisen die Verpfändungen und Verkäufe der Landgrafschaft. Erst unter Friedrich II. (*1633, 1680–1708) gewann die Stadt an Bedeutung und Wohlstand.[16]

---

[11] Dass Winckler später nach Braubach berufen wurde, wohin Johann Christian von Boineburg enge Beziehungen unterhielt, und Johann Ochs Pate bei Wincklers erstem Sohn stand (s.u. 2.5.3), könnte jedoch andeuten, dass auch die Pfandherren Einfluss auf die Regierung von Hessen-Homburg hatten.

[12] Bis 1685 waren nur Gonzenheim, Seulberg, Köppern und Oberstedten Amtsdörfer; vgl. F. LOTZ, Geschichte 2, 1972, S. 18.

[13] Zu Bad Homburg v.d. Höhe vgl. ebd.; Handbuch der historischen Stätten Deutschlands 4, ³1976, S. 23–25; 1200 Jahre Bad Homburg v.d. Höhe, ²1982; DHDK Hessen, ²1982, S. 46–49; G. KÖBLER, Historisches Lexikon, ⁶1999, S. 277.

[14] Vgl. 1200 Jahre Bad Homburg v.d. Höhe, ²1982, S. 16f.

[15] Die Postkutsche der Landgrafen fuhr zweimal wöchentlich, montags und donnerstags, von Bad Homburg v.d. Höhe nach Frankfurt a.M. und kehrte abends zurück. Sie beförderte neben Briefen und Paketen auch Personen. Es ist anzunehmen, dass Winckler die direkte Reisemöglichkeit mitunter zu Besuchen in Frankfurt a.M. nutzte; vgl. F. LOTZ, Geschichte 2, 1972, S. 443.

[16] Landgraf Friedrich II. von Hessen-Homburg, »der Prinz von Homburg«, regierte Hessen-Homburg nach einer wechselvollen militärischen Laufbahn in schwedischen und brandenburgischen Diensten. Seit 1670 reformierter Konfession, führte er das Land durch die Ansiedlung von französischen und deutschen Reformierten und die Förderung neuer Gewerbezweige zu wirtschaftlichem Aufschwung. In erster Ehe war er mit Margarethe Brahe (1603–1669), in zweiter mit Prinzessin Luise Elisabeth von Kurland (1646–1690) und in dritter Ehe mit Gräfin Sophia Sibylla von Leiningen-Westerburg (1656–1724) verheiratet; vgl. L'Allemagne Dynastique 1, 1976, S. 89f; F. LOTZ, Geschichte 2, 1972, S. 59–122; Europäische Stammtafeln. N.F. I.2, 1999, Tafel 252.

Die hessen-homburgische Kirche unterstand rechtlich dem landesherrlichen Kirchenregiment von Hessen-Darmstadt, das sich bei der Teilung 1622 mehrere Reservatsrechte, darunter die über das Kirchen-, Schul- und Gerichtswesen, vorbehalten hatte.[17] Praktisch bestand jedoch bis zur Regierung von Landgraf Friedrich II. eine eigene kleine hessen-homburgische evangelisch-lutherische Landeskirche.[18] Sie umfasste bis 1684 die Stadt- und Schlossgemeinde Bad Homburg v.d. Höhe (mit der Filialgemeinde Oberstedten) und die zwei Dorfgemeinden Gonzenheim und Seulberg (mit der Filialgemeinde Köppern).[19] Die Reformation war im Amt Homburg auf Beschluss des Landtages von Homberg a.d. Efze 1526 eingeführt worden.[20] Die ersten Kirchenordnungen von 1526 und 1566 waren im Jahre 1574 durch die *Hessische Agende* ersetzt worden, die in ganz Hessen-Darmstadt unverändert, nur mit Hinzufügungen in den Neuauflagen von 1628 und 1662, galt.[21] In politischer wie konfessioneller Abgrenzung von Hessen-Kassel, das durch den Konfessionswechsel von Landgraf Moritz I. 1605 kalvinistisch geworden war, verstand sich das kleinere, ärmere und politisch weniger bedeutsame Haus Hessen-Darmstadt im 17. Jh. als Hüter des hessischen Luthertums. Es war durch Heiraten mit den führenden evangelisch-lutherischen Mächten Deutschlands verbunden, v.a. mit Württemberg und Kursachsen.[22] Reichspolitisch stand Hessen-Darmstadt seit 1620 an der Seite der Habsburger, während Hessen-Kassel seit 1609 der Evangelischen Union angehörte.[23]

---

[17] Vgl. F. LOTZ, Geschichte 2, 1972, S. 354f; 1200 Jahre Bad Homburg v.d. Höhe, ²1982, S. 22; Repertorien Darmstadt 39. Abt. D11, 1997, S. 15.

[18] Der Begriff »Landeskirche« setzte sich erst 1918 mit dem Ende des landesherrlichen Kirchenregiments für die evangelischen Gebiete Deutschlands endgültig durch. Er wird hier für die überörtliche Territorialkirche der früheren Zeit verwandt; vgl. Lexikon für Kirchen- und Staatskirchenrecht 2, 2002, S. 682f.

[19] Vgl. HasSac 4, 1930, S. 242–251.

[20] Zur Reformationsgeschichte in Hessen-Homburg vgl. F. LOTZ, Geschichte 1, 1964, S. 215–218. Bd. 2, 1972, S. 354–360; K. DIENST, Hessen, 1986, S. 266–268; F. SCHMIDT, Kirchenbau 1, 1993, S. 1–18.

[21] Vgl. Agenda (1574), in: EKO 8,1, 1965, S. 408–469.

[22] Die Heiratspolitik zwischen Hessen und Sachsen ging auf den 1526 geschlossenen konfessionell-politischen Torgauer Bund zurück, mit dem sich die beiden Fürstentümer an die Spitze der lutherischen Fürsten des Alten Reiches gestellt hatten; vgl. J. WALLMANN, Kirchengeschichte, ⁴1993, S. 70. Sie manifestierte sich darin, dass z.B. Landgraf Georg I. von Hessen-Darmstadt (*1547, 1567–1596) mit Eleonore von Württemberg (1552–1618) verheiratet war, Landgraf Georg II. (*1605, 1626–1661) mit der Tochter von Kurfürst Johann Georg I. von Sachsen, Sophia Eleonora (1609–1671), Landgraf Ludwig VI. (*1630, 1661–1678) mit der Tochter von Herzog Ernst I. von Sachsen-Gotha, Elisabeth Dorothea (1640–1709), und die Tochter von Landgraf Ludwig VI. von Hessen-Darmstadt, Magdalena Sibylla (1652–1712), mit Herzog Wilhelm Ludwig von Württemberg (*1647, 1674–1677); vgl. Europäische Stammtafeln. N.F. I.2, 1999, Tafel 248f.

[23] Vgl. J.R. WOLF, Hessen-Darmstadt, 1983, S. 121–123; L. SCHORN-SCHÜTTE, Prediger, 1985, S. 282–289.

Johann Winckler wirkte 1672 an der Homburger Stadtkirche, die auf eine mittelalterliche, der Jungfrau Maria geweihte Kapelle zurückging.[24] Die Liebfrauenkirche stand neben der unter Landgraf Friedrich I. von Hessen-Homburg modernisierten und um Wohngebäude und Gärten erweiterten Burg auf einem mit Linden bepflanzten Friedhof. Der schlichte gotisierende Steinbau bestand aus einem Langhaus mit steilem Satteldach, auf dem ein kleiner Glockenturm saß. Landgraf Friedrich I. hatte die Liebfrauenkirche instandsetzen und darunter ein Tonnengewölbe aufmauern lassen, das der Familie als Begräbnisstätte diente. Landgraf Friedrich II. ließ diese Gruft erweitern, die Kirche jedoch 1684 ohne Einwilligung von Bürgermeister und Rat abtragen, um hier Platz für den neuen Marstall zu schaffen.[25]

Seit vorreformatorischer Zeit gab es in Bad Homburg v.d. Höhe zwei Geistliche: einen Pfarrer und einen Diakon bzw. Kaplan.[26] Inhaber der vollen Pfarrstelle war seit 1654 Peter Faber.[27] Johann Winckler war wie als Prinzeninformator so auch als Diaconus der Nachfolger Michael Gebhards, der im Jahr zuvor verstorben war.[28] Der Amtstitel »Diaconus« bezeichnete soviel wie »diener, hilfsprediger [...], helfer, kirchendiener, unterpriester«.[29] Winckler war dem älteren Pfarrer Faber also zur Hilfe bei dessen Amtsgeschäften verpflichtet und bezog ein deutlich geringeres Gehalt als dieser.[30] Gemeinsam versahen die beiden Geistlichen die Gottesdienste und Kasualien für die Bad Homburger Stadt- und Schlossgemeinde und die dörfliche Filialgemeinde Oberstedten.

Anlässlich seines Dienstbeginns als Diaconus in Bad Homburg v.d. Höhe wurde Winckler am Sonntag Quasimodogeniti, d.h. am 14. April 1672, ordiniert.[31] Ort und Umstände seiner Ordination sind leider unbe-

---

24 Zur alten Stadtkirche vgl. F. LÜBBECKE, Vaterland, 1956, S. 49–52; F. LOTZ, Geschichte 2, 1972, S. 356f.

25 Die eigenmächtige Zerstörung der alten Stadtkirche führte zu heftigen Auseinandersetzungen zwischen der Bürgerschaft, der hessen-darmstädtischen Landgräfin Elisabeth Dorothea und dem Landgrafen von Hessen-Homburg. Nach dem 1684 erfolgten Abriss stellte Landgraf Friedrich II. der Stadtgemeinde einen Raum im nordöstlichen Schlossflügel zur Verfügung, während die reformierte Schlossgemeinde 1685 eine eigene Kirche erhielt, die 1697 geweiht wurde; vgl. F. LOTZ, Geschichte 2, 1972, S. 71f. 357.

26 Erst Anfang des 18. Jh. erhielt auch der Diakon eine volle Pfarrstelle und wurde nun als »zweiter Pfarrer« bezeichnet; vgl. HasSac 4, 1930, S. 242–248.

27 Peter Faber (†1677), geb. in Delitzsch, wurde 1646 Diakon und 1654 Pfarrer in Bad Homburg v.d. Höhe; vgl. ebd., S. 244f.

28 Zu Michael Gebhard s.o. 2.3.1.

29 DWb 2, 1860, Sp. 1055; vgl. RE^3 10, 1901, S. 46; E. WINKLER, Pfarrer, 1996, S. 361.

30 Laut seinem Einnahmenverzeichnis erhielt Peter Faber zwischen 1659–1665 von Landgraf Wilhelm Christoph von Hessen-Homburg-Bingenheim neben Naturalien die geringe Summe von jährlich 20 Reichstalern; vgl. StAD, Bestand D11, Nr. 4/3.

31 Vgl. SUB HH, LA: Winckler, Johann, fol. 5; H. GROTEFEND, Zeitrechnung, ^{13}1991, S. 176. Da in den meisten evangelischen Territorien Deutschlands der seit 1582 in den katholischen Ländern übliche Gregorianische Kalender erst am 18.2.1700 (durch Wechsel auf den 1.3.1700)

kannt.[32] Es ist jedoch anzunehmen, dass die Einführung auf die seit der *Agende* von 1574 in Hessen-Darmstadt übliche Art und Weise erfolgte.[33] Demnach hatte der Kandidat nach der Berufung durch den Landesherrn vor dem Darmstädter Superintendenten und dem beratenden Definitorium ein Ordinationsexamen im Sinne einer Eignungs- und Bekenntnisprüfung sowie eine öffentliche Probepredigt zu bestehen.[34] Die Ordination selbst wurde in einem festlichen Gemeindegottesdienst am Ort der ersten Pfarrstelle im Beisein von zwei oder drei benachbarten Pfarrern vollzogen. Nach der Predigt des Superintendenten und dem Gemeindelied »Veni, sancte spiritus« wurde der zukünftige Pfarrer namentlich vorgestellt und durch Handauflegung eingesegnet. Gemäß dem traditionellen Ordinationsformular wären der Darmstädter Superintendent Balthasar Mentzer, der Bad Homburger Kollege Peter Faber und Pfarrer Johann Daniel Rauch aus Bad Ems an Wincklers Ordination beteiligt gewesen. Außerdem musste sich Winckler bei seinem Dienstantritt wahrscheinlich wie alle hessen-darmstädtischen Geistlichen schriftlich auf die Heilige Schrift, die lutherischen Bekenntnisschriften (*Apostolicum*, *Nicaenum*, *Athanasianum*, *Confessio Augustana* und *Apologie der CA*) sowie die geltende Kirchenordnung und den darin enthaltenen Katechismus, die sog. *Hessischen Fragestücke*, als Summe der

eingeführt wurde, wird hier die Datierung alten Stils angegeben. Zum Problem der Kalenderverbesserung vgl. ebd., S. 24–28.

32 Bislang war auch der Termin von Wincklers Ordination unbekannt. Für zusätzliche Verwirrung sorgte eine Verwechslung J. Geffckens: Er bezog Speners Bericht über die Ordination von »Winckler« irrtümlich nicht auf den hier gemeinten Tobias Winckler (1648–1720), sondern auf Johann Winckler, und begründete so die Vermutung, dass dieser von Spener in Frankfurt a.M. ordiniert worden sei; vgl. P.J. SPENER, Consilia et Iudicia 3, 1709, S. 550f; DERS., Letzte Theologische Bedencken 3, 1711, S. 535. Dies führte zur Annahme, Winckler sei möglicherweise bereits auf der Reise nach Tübingen ordiniert worden; J. GEFFCKEN, Johann Winckler, 1861, S. 270f; RE[3] 21, 1908, S. 361. Schon J. Wallmann erkannte den Irrtum; vgl. P.J. SPENER, Briefe 1, 1992, Nr. 166, S. 670f. Da die entsprechenden Kirchenbücher für Bad Homburg v.d. Höhe sowie die Akten der Darmstädter Superintendentur fehlen, konnte Wincklers Ordination nicht verifiziert werden. Die Annahme, dass er erst in Bad Homburg v.d. Höhe ordiniert wurde, wird dadurch gestützt, dass er in der Matrikel des Tübinger Collegium Illustre bei seiner Abreise am 26.3.1672 nicht als Geistlicher tituliert wird, vgl. H. DORN, Nova Matricula, 1969, S. 21.

33 Zur hessen-darmstädtischen Ordinationspraxis vor und nach Wincklers Zeit vgl. Agenda (1574), in: EKO 8,1, 1965, S. 450–455; W. DIEHL, Ordinations- und Introduktionsbuch, 1911; A. NIEBERGALL, Anfänge, 1965, S. 155–157. Die Lebensläufe von hessischen Geistlichen im 17. Jh. zeigen, dass es von dieser Ordnung leichte Abweichungen gab; vgl. R. MOHR, Protestantische Theologie, 1964, S. 155–157.

34 Das Examen vor dem darmstädtischen Definitorium war die Voraussetzung für jede Erstanstellung und Beförderung in der Landeskirche Hessen-Darmstadts. In den Jahren von Wincklers hessischem Kirchendienst gehörten dem Darmstädter Definitorium die Landgeistlichen Johann Adolf Rühel und Heinrich Graulich, der älteste Darmstädter Stadtpfarrer Philipp Schlosser und der Superintendent Balthasar Mentzer an; vgl. HasSac 2, 1925, S. 150–152. 168; A. NIEBERGALL, Anfänge, 1965, S. 153; s.u. 2.6.

Schrift und Leitfaden seiner pfarramtlichen Tätigkeit verpflichten.[35] Durch diesen Diensteid (Revers) konnte er auch in Zukunft auf seine Rechtgläubigkeit hin behaftet werden.

Im Alter von 30 Jahren stand Johann Winckler während seiner kurzen Hilfspredigerzeit im Jahr 1672 erstmals selbstständig im Berufsleben. Er konnte in Bad Homburg v.d. Höhe erste praktische Erfahrungen im Pfarramt sammeln, seine theologische Ausbildung abrunden und daran denken, einen eigenen Hausstand zu gründen.[36] Die räumliche Nähe und die direkte Postverbindung ermöglichten auch Besuche in Frankfurt a.M. Dort hatten Philipp Jakob Spener (1635–1705),[37] seit 1666 erster Pfarrer und Senior des Predigerministeriums, und Johann Jakob Schütz (1640–1690),[38] seit 1667 als Jurist in seiner Heimatstadt ansässig, im August 1670 das erste Collegium pietatis eröffnet.[39] Der Anstoß zur Gründung des Kollegiums war von Frankfurter Bürgern ausgegangen, die aus Missfallen an weltlicher Geselligkeit eine fromme Gesellschaft gründen wollten. Zielvorstellungen waren die Stiftung privater Freundschaft, die gegenseitige Begleitung im christlichen Glauben und die Förderung der individuellen Frömmigkeit. In den ersten Monaten war in Speners Pfarrhaus an der Barfüßerkirche nur eine kleine Gruppe vornehmer und gelehrter Männer zusammengekommen,[40] die

---

35 Vgl. Agenda (1574), in: EKO 8,1, 1965, S. 453; R. MACK, Obrigkeit, 1983, S. 32.

36 Zur ersten Ehe Wincklers mit Elisabeth Magdalena von Lindau s.u. 2.5.1.

37 Philipp Jakob Spener (1635–1705), geb. in Rappoltsweiler, studierte 1651–1659 in Straßburg Philosophie, Geschichte und Theologie und wirkte 1654–1656 als Informator der Pfalzgrafen bei Rhein. 1659/60 setzte er seine rabbinischen und hebräischen Studien bei Johann Buxtorf II. in Basel fort und bereiste Frankreich und die Schweiz. 1663 wurde er zum Freiprediger nach Straßburg berufen, 1666 zum ersten Pfarrer und Senior des lutherischen Predigerministeriums nach Frankfurt a.M. 1686 wurde er Oberhofprediger in Dresden und 1691 Propst an St. Nikolai in Berlin; vgl. J. WALLMANN, Philipp Jakob Spener, ²1986; J. WALLMANN, Pietismus, 1990, S. 36–59; M. BRECHT, Philipp Jakob Spener, 1993, S. 278–389.

38 Johann Jakob Schütz (1640–1690), geb. in Frankfurt a.M., studierte seit 1657 in Jena und 1659–1665 in Tübingen Jura. Nach einem Praktikum in Speyer ließ er sich in Frankfurt a.M. nieder. Er war neben Spener der Mitbegründer des Frankfurter Pietismus. Seit 1676 besuchte er zusätzlich zu Speners Kollegium auch das Konventikel der Saalhofpietisten um Johanna Eleonora von Merlau und blieb bis zu seinem Tod dem Abendmahl fern. Er war Vorsteher des 1679 gegründeten Armen-, Waisen- und Arbeitshauses. Schütz stand auch mit Anna Maria van Schurmann und Pierre Yvon, Anhängern von Jean de Labadie, sowie mit dem Quäker William Penn in Verbindung. 1681 gründete er zusammen mit Jakob van der Walle die Frankfurter Compagnie, welche die Auswanderung nach Pennsylvania förderte; vgl. J. WALLMANN, Philipp Jakob Spener, ²1986, S. 299–324; DERS., Pietismus, 1990, S. 81–84; Frankfurter Biographie 2, 1996, S. 348f; A. DEPPERMANN, Johann Jakob Schütz, 2002.

39 Zur Entstehung und Entwicklung des Collegium pietatis vgl. Speners eigene Berichte: P.J. SPENER, Sendschreiben, 1677, S. 44–67; DERS., Bericht [1676], 1996; sowie J. WALLMANN, Philipp Jakob Spener, ²1986, S. 264–298; DERS., Pietismus, 1990, S. 43–45; M. BRECHT, Philipp Jakob Spener, 1993, S. 295–301; DERS., Pietismus, 1997, S. 261–267; M. FRIEDRICH, Frankfurt, 2000; A. DEPPERMANN, Johann Jakob Schütz, 2002, S. 81–107.

40 Aus der Gründungsphase sind neben den Leitern Spener und Schütz folgende Teilnehmer des Collegium pietatis namentlich bekannt: der Theologiestudent Johannes Anton Dieffenbach

unter der Leitung des Frankfurter Seniors beteten, in einem Erbauungsbuch lasen und anschließend erbauliche Gespräche führten.[41] Aus dem kleinen abgeschlossenen Kreis war schnell eine offene, unverbindliche Versammlung mit wechselnder Teilnehmerschaft geworden. Immer mehr Ungebildete und Frauen kamen hinzu, während die Gründungsmitglieder die Veranstaltung verließen bzw. verstarben. Ende 1670 hatte das Kollegium etwa 15–20 Besucher, bis 1675 wuchs es auf 50 und mehr Teilnehmende an. Auch inhaltlich wandelte sich der Charakter der Veranstaltung: Das Ziel der Freundschaft durch das persönliche Gespräch musste wegen der Öffnung nach außen und des starken Zulaufs aufgegeben worden. Stattdessen trat der katechetische Impetus, der Unterricht der Fragenden in Lehre und Praxis des Christentums, stärker hervor. Weitere einschneidende Veränderungen in Inhalt und Ausrichtung des Collegium pietatis wurden dann Ende des Jahres 1674 vorgenommen: Wahrscheinlich unter dem Einfluss labadistischer Ideen, mit denen sich besonders Schütz beschäftigte, begann man statt der Erbauungsbücher die Evangelien vorzulesen und diese im Gespräch mit den Laien auszulegen.[42] Von dem reformierten Prediger Jean de Labadie übernahm man auch die gewandelte Interpretation des Kollegiums als Wiederbelebung der apostolischen Gemeindeversammlungen. Hieraus entwickelte sich der Gedanke der Kirchenreform durch die Förderung der Frommen, den Spener in den *Pia Desideria* entwickelte.[43] Schließlich wandte sich ein Teil der bisherigen Teilnehmer und Teilnehmerinnen den zur Separation neigenden Konventikeln zu, die Johanna Eleonora von Merlau, die im Frühjahr 1675 von Wiesenburg nach Frankfurt a.M. gezogen war, Johann Jakob Schütz und andere fromme Christen seit 1676 veranstalteten.[44] Dass Winck-

---

(1642–1671), die Scholarchen Conrad Stein (1604–1670), Johann Hektor Bromm (†1680) und Achilles Uffenbach (1611–1677) sowie dessen Söhne, die graduierten Juristen Zacharias Conrad Uffenbach (1639–1691) und Johann Christoph Uffenbach (1643–1684), die Patrizier Johann Vinzenz Baur von Eyseneck (1640–1672), Philipp Christian Lersner (1611–1684) und Herr von Ochsenstein; vgl. J. WALLMANN, Philipp Jakob Spener, ²1986, S. 271–276; P.J. SPENER, Briefe 2, 1996, Nr. 162, S. 684; A. DEPPERMANN, Johann Jakob Schütz, 2002, S. 82f. Hinter dem bisher nur dem Nachnamen nach bekannten Frankfurter Patrizier von Ochsenstein, der zu den frühen Mitgliedern des Collegium pietatis zählen soll, verbirgt sich wahrscheinlich Johann Ochs I. Das berühmteste seiner Kinder, Johann Christoph Ochs, wurde 1731 in den erblichen Reichsadelsstand erhoben und erhielt die Nobilitierung von Ochsenstein, sodass man später meinen konnte, schon der Vater habe diesen Namen getragen; vgl. E. HIS, Chronik, 1943, S. 79f; J. WALLMANN, Philipp Jakob Spener, ²1986, S. 251. 276; Frankfurter Biographie 2, 1996, S. 103f; s.u. 2.4.1.

41 In der Anfangszeit las Spener aus den Erbauungsbüchern »Der Vorgeschmack Göttlicher Güte« (1653) von Joachim Lütkemann und »Praxis Pietatis« (engl. 1612; dt. 1628) von Lewis Bayly vor. Dazu kam später Nicolaus Hunnius' Abriss orthodoxer Dogmatik »Epitome Credendorum« (1625); vgl. P.J. SPENER, Briefe 2, 1996, Nr. 162, S. 685.

42 Zu Jean de Labadie (1610–1674) vgl. J. WALLMANN, Pietismus, 1990, S. 29–32 (dort auch weiterführende Literatur).

43 Vgl. P.J. SPENER, Pia Desideria (1675), ³1964, S. 55–57.

44 Zu diesen Erbauungsversammlungen s.u. 2.7.1.

ler schon früh, möglicherweise seit der Zeit seines Diakonats in Bad Homburg v.d. Höhe, mitunter die Frankfurter Erbauungsversammlung besuchte, ist aufgrund seiner späteren Äußerungen[45] und seiner engen Beziehungen zu Johann Jakob Schütz, Philipp Jakob Spener und Johann Ochs dem Älteren sowie ihren Familien anzunehmen.[46]

2.4.2 Pfarrer und Metropolitan in Braubach

Bereits nach einigen Monaten auf der wenig einträglichen und untergeordneten Stelle als Diaconus an der Homburger Stadtkirche wurde Johann Winckler am 4. November 1672 in das südlich von Koblenz am rechten Rheinufer gelegene Städtchen Braubach berufen.[47] Im Januar 1673 trat er in Braubach seine erste volle Pfarrstelle und das Metropolitanat an.[48] Beide Ämter versah Winckler drei Jahre lang, bis er Anfang 1676 als Hofprediger nach Darmstadt zog.[49]

Das um 690 erstmals erwähnte Dorf Braubach hatte 1276 Stadtrechte erhalten.[50] 1283 kam es durch Kauf von den Herren von Eppstein an die Grafen von Katzenelnbogen und damit 1479 an Hessen. Bei der Teilung der Landgrafschaft Hessen fiel Braubach zunächst an Landgraf Philipp II. von Hessen-Rheinfels (*1541, 1567–1583) und seine Frau, Pfalzgräfin Anna Elisabeth (*1549, 1583–1602, †1609), nach deren zweiter Heirat jedoch an

---

[45] Dass Winckler das Frankfurter Collegium pietatis besuchte, geht aus einem seiner Briefe an Spener vom 26.2.1690 hervor; allerdings wird hier keine Zeitangabe gemacht; vgl. Archiv der Franckeschen Stiftungen Halle (im Folgenden: AFSt Halle), D 66, fol. 67–68, hier fol. 67^{r}.

[46] Zu Wincklers Frankfurter Freundschaften s.u. 2.5.3.

[47] Vgl. Nachrichten, 1773, S. 1. Diese Beförderung wurde wahrscheinlich abermals von Angehörigen der Familie Hessen-Homburg eingeleitet; s.u.

[48] Vgl. SUB HH, LA: Winckler, Johann, fol. 5. Die Daten der Berufung und des Dienstantritts konnten nicht überprüft werden, da Wincklers Pfarrbestellung nach Braubach (Abt. 301 Amt Braubach) laut Auskunft von Frau Röck aus dem Hessischen Hauptstaatsarchiv Wiesbaden vom 23.10.2001 zu den darmstädtischen Kriegsverlusten gehört. Wincklers Dienstantritt wird nach seinen eigenhändigen Eintragungen im Braubacher Kirchenbuch datiert: Demnach vollzog er hier die erste Amtshandlung am 19.1.1673 und die letzte am 10.12.1675; vgl. ZaEKHN, Kirchenbuch Braubach Nr. 2 (1673–1700), Film Nr. 2709. Zur hessen-darmstädtischen Metropolitanatsverfassung s.u.

[49] Der erste Kirchenbucheintrag von anderer Hand findet sich für den 16.2.1676; vgl. ZaEKHN, Kirchenbuch Braubach Nr. 2 (1673–1700), Film Nr. 2709. Am 20.2.1676 führte Winckler selbst seinen Nachfolger Johann Heinrich Vietor in Braubach ein, neben dem als Kaplan weiterhin Johann Leporinus wirkte; vgl. ZaEKHN, Kirchenbuch Braubach Nr. 1 (1630–1672), Film Nr. 2708.

[50] Zu Braubach vgl. HasSac 2, 1925, S. 17; K.E. DEMANDT, Geschichte, ^{2}1972, S. 240. 262. 300f; DHDK Rheinland-Pfalz. Saarland, ^{2}1984, S. 150–154; Rheinland-Pfalz/Saarland, ^{8}1990, S. 71f; G. KÖBLER, Historisches Lexikon, ^{6}1999, S. 79.

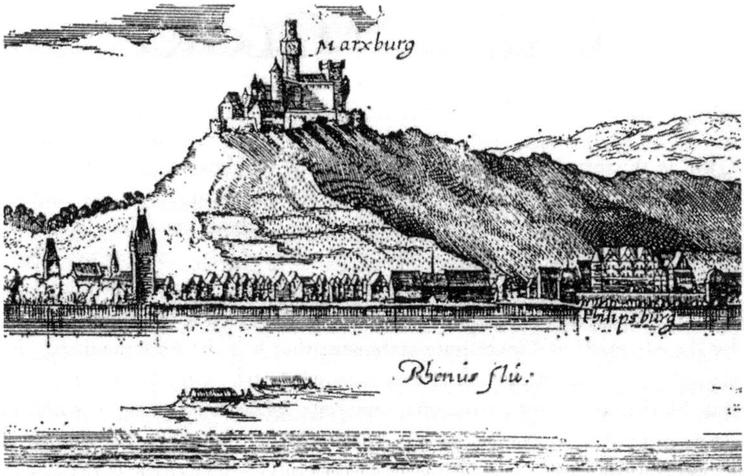

Abb. 11: Braubach um 1655

Hessen-Darmstadt und Hessen-Kassel. Nach dem Dreißigjährigen Krieg erhielt Hessen-Kassel die ganze Niedergrafschaft mit Ausnahme der Ämter Braubach und Katzenelnbogen, die bei Hessen-Darmstadt verblieben. Unter dem Bruder von Landgraf Georg II., Johann von Hessen-Braubach (*1609, 1643–1651), wurde Braubach sogar kurzzeitig Sitz einer eigenen Seitenlinie. 1669–1673 übereignete Landgraf Ludwig VI. von Hessen-Darmstadt das Amt Braubach zusammen mit der Festung Marksburg sowie das Kirchspiel Katzenelnbogen an Landgraf Georg Christian von Hessen-Homburg als Ausgleich für ausfallende Deputatgelder.[51] Wincklers Berufung nach Braubach erfolgte also während einer Periode hessen-homburgischer Herrschaft. Anfang Januar 1673 kam Braubach zurück an Hessen-Darmstadt.

Von wirtschaftlicher Bedeutung war das am Rande der Niedergrafschaft Katzenelnbogen gelegene Braubach durch die lange Tradition seines Wein- und Bergbaus.[52] Von strategischem Interesse war es durch die nahen Rhein-

[51] Landgraf Ludwig VI. trat am 13.2.1669 Braubach und Katzenelnbogen als Ausgleich für ausfallende Zahlungen ab. Aus dem gleichen Grund übernahm er im selben Jahr Schulden in Höhe von 30 000 Gulden, die Landgraf Wilhelm Christoph von Hessen-Homburg-Bingenheim bei Johann Ochs I. in Frankfurt a.M. hatte, und überließ jenem Philippseck und Lißberg; vgl. Repertorien Darmstadt 39. Abt. D11, 1997, S. 15–20.

[52] Seit Anfang des 14. Jh. wurde in Braubach Silber, Blei, Kupfer, Zink und Eisenerz abgebaut. Die letzte Grube wurde 1964 geschlossen. Der Rheinhafen Braubachs war dagegen von geringer Bedeutung; vgl. DHDK Rheinland-Pfalz. Saarland, ^{2}1984, S. 150; F. SCHMIDT, Kirchenbau 1, 1993, S. 17.

burgen: Auf der Berghöhe südlich der Stadt thronte die in ihren Ursprüngen aus dem 12. Jh. stammende Marksburg, im Tal lag das 1568 von Landgraf Philipp II. von Hessen-Rheinfels als Residenz und Witwensitz im Renaissancestil errichtete Schloss Philippsburg. Das älteste Bauwerk Braubachs war die auf dem Weg zur Marksburg gelegene St. Martinkirche, die 836 wohl zu den Stiftungsgütern von St. Kastor in Koblenz gehört hatte, und im 17. Jh. als Friedhofskapelle genutzt wurde.[53] Die romanische Kapelle, ein Saalbau mit prächtiger Gewölbeausmalung aus dem 14. Jh., war von der Landgräfinwitwe Anna Elisabeth von Hessen-Rheinfels 1587–1589 nach Süden erweitert worden und hatte Emporen, einen Herrschaftsstand, eine neue Kanzel, ein gemaltes Wappenfries der Ahnen Anna Elisabeths sowie deutsche Inschriften in Spruchform erhalten. Winckler hielt hier die Trauerfeiern, die Gemeindegottesdienste jedoch an der St. Barbarakirche.[54] Diese lag mitten im Ort Braubach an der dem Rhein zugewandten Seite der Stadtmauer, deren mächtiger Westturm gleichzeitig als Glockenturm diente. Die Stadtkirche, ein im Kern frühgotischer Saalbau von 1276, war ursprünglich mit einem Rankenfries an der Westwand, den klugen und törichten Jungfrauen im Chorbogen und der Kreuzigung Christi ausgemalt worden. Landgraf Philipp II. von Hessen-Rheinfels hatte die Kirche völlig umbauen und an drei Seiten doppelgeschossige, reichgeschnitzte Emporen errichten lassen. Die Landgräfinwitwe hatte Ende des 16. Jh. eine der in der Landgrafschaft noch sehr seltenen Orgeln gestiftet, die 1672 auf eine neue Empore an der Nordwand versetzt worden war. Kurz vor Wincklers Ankunft erhielt die Kirche außerdem eine neue Kanzel und ein Altarretabel mit drei Figuren (Christus als Auferstandener, Mose mit den Gesetzestafeln und Aaron im Priestergewand) aus der Bildhauerwerkstatt von Hans Conrad Schmidt und Michael Scheil in Boppard.

Als Pfarrer und Metropolitan an der St. Barbarakirche trat Johann Winckler die Nachfolge des im Jahr zuvor verstorbenen langjährigen Braubacher Stadtpfarrers Johann Kaspar Horresius an.[55] Eingeführt wurde Winckler wahrscheinlich, wie es üblich war, durch den Darmstädter Superintendenten Balthasar Mentzer. Der Superintendent sollte in allen Einführungsgottesdiensten predigen sowie die Gemeinde und den neuen Pfarrer

---

[53] Zur St. Martinkirche vgl. DHDK Rheinland-Pfalz. Saarland, ²1984, S. 151; F. SCHMIDT, Kirchenbau 1, 1993, S. 21f. 273. Bd. 2, 1993, Abb. 8–10.

[54] Die St. Barbarakirche ist bis heute erhalten und dient als Gemeindehaus. Weil sie zu klein und hochwassergefährdet war, wurde 1899–1901 die höhergelegene St. Markuskirche gebaut. Zur St. Barbarakirche vgl. DHDK Rheinland-Pfalz. Saarland, ²1984, S. 151; Rheinland-Pfalz/Saarland, ⁸1990, S. 72; F. SCHMIDT, Kirchenbau 1, 1993, S. 21. 272f. Bd. 2, 1993, Abb. 5–7. 604f.

[55] Johann Kaspar Horresius (†1672), geb. in Marburg, wurde zuerst Diaconus in Weilburg, 1626 Pfarrer und Definitor in Braubach, 1667 auch Metropolitan; vgl. ZaEKHN, Kirchenbuch Braubach Nr. 2 (1673–1700), Film Nr. 2709; HasSac 2, 1925, S. 146. 289.

unter Bezugnahme auf Joh 20,21–23, 1. Tim 3,1–7 oder Apg 20,28–31 zu Gehorsam, Rechtgläubigkeit und friedlicher Zusammenarbeit ermahnen.[56] Neben Winckler amtierte der Diaconus Johann Leporinus, der seit fast 20 Jahren im Predigtamt stand.[57] Gemeinsam versahen sie die Gottesdienste und Amtshandlungen, welche Winckler sorgfältig in das von ihm neu angelegte Kirchenbuch eintrug. Dieses gibt detaillierte Auskunft über die Taufen, Konfirmationen, Proklamationen (d.h. öffentlichen Aufgebote), Trauungen und Beerdigungen, die in Braubach zwischen Januar 1673 und Dezember 1675 durchgeführt wurden.[58] Zum Kirchspiel gehörte offenbar auch die Festung Marksburg, deren Kommandanten Winckler Ende 1673 unter großen Feierlichkeiten beerdigte.[59]

Mehr noch als in Bad Homburg v.d. Höhe, wo er nur kurze Zeit als subordinierter Diaconus gewirkt hatte, war Winckler in Braubach als selbstständiger Pfarrer und Metropolitan an die Gebräuche und Verordnungen der evangelisch-lutherischen Landeskirche von Hessen-Darmstadt gebunden. Strukturell gliederte sich diese seit 1652 in die Superintendenturen bzw. Diözesen Gießen und Alsfeld (welche allmählich zur Gießener Diözese verschmolzen), Marburg (ebenfalls mit Sitz in Gießen) und Darmstadt.[60] Die drei Diözesen wurden von den Konsistorien, den Superintendenten und den sog. Definitorien verwaltet. Seit 1668 waren die Diözesen nach dem Muster der älteren Pastoralkonvente jeweils in mehrere Metropolitanate geteilt, welche ihrerseits mehrere Gemeinden umfassten.[61] Zur angesehensten und größten Superintendentur Darmstadt, die seit 1652 von Balthasar Mentzer geleitet wurde, zählten die fünf Bezirke Darmstadt, Lichtenberg, Dornberg, Eppstein, Braubach und seit 1672 Rüsselsheim.[62] Zu dem von Winckler verwalteten kleinsten Metropolitanat Braubach gehörten die Pfarreien Braubach, Dachsenhausen, Bad Ems und Klingelbach mit ihren Filialgemeinden.

---

[56] Zur Einführung bereits ordinierter Pfarrer in Hessen-Darmstadt vgl. Agenda (1574), in: EKO 8,1, 1965, S. 455–457.

[57] Johann Leporinus (†1681) war zuerst Schulmeister in Schwalbach und kam 1655 als Diaconus nach Braubach. Die Nachfolge im Diakonat trat 1679 sein Sohn mit gleichem Namen an; vgl. ZaEKHN, Kirchenbuch Braubach Nr. 2 (1673–1700), Film Nr. 2709; HasSac 2, 1925, S. 237.

[58] Für die Jahre 1673/1674/1675 gibt das Kirchenbuch folgende Kasualien an: 30/15/28 Taufen; 13/6/16 Konfirmanden; 6/11/1 Hochzeiten; 19/38/17 Beerdigungen; vgl. ZaEKHN, Kirchenbuch Braubach Nr. 2 (1673–1700), Film Nr. 2709.

[59] Zur Leichenpredigt auf Johann Schade vgl. J. WINCKLER, Geistlicher Krieger und Sieger, 1674; s.u. 2.1.3.

[60] Zur hessen-darmstädtischen Kirchenstruktur vgl. HasSac 2, 1925.

[61] 1652 hatten die Diözesen Darmstadt und Gießen je fünf Metropolitanate (mit 64 bzw. 58 Pfarreien), die zeitweise der Gießener Superintendentur unterstellte Diözese Alsfeld drei Metropolitanate (mit 35 Pfarreien) und die Diözese Marburg vier Metropolitanate (mit 33 Pfarreien); vgl. ebd., S. 20–22. 212–220.

[62] Vgl. ebd., S. 204f.

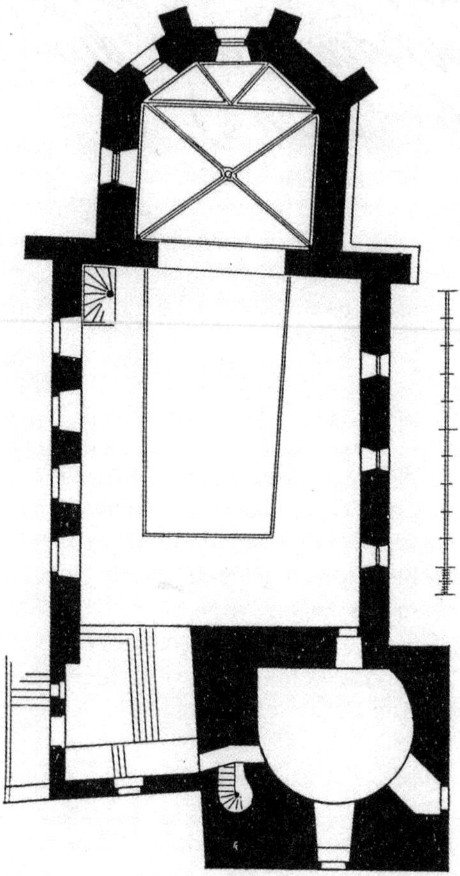

Abb. 12: Grundriss der Stadtkirche St. Barbara

Für die liturgische Praxis der hessen-darmstädtischen Kirche waren neben der *Agende* (1574) in ihrer Neuauflage von 1662 die überlieferten, mitunter ortspezifischen Gebräuche prägend.[63] Die Amtstracht der Pfarrer, Diakone und Küster bestand aus der offen getragenen schwarzen Schaube, dem weißen Chorhemd (*superpelliceum*), das bei der Eucharistiefeier getragen wurde, und dem schwarzen Scheitelkäppchen (*pileolus*). An allen Sonn- und Festtagen, sowie – in den Städten – an zwei Werktagen der Woche

[63] Zu den kirchlichen Gebräuchen der hessen-darmstädtischen Landeskirche im 17. Jh. vgl. Agenda (1574), in: EKO 8,1, 1965, S. 408–469; W. DIEHL, Geschichte, 1899; F. SCHMIDT, Kirchenbau 1, 1993, S. 6–16.

hatten die Geistlichen Gottesdienste zu halten,[64] wobei die Predigt sonntags etwa 45 Minuten, werktags nicht länger als 30 Minuten dauern sollte. In den sonntäglichen Hauptgottesdiensten wurde über die Evangelientexte der altkirchlichen Ordnung gepredigt, während in den Werktagspredigten nach Absprache mit dem Superintendenten ein biblisches Buch fortlaufend ausgelegt werden sollte. In Städten wie Braubach wurden sonntags gewöhnlich drei Gottesdienste gehalten (Morgen-, Mittags- und Vespergottesdienst).[65] Das Abendmahl sollte an jedem Sonn- und Festtag oder mindestens alle 14 Tage gefeiert werden. Dabei sah die Agende vor, dass zuerst der Pfarrer das gesegnete Brot, dann der Kaplan oder ein anderer Helfer aus dem Kreis der angesehenen Laien den Kelch austeilte. Zuerst kommunizierten die Männer, dann die Frauen. Zu jedem Abendmahlsgottesdienst gehörte eine Abendmahlsvesper am Tag zuvor, wobei in den Städten der Schülerchor lateinisch singen und der Pfarrer die Gemeinde anhand des Katechismus ermahnen oder examinieren sollte. Die Privatbeichte mit Absolution wurde im Abendmahlsgottesdienst in der Sakristei abgenommen, während die allgemeine Beichte in Hessen-Darmstadt zwischen 1632–1769 nicht stattfand. Kinderkatechese sollten die Geistlichen zweimal wöchentlich halten. Seit 1662 war für die Städte eine tägliche Betstunde vorgeschrieben. Einmal im Monat gab es einen ganzen Buß- und Bettag; zusätzlich sollte viermal im Jahr ein im Dreißigjährigen Krieg angesetzter Landesbuß- und Bettag mit jeweils drei Gottesdiensten stattfinden. Die Taufe sollte möglichst vom Pfarrer – vom Diakon nur in Ausnahmefällen – im Rahmen des regulären Gottesdienstes nach der Predigt in Gegenwart der versammelten Gemeinde vollzogen werden. Anders als in Luthers *Taufbüchlein* (1526) wurde die Taufe in Hessen v.a. als ein Geschehen zwischen Gott und der Gemeinde gesehen: Eltern, Paten und Gemeindeglieder wurden durch die Erinnerung an ihre eigene Taufe, die Erläuterung der Bedeutung des Taufsakraments, das gemeinsame Gebet und die Aufforderung, die Kinder im christlichen Glauben zu erziehen, stark in das Geschehen einbezogen.[66] Haustaufen waren dagegen unbekannt. Auch die Trauungen sollten die Pfarrer in den Gemeindegottesdiensten vollziehen, jedoch weder in der Advents- oder Fastenzeit noch an Sonn- oder Festtagen. Das hessische Trauformular ging auf Luthers *Traubüchlein* (1529) im Anhang zum *Kleinen Katechismus* zurück. Eigene Traupredigten kamen erst nach dem Dreißigjährigen Krieg

[64] Zu den 13 ganzen und 17 halben Feiertagen kamen die Festtage der Titelheiligen der örtlichen Kirchen und Kapellen hinzu; vgl. F. SCHMIDT, Kirchenbau 1, 1993, S. 13f.

[65] Zur Liturgie vgl. W. DIEHL, Geschichte, 1899, S. 93–136; F. SCHMIDT, Kirchenbau 1, 1993, S. 6f.

[66] Vgl. W. DIEHL, Geschichte, 1899, S. 281–284. Der bei Luther vorgesehene Exorzismus fehlte in der hessischen Taufliturgie, die jedoch an der Abrenuntiatio und der Interrogatio de fide festhielt; vgl. Agenda (1574), in: EKO 8,1, 1965, S. 424–430.

auf und galten wie Hochzeitsmusik als besondere Leistungen, die nicht notwendig zur Eheschließung dazugehörten und dem Pfarrer, Kantor oder Lehrer extra vergütet werden mussten.[67] Der Trauung sollte ein dreimaliges öffentliches Aufgebot sowie ein Katechismusexamen der Verlobten in der Kirche vorausgehen. Im Ganzen gesehen nahm die hessen-darmstädtische Kirche eine liturgische Mittelstellung zwischen dem lutherischen Oberdeutschland und dem lutherischen Norden und Osten Deutschlands ein. Dabei verstärkte die Abgrenzung zur reformierten Kirche Hessen-Kassel die lutherische Orientierung Hessen-Darmstadts.

In der zweiten Hälfte des 17. Jh. war die hessen-darmstädtische Kirche neben der skizzierten liturgischen Tradition maßgeblich durch das Kirchenprogramm des seit 1661 regierenden Landgrafen Ludwig VI. bestimmt, der Balthasar Mentzer mit der Reform des Schul- und Kirchenwesens beauftragt hatte. Der Gießener Theologieprofessor Balthasar Mentzer der Jüngere (1614–1679) war 1652 von Landgraf Georg II. zum Oberhofprediger und Superintendenten nach Darmstadt berufen worden und bekleidete seitdem das einflussreichste kirchliche Amt in der Landgrafschaft.[68] Der für Winckler als Vorbild wie als Antitypus prägende Theologe ist fast nur hinsichtlich seines äußeren Lebensweges, seiner kirchenleitenden Funktionen und diplomatischen Aktivitäten bekannt. Sein theologisches Werk, z.B. die vielen gedruckten Predigten und die von ihm edierten Gesang- und Gebetbücher,

---

[67] Für eine Hochzeitspredigt sollte der Pfarrer entweder einen Reichstaler erhalten oder von den Brauteltern drei Tage lang verköstigt werden. Auch für Leichenpredigten mit Auslegung eines Bibelwortes und dem dazugehörigen Lebenslauf des Verstorbenen musste der Pfarrer mit etwa 20 Albus entlohnt werden. Andernfalls erfolgte eine »formularische« Beerdigung, bei der am Grab lediglich eine Vermahnung und ein Gebet gesprochen wurden; vgl. W. DIEHL, Geschichte, 1899, S. 332. 347. – Im Vergleich verdienten in Bad Homburg v.d. Höhe 1629 ein Zimmermann- oder Maurermeister von Ostern bis Michaelis 9 Albus, ein Geselle 8 Albus und ein angelernter Junge 4½ Albus. 1 Pfund Roggenmehl kostete ca. 1 Albus, 1 Pfund Butter 5–8 Albus, 1 Pfund Schweinefleisch 2 Albus und 1 Huhn ca. 10 Albus; vgl. 1200 Jahre Bad Homburg v.d. Höhe, ²1982, S. 23.

[68] Balthasar Mentzer II. (1614–1679), geb. in Gießen, war ein Sohn des gleichnamigen Theologieprofessors zu Marburg und Gießen Balthasar Mentzer I. (1565–1627). Er studierte in Marburg, Straßburg (bei Johann Georg Dorsche und Johann Conrad Dannhauer) und Jena (bei Johann Gerhard, Johann Major und Johann Michael Dilherr), bevor er 1640 außerordentlicher Professor der Theologie und 1641 ordentlicher Professor der Moral in Marburg wurde. 1642 promovierte er zum Dr. theol. 1646 wurde er ordentlicher Theologieprofessor in Rinteln und 1650 in Gießen. Er veröffentlichte u.a. ein »Compendium theologicae christianae« (Rinteln 1649), ein Extrakt aus Philipp Nicolais »Freudenspiegel« (Darmstadt 1662), eine Gebetsammlung (Darmstadt 1665), den »Bericht von der Kirche« (Darmstadt 1675) und das »Neuvermehrte Gesangbüchlein« (Darmstadt 1677) sowie etliche Leichenpredigten auf die fürstliche Familie und die Darmstädter Oberschicht. Verheiratet war er mit Katharina Agnes Benthen; das Paar hatte drei Töchter und einen Sohn, Balthasar Mentzer III. (1651–1727); vgl. AGL 8, 1813, Sp. 1457–1460; F.W. STRIEDER, Geschichte 8, 1788, S. 442–453; ADB 21, 1885, S. 374; RE³ 12, 1903, S. 635f; HasSac 2, 1925, S. 40–44. 581f; P.J. SPENER, Briefe 1, 1992, Nr. 86, S. 332. Nr. 97, 398; NDB 17, 1994, S. 99.

sowie sein praktisches Engagement sind dagegen leider völlig unerforscht.[69] Mentzer, von Jugend an durch die Landgrafen gefördert,[70] war dem lutherischen Herrscherhaus in besonderer Weise zugetan und wirkte in kirchenpolitischen Angelegenheiten oft auch auswärts als deren Verhandlungsführer. Beraten durch den Juristen, Verwaltungsexperten und Staatstheoretiker Veit Ludwig von Seckendorff[71] entstand unter seiner Leitung zwischen 1662–1668 eine straffgelenkte Amtskirche nach dem Beispiel von Sachsen-Gotha.[72] Dabei unterschied Mentzer sorgfältig zwischen der geistlichen Leitung (durch Pfarrer und Superintendenten) und der Kirchenverwaltung (durch Pastoralkonvente und Konsistorien). Aufgabenteilung und Arbeitszuweisung regelte er dadurch, dass er in beiden Bereichen Mittelinstanzen einsetzte (Metropolitane bzw. Amtskirchenkonvente). Im Sinne des Frühabsolutismus verknüpfte das Reformwerk den kirchlichen eng mit dem politischen Bereich.[73] Letztlich lag alle – auch die kirchliche – Macht beim Fürsten, der durch seine Räte das Konsistorium kontrollierte und die Theologieprofessoren der Landesuniversität berief. Diese amtierten gleichzeitig als Superintendenten in Gießen oder Darmstadt und bestimmten ihrerseits die Metropolitane. Das ältere Recht der Pfarrer auf die Wahl von Vorgesetzten entfiel damit. »Auf der untersten Ebene waren Ansätze aus der Reformationszeit, möglichst die ganze Gemeinde an der Durchführung der Seelsorge und Kirchenzucht zu beteiligen, längst beseitigt«.[74]

---

69 Zur geringen Erforschung von Kirchenordnungen und -visitationen im 17. Jh. vgl. J.A. STEIGER, Kirchenordnung, 2003, S. 227f.

70 Z.B. nahm Mentzer bereits um 1631 im Gefolge von Landgraf Georg II. von Hessen-Darmstadt an einer Reise nach Sachsen teil und studierte 1636–1638 als Stipendiat desselben in Jena; vgl. HasSac 2, 1925, S. 41.

71 Veit Ludwig von Seckendorff (1626–1692), geb. in Herzogenaurach, studierte 1642–1645 in Straßburg Philosophie, Geschichte und Jura. 1644–1646 war er in Marburg Hofmeister der Söhne von Landgraf Georg II. von Hessen-Darmstadt, Ludwig VI. und Georg III. 1648 kam er als Kammerherr an den Hof von Herzog Ernst I. von Sachsen-Gotha; hier stieg er 1651 zum Hof- und Justizrat, 1656 zum Geheimen Hof- und Kammerrat und 1663 zum Kanzler, Geheimrat, Kammerdirektor und Präsidenten des Konsistoriums auf. 1664 wurde er in Sachsen-Zeitz Kanzler und Konsistorialpräsident, 1669 kursächsischer Geheimrat und 1676 Landschaftsdirektor für Sachsen-Altenburg. 1682 legte er seine Ämter nieder und zog sich auf sein Gut Meuselwitz zurück. Verheiratet war er in erster Ehe mit Elisabeth Juliane von Vippach (1621–1684) und in zweiter Ehe mit Sophia von Ende (1653–1710). Er stand im Briefwechsel mit Gottfried Wilhelm Leibniz, Samuel Pufendorf und Philipp Jakob Spener. Seckendorffs Werk »Teutscher Fürsten Stat« (1656) war das Standardwerk für die Verwaltungswissenschaft der frühneuzeitlichen Kleinstaaten; vgl. DBA 9, 1998, S. 243; D. BLAUFUSS, Seckendorff, 1999, S. 719–727; BBKL 18, 2001, Sp. 1313–1322.

72 Zum Reformwerk Mentzers vgl. R. MACK, Obrigkeit, 1983, S. 30–33, L. SCHORN-SCHÜTTE, Prediger, 1985, S. 305f.

73 Vgl. D. BREUER, Absolutistische Staatsreform, 1984, S. 10f; EKL³ 3, 1992, Sp. 953–959, bes. Sp. 954.

74 R. MACK, Obrigkeit, 1983, S. 31.

Abb. 13: Seiteneingang St. Barbarakirche

Mentzer schuf zusätzlich zur *Agende*, die er mit einigen Anhängen 1662 neu herausgab, drei kirchliche Ordnungen, welche für Wincklers Pfarrdienst grundlegend waren. Wie andere orthodoxe Reformerlasse betonten sie das Hirtenamt und den Erziehungsauftrag der Pfarrer und drängten auf einen verstärkten Katechismusunterricht sowie eine strengere Kirchenzucht. Es handelte sich zunächst um die *Ordnung von fleißiger Übung des Katechismus* von 1661, die Landgraf Georg II. von Hessen-Darmstadt bereits 1634 erlassen hatte und die Mentzer zu Beginn der Regentschaft von Landgraf Ludwig VI. nur oberflächlich bearbeitete und kürzte.[75] Diese Ordnung

[75] Vgl. Schulordnungen 3, 1905, S. 87–105. 250–257; H. STEITZ, Programm, 1975, S. 444–465.

fasste das Kirchenprogramm des neuen Landgrafen folgendermaßen zusammen: Die Prediger in den Städten und Dörfern des Fürstentums sollten

> dahin sehen und trachten, dass sie ja ihre Zuhörer oder Eingepfarrte alle miteinander, alt und jung, Mann und Weib, Kinder und Gesind, so viel wie immer möglich, kennen, und wie sie sich in ihrem Leben und Christentum verhalten, eigentlich wissen mögen. Es liegt ihnen ob, ihrer eingepfarrten Seelen zu hüten, als a) für welche sie auch Rechenschaft geben sollen, sie sind derselben b) Hirten, der c) Heilige Geist hat sie unter ihre Eingepfarrte zu Bischöfen gesetzt, zu weiden die Gemeinde Gottes, welche von Christo Jesu mit seinem rosinfarbenen allerheiligsten Blut so teuer erworben worden ist.[76]

Damit die Pfarrer den christlichen Lebenswandel und Glauben aller Gemeindeglieder wirklich feststellen und lenken konnten, hatte die *Ordnung von fleißiger Übung des Katechismus* von 1634 neben dem Gottesdienst die Katechismuslehre in Volksschule und Gemeinde eingeschärft. Die überarbeitete Ordnung von 1661 führte den Katechismusunterricht nun auch in den höheren Schulklassen ein und beauftragte neben den Lehrern die Pfarrer zur regelmäßigen Kontrolle des Erlernten. Sie sollten sowohl allwöchentlich in der Schule als auch sonntags, üblicherweise nach dem Nachmittagsgottesdienst, vor dem Altar oder in der Sakristei die Kenntnisse der Schulkinder abfragen und Kinderlehre halten. Auch den jungen Frauen und Männern, die kaum oder keinen Schulunterricht genossen hatten,[77] mussten der *Darmstädter Katechismus*, Sprüche, Gebete, Psalmen, Kirchenlieder und das Singen beigebracht werden. Dabei sollten die Geistlichen ihr Augenmerk auch auf das Verständnis des Erlernten richten und die Gemeinde dazu ermuntern, die Glaubenssätze in eigenen Worten wiederzugeben. Für den Unterricht war der *Darmstädter Katechismus* (1623) grundlegend, der wie der *Kasseler Katechismus* (1607) aus den sog. *Hessischen Fragestücken* bzw. Konfirmationsfragen hervorgegangen war und sich eng an Luthers *Kleinen Katechismus* anlehnte.[78] Als katechetische Lehrbücher dienten zwischen etwa 1620–1680 daneben wahlweise für jüngere Kinder die *Christliche Kinderschule* des Gießener Pfarrers Hartmann Mogius von

---

[76] Zit. nach H. STEITZ, Programm, 1975, S. 448f.

[77] Die »Ordnung von fleißiger Übung des Katechismus« von 1634/1661 spezifizierte den Kreis der zu Unterrichtenden folgendermaßen: alle Schulkinder, alle Beamten-, Bürgermeister- und Ratsverwandtentöchter unter 12 Jahren, sofern sie keinen Privatlehrer hatten, alle unverheirateten Bürger- und Bauerntöchter unter 20 Jahren, alle Dienstmägde unter 20 Jahren, alle Lehrjungen und Hirten, alle Jungen und Alten, die den Katechismus nicht kennen. Diese Personen wurden zum Katechismusunterricht je nach Alter und Geschlecht in verschiedene Gruppen eingeteilt; vgl. H. STEITZ, Katechismusunterricht, 1936, S. 87f.

[78] Die Hessischen Fragestücke, erstmals in der Hessischen Kirchenordnung von 1566 fixiert, waren in die Agende von 1574 als Konfirmationsfragen aufgenommen worden; vgl. EKO 8,1, 1965, S. 300–303. 433f; J.M. REU (Hg.), Quellen 1/2,2, 1911, S. 1078–1083.

1652,[79] für ältere Schüler deutsche Auszüge aus den *Institutiones catecheticae* oder der *Epitome praeceptorum catecheticorum* von Conrad Dieterich,[80] Johann Habermanns *Betbüchlein* von 1567[81] sowie das hessische *Gesangbüchlein* von 1633.[82] Regelmäßige Katechismuspredigten sollten die Kenntnisse der erwachsenen Gemeindeglieder festigen und sie dazu befähigen, die Kinder und das Gesinde zuhause im Katechismus zu unterrichten. Schließlich sollten auch die Katechismusexamina vor der Übernahme einer Patenschaft und der Eheschließung wieder strenger beobachtet werden.[83]

Die hessische *Ordnung von fleißiger Übung des Katechismus* steht damit in einer Entwicklung, welche als Reaktion auf die dogmatischen Zergliederungen des für das Luthertum maßgeblichen *Kleinen Katechismus* zu deuten ist.[84] Während Luthers *Katechismus* bereits seit Ende des 16. Jh. in immer

---

[79] Hartmann Mogius (1601–1658), geb. in Gettenau, besuchte das Pädagogium in Gießen und die Universität in Marburg. 1626–1629 war er Pfarrer in Kölbe, 1629–1633 Lehrer am Pädagogium in Marburg und 1633–1658 Stadtpfarrer in Gießen. Die für den Unterricht an Elementarschulen konzipierte »Christliche Kinderschule« behandelte die fünf Hauptstücke des Kleinen Katechismus und enthielt Gebete, Sprüche und kleine Andachten für Kinder; vgl. F.W. STRIEDER, Geschichte 9, 1794, S. 88–90; HasSac 2, 1925, S. 559.

[80] Conrad Dieterich (1575–1639), geb. in Gemünden a.d. Wohra, studierte in Marburg Theologie und wurde 1599 zunächst Feldprediger von Graf Philipp von Solms-Lich, dann Archidiaconus in Marburg. 1605 wurde er Professor für Ethik in Gießen und Direktor des Pädagogiums. Seit 1614 war er Superintendent in Ulm, seit 1620 zugleich Direktor des Gymnasiums. Die »Institutiones catecheticae« (Gießen 1613) und die »Epitome praeceptorum catecheticorum« (Ulm 1615) sind Musterbeispiele orthodoxer Katechismusbearbeitung, die als Instrument der Kontroverstheologie die theologischen Lehrpunkte formal abhandelten. Die Texte waren in der lateinischen Fassung für den Unterricht an Universitäten, in vielen gekürzten deutschen Ausgaben für den Schulunterricht gedacht und fanden über Hessen hinaus große Verbreitung; vgl. ADB 5, 1877, S. 157f; HasSac 2, 1925, S. 557–559; NDB 3, 1957, S. 672; H.-J. FRAAS, Katechismustradition, 1971, S. 100–102. Winckler besaß einige Predigten sowie die beiden genannten Katechismuswerke in späteren Ausgaben: »Epitome praeceptorum catecheticorum« (Lübeck 1644) und »Institutiones catecheticae« (Jena 1683); vgl. Catalogus, 1721, S. 15f. 21. 298. 431. 460. 911.

[81] Johann Habermann (1516–1590) amtierte an verschiedenen Orten Kursachsens als Pfarrer, bevor er 1571 in Jena und 1576 kurzzeitig in Wittenberg Theologieprofessor wurde. Seit 1576 wirkte er als Stiftssuperintendent in Zeitz. Er verfasste eines der verbreitetsten lutherischen Gebetbücher, »Christliche Gebeth« (1567), das unzählige Male nachgedruckt, ins Lateinische und Französische übersetzt und auszugsweise in etliche spätere Gebetsammlungen aufgenommen wurde. Sein für die tägliche Hausandacht konzipiertes »Betbüchlein« zeichnete sich durch schlichte biblische Sprache aus und wirkte vorbildhaft für viele spätere Gebetbücher. Auch in die hessische Agende wurden seine Gebete aufgenommen; vgl. Agenda (1574), in: EKO 8,1, 1965, S. 421–424. 449; RGG^4 3, 2000, Sp. 1364; T. KOCH, Johann Habermanns »Betbüchlein«, 2001.

[82] Das erste hessische Gesangbuch ging auf die Agende von 1574 zurück und wurde 1633 mit einer Vorrede des Darmstädter Superintendenten Tobias Plaustrarius (1575–1632) herausgegeben. Auf diesem fußte auch das 1677 von Balthasar Mentzer erstellte »Neuvermehrte Gesangbüchlein«, das 329 Lieder und im Anhang Gebete aus Johann Habermanns »Betbüchlein« enthielt; vgl. HasSac 2, 1925, S. 576f; H. BRÄUNING-OKTAVIO, Darmstädtisches Gesangbuch, 1931; M. KNODT, Darmstädter Cantional, 1995, S. 91–93.

[83] Vgl. H. STEITZ, Katechismusunterricht, 1936, S. 84. 88.

[84] Vgl. H.-J. FRAAS, Katechismus, 1988, bes. S. 715–718.

neuen theologischen Bearbeitungen intellektualisiert, dogmatisiert, vervollständigt oder auch vertont wurde, drang man parallel darauf, es nicht bei einem oberflächlichen Auswendiglernen zu belassen, sondern eine verständliche, dem Alter angemessene Auslegung zu fördern, den Katechismusunterricht sowohl in der familiären Privatsphäre zu stärken als auch in den Schulbetrieb und die Gemeindearbeit zu integrieren.

Die zweite für die Reform des hessen-darmstädtischen Kirchenwesens wichtige Ordnung war die am 13. Oktober 1668 »zum Zweck besserer Beobachtung der Catechismusübung im Land und sonsten anderer der Kirchen und Schulen Gebrechen«[85] erlassene *Instruktion für die Metropolitane*.[86] Sie definierte in 13 Punkten die Aufgaben der Metropolitane, die »auß denen ältisten und geschicktesten Pfarrern«[87] ausgewählt und als zwischen den Pfarrern und den Superintendenten angesiedelte geistliche Aufsichtsbeamten die neugeschaffenen Metropolitanate leiten sollten.[88] Vornehmste Aufgabe der Metropolitane war die Aufsicht über die Durchführung der *Ordnung von fleißiger Übung des Katechismus* von 1661 in den Pfarreien: Mindestens einmal jährlich sollte der Metropolitan in jeder Gemeinde seines Bezirks mit Alten und Jungen ein *examen catecheticum* halten, in dem er zusammen mit dem Ortspfarrer Luthers *Katechismus* und dessen Fragestücke, die Psalmen und die gebräuchlichsten Sprüche und Gebete vor dem Altar abfragte. Auch in der Schule sollte er die Katechismuskenntnisse überprüfen. Außerdem hatte er die Amtsführung und den Unterricht (Disziplin, Methoden und Inhalte) der Pfarrer und Lehrer zu kontrollieren, ihre Beschwerden anzuhören und die schriftlichen Gravamina dem Superintendenten zu übermitteln. Dreimal im Jahr sollte der Metropolitan die Pfarrer der ihm unterstellten Gemeinden zu Pastoralkonventen in seine Kirche oder sein Pfarrhaus einladen und eine wie an den Universitäten gebräuchliche Disputation über einen Artikel der *Augsburger Konfession* veranstalten.[89] Im Anschluss daran sollte ein Austausch über die *casus conscientiae* der Pfarrer erfolgen. Schließlich war der neue Aufsichtsbeamte gefordert, Verzeichnisse der Kirchen- und Schulbeamten sowie der Schüler anzulegen, die Kirchenrechnungen in ein allgemeines Rechnungsbuch einzutragen und die Bestallungen zu verzeichnen. Die Bezahlung sollte der Metropolitan aus

---

[85] Zit. nach Schulordnungen 3, 1905, S. 98.

[86] Vgl. HasSac 2, 1925, S. 220. 487f; Schulordnungen 3, 1905, S. 284–289; H. STEITZ, Programm, 1975, S. 449f.

[87] Zit. nach Schulordnungen 3, 1905, S. 98.

[88] Seit 1777 hießen die Metropolitane durchgängig Inspektoren; vgl. HasSac 2, 1925, S. 213.

[89] Balthasar Mentzer gab sogar eine Schrift heraus, welche die Durchführung der Pastoralkonvente erleichtern sollte: »Quaestiones theologicae ad Augustanam Confessionem XXXII disputationibus distinctae« (Darmstadt 1668; ²1676); vgl. HasSac 2, 1925, S. 488.

dem Kirchenkasten derjeniger Gemeinden empfangen, die er examinierte, sowie von den Pfarrern, die seine Konvente besuchten.[90]

Der dritte Erlass des kirchlichen Reformprogramms war die *Amtskirchenkonventsordnung* vom 15. Oktober 1668.[91] Nach dieser sollte in jedem Amt der Landgrafschaft mindestens alle vier Wochen ein Konvent tagen, in dem weltliche Vertreter (Amtmann, Amtschultheiß und Amtschreiber) und geistliche Vertreter (Metropolitan, Pfarrer und Glöckner oder Senior) zusammenkommen und den Metropolitan in kirchlichen und schulischen Fragen beraten sollten. Allerdings scheint die Einführung der Amtskirchenkonvente nicht gelungen zu sein.[92]

Die drei neuen kirchlichen Verordnungen – die *Ordnung von fleißiger Übung des Katechismus*, die *Metropolitanordnung* und die *Amtskirchenkonventsordnung* – wurden Anfang 1669 publiziert. Sie bildeten zusammen das Kirchenreformprogramm von Superintendent Balthasar Mentzer und Landgraf Ludwig VI. und galten bis in das 18. Jh. als Richtschnur für das kirchliche Leben in Hessen-Darmstadt. Für Johann Wincklers dreijährige Tätigkeit in Braubach fixierten die Ordnungen folgende Eckpunkte: Als Stadtpfarrer war Winckler für die regelmäßigen Predigtgottesdienste, die Kasualien, die Seelsorge an seinen Gemeindegliedern und die Führung der Kirchenbücher verantwortlich. Zusammen mit dem Diakon und dem Lehrer oblagen ihm außerdem der Katechismusunterricht, der allen Schulkindern, aber auch jungen Frauen und ungebildeten Erwachsenen erteilt und regelmäßig überprüft werden musste.[93] Was Winckler bislang an orthodoxer, dogmatisch formaler Katechese noch nicht selbst als Schüler, Student, Prinzeninformator und Diakon erfahren hatte, lernte er spätestens bei den vielen Katechismusprüfungen in den Gemeinden des Braubacher Metropolitanats kennen.[94]

---

[90] Die Pfarreien sollten für die Examinierung 20 Albus, die Pfarrer beim Konventsbesuch 15 Albus zahlen; vgl. Schulordnungen 3, 1905, S. 287. Zu den hessischen Preisverhältnissen um 1630 vgl. 1200 Jahre Bad Homburg v.d. Höhe, ^{2}1982, S. 23.

[91] Vgl. Schulordnungen 3, 1905, S. 289–298; HasSac 2, 1925, S. 194–196. 220–223.

[92] Vgl. Schulordnungen 3, 1905, S. 100f.

[93] Inwieweit Winckler tatsächlich selbst Katechismusunterricht gab, ist nicht sicher. Möglicherweise überließ er den Unterricht, wie es im 17. Jh. vielerorts üblich war, dem Diakon oder dem Glöckner und fragte selbst das Gelernte nur punktuell ab, z.B. vor dem ersten Abendmahlsgang der Kinder, vor Taufen und Trauungen; vgl. H.-J. FRAAS, Katechismustradition, 1971, S. 99. 104; DERS., Katechismus, 1988, S. 718. Andrerseits ist von Spener überliefert, dass er selbst Kinderlehre hielt und deshalb als »Schulmeister« verspottet wurde; vgl. M. BRECHT, Philipp Jakob Spener, 1993, S. 289. 331.

[94] Zur dogmatischen Funktion des Katechismus in der lutherischen Orthodoxie vgl. H.-J. FRAAS, Katechismustradition, 1971, S. 97–105.

Eine neue Aufgabe stellte für Winckler die Konfirmation dar, die in seiner Heimat Kursachsen unbekannt war.[95] Die in hessischen Gemeinden weit verbreitete Konfirmationspraxis ging auf den Reformator Martin Bucer zurück, der durch seine Kirchenordnungen (zuerst in der *Ziegenhainer Zuchtordnung* von 1539)[96] den neuen Ritus der Aufnahme junger Menschen in die Gemeinde in das Luthertum eingeführt hatte.[97] Unter dem Leitmotiv der Kirchenzucht, die Bucer durchaus als seelsorgerliches Mittel verstand, verband er Katechismusunterricht und -prüfung, Abendmahlszulassung und -empfang mit dem sakramentalen Akt der Handauflegung zur Konfirmation. Während die Taufe als Eingliederung in die Kirche galt, bei welcher der Heilige Geist die Vergebung der Sünden und die geistliche Wiedergeburt schenkt, wurde die Konfirmation als ein »inn der gemeinschaft erharren« gewertet, durch die der Geist die Heiligung und das Wachstum christlichen Lebens ermöglicht.[98] Spätestens seit der *Agende* von 1574 war es üblich, die etwa 14-jährigen Mädchen und Jungen nach vorausgegangenem vierwöchigem Katechismusunterricht in einem Festgottesdienst einzusegnen.[99] Dadurch trat zur allgemeinen Katechismuslehre der ebenfalls katechetisch orientierte Konfirmandenunterricht hinzu. Er wurde mit einem Examen abgeschlossen, in dem Psalmen, Bibelworte und Gebete geprüft wurden.[100] Darauf folgten der erste Abendmahlsgang und die Konfirmation, die in Braubach seit 1629 an Pfingsten stattfand.[101]

Als Metropolitan führte Winckler zudem Aufsicht über die Pfarrer, Diakone und Lehrer in den zu dem kleinen Metropolitanat Braubach gehörenden Pfarreien Bad Ems, Klingelbach, Dachsenhausen und ihren ländlichen Filialgemeinden. Dazu musste er alle Volksschulen und Kirchengemeinden, die in der nordöstlichen Gegend um Braubach lagen, mindestens einmal

---

95 In Kursachsen, wo das Katechismusexamen in der Fastenzeit bis zum 18. Jh. als »rechte christliche confirmation« galt, wurde die Konfirmation auf dem Weg der Privatkonfirmation 1723, allgemein jedoch erst 1773 eingeführt; vgl. K. DIENST, Konfirmation, 1990, S. 441f.

96 Vgl. Ziegenhainer Zuchtordnung (1539), in: EKO 8,1, 1965, S. 101–112, hier S. 104.

97 Vgl. Agenda (1574), in: EKO 8,1, 1965, S. 430–435; W. DIEHL, Martin Butzers Bedeutung, 1904, S. 50f. 56; K. FRÖR, Kasseler Konfirmationsordnung, 1965, B. HAREIDE, Konfirmation, 1971, S. 109. 136–151.

98 Zit. ebd., S. 142.

99 Größere Verbreitung fand die Konfirmation, nachdem Landgraf Georg II. von Hessen-Darmstadt in der auf eine Generalkirchenvisitation folgenden »Erklärung über etliche ausgesetzte Punkte« von 1629 nachdrücklich auf die Durchführung derselben gedrungen hatte; vgl. H. STEITZ, Katechismusunterricht, 1936, S. 69; K. DIENST, Konfirmation, 1990, S. 439f; F. SCHMIDT, Kirchenbau 1, 1993, S. 11f.

100 Den Jungen wurde dabei – evtl. aufgrund ihrer umfangreicheren Schulbildung – deutlich mehr abverlangt als den Mädchen; vgl. ZaEKHN, Kirchenbuch Darmstadt Stadt Nr. 2 (1631–1658), Film Nr. 2758.

101 Vgl. ZaEKHN, Kirchenbuch Braubach Nr. 2 (1673–1700), Film Nr. 2709. Anders war es z.B. in der Landeshauptstadt Darmstadt, wo die Konfirmation seit 1633 gewöhnlich am 1. Sonntag nach Ostern (Quasimodogeniti) gefeiert wurde.

jährlich visitieren. Dreimal im Jahr sollte er alle Pfarrer des Bezirks zu sich nach Braubach einladen und mit einer akademischen Disputation für deren theologische Fortbildung sorgen. Dem Superintendenten, der in der eine Tagesreise entfernt liegenden Residenzstadt Darmstadt wirkte, hatte Winckler über seine Tätigkeit als Metropolitan regelmäßig Bericht zu erstatten.

Durch seine vielfältigen Aufgaben wurde Winckler mit den Strukturen und theologischen Positionen, dem Zustand der Schulen und Gemeinden und dem Glaubens- und Wissensstand der Pfarrer und Gemeindeglieder in der Landeskirche wohl vertraut. Anfangs durch die Protektion der Landgrafen von Hessen-Homburg und Hessen-Darmstadt, dann seit der im November 1674 geschlossenen zweiten Ehe durch die Verwandtschaft mit der einflussreichen Familie Mentzer[102] und nicht zuletzt wohl durch seine eigene Gewissenhaftigkeit, seine pädagogische Erfahrung, seine Predigtgabe und sein seelsorgerliches Interesse wurde der junge landesfremde Winckler in den drei Jahren seines Braubacher Pfarramtes und Metropolitanats zu einem bekannten und angesehenen Kirchenmann in Hessen-Darmstadt.[103] Gleichzeitig war ihm innerhalb der feudalen Gesellschaft der soziale Aufstieg aus dem dörflichen Kleinbürgertum (der Golzernmühle) in das städtische Bürgertum (das evangelische Stadtpfarramt) gelungen.

2.4.3 Leichenpredigt: *Geistlicher Krieger und Sieger*, 1674

Eigene theologische Akzente Johann Wincklers sind für die frühe Zeit in Bad Homburg und Braubach zwischen 1672–1675 kaum erkennbar; es fehlen sowohl gedruckte als auch handschriftliche Quellen. Eine Ausnahme bildet die Leichenpredigt, die Winckler am 21. Dezember 1673 in der St. Martinkirche bei Braubach auf den hessen-darmstädtischen Hauptmann und Kommandanten der Festung Marksburg, Johann Schade (1606–1673), hielt. Die Predigt wurde 1674 unter dem Titel *Geistlicher Krieger und Sieger* bei dem Darmstädter Hofbuchdrucker Henning Müller gedruckt[104] und scheint

---

[102] Zur zweiten Ehe mit Johanna Kugelmann und zur Stellung der Familie Mentzer s.u. 2.5.3.

[103] Die Zeitgenossen gingen davon aus, dass Winckler in Hessen-Darmstadt eine sichere berufliche Zukunft hätte. So sah ihn z.B. Spener im Sommer 1674 auch in Zukunft »so wohl versorgt, als er versorgt werden möchte«; vgl. P.J. SPENER, Briefe 1, 1992, Nr. 189, S. 764.

[104] Henning Müller (1641–1713) wirkte seit 1669 als Hofbuchdrucker und Verleger in Darmstadt. Viele Leichenpredigten, Schulbücher, mehrere Werke des Superintendenten Balthasar Mentzer und des Stadtpredigers Johann Otto Gorr, das »Neuvermehrte Gesangbüchlein« von 1677 sowie Drucke und Verordnungen der landgräflichen Regierung gingen aus seinen drei Pressen hervor. Er druckte auch für den mit ihm befreundeten Frankfurter Verleger Albert Otto Faber, z.B. Schriften von Wilhelm Christoph und Johann Samuel Kriegsmann. Von 1684–1705 wirkte Müller als Drucker und Verleger in Gießen. Sein Nachfolger als Darmstädter Hofbuchdrucker wurde

Wincklers erste selbstständige Veröffentlichung darzustellen.[105] Im Unterschied zu zeitgenössischen Trauerschriften, die oftmals eine Vielzahl kleinerer Werke enthielten,[106] besteht die gedruckte Leichenpredigt auf Johann Schade nur aus Vorrede, Predigt und Lebenslauf. Soweit der Text erkennen lässt, folgte die Trauerfeier im Großen und Ganzen dem traditionellen hessischen Beerdigungsformular:[107] Der Gottesdienst wurde mit einem Lied eröffnet,[108] darauf folgten ein Exordium und Hauptteil die Predigt über den Text Offb 2,10b. Zum Schluss wurde die Biographie des Toten vorgetragen und der Gottesdienst mit Lied, Vaterunser und Segen beendet.

a) Aufbau und Inhalt der Predigt

Als einer der ersten Belege der theologischen Orientierung Johann Wincklers, seiner praktischen pfarramtlichen Tätigkeit sowie seiner gerühmten Predigtgabe verdient die Schrift *Geistlicher Krieger und Sieger* besondere Aufmerksamkeit.[109] Der Text beginnt mit der *Vorbereitung*, welche einige Aufgaben der sonst üblichen Widmung bzw. Vorrede wahrnimmt.[110] Winckler formuliert hier die Klage über den Tod des Festungskommandanten: Johann Schade sei ein in Worten und Taten redlicher Mann gewesen, der nicht heuchelte, sondern seinen Glauben an das Evangelium bekannte und sich »nach dem Muster seines Erlösers« verhielt.[111] Zwar sei die Trauer über den Verlust dieses vorbildlichen Christen verständlich, doch sei der Tote durch Gottes Gnade von allen Sünden erlöst und wiedergeboren worden und genieße nun Frieden, Sicherheit, Ruhe, Heil sowie ewige Gnade. Wie es in Leichenpredigten bis zum letzten Drittel des 17. Jh. verbreitet

---

Sebastian Griebel (1656–1701); vgl. H. Bräuning-Oktavio, Buchdruck 1, 1934, S. 29–34; J. Benzing, Buchdrucker, ²1982, S. 81. 157.

[105] Vgl. J. Winckler, Geistlicher Krieger und Sieger, 1674. Die m.W. erste eigenständige Druckschrift Wincklers fehlt in allen bisherigen Werkverzeichnissen. Es ist davon auszugehen, dass Winckler für dieses Werk von der Familie des Verstorbenen bezahlt wurde; s.o. 2.4.2.

[106] Barocke Trauerschriften enthielten im Allgemeinen folgende, zunehmend säkularisierte Teilwerke: Widmungsrede, Lebenslauf, Predigt, Abdankung (Dank für Beileidsbekundungen), Standrede (Würdigung des Toten durch Angehörige des gleichen Standes) und Epicedien (Trauergedichte). Zwar war der Druck von Leichenpredigten zwischen ca. 1550–1750 verbreitet, er erlebte jedoch zwischen ca. 1650–1680 eine besondere Blüte im ausufernden barocken Schrifttum. Regional konzentriert war die Sitte v.a. in Mitteldeutschland; vgl. R. Mohr, Protestantische Theologie, 1964, S. 36–53; R. Lenz, Leichenpredigt, 1990.

[107] Üblich war in Hessen im 17. Jh. folgender Aufbau der Leichenpredigt: Textauslegung, Textanwendung, Personalia und Beschluss. Darauf folgten im Gottesdienst meistens das Beerdigungsgebet der Agende von 1574 oder ein selbstverfasstes Gebet, das Vaterunser sowie der Segen für die Gottesdienstteilnehmer; vgl. W. Diehl, Geschichte, 1899, S. 356–358.

[108] Zu den gebräuchlichen Beerdigungsliedern vgl. ebd., S. 355f.

[109] Zum Lob Wincklers als Prediger vgl. z.B. Threni, 1705, S. 56. 63. 73; P.J. Spener, Letzte Theologische Bedenken 3, Halle 1711, S. 119. 348.

[110] Vgl. J. Winckler, Geistlicher Krieger und Sieger, 1674, S. 3–5.

[111] Ebd., S. 4.

war, äußert auch Winckler Klage und Trost hauptsächlich in der Einleitung.[112] Gleichzeitig nutzt er das Exordium, um in immer neuen barocken Wortspielen und Reimen auf den Namen des Verstorbenen diesen zu würdigen und zum Predigttext überzuleiten.

Die Leichenpredigt auf Johann Schade ist eine erbauliche Themapredigt über den Vers: »Sei getreu bis an den Tod, so will ich dir die Krone des Lebens geben« (Offb 2,10b).[113] Winckler untersucht in dem traditionellen Dreischritt von Einleitung, Textauslegung und -anwendung die Leitbegriffe »Treue« und »Krone« hinsichtlich ihrer symbolischen, biblischen und praktischen Bedeutung. Für den Eingangsteil wählt er das Bild der Fahne.[114] Wie der Prophet Jeremia forderte, ein Panier aufzuziehen, um den Sieg über Babylon kundzutun (Jer 50,2), so zeige auch die Ehren-, Gedächtnis-, Freuden- und Siegesfahne, die anlässlich der Bestattung des Kommandanten auf dem Kirchberg gehisst sei, die Überwindung der sündhaften Welt und ihres Fürsten Beelzebub an und rufe zur »Gottseeligen Nachfolge«.[115] Winckler verstärkt mit dem Bild der Freudenfahne die zuvor angesprochene Deutung des Todes als triumphalen Sieg über die Welt; daraus ließen sich für die Hörerinnen und Hörer tröstliche und paränetische Gedanken ableiten. Gleichzeitig knüpft er durch die kriegerische Sprache seiner biblischen Vergleiche (z.B. Ps 118,15; 1. Joh 5,4; Offb 12,11) an die Erfahrungen und Hörerwartungen der Trauergemeinde an, die wahrscheinlich überwiegend aus dem militärischen Berufsfeld stammte. Die Einleitung schließt mit dem Motto: »Hie g'treuer Stand: Dort Kronen=Land«.[116]

Zwischen dem Exordium und der Auslegung des Predigttextes ist im Druck die dritte Strophe aus dem Lied »Herr Christ, der einig Gotts Sohn« eingefügt, die im Gottesdienst wohl auch gesungen wurde. Der Text wurde 1524 von Elisabeth Cruciger auf eine Melodie aus dem 15. Jh. gedichtet

---

[112] Im letzten Drittel des 17. Jh. verschiebt sich das Verhältnis zwischen Einleitung und Predigt zugunsten der Ersteren bzw. die Predigt wird zur Trauerrede; vgl. R. MOHR, Protestantische Theologie, 1964, S. 63.

[113] Zur Verbindung zwischen Leichenpredigten und Erbauungsschrifttum vgl. W. ZELLER, Leichenpredigt, 1978. Der Vers Offb 2,10b war im 17. Jh. als Trost- und Beerdigungstext weit verbreitet. So zieht Spener, von dem über diesen Bibeltext keine gedruckte Predigt erhalten ist, den Vers in einem Brief an Abraham Hinckelmann vom 12.10.1678 im Gedenken an den verstorbenen Rappoltsweiler Hofprediger und Pfarrer Joachim Stoll heran; vgl. P.J. SPENER, Briefe 3, 2000, Nr. 208, S. 977. Von Benigna Gräfin von Solms-Laubach geb. Gräfin von Promnitz-Sorau (1648–1702) ist überliefert, dass sie sich auf ihrem Totenbett durch die Verheißung der Krone des Lebens trösten ließ; vgl. E.H. GRAF VON HENCKEL, Die letzten Stunden 2, ^{2}1723, S. 80–114, hier S. 110.

[114] Vgl. J. WINCKLER, Geistlicher Krieger und Sieger, 1674, S. 5–9.

[115] Ebd., S. 8.

[116] Ebd., S. 9.

und gehörte von Anfang an zum Kernbestand reformatorischen Liedguts.[117] Das Lied lebt »von der Verbindung der reformatorischen Verkündigung des Evangeliums mit einer Herzensfrömmigkeit, die aus dem Leben in einem mittelalterlichen Frauenkloster erwachsen war«.[118] In der dritten Strophe, die Winckler verwandte, wird um Wachstum in Liebe und Erkenntnis Christi gebeten. Nachgeordnet ist die Bitte um das Bleiben im Glauben und im Dienst. In den letzten Versen, in denen die »Süßigkeit Christi im Herzen« besungen wird, kommt die Sehnsucht nach der sinnenhaften Erfahrung von Gottes Gegenwart zum Ausdruck.[119] Die Kernaussage des ganzes Liedes lautet, dass es keine Erkenntnis Christi ohne Liebe zu ihm gibt, dass Glaube nicht nur ein Akt des Verstehens, sondern Bewegung des Herzens und Prägung des Lebens ist. An dieser Stelle im Gottesdienst stimmt das bekannte Kirchenlied auf ein intensiviertes, den ganzen Menschen umfassendes Hören der Leichenpredigt ein.

An den Duktus des Liedes anschließend, bezieht Winckler zu Beginn der Auslegung alle Gottesdienstteilnehmer in den Predigttext ein: Gottes Botschaft in Offb 2,10b sei »an alle Smyrnische Mit=Brüder und im Glauben verschwisterte Mitglieder« ergangen.[120] Die »Abhandlung«, die den umfangreichsten Teil der Predigt darstellt, beginnt mit einer Übertragung der neutestamentlichen Textstelle in die frühe Kirchengeschichte.[121] Ausgehend von der angesprochenen vorbildlichen Gemeinde in Smyrna (Offb 2,8–11), leitet Winckler zu Bischof Polykarp von Smyrna über.[122] Dieser wird als ein Beispiel für die Treuepflicht vorgestellt, die z.B. auch in Arbeitsverträgen zwischen Knecht und Herrn und im Kriegsdienst gelte. Sodann untersucht

---

[117] Elisabeth Cruciger von Meseritz (um 1500–1535), geb. auf Gut Meseritz bei Schivelbein in Pommern, war Nonne im Prämonstratenserinnenkloster Treptow a.d. Rega, bevor sie durch Johannes Bugenhagen mit der reformatorischen Bewegung in Berührung kam. 1521 verließ sie das Kloster, lebte zunächst einige Jahre im Haushalt Bugenhagens und heiratete dann den Magdeburger Prediger und späteren Wittenberger Professor Caspar Cruciger. Sie ist die erste Liederdichterin der evangelischen Kirche, wenngleich ihr einziges bekanntes Lied bis zum 18. Jh. unsigniert bzw. unter dem Namen eines Mannes, Andreas Cnophius, überliefert wurde; vgl. Komponisten und Liederdichter, 1999, S. 65f; Liederkunde, 2001, Nr. 67, S. 48–54. Auch das von Tobias Plaustrarius herausgegebene hessische Gesangbuch von 1633 und dessen spätere Auflagen 1635 und 1668 enthielten das Lied »Herr Christ, der einig Gotts Sohn« (heute: EG 67,3); vgl. H. BRÄUNING-OKTAVIO, Darmstädtisches Gesangbuch, 1931, S. 338.

[118] Liederkunde, 2001, Nr. 67, S. 49.

[119] Zum mittelalterlichen Begriff der »Süßigkeit«, mit dem hier zum ersten Mal im deutschen Kirchenlied das Wesen Christi beschrieben wird, vgl. ebd., S. 54.

[120] J. WINCKLER, Geistlicher Krieger und Sieger, 1674, S. 9. Das Bemühen, die Predigthörerinnen und -hörer als direkte Adressatinnen und Adressaten der Schrift anzusprechen, zeigt sich auch in späteren gedruckten Predigten Wincklers; vgl. z.B. J. WINCKLER, Andacht von den Turcken=Kriegen, 1685, S. 49 (benutztes Exemplar der SUB HH), s. Teil II. 1.3, Nr. 11).

[121] Vgl. J. WINCKLER, Geistlicher Krieger und Sieger, 1674, S. 9–22.

[122] Zu Polykarp von Smyrna (ca. 70–156 oder 167 n.Chr), Bischof und Märtyrer, vgl. RGG^4, 2003, Sp. 1479f.

Winckler den Begriff der Treue: Während nach römisch-katholischer Lehre Treue in der steten Übung guter Werke bestehe, also Gesetzestreue sei, ziele der Predigtvers auf Glaubenstreue. In Bezug auf die Mitmenschen zeige sich Treue in dem Glauben, der durch die Liebe tätig ist (Gal 5,6b). In Bezug auf Gott drücke sich Treue in dem dankbaren Glauben an das Verdienst Jesu Christi aus. Diese Art von Glaubenstreue – Dankbarkeit, Zuversicht und Vertrauen – biete die menschliche Voraussetzung für den Bestand des in der Taufe gestifteten Bundes mit Gott.[123] Ausführlich erklärt Winckler sodann die Bedeutung des Adjektivs πιστος anhand von Bibelstellen, Zitaten der Kirchenväter und einiger zeitgenössischer Theologen wie des lutherischen Straßburger Theologieprofessors Johann Georg Dorsche. Das Wort πιστος heiße neben »treu« soviel wie »gläubig«. Es bezeichne Furchtlosigkeit im Bekenntnis, Standhaftigkeit und Geduld im Leiden, innere Freude und Trost, Widerstand gegen Anfechtungen im Glauben, Liebe zum Höchsten und zum Nächsten, Vertrauen auf Gottes Gnade und schließlich Eifer und Treue im Halten von Gottes Geboten im Beruf jedes Einzelnen. Winckler betont die notwendige Beharrlichkeit und Treue im Glauben bis zum Tod. Gegen die Reformierten hält er mit Balthasar Mentzer dem Älteren fest, dass »die Gnade deß Glaubens verschertzlich ist«.[124] Nur durch niemals nachlassenden Glauben könne der Mensch Gerechtigkeit bei Gott erlangen: »so darff auch der älteste Glaubens=Kämpffer die Waffen der geistlichen Ritterschaft so lang nicht ablegen/ sondern behalten biß zum Ende deß Streits/ [...] biß zum Todt«.[125] Für ihre Glaubenstreue sei den standhaften Christen die Krone des Lebens verheißen. Gott verspreche sie allein aus Gnaden dem Glauben – nicht den Werken. Den symbolischen Gehalt des Bildes der Krone erläutert Winckler im zweiten Teil der Textauslegung anhand von Beispielen aus der Geschichte, dem Alten und Neuen Testament.[126] Demnach sei die Krone ein Symbol der Vollkommenheit, ein Zeichen der Ehre, ein Merkmal besonderer Freude, der Ausdruck hoheitlichen Schutzes und königlicher Freiheit. Sie gelte als wertvoll, ewigdauernd und unvergänglich.

Den dritten Teil der Predigt bildet die Textanwendung.[127] Winckler gebraucht in diesem Abschnitt durchgängig Anredeformen. Programmatisch fordert er im ersten Satz die Trauergemeinde zu Buße und Heiligung des Lebens auf: »meine Liebsten/ so lasset uns doch von aller Befleckung des

---

[123] Vgl. J. WINCKLER, Geistlicher Krieger und Sieger, 1674, S. 12.

[124] Ebd., S. 17. An dieser Stelle fügt Winckler eine Reverenz an die Nachkommen von Balthasar Mentzer I. ein, d.h. an seinen Vorgesetzten Balthasar Mentzer II. und dessen Familie.

[125] Ebd.

[126] Z.B. 2. Sam 12,30; Spr 12,4. 17,6; Hld 3,11; 1. Kor 9,24f. 15,25–27; 2. Tim 4,8; 1. Petr 5,4; vgl. ebd., S. 18–22.

[127] Vgl. ebd., S. 23–28.

Fleisches und deß Geistes reinigen/ und als Getreue Gottes fortfahren mit der Heiligung in der Furcht Gottes« (2. Kor 7,1).[128] Gerade die Getauften, die im »Bund eines guten Gewissens mit Gott« stehen (1. Petr 3,21), müssten ihre Herzen prüfen, ob sie sich nicht als treue Sklaven der Welt von Ehre, Wollust und Reichtum betören ließen.[129] Er beklagt Verdrossenheit, Mattigkeit, Wankelmütigkeit, Vorwände und Selbstbetrug im Glauben und verweist auf das Wort Gottes als Mittel zur Stärkung des Glaubens. Im Skopus seines Textgebrauchs warnt er eindringlich und mit vielen bildhaften Bibelzitaten (z.B. 5. Mose 32,20; Jer 18,14f; Jes 22,13; Mt 24,50) davor, leichtfertig aus dem Bund mit Gott zu treten: Denn

> wer versichert dich du freches Hertz! wie weit deine Zeit biß zum Tode reichet? [...] Wer vergewissert dich alsdann zu haben den festen Glaubens=Trost/ der ja nicht auß deinen sündlichen Kräfften/ sondern auß der offt verachteten Gnade Gottes quillet?[130]

Winckler droht, Gott könne – besonders im Fall eines plötzlichen Todes – seine Gnade von den Untreuen nehmen. Dann stürze der Tod die Weltkinder in Gottes ewigen Hohn und Verdammnis, brennende Rache und unerträglichen Zorn, schließlich in den finsteren Höllenkerker. Angesichts der so ausgemalten Schrecken des letzten Gerichts ruft Winckler zu Glaubenstreue, Buße und zum Kampf gegen das Böse auf. Nach seiner Ansicht sind die verführerischen Mächte nicht nur in der Außenwelt wirksam, sondern erhalten leicht Eingang in den Menschen selbst. Als Einfallstor diene die dem Menschen innewohnende Sünde. Sie bekämpfe auch die durch die Wiedergeburt erneuerten Seelen und halte sie gefangen. Dennoch »vermögen wir doch alles wohl aufzurichten und das Feld zu behalten/ [...] durch die überschwengliche Krafft Gottes«.[131] Winckler erinnert daran, dass Gott die Menschen durch den Heiligen Geist mit Glauben, Gebet und Trost als geistlichen Waffen gegen feindliche Anschläge ausrüste. Gott versuche die Menschen nicht über ihr Vermögen. Er halte vielmehr treu zu ihnen und helfe gerade in Schwachheit, Not, Verfolgung und Angst. Zielpunkt der Leichenpredigt ist das Bild der Krone, das sowohl für das irdische als auch für das ewige Leben hermeneutische Bedeutung hat: Während die treuen

[128] Ebd., S. 23. Während neuere Lutherausgaben επιτελειν αγιωσυνην übersetzen: »die Heiligung vollenden«, folgt Winckler einem älteren Luthertext, in dem es heißt: »mit der Heiligung fortfahren«. Hierin kommt das Unabgeschlossene, die immer neue Herausforderung der Heiligung deutlicher zum Ausdruck.

[129] Vgl. ebd. Zur lutherisch-orthodoxen Lehre vom Taufbund, der auch dann bestehen bleibt, wenn der Mensch die Gnadenwirkung hindert, vgl. Formula Concordiae (1577), Art. 2, in: BSLK, [11]1992, S. 898–901. Auch Spener spricht vom Taufbund, der seitens der Menschen ein »bund des glaubens und guten gewissens«, seitens Gottes ein »gnaden=bund« darstelle; vgl. P.J. SPENER, Pia Desideria (1675), [3]1964, S. 35; DERS., Einfältige Erklärung, 1677, S. 709. 717. 731. 750–752.

[130] J. WINCKLER, Geistlicher Krieger und Sieger, 1674, S. 24.

[131] Ebd., S. 26f.

Freunde Christi auf Erden litten und mit ihm die Dornenkrone trügen, würden sie im Himmel als Gekrönte mitherrschen. Denjenigen, die bis zum Tod in allen äußeren wie inneren Kämpfen am Glauben festhielten, sei die Krone der Gerechtigkeit verheißen (vgl. 2. Tim 4,7f).

Auf die Predigt folgt die letzte Strophe des Liedes »Von Gott will ich nicht lassen«, das Ludwig Helmbold im Jahr 1563 über Ps 73,23 dichtete.[132] Ursprünglich als Abschiedsgeschenk für eine Freundin verfasst, diente das Lied oftmals als Reisesegen, Weggeleit oder »Leiblied« mancher Fürsten des 17. Jh.[133] Aus den ersten Liedversen spricht das Vertrauen, dass Gott den Menschen niemals verlässt, weder in der Fremde noch in Not oder Tod: »Von Gott will ich nicht lassen, denn er lässt nicht von mir, führt mich durch alle Straßen, da ich sonst irrte sehr«. In den folgenden Strophen wird die Treue des Schöpfers besungen, der den Einzelnen auf allen Wegen in der Welt begleitet und ihn schließlich aus der Zeit »zum Reich der Himmel führet«. Winckler hat hier stattdessen sinngemäß »zur Kron des Lebens führe« eingesetzt und so den Gesang dem Predigttext angepasst.[134] Die umgedichtete Liedstrophe erfüllt im Ablauf des Gottesdienstes mehrere Funktionen: Einerseits beschließt sie die Predigt, andrerseits lässt sie in Fortführung der Predigt die Hörer und Hörerinnen selbst noch einmal nachsprechen, dass Gott diejenigen, die an ihm im Glauben festhalten, »zur Krone des Lebens führt«. Schließlich markiert der Lobpreis Gottes, mit dem die Strophe schließt, die Ergebung in seinen Willen und damit das Ende der Auflehnung gegen den Tod.

Den letzten Teil der Druckschrift bildet der Lebenslauf des Verstorbenen.[135] Auffällig ist zunächst die breite Würdigung der Erziehung Schades: Seine Eltern hätten »nichts ersparet/ was Christlichen Eltern zu ihrer lieben Kindern sorgfältigen Erziehung in aller Gottesfurcht/ wahren Religion und Tugend oblieget«[136] und so den Grund zu Schades Christentum gelegt. Es folgt die Schilderung der Ausbildung zum Pagen an zwei Adelshöfen und der militärischen Berufstätigkeit im Dreißigjährigen Krieg, im ungarischen

[132] Ludwig Helmbold (1532–1598), geb. in Mühlhausen in Thüringen, war seit 1562 Professor für Philiosophie und Prorektor am Pädagogium in Erfurt. 1570 musste er Erfurt aus konfessionellen Gründen verlassen und wurde 1571 Diaconus und 1586 Superintendent in seiner Heimatstadt. Er verfasste v.a. lateinische Poesie; dies ist sein erstes deutsches Lied; vgl. E.E. KOCH, Geschichte des Kirchenliedes 4/2, ²1853, S. 427–438; Komponisten und Liederdichter, 1999, S. 139f.

[133] Vgl. E.E. KOCH, Geschichte des Kirchenliedes 4/2, ²1853, S. 429. Dieses Lied (heute: EG 67,3) gehörte von Anfang an zum festen Bestand hessischer Kirchenlieder; vgl. H. BRÄUNING-OKTAVIO, Darmstädtisches Gesangbuch, 1931, S. 346.

[134] Vgl. J. WINCKLER, Geistlicher Krieger und Sieger, 1674, S. 28. Ob es sich bei dieser Textveränderung um eine im 17. Jh. gebräuchliche Abwandlung handelt oder ob Winckler hier selbst kreativ tätig war, ist nicht zu entscheiden.

[135] Vgl. ebd., S. 28–32.

[136] Ebd., S. 29.

Türkenkrieg und als Kommandant der Marksburg, in welche die Eheschließung und die Geburten der Kinder eingeflochten sind. Im Schlussteil der *Personalia* erinnert Winckler an das beispielhafte Christentum des Toten, das sich zu Lebzeiten in Glaubenstreue, Hochschätzung von Wort und Sakrament, Andacht, Bußfertigkeit und Respekt vor den Mitchristen erwiesen und auch im Sterben bewährt habe.

Wincklers erste überlieferte Predigt *Geistlicher Krieger und Sieger* zeichnet sich durch Klarheit im Aufbau, Lebendigkeit des Stils und Bildhaftigkeit der Sprache aus. Für die Drucklegung wurde sie vermutlich um einige Zitate erweitert, ohne dadurch an Stringenz und Geschlossenheit zu verlieren. Der dreigliedrigen Makrostruktur entsprechen im Innern klare Gedankengänge, die durch Leitbegriffe, konkrete Fragen und Antworten, Beispiele und Erläuterungen gegliedert sind. Dennoch wirkt die Predigt nicht trocken oder formal. Durch eindrückliche Metaphern, Wortspiele und Bilder, die wie die ganze Predigtsprache zum größten Teil der Bibel entstammen, erzielt Winckler abwechslungsreiche Stimmungen und lebendige Dichte. Direkte Anreden und eindringliche Appelle an das Gewissen des Einzelnen tragen zur persönlichen Ansprache der Gemeinde bei.

b) Auswertung

Im Zentrum der Predigt über Offb 2,10b steht die Kronensymbolik, welche sowohl in zeitgenössischen Leichenreden als auch in der barocken Emblematik weit verbreitet war.[137] Sie ging üblicherweise von der einfachen Entsprechung einer irdischen und einer himmlischen Krone aus. Das Symbol der irdischen Krone, das biblisch mit dem Namen des ersten christlichen Märtyrers Stephanus (griech. Kranz, Krone) verbunden ist, wurde im 17. Jh. meistens auf einen der folgenden Aspekte im Leben eines Menschen bezogen: Herkunft, Taufe, Tugendleben oder Leiden. Bevorzugt wurde das Bild der irdischen Krone auf ein tugendhaftes, moralisch einwandfreies bürgerliches Leben angewandt, das in allen sozialen Bereichen mit einer »Tugendkrone« geadelt werden konnte.[138] Die himmlische Krone wurde dann im Tod denjenigen zugesprochen, die schon zu Lebzeiten durch ihre Tugend ausgezeichnet wurden.[139]

[137] Zur Kronensymbolik vgl. R. MOHR, Protestantische Theologie, 1964, S. 309–342. 360–374; DERS., Der unverhoffte Tod, 1982, S. 109–118.

[138] So konnte z.B. in Leichenpredigten des 17. Jh. ein Rektor als »Krone der Universität« bezeichnet werden, der Vater als »Freuden- und Ehrenkrone seiner Familie« oder als »Versorgungskrone«, die Mutter als »Krone des Hauswesens« und eine Jungfrau als »Ehekrone« ihres Bräutigams; vgl. R. MOHR, Protestantische Theologie, 1964, S. 310–317.

[139] Dadurch konnte die Krone des ewigen Lebens eher als ein wohlverdienter, erworbener Lohn, denn als ein Geschenk des gnädigen Gottes wirken, wie z.B. in der Leichenpredigt von Johann Kaspar Gebhard auf die Stiefschwester von Wincklers zweiter Frau, Johanna Barbara Finck geb. Mentzer (1641–1700); vgl. ebd., S. 364–366.

Winckler verwendet die so skizzierte Kronensymbolik in abgewandelter Form: Auch in seiner Predigt stehen zwei Kronen für die beiden Dimensionen menschlichen Lebens in unmittelbarer Beziehung zueinander. Mit dem Bild der irdischen Krönung identifiziert Winckler jedoch keineswegs bürgerliches Wohlverhalten; vielmehr polemisiert er gegen den Stolz der Weltkinder, gegen die »nüchtige Krone ihrer Ehre/ Wollust/ Reichthümer«.[140] Zwar könne eine intakte Familie durchaus als Krönung des irdischen Lebens bezeichnet werden, aber eigentlich sei alles Leben dieser Welt aufgrund seiner Flüchtigkeit und Mühseligkeit eher ein Tod als ein Leben zu nennen.[141] Winckler kennt für das Diesseits darum nur die Märtyrer-, Dornen- oder Kreuzkrone, welche den treuen Streitern Christi vorbehalten ist.[142] Denen, die durch alle Anfechtungen, Verfolgungen und Ängste bis zum Tod die Glaubenstreue halten, sei die ewige Krone verheißen. Winckler unterstreicht, dass es sich bei dem Symbol der Krone um eine figürliche Redensart handele. Auch bezeichne die ewige Krone nicht die besondere Seligkeit Einzelner, sondern beschreibe das Wesen der himmlischen Seligkeit als Vollkommenheit des Lebens. Der Prediger setzt durch seine Verwendung der Kronensymbolik zwei Akzente: Zum einen lenkt er das Augenmerk der Gemeinde weg vom bürgerlichen Ansehen der Menschen (der »Tugendkrone«) hin auf die Nachfolge Christi (die »Dornenkrone«). Dadurch erscheint das diesseitige Leben ganz im Licht von Leid- und Kampferfahrungen. Zum anderen macht er deutlich, dass es im christlichen Leben und Sterben nicht auf den sozialen Stand, die Bildung oder den Erfolg (die »Werke«) eines Menschen ankomme; im Tod sei die Krone der Gerechtigkeit allen treuen Freunden Christi gleichermaßen verheißen.

Der Ausdeutung der Leitbegriffe »Treue« und »Krone« liegt die fundamentale theologische Frage nach dem evangelischen Glaubensverständnis zugrunde. Denn Winckler predigt durch den Begriff πιστος und das Bild der Krone über den Glauben. Dabei berührt er ein weites Spektrum von Fragen, ohne diese jedoch systematisch zu beantworten. Grundlegend gilt für Winckler die lutherische Lehre von der Rechtfertigung allein aus Gnaden,

---

[140] J. WINCKLER, Geistlicher Krieger und Sieger, 1674, S. 23.

[141] Vgl. ebd., S. 20. Winckler bezieht sich hier auf Spr 12,4. 17,6. Es sei angemerkt, dass Winckler die Vergänglichkeit menschlichen Lebens im Dezember 1673 deutlich erfahren hatte. Nur zwei Monate zuvor hatte er am gleichen Ort seine erste Frau Elisabeth Magdalena und sein ungeborenes Kind zu Grabe getragen. Vor diesem Hintergrund mögen ihm Frau und Kinder wie die Krone des irdischen Lebens erschienen sein; s.u. 2.5.1.

[142] In Leichenpredigten auf Soldaten war es im 17. Jh. verbreitet, das Christentum als Kampfleben und Leidensbereitschaft zu charakterisieren; vgl. T. KAUFMANN, Dreißigjähriger Krieg, 1998, S. 88–90. Auch Winckler beschreibt – in Aufnahme paulinischer Texte und Wendungen – treue Christen mit auffällig vielen kriegerischen Termini, z.B. als »geistliche Kämpfer und Streiter«, »Kriegsmänner« und »Glaubenskämpfer«; vgl. J. WINCKLER, Geistlicher Krieger und Sieger, 1674, S. 11. 16f. 28.

welche die Christen zu einem veränderten Leben im Geist und in der Liebe befreit.[143] Ausgehend v.a. von paulinischen Texten schärft er ein, dass der Mensch weder durch Verdienste noch durch Werke Gnade bei Gott erlangen könne, sondern allein durch »die glaubige Erkäntnüß und zuversichtliche Zueignung göttlicher Gnaden in Christo«.[144] Die Erkenntnis von Gottes Freundschaft und die Zuwendung der göttlichen Gnade bewirke eine neue, von Gottvertrauen geprägte Gemütshaltung sowie eine veränderte Lebenspraxis in tätiger Liebe, durch welche die in der Taufe Wiedergeborenen sich auch sichtbar von den »ungetreuen Weltkindern« unterschieden.[145] Als Merkmale des inneren Christentums werden Freude, Zuversicht, Dankbarkeit, Ruhe, Beständigkeit und Festigkeit des Herzens genannt.[146] Weniger konkret wird die durch den Glauben ermöglichte veränderte Praxis entfaltet, wobei im Hintergrund der Ausführungen die Gegenüberstellung der Werke des Fleisches und des Geistes nach Gal 5 steht. Neben allgemeinen Ermahnungen, Gottes Gebote zu befolgen, die im Glauben naheliegenden Tugenden anzunehmen und die vergänglichen Lüste der Welt zu meiden (2. Petr 1,4f), verweist Winckler auf das Beispiel des Erlösers. Da Jesus Christus beispielhaft gelebt (Eph 4,21) und für die Menschheit gelitten habe, sei seinem Vorbild sowohl im aktiven Handeln als auch im passiven Dulden zu folgen. Allzu hohe Erwartungen an die menschlichen Fähigkeiten – auch die der Wiedergeborenen – wehrt er unter Hinweis auf die menschliche Erbsünde ab, die als Widersacherin des Glaubens im Menschen selbst streite und diesen allein auf die Gnade Gottes verweise.[147] Ermunterung zur Nachfolge, Trost und Stärkung seien jedoch durch Bibellektüre, Gebet und Vertrauen auf Gott zu gewinnen.

Im Hinblick auf Johann Wincklers theologische Entwicklung sind folgende Beobachtungen zusammenzufassen: Auffällig ist erstens die Konzentration auf eine fast ausschließlich innerbiblische Textauslegung. Finden sich im Exordium durchaus auch barocke Wortspiele und Reime mit weltlichem Hintergrund, so lebt die Predigt ganz von biblischen Zitaten, Argumenten, Begriffen und Bildern. Diese Form der Bibelauslegung wird nur an zwei, das Glaubensverständnis bzw. die Prädestinationslehre betreffenden Stellen um kurze kontroverstheologische Nebensätze zu dem Jesuiten Ro-

143 Zur lutherischen Rechtfertigungslehre vgl. Confessio Augustana (1530), Art. 4, in: BSLK, [11]1992, S. 56; Apologia CA (1531), Art. 4, in: ebd., S. 158f. 170. 172; Formula Concordiae (1577), Art. 3, in: ebd., S. 917f. 922–927.

144 J. WINCKLER, Geistlicher Krieger und Sieger, 1674, S. 14f.

145 Vgl. ebd., S. 23.

146 Vgl. z.B. ebd., S. 12f.

147 Winckler widmete diesem Gedanken später eine eigene Schrift und wandte sich damit gegen pietistische Konzepte, die den Wiedergeborenen die Mitwirkung an ihrer Erlösung zusprachen; vgl. J. WINCKLER, Unvermögen der Wiedergebohrnen, 1689 (benutztes Exemplar der Bibliothek der Hansestadt Lübeck), s. Teil II. 1.3, Nr. 13).

bert Bellarmin, den Arminianern Wilhelm Estius und Simon Episcopius bzw. den Reformierten unterbrochen.[148] Die an der Tübinger Arbeit von 1672 zuerst wahrnehmbare Orientierung am Ideal einer auf die Exegese konzentrierten Theologie scheint Winckler in den folgenden Jahren in der Predigtpraxis erprobt zu haben. Deutlicher als zuvor – das mag auch an der Gattung »Predigt« liegen – tritt hier zudem das Bemühen um eine schlichte, biblische Sprache hervor. Wie in der Dissertation zeigt Winckler auch in der Leichenpredigt seine Kenntnis der griechischen, hebräischen und äthiopischen Sprache als Voraussetzung einer gründlichen Beschäftigung mit dem Alten und Neuen Testament.[149]

Zweitens ist in systematischer Hinsicht die Auseinandersetzung mit folgenden Topoi zu beobachten: Grundlegend schärft Winckler als Zentralthema lutherischer Theologie die Rechtfertigungslehre ein, derzufolge der Mensch die Liebe Gottes nicht durch Werke, sondern allein durch den Glauben an Gottes Gnade erlangt. Diese Aussage über das Wesen des Glaubens wird durch die deutliche Forderung nach Buße und Heiligung des Lebens sekundiert, in welcher der Glaube praktischen Ausdruck findet. Denn das Bekenntnis zu Jesus Christus muss sich im Kampf gegen die Verführungen der Welt, die eigene Verführbarkeit und Schwäche (Sünde) und damit letztlich im Widerstand gegen die Macht des Teufels bewähren. Dabei geht Winckler von der realen Wirksamkeit des Teufels als Urheber alles Bösen und als Gegenspieler Christi aus.[150] Mit der Aufforderung zu Buße und Heiligung korrespondiert der Ruf zur Nachfolge, verstanden als Ausrichtung an dem in der Bibel fixierten Beispiel Jesu Christi. Auffällig wirkt die Unterscheidung zwischen den »Weltkindern« und den »Wiedergeborenen«, wobei allerdings weder der Ort der Wiedergeburt eindeutig benannt, noch den Wiedergeborenen besondere Fähigkeiten zugesprochen werden.[151] Vielmehr scheint mit diesen Begriffen eine persönliche Ent-

---

[148] Vgl. J. WINCKLER, Geistlicher Krieger und Sieger, 1674, S. 12. 16. Zu Robert Bellarmin (1542–1621) vgl. G. GALEOTA, Bellarmini, 1980; LThK³ 2, 1994, Sp. 189–191; zu Wilhelm Estius (1542–1613) vgl. LThK³ 3, 1995, Sp. 896f; zu Simon Episcopius (1583–1643) vgl. BBKL 1, 1990, Sp. 1523; RGG⁴ 2, 1999, Sp. 1374.

[149] Nach eigenen Angaben verwendet Winckler bei seinen Übersetzungen das »Lexicon heptaglotton«; vgl. J. WINCKLER, Geistlicher Krieger und Sieger, 1674, S. 15. Zum »Lexicon heptaglotton« (1669) des Edmund Castell s.o. 2.3.4.

[150] Vgl. J. WINCKLER, Geistlicher Krieger und Sieger, 1674, S. 14. 25–27.

[151] Nur andeutungsweise verortet Winckler gemäß der lutherischen Tradition, jedoch anders als spätere Pietisten wie z.B. August Hermann Francke, die Wiedergeburt in der Taufe als dem ersten Sterben sowie im realen Tod; vgl. ebd., S. 4. 23. Auch Philipp Jakob Spener spricht von der sich in der Taufe ereignenden Wiedergeburt; vgl. P.J. SPENER, Pia Desideria (1675), ³1964, S. 33. Zur lutherischen Lehre von der Taufe als Wiedergeburt vgl. Confessio Augustana (1530), Art. 2, in: BSLK, ¹¹1992, S. 53; Der Kleine Katechismus (1529), in: ebd., S. 516. 537f; Der Große Katechismus (1529), in: ebd., S. 696; Formula Concordiae (1577), Art. 2, in: ebd., S. 898f.

scheidung für oder gegen Christus und die Gnade Gottes bzw. die Welt und die Macht des Bösen und damit so etwas wie ein Bekenntnis bezeichnet zu werden. Insgesamt deuten sich theologische Parallelen zu Johanna Eleonora von Merlau und Philipp Jakob Spener an, deren Vorstellungen von christlicher Erbauung ebenfalls um die Bibel als Quelle der Frömmigkeit sowie um ein bibelkonformes, weltabgewandtes Leben nach den Regeln Christi als Ausübung der Frömmigkeit (*praxis pietatis*) kreisten.[152]

Drittens sind die der Predigt angehängten *Personalia* des Verstorbenen zu beachten: Im Vergleich zu anderen barocken Lebensläufen, in denen das selige Sterben als Exempel christlichen Glaubens breit erzählt wird, tritt in Wincklers kurzem biographischem Text die Schilderung des Todes in markanter Weise zurück. Auch in der Predigt selbst fehlen Bezüge auf die verstorbene Person. Hier deutet sich eine Zurückhaltung gegenüber allzu großem, unterschiedslosem Lob der Verstorbenen an, die auch von Spener überliefert ist. Dieser warnte davor, in Leichenpredigten Tugenden zu rühmen, welche der Tote niemals besessen hätte, und so die Auffassung zu unterstützen, dass die Seligkeit schließlich doch durch gute Werke zu erlangen sei.[153] Auf der anderen Seite sticht in den *Personalia* die Betonung der vorbildlichen Erziehung des Verstorbenen hervor, an der das Interesse des Autors an einer religiös orientierten Pädagogik deutlich wird. Offenbar wusste Winckler, der zwar selbst noch kinderlos war, jedoch bereits vielfältige Erfahrungen im Unterricht Heranwachsender gemacht hatte, um den Stellenwert der Kindheit als einer wichtigen, prägenden Lebensepoche sowie die Bedeutung einer adäquaten christlichen Erziehung. Auch das pädagogische Interesse teilte er mit Johanna Eleonora von Merlau.[154]

Hervorzuheben ist schließlich die schon erwähnte eindringliche, einfache und anschauliche Sprache Wincklers: Sie orientiert sich einerseits am beruflichen Hintergrund des Verstorbenen und der Predigtgemeinde, indem auch in der Exegese zeitgenössische kriegerische und sportliche Termini und Bilder verwandt werden. Andrerseits zielt sie im paränetischen Teil auf allgemein-menschliche Erfahrungen eigener Verführbarkeit, Schwäche, Trägheit und Angst, welche das Bekenntnis zu Jesus Christus in Worten und Taten behindern. Die durch Zweifel, Wankelmut und Selbstbetrug charakterisierten Glaubensversuche seiner Zuhörer und Zuhörerinnen stellt Winckler vor die Entscheidung zwischen Gut und Böse, Gott und Teufel: Soll die furchteinflößende Androhung des letzten Gerichts die Abkehr von

152 Vgl. M. MATTHIAS, Mutua Consolatio, 1996, S. 72.

153 Vgl. P.J. SPENER, Theologische Bedencken 1.2, 1700, S. 89f.

154 Johanna Eleonora von Merlau gab im Frankfurter Saalhof seit 1675 privaten Mädchenunterricht; vgl. M. MATTHIAS, Johann Wilhelm und Johanna Eleonora Petersen, 1993, S. 91f. Zur Frage der Kindererziehung im Pietismus vgl. A. GESTRICH, Ehe, 2004, bes. S. 512–517.

Gott und einen »untreuen« sündhaften Lebensweg verhindern, so will das leuchtende Bild der Gnade Gottes zu Standfestigkeit im Glauben, Buße und Heiligung ermutigen.

2.5 Frühe Freundschaften, Ehe und Familie

2.5.1 Erste Ehe mit Elisabeth Magdalena von Lindau

Kurz nach seiner Anstellung als Diaconus in Bad Homburg v.d. Höhe hatte Johann Winckler dort am 11. August 1672 in erster Ehe Elisabeth Magdalena von Lindau (†1673) geheiratet.[1] Er folgte damit dem Regelfall, demzufolge ein lutherischer Pfarrer im 17. Jh. möglichst bald nach Übernahme seines ersten Amtes heiratete, ein unverheirateter lutherischer Theologe hingegen völlig unüblich war.[2] Dabei stellte die ökonomische Unabhängigkeit zugleich die Voraussetzung der Eheschließung dar.[3] Wincklers erste Frau war eine Tochter des Hans Wilhelm von Lindau,[4] der als Hauptmann im Dienst des Herzogs von Braunschweig-Wolfenbüttel sowie in Mainzer Hofdiensten gestanden hatte, und der Anna Margaretha von Fronhorst,[5] Hofmeisterin an verschiedenen deutschen Adelshöfen. Der Vater war bei der Hochzeit bereits verstorben. Über die Namen der Eltern, ihren Hochzeits- und Todestag hinaus fehlt über Elisabeth Magdalena von Lindau bisher fast jegliche Nachricht. Einige weiterführende Informationen bietet die Vita ihrer wohl jüngeren Schwester Anna Sophia von Osterhausen geb.

---

1 Vgl. SUB HH, LA: Winckler, Johann, fol. 5; G.E. EDZARD, Elogium Funebre, 1705, fol. 3^v; J. MOLLER, Cimbria Literata 2, 1744, S. 997; Nachrichten, 1773, S. 1. Da die Kirchenbücher der lutherischen Gemeinde Bad Homburg v.d. Höhe aus den Jahren 1668–1676 fehlen, konnte der Traueintrag dort nicht überprüft werden; vgl. ZaEKHN, Kirchenbuch Bad Homburg v.d. Höhe Nr. 1 (1614–1699), Film Nr. 1132. Das Geburtsjahr von Elisabeth Magdalena von Lindau konnte nicht ermittelt werden, da die Überlieferung der Kirchenbücher von Nieder-Walluf, wo sie vermutlich getauft wurde, erst im 18. Jh. einsetzt, so die mündliche Auskunft im Zentralarchiv der EKHN in Darmstadt am 19.11.2002. Anfragen nach Familie von Lindau im Stadtarchiv Hanau und in den Hessischen Staatsarchiven Darmstadt, Wiesbaden und Marburg verliefen ergebnislos.

2 Ein lediger oder längere Zeit verwitweter lutherischer Pfarrer war im 17. Jh. praktisch unmöglich; vgl. T. KAUFMANN, Universität, 1997, S. 160. Zur positiven Bewertung von Ehe und Sexualität im frühen lutherischen Pietismus vgl. U. GLEIXNER, Ordnung, 2002.

3 Vgl. R. VAN DÜLMEN, Gesellschaft, 1993, S. 194–235, hier S. 197.

4 Hans Wilhelm von Lindau (1583–1667) war ein Sohn von Otto Eckard von Lindau und Margaretha Dorothea von Creutzen. Er starb am 1.7.1667 auf Schloss Wiesenburg; vgl. KA Schönau, Fürstliche Hollsteinische Hofcapelle, S. 141; C.G. ECHLITIUS, Anna Sophia von Osterhausen, [1690], fol. K2^v–L2^r; GVUL 17, 1738, Sp. 1353–1357; R. VON BUTTLAR-ELBERBERG, Die von Lindau, 1878, S. 90–92.

5 Anna Margaretha von Fronhorst († vor 1690) war die Tochter des Ernst von Fronhorst und stammte aus einer adligen Familie, die im Raum um Magdeburg und in Westfalen begütert war. Ihr Mann und sie hatten zwei Söhne, Johann Friedrich (1637–1719), geb. in Wolfenbüttel, später Oberforstmeister in Hessen-Kassel, und Christoph Ernst, sowie eine unbekannte Zahl von Töchtern. Spätestens seit dem Tod ihres Mannes 1667 wirkte sie als Hofmeisterin; vgl. C.G. ECHLITIUS, Anna Sophia von Osterhausen, [1690], fol. L^r–L2^r; R. VON BUTTLAR-ELBERBERG, Die von Lindau, 1878, S. 91; DERS., Stammbuch, 1888, Stammtafel 24; T. SCHÜLER, Der Hof Armada, 1895, S. 5f.

von Lindau (1653–1690) im Anhang zu deren Leichenpredigt.[6] Wahrscheinlich wurde Elisabeth Magdalena von Lindau wie ihre Schwester auf Hof Armada bei Wiesbaden geboren.[7] Väterlicherseits entstammte sie einem alten rheinländischen Adelsgeschlecht, dessen Stammsitz Hof Lindenthal bei Wiesbaden war. Seit 1310 waren die von Lindau durch Nassau mit dem sog. Lindauer Gericht, einem Gebiet zwischen Rhein und Walluf, sowie mit dem zugehörigen Rittersitz Armada belehnt.[8] Kirchlich gehörte Hof Armada zu Nieder-Walluf, wo die Adligen die Pfarrkollatur innehatten.[9] Seit dem 16. Jh. wurden die zum Luthertum übergetretenen Herren von Lindau zwischen den Hoheitsansprüchen der evangelischen Grafen von Nassau-Idstein einerseits und dem katholischen Erzbischof und Kurfürsten von Mainz andrerseits aufgerieben.[10] Sie verloren an Vermögen und Einfluss und mussten vielfach selbst in fremde Hofdienste treten – oftmals am Mainzer Hof wie Hans Wilhelm von Lindau. Seit 1663 konnten sie nicht einmal das eigene Haus Armada mehr halten.[11] Die elterliche Familie Elisabeth Magdalena von Lindaus zog dann im Gefolge des Herzogs von Schleswig-Holstein-Sonderburg nach Wiesenburg in Sachsen.[12] Während der Vater bereits 1667 auf der Wiesenburg starb, wirkte die Mutter hier acht

---

6 Vgl. C.G. ECHLITIUS, Anna Sophia von Osterhausen, [1690], fol. K2v–Or. Eine weitere Verwandte könnte Maria Margaretha von Lindau gewesen sein, die mit ihrem bürgerlichen Ehemann Friedrich Cretzschmar, kaiserlicher Rat und Pfalzgraf, und mehreren Kindern am 8.3.1670 in Wien nobilitiert wurde; vgl. Standeserhebungen und Gnadenakte 1, 1967, S. 202.

7 Hof Armada war ein Rittersitz, der 1317 erstmals unter dem Namen »zur Armen Ruen« genannt wurde. Er liegt an der alten Rheingauer Straße in einem kleinen Seitental bei Frauenstein westlich von Wiesbaden und wird bis heute als landwirtschaftlicher Hof genutzt. Hof Armada, ein Lehen der Grafen von Nassau, wurde von Familie von Lindau bis 1678 bewohnt; vgl. Die Bau- und Kunstdenkmäler der Kreise Unter-Westerwald, St. Goarshausen, Untertaunus, und Wiesbaden, 1914, S. 230–232; Handbuch der historischen Stätten Deutschlands 4, [3]1976, S. 141f.

8 Zu den Besitzungen, Hoheiten und Rechtsstreitigkeiten der Familie von Lindau vgl. Neues allgemeines Deutsches Adels-Lexicon 5, 1930, S. 548f; C.D. VOGEL, Beschreibung, 1843, S. 544. 576f; T. SCHÜLER, Der Hof Armada, 1895, S. 5f; A. HENCHE, Zur Geschichte, 1934; W. KLÖTZER, Zur Geschichte, 1958.

9 Vgl. C.D. VOGEL, Beschreibung, 1843, S. 577.

10 In religiöser Hinsicht herrschte am Mainzer Hof unter Johann Philipp von Schönborn, Kurfürst von Mainz, Bischof von Worms und Würzburg (1605–1673) eine ökumenische Haltung, die sich in Toleranz gegenüber Protestanten (und Juden) sowie der aktiven Förderung der Wiedervereinigung der Konfessionen ausdrückte; vgl. M. FINKE, Toleranz, 1984, S. 197f.

11 Hof Armada war seit 1663 verpfändet. 1678 ging er zusammen mit der Lehnshoheit über das Lindauer Gericht von der Grafschaft Nassau-Wiesbaden auf das Kurfürstentum und Erzbistum Mainz über, als Damian Hartrad von der Leyen (*1624, 1675–1678), Kurfürst und Erzbischof von Trier, beides für 7700 Reichstaler kaufte; vgl. C.D. VOGEL, Beschreibung, 1843, S. 576; T. SCHÜLER, Der Hof Armada, 1895, S. 6; W. KLÖTZER, Zur Geschichte, 1958, S. 233; Europäische Stammtafeln. N.F. 4, 1981, Tafel 40.

12 Zu den Herzögen von Schleswig-Holstein-Sonderburg s.o. 2.3.1.

Jahre lang als Hofmeisterin.[13] Die Schwestern Elisabeth Magdalena und Anna Sophia von Lindau wuchsen auf Schloss Wiesenburg auf, wo sie sich vermutlich mit der etwa gleichaltrigen Prinzessin Sophie Elisabeth von Schleswig-Holstein-Sonderburg-Wiesenburg sowie dem adligen Kammerfräulein Johanna Eleonora von Merlau[14] anfreundeten. Jedenfalls stand Anna Sophia von Lindau bis zu ihrer Hochzeit im Herbst 1678 in engem Kontakt mit den beiden Frauen.[15] Wahrscheinlich bahnte sich auch die Beziehung zwischen Elisabeth Magdalena von Lindau und Johann Winckler während dessen Tätigkeit als Prinzeninformator auf Schloss Wiesenburg an. Es ist anzunehmen, dass an ihrer Hochzeit im Sommer 1672 in Bad Homburg v.d. Höhe weitere Angestellte des Wiesenburger Hofes, Angehörige der Braut sowie der fürstlichen Familie von Schleswig-Holstein-Sonderburg-Wiesenburg teilnahmen.[16]

Wincklers unstandesgemäße erste Ehe mit der verarmten Adligen Elisabeth Magdalena von Lindau währte nur etwas über ein Jahr.[17] Seine Frau starb bereits am 9. Oktober 1673 in Braubach mit dem ersten Kind unter der Geburt. Drei Tage später wurde sie von Wincklers Kollegen, dem Diakon Johann Leporinus, auf dem Friedhof an der St. Martinkapelle mit einer Leichenpredigt über Psalm 73,25f und einem großen Leichenzug beerdigt. Wie erschüttert Winckler vom plötzlichen Tod seiner Frau war, zeigt der Kirchenbucheintrag über ihre Beerdigung von seiner Hand.[18]

---

13 Anna Margaretha von Lindau war damit die Vorgesetzte von Johanna Eleonora von Merlau. Dieser wurde nach dem Fortgang der von Lindau an den Dresdener Hof die Nachfolge als Hofmeisterin auf Schloss Wiesenburg angeboten; vgl. C.G. ECHLITIUS, Anna Sophia von Osterhausen, [1690], fol. L2^{r}; R. ALBRECHT, Johanna Eleonora Petersen, 2005, S. 45.

14 Zu Johanna Eleonora von Merlau, mit Familie von Lindau auch weitläufig verwandt, s.o. 2.3.1.

15 Anna Sophia von Lindau blieb nach dem Weggang der Mutter an den Dresdener Hof um 1672 in der Obhut der Herzöge von Schleswig-Holstein-Sonderburg-Wiesenburg. Bis zu ihrer Hochzeit im Oktober 1678 mit Georg Heinrich von Osterhausen (†1725), der als Kammerjunker und Forstmeister im Dienst des Herzogs Moritz von Sachsen-Zeitz stand, diente sie als Kammerfräulein Herzogin Sophie Elisabeth. Auch später blieb sie in räumlicher Nähe der Herzogin; vgl. C.G. ECHLITIUS, Anna Sophia von Osterhausen, [1690], fol. L2^{r-v}; M. MATTHIAS, Mutua Consolatio, 1996, S. 78. Damit ist Anna Sophia von Lindau wohl als die Adressatin einiger Briefkonzepte von Johann Jakob Schütz anzusehen, welche dieser Anfang 1677 an eine bisher unbekannte Jungfrau von Lindau in Zeitz richtete; vgl. Stadt- und Universitätsbibliothek Frankfurt a.M., Senckenbergische Bibliothek, Nachlass Johann Jakob Schütz, Mappe 330, fol. 128. 133. 136.

16 Im Sommer 1672 fuhr die herzogliche Familie zur Kur nach Bad Ems und könnte während dieser Reise zur Hochzeit nach Bad Homburg v.d. Höhe gekommen sein.

17 Bis Ende des 18. Jh. galten Ehen zwischen einer Adligen und einem Bürgerlichen als ungewöhnlich. Charakteristisch waren sie hingegen für das pietistische Milieu. Wincklers Hochzeit mit einer Angehörigen des verarmten Adels könnte daher ein Indiz dafür sein, dass es vor deren Eheschließung bereits pietistische Neigungen auf Wiesenburg gab; vgl. H. SCHNEIDER, Der radikale Pietismus, 1993, S. 398; R. ALBRECHT, Johanna Eleonora Petersen, 2005, S. 81.

18 Während Winckler sonst knapp und ordentlich Daten und Namen der Verstorbenen verzeichnete, trug er anlässlich der Beerdigung seiner Frau folgenden ausführlichen Text mit vielen

Über die Persönlichkeit von Elisabeth Magdalena Winckler ist bislang nichts bekannt. Einen Reflex auf ihren Charakter werfen zwei briefliche Äußerungen Philipp Jakob Speners an Johanna Eleonora von Merlau. An sie schrieb Spener am 20. Dezember 1673 über die Verstorbene:

> Ihr frau baaß [...] ist [...] neulich von GOTT eher aus dieser zeitlichkeit abgefordert worden, als sie nach ihrem so sehnlichen wunsche auch eine fröliche kinds=mutter worden wäre. Jetzo wird sie der HErr mit völligen strömen des trosts überschütten, nach dessen tröpflein und vorgeschmack sie hier so schmertzlich verlanget, und getrauret hat, dasjenige bey sich nicht zu fühlen, was sie zuweilen von andern frommen seelen aus derer erfahrung rühmen hörte. Es hatte ihr ehemann eben vor einigen monaten noch an mich geschrieben, und berichtet, wie sie noch manche stunde in solcher ihrer betrübnüß und anfechtung kümmerlich zubringen müßen.[19]

Im Juni 1674 heißt es in einem weiteren Brief Speners an Johanna Eleonora von Merlau über Wincklers erste Ehe: »wie ich denn von denen, so ihn [Winckler] genauer kennen, vernehme, daß die Gottseligkeit seiner vorigen nunmehr seligen liebsten ihm nicht wenig bereits genutzet habe«.[20]

Speners Worte zum Tod Elisabeth Magdalena Wincklers verdeutlichen mehrere Aspekte, die für Wincklers religiöse Biographie relevant sind: Sie bestätigen zunächst die Vermutung, dass die Eheleute Winckler ein Beziehungsnetz zu solchen Menschen unterhielten, die eine besonders intensive innere Frömmigkeit lebten. Hier ist an gemeinsame Wiesenburger Verwandte und Freundinnen zu denken wie Prinzessin Sophie Elisabeth von Schleswig-Holstein-Sonderburg-Wiesenburg, Johanna Eleonora von Merlau, Anna Sophia von Lindau[21] und Christian Gottfried Echliti-

---

Verschreibungen und Durchstreichungen ein: »den 12 octobr. ist die HochEdelgebohrne und Tugendsame Frau Elisabetha Magdalena H. M. Johan Wincklers Pfarrers und Metropolitani Eheliebste, gebohrne Von Lindau, nachdem Sie den 9 dito mit dem Kinde in Kindesnöthen sanfft und seelig verschieden mit einer ansehnlichen Leichen Begängnis in S. Martini Kirche bey den alten begraben worden. Ihr selbst erwehlter Leichentext war aus dem Ψ. 73. v. 25. 26. H. wenn ich nur dich habe, Die Leichpredigt that H. Johan. Leporiny diacony [unleserlich] alhir«; ZaEKHN, Kirchenbuch Braubach Nr. 2 (1673–1700), Film Nr. 2709.

19 P.J. SPENER, Briefe 1, 1992, Nr. 167, S. 675. Die frühen Briefe Wincklers an Spener, auf welche dieser hier anspielt, sind nicht erhalten. Die im Archiv der Franckeschen Stiftungen in Halle befindlichen etwa 90 Briefe Wincklers an Spener setzen erst Anfang 1679 ein, s. Teil II. 2.2.

20 Ebd., S. 764.

21 Für Anna Sophia von Lindau ist ein intensives Frömmigkeitsleben überliefert. Ihr Beichtvater Christian Gottlfried Echlitius berichtet in ihrer Vita von häufigem, bewegtem Gebet, Tränen, Andacht und Zwiegespräch mit Gott, erbaulicher Lektüre, regelmäßiger Beichte und Abendmahl, exemplarischem tätigen Christentum, Buße und »Gottseligkeit«. Vor ihrem Tod verfasste sie einen meditativen, gebetsartigen Text mit vielen biblischen Anklängen, der unter dem Titel »Todtes-Gedancken« ihrer Leichenpredigt angehängt wurde. Hier stellt sie ihr Leben ganz in Gottes Hand. Sie bittet um die gnädige Vergebung ihrer Sünden, Trost und Beistand im Sterben, Heiligung und ewiges Leben. Auffällig wirkt das Bestreben nach völliger Ergebung in Gottes Willen; vgl. C.G. ECHLITIUS, Anna Sophia von Osterhausen, [1690], fol. O2^{r}–P2^{v}.

us,[22] sowie an Frankfurter Freunde wie Philipp Jakob Spener und Johann Jakob Schütz. Vermutlich stellten sie zwischen den beiden regional getrennten Freundeskreisen ein Bindeglied her. Dagegen werden aufgrund des raschen Umzugs von Bad Homburg v.d. Höhe nach Braubach zum Jahreswechsel 1672/73 an diesen Orten kaum tiefergehende Freundschaften entstanden sein.

Zweitens hören wir, dass Elisabeth Magdalena Winckler unabhängig von ihrem Mann, vielleicht früher oder intensiver als er, Erfahrungen in der »Gottseligkeit« gemacht hatte. Dieser Begriff, der im 17. Jh. mit dem der »Frömmigkeit« nicht völlig identisch ist und oftmals in Gegenüberstellung zu dem der »Gottesfurcht« (im Sinne von Gesetzesfrömmigkeit) begegnet, soll eine den Menschen in allen seinen Lebensfunktionen regierende Frömmigkeit umschreiben.[23] In den »gottseligen« Christen wirke die göttliche Gnade durch die Mittel des Evangeliums, der Sakramente und des Kreuzes die tägliche Unterdrückung der Sünden (Selbstliebe, Geiz, Ehrgeiz und Wollust), Wachstum des Glaubens sowie Liebe zu Gott, dem Nächsten und sich selbst.[24] Dabei diene die »Gottseligkeit« der Ehre Gottes, der Erbauung der Mitchristen und der Versicherung der eigenen Seligkeit. Spener verwendet den Begriff in mehrfacher Ausrichtung: Einerseits spricht er, z.B. in den *Pia Desideria*, von einer »ernstlichen innerlichen gottseeligkeit«, die er als eine betont innere, »einfältige« Glaubenshaltung der »äußeren«, akademischen Theologie gegenüberstellt.[25] Andrerseits setzt er, z.B. im Taufabschnitt der *Einfältigen Erklärung der christlichen Lehr* (1677), »Gottseligkeit« und »heiliges Leben« als Folge der in der Taufe geschenkten Wiedergeburt bzw. Gotteskindschaft in eins, beschreibt damit also die praxisorientierte Heiligung des Lebens.[26] Wahrscheinlich war Wincklers Frau zu der anspruchsvollen und allumfassenden Lebenseinstellung der »Gottseligkeit« auf Schloss Wiesenburg durch Johanna Eleonora von Merlau angeleitet worden, die hier einen asketischen, von Weltabkehr und Quietismus geprägten Frömmigkeitsstil entwickelt hatte.[27] Elisabeth Mag-

[22] Christian Gottfried Echlitius (1643/44–1721), geb. in Allstedt in Thüringen, studierte seit 1672 in Jena und war Hofprediger und Prinzeninformator am Hof von Sachsen-Zeitz. 1680 wurde er Pfarrer in Langenau, 1682 Diaconus in Zeitz, 1688 Superintendent in Weida und 1690 Superintendent des Stiftes Zeitz; vgl. Matrikel der Universität Jena 2, 1977, S. 225. In einem Brief der Johanna Eleonora von Merlau an Herzogin Sophie Elisabeth von Sachsen-Zeitz vom 16.6.1678 heißt es, dass Echlitius »und sein weibgen auch schon leiden müssen umb der gottseeligkeit«; vgl. M. MATTHIAS, Mutua Consolatio, 1996, S. 78. 84.

[23] Zu den Begriffen »gottselig« bzw. »Gottseligkeit«, die durch Luthers deutsche Verwendung der neutestamentlichen Worte ευσεβης bzw. ευσεβεια geprägt sind, vgl. GVUL 11, 1735, Sp. 417–420; DWb 4/1,5, 1958, Sp. 1402–1417.

[24] Vgl. GVUL 11, 1735, Sp. 419.

[25] P.J. SPENER, Pia Desideria (1675), ^{3}1964, S. 18; vgl. auch S. 20f. 26. 32. 39. 42. 55f. 76.

[26] Vgl. P.J. SPENER, Einfältige Erklärung, 1677, S. 742. 751–756; DERS., Theologische Bedencken 4, 1702, S. 455.

[27] S.u. 2.5.2.

dalena Winckler war ihrem Mann in der *praxis pietatis* offenbar mindestens ebenbürtig, was dieser – obgleich akademisch theologisch gebildet – akzeptierte und schätzte. Daraus ist erstens zu schließen, dass Winckler hinsichtlich seiner Frömmigkeitsentwicklung auch von seiner ersten Frau beeinflusst wurde. Zweitens ergibt sich, dass er an einem offenen Austausch über Fragen der Frömmigkeit mit allen Christen interessiert war und seine theologischen Gesprächspartner nicht nur im akademischen Milieu, sondern auch bei Ungebildeten, Laien und Frauen suchte. Drittens fällt hier im Kommunikationsnetz zwischen Spener, dem Ehepaar Winckler und Johanna Eleonora von Merlau zum ersten Mal der Ausdruck »Gottseligkeit« als Kennwort für eine besondere, die innere Glaubenshaltung mit der Heiligung des Lebens verbindende Frömmigkeit. Winckler selbst setzt den Begriff in seinen frühen Druckschriften im Gegensatz zu Spener nur zurückhaltend ein.[28]

Schließlich ist an Speners Briefen ein Drittes abzulesen: Elisabeth Magdalena Winckler empfand gegenüber den »frommen Seelen« in ihrem Freundeskreis einen Mangel an geistlichen Empfindungen, der sie anhaltend niedergeschlagen und im Glauben angefochten sein ließ. Während sie selbst von ihrer Mutterschaft Ablenkung, Aufheiterung und Stärkung erhoffte, suchte Winckler, der an ihren Glaubenszweifeln und Depressionen Anteil nahm, Unterstützung bei dem älteren Freund Spener. Exemplarisch wird an Wincklers erster Ehe die Anspannung deutlich, unter der im Umfeld des frühen Pietismus diejenigen standen, die zu den »gottseligen« bzw. wiedergeborenen Christen gehören wollten. Die rigorosen Forderungen, die fromme Frauen an sich selbst und aneinander stellten, werden z.B. in den Briefen anschaulich, die Johanna Eleonora von Merlau zwischen 1678–1684 an Herzogin Sophie Elisabeth von Sachsen-Zeitz schrieb.[29] In diesen Briefen ermahnt Johanna Eleonora von Merlau, die sich als geistliche Mutter der Herzogin versteht, die jüngere Freundin immer wieder zur Abkehr von der Welt und zur Hinwendung zu Gott. Die Abwendung der »Herzen von der Weltliebe« beschreibt die Verfasserin als einen schmerzhaften Kampf der Seele gegen den »feindseligen Geist« und die »tausend Stricke« der Welt.[30] Die Hinwendung der Seele allein zu Gott münde dagegen in die Erkenntnis göttlicher Wahrheit und Ordnung, in vollkommenen inneren Frieden sowie in Gefühle der Liebe und Barmherzigkeit gegenüber anderen:

---

[28] Vgl. z.B. J. WINCKLER, Bedencken, 1679, S. 53. 79. 83. 151. Hier begegnet der Begriff fast ausschließlich in Verbindung mit dem Stichwort »Erbauung«.

[29] Abgedruckt bei M. MATTHIAS, Mutua Consolatio, 1996, S. 77–102. Erhalten sind 13 Briefe, die Johanna Eleonora von Merlau von Frankfurt a.M. bzw. Eutin aus an Herzogin Sophie Elisabeth von Schleswig-Holstein-Sonderburg-Wiesenburg richtete, welche seit 1676 mit Herzog Moritz von Sachsen-Zeitz verheiratet war; s.o. 2.3.1.

[30] Vgl. ebd., S. 85. 89. 92.

»O wie süß wird da die liebe seyn die so herlich und lauter ia vollkommen seyn wird gegen gott und gegen alle«.[31] Das Beispiel Elisabeth Magdalena Wincklers, die mit den beiden Korrespondentinnen gut bekannt war und »die Zeit unsers anfangs in der wahren gottseeligkeit« auf der sächsischen Wiesenburg miterlebt hatte,[32] weist als Kehrseite dieses Frömmigkeitsstrebens gesteigerte Selbstzweifel und -prüfungen, Minderwertigkeitsgefühle und Angstzustände auf.[33] Eine Schwangerschaft, in der Frühen Neuzeit mit vielen Gefahren für Mutter und Kind verbunden, konnte diese ängstlichen Empfindungen noch verstärken. Von der Schwangeren wurde jedoch gefordert, ihre Ängste vor den Schmerzen und dem ungewissen Ausgang der Geburt durch tägliches Gebet und eine tugendhafte Lebensführung zu transzendieren.[34] In zeitgenössischen Andachts- und Gebetbüchern wurde ihr empfohlen, sich seelisch auf die bevorstehenden Schmerzen vorzubereiten, ihre Zuversicht auf Gott zu richten, vor der Geburt zum Abendmahl zu gehen und sich den bevorstehenden Tod vor Augen zu halten. Diese Spiritualisierung sollte zu einer Haltung gelassener Gottergebenheit führen. Der Pietismus verstärkte diese Erwartung noch: »Insbesondere in Krisensituationen musste das pietistische Individuum gegenüber der Familie und pietistischen Gruppe seine vollständige Ergebenheit in die Vorsehung Gottes bezeugen.«[35] Die überlieferten Berichte deuten an, dass Johann Wincklers erste Ehe von beidem, von positiv erfahrener gegenseitiger geistlicher Erbauung und Förderung wie von ständigen schmerzlichen Gewissensprüfungen und Versagensängsten, geprägt war.

2.5.2 Brautwerbung um Johanna Eleonora von Merlau

Nach dem Tod seiner ersten Frau Elisabeth Magdalena geb. von Lindau hielt Winckler im Frühsommer 1674 um deren Freundin und Verwandte Johanna Eleonora von Merlau (1644–1724) an.[36] Er reiste zur Brautwer-

---

31 Ebd., S. 93.

32 Vgl. ebd., S. 87.

33 Die Gefahren, die von dem rigorosen Frömmigkeitsideal des frühen Pietismus für die Gemeinschaft ausgingen, wie geistlicher Hochmut und die Neigung zur Separation von der Gemeinde, wurden schon von den Zeitgenossen wahrgenommen. Das zeigt z.B. das von Balthasar Mentzer um die Jahreswende 1677/78 verfasste »Kurtze Bedencken«, s.u. 2.7.2. Dagegen finden die negativen Konsequenzen für die Erweckten selbst bislang nur wenig Beachtung. Zu den psychischen Auswirkungen der Halleschen Bekehrungstheologie auf Frauen vgl. U. WITT, Bekehrung, 1996, S. 192–236.

34 Vgl. U. GLEIXNER, Todesangst, 2002, S. 83.

35 Vgl. ebd., S. 89.

36 Zu Johanna Eleonora von Merlau s.o. 2.3.1. Das Verwandtschaftsverhältnis zu Familie von Lindau wird zwar in zeitgenössischen Texten erwähnt, ist jedoch unklar.

bung eigens von Braubach an die entlegene Wiesenburger Residenz, wo von Merlau seit etwa 1664 als Kammerfräulein bei ihrer Patin Herzogin Anna Margaretha von Schleswig-Holstein-Sonderburg-Wiesenburg lebte.[37] Winckler hatte sie wie seine erste Frau während der Tätigkeit als Prinzeninformator auf Hof Wiesenburg kennen gelernt. Johanna Eleonora von Merlau empfing den Heiratsantrag des Braubacher Metropolitans jedoch offenbar mit zwiespältigen Gefühlen: Einerseits war sie mit Winckler gut bekannt, schätzte dessen gehobene kirchliche Stellung und teilte mit ihm theologische Interessen, andrerseits verfolgte sie zu diesem Zeitpunkt das Ideal der Ehelosigkeit.[38] Sie konsultierte in dieser Angelegenheit daher den gemeinsamen Freund Philipp Jakob Spener, mit dem sie seit Ende 1672 korrespondierte. In zwei Briefen, die in den Juni und Oktober 1674 datiert werden können, ging Spener ihr gegenüber ausführlich auf Wincklers Heiratsantrag und den Prozess der Entscheidungsfindung ein.[39] Er betonte, dass er bei Winckler »keine einige fleischliche absicht« wahrnehmen könne, sondern »vielmehr die hertzlich begierde, eine person von dem lieben GOTT zur gehülffin zu haben«. Weiter gab Spener zu bedenken, dass beide aneinander nicht nur »leibliche hülffe, sondern auch geistliche erbauung haben« würden.[40] Schließlich empfahl er Johanna Eleonora von Merlau, als fromme Tochter die Entscheidung ihrem Vater zu überlassen. Mit diesem korrespondierte Johann Jakob Schütz als Wincklers Vertrauensmann.[41] Während Herzog Philipp Ludwig von Schleswig-Holstein-Sonderburg-Wiesenburg die Eheschließung befürwortete, lehnten der Brautvater Georg Adolf bzw. der Onkel Albert Otto von Merlau die Heirat mit Winckler Ende September 1674 schließlich ab.[42] Der Grund hierfür lag vermutlich in dem

---

[37] Zu Wincklers Werbung um Johanna Eleonora von Merlau vgl. J.E. PETERSEN, Eine kurtze Erzehlung, 1689, S. 266f; M. MATTHIAS, Johann Wilhelm und Johanna Eleonora Petersen, 1993, S. 83; R. ALBRECHT, Johanna Eleonora Petersen, 2005, S. 54f.

[38] Während Johanna Eleonora von Merlau 1674 noch die Ehelosigkeit anstrebte, um so dem Willen Gottes ganz zu dienen, diskreditierte sie die selbstgewählte Ehelosigkeit später als ein auf dem Eigenwillen beruhendes Konzept. 1680 ging sie unter Berufung auf die göttliche Vorsehung die Ehe mit Johann Wilhelm Petersen ein; vgl. J.E. PETERSEN, Eine kurtze Erzehlung, 1689, S. 264–267; M. MATTHIAS, Mutua Consolatio, 1996, S. 70. 90f. Zum pietistischen Ideal der eigenen Leidenschafts- und Willenlosigkeit (Quietismus) vgl. U. GLEIXNER, Ordnung, 2002, S. 154f. 169f.

[39] Vgl. P.J. SPENER, Briefe 1, 1992, Nr. 189, S. 763–769. Nr. 209, S. 841–844.

[40] Ebd., Nr. 189, S. 763f.

[41] Vgl. ebd., Nr. 189, S. 762. Nr. 209, S. 841; Stadt- und Universitätsbibliothek Frankfurt a.M., Senckenbergische Bibliothek, Nachlass Johann Jakob Schütz, Mappe 330, fol. 111.

[42] Georg Adolf von Merlau (†1681) war Hofmeister von Landgräfin Anna Elisabeth von Hessen-Homburg (1624–1688) an Hof Philippseck bei Butzbach. Deren 1665 mit Landgraf Wilhelm Christoph von Hessen-Homburg-Bingenheim geschlossene Ehe war 1672 geschieden worden; vgl. P.J. SPENER, Briefe 1, 1992, Nr. 189, S. 768; M. MATTHIAS, Johann Wilhelm und Johanna Eleonora Petersen, 1993, S. 83; Europäische Stammtafeln. N.F. I.2, 1999, Tafel 252.

unvermögenden, bürgerlichen Stand des Bewerbers.[43] Vielleicht stand Johanna Eleonora von Merlau selbst zu dieser Zeit auch der Ehe im Allgemeinen kritisch gegenüber.

Wincklers Werbung um von Merlau mag v.a. von dem Wunsch bestimmt gewesen sein, mit ihr eine ähnliche Ehe wie mit seiner ersten Frau zu führen. Tatsächlich weisen die Lebensläufe der beiden Frauen eine Reihe von Gemeinsamkeiten auf: Johanna Eleonora von Merlau entstammte wie Elisabeth Magdalena von Lindau dem verarmten hessischen bzw. nassauischen Landadel und war mit ihr sogar entfernt verwandt. Sie war wie Wincklers erste Frau Halbwaise und lebte im fürstlichen Gefolge am Wiesenburger Hof. Mit Winckler fast gleichaltrig, kannte sie ihn bereits mehrere Jahre und teilte seine theologischen Neigungen.

In den Jahren um Wincklers Brautwerbung, zwischen etwa 1672–1675, scheinen enge freundschaftliche Beziehungen zwischen ihm, Philipp Jakob Spener, Johann Jakob Schütz, Elisabeth Magdalena von Lindau, Johanna Eleonora von Merlau und Sophie Elisabeth von Schleswig-Holstein-Sonderburg-Wiesenburg bestanden zu haben. Johanna Eleonora von Merlau und Elisabeth Magdalena von Lindau lebten seit etwa 1664 an der kleinen sächsischen Residenz Wiesenburg. Die junge Prinzessin stieß erst um 1670 zu ihnen, nachdem sie ihre Jugend bei Verwandten mütterlicherseits sowie am kursächsischen Hof verbracht hatte. Winckler begegnete den drei Frauen als Prinzeninformator im Dienst des Herzogs von Schleswig-Holstein-Sonderburg vor seiner Abreise ans Tübinger Collegium Illustre sowie möglicherweise bei Heimatbesuchen.[44] Bereits auf Hof Wiesenburg pflegten die Frauen, wohl unter Anleitung der etwas älteren, charismatisch begabten von Merlau, eine intensive Frömmigkeit. Diese drückte sich zunächst in regelmäßigem Gottesdienstbesuch, häufiger Lektüre der Bibel sowie erbaulicher Bücher, innigem Gebet, Gesprächen mit Geistlichen und gegenseitiger Erbauung aus.[45] Im Laufe der Zeit kam das immer stärkere Bemühen um eine lebendige Nachfolge Christi hinzu, verstanden als bibelkonformes, weltflüchtiges Leben nach dem neutestamentlichen »Exempel des HErrn« und dem »Wort der Warheit« in zunehmender Distanzierung vom höfischen Leben.[46] Wann genau diese ethisch-perfektionistische Frömmigkeit Johanna

[43] Vgl. J.E. Petersen, Eine kurtze Erzehlung, 1689, S. 266f; P.J. Spener, Briefe 1, 1992, Nr. 209, S. 842.

[44] S.o. 2.3.1.

[45] Zu Johanna Eleonora von Merlaus Frömmigkeitsentwicklung auf Hof Wiesenburg vgl. J.E. Petersen, Eine kurtze Erzehlung, 1689, S. 257–280; M. Matthias, Johann Wilhelm und Johanna Eleonora Petersen, 1993, S. 82–88; R. Albrecht, Johanna Eleonora Petersen, 2005, S. 45–57. Dass es auf Hof Wiesenburg neben der Heiligen Schrift »viele liebe und gottselige Bücher« gab, geht aus Briefen Philipp Jakob Speners aus dem Jahr 1672 hervor; vgl. P.J. Spener, Briefe 1, 1992, Nr. 138, S. 552. Nr. 139, S. 559.

[46] J.E. Petersen, Eine kurtze Erzehlung, 1689, S. 269.

Eleonora von Merlaus einsetzte und durch welche theologischen oder persönlichen Vorbilder sie beeinflusst wurde, ist ungeklärt.[47] Sie selbst stellt in ihrer Autobiographie eine Verbindung zwischen der aus dem Sommer 1672 datierenden Bekanntschaft mit den »zwey rechten Gottes-Männern« Spener und Schütz und ihrer intensivierten Frömmigkeit her.[48] Spener seinerseits hält im Mai 1673 brieflich fest, nichts zu Johanna Eleonora von Merlaus Wiedergeburt beigetragen zu haben. Er betrachtet sie als »Schwester« und ebenbürtige geistliche Briefpartnerin.[49] Sicher ist, dass Johanna Eleonora von Merlau und Prinzessin Sophie Elisabeth sich schon auf Schloss Wiesenburg »in der wahren gottseeligkeit« übten.[50] Ob daran auch andere Angestellte des Hofes oder Mitglieder der fürstlichen Familie teilhatten, liegt im Dunkeln.[51] Zeitlich parallel zu den Entwicklungen im kursächsischen Wiesenburg hatte sich in Frankfurt a.M., wo Schütz als Anwalt und Spener als Pfarrer wirkte, ein frommer Freundeskreis gebildet, der 1670 die Gründung des ersten Collegium pietatis betrieb.[52] Winckler könnte zwischen den beiden Gruppen, die nach einer gesteigerten innerlichen wie praxisbezogenen Frömmigkeit suchten, als Mittelsmann fungiert haben.[53] Möglicherweise von den Tübinger Theologen auf Spener aufmerksam gemacht, lernte er diesen wahrscheinlich in der Zeit um seine Anstellung als Diaconus in Bad Homburg v.d. Höhe 1671/72 persönlich kennen. Es ist vorstellbar, dass Winckler dann die scheinbar zufällige Begegnung von Schütz und Spener mit Johanna Eleonora von Merlau auf dem Mainschiff arrangierte.[54] Das Kammerfräulein brach Ende Mai 1672 zusammen mit Prinzessin Sophie Elisabeth zur Badekur nach Bad Ems auf.[55] Winckler reiste mit seinem ehemaligen Schützling Prinz Carl Ludwig Ende Juni aus Tübingen ab, um ihn ebenfalls nach Bad Ems zu begleiten, wo sich die herzogliche Familie

---

47 Vgl. R. ALBRECHT, Johanna Eleonora Petersen, 2005, S. 48.

48 Vgl. J.E. PETERSEN, Eine kurtze Erzehlung, 1689, S. 267–271.

49 Vgl. P.J. SPENER, Briefe 1, 1992, Nr. 147, S. 593. Nr. 152, S. 609; R. ALBRECHT, Johanna Eleonora Petersen, 2005, S. 52f.

50 Vgl. ebd., S. 32f; M. MATTHIAS, Mutua Consolatio, 1996, S. 72. 87.

51 Von den Mitgliedern der herzoglichen Familie wäre an die als besonders fromm und gebildet geschilderte Herzoginmutter Margareta Elisabeth von Hessen-Homburg zu denken; s.o. 2.3.1. Auch an andere Familienmitglieder, wie z.B. Prinz Wilhelm Christian, hegte die sonst kritische Johanna Eleonora Petersen noch 1684 liebevolle Erinnerungen und erkundigte sich bei Herzogin Sophie Elisabeth nach dem »stand seiner Seelen«; vgl. ebd., S. 102.

52 S.o. 2.4.1.

53 Frühe Briefe Wincklers an oder von den genannten Personen, die seine Beziehungen zu ihnen weiter erhellen könnten, sind bisher leider nicht bekannt.

54 Während die bisherige Forschung wie selbstverständlich den »gottseligen freund«, den Johanna Eleonora von Merlau kennenlernte, mit Spener identifizierte, macht A. Deppermann plausibel, dass es sich bei diesem um Schütz gehandelt habe; vgl. A. DEPPERMANN, Johann Jakob Schütz, 2002, S. 108–110.

55 Vgl. J.E. PETERSEN, Eine kurtze Erzehlung, 1689, S. 268; A. DEPPERMANN, Johann Jakob Schütz, 2002, S. 109.

versammelte.[56] Als Datierung der Begegnung zwischen von Merlau, Spener und Schütz könnte sich daraus der Zeitraum zwischen Ende Juni und Anfang Juli 1672 ergeben. Denn wahrscheinlich machten die Frauen auf dieser Reise die Bekanntschaft mit den »zwey rechten Gottes=Männern in Franckfurt«,[57] aus der schnell eine intensive Korrespondenz zwischen Spener und Schütz einerseits sowie Johanna Eleonora von Merlau, Prinzessin Sophie Elisabeth und Anna Sophia von Lindau andrerseits erwuchs.[58] Winckler hat die Beziehungen zu seinen frühen pietistischen Freundinnen und Freunden lange Zeit gepflegt.[59] Auch Johanna Eleonora von Merlau blieb er trotz seiner erfolglosen Brautwerbung freundschaftlich zugetan.[60] Erst viel später, in den 1690er Jahren, spitzten sich ihre unterschiedlichen theologischen Positionen bezüglich der Visionen der Juliane Rosamunde von Asseburg, des Chiliasmus und der Allversöhnung zu öffentlich ausgetragenen Differenzen zu.[61]

[56] Vgl. UAT, 16/6, Nr. 33; H. DORN, Nova Matricula, 1969, S. 21.

[57] J.E. PETERSEN, Eine kurtze Erzehlung, 1689, S. 267f.

[58] Vgl. Stadt- und Universitätsbibliothek Frankfurt a.M., Senckenbergische Bibliothek, Nachlass Johann Jakob Schütz, Mappe 330; A. DEPPERMANN, Johann Jakob Schütz, 2002, S. 110f.

[59] Winckler bat Schütz zum Paten bei seinem ersten Sohn aus der Ehe mit Johanna Kugelmann; s.u. 2.5.3. Mit Spener stand Winckler bis zum Lebensende in brieflichem Kontakt. Ein enges persönliches Verhältnis auch zu dessen Familie bezeugt Speners Bemerkung über ihn: »Er war den seligen schwieger=eltern wol bekant/ und sonderlich von der seligen frau schwieger sehr werth gehalten«; P.J. SPENER, Letzte Theologische Bedencken 3, 1711, S. 119. Bei den genannten Schwiegereltern Speners handelt es sich um die Eltern seiner Frau Susanne geb. Ehrhardt (1644–1705), Johann Jakob Ehrhardt (1609–1670) und dessen zweite Frau Anna Maria geb. Hertenstein; vgl. P.J. SPENER, Briefe 1, 1992, Nr. 3, S. 16. Nr. 12, S. 52. Nr. 81, S. 318.

[60] So gab es im Jahr 1678 den Plan Wilhelm Christoph Kriegsmanns, zusammen mit Johanna Eleonora von Merlau und Johann Winckler nach Mannheim umzusiedeln; s.u. 2.7.2. Noch 1688 versuchte Winckler über August Hermann Francke, von Merlaus späteren Ehemann, den Theologen Johann Wilhelm Petersen, für eine Berufung nach Hamburg zu gewinnen; vgl. M. MATTHIAS, Johann Wilhelm und Johanna Eleonora Petersen, 1993, S. 199.

[61] Zu Wincklers Reaktion auf Johann Wilhelm Petersens »Species facti« (1691), in denen dieser die Visionen der Juliane Rosamunde von Asseburg (1672–1712) als unmittelbare göttliche Offenbarungen deutete, vgl. J. WINCKLER, Schrifftmäßiges Bedencken, 1692 (benutztes Exemplar der SUB HH); s. Teil II. 1.3, Nr. 18). Zu den Differenzen in der Frage des Chiliasmus, wobei Winckler anders als Spener und die Petersens die in Offb 20,2. 7 genannten 1 000 Jahre für bereits vergangen hielt, vgl. R. ALBRECHT, Johanna Eleonora Petersen, 2005, S. 235f. Zu Wincklers Kritik an der von Johanna Eleonora Petersen im »Ewigen Evangelium« (1698) vertretenen Lehre der Allversöhnung, die auch den Teufel in die Wiederbringung einbezog, vgl. Wincklers Vorrede zu Horbs postum veröffentlichten Passionspredigten: J.H. HORB, Das Vielfältige und Schmertzliche Leiden, 1700, fol. a2^{r}–e3^{v}; R. ALBRECHT, Johanna Eleonora Petersen, 2005, S. 287–289.

2.5.3 Zweite Ehe mit Johanna Kugelmann

Nur wenige Wochen nach der Ablehnung seiner Werbung um Johanna Eleonora von Merlau heiratete Johann Winckler zum Ablauf des Trauerjahres am 22. November 1674 in zweiter Ehe die 16-jährige Johanna Kugelmann.[62] Das Paar wurde am 8. November 1674 aufgeboten und zwei Wochen später von dem Bad Emser Pfarrer Johann Daniel Rauch in der St. Barbarakirche in Braubach mit einer Hochzeitspredigt getraut.[63] Johanna Kugelmann (1658–1719), die wohl ihrer Jugend wegen in den ersten Ehejahren stets verniedlichend »Johannetta« genannt wurde,[64] kam aus Michelstadt im Odenwald. Sie war eine Tochter des gräflich-erbachischen Rats und Amtmanns Johann Georg Kugelmann, der bei ihrer Hochzeit bereits verstorben war.[65] Ihre Mutter Sophie Elisabeth Leuth von Hachenburg[66] hatte in zweiter Ehe den älteren Bruder von Balthasar Mentzer, den Gießener Oberarchivar Ludwig Mentzer, geheiratet.[67] Sie genoss durch ihre ver-

---

[62] Der Kirchenbucheintrag von Wincklers Hand lautet: »den 22 Novembr. sind H. M. Johan Winckler Pfarrer und Jungfer Johannetta Kugelmannin mit einer Hochzeit Sermon von H. M. Johan Daniel Rauchs Pfarrer zu Embs eingesegnet worden«; ZaEKHN, Kirchenbuch Braubach Nr. 2 (1673–1700), Film Nr. 2709. Auch die Ankündigung der Eheschließung ist hier eingetragen.

[63] Johann Daniel Rauch (†1707), geb. in Erfelden, stammte aus einer Pfarrerfamilie, studierte seit 1662 in Gießen und promovierte 1668 zum Magister. Er war 1672–1687 Pfarrer in Bad Ems und 1687–1707 Pfarrer in Rüsselsheim; Threni, 1705, S. 87f; HasSac 1, 1921, S. 124; Bd. 2, 1925, S. 533.

[64] Bis 1677 wird Johanna Winckler in allen Kirchenbucheinträgen (auch bei der Übernahme von Patenschaften) »Johannetta« genannt. Seit 1679, nach Vollendung des 21. Lebensjahres, heißt sie in den Kirchenbüchern »Johanna«.

[65] Johann Georg Kugelmann (1626–1669), geb. in Michelstadt, stammte aus einer gräflich-erbachischen Ratsfamilie. Er studierte Jura in Gießen und wurde nach dem Studium Rat und Amtmann in Michelstadt. In erster Ehe heiratete er eine Tochter des darmstädtischen Vizekanzlers Johann Faber und in zweiter Ehe Sophie Elisabeth Leuth, die Mutter Johanna Kugelmanns; vgl. ZaEKHN, Kirchenbuch Braubach Nr. 2 (1673–1700), Film Nr. 2709; Deutsches Geschlechterbuch 44, 1923, S. 104–106; A. ECKHARDT, Beamtentum, 1972, S. 91; Juristische Dissertationen 1, 1986, S. 301. Das Geburtsjahr und die Abstammung von Johanna Kugelmann konnten im Kirchenbuch der Stadt Michelstadt nicht überprüft werden, da laut schriftlicher Auskunft vom 17.10.2001 von Frau Bardonner aus dem Stadtarchiv Michelstadt die Unterlagen aus den Jahren 1641–1663 fehlen.

[66] Sophie Elisabeth Leuth von Hachenburg († nach 1705) war wohl eine Tochter des hessendarmstädtischen Rats Martin Leuth von Hachenburg und der Anna Maria Gewendt aus Wetzlar und stammte damit aus den führenden Beamtenfamilien Hessens. Über die Herkunft von Johanna Kugelmanns Mutter ist in der Forschung viel gerätselt worden; vgl. A. ECKHARDT, Beamtentum, 1972, S. 91.

[67] Ludwig Mentzer (1608–1670), ältester Sohn von Balthasar Mentzer I., war Jurist, Rat, Stadtkonsulent in Oppenheim und Oberarchivar in Gießen. Er heiratete in erster Ehe um 1640 die Aachener Kaufmannstochter Johannette von Münthen und in zweiter Ehe die verwitwete Sophie Elisabeth Kugelmann. Er hatte aus erster Ehe zwei Kinder: Johanna Barbara (1641–1700) und Georg Hektor (1648–1670). Johanna Barbara Mentzer heiratete 1666 als dessen zweite Frau den Michelstädter Pfarrer Johann Caspar Finck (1636–1706) und war mit Familie Kugelmann befreundet; vgl. ZaEKHN, Kirchenbuch Darmstadt Stadt Nr. 3 (1658–1678), Film Nr. 2758; Stadtar-

wandtschaftlichen Beziehungen ein gewisses Ansehen am Darmstädter Hof. Zum Zeitpunkt der Eheschließung von Johanna und Johann Winckler war sie abermals verwitwet und musste fortan von ihrem Schwiegersohn finanziell unterstützt werden.[68] Anlässlich der zahlreichen Schwangerschaften ihrer Tochter hielt sich Sophie Elisabeth Mentzer wiederholt für längere Zeit bei Wincklers auf und zog später zusammen mit einer weiteren ledigen Tochter ganz in deren Hamburger Pfarrhaus.[69] Winckler übernahm in seiner zweiten Ehe also nicht nur die Verantwortung für seine eigene, ständig wachsende Familie, sondern auch für die Angehörigen seiner Frau: die Schwiegermutter, eine Schwägerin sowie den Schwager Johann Ludwig Kugelmann, dem er bei seinem beruflichen Fortkommen behilflich war.[70] Er blieb mit Johanna Kugelmann bis an sein Lebensende verheiratet. Erst 14 Jahre nach ihm starb sie am 14. Juni 1719 in Hamburg.[71]

Wincklers zweite Ehe war vermutlich durch den hessen-darmstädtischen Superintendenten Mentzer arrangiert worden, der den jungen Witwer auf seine unversorgte Stiefnichte aufmerksam machte. Für eine Heirat gab es auf beiden Seiten pragmatische Gründe: Die bürgerliche Halbwaise Johanna Kugelmann war – wie auch ihre verwitwete Mutter und ihre Schwester – auf materielle Versorgung und auf männlichen juristischen Beistand angewiesen.[72] Für Winckler hingegen war es gesellschaftlich notwendig, das Pfarrhaus bald wieder mit Frau und Kindern zu füllen. Außerdem erwarb er durch die Einheirat in die Familie Mentzer, welche in der zweiten Hälfte des 17. Jh. Schlüsselpositionen in der hessen-darmstädtischen Kirche und

chiv Michelstadt, Kirchenbuch Michelstadt ab 1663, S. 67; F.W. STRIEDER, Geschichte 8, 1788, S. 423f; NDB 17, 1994, S. 98; A. ECKHARDT, Beamtentum, 1972, S. 91.

[68] Über die spannungsreiche Beziehung zu seiner – vermutlich ungefähr gleichaltrigen – Schwiegermutter und ihre Stellung am Darmstädter Hof äußert sich Winckler am 27.5.1682 in einem Brief an Philipp Jakob Spener; vgl. AFSt Halle, A 159:6h, fol. 40–41, hier fol. 41r.

[69] Nachweislich seit Ende 1687 lebten Wincklers Schwiegermutter und Schwägerin bei ihm in Hamburg; vgl. den Brief von Abraham Hinckelmann an Johann Winckler vom 16.12.1687 in der SUB HH, Nachlass Johann Winckler, Nr. 41, S. 157–160, hier S. 159. Sophie Elisabeth Mentzer überlebte ihren Schwiegersohn; vgl. C. BÜSSING, Gnade Gottes, 1705, S. 35; J. GEFFCKEN, Johann Winckler, 1861, S. 240.

[70] Bei der jüngeren Schwester von Johanna Kugelmann könnte es sich um Johanna Sophia Kugelmann (*1666) handeln; vgl. Stadtarchiv Michelstadt, Kirchenbuch Michelstadt ab 1663, S. 67. Der Bruder seiner Frau, Johann Ludwig Kugelmann, geb. in Michelstadt, studierte Jura, u.a. in Jena, wo er 1677 immatrikuliert wurde. Er arbeitete erst als Hofmeister, dann seit etwa 1690 als Sekretär, später als Beamter in Heilbronn. Winckler empfiehlt ihn 1682/83 in Briefen wiederholt an Spener; vgl. AFSt Halle, A 159:4l, fol. 28–29. A 159:6e, fol. 36–37. A 159;4k, fol. 27; Threni, 1705, S. 59; Matrikel der Universität Jena 2, 1977, S. 188.

[71] Vgl. Nachrichten, 1773, S. 1.

[72] Zu Motiven, Bedeutung und Konsequenzen der Eheschließung sowie den Gebräuchen um Verlobung und Hochzeit im 16.–18. Jh. vgl. R. VAN DÜLMEN, Gesellschaft, 1993, S. 194–235, hier S. 194.

Verwaltung besetzte,[73] eine wichtige Voraussetzung für den beruflichen Aufstieg in der Landgrafschaft.[74] Wincklers erste Ehe war nach unserem Wissen von gemeinsamen religiösen Erlebnissen und Interessen bestimmt gewesen und hatte wie andere pietistische Ehen unter dem Ziel der gemeinsamen Ausbreitung des Wortes Gottes durch das eigene praktische Beispiel gestanden.[75] Diese Beziehungsform hatte er mit Johanna Eleonora von Merlau offenbar zu wiederholen gewünscht. Dagegen war die zweite Ehe von Anfang an auf die traditionelle Rollenverteilung von Mann und Frau angelegt. Aus seinen zahlreichen Briefen erfahren wir über die Geburten der Kinder hinaus fast nichts über das Wesen, die Tätigkeiten oder Interessen seiner zweiten Ehefrau.

Johanna und Johann Winckler bekamen zwölf Kinder, neun Söhne und drei Töchter, eine auch für das 17. Jh. große Kinderschar.[76] Von ihnen überlebte die relativ hohe Zahl von neun Kindern die ersten Lebensjahre.[77] Noch in Braubach wurde der erste Sohn Johann Balthasar geboren und am 29. September 1675 in der Stadtkirche getauft. Als Paten wählten die Eltern den Darmstädter Superintendenten Balthasar Mentzer, den Frankfurter

---

[73] Besonders einflussreiche Mitglieder der Großfamilie Mentzer waren z.B. Philipp Ludwig Hanneken (1637–1706), Theologieprofessor an der Universität Gießen, Johann Richard Malcomesius (1637–1692), Geheimer Rat in Darmstadt, und Heinrich Phasian (1633–1697), Professor für Griechisch und Poesie in Gießen.

[74] Die Ehe Wincklers mit Johanna Kugelmann als einer Angehörigen der Familie Mentzer ist auch im Zusammenhang der sozialen Differenzierungsprozesse seit dem 16. Jh. zu sehen, in denen sich neben dem adligen Geburtsstand der bürgerliche Leistungsstand als funktional einsetzbare Führungsgruppe etablierte. Voraussetzung für den Aufstieg in den neuen Leistungsstand waren bürgerliche Herkunft, eine juristische bzw. theologische Ausbildung und die Mitgliedschaft in einer der führenden territorialen Beamtenfamilien. Vor diesem Hintergrund ist Wincklers zweite Ehe als ein Schritt zu werten, durch Einheirat in die bürgerliche Führungselite sozial aufzusteigen und so die eigenen beruflichen Perspektiven zu verbessern; vgl. B. WUNDER, Hof und Verwaltung, 1981; L. SCHORN-SCHÜTTE, Prediger, 1985, S. 276–278.

[75] Zur Ehe- und Familienführung im Pietismus vgl. A. GESTRICH, Ehe, 2004, S. 507–511. Zum Verständnis von Mutterschaft in Orthodoxie und Pietismus vgl. U. GLEIXNER, Todesangst, 2002.

[76] Johann Balthasar (1675–1681), Johann Christoph I. (1678–1682), Johann Friedrich (1679–1738), Johann Maximilian (1682–1747), Johann Anton (1685–1728), Johann Christoph II. (1686–1705), Johann Gustav (1688–1690), Johanna Sophie (1690–1716), Johann Ludwig (1693–1767), Johann Martin (1694–1756), Johanna Hedwig (1695–1754), Johanna Christiane (1697–1741); vgl. SUB HH, LA: Winckler, Johann, fol. 5f; C. BÜSSING, Gnade Gottes, 1705, fol.)(2; Nachrichten, 1773, S. 1f; J. GEFFCKEN, Johann Winckler, 1861, S. 232–240.

[77] Zum Vergleich: In der Stadt Gießen kamen im Zeitraum zwischen 1630–1680 6,4 Geburten, im Zeitraum zwischen 1680–1730 5,7 Geburten auf eine Familie. Dabei war die Zahl der überlebenden Kinder weit kleiner als die Zahl der Geburten. Für die Zeitspanne zwischen 1650–1800 nimmt die historische Demographie an, dass 50% der Kinder vor Erlangen des 15. Lebensjahres starben bzw. die Säuglingssterblichkeit bei 25% und die Kindersterblichkeit bei weiteren 25% lag. Allerdings sind diese Verallgemeinerungen mit Vorsicht aufzunehmen, da Heiratsalter, Familiengröße und Sterblichkeit weit größere Streuungen aufwiesen als heutzutage; vgl. I. HARDACH-PINKE/G. HARDACH (Hg.), Kindheiten, 1978, S. 38–41.

Juristen Johann Jakob Schütz und den Frankfurter Kaufmann Johann Ochs den Älteren und seine Frau.[78] Die Patenwahl wirft ein Licht auf die gesellschaftlichen, kirchlichen und theologischen Kreise, zu denen sich der Braubacher Metropolitan hingezogen fühlte: Von dem einflussreichen hessen-darmstädtischen Superintendenten und Hofprediger Mentzer, der seit 1672 Wincklers Vorgesetzter war und vermutlich seit dem Tod seines Bruders auch als Vormund von Johanna Kugelmann und als Ehevermittler gewirkt hatte, erhielt der Erstgeborene den Rufnamen.[79] Die Namensgebung ist zunächst im Rahmen der streng hierarchisch gegliederten Gesellschaft des 17. Jh. zu sehen, in der diese Geste angemessene Höflichkeit, Respekt und soziale Verbundenheit zum Ausdruck brachte.[80] Außerdem bezeugt die Wahl Mentzers zum Paten wohl die Dankbarkeit und Zuneigung, die Johanna und Johann Winckler ihrem Gönner in privaten wie beruflichen Dingen entgegenbrachten. Sie lässt schließlich erkennen, dass Winckler die kirchenorganisatorischen und theologischen Leistungen des Älteren anerkannte und sich bereitwillig dessen Leitung fügte. Die Wahl des zweiten Taufpaten, des wohlhabenden Juristen Johann Jakob Schütz, weist auf Wincklers Nähe zum frühen Frankfurter Pietismus.[81] Schütz gehörte 1670 zu den Gründungsmitgliedern des ersten Collegium pietatis und stand im Herbst 1675 zusammen mit Philipp Jakob Spener an der Spitze der pietistischen Bewegung in der Messestadt. In den folgenden Jahren wandte Schütz sich immer deutlicher heterodoxem Gedankengut zu: Zwischen 1674–1678 unterhielt er einen regen Briefwechsel mit Anna Maria van Schurmann, der Vertrauten Jean de Labadies. In dieser Korrespondenz setzte er sich eingehend mit labadistischen Ideen auseinander. Seit 1675 war er mit Pierre Poiret befreundet, einem Anhänger der Antoinette Bourignon. Durch die Übersetzung und Herausgabe des *Kurzen Berichts* über die Hausgemeinde

[78] Zu den bisher unbekannten Patenbeziehungen vgl. den Eintrag von Wincklers Hand: »den 29 Septemb. hat M. Johan Winckler Pfarrer alhir sambt seiner Haus=Frau Johannette einen jungen Sohn tauffen laßen. Gevatter sind gewesen H. D. Balthasar Mentzer Superintendens, H. Johan Jacob Schüz I.U.D. Zu Franckfurtt. H. Johan Ochs der Eltere, Kauffman zu Franckfurtt und Frau«; ZaEKHN, Kirchenbuch Braubach Nr. 2 (1673–1700), Film Nr. 2709. Johann Balthasar Winckler (1675–1681) starb am 29.12.1681 sechsjährig in Wertheim; vgl. Evangelisches Stiftspfarramt Wertheim (im Folgenden EvPWt), Kirchenbuch Wertheim, unpag.

[79] Zu Balthasar Mentzer s.o. 2.4.2. Da alle Kinder Wincklers mit erstem Vornamen Johann bzw. Johanna hießen, ist anzunehmen, dass der zweite Name als Rufname diente.

[80] Auch der hessen-darmstädtische Geheimrat Johann Richard Malcomesius und der jüngere Darmstädter Stadtpfarrer Johann Otto Gorr, in der gesellschaftlichen Hierarchie Winckler leicht überlegen bzw. ebenbürtig, nannten ihre 1676 bzw. 1677 geborenen Söhne Johann Balthasar nach dem jeweils erstgenannten Taufpaten Balthasar Mentzer; vgl. ZaEKHN, Kirchenbuch Darmstadt Stadt Nr. 3 (1658–1678), Film Nr. 2758; s.u. 2.7.1.

[81] Zu Johann Jakob Schütz und dem frühen Frankfurter Pietismus vgl. J. WALLMANN, Philipp Jakob Spener, ^{2}1986, S. 299–307; M. FRIEDRICH, Frankfurt, 2000; A. DEPPERMANN, Johann Jakob Schütz, 2002; s.o. 2.4.1.

Labadies zur Herbstmesse 1675, die Hinwendung zu den Saalhofpietisten um Johanna Eleonora von Merlau im Advent 1676 und die Veröffentlichung der *Christlichen Lebensregeln*, einer Programmschrift für die radikalen Pietisten, im Jahr 1677 trat Schütz allmählich als Vertreter eines zum Separatismus neigenden Pietismus hervor. Schließlich hielt er sich seit Ende 1676 vom Abendmahl fern und trennte sich 1683 mit einem kleinen Personenkreis vom öffentlichen Gottesdienst. Winckler war Schütz wahrscheinlich zuerst während seines Bad Homburger Diakonats bei Spener in Frankfurt a.M. begegnet.[82] Als dritter Pate fungierte einer der reichsten Männer Frankfurts, der Textil- und Weinhändler Johann Ochs der Ältere, mit seiner zweiten Frau Rebekka Magdalena geb. Sonnermann.[83] Ob Winckler selbst oder seine Frau Ochs bzw. dessen viel jüngere Frau als Paten ausgewählt hatten, ist nicht zu entscheiden. Winckler mochte dem ihm an Alter, Einfluss und Vermögen weit überlegenen Handelsherrn 1672 als Kreditgeber der Landgrafen von Hessen-Homburg oder als Eigentümer etlicher Höfe und Ländereien in den Dörfern rund um Bad Homburg v.d. Höhe begegnet sein.[84] Er könnte Ochs aber auch im Umfeld von Spener und Schütz in Frankfurt a.M. näher kennen gelernt haben, wo dieser womöglich zu den ersten Mitgliedern des von Spener geleiteten Collegium pietatis zählte.[85] Familie Ochs war mit dem Frankfurter Senior persönlich eng verbunden: Nach dem Tod von Ochs dem Älteren wurde sein Sohn Johann Christoph in Speners Haus zusammen mit dessen Sohn erzogen.[86]

---

[82] Briefe zwischen Winckler und Schütz habe ich nicht finden können. Einige Briefkonzepte von Schütz belegen jedoch seine freundschaftliche Verbundenheit mit Winckler und seiner Familie; vgl. Stadt- und Universitätsbibliothek Frankfurt a.M., Senckenbergische Bibliothek, Nachlass Johann Jakob Schütz, Mappe 330, fol. 111.

[83] Zu Johann Ochs I. s.o. 2.4.1. Er war in zweiter Ehe seit 1656 mit Rebekka Magdalena Sonnermann (1637–1676) verheiratet, die ihm acht Kinder gebar. Eine Tochter, Anna Sibylla (1671–1737), heiratete 1699 Achilles August von Lersner (1662–1732), einen Sohn des Bürgermeisters Philipp Ludwig von Lersner; vgl. E. HIS, Chronik, 1943, S. 60–70.

[84] Johann Ochs besaß z.B. Ländereien bei Bad Homburg v.d. Höhe, Gebäude und Land bei Obereschbach, Wiesen bei Seulberg und eine Mühle in Gonzenheim; vgl. ebd.

[85] Vgl. J. WALLMANN, Philipp Jakob Spener, ^{2}1986, S. 276.

[86] Johann Christoph Ochs II. (1674–1747) wurde zusammen mit Wilhelm Ludwig Spener unterrichtet, bevor beide 1690 ihr Studium in Leipzig aufnahmen. Er studierte außerdem in Hamburg, Amsterdam und Leiden, promovierte dort 1699 zum Dr. jur. und unternahm ausgedehnte Reisen durch ganz Europa. 1704 wurde er in den Frankfurter Rat aufgenommen, in welchem er bald eine führende politische Rolle spielte und seit 1714 mehrmals das Amt des Bürgermeisters bekleidete. 1731 wurde er geadelt und trug fortan den Namen Ochs von Ochsenstein. Er war seit 1699 mit Elisabeth Clemm (1670–1729), einer Enkeltochter des Scholarchen Conrad Stein, verheiratet. Ochs hinterließ eine eigene Gebetsammlung; vgl. E. HIS, Chronik, 1943, S. 76–81; Frankfurter Biographie 2, 1996, S. 103f; K. VOM ORDE, Philipp Jakob Spener, 2000, S. 210f.

Auffällig an der Wahl der Paten für Wincklers Erstgeborenen ist die relativ hohe Gesellschaftsschicht, der diese angehörten.[87] Sie deutet einerseits das Selbstbewusstsein und die beruflichen Hoffnungen Wincklers an, welche auf seiner Bildung, seiner Stellung als Metropolitan und seiner Verwandtschaft mit der angesehenen Familie Mentzer beruhten. Andrerseits bezeugt sie, dass Wincklers Ambitionen offenbar nicht unbegründet waren, sondern dieser durchaus das Wohlwollen älterer und erfahrener Männer in Hessens Kirchen- und Finanzwelt genoss.[88] Dass Schütz und Ochs zu Taufpaten bestellt wurden, zeigt schließlich Wincklers persönliche Nähe zum frühen Frankfurter Pietismus und sein theologisches Interesse an einer Frömmigkeitsintensivierung durch die Einrichtung von Collegia pietatis.[89]

---

[87] Im Allgemeinen stammten die Paten, v.a. im mittleren Beamtentum, aus derselben sozialen Schicht; vgl. A. ECKHARDT, Beamtentum, 1972, S. 92.

[88] Zwar wurde durch die Hochzeit mit einer Beamtentochter die berufliche Karriere befördert; in der Regel bildete eine gehobene berufliche Stellung aber auch die Voraussetzung für die Einheirat in die höhere Beamtenschicht; vgl. ebd.

[89] Schriftlich fassbar wird dieses erst durch seine Veröffentlichung im Jahr 1679; s.u. 2.7.3.

2.6 Hofprediger und Konsistorialrat in Darmstadt (1676–1678)

Am 17. Januar 1676 wurde Johann Winckler nach dreijähriger Tätigkeit in Braubach am Rhein von Landgraf Ludwig VI. von Hessen-Darmstadt zum Hofprediger und Konsistorialrat nach Darmstadt berufen.[1] Winckler trat den Dienst am Schloss des Landgrafen anscheinend sofort an.[2] Es ist zu vermuten, dass der hessen-darmstädtische Superintendent und Oberhofprediger Balthasar Mentzer diese abermalige Beförderung durch den Landgrafen eingeleitet hatte.[3] Er selbst führte Winckler wohl auch in sein neues Amt ein.[4] Landgräfin Elisabeth Dorothea, für deren Dienerschaft Winckler als Hofprediger fortan zuständig war, wird sich mit dessen Berufung zumindest einverstanden erklärt haben.

Bei Wincklers Dienstantritt residierten in Darmstadt Landgraf Ludwig VI. (*1630, 1661–1678)[5] und seine zweite Frau Elisabeth Dorothea geb. Herzogin von Sachsen-Gotha (*1640, 1678–1688, †1709).[6] Zur großen Familie gehörten neben den sechs Kindern aus der ersten Ehe Ludwigs VI. mit Herzogin Maria Elisabeth von Schleswig-Holstein-Gottorf (1634–1665)

---

1 Vgl. SUB HH, LA: Winckler, Johann, fol. 5; Nachrichten, 1773, S. 1. Ein Briefwechsel über die Annahme der Berufung oder eine Berufungsurkunde haben sich nicht erhalten. Zum Verlust der hessen-darmstädtischen Kirchensachen s.o. 2.4.1. Hofpredigerakten besitzt das Hessische Staatsarchiv Darmstadt nach mündlicher Auskunft der Mitarbeitenden erst ab 1832.

2 Im Braubacher Kirchenbuch datiert der erste Eintrag von anderer Hand vom 16.2.1676. Daraus ergibt sich, dass Winckler wahrscheinlich zwischen Mitte Dezember und Mitte Februar nach Darmstadt umzog; vgl. ZaEKHN, Kirchenbuch Braubach Nr. 2 (1673–1700), Film Nr. 2709.

3 Die Berufung der hessen-darmstädtischen Hofprediger geschah auf Vorschlag des Konsistoriums unmittelbar durch den Landgrafen selbst; vgl. HasSac 2, 1925, S. 258.

4 Zur Einführung bereits ordinierter Pfarrer durch den Superintendenten vgl. Agenda (1574), in: EKO 8,1, 1965, S. 455–457.

5 Landgraf Ludwig VI. von Hessen-Darmstadt war das älteste der insgesamt 14 Kinder des ersten hessen-darmstädtischen Landgrafen Georg II. (*1605, 1626–1661) und seiner Frau, Herzogin Sophia Eleonora von Sachsen (1609–1671). Ohne größere kriegerische Belastungen konnte er sich der Wohlfahrt seines Landes widmen; das bezeugen die Abgabenfreiheit für Einwanderer, die Förderung von Kunst und Wissenschaft, z.B. durch den Ausbau der Hofbibliothek, Schul- und Kirchenordnungen. Wie die Landgrafen von Hessen-Homburg, war auch Ludwig VI. Mitglied der »Fruchtbringenden Gesellschaft«. Hier trat er mit Gedichten und einer Psalmenübersetzung hervor: »Der Psalter deß königlichen Propheten Davids« (Gießen 1657); vgl. Europäische Stammtafeln. N.F. I.2, 1999, Tafel 248f; M. KNODT, Regenten, 1976, S. 26–28; J.R. WOLF, Hessen-Darmstadt, 1983, S. 124f; H. MEISE, Ich, 2002, S. 208–346.

6 Herzogin Elisabeth Dorothea von Sachsen-Gotha war die älteste Tochter von Herzog Ernst I. von Sachsen-Gotha (*1601, 1640–1675) und Herzogin Elisabeth Sophia von Sachsen-Altenburg (1619–1680). Sie hielt zu ihren Eltern zeitlebens engen Kontakt. Nach dem Tod ihres Mannes übernahm sie die vormundschaftliche Regierung für ihren erstgeborenen Sohn. Dann zog sie sich auf den Witwensitz nach Butzbach zurück. Durch die Förderung von Musik, Theater und Oper begründete sie Darmstadts Ruf als Musik- und Theaterstadt. Gleichzeitig ging sie mit Verordnungen gegen Disziplinlosigkeit und die Zurschaustellung von Luxus vor; vgl. Europäische Stammtafeln. N.F. I.1, 1998, Tafel 158; M. KNODT, Regenten, 1976, S. 28–32; R. MACK, Gießener Theologen, 1984, S. 31–39; H. MEISE, Ich, 2002, S. 346–473; H. MEISE, Herrschaftsalltag, 2002.

weitere acht Kinder aus der zweiten, 1666 geschlossenen Ehe mit Herzogin Elisabeth Dorothea von Sachsen-Gotha.[7] Auch entferntere Verwandte der landgräflichen Großfamilie lebten am Hof, z.B. die Töchter von Landgraf Georg III. von Hessen-Vöhl.[8] Nach dem Tod seines Vaters am 24. April 1678 trat Kronprinz Ludwig VII. von Hessen-Darmstadt (1658–1678) die Regierung an. Er starb jedoch nach nur viermonatiger Herrschaft am 31. August 1678 auf der Reise zu seiner Braut Erdmuthe Dorothea von Sachsen-Zeitz (1661–1720).[9] Daraufhin übernahm seine Stiefmutter Elisabeth Dorothea bis 1688 die vormundschaftliche Regierung für ihren erstgeborenen Sohn Ernst Ludwig (*1667, 1688–1739). Wincklers Dienstzeit von Januar 1676 bis August 1678 fiel also in die letzten zwei Regierungsjahre von Landgraf Ludwig VI. sowie in die turbulenten Sommermonate des Jahres 1678, in denen kurz nacheinander die Regenten Ludwig VI. und Ludwig VII. starben. Unmittelbar nach Wincklers Abreise aus Darmstadt übernahm Anfang September 1678 die Landgräfinwitwe Elisabeth Dorothea die Regierungsgeschäfte.[10]

Darmstadt war im 17. Jh. eine für Deutschland typische mittlere Residenzstadt mit gut 1 000 Einwohnern.[11] Im 11. Jh. erstmals urkundlich erwähnt und 1330 mit Stadtrechten versehen, diente der Ort schon früh erst als Witwensitz, dann als Nebenresidenz der Katzenelnbogener Obergrafschaft.[12] Nach Aussterben der Grafen von Katzenelnbogen kam Darmstadt

---

7 Zu den Kindern von Landgraf Ludwig VI. von Hessen-Darmstadt vgl. Europäische Stammtafeln. N.F. I.2, 1999, Tafel 249.

8 Nach dem Tod des Landgrafen Georg III. von Hessen-Vöhl (*1632, 1669–1676), dem jüngeren Bruder von Landgraf Ludwig VI., wurden dessen Töchter Eleonore Dorothea (1669–1714) und Magdalene Sibylle (1671–1729) aus der zweiten Ehe mit Gräfin Juliane Alexandrine zu Leiningen-Dagsburg (1651–1703) am Darmstädter Hof erzogen; vgl. Europäische Stammtafeln. N.F. I.2, 1999, Tafel 248; H. MEISE, Ich, 2002, S. 375.

9 Herzogin Erdmuthe Dorothea von Sachsen-Zeitz (1661–1720) war eine Tochter von Herzog Moritz von Sachsen-Zeitz (*1619, 1657–1681) aus der zweiten Ehe mit Herzogin Dorothea Maria von Sachsen-Weimar (1641–1675) und damit die Stieftochter von dessen dritter Ehefrau Herzogin Sophie Elisabeth von Schleswig-Holstein-Sonderburg-Wiesenburg (s.o. 2.3.1). Sie heiratete nach dem Tod ihres ersten Bräutigams 1679 Herzog Christian II. von Sachsen-Merseburg (*1653, 1691–1694); vgl. Europäische Stammtafeln. N.F. I.1, 1998, Tafel 172f. Hier wird abermals die enge Verflechtung zwischen den regierenden sächsischen und hessen-darmstädtischen Familien deutlich, die Winckler protegierten.

10 Zwar wurde Landgräfin Elisabeth Dorotheas Vormundschaft für ihren minderjährigen Sohn erst am 17.1.1679 durch kaiserliches Dekret rechtsgültig und erst im Herbst 1679 nahm sie die Huldigung der Stadt und des Hofes entgegen, de facto übernahm sie jedoch nach dem Tod ihres Stiefsohnes im September 1678 die Regierung; vgl. H. MEISE, Ich, 2002, S. 404f.

11 Die Bevölkerung Darmstadts wuchs bis zum Jahr 1700 auf 1 895 Einwohner an. Dazu trug v.a. die Ansiedlung von Glaubensflüchtlingen seit 1688 unter Landgraf Ernst Ludwig bei; vgl. Kulturdenkmäler. Stadt Darmstadt, 1994, S. 4a; J.R. WOLF, Hessen-Darmstadt, 1983, S. 125.

12 Zur Geschichte von Stadt und Schloss Darmstadt vgl. DHDK Hessen, ^{2}1982, S. 139–149; Handbuch der historischen Stätten Deutschlands 4, ^{3}1976, S. 79–85; G. KÖBLER, Historisches Lexikon, ^{6}1999, S. 120; G. ZIMMERMANN, Darmstädter Schloß, 1978.

1479 an die Landgrafschaft Hessen und wurde im Zuge der Teilung Hessens nach dem Tod von Landgraf Philipp I. 1567 zur Residenz der Linie Hessen-Darmstadt. Das Darmstädter Schloss, an dem Winckler arbeitete, ging auf eine ehemalige Wasserburg aus dem 13. Jh. zurück. Die Burg war im Schmalkaldischen Krieg 1546 niedergebrannt und erst unter Landgraf Georg I. von Hessen-Darmstadt (*1547, 1567–1596) zum Regierungssitz ausgebaut worden. Der Schlossbezirk war von einem Wassergraben sowie im nördlichen Teil von einem Wall umgeben und somit ganz von der Stadt abgeriegelt. Das bis 1678 existierende Altschloss bestand im Wesentlichen aus drei schlichten dreigeschossigen Flügeln um einen Innenhof: dem Herrenbau als dem fürstlichen Wohnhaus, das auf den Fundamenten des ehemaligen Palas der Wasserburg ruhte, dem sog. Weißesaalbau und einem Winkelbau, der aus Kirchen- und Kaisersaalbau bestand. Südlich davon ließ Landgraf Ludwig VI. eine Kanzlei, den Holländischen Bau und den Glockenbau errichten, der das neue holländische Glockenspiel sowie die Hofbibliothek beherbergte. Erst nach Wincklers Amtszeit wurde unter Landgraf Ernst Ludwig zwischen 1716–1726 das Darmstädter Schloss umgebaut und um ein stattliches, im Süden vorgelagertes Neuschloss erweitert.

Bereits in der ersten Wasserburg hatte sich im Palas eine Kapelle befunden, deren Altar 1377 geweiht worden war.[13] Sie war bei dem Schlossbrand von 1546 zerstört worden. 1563 wurde die Kapelle in einem neuen Gebäude eingerichtet, das jedoch 1595 dem Kirchen- und Kaisersaalbau weichen musste. Der neue, von den fürstlichen Baumeistern Jakob Kesselhuth und Jakob Wustmann errichtete Kirchenbau wurde durch den sog. Paukergang mit dem Herrenbau verbunden, sodass die landgräfliche Familie von ihren Wohnräumen aus unmittelbar den Fürstenstuhl auf der Nordempore der Schlosskirche betreten konnte. Der Kirchenraum nahm die unteren beiden Geschosse in der Nordhälfte des Kirchenflügels ein; nach Süden schlossen sich im Parterre die Räume der Bäckerei und im ersten Stock das Hofmarschallamt an. Über der Hofkirche lag im zweiten Stock eine geräumige Flucht fürstlicher Zimmer.

Die 1597 fertiggestellte Kirche gehörte noch zur ersten Generation protestantischer Schlosskirchen, die im 16. Jh. an zahlreichen deutschen Fürstenhöfen entstanden waren. Ihr Vorbild war die von Luther 1544 eingeweihte Schlosskirche in Torgau.[14] Wie diese war die Darmstädter Hofkapelle ein einfaches Rechteck. Eingeschossige Emporen mit grüngestrichenem

---

[13] Zur Darmstädter Schlosskirche vgl. ebd., S. 17. 20–26; F. SCHMIDT, Kirchenbau 1, 1993, S. 46–55. Bd. 2, 1993, Abb. 68–70. 73. 75. 84–86. 88. 99.

[14] Zu den lutherischen Schlosskirchen des 16. und 17. Jh. vgl. F. SCHMIDT, Kirchenbau 1, 1993, S. 47f.

Abb. 14: Das Darmstädter Schloss

Gestühl und gemalten Portieren umzogen den Kirchenraum auf allen vier Seiten. Sie waren der Hofgesellschaft vorbehalten, die im Norden durch den Paukergang und im Süden vom Hofmarschallamt aus Zugang hatte, während andere Besucher das Kirchenschiff im Erdgeschoss betraten. Dem Kirchenportal gegenüber stand an der Mitte der Ostwand eine furnierte und mit Intarsien reich verzierte Kanzel mit Schalldeckel. Die Bogenfüllungen des Kanzelkorpus waren mit den vier Evangelisten als lesenden Gelehrten ausgemalt. Fürstenstand und Altar lagen an den gegenüberliegenden Schmalseiten der Kirche, wobei die 1623 in Bamberg gefertigte Orgel auf der Südempore oberhalb des Altars stand. In der ersten Hälfte des 17. Jh. wurde die Schlosskirche in Konkurrenz zur Hofhaltung von Hessen-Kassel besonders prachtvoll ausgestattet. Der Wunsch nach lutherischem Glanz veranlasste Landgraf Georg II. (*1605, 1626–1661), aus der kursächsischen Residenzstadt Dresden den Bildhauer Carl Kaltenmarck kommen zu lassen, der 1630 ein figurengeschmücktes Kirchenportal und einen neuen Altar anfertigte.[15] Dieser war mit den Reliefbüsten von Petrus und Paulus sowie mit drei Figuren verziert: Mose mit den Gesetzestafeln, Johannes den Täufer mit einem Lamm und Christus mit der Siegesfahne. Die von dem Erbacher Maler Hans Wilhelm Kürmann stammenden Bilder zeigten in der Predella das Abendmahl und im Altarblatt übereinander die Kreuzigung und die Himmelfahrt Christi. Erst Landgraf Ernst Ludwig ließ 1705 das Innere der Hofkirche nach dem Muster der Schlosskirche zu Schmalkalden grundlegend umgestalten, einen Kanzelaltar errichten und 1709 ein neues barockes Kirchenportal anbringen.[16]

An der Darmstädter Schlosskirche war erst 1575 eine eigene Prädikatur für die Hofgemeinde errichtet worden.[17] Zuvor hatte dort der jeweils älteste Darmstädter Stadtpfarrer gewirkt. 1625 war der Hofprediger zum Oberhofprediger aufgewertet und den juristisch gebildeten politischen Beratern des Landgrafen gleichgestellt worden.[18] Aus Gründen der Kostenersparnis nahm der darmstädtische Oberhofprediger seit den 1630er Jahren zugleich die Funktion des Landessuperintendenten und des ersten Theologieprofessors an der Landesuniversität Gießen wahr. Oberhofprediger Mentzer, der dieses dreifache Amt von 1652 bis zu seinem Tod 1679 innehatte, kam von daher eine zentrale, geradezu unanfechtbare Position innerhalb der Landgrafschaft zu. Ihm war 1655 ein zweiter Hofprediger zugeordnet worden, eine Stelle, die der älteste Stadtpfarrer im Nebenamt versehen sollte. Dieser stammte gewöhnlich aus dem mittleren bis gehobenen städtischen Bürgertum, hatte an der Landesuniversität Gießen studiert und dort den Doktorgrad erworben.[19] Nach Anstellungen zuerst als Hauslehrer, dann an einer Stadtkirche oder in anderer kirchenleitender Funktion endete die Karriere in der Regel am Darmstädter Hof. Als der erste Amtsinhaber Philipp Schlosser (1613–1675), der den genannten Berufungskriterien voll entsprach, Anfang

---

15 Vgl. ebd., S. 250.

16 Vgl. G. ZIMMERMANN, Darmstädter Schloß, 1978, S. 30f; F. SCHMIDT, Kirchenbau 1, 1993, S. 53–55.

17 Zur bisher wenig erforschten Geschichte der lutherischen Hofprediger vgl. RGG^3 3, 1959, Sp. 424f; L. SCHORN-SCHÜTTE, Prediger, 1985; W. SOMMER, Lutherische Hofprediger, 1999.

18 In der Phase markanter konfessioneller Veränderungen in Hessen-Kassel erschien es beiden hessischen Landgrafen notwendig, theologisch ausgewiesene Berater mit politischen Funktionen zu betrauen. Nach der Einführung der Verbesserungspunkte in Hessen-Kassel 1605 stieg der darmstädtische Hofprediger daher zum Oberhofprediger auf; vgl. L. SCHORN-SCHÜTTE, Prediger, 1985, S. 291f. 330.

19 Zu den Berufungsvoraussetzungen der Hofprediger vgl. ebd., S. 309–312; W. SOMMER, Lutherische Hofprediger, 1999, S. 81f.

Dezember 1675 starb,[20] änderte man jedoch den Besetzungsmodus und bestellte schon im Januar 1676 den auswärtigen Braubacher Metropolitan zum zweiten Hofprediger. Dass Winckler auch ohne die erforderliche soziale Herkunft und berufliche Qualifikation berufbar war, weist auf besondere persönliche Fähigkeiten, familiäre Beziehungen bzw. die Patronage Mentzers hin. Tatsächlich plante der Oberhofprediger, wie aus einem späteren Brief an Winckler hervorgeht, ihn den normalen Karrieremustern entsprechend zu seinem eigenen Nachfolger zu machen.[21] Nach Wincklers Weggang aus Hessen wurde die vorherige Besetzungspraxis wieder aufgenommen und 1678 der älteste Stadtpfarrer Johann Georg Mettenius (1626–1691) zum Hofprediger bestellt.[22] Dagegen blieben die Oberhofprädikatur und Superintendentur nach Mentzers Tod am 28. Juli 1679 lange Zeit vakant.[23] Erst kurz vor der Regierungsübergabe an ihren Sohn berief Landgräfin Elisabeth Dorothea nach gescheiterten Verhandlungen mit Speners Schwager Johann Ulrich Wild[24] Ende 1687 Abraham Hinckelmann aus Hamburg zum neuen hessen-darmstädtischen Oberhofprediger und Superintendenten.[25] Hinckelmann kehrte jedoch bereits Anfang 1689 als Hauptpastor an St. Katharinen nach Hamburg zurück und war hier als Kollege und Mitstreiter Wincklers an den Auseinandersetzungen um den Hamburger Religionseid von 1690 und um Johann Heinrich Horb beteiligt.[26]

Die Hauptaufgabe der Hofprediger bestand in der zweiten Hälfte des 17. Jh. in der Wortverkündigung und der Sakramentsverwaltung für die fürstliche Familie und die Hofgesellschaft.[27] Aufgrund ihrer Funktion eines geistlichen Ratgebers hatten sie gewöhnlich freien Zugang zum Fürsten. Außer

[20] Philipp Schlosser (1613–1675), geb. in Saarbrücken, studierte in Marburg Theologie, arbeitete 1638–1644 als Informator der Prinzen Ludwig VI. und Georg III. von Hessen-Darmstadt, 1644–1653 als Pfarrer in Trebur, 1653–1655 als jüngerer und 1655–1675 als ältester Stadtprediger in Darmstadt; vgl. HasSac 1, 1921, S. 20. Winckler verfasste für seinen Amtsvorgänger ein Epicedium, in dem sein Stolz über das neue Amt am Fürstenhof deutlich wird; vgl. J.G. METTENIUS, Traur=Schleyer, 1677, S. 81; s. Teil II. 1.5, Nr. 2).

[21] Vgl. Balthasar Mentzers Brief an Winckler vom 1.12.1678 in SUB HH, Nachlass Johann Winckler, Nr. 124, S. 513–516, hier S. 515.

[22] Johann Georg Mettenius (1626–1691), geb. in Blankenstein, studierte in Gießen, war 1653–1657 Pfarrer in Igstadt, 1657–1675 jüngerer und 1675–1691 ältester Stadtprediger in Darmstadt; vgl. HasSac 1, 1921, S. 20.

[23] Die Stellen wurden nach Mentzers Tod zwischen 1678–1687 übergangsweise von Johann Georg Mettenius verwaltet, dem sein jüngerer Kollege Johann Otto Gorr helfen sollte; vgl. HasSac 2, 1925, S. 152. Zur Wiederbesetzung der Hofprädikatur vgl. K. VOM ORDE, Ehre Gottes, 1995.

[24] Zu Johann Ulrich Wild (1640–1691) vgl. P.J. SPENER, Briefe 1, 1992, Nr. 180, S. 725.

[25] Zu Abraham Hinckelmann s.o. 1.

[26] Winckler und Hinckelmann bezogen in Hamburg oft gemeinsame Positionen und veröffentlichten auch einige Streitschriften zusammen; vgl. Teil II. 1.3, Nr. 25). 26). 28).

[27] Zu den Aufgaben der Hofprediger vgl. RGG³ 3, 1959, Sp. 425; W. SOMMER, Lutherische Hofprediger, 1999, S. 77f.

Abb. 15: Schlosshof mit Paukergang (links) und Eingang zur Hofkirche (rechts)

dem waren sie für die Gottesdienste zuständig, die bei allen öffentlichen Staatsakten wie Landtagseröffnungen und -beschlüssen, Gedenktagen, Huldigungen und fürstlichen Begräbnissen gehalten wurden. Durch die Teilung der Hofprädikatur in Darmstadt gab es hier jedoch eine deutliche Grenze zwischen der Stellung und den Aufgaben des Oberhofpredigers und denen des zweiten Hofpredigers. Tatsächlich lag dessen Bedeutung weit hinter der des Oberhofpredigers, der ja zugleich Landessuperintendent und erster Theologieprofessor war.[28] Es ist davon auszugehen, dass nur Mentzer als langjähriger persönlicher Seelsorger und Hausgeistlicher von Landgraf Ludwig VI. freien Zutritt zu ihm sowie etwaige politische Einflussmöglichkeiten hatte. Er war zudem für die Kirchenleitung im weitesten Sinne sowie für die Gottesdienste bei offiziellen Anlässen und die Kasualien für Angehörige der fürstlichen Familie verantwortlich, welche in der Darmstädter Stadtkirche gehalten wurden. Dem zweiten Hofprediger Winckler oblag dagegen wohl die alltägliche geistliche Präsenz im Schlossbezirk: Wahrscheinlich war er für die gottesdienstlichen Feiern in der Schlosskapelle und für die seelsorgerliche Betreuung der Hofbeamten und ihren Familien zuständig.[29] Außerdem sollte er den Oberhofprediger vertreten, wenn dieser

[28] Vgl. ebd., S. 78.

[29] Ob in der Schlosskapelle überhaupt Kasualfeiern gehalten wurden, ist zweifelhaft. Von einem Taufstein oder einem der in Hessen-Darmstadt beliebten Taufengel gibt es keine Nachricht; vgl. F. SCHMIDT, Kirchenbau 1, 1993, S. 46–55. 221–225. Die Taufen, Trauungen und Trauerfei-

auf Reisen war, und ihn bei seinen Verwaltungsaufgaben unterstützen. Beiden Hoftheologen kam in der Auseinandersetzung mit der reformierten Kirche von Hessen-Kassel indirekt eine normprägende Vorbildfunktion bei der Konsolidierung der lutherischen Kirche Hessen-Darmstadts zu.[30]

In einem im 17. Jh. weitverbreiteten Text gibt Polykarp Leyser der Ältere Auskunft über seine Aufgaben als lutherischer Hofprediger in Dresden.[31] Dieser Text erlaubt möglicherweise Rückschlüsse auf Wincklers Tätigkeit am Darmstädter Hof. Im Vorwort zu den vier Landtagspredigten, die Leyser 1605 über Ps 101, den sog. Regentenspiegel Davids, hielt, stellte er eine Art Hofpredigerspiegel auf, indem er sein Selbstverständnis als Hoftheologe reflektiert. Ausgehend von der Betonung der reinen lutherischen Lehre in Schrift und Bekenntnis nennt er Distanz zum Hofleben und Strafpredigt als zentrale Aufgaben eines Hofpredigers. Eine Identifikation mit den Werten der weltlichen Gesellschaft, den gerade am Hof bestehenden Versuchungen und Sünden, mache es dagegen unmöglich, glaubwürdig zum christlichen Leben aufzurufen und einen vorbildlichen Lebenswandel zu führen. In neun Regeln, deren Topoi in seinen Regenten- und Landtagspredigten oft wiederkehren, fordert Leyser von einem Hofprediger: 1. die Verpflichtung zur reinen Predigt ohne Ansehen der Person; 2. einen ehrlichen, christlichen Lebenswandel; 3. die Sorge für die notwendigen finanziellen Mittel für Kirche und Schule; 4. Gehorsamkeit, Verschwiegenheit, Wahrhaftigkeit und Redlichkeit gegenüber der Herrschaft; 5. die Wahrung der Unabhängigkeit des geistlichen Amtes; 6. die strikte Einhaltung der Kirchenordnung; 7. Unbestechlichkeit; 8. Zurückhaltung in der Kritik, ausgenommen die Durchsetzung der Zehn Gebote; 9. Geduld gegenüber Ereignissen und Mitmenschen.[32] Damit predigt Leyser nicht den Rückzug aus der Welt, stellt aber hohe Maßstäbe für sich selbst und alle Prediger auf, welche das Verhalten gegenüber den Mitbediensteten und der Obrigkeit ebenso umfassen wie wirtschaftliche, politische und persönliche Beziehungen.

Mit der Berufung zum Hofprediger ging in Hessen-Darmstadt die Ernennung zum Konsistorialrat einher, sodass Winckler neben der pastoralen Tätigkeit am Hof nun noch stärker als bisher in die Kirchenleitung einbezogen wurde. Allgemein fungierten die Konsistorien zur Zeit der Territorial-

---

ern sowohl für die landgräfliche Familie als auch für die Familien der Hofbeamten wurden in der Darmstädter Stadtkirche gefeiert und dort auch ins Kirchenbuch eingetragen; vgl. ZaEKHN, Kirchenbuch Darmstadt Stadt Nr. 2 (1631–1658). Nr. 3 (1658–1678), Film Nr. 2758.

30 Vgl. L. SCHORN-SCHÜTTE, Prediger, 1985, S. 283. 299.

31 Zum »Regentenspiegel« (1605) von Polykarp Leyser I. (1552–1610) vgl. ebd., S. 323f; W. SOMMER, Gottesfurcht, 1988, S. 122–134; DERS., Lutherische Hofprediger, 1999, S. 79. 82–85; BBKL 5, 1993, Sp. 3–7.

32 Vgl. L. SCHORN-SCHÜTTE, Prediger, 1985, S. 324; W. SOMMER, Lutherische Hofprediger, 1999, S. 83f.

kirchen, da die Kirche nur als Zusammenschluss einzelner Gemeinden galt, als staatliche Aufsichtsbehörden gegenüber den Gemeinden. Sie waren aus den Visitationsbehörden hervorgegangen und wurden wie in den meisten Gebieten so auch in Hessen von ihrer Gründung im Jahre 1528 her als unabhängige, geistliche Gerichte unter der Leitung der jeweiligen staatlichen Obrigkeit verstanden.[33] Dem hessen-darmstädtischen Konsistorium präsidierte stets der Kanzler der Landgrafschaft als oberster Zentralbeamter bzw. während der Vakanz des Kanzleramtes seit 1675 der Präsident. Gemäß der Verordnung von 1634 sollten ihm außerdem von weltlicher Seite eine unbestimmte Anzahl von Regierungsräten und zwei Sekretäre sowie von kirchlicher Seite der Superintendent, der erste Stadtpfarrer und der Hofprediger angehören. Dabei waren die Theologen den Juristen in der Rangfolge deutlich nachgeordnet. Das Konsistorium tagte wöchentlich in Darmstadt und entschied in der ersten Zeit v.a. über Matrimonialsachen.[34] Die *Amtskirchenkonventsordnung* von 1668 hatte das Arbeitsgebiet jedoch erheblich vergrößert: Neben seiner Funktion als geistliches Gericht diente das Konsistorium seitdem auch als Verwaltungsbehörde und war z.B. für die Pfarrberufungen, den Erhalt der Schul- und Kirchengebäude, den Unterhalt der Geistlichen und ihrer hinterlassenen Familien sowie die Versorgung von Waisen und Kranken verantwortlich.[35]

Winckler wurde als Hofprediger automatisch Mitglied des Darmstädter Definitoriums, ein den Superintendenten beratendes Gremium, das die hessen-darmstädtische Kirche seit etwa 1550 kannte.[36] Entsprechend den drei Superintendenturen in Hessen-Darmstadt (Gießen, Marburg und Darmstadt) existierten im 17. Jh. drei Definitorien. Dem Darmstädter Gremium sollten nach der Definitorialordnung von 1652 neben dem Superintendenten der zweite Hofprediger sowie vier weitere Pfarrer angehören. Vorgesehen war eine paritätische Besetzung durch zwei Landgeistliche und zwei Stadtgeistliche. Als Landdefinitoren amtierten zu Wincklers Zeit Johann Adolf Rühel, Pfarrer in Reinheim, und Heinrich Graulich, Pfarrer in Groß-Gerau.

---

33 Zu den hessischen Konsistorien vgl. HasSac 2, 1925, S. 178–196; A. ECKHARDT, Beamtentum, 1972, S. 95. 107f; Lexikon für Kirchen- und Staatskirchenrecht 2, 2002, S. 625–629, bes. S. 625f.

34 Gemäß der »Amtskirchenkonventsordnung« von 1668 war das Konsistorium als geistliches Gericht für die Bestrafung von Ehe- und Sexualdelikten, die Kirchenbuße, Dispensationen vom Kirchendienst und die Ahndung straffälliger Schul- und Kirchendiener zuständig; vgl. HasSac 2, 1925, S. 194f.

35 Rechte, die vorher der Superintendent allein oder im Verein mit dem Definitorium besessen hatte, waren dadurch von einer kirchlichen auf eine staatliche Behörde übergegangen, eine für die politischen Zentralisierungstendenzen nach dem Dreißigjährigen Krieg typische Entwicklung; vgl. W. SOMMER, Lutherische Hofprediger, 1999, S. 85.

36 Zu den hessischen Definitorien, die in Gießen und Darmstadt bis in das 19. Jh. bestanden, vgl. HasSac 2, 1925, S. 131–176, hier S. 132.

Als Stadtdefinitor wirkte neben Winckler Johann Georg Mettenius, ältester Stadtpfarrer in Darmstadt.[37] Das – durch die Definitorialordnungen von 1617 und 1628 und die Marburger Universitätsstatuten von 1629 zugunsten des Superintendenten eingeschränkte – Aufgabengebiet des Definitoriums betraf im Wesentlichen das Vorschlagsrecht und die Examinierung bei der Anstellung und Beförderung der hessen-darmstädtischen Lehrer, Pfarrer und Diakone.[38]

Zu den Darmstädter Kollegen Wincklers gehörten neben dem Oberhofprediger Mentzer die beiden Pfarrer an der Stadtkirche St. Marien.[39] Die aus dem 15. Jh. stammende dreischiffige gotische Basilika lag wenig südlich vom Schlossbezirk und war durch ihren hohen fünfgeschossigen Westturm weithin sichtbar. Das Kircheninnere war durch zahlreiche Grabdenkmäler für landgräfliche Verwandte geschmückt. Unter dem ehemaligen Chorraum hatte Landgraf Georg I. eine Gruft für die fürstliche Familie anlegen lassen, die im 17. Jh. mehrmals erweitert wurde. An der repräsentativen Stadtkirche, welche wie die Schlosskapelle einen Fürstenstuhl und eine der seltenen Orgeln besaß, hielten die Stadtpfarrer die Gottesdienste für die städtische Gemeinde und der Oberhofprediger die größeren gottesdienstlichen Feiern im Rahmen öffentlicher Staatsakte sowie die Kasualfeiern für die Landgrafen und ihre Hofbeamten.

Während Wincklers Amtszeit in Darmstadt wirkten an St. Marien als älterer Stadtpfarrer Johann Georg Mettenius und als jüngerer Stadtpfarrer zunächst Johannes Schlosser (1631–1676)[40] und dann Johann Otto Gorr (1642–1694).[41] Wahrscheinlich bestand zwischen Winckler und Mettenius, der hier schon seit 1657 amtierte, ein nicht ganz ungetrübtes Verhältnis, wurde doch der Ältere zunächst übergangen und erst nach Wincklers Fortgang zum Hofprediger berufen. Wie die Stadtpfarrer wohnten auch die Hofprediger mit ihren Familien außerhalb des Schlossbezirks in der Stadt nahe der St. Marienkirche.[42]

---

[37] Vgl. ebd., S. 149–151.

[38] Vgl. ebd., S. 168.

[39] Zur Darmstädter Stadtkirche St. Marien vgl. HasSac 5, 1931, S. 9–16; DHDK Hessen, ²1982, S. 141; F. SCHMIDT, Kirchenbau 1, 1993, S. 90f. 276.

[40] Johannes Schlosser (1631–1676), geb. in Saarbrücken, war ein jüngerer Bruder des vormaligen ältesten Stadtpfarrers Philipp Schlosser (1613–1675). Er war 1659–1670 Lehrer am Pädagog, 1670–1675 Pfarrer in Battenberg und von 1675 bis zu seinem Tod im Juli 1676 jüngerer Stadtprediger in Darmstadt; vgl. HasSac 1, 1921, S. 23; J.G. METTENIUS, Traur=Schleyer, 1677, S. 81.

[41] Johann Otto Gorr (1642–1694), geb. in Gießen, wirkte von 1665–1689 am Pädagog. Seit 1689 war er jüngerer, seit 1691 ältester Stadtprediger. Er machte sich um die soziale und wirtschaftliche Absicherung der Witwen verdient und gründete 1683 eine Witwenkasse für die Stadtgeistlichkeit und die Pädagoglehrerschaft. Winckler stand bei Gorrs erstem Sohn Johann Balthasar (*1677) Pate; vgl. ZaEKHN, Kirchenbuch Darmstadt Stadt Nr. 3 (1658–1678), Film Nr. 2758; HasSac 1, 1921, S. 20; Schulordnungen 2, 1903, S. 95–97. 267. Bd. 3, 1905, S. 106f.

[42] Vgl. HasSac 5, 1931, S. 16f.

Zum Kollegenkreis Wincklers zählten neben den Stadtpfarrern im weiteren Sinne auch die Lehrer am Darmstädter Pädagog, bei denen es sich ausnahmslos um akademisch gebildete Theologen handelte. Das Pädagog war 1629 nach den Plänen von Landgraf Ludwig V. durch Georg II. als hessendarmstädtische Landesschule mit vier Klassen gegründet worden.[43] Hier sollte der Nachwuchs der Obergrafschaft auf das Studium an der Universität Gießen vorbereitet werden, welche als lutherische Gegengründung zu Marburg, der Universität von Hessen-Kassel, 1650 zur Landesuniversität erhoben worden war.[44] Das von dem fürstlichen Baumeister Seyfried Pfannmüller errichtete Schulgebäude lag gegenüber der Stadtkirche. Seit dem Dreißigjährigen Krieg unterrichteten hier drei bis vier Lehrer,[45] von denen jeweils einer das Rektorat, einer das Kantorat an der Stadtkirche und einer das Kantorat an der Hofkapelle mitversah.[46] Der Darmstädter Superintendent wirkte als Inspektor des Pädagogs; neben ihm führten zwei Nichtgeistliche als Scholarchen die Schulaufsicht. 1658 war unter dem Rektorat Heinrich Schröders eine neue Schulordnung entstanden, die das Pädagog für die nächsten Jahrzehnte prägte.[47] Sie verstärkte sowohl die Disziplin als auch die religiöse Unterweisung: So wurde z.B. die Aufsicht über die Schüler beim Gottesdienst verschärft, eine tägliche Morgenandacht mit Gesang, Gebet und Bibellesung angesetzt, die *lectio biblica* intensiviert, ein *chorus musicus* aufgestellt und geistliche Vorbereitungen auf das regelmäßige gemeinsame Schulabendmahl eingeführt.

Zu Wincklers Zeit arbeiteten am Darmstädter Pädagog Johann Otto Gorr, Johann Heinrich Seip und Franz Wolrad Fresenius. Johann Otto Gorr unterrichtete seit 1665 am Pädagog. Er war 1667 vom vierten zum dritten Präzeptor und bei Wincklers Ankunft 1676 in das Rektorat aufgestiegen. Als Rektor sollte Gorr zugleich den vollen Dienst des jüngeren Stadtpredigers versehen. Die Teilung der zweiten Stadtpfarrstelle trug möglicherweise dazu bei, dass ein hauptamtlicher zweiter Hofprediger und nicht wie bisher der ältere Stadtprediger nebenamtlich an die Darmstädter Schlosskapelle

---

[43] Das Darmstädter Pädagog diente bis 1936 als Gymnasium und seitdem als Stadtmuseum; vgl. HasSac 1, 1921, S. 32–35; Schulordnungen 1, 1903, Nr. 1, S. 28–46; Bd. 2, 1903, S. 35–51. 54–63.

[44] Vgl. Academia Gissensis, 1982; H.G. GUNDEL, Gießen, Universität, 1984, S. 262; P. MORAW, Universität Gießen, [2]1990.

[45] Einen anschaulichen Eindruck des Unterrichts vermittelt der Bericht des Rektors Heinrich Schröder über das Darmstädter Pädagog von 1655, abgedruckt in den Schulordnungen 1, 1903, Nr. 22, S. 126–137.

[46] Im Rektorat amtierten 1650–1663 Heinrich Schröder und 1663–1667 Heinrich Phasian, ein Schwiegersohn Mentzers; er stellte eine vierte Lehrkraft ein, welche hauptamtlich den Gesang in der Hofkapelle leiten sollte. Es folgten 1667–1670 Johann Georg Petri und nach längerer Vakanz 1676–1689 Johann Otto Gorr; vgl. Schulordnungen 2, 1903, S. 95–97; HasSac 1, 1921, S. 33.

[47] Abgedruckt in den Schulordnungen 1, 1903, Nr. 23, S. 138–145.

bestellt wurde. Gorr entwarf am Ende seiner langjährigen Tätigkeit als Pädagoglehrer ein katechetisches Spruchbuch, *Themelium biblicum, das ist biblischer Glaubensgrund* (1690), das von dem Darmstädter Hofbuchdrucker Sebastian Griebel verlegt wurde und den bisher gebräuchlichen Kinderkatechismus von Hartmann Mogius ablöste.[48] In Anlehnung an eines der meistbenutzten Kompendien, die *Theologia positiva acroamatica* (1664) des Rostocker Theologen Johann Friedrich König, wurden hier über 400 Bibelsprüche versammelt, welche die Schüler auswendig lernen sollten.[49] Gorr führte damit in Darmstadt die traditionelle orthodoxe Didaktik, Lehre und Amtsführung fort.[50] Neben ihm arbeiteten als Konrektor Johann Heinrich Seip (um 1627–1692)[51] und als dritter Präzeptor Franz Wolrad Fresenius (1645–1716).[52] Welcher der Pädagoglehrer zudem als Kantor an der Hofkapelle wirkte, ist nicht mehr festzustellen. Die akademisch gebildeten Präzeptoren waren mit den Hofbeamten sowie den Stadt- und Hofgeistlichen durch Eheschließungen und Patenschaften mehrfach verbunden und bildeten zusammen mit diesen die bürgerliche Oberschicht Darmstadts.[53]

Wie sehr Johann Winckler Anfang 1676 in Hessen-Darmstadt von höchster landesherrlicher und kirchlicher Seite geschätzt wurde, zeigt seine Berufung auf die Stelle des zweiten Hofpredigers, deren Voraussetzungen und Aufgabenbereiche eigens für ihn modifiziert worden waren. Denn weder besaß er die normalerweise vorausgesetzten sozialen und beruflichen Qualifikationen noch musste er zusätzlich an der Stadtkirche Dienst tun. Gut denkbar ist, dass er aufgrund der Beschränkung auf die Hofprädikatur stärker als seine Vorgänger und Nachfolger zu kirchenleitenden Aufgaben herangezogen wurde und dem älteren Oberhofprediger bei seinen Amtsge-

---

[48] Vgl. ebd. Bd. 3, 1905, S. 106f. 471f; s.o. 2.4.2.

[49] Winckler besaß eine spätere Auflage des theologischen Standardwerks, über das auch an der Universität Gießen Vorlesungen gehalten wurden: J.F. KÖNIG, Theologia positiva acroamatica, Rostock 1680; vgl. Catalogus, 1721, S. 266; BBKL 4, 1992, Sp. 281f.

[50] Das zeigte sich auch in den späteren Auseinandersetzungen am Darmstädter Hof zwischen Johann Otto Gorr und den Pietisten unter der Führung von Johann Christoph Bilefeld (1664–1727), seit 1692 hessen-darmstädtischer Oberhofprediger; vgl. W. KÖHLER, Anfänge, 1907, S. 63; R. MACK, Gießener Theologen, 1984, S. 47–65; M. BRECHT, Philipp Jakob Spener, 1993, S. 343.

[51] Johann Heinrich Seip (um 1627–1692) unterrichtete 1650/51 als Stadtschullehrer in Gießen und seit 1651 am Darmstädter Pädagog. 1667 rückte er vom Tertius zum Konrektor auf; vgl. Schulordnungen 2, 1903, S. 95. 267; HasSac 1, 1921, S. 35.

[52] Franz Wolrad Fresenius (1645–1716), geb. in Niederense, studierte seit 1667 in Gießen. Er war von 1673–1680 Pädagoglehrer in Darmstadt und von 1680–1716 Pfarrer in Langen; vgl. ZaEKHN, Kirchenbuch Darmstadt Stadt Nr. 3 (1658–1678), Film Nr. 2758; HasSac 1, 1921, S. 35. 162; Bd. 2, 1925, S. 216. 561.

[53] Z.B. war Franz Wolrad Fresenius seit 1674 mit der Tochter des Stadtpfarrers, Johanna Elisabeth Mettenius, verheiratet. Sein Kollege Johann Otto Gorr wählte als Paten für seine Kinder die Frau des landgräflichen Geheimrats, Maria Elisabeth Malcomesius geb. Mentzer, Superintendent Balthasar Mentzer, Hofprediger Winckler sowie die Frau des Stadtpfarrers, Elisabeth Mettenius; vgl. ZaEKH Darmstadt, Kirchenbuch Darmstadt Stadt Nr. 3 (1658–1678), Film Nr. 2758.

schäften behilflich sein sollte. Winckler gehörte zum Darmstädter Konsistorium und Definitorium und war in fast allen Bereichen landeskirchlicher Verwaltung auf höchster Ebene beratend tätig (Personalpolitik, Besoldungen, geistliche Gerichtsbarkeit, Diakonie und Bauwesen). Durch seine persönliche Anwesenheit im Zentrum der Residenzstadt Darmstadt und seine Nähe zu den Fürsten, dem adligen Gefolge und den herrschenden Beamtenfamilien zählte er zur Hofgesellschaft und zur bürgerlichen Stadtelite.[54] Dabei stärkte die Verwandtschaft mit dem mächtigen Hofgeistlichen und vertrauten Mitarbeiter des Landgrafen, Balthasar Mentzer, noch seine Positionen in der Kirchenleitung und am Hof.

[54] Die von Winckler verfassten Leichengedichte auf verstorbene Angehörige des gehobenen Bürgertums in Darmstadt illustrieren seine gesellschaftliche Stellung in dieser Zeit. Erhalten sind die Epicedien auf den Arzt und Gießener Medizinprofessor Hieronymus Rötel (†1676), auf Wincklers Vorgänger, den Hof- und Stadtprediger Philipp Schlosser, sowie dessen Bruder, den Stadtpfarrer Johannes Schlosser; vgl. Teil II. 1.5, Nr. 1–2).

2.7 Das Darmstädter Collegium pietatis

2.7.1 Die Gründung des Collegium pietatis

Die herausgehobene Stellung, die Johann Winckler als Hofprediger und Konsistorialrat in der hessen-darmstädtischen Kirche, am Fürstenhof und in der Stadt einnahm, bildete den äußeren Rahmen für das Collegium pietatis, das er noch im Jahr seines Amtsantritts in Darmstadt eröffnete. Als innere Voraussetzungen zu diesem Schritt sind die bisherigen biographischen und theologischen Prägungen zu veranschlagen. Hinsichtlich des äußeren Lebensweges ist an seine unakademische Sozialisation als Sohn eines Mühlenpächters und seine Schwierigkeiten als unbemittelter Student zu denken wie auch an seine vielfältigen pädagogischen Erfahrungen: den Hausunterricht in Grimma, die Kollegs an der Universität Leipzig, die Prinzeninformation und den hessischen Katechismusunterricht. Hinsichtlich der theologischen Prägungen sei erinnert an die Lektüre der *Vier Bücher vom wahren Christentum* in den studentischen Exerzitien von Andreas Beyer, das lutherisch-orthodoxe Studium in Leipzig, die Frömmigkeitspraxis auf der sächsischen Residenz Wiesenburg, die Freundschaft mit Johanna Eleonora von Merlau, die hebräischen, arabischen und äthiopischen Sprachstudien, die Hinwendung zur Bibel an der Tübinger Universität sowie das Collegium biblicum am Herzoglichen Stipendium. Die Bekanntschaft mit Philipp Jakob Spener und Johann Jakob Schütz sowie der Besuch der Frankfurter Erbauungsversammlungen gaben schließlich den Ausschlag, als einer der ersten deutschen Pfarrer ein Collegium pietatis zu eröffnen. Winckler wurde »ein eiferer der privat convente aus dem segen, den ich aus desselbigen gehaltenen zu Franckfurtt mit vielen and. selbst erfahren«,[1] wie er 1690 seinem Freund Spener gegenüber resümierte.

a) Die Rezeption von Philipp Jakob Speners Pia Desideria, *1675*

Von Winckler nicht explizit erwähnt, steht der Beginn seines Darmstädter Privatkonvents zeitlich und inhaltlich in Zusammenhang mit der Veröffentlichung von Speners *Pia Desideria* als Vorrede zu Johann Arndts *Evangelienpostille* im März 1675.[2] Im dritten Teil der bekannten »pietistischen Programmschrift« machte Spener eine Reihe von Reformvorschlägen zur Erneuerung der lutherischen Kirche.[3] Er riet zu vermehrter Bibellektüre im privaten wie im öffentlich-kirchlichen Raum, zur Stärkung der Laien durch

[1] Wincklers Brief an Philipp Jakob Spener vom 26.2.1690; AFSt Halle, D 66, fol. 67–68, hier fol. 67ʳ.

[2] Zur Veröffentlichungsgeschichte der »Pia Desideria« vgl. P.J. SPENER, Werke 1,1, 1996, S. 64–68.

[3] J. WALLMANN, Pietismus, 1990, S. 37.

die Wiederaufrichtung des allgemeinen Priestertums, zur Betonung der Nächstenliebe als *praxis pietatis*, zu einer gemäßigten, eher auf Überzeugung denn auf Widerlegung der Gegner gerichteten Haltung in Konfessionsstreitigkeiten, zu einer Reform des Theologiestudiums, das auch den christlichen Lebenswandel der Studenten einschloss, und zu besseren, die innere Erbauung des Menschen fördernden Predigten.[4] Ausdrücklich empfahl Spener die Einrichtung von Erbauungsübungen.[5] Einerseits sollte in den Gemeinden »die alte Apostolische art der Kirchen versamlungen« wiederbelebt werden,[6] um die Heilige Schrift unter der Leitung eines Predigers mit frommen Christen zu lesen und im Gespräch zur wechselseitigen Erbauung auszulegen (vgl. 1. Kor 14; Kol 3,16). Andrerseits sollten an der Universität Theologiestudenten in ähnlichen Exerzitien unter dem Vorsitz von Professoren das Neue Testament lesen, nach Möglichkeiten der Anwendung suchen, sich gegenseitig zu einer schriftgemäßen Lebensweise anhalten und sich so besser auf ihr zukünftiges Amt vorbereiten.

Die in den *Pia Desideria* letztgenannte Forderung flankierte Spener durch einen – nicht überlieferten – Entwurf zur Reform des Theologiestudiums durch die Einrichtung akademischer Collegia pietatis.[7] Den wahrscheinlich zusammen mit dem Juristen Johann Jakob Schütz und zwei Theologiestudenten ausgearbeiteten Plan verschickte er seit März 1675 an mehrere Freunde in leitenden kirchlichen und schulischen Ämtern wie Gottlieb Spizel, Johann Ludwig Hartmann, Elias Veiel, Christian Kortholt, Heinrich Müller, Anton Reiser und andere.[8] Spener selbst verwirklichte das Kernstück seines Reformplans, indem er im Juni 1676 in Frankfurt a.M. zusätzlich zu dem bereits bestehenden offenen Collegium pietatis ein zweimal wöchentlich tagendes akademisches Exerzitium eröffnete.[9] Hier las er mit einigen Studenten und Pfarramtskandidaten die Bibel unter textkritischer, semantischer, dogmatischer und praktischer Fragestellung. Die vertiefte Auseinandersetzung mit exegetischen, historischen und dogmatischen Fragen scheint der einzige inhaltliche Unterschied zwischen den Privatversammlungen für Laien und denen für Theologiestudenten gewesen zu sein.

Philipp Jakob Speners *Pia Desideria* wurden im Herbst 1675 erstmals separat veröffentlicht und den »treuen Vorstehern und Hirten« der evangeli-

---

4 Vgl. P.J. SPENER, Pia Desideria (1675), ³1964, S. 53–80.

5 Vgl. ebd., S. 55–57. 76–78.

6 Ebd., S. 55.

7 Vgl. J. WALLMANN, Philipp Jakob Spener, ²1986, S. 315–317.

8 Zur Gründung des akademischen Collegium pietatis vgl. P.J. SPENER, Briefe 2, 1996, Nr. 3, S. 13–17. Nr. 5, S. 22–24. Nr. 10, S. 38–45. Nr. 11, S. 46–52. Nr. 25, S. 115–122. Nr. 27, S. 131–137. Nr. 135, S. 614f. Nr. 142, S. 634–636.

9 Vgl. Philipp Jakob Speners Brief an Gottlieb Spizel vom 6.8.1675 ebd., Nr. 25, S. 121.

schen Kirche gewidmet. Bereits seit dem Frühjahr 1675 verschickte Spener die Schrift als Sonderdruck an etliche bekannte Theologen mit der Bitte um Stellungnahme, so auch an die führenden Repräsentanten der benachbarten hessen-darmstädtischen Landeskirche: den Darmstädter Superintendenten Balthasar Mentzer und die Theologen an der Landesuniversität Gießen Johann Nikolaus Misler, Kilian Rudrauff, Philipp Ludwig Hanneken und David Clodius.[10] Mentzer antwortete als einer der Ersten am 5. Mai 1675 und dankte für Speners »rühmlichen eiffer und fleiß zu mehrer erbauung des je länger je mehr zerfallenden christentums«.[11] Zu den geäußerten Gedanken und Vorschlägen habe er nichts hinzuzufügen. Da Speners Rechtgläubigkeit und Amtseifer bekannt seien, glaube er nicht, dass dieser mit seinen Reformversuchen ähnlichen Verdacht erregen werde wie einst Johann Arndt. Positiv äußerten sich Ende 1675 auch die Theologieprofessoren Misler, Rudrauff und Clodius. Primarius Johann Nikolaus Misler[12] stimmte Speners Klagen über den Zustand der Kirche bei, hegte aber selbst wenig Hoffnung auf Veränderung. Er wünschte Speners Vorschlägen weite Verbreitung, v.a. an der Universität, wo er die Einrichtung eines »*collegium ad legendos libros Novi Testamenti pro exercitio pietatis sub directorio Professoris S[anctae] T[heologiae]*« guthieß.[13] Auch Kilian Rudrauff, erst seit kurzem Mitglied der theologischen Fakultät,[14] begrüßte Speners Schrift, wies jedoch auf eine Reihe möglicher Missverständnisse hin: Es könnte z.B. aus den *Pia Desideria* gefolgert werden, dass man die Kirche verlassen

---

[10] Zur Reaktion der hessen-darmstädtischen Kirchenleitung auf die »Pia Desideria« vgl. W. KÖHLER, Anfänge, 1907, S. 4–6.

[11] Vgl. Balthasar Mentzers Brief an Philipp Jakob Spener vom 5.5.1675 bei P.J. SPENER, Briefe 2, 1996, Nr. 134, S. 613. Als Dank für Mentzers Zustimmung zu den »Pia Desideria« und sein Engagement für die Kinderlehre in Hessen-Darmstadt widmete Spener – in dieser Reihenfolge – Sebastian Schmidt, Isaak Faust, Balthasar Bebel, Balthasar Friedrich Saltzmann und Balthasar Mentzer seine »Einfältige Erklärung der christlichen Lehr« (1677).

[12] Johann Nikolaus Misler (1614–1683), geb. in Münzenberg in der Wetterau, wirkte nach dem Studium in Marburg als Lehrer am Pädagog und als Archidiaconus in Marburg. 1652 wurde er dritter Professor für Theologie und hebräische Sprache in Gießen, Ephorus der Stipendiatenanstalt und Pädagogiarch. 1654 promovierte er zum Dr. theol. 1656 wurde er Superintendent der Diözese Gießen, 1658 zweiter und 1676 erster Professor. Seit 1639 war er mit Katharina Reinigk verheiratet; vgl. HasSac 2, 1925, S. 107f; P.J. SPENER, Briefe 2, 1996, Nr. 152, S. 656. Mit seinem Sohn Johann Hartmann Misler (†1698), seit 1665 Rektor in Worms, dann Superintendent von Verden, stand Winckler später in brieflichem Kontakt; s. Anhang. 2.2.

[13] Vgl. Johann Nikolaus Mislers Brief an Philipp Jakob Spener vom 13.11.1675 bei P.J. SPENER, Briefe 2, 1996, Nr. 152, S. 656–658, hier S. 657. Misler teilte auch Speners Hoffnung auf die allgemeine Judenbekehrung; vgl. ebd., S. 658; DERS., Pia Desideria (1675), [3]1964, S. 43f.

[14] Kilian Rudrauff (1627–1690), geb. in Schotten, studierte in Marburg und Gießen und wurde 1650 Lehrer am Gießener Pädagog. 1659 wurde er Professor für Ethik in Gießen, 1661 zugleich für Logik und Metaphysik und 1675 Professor für Theologie. Von 1670–1690 wirkte er als Rektor des Gießener Pädagogs. Seit 1677 war er Superintendent der Alsfelder, seit 1683 zugleich der Marburger Diözese. Er war seit 1656 mit Anna Maria Angelus verheiratet; vgl. HasSac 2, 1925, S. 108f; P.J. SPENER, Briefe 2, 1996, Nr. 63, S. 290.

müsse, so verdorben sei sie; dass die Auffassung, man werde durch den Glauben erlöst, zu verwerfen sei und man zum Papsttum übergehen solle; dass es möglich sei, durch Frömmigkeit das Gesetz zu erfüllen; dass das Philosophiestudium überflüssig sei und nichts zur Erbauung der Kirche beitrage.[15] David Clodius, Ordinarius für orientalische Sprachen und jüngster, außerordentlicher Professor für Theologie,[16] bedankte sich nur beiläufig für die Zustellung der *Pia Desideria* durch den Studenten Johann Wilhelm Petersen.[17] Er begrüßte die Schrift als erklärter Mitstreiter Speners.[18] Weitaus kritischer äußerte sich Philipp Ludwig Hanneken, ein Neffe Mentzers und seit 1667 Theologieprofessor in Gießen.[19] Speners Antwort auf Hannekens nicht mehr erhaltene erste Stellungnahme zu den *Pia Desideria* lässt erkennen, dass dieser sowohl die Erwartung eines besseren Zustands der

---

[15] Vgl. Kilian Rudrauffs Brief an Philipp Jakob Spener vom 30.12.1675 ebd., Nr. 154, S. 664f, hier S. 665. Angeregt durch die »Pia Desideria« bemühte sich Rudrauff trotz seiner Vorbehalte um Reformen am Gießener Pädagog, stieß dabei jedoch offenbar auf Widerstand; vgl. ebd., Nr. 89, S. 411–413.

[16] David Clodius (1644–1687), geb. in Hamburg, studierte nach Besuch des Johanneums und Privatunterricht bei Esdras Edzard seit 1665 in Kiel und seit 1667 in Gießen und unternahm 1668/69 eine Bildungsreise durch Holland, Friesland, die spanischen Niederlande und England. 1669 hielt er sich als Predigtamtskandidat in Hamburg auf. 1671 wurde er Professor für orientalische Sprachen in Gießen und 1675 außerordentlicher Professor für Theologie. 1678 promovierte er zum Dr. theol. 1684 wurde er als Nachfolger seines Schwiegervaters Johann Nikolaus Misler Prediger an der Stadtkirche. Er stand spätestens seit 1676 mit Spener in Briefwechsel; vgl. ADB 4, 1876, S. 335f; P.J. SPENER, Briefe 2, 1996, Nr. 81, S. 373. 375.

[17] Johann Wilhelm Petersen (1649–1727), geb. in Osnabrück, aufgewachsen in Lübeck, studierte seit 1669 in Gießen, seit 1671 in Rostock und seit 1673 wieder in Gießen, wo er Magister legens an der philosophischen Fakultät war. 1675/76 hielt er sich bei Spener in Frankfurt a.M. auf, 1676 als Kandidat des Predigtamts in Lübeck. 1678 wurde er Hofprediger und Superintendent in Eutin. 1686 promovierte er in Rostock zum Dr. theol. 1688 wurde er Superintendent in Lüneburg, dort jedoch 1692 wegen chiliastischer Lehren abgesetzt. Seitdem lebte er mit seiner Frau, Johanna Eleonora von Merlau, in Niederndodeleben bei Magdeburg und Thymer bei Zerbst, wo beide als theologische Schriftsteller den Chiliasmus und die Lehre von der Allversöhnung propagierten; vgl. H.-J. SCHRADER, Petersen, Johann Wilhelm, 1979; J. WALLMANN, Pietismus, 1990, S. 84–89; P.J. SPENER, Briefe 1, 1992, Nr. 148, S. 598. Bd. 3, 2000, Nr. 8, S. 39; M. MATTHIAS, Johann Wilhelm und Johanna Eleonora Petersen, 1993.

[18] Vgl. den Brief von David Clodius an Philipp Jakob Spener vom 25.10.1675 bei P.J. SPENER, Briefe 2, 1996, Nr. 151, S. 652–655, hier S. 652.

[19] Philipp Ludwig Hanneken (1637–1706), geb. in Marburg, war ein Sohn von Justine Eleonore Mentzer (1616–1669) und dem Marburger Theologieprofessor bzw. Lübecker Superintendenten Meno Hanneken (1595–1671). Nach dem Studium in Gießen, Leipzig, Wittenberg und Rostock wurde er 1663 Professor für Rhethorik und hebräische Sprache in Gießen und 1667 außerordentlicher Theologieprofessor in Gießen. 1668 erwarb er den Doktortitel und wurde 1670 ordentlicher dritter Theologieprofessor, zusätzlich 1677 Superintendent in Gießen. 1693 wechselte er als Professor der Theologie nach Wittenberg. 1670 trat er mit Spener in brieflichen Kontakt. Seit 1678 wurde er zum heftigen Gegner des Pietismus, v.a. der Collegia pietatis, und griff als Wittenberger Professor Speners Lehren direkt an; vgl. F.W. STRIEDER, Geschichte 5, 1785, S. 254–267; NDB 7, 1966, S. 620f; P.J. SPENER, Briefe 1, 1992, Nr. 86, S. 331. Bd. 2, 1996, Nr.16, S. 69.

Kirche, des Falles des Papsttums und einer allgemeinen Judenbekehrung bezweifelte, als auch der Vorstellung vom geistlichen Priestertum aller Gläubigen und der Einrichtung von Collegia pietatis distanziert gegenüberstand.[20] Trotz Speners ausführlicher Argumentation blieb Hanneken bei seinem Widerspruch gegen dessen Zukunftshoffnung und problematisierte wiederholt die Auffassung von den umfassenden geistlichen Rechten der Christen (auch der Frauen).[21] Überwog also nach der Veröffentlichung der *Pia Desideria* die Zustimmung in der hessen-darmstädtischen Kirchenleitung, so gab es doch von Anfang an auch grundsätzliche Kritik sowohl an Speners Theologie einer Hoffnung besserer Zeiten auf Erden als auch an seinen praktischen, auf der Lehre vom allgemeinen Priestertum beruhenden Reformvorschlägen.

b) Besucher, Inhalt und Strukturen des Darmstädter Collegium pietatis

Johann Winckler lernte die *Pia Desideria* vermutlich ebenfalls im Laufe der Jahre 1675/76 kennen; er besaß eine Frankfurter Ausgabe der Schrift von 1676.[22] Seine unmittelbare Reaktion darauf ist nicht überliefert. Doch das Wenige, was über die Entstehung seines Darmstädter Collegium pietatis bekannt ist, wirkt wie eine direkte Umsetzung von Speners Reformplänen. Zwar fehlen unmittelbare Quellen, doch sekundäre Texte wie die Veröffentlichungen von Kriegsmann, Winckler und Mentzer sowie die Briefe von Spener lassen die äußere Struktur (Teilnehmer, Zeit, Ort) und inhaltliche Gestaltung in Umrissen erkennen.[23] Die früheste Nachricht über Wincklers Konvent findet sich in einem wahrscheinlich an den livländischen Generalsuperintendenten Johann Fischer gerichteten Brief Speners vom 2. Oktober 1676.[24] Spener teilt darin mit, dass nun auch an anderen Orten ähnliche Zusammenkünfte wie in Frankfurt a.M. eingerichtet worden seien, wo einige Freunde unter der Leitung eines Pastors zusammenkommen und die Schrift lesen oder über ausgewählte Textstellen miteinander Gespräche (*sermones*) führen. Er wisse davon in Augsburg, Schweinfurt und Darmstadt. Im gleichen Brief berichtet Spener, dass er den Darmstädter Hofprediger, »*de cuius viri pio zelo plurimum mihi promitto, etiam orsus est illum morem*«, angeregt habe, im Exordium der Predigt jeweils einen zusätzlichen

---

[20] Vgl. Philipp Jakob Speners Brief (evtl. an Philipp Ludwig Hanneken vom Frühsommer 1675) ebd., Nr. 16, S. 69–75.

[21] Vgl. Philipp Jakob Speners Brief (evtl. an Philipp Ludwig Hanneken) vom 8.7.1675 ebd., Nr. 19, S. 87f.

[22] Vgl. Catalogus, 1721, S. 307.

[23] Vgl. W.C. KRIEGSMANN, Symphonesis Christianorum, [1677]; B. MENTZER, Kurtzes Bedencken, 1691; J. WINCKLER, Bedencken, 1679; DERS., Antwort, 1681, s. Teil II. 1.3, Nr. 5).

[24] Vgl. den Brief von Philipp Jakob Spener (evtl. an Johann Fischer) vom 2.10.1676 bei P.J. SPENER, Briefe 2, 1996, Nr. 110, S. 505–510, hier S. 508.

Text (aus dem Kolosserbrief) zu erklären und so der Gemeinde die Bibel besser bekannt zu machen.[25] Gut zwei Monate später, am 15. Dezember 1676, geht Spener gegenüber Winckler selbst auf dessen Erbauungsversammlung ein: Winckler habe ihm geschrieben, »daß er so wol mit erwachsenen knaben einige *privata exercitia* tractiret, als vornemlichen noch eine auswahl unter alten und jungen zumachen gesonnen ist der jenige, bey denen mehr auszurichten«.[26] Es ist anzunehmen, dass es sich jeweils nur um kleine Gruppen ähnlich den modernen Hauskreisen handelte, die evtl. auch nur unregelmäßig zusammenkamen.

Zur zeitlichen Einordnung ergibt sich aus den zitierten Briefen, dass der Hofprediger wahrscheinlich im Spätsommer 1676, jedenfalls vor Oktober, in Darmstadt ein Collegium pietatis eröffnete.[27] Während er zunächst nur einzelne junge Männer versammelte, wollte er die Gruppe bald erweitern bzw. einen zweiten Kreis mit altersmäßig gemischter Teilnehmerschaft einrichten. Winckler scheint bei seinem Vorgehen die Ratschläge aus den *Pia Desideria* beherzigt zu haben, »daß ein frommer Theologus die sache anfangs mit nicht gar vielen/ aber solchen unter der zahl seiner Auditorum anfienge/ bey denen er bereits eine hertzliche begierde/ rechtschaffene Christen zu seyn/ bemerckte«.[28] Da er seine Konventikel mit einigen »erwachsenen knaben« anfing, also wahrscheinlich mit älteren Pädagogschülern und Studenten, orientierte er sich offenbar außerdem an dem von Spener verbreiteten Gedanken der Einrichtung akademischer Collegia pietatis, die dieser ja nicht nur an den Universitäten, sondern auch in den Städten empfahl und selbst seit Juni des Jahres in Frankfurt a.M. praktizierte. Auch die Bezeichnung »*privata exercitia*« könnte andeuten, dass Winckler zunächst akademische Übungen hielt; denn die Versammlungen seines Leipziger Lehrers Andreas Beyer, die er selbst als Thomaner und Student besucht hatte, bezeichnete er ebenfalls stets als »Exerzitien«.[29]

Erst einige Monate später, wahrscheinlich in der ersten Hälfte des Jahres 1677, öffnete Winckler sein Collegium pietatis für andere interessierte

---

[25] Ebd., Nr. 110, S. 510. Zu den pietistischen Versuchen, ein stärkeres Interesse an der Bibel zu wecken vgl. J. WALLMANN, Katechismuschristentum, 1994, S. 43–47.

[26] Vgl. den Brief von Philipp Jakob Spener (wahrscheinlich an Johann Winckler) vom 15.12.1676 bei P.J. SPENER, Briefe 2, 1996, Nr. 118, S. 540–553, hier S. 553.

[27] Gegen die früheren Datierungen z.B. bei J. GEFFCKEN, Johann Winckler, 1861, S. 324; H. HEPPE, Kirchengeschichte 2, 1876, S. 414; W. KÖHLER, Anfänge, 1907, S. 6.

[28] P.J. SPENER, Pia Desideria (1675), ³1964, S. 77.

[29] S.o. 2.1.3. Bereits zwei Jahre später verwendet Winckler den Begriff »*exercitia*« nicht mehr. Stattdessen spricht er nun von »einzelnen Zusammenkünften«, daneben auch von »Privatzusammenkünften«, »Partikularversammlungen«, »Collegia pietatis«, »Privatübungen«, »Privatversammlungen«, »Privaterbauungen«, »Privatkonventen« und »Privatgesellschaften«; vgl. z.B. J. WINCKLER, Bedencken, 1679, S. 18. 20. 27. 36. 46. 48. 51–53. 58. 64. 69. 72f. 85. 91. 98. 102. 105–107. 111–113. 137. 144f.

Christen. Dabei ist in seinem Umfeld zunächst an die Hofgemeinde, an ältere Schüler und Lehrer des Pädagogs sowie an Theologiestudenten zu denken. Spener macht zudem darauf aufmerksam, dass Winckler den Konvent in Darmstadt auf Wunsch von Personen gründete, »die daselbs dergleichen gottselige gespräche/ dero heilsamen nutzen sie in dem benachbarten Franckfurt selbs erfahren hatten/ angestelt zu werden verlangten«.[30] Er sagt also erstens, dass Winckler das Collegium pietatis auf Bitten anderer begann, und zweitens, dass diese Leute die Frankfurter Erbauungsversammlungen bzw. Speners akademisches Exerzitium kannten. Letzteres traf u.a. auf Wilhelm Christoph Kriegsmann (1633–1679) zu, der mit Sicherheit einer der Teilnehmer, wenn nicht ein bedeutendes Gründungsmitglied des Kreises war.[31] Der aus einer Thüringer Beamtenfamilie stammende Kriegsmann hatte nach dem Studium der Theologie und orientalischen Sprachen erst als Kirchenrat des Grafen Friedrich Emich von Leiningen-Dagsburg in Hardenburg bei Bad Dürkheim gewirkt und war seit 1674 als Kammerrat in Darmstadt tätig. Spener beschreibt den früh Verstorbenen als »*vir [...] a varia eruditione, Orientalium Linguarum et antiquitatis notitia instructissimus, et praeterea pietatis strenuus cultor*«.[32] Kriegsmann hatte schon vor der Bekanntschaft mit Winckler zahlreiche Schriften publiziert, darunter ein Traktat über die *Gottseligkeit* (1657), ein Buch zur Judenbekehrung unter dem Titel *Malchutolam. Vom Königreich des Messiae* (1669),[33] einen Regentenspiegel (1673), einen praktischen Leitfaden zur Übung der Frömmigkeit unter dem Titel *Theopraxia oder Evangelische Übung des Christentums* (1675) sowie weitere staatspolitische, historische, theologische, na-

---

30 P.J. SPENER, Warhafftige Erzehlung, 1697, S. 48.

31 Wilhelm Christoph Kriegsmann (1633–1679), geb. in Barchfeld in Schmalkalden (von 1627–1648 zu Hessen-Darmstadt gehörig), war ein Sohn des Amtsverwalters Alexander Veit Kriegsmann. Er studierte seit 1650 in Jena und seit 1653 in Helmstedt. Dass er das Frankfurter Collegium pietatis besuchte, belegt ein Brief Speners an Balthasar Mentzer vom 15.1.1678; vgl. P.J. SPENER, Briefe 3, 2000, Nr. 114, S. 556–561, hier S. 557; AGL 2, 1750, Sp. 2169f. Bd. 7, 1810, Sp. 883–885; F.W. STRIEDER, Geschichte 7, 1787, S. 341–346; Matrikel der Universität Jena 1, 1944, S. 68; Matrikel der Universität Helmstedt 2, 1981, S. 98; G. KÖBLER, Historisches Lexikon, [6]1999, S. 583. Die Freundschaft mit Winckler wird u.a. durch zwei erhaltene Briefe Kriegsmanns mit Beilage sowie durch Wincklers Kontakt mit dessen Witwe belegt; vgl. SUB HH, Nachlass Johann Winckler, Nr. 81–83; AFSt Halle, A 159:6h, fol. 40–41; J. WINCKLER, An die geheiligten Häupter, 1694, S. 1057f. Sein Bruder Johann Samuel Kriegsmann (1635–1678) war ebenfalls Theologe und Schriftsteller; er verfasste u.a. das von Wolfgang Carl Briegel vertonte »Evangelische Hosianna« (1677); vgl. AGL 2, 1750, Sp. 2169. Bd. 7, 1810, Sp. 883; F.W. STRIEDER, Geschichte 7, 1787, S. 346f; MGG Personenteil 3, [2]2000, Sp. 894–900, hier Sp. 898.

32 P.J. SPENER, Briefe 3, 2000, Nr. 180, S. 838; vgl. ebd., Nr. 98, S. 470.

33 In dieser Schrift versucht Kriegsmann, den Juden ausführlich die christliche Lehre vom Messias Jesus von Nazareth nahezubringen. Besonderen Wert legt er auf die soteriologischen Aspekte; vgl. M. FRIEDRICH, Abwehr, 1988, S. 95f.

turwissenschaftliche und hermetische Texte.[34] Ende 1677 machte er durch seine Veröffentlichung *Symphonesis Christianorum* landesweit auf Wincklers Erbauungsversammlung aufmerksam und löste damit große Unruhe bei der hessen-darmstädtischen Kirchenleitung aus. Mit dem Hofprediger befreundet, stand er bei dessen zweitem, am 1. Februar 1678 geborenen Sohn Johann Christoph namensgebend Pate.[35]

Kriegsmann hatte vor Wincklers Zeit mit einem bisher vollkommen unerforschten esoterischen Zirkel am hessen-darmstädtischen Hof in Verbindung gestanden, in dem, soweit wir wissen, alchemistische, hermetische und theosophische Literatur sowie Texte von Jakob Böhme und Paracelsus kursierten.[36] Als Wortführer dieses Freundeskreises waren anscheinend Johann Tacke (1617–1676),[37] seit 1670 Professor primarius für Medizin und Philosophie an der Universität Gießen und Leibarzt von Landgraf Ludwig VI., sowie der ehemalige Darmstädter Hofmeister und Geheimrat Hans Eitel Diede zu Fürstenstein (1624–1685) in Erscheinung getreten.[38] Zu

---

[34] Mit »hermetischen Wissenschaften« wird ein altes, esoterisches Geheimwissen bezeichnet, das auf die griechisch-ägyptische Gottheit Hermes Trismegistus zurückgeführt wird. Hermeszitate waren in der frühen Neuzeit bei den Rosenkreuzern und bei Paracelsus anzutreffen; vgl. K.-W. TRÖGER, Hermetica, 1989; RGG^4 3, 2000, Sp. 1668–1673, hier Sp. 1672f.

[35] Die bisher unbekannten Patenbeziehungen erhellt der Kirchenbucheintrag im Februar 1678: »den 3. Es ist Hn. M. Johanni Wincklero Fürstl. Hoffprediger alhir Und seiner Hfrauen ein Söhnlein getaufft und Johannes Christophorus genannt worden. Gevattern waren, Herr Johann Wolff Von Todenwart, H. Christoph Wilhelm Kriegsmann, Cammerraht, und Herrn Dr. Malcomesii, Fürstl. Geheimbden Rahts alhir ehliche Haußfrau, Frauen Maria Elisabetha«; ZaEKHN, Kirchenbuch Darmstadt Stadt Nr. 3 (1658–1678), Film Nr. 2758; Nachrichten, 1773, S. 1f. Johann Christoph (1678–1682) starb am 1.1.1682 in Wertheim; vgl. EvPWt, Kirchenbuch Wertheim, unpag. Später wurde abermals ein Sohn Johann Christoph (1686–1705) genannt.

[36] Für die Kenntnis von Schriften Jakob Böhmes und der Rosenkreuzer am Darmstädter Hof sprechen sowohl inhaltliche Parallelen in Kriegsmanns Traktat »Symphonesis Christianorum« als auch die in Mentzers »Kurtzem Bedencken« erhobenen Vorwürfe; s.u. 2.7.2.

[37] Johann Tacke (1617–1676), geb. in Wetzlar, promovierte 1639 in Marburg zum Dr. theol. und 1643 zum Lic. med. 1648/49 begleitete er Prinz Ludwig VI. von Hessen-Darmstadt auf seiner Reise durch Deutschland, Dänemark, Schweden und Italien. 1650 promovierte er zum Dr. med. in Gießen und wurde dort Professor für Medizin, Physik und Rhetorik. 1662 ging er als Leibarzt Ludwigs VI. nach Darmstadt. Er war ein Anhänger von Paracelsus und Jakob Böhme und übte starken Einfluss auf Friedrich Breckling aus, der ihn rückblickend als seinen wichtigsten akademischen Lehrer bezeichnete. Tacke veröffentlichte astronomische, medizinische, theosophische und alchemistische Schriften. Spener ließ sich Tackes Veröffentlichungen durch Johann Wilhelm Petersen wiederholt aus Gießen zusenden. Wilhelm Christoph Kriegsmann widmete ihm die naturwissenschaftliche Schrift: »Taaut oder Auslegung der chymischen Zeichen« (1665). Tacke war in erster Ehe mit Johanna Lotichius (1626–1648) verheiratet; vgl. C.W. KESTNER, Medicinisches Gelehrten-Lexicon, 1740, S. 830f; GVUL 41, 1744, Sp. 1344f; AGL 4, 1751, Sp. 982; Stolberg-Stolberg'sche Leichenpredigten-Sammlung 2, 1928, S. 710; D. BLAUFUSS, Breckling, Friedrich, 1981, S. 150; Katalog der Leichenpredigten in der Universitätsbibliothek Gießen, 1985, S. 298. 383; Katalog der Leichenpredigten im Hessischen Staatsarchiv Darmstadt, 1991, S. 4. 38; P.J. SPENER, Briefe 2, 1996, Nr. 50, S. 232; F. BRECKLING, Autobiographie, 2005, S. 17f.

[38] Hans Eitel Diede zu Fürstenstein (1624–1685), geb. in Wellingerode, war nach dem Studium in Straßburg und einer akademischen Reise zunächst Kammerjunker und Gesandter in Kassel.

Wincklers Zeit war der angesehene Diede zu Fürstenstein, der auch mit Spener korrespondierte, Burggraf von Friedberg, hielt sich jedoch häufig in der fürstlichen Residenz auf. Namen weiterer Anhängerinnen oder Anhänger sind nicht überliefert. Es ist gut denkbar, dass sich im Darmstädter Privatkonvent unter der Leitung von Winckler und Kriegsmann Freunde des mystisch-spiritualistischen, möglicherweise dem Rosenkreuzertum nahestehenden Lektürekreises wiederfanden, nachdem das vormalige Haupt des Zirkels Tacke Ende August 1676 gestorben war.

Neben Wilhelm Christoph Kriegsmann und Hans Eitel Diede zu Fürstenstein könnte auch Johann Maximilian Lersner (1648–1702) unter den von Spener erwähnten Personen gewesen sein, die aufgrund ihrer guten Erfahrungen in der Frankfurter Privatversammlung die Eröffnung eines Collegium pietatis in Darmstadt betrieben.[39] Der Sohn des Spenerfreundes Philipp Christian Lersner, welcher 1670 zu den Gründungsmitgliedern des Frankfurter Kollegiums gehört hatte, wirkte als Privatbankier und als hessendarmstädtischer Rat und Oberamtmann zu Eppstein. Wahrscheinlich hielt er sich aufgrund seiner Mitwirkung an den landgräflichen Regierungsgeschäften regelmäßig am Darmstädter Hof auf. Lersner, der zur Unterscheidung von seinen Verwandten den Beinamen »der Fromme« trug, blieb mit Winckler bis in die Wertheimer Zeit befreundet und wurde 1682 Pate und Namensgeber von dessen Sohn Johann Maximilian.[40] Der aus einer hessendarmstädtischen Beamtenfamilie stammende Johann Jakob Wolff von To-

1653 wurde er Hofmeister und Geheimer Rat in Darmstadt, 1660 Richter am Marburger Samtgericht, 1663 Gesandter auf dem Reichstag zu Regensburg, 1665 Oberamtmann der Grafschaft Nidda, 1671 Burggraf in Friedberg. Auch er war ein gründlicher Kenner der Schriften Jakob Böhmes; vgl. P.J. SPENER, Briefe 2, 1996, Nr. 32, S. 156.

[39] Johann Maximilian Lersner (1648–1702), geb. in Frankfurt a.M. als Sohn der Patrizier Philipp Christian Lersner (1611–1684) und Maria Margarete Baur von Eyseneck (1622–1692), studierte 1666 in Jena, seit 1667 in Straßburg und wurde dann Rat und Oberamtmann zu Eppstein. Sein Tod löste einen der größten Frankfurter Konkurse aus, da er den Landgrafen von Hessen-Darmstadt viel Geld geliehen hatte, das diese nicht zurückzahlen konnten. Wie sein Vater zählte auch der jüngere Lersner zu den frühen Mitgliedern des Frankfurter Collegium pietatis. Er war mit Spener, der ihm 1693 den vierten Teil seiner »Christlichen Leichenpredigten« widmete, befreundet, war Pate bei dessen Sohn Christian Maximilian (1678–1714) und korrespondierte auch mit Johann Wilhelm Petersen. Er war mit Rosina Sibylla von Ruland (1655–1712) verheiratet; vgl. H. KÖRNER, Frankfurter Patrizier, 1971, S. 202f; Frankfurter Biographie 1, 1994, S. 453; P.J. SPENER, Briefe 1, 1992, Nr. 8, S. 36. Bd. 3, 2000, Nr. 164, S. 757; DERS., Briefe 1, 2003, Nr. 72, S. 278.

[40] Der Kirchenbucheintrag zur Taufe des vierten Sohnes Johann Maximilian von Wincklers Hand lautet: »den 14 Octobr. ist mir Johan Winckler Superintend. und meiner HausFr. Johanna ein Sohn so den tag zuvor gegen 6 uhr abends gebohren, getaufft u. Johan Maximilian genant [doppelt: genand] worden. Gevattern waren H. Johan Friedrich Allmacher Medici data u. Stad=Physicus u. H. Johan Maximilian Lersner, [unleserlich] zu Franckfurth«; vgl. EvPWt, Kirchenbuch Wertheim, unpag. Johann Maximilian Winckler (1682–1747) wurde Kaufmann in Hamburg und heiratete nach dem Tod seines Vaters 1705 Anna Detleffs (1688–1755), Tochter des Herzoglich Schleswig-Holsteinischen Deichgrafen in Norder-Dithmarschen; vgl. Nachrichten, 1773, S. 4; J. GEFFCKEN, Johann Winckler, 1861, S. 236; H. SCHRÖDER, Lexikon 8, 1883, S. 67.

denwarth (1644–1726), Hofjunker und Burgmann zu Darmstadt, könnte als weiteres Regierungsmitglied Wincklers Privatversammlung besucht haben.[41] Er stand Anfang 1678 zusammen mit Kriegsmann Pate bei Wincklers zweitem Sohn. Nimmt man für Patenbeziehungen nicht nur zwingende gesellschaftliche oder wirtschaftliche Gründe, sondern auch persönliche Zuneigung an, so kommen ausgehend von den Patenschaften, die Johann und Johanna Winckler ihrerseits 1676/77 in Darmstadt übernahmen,[42] folgende weitere landgräfliche Beamte als Besucher des Privatkonvents in Betracht: der fürstliche Kanzleiadvokat Johann Nikolai Weitzel,[43] der Kammerschreiber Johann Gerold[44] und der Hofmaler Pieter Rodingh.[45] Der aus Amsterdam stammende Maler, Radierer und Kupferstecher war von 1674–1679 am Darmstädter Hof angestellt. Er war auch mit Speners Verleger Johann David Zunner befreundet und verließ Darmstadt nur etwa ein halbes Jahr nach Kriegsmann und Winckler Anfang 1679, eine Parallele, welche die Vermutung unterstützt, dass er dem Collegium pietatis angehörte.[46] Eine mehrjäh-

---

41 Johann Jakob Wolff von Todenwarth (1644–1726) war der zweitgeborene Sohn des hessen-darmstädtischen Geheimen Rats Eberhard Wolff von Todenwarth (1614–1663) und ein Enkel des hessen-darmstädtischen Kanzlers Anton Wolff von Todenwarth (1592–1641). Die Familie wurde 1623 nobilitiert. In erster Ehe heiratete er 1666 Anna Elisabeth Schenck zu Schweinsberg (1638–1691), in zweiter Ehe 1693 Marie Elisabeth Dorothea Vollmar von Bernshofen (1669–1746); vgl. Standeserhebungen und Gnadenakte 5, 1974, S. 238; A. ECKHARDT, Beamtentum, 1972, S. 90f. 93. 96f; Familienarchiv Wolff von Todenwarth, 1984, S. XIf.

42 Es scheint nicht nur Zufall zu sein, dass Johanna und Johann Winckler 1678, nachdem es über das Collegium pietatis und Kriegsmanns Veröffentlichung zu heftigen Auseinandersetzungen am Darmstädter Hof gekommen war, hier nicht mehr zu Paten gebeten wurden; vgl. ZaEKHN, Kirchenbuch Darmstadt Stadt Nr. 3 (1658–1678), Film Nr. 2758.

43 Johann Nikolai Weitzel stammte aus einer alten hessischen Beamtenfamilie und war als fürstlicher Kanzleiadvokat am Darmstädter Hof angestellt. Er war offenbar mit Johann Peter Scheffer (s.u.) und dessen Verwandter Maria Margaretha Scheffer (1650–1667) befreundet. Seine 1676 geborene Tochter Johannetta Dorothea benannte er offenbar nach der Patin »Johannetta« (Johanna) Winckler; vgl. ebd.; Katalog der Leichenpredigten in der Hessischen Landes und Hochschulbibliothek Darmstadt, 1990, S. 424; A. ECKHARDT, Beamtentum, 1972, S. 90. 92.

44 Johann Gerold, fürstlicher Kammerschreiber, bekam 1677 einen Sohn Johann Philipp, bei dem der Hofprediger Winckler sowie ein fürstlicher Rentmeister Pate standen; vgl. ZaEKHN, Kirchenbuch Darmstadt Stadt Nr. 3 (1658–1678), Film Nr. 2758.

45 Pieter Rodingh, geb. in Amsterdam, wirkte nachweislich zwischen 1668–1686 in Holland und Deutschland als Maler, Radierer und Kupferstecher. 1674–1679 war er als Nachfolger von Salomon Duarte und Georg Friedrich Breithaupt als Darmstädter Hofmaler beschäftigt und fertigte u.a. zwei bis heute erhaltene perspektivische Ansichten vom Schloss an. Bei seinem 1677 geborenen Sohn aus erster Ehe, Johann Heinrich, standen Johanna Winckler und der Frankfurter Verleger Johann David Zunner Pate. 1685 heiratete Rodingh in Amsterdam zum zweiten Mal; vgl. ebd.; M. KNODT, Regenten, 1976, S. 30; E. EMMERLING, Darmstädter Malerei 1, 1936, S. 11f. 24f; F.G. WALLER, Woordenboek, 1938, S. 272; Allgemeines Künstlerlexikon 8, 2000, S. 455.

46 Als Hofmaler bezog Pieter Rodingh das auffallend geringe Grundgehalt von 10 Gulden jährlich, während seine Arbeiten einzeln vergütet wurden. 1678 erhielt er eine große Abschlagszahlung von 300 Gulden. Über den Rest seiner Forderungen verglich man sich laut Dekret vom 24.1.1679 mit dem Betrag von 75 Gulden. Daraufhin begab Rodingh sich anscheinend direkt nach Amsterdam, wo bereits 1680 von ihm gestochene Stadtansichten erschienen. Die Zahlungen

rige Bekanntschaft verband Winckler zudem mit Hofbeamten aus der Familie von Geismar.[47] Alle genannten Personen waren am Fürstenhof angestellt und zählten damit zu Wincklers Gemeinde.

Unter den jüngeren Theologen, die am Darmstädter Privatkonvent interessiert gewesen sein könnten, kommen der Theologiestudent Johann Peter Scheffer und der Informator Johann Jeremias Leuchter in Frage. Johann Peter Scheffer (um 1650–1719) hielt sich nach dem Studium in Gießen nachweislich im Mai 1676 in seinem Heimatort Darmstadt auf, wo er mit Winckler in Kontakt stand.[48] Als er 1679 von einer zweijährigen Reise durch Holland, England, Frankreich und Süddeutschland zurückkehrte, wurde er in Darmstadt von Superintendent Mentzer nicht gerne gesehen.[49] Er hielt sich deshalb, nachdem er Winckler in Wertheim besucht hatte, in Speners Haus in Frankfurt a.M. auf.[50] Noch im gleichen Jahr wurde Scheffer als Informator der Grafen von Solms-Laubach angestellt, in deren Diensten er bis zu seinem Lebensende stand. Johann Jeremias Leuchter (1647–1694) wirkte nach dem Studium in Gießen und Straßburg als Hauslehrer bei Familie Tabor in Frankfurt a.M., wo er Kontakt zu Spener unterhielt.[51] Im August 1678 wurde er Hofdiaconus der Grafen von Leiningen-

---

deuten an, dass Rodinghs Entlassung bzw. sein Weggang im gleichen Jahr eingeleitet wurden, in dem auch Kriegsmann und Winckler zum Verlassen der Stadt gedrängt wurden; vgl. E. EMMERLING, Darmstädter Malerei 1, 1936, S. 24f.

[47] Winckler war Angehörigen der Familie von Geismar wahrscheinlich zuerst auf Hof Wiesenburg begegnet. Zusammen mit Philipp Friedrich und Georg von Geismar hatte er Prinz Carl Ludwig von Schleswig-Holstein-Sonderburg-Wiesenburg nach Tübingen begleitet (s.o. 2.3.2). Am Darmstädter Schloss arbeiteten zu Wincklers Zeit eine Hofmeisterin, ein Hofmeister sowie weitere Bedienstete aus der Familie von Geismar; vgl. ZaEKHN, Kirchenbuch Darmstadt Stadt Nr. 3 (1658–1678), Film Nr. 2758.

[48] Johann Peter Scheffer (um 1650–1719), geb. in Darmstadt, studierte seit 1669 in Gießen und Straßburg und unternahm etwa zwischen 1676–1679 eine Auslandsreise, auf der er u.a. Friedrich Breckling besuchte. 1679 hielt er sich u.a. in Wertheim, Darmstadt, Frankfurt a.M. und Gießen auf. Im gleichen Jahr wurde er Informator der drei Prinzen von Solms-Laubach, welche er auf die Universitäten Utrecht und Straßburg begleitete; vgl. ZaEKHN, Kirchenbuch Darmstadt Stadt Nr. 3 (1658–1678), Film Nr. 2758; D. BLAUFUSS, Reichsstadt, 1977, S. 147–171; P.J. SPENER, Briefe 3, 2000, Nr. 38, S. 161; F. BRECKLING, Autobiographie, 2005, S. 46. Scheffer kannte die Schriften Jakob Böhmes; vgl. P.J. SPENER, Briefe 3, 2000, Nr. 194, S. 902. Zum genannten Aufenthalt in Darmstadt vgl. den Briefentwurf von Johann Jakob Schütz vom 2.5.1676; Stadt- und Universitätsbibliothek Frankfurt a.M., Senckenbergische Bibliothek, Nachlass Johann Jakob Schütz, Mappe 330, fol. 111.

[49] Vgl. Scheffers Brief an Gottlieb Spizel vom 17.5.1679 bei P.J. SPENER, Briefe 4, 2005, Nr. 197, S. 781–786, hier S. 784; Speners Brief vom 13.4.1680 in DERS., Theologische Bedencken 3, 1702, S. 341–361, hier S. 351.

[50] Vgl. P.J. SPENER, Briefe 4, 2005, Nr. 197, S. 783f.

[51] Johann Jeremias Leuchter (1647–1694), geb. in Dornberg, wirkte nach dem Studium in Gießen und Straßburg als Informator in Frankfurt a.M. 1678 wurde er Hofdiaconus in Hardenberg bei Leiningen, 1683 Pfarrer in Erbach; vgl. HasSac 4, 1930, S. 75; P.J. SPENER, Briefe 3, 2000, Nr. 189, S. 875; DERS., Briefe 1, 2003, Nr. 94, S. 372.

Dagsburg, den früheren Arbeitgebern von Kammerrat Kriegsmann, und 1683 Pfarrer in Erbach. Leuchter hatte in der hessen-darmstädtischen Kirche aufgrund seiner Verbundenheit mit Wincklers Collegium pietatis ebenfalls keine Zukunft, obwohl sein Großvater Darmstädter Superintendent gewesen war. Dies ergibt sich aus einem Brief vom Herbst 1678, in dem Spener im Zusammenhang mit den erfolgten Veränderungen am Darmstädter Hof zwischen seinen kurzen Berichten über Kriegsmann und Winckler auch über den Weggang des »*studiosus pius*« Leuchter nach Hardenberg berichtet.[52]

Dass auch Frauen das Kollegium des Hofpredigers besuchten, ist den Druckschriften von Kriegsmann, Mentzer und Winckler zweifelsfrei zu entnehmen.[53] Bis auf »Fr. Schloßerin«, hinter der sich entweder die Witwe des ehemaligen Stadtpfarrers Philipp Schlosser, Maria Judith verw. Arcularius, oder ihre Tochter, die Witwe des jüngeren Stadtpfarrers Johannes Schlosser, Anna Margaretha geb. Arcularius, verbirgt,[54] sind Namen von Teilnehmerinnen nicht bekannt. Möglicherweise handelte es sich um die Ehefrauen der genannten Männer wie Maria Magdalena Kriegsmann und Wendelina Rodingh.[55] Auch die Patin von Wincklers Sohn Johann Christoph, Maria Elisabeth Malcomesius geb. Mentzer (1654–1725), könnte die Versammlung besucht haben.[56] Sie war die jüngste Tochter von Balthasar Mentzer und wie die etwa gleichaltrige Johanna Winckler mit einem erheblich älteren Mann verheiratet, dem einflussreichen hessen-darmstädtischen

---

[52] Vgl. Philipp Jakob Speners Brief an Gottlieb Spizel vom 27.9.1678 bei P.J. SPENER, Briefe 3, 2000, Nr. 202, S. 947–952, hier S. 949.

[53] Vgl. W.C. KRIEGSMANN, Symphonesis Christianorum, [1677], S. 58f; B. MENTZER, Kurtzes Bedencken, 1691, S. 6; J. WINCKLER, Bedencken, 1679, S. 65. 127–129.

[54] Vgl. Johann Wincklers Brief an Balthasar Mentzer vom 2.4.1677; SUB HH, Cod. Hans. III, 117–119 (Nr. 34, S. 2). Maria Judith Schlosser war in erster Ehe mit Bartholomäus Arcularius (1612–1653), seit 1641 jüngerer Stadtprediger in Darmstadt, und seit 1656 in zweiter Ehe mit dessen Nachfolger Philipp Schlosser verheiratet gewesen. Ihre Tochter Anna Margaretha Arcularius war seit 1667 mit dessen jüngerem Bruder Johannes Schlosser verheiratet gewesen; vgl. J.G. METTENIUS, Traur=Schleyer, 1677, S. 33. 68; HasSac 1, 1921, S. 22. Bd. 2, 1925, S. 148f.

[55] Vgl. ZaEKHN, Kirchenbuch Darmstadt Stadt Nr. 3 (1658–1678), Film Nr. 2758. Die Lebensdaten der Genannten konnten nicht ermittelt werden. Mit Maria Magdalena Kriegsmann stand Winckler noch lange Zeit nach dem Tod ihres Mannes in brieflichem Kontakt: Die Witwe versuchte zunächst, über Winckler einen passenden Ehemann und Vater für ihre zwei Kinder zu finden; vgl. Wincklers Brief an Philipp Jakob Spener vom 27.5.1682; AFSt Halle, A 159:6h, fol. 40–41, hier fol. 40. Später nahm sie an seinem Schicksal in den Hamburger pietistischen Streitigkeiten Anteil; vgl. J. WINCKLER, An die geheiligten Häupter, 1694, S. 1058.

[56] Maria Elisabeth Malcomesius geb. Mentzer (1654–1725) war seit 1669 mit Johann Richard Malcomesius (1637–1692), geb. in Marburg, verheiratet. Dieser war nach dem Studium in Gießen, Helmstedt und Tübingen 1660 Sekretär des Grafen Wolfgang Julius von Hohenlohe geworden. 1667 promovierte er an der Universität Gießen zum Dr. jur. und wurde Juraprofessor. 1668 wurde er Regierungsrat in Darmstadt, 1674 Geheimer Rat und 1689 Vizekanzler der Universität Gießen; vgl. F.W. STRIEDER, Geschichte 8, 1788, S. 222–224.

Geheimrat Johann Richard Malcomesius (1637–1692). Grundsätzlich ist davon auszugehen, dass sich nur eine kleine Personengruppe zu den »*discursen*« versammelte – wie Winckler die Treffen gegenüber Balthasar Mentzer im April 1677 vorsichtig umschrieb.[57] Wenn sich der Kreis überhaupt regelmäßig traf, dann wahrscheinlich sonntags in Wincklers Privatwohnung in der Stadt.[58]

Über Ablauf und Inhalt des Darmstädter Collegium pietatis sind wir ebenfalls nur indirekt unterrichtet. Offenbar folgte Johann Winckler dem Ratschlag Speners, in den Versammlungen abschnittsweise aus der Bibel vorzulesen und sich dann über den Textsinn und dessen Anwendung auf das eigene Leben auszutauschen.[59] Dabei stand der Anspruch an den Einzelnen, das eigene Gewissen kritisch zu prüfen, Sünden zu bekennen und seinen Glauben »offentlich mit worten u. wercken [zu] beweisen«, im Mittelpunkt der Gespräche.[60] Im Darmstädter Kollegium scheint man neben der Bibel keine anderen Schriften gelesen zu haben. Nach Winckler war darauf zu achten, »daß nicht verdächtige Bücher/ sondern GOttes Wort zuförderst und zwar in den Stücken/ die zum Glauben und gottseligen Leben klar anweisen/ gelesen und betrachtet wird«.[61] Bevorzugte biblische Texte nennen weder Winckler noch Kriegsmann. Doch Wincklers Auffassung über die »Mitte der Schrift« scheint derjenigen Johann Fischers zu ähneln, dessen Vorrede zur ersten pietistischen Bibelausgabe, der Rigaer Bibel (1677), von der Heiligung des Lebens handelte.[62] Den Ablauf der Versammlungen deutet Wincklers 1679 entstandene Apologie an, in der Gebet, Bibellektüre und Erbauung des Nächsten in dieser Reihenfolge immer wieder als Gegenstand der Zusammenkünfte genannt werden.[63] Auffällig ist die Wahl der Begrifflichkeit: Selten spricht Winckler einfach über das Lesen der Heiligen Schrift; dagegen fallen Wendungen wie »von Gottes Wort reden«, »aus

---

[57] SUB HH, Cod. Hans. III, 117–119 (Nr. 34, S. 2).

[58] Vgl. W.C. KRIEGSMANN, Symphonesis Christianorum, [1677], S. 52. 59. Auch das Frankfurter Collegium pietatis traf sich in der Frühzeit sonntags und mittwochs bzw. seit 1675/76 montags und mittwochs in Speners Pfarrhaus, bis es 1682 in die Barfüßerkirche verlegt wurde; vgl. P.J. SPENER, Bericht [1676], 1996, S. 686; DERS, Sendschreiben, 1677, S. 49–52; J. WALLMANN, Philipp Jakob Spener, ²1986, S. 278. Die Saalhofpietisten trafen sich ebenfalls sonntags; vgl. P.J. SPENER, Sendschreiben, 1677, S. 81f.

[59] Vgl. P.J. SPENER, Pia Desideria (1675), ³1964, S. 55f. 77f. Winckler schrieb später in deutlich apologetischer Absicht, er habe zwar in Darmstadt keine Privatzusammenkünfte gehalten, es hätten ihn jedoch mehrmals einige Hofangestellte aufgesucht, die ihn über die Heilige Schrift befragten, vgl. J. WINCKLER, An die geheiligten Häupter, 1694, S. 1056.

[60] SUB HH, Cod. Hans. III, 117–119 (Nr. 34, S. 2).

[61] J. WINCKLER, Bedencken, 1679, S. 71. Kriegsmann spricht bereits Ende 1677 nur von der Bibel und nicht von anderen Büchern; vgl. W.C. KRIEGSMANN, Symphonesis Christianorum, [1677], S. 20. 27. 37. 47.

[62] Vgl. J. WALLMANN, Katechismuschristentum, 1994, S. 52.

[63] Vgl. J. WINCKLER, Bedencken, 1679, S. 40f. 69f. 121.

Gottes Wort erbauen«, »Übung«, »Betrachtung«, »Gebrauch« bzw. »Handlung des Namens Christi«.[64] In diesen Formulierungen sind die Übergänge zwischen einer Heranführung des Einzelnen an die Bibel und aktiver gegenseitiger Erbauung und Ermahnung, die viel breiter thematisiert wird, fließend. Dadurch wird deutlich, dass das Darmstädter Kollegium v.a. von dem Ziel der wechselseitigen Erbauung der Christen geprägt war, als deren Grundlage die Lehre vom allgemeinen Priestertum der Gläubigen anzusehen ist.[65]

c) Vergleich mit anderen frühen Erbauungsversammlungen

Sucht man nach parallelen Veranstaltungen, die Anlass, Teilnehmerschaft, Ablauf, Inhalt, Zielsetzung oder Charakteristika von Wincklers Darmstädter Privatkonvent akzentuieren könnten, so ist an die anderen frühen, von Spener angestoßenen Collegia pietatis zu denken.[66] Das erste bekannte, sog. Collegium biblicum war 1672 in Schweinfurt von Stadtpfarrer Johann Wilhelm Barger (1640–1698) gegründet worden.[67] Etwa seit der Jahreswende 1675/76 hielt Pfarrer Gottlieb Spizel (1639–1691) in Augsburg eine Versammlung im Haus des Kaufmanns und Bürgermeisters Max Huber (1629–1677).[68] 1676 entstanden an mehreren Orten Privatkonvente: In der ersten Jahreshälfte richtete Johann Conrad Hößlin, Prediger und Präzeptor im württembergischen Bebenhausen, *colloquia pia* mit den Klosterschülern ein.[69] Im Juni 1676 eröffnete Philipp Jakob Spener ein zusätzliches akademisches Collegium pietatis. Auch der *Magister legens* Johann Wilhelm Petersen trieb seit dem Frühsommer 1676 im Rahmen einer griechisch-neutestamentlichen Übung an der Universität Gießen mit anderen Studenten Bibelexegese.[70] Etwa gleichzeitig begann in Rothenburg o.T. Superintendent Johann Ludwig Hartmann mit Theologiestudenten ein *exercitium biblicum* zu halten, wozu Spener ihn wiederholt aufgefordert hatte.[71] Nur

---

[64] Vgl. ebd., S. 14f. 18. 54. 56. 69f. 94. 108. 116. 121. 153f.

[65] Vgl. z.B. ebd., S. 96–98. Zum geistlichen Priestertum s.u. 2.7.3.

[66] Zu den folgenden Collegia pietatis vgl. P.J. SPENER, Briefe 1–3, 1992–2000; H. LEHMANN, »Absonderung«, 1979; M. BRECHT, Philipp Jakob Spener, 1993, S. 326–329; I. MODROW, Gruppenbildungen, 1997, S. 311–315; A. DEPPERMANN, Johann Jakob Schütz, 2002, S. 105f.

[67] Zum Schweinfurter Collegium pietatis vgl. P.J. SPENER, Briefe 2, 1996, Nr. 26, S. 123–130; D. BLAUFUSS, Pietismus, 1976, S. 57–60.

[68] Zum Augsburger Collegium pietatis vgl. P.J. SPENER, Briefe 2, 1996, Nr. 75, S. 350–356. Nr. 155, S. 666–671; D. BLAUFUSS, Reichsstadt, 1977, S. 172–188.

[69] Zum Bebenhauser Collegium pietatis vgl. P.J. SPENER, Briefe 2, 1996, Nr. 66, S. 305–309. Nr. 120, S. 556–560. Bd. 3, 2000, Nr. 99, S. 472–475; s.o. 2.3.3.

[70] Zu Johann Wilhelm Petersens Collegium biblicum vgl. P.J. SPENER, Briefe 2, 1996, Nr. 80, S. 370–372. Nr. 96, S. 460–464; M. MATTHIAS, Johann Wilhelm und Johanna Eleonora Petersen, 1993, S. 96.

[71] Zum Rothenburger *exercitium biblicum* und seiner Vorgeschichte vgl. P.J. SPENER, Briefe 2, 1996, Nr. 20, S. 89–96. Nr. 45, S. 212–218. Nr. 70, S. 324f. Nr. 106, S. 494–497; s.o. 2.3.3.

wenige Monate nach Winckler eröffneten dann im Dezember 1676 die Frankfurter Predigtamtskandidaten Otto Richardi († um 1691) und Johann Adolf Rhein (1646–1709) mit Billigung Speners eine Erbauungsversammlung im Haus des Arztes Johann Kißner (1645–1678) und seiner Frau Anna Elisabeth geb. Eberhard (1652–1730), die hauptsächlich von Akademikern besucht wurde.[72] Bei einem Schneider in der Frankfurter Fahrgasse, wo der junge Jurist und Schreiber von Schütz, Christian Fende (1651–1746), 1676 für einige Monate wohnte, wurden »mit vielen anderen ex bibliis übungen« gehalten.[73] Auch im Haus von Johann Jakob Schütz bestand ein privates Konventikel, über das jedoch nichts Näheres bekannt ist.[74] Ende des Jahres 1676 gründete schließlich Johanna Eleonora von Merlau zusammen mit der Gastgeberin Maria Juliana Baur von Eyseneck geb. von Hynsperg (1641–1684) im Frankfurter Saalhof einen Privatkonvent.[75]

Die genannten frühen Privatversammlungen weisen folgende äußere Gemeinsamkeiten auf: Die Leitenden, Gastgeber und Gastgeberinnen waren mit Philipp Jakob Spener persönlich bekannt, hatten zumindest sporadisch dessen Kollegium besucht oder standen in brieflichem Kontakt mit ihm.[76] Die in Frankfurt ansässigen Personen wie Johann und Anna Elisabeth Kißner, Johanna Eleonora von Merlau und Christian Fende unterhielten außerdem enge Beziehungen zu Johann Jakob Schütz, der neben Spener – und teilweise eindrücklicher als dieser – als Haupt der neuen Frömmigkeitsbewegung auftrat.[77] Alle Initiatoren der Privatkonvente waren einige Jahre jünger als der Frankfurter Senior, in dem sie so etwas wie einen älteren Mentor sehen mochten. Sie alle waren am Ende des Dreißigjährigen Krieges geboren und in einem zerstörten, von Chaos, Armut und Kriegsbedrohung gezeichneten Land aufgewachsen.[78] Bis auf Johanna Eleonora von

---

[72] Zum Collegium pietatis im Haus der Kißners vgl. P.J. SPENER, Briefe 3, 2000, Nr. 46, S. 189–205, hier S. 199–204; DERS., Sendschreiben, 1677, S. 81f; M. FRIEDRICH, Frankfurt, 2000, S. 192f.

[73] Aufzeichnungen Johann Christian Senckenbergs nach mündlichem Bericht Christian Fendes, zit. nach A. DEPPERMANN, Johann Jakob Schütz, 2002, S. 106. 124. Zu Christian Fende vgl. J. WALLMANN, Philipp Jakob Spener, 1986, S. 298; DERS., Pietismus, 1990, S. 82–84, A. DEPPERMANN, Johann Jakob Schütz, 2002, S. 123f.

[74] Zum Privatkonvent im Haus von Johann Jakob Schütz vgl. ebd., S. 106f.

[75] Zu den Saalhofpietisten vgl. J. WALLMANN, Pietismus, 1990, S. 85f; M. MATTHIAS, Johann Wilhelm und Johanna Eleonora Petersen, 1993, S. 89f; R. ALBRECHT, Johanna Eleonora Petersen, 2005, S. 65–78.

[76] Während Gottlieb Spizel, Winckler, Johann Wilhelm Petersen, das Ehepaar Kißner, die Frankfurter Pfarramtskandidaten, Maria Juliana Baur von Eyseneck und Johanna Eleonora von Merlau den Frankfurter Senior und dessen Erbauungsversammlungen teilweise schon einige Jahre lang persönlich kannten, bevor sie ein eigenes Collegium pietatis eröffneten, standen Johann Wilhelm Barger und Johann Conrad Hößlin erst seit 1675/76 in Briefkontakt mit Spener.

[77] Vgl. A. DEPPERMANN, Johann Jakob Schütz, 2002, S. 107–125.

[78] Zu den Krisenerfahrungen im 17. Jh. vgl. grundlegend H. LEHMANN, Absolutismus, 1980, S. 105–169.

Merlau, der als Frau ein Universitätsstudium verschlossen war, handelte es sich bei den Veranstaltern um akademisch ausgebildete Theologen bzw. Juristen (Christian Fende). Auch unter den Besuchern befanden sich viele Theologiestudenten sowie andere Akademiker (Mediziner und Juristen). Die Versammlungen wurden weit überwiegend von Männern und nur vereinzelt von Frauen besucht.[79] Zumindest in der Anfangsphase scheinen sich die Konvente mit Laien von den akademischen Collegia nur durch die Besucherkreise, nicht jedoch wesentlich vom Inhalt her unterschieden zu haben. Zur Lektüre gab es 1676/77 noch kein einheitliches Konzept: Während Spener in den ersten Jahren aus Erbauungsbüchern vorgelesen hatte, nahm er seit dem Jahreswechsel 1674/75 die Evangelien durch, und zwar zuerst Matthäus, dann Lukas und 1676 Johannes.[80] Barger hatte 1672 mit der kursorischen Lektüre des Alten Testaments begonnen; ihm riet Spener im August 1675 das Neue Testament vorzunehmen.[81] In Augsburg wollte man Anfang 1676 Nachschriften von Speners Predigten lesen.[82] Hößlin studierte mit den Bebenhäuser Klosterschülern gemäß Speners Empfehlung zuerst den 1. Johannesbrief und dann das Johannesevangelium.[83] Im Collegium biblicum an der Universität Gießen nahmen die Studenten paulinische Schriften im griechischen Urtext durch.[84] Im Frankfurter Saalhof und bei dem Ehepaar Kißner besprach man – nach Speners möglicherweise apologetischen Aussagen – sonntagabends die morgendliche Predigt,[85] während im Haus des Schneiders in der Fahrgasse »ex bibliis übungen« gehalten wurden.[86] Bei allen Differenzen zeichnete sich spätestens seit Ende 1676, nachdem Spener in einer Adventspredigt öffentlich zu vermehrter Bibellektüre aufgerufen hatte,[87] die Tendenz ab, in den Collegia pietatis neutestamentliche Bücher vorzulesen und im Gespräch auszulegen.

Der Vergleich mit den vorgestellten Collegia pietatis ergibt für Wincklers Privatversammlung folgende Übereinstimmungen bzw. Besonderhei-

[79] Zur Frage der Beteiligung von Frauen vgl. J. TAEGE-BIZER, Weibsbilder, 1998, S. 122–134; R. ALBRECHT, Johanna Eleonora Petersen, 2005, S. 66–72.

[80] Vgl. P.J. SPENER, Bericht [1676], 1996, S. 685.

[81] Spener riet zur Lektüre des Neuen Testaments mit der Begründung, dass »das Neue [Testament] das jenige liecht ist, aus welchem die dunckelheit des Alten erleuchtet werden muß, auch unsere Christenpflicht unvergleichlich heller und nachtrücklicher in dem Neuen als Alten uns vor augen geleget wird«; Speners Brief (evtl. an Johann Wilhelm Barger) vom 10.8.1675 ebd., Nr. 26, S. 128; vgl. auch P.J. SPENER, Das Geistliche Priesterthum, 1677, S. 30.

[82] Vgl. P.J. SPENER, Briefe 2, 1996, Nr. 75, S. 351f. Nr. 155, S. 667.

[83] Vgl. ebd., Nr. 66, S. 308f. Bd. 3, 2000, Nr. 99, S. 472f.

[84] Vgl. ebd. Bd. 2, 1996, Nr. 80, S. 371f.

[85] Vgl. P.J. SPENER, Sendschreiben, 1677, S. 80–82.

[86] Vgl. A. DEPPERMANN, Johann Jakob Schütz, 2002, S. 106. 124.

[87] Am 1. Advent 1676 hatte Spener in der Predigt seine Gemeinde dazu aufgefordert, den Willen Gottes durch fleißige Bibellektüre, v.a. des Neuen Testaments, zu erkennen und zu befolgen; vgl. P.J. SPENER, Sendschreiben, 1677, S. 81.

ten: Wie für die anderen Erbauungskreise gilt auch für diesen, dass er von Spener und Schütz angestoßen und von einem Theologen geleitet wurde. Gegenstand des Konvents war – ganz in Speners Sinn – offenbar von Anfang an die Bibel. Weist Wincklers Kreis bezüglich der Anregung durch die Frankfurter Bewegung, der Person des Leiters, seiner Beziehung zu Spener und Schütz sowie der Lektüre etliche Parallelen zu den anderen frühen Collegia pietatis auf, so bildet die Teilnehmerschaft einen wesentlichen Unterschied: Denn während jene hauptsächlich von Akademikern und nur selten von Frauen frequentiert wurden, scheint Wincklers Konvent überwiegend von Darmstädter Hofangestellten, Männern wie Frauen, besucht worden zu sein. Daneben könnten auch Theologiestudenten und Angehörige der Darmstädter Pfarrerfamilien daran teilgenommen haben. Zwar fehlen sichere Zahlen und Namen von Personen. Die rekonstruierbaren Beziehungen der Eheleute Winckler deuten jedoch darauf hin, dass diese fast ausschließlich in der mittleren und gehobenen Beamtenschaft am Hof verkehrten, welche zugleich Wincklers Gemeinde darstellte. Auch Kriegsmanns Büchlein *Symphonesis Christianorum*, das sich ausdrücklich an die »Staatsdiener und -dienerinnen« richtete,[88] spricht für die Verankerung des Konvents in der Hofbeamtenschaft. Daraus lässt sich folgern, dass im Darmstädter Collegium pietatis weder neue soziale Beziehungen geknüpft noch signifikante Standesgrenzen überschritten wurden, wie es in Speners offenem Kollegium sowie v.a. in separatistischen Kreisen geschah.[89] Vielmehr wurden bereits bestehende gesellschaftliche und gemeindliche Verbindungen umgeformt: Die sich um Winckler versammelnden Personen bildeten innerhalb der Schlossgemeinde einen eigenen kleinen Kreis der »Frommen«, der sich durch vermehrte Bibellektüre, gemeinsames Gebet und geistliche Interaktion auszeichnete. Innerhalb der neuen Gruppe kam es also zu einer Intensivierung, Emotionalisierung und religiösen Konnotierung sozialer Beziehungen zwischen Angehörigen einer relativ homogenen Gesellschaftsschicht.

Auffällig ist die selbstverständliche Teilnahme von Frauen an Wincklers Konvent, d.h. das Durchbrechen der Geschlechtergrenzen. Sie ergibt sich wahrscheinlich einerseits aus der Gemeindesituation. Denn anders als z.B. Spener, der als Pfarrer an der Frankfurter Barfüßerkirche für eine sich um

[88] Vgl. W.C. KRIEGSMANN, Symphonesis Christianorum, [1677], S. 60.

[89] Von Speners Collegium pietatis ist bekannt, dass es um 1675 unregelmäßig von etwa 50 Personen besucht wurde, u.a. von Akademikern, Kaufleuten, Handwerkern und Frauen (s.o. 2.4.1). Dagegen zeichnete sich der radikale Pietismus durch die Relativierung und Durchlässigkeit sozialer Schranken geradezu aus. Er zog v.a. Mitglieder derjenigen sozialen Schichten an, die von den gesellschaftlichen und wirtschaftlichen Veränderungen des 17. Jh. besonders betroffen waren, wie Handwerker, wandernde Gesellen, Angehörige des verarmten Adels und Akademiker; vgl. H. SCHNEIDER, Der radikale Pietismus, 1993, S. 397f; I. MODROW, Gruppenbildungen, 1997, S. 313.

ihn sammelnde Personalgemeinde zuständig war,[90] betreute Winckler eine fest umrissene kleine Ortsgemeinde, der natürlich auch Frauen angehörten. Männliche wie weibliche Gemeindeglieder waren im engen Hofbezirk alltäglich präsent. Tatsächlich war die Schlossgemeinde als ein Mikrokosmos, der sich u.a. durch räumliche Nähe und Abgeschlossenheit des Geländes, Aufgabenteilung, Hierarchisierung und Fixierung auf die fürstliche Familie auszeichnete, viel enger miteinander verwoben als eine Stadtgemeinde. Stärker trennend als die Geschlechtergrenzen mögen hier die Standesunterschiede gewirkt haben. Andrerseits könnte die Zulassung von Frauen auch eine theologische Nähe zu den sich seit 1676 allmählich von Philipp Jakob Speners Collegium pietatis separierenden Pietisten und Pietistinnen andeuten, die sich z.B. um Johanna Eleonora von Merlau, Maria Juliana Baur von Eyseneck, Johann Jakob Schütz, Christian Fende und Anna Elisabeth Kißner sammelten. In deren Erbauungskreisen, die inhaltlich v.a. von der Frage nach einem entschiedenen christlichen Leben gemäß den Regeln der Bibel geprägt waren, besaßen Frauen selbstverständlich das Recht zur Mitsprache – und nicht nur die Erlaubnis zuzuhören wie in Speners großer Privatversammlung.[91] Schließlich könnte die Aufgeschlossenheit gegenüber dem anderen Geschlecht aus bestimmten biographischen Erfahrungen des Konventikelleiters rühren: Winckler, als Kind von seiner Mutter zu besonderer Frömmigkeit erzogen, hatte am Wiesenburger Hof in Sophie Elisabeth von Schleswig-Holstein-Sonderburg-Wiesenburg, Johanna Eleonora von Merlau und Elisabeth Magdalena von Lindau Frauen kennen gelernt, die ihm in spiritueller Hinsicht als Gesprächspartnerinnen gewachsen waren. Die von Winckler anscheinend positiv bewerteten Erfahrungen im Lernen von Frauen mögen dazu beigetragen haben, dass er seine erste Erbauungsversammlung von Anfang an für Männer und Frauen öffnete.

2.7.2 Die Auseinandersetzung um die hessischen Collegia pietatis

Offenbar tagte Wincklers Collegium pietatis etwas über ein Jahr lang unbehelligt. Allerdings wurde es seit Beginn von Wincklers Vorgesetztem, Superintendent Balthasar Mentzer, genau beobachtet. Dieser muss im Frühling 1677 seine Skepsis gegenüber den Privatkonventen so deutlich gezeigt haben, dass Philipp Jakob Spener sich genötigt sah, ihm einen längeren

[90] Als Senior des Predigerministeriums war Spener für die Leitung der Frankfurter Gesamtkirche zuständig. Als Pfarrer an der Barfüßerkirche war diese zwar seine Predigtstätte, er war hier jedoch nicht für eine feste Ortsgemeinde sondern für eine Personalgemeinde zuständig, die bei ihm beichtete und das Abendmahl empfing; vgl. M. BRECHT, Philipp Jakob Spener, 1993, S. 287.

[91] Vgl. R. ALBRECHT, Johanna Eleonora Petersen, 2005, S. 65–68; A. DEPPERMANN, Johann Jakob Schütz, 2002, S. 105f.

Bericht über seine Lehrauffassungen, seine Hausübungen und die pietistische Entwicklung in Frankfurt a.M. zu geben. Speners Schreiben von Anfang April 1677 erlaubt nun einige Rückschlüsse auf Mentzers Beobachtungen.[92] Zum einen befürchtete Mentzer ethischen Rigorismus und damit Abweichung von der lutherischen Rechtfertigungslehre. Scheinbar hatte er den Eindruck gewonnen, dass man in den Collegia pietatis folgende irrige Anschauungen verbreite: Die guten Werke seien verdienstlich, ein sündloses, heiliges Leben sei schon auf Erden möglich und die Heiligung, die nach lutherischem Verständnis eine Folge der Rechtfertigung darstellt, könne mit dieser gleichgesetzt werden. Zum anderen bezweifelte er die Legitimität der Privatzusammenkünfte. Er fragte, ob diese von der geistlichen Obrigkeit gestattet seien und tatsächlich der ganzen Gemeinde nutzten. Um die Versammlungen ihres verdächtigen privaten Charakters zu entledigen, empfahl er im Hinblick auf Speners eigene Collegia pietatis, sie aus dem Pfarrhaus heraus in die Kirche zu verlegen und zu öffentlichen, für alle Gemeindeglieder verbindlichen Veranstaltungen zu machen. Zum dritten war er über die rasche unkontrollierte Ausbreitung der Collegia pietatis in Hessen beunruhigt. Damit war die Sorge verbunden, dass sich Laien, unberufene Personen, Ungelehrte und im schlimmsten Falle Frauen das Recht zur öffentlichen Predigt anmaßen könnten.

a) Erste Reaktionen der hessen-darmstädtischen Kirchenleitung

Konnte Speners ausführlicher Bericht Mentzers kritische Anfragen zunächst beruhigen,[93] so muss die weitere Entwicklung der pietistischen Bewegung in Hessen seine Befürchtungen verstärkt haben. Denn im Oktober 1677 richtete er im Auftrag von Landgraf Ludwig VI. von Hessen-Darmstadt eine geheime Anfrage an die theologische Fakultät der Universität Gießen,[94] zu der er sich durch die Frankfurter Privatzusammenkünfte, die von Spener darüber veröffentlichten Traktate, die in dessen Umfeld empfohlenen verdächtigen Bücher und die auffälligen Äußerungen einiger hessischer Theologiestudenten veranlasst sah.[95] Der Darmstädter Konvent und sein Leiter, der mit Spener und Schütz in Verbindung stand, werden auch diesmal nicht explizit erwähnt. Mentzer schreibt, dass er »aufs newe sich erregenden

92 Vgl. Philipp Jakob Speners Brief (evtl. an Balthasar Mentzer) vom 7.4.1677 bei P.J. SPENER, Briefe 3, 2000, Nr. 19, S. 94–101.

93 Vgl. Philipp Jakob Speners Brief (evtl. an Balthasar Mentzer) vom 17.9.1677 ebd., Nr. 63, S. 283–285, hier S. 283.

94 Vgl. Balthasar Mentzers Brief an die theologische Fakultät der Universität Gießen vom 26.10.1677 bei W.M. BECKER, Aus den Anfängen, 1903, S. 269–275, hier S. 272f.

95 Im Hintergrund von Mentzers Bemerkungen über »einige der hiesigen statt- und landkinder, welche theologiam studiren« könnten Johann Peter Scheffer oder andere Theologiestudenten als Besucher von Wincklers Collegium pietatis stehen; vgl. ebd., S. 273.

zwiespalten zwischen etlichen lehrern unserer evangelischen kirche«, ärgerlichen Streit und Prestigeverlust der Kirche befürchte.[96] Er bittet daher seine Gießener Kollegen, ihm vertraulich mitzuteilen, wie sie zu den Collegia pietatis stehen, ob diese an der Hochschule oder bei der Pfarrerschaft bereits Unruhe erregen, wie man sich ihnen gegenüber privat und öffentlich verhalten solle und wie mit den von Frankfurt a.M. kommenden Schriften, v.a. mit den Büchern Christian Hoburgs, umzugehen sei. Zwar hält Mentzer eine öffentliche Stellungnahme noch für verfrüht, er möchte jedoch bereits im Vorfeld zu einer einmütigen Haltung der hessen-darmstädtischen Kirchenleitung gelangen.

Die Gießener Superintendenten Johann Nikolaus Misler, Kilian Rudrauff und Philipp Ludwig Hanneken antworteten schon im November 1677 mit einem gemeinsamen Votum auf Mentzers Brief.[97] Auch sie verfolgten offenbar argwöhnisch die Frankfurter Vorgänge. Zwar würdigen sie Speners gute Absicht bei der Einrichtung der Privatübungen und der Veröffentlichung seiner Schriften wie dem *Geistlichen Priesterthum* und dem *Sendschreiben an einen christeifrigen ausländischen Theologen* (1677), sie stellen jedoch deren Missbrauch durch andere fest, die »eine speciem pietatis und sonderbare erleuchtung von sich wollen sehen lassen«.[98] Lediglich Hanneken sah Speners Veröffentlichungen in Widerspruch zu den Bekenntnisschriften und hielt dies in einem schriftlichen Zusatz fest.[99] Außerdem hätten die Collegia pietatis keinen Grund in der Schrift und in der urchristlichen Tradition, sie seien gefährlich und könnten auf Kirchenspaltung, Enthusiasmus und Häresie hinauslaufen. An der Universität und auf dem Land gäbe es noch keine Unruhe, wohl aber werde »fast aller orten so wol bey literatis als andern discursen davon movirt«.[100] Bezüglich der Schriften Hoburgs unterstützen die Ordinarien Rudrauff, Hanneken und Misler die Zensur, und zwar unter Berufung auf das Ausschreiben des norddeutschen Ministerium Tripolitanum[101] gegen den als Hoburgs Vertei-

---

[96] Ebd., S. 272.

[97] Vgl. das Antwortschreiben der theologischen Fakultät Gießen an Balthasar Mentzer vom November 1677 bei W.M. BECKER, Aus den Anfängen, 1903, S. 273–275.

[98] Ebd., S. 274.

[99] In dem Schreiben lassen sich die Äußerungen der Professoren nach der Handschrift unterscheiden; vgl. ebd.

[100] Ebd.

[101] Das »Ministerium Tripolitanum« bezeichnet die drei Geistlichen Ministerien von Lübeck, Hamburg und Lüneburg, in deren Amtsbereich Christian Hoburg (in Lauenburg, Uelzen, Hamburg, Lüneburg und Bornum bei Königslutter) gewirkt hatte. Bereits 1645 und 1656 hatte das »Ministerium Tripolitanum« Hoburg widerlegt und verwarnt. Gegen die von Heinrich Ammersbach herausgegebene Schrift des Rosenkreuzers und Spiritualisten Aegidius Gutmann († vor 1619) wurde folgendes Schreiben veröffentlicht: Abgenötigte Lehr- und Schutz-Schrift wider den Gutmannischen Offenbahrungs-Patron. Teil 1, Ratzeburg 1677. Teil 2, Hamburg 1679; vgl. W.-D.

diger auftretenden Heinrich Ammersbach.[102] Insgesamt empfehlen sie eine gemäßigte Vorgehensweise: Man wolle bei geeigneter privater Gelegenheit Spener freundlich zureden, die Exerzitien langsam wieder abzustellen und seine Anhänger zum Grund des christlichen Glaubens zurückzuführen. Vor einer öffentlichen Stellungnahme möchten sie die Verlautbarungen anderer prominenter Theologen abwarten.

Der kurze Briefwechsel zeigt, dass in den anderthalb Jahren seit Veröffentlichung der *Pia Desideria* die Stimmung in der hessen-darmstädtischen Kirchenleitung gegenüber der praktischen Umsetzung von Speners Reformplänen von Wohlwollen in Misstrauen bis hin zum Häresieverdacht umgeschlagen war. Hanneken bezog dabei von Anfang an die härteste Position. Zu dem Stimmungswandel mag die rasche Expansion der Collegia pietatis in Frankfurt a.M. und Darmstadt ebenso beigetragen haben wie die Anziehungskraft, die Speners Person und Veröffentlichungen auf Theologiestudenten aus ganz Deutschland ausübte. Dabei ist im hessischen Raum namentlich an die genannten jungen Speneranhänger Johann Adolf Rhein, Johann Wilhelm Petersen und Johann Peter Scheffer zu denken.

Auch die Verbreitung heterodoxen Schrifttums, zu dem die hessen-darmstädtischen Superintendenten die Werke Christian Hoburgs und Jean de Labadies rechneten, rief Irritationen hervor. Die Schriften des von Johann Arndt und Kaspar Schwenckfeld beeinflussten Spiritualisten, Buß- und Erweckungspredigers Christian Hoburg wurden 1677 von dem Ministerium Tripolitanum und der Helmstedter Fakultät der Zensur unterworfen.[103] Spener dagegen kannte und schätzte Hoburgs Hauptschriften. Er teilte dessen Kirchenkritik, das Missfallen an der akademischen Theologenausbildung, den Vorwurf des äußerlichen Umgangs mit den Sakramenten und einzelne eschatologische Motive wie die endzeitliche Bekehrung der Juden und Heiden. Die unter Pseudonymen wie Elias Praetorius und Bernhard Baumann veröffentlichten radikal kirchenkritischen Bücher, in denen Hoburg zum Auszug aus »Babel«, d.h. zur Trennung von der Kirche, aufrief, lehnte Spener jedoch ab.[104] Auch die Werke des reformierten Predigers und Gründers der labadistischen Gemeinde Jean de Labadie waren Spener, der dessen Erbauungsbuch *La Pratique de l'Oraison et Meditation Chrétienne*

HAUSCHILD, Kirchengeschichte Lübecks, 1981, S. 317; P.J. SPENER, Briefe 1, 1992, Nr. 120, S. 488. Bd. 3, 2000, Nr. 38, S. 160. Nr. 69, S. 317f.

[102] Zu Heinrich Ammersbach (1632–1691) vgl. J. WALLMANN, Reich Gottes, 1995, S. 121f; P.J. SPENER, Briefe 3, 2000, Nr. 79, S. 364; L. NOACK/J. SPLETT, Bio-Bibliographien, 2001, S. 20–35.

[103] Vgl. Christliche Wolgegründete Censur der Theologischen Facultät zu Helmstedt, Helmstedt 1677. Zu Christian Hoburg (1607–1675) vgl. H.-J. SCHRADER, Hoburg, Christian, 1979; P.J. SPENER, Briefe 1, 1992, Nr. 120, S. 488; M. BRECHT, Spiritualisten, 1993, S. 223–228.

[104] Vgl. J. WALLMANN, Philipp Jakob Spener, 1986, S. 342–344; M. BRECHT, Philipp Jakob Spener und das Wahre Christentum, 1997, S. 206–209.

(Genf 1660) sogar in das Deutsche übersetzt hatte (Frankfurt a.M. 1667), wohlbekannt.[105] Jedoch hatte Spener bereits im August 1677 differenziert die Stellung der Frankfurter Pietisten zu Labadie dargelegt.[106] Er verwarf die von Labadie vertretene reformierte Lehre von der absoluten Prädestination und kritisierte seine Separation von der Kirche, befürwortete aber seine Schriften und Predigten und lobte seine Amtsführung und seinen Lebenswandel. Dass auch Winckler die umstrittenen Schriften kannte, ist anzunehmen. Neben einigen Büchern von Labadie und Hoburg selbst weist der Auktionskatalog seiner Bibliothek den von Hoburgs Sohn edierten Lebenslauf und die 1677/78 publizierten Apologien von Ammersbach auf.[107] Wie Winckler zu den zensierten Werken stand und ob diese unter Anhängern des Darmstädter Kollegiums kursierten, ist nicht festzustellen. Wincklers Stellungnahmen zum Inhalt der Collegia pietatis und seine eigene Amtsführung lassen jedoch Ähnlichkeit mit den Frankfurter Positionen erkennen.[108]

b) Wilhelm Christoph Kriegsmanns Symphonesis Christianorum, *[1677]*

Im Dezember 1677, nur einen Monat nach der geheimen Absprache zwischen Balthasar Mentzer und seinen Gießener Kollegen, publizierte Wincklers Freund, der Kammerrat Wilhelm Christoph Kriegsmann, eine emphatische Schrift über die Collegia pietatis mit dem Titel *Symphonesis Christianorum oder Traktat von den einzelnen und Privat-Zusammenkünften der Christen.*[109] An der Abfassung war möglicherweise auch sein Bruder, der Theologe Johann Samuel Kriegsmann, beteiligt.[110] Diese Veröffentlichung lenkte nun erst recht die Aufmerksamkeit der hessen-darmstädtischen Theologen auf die Privatkonvente in Darmstadt und Frankfurt a.M., welche

---

[105] Zu Jean de Labadie (1610–1674) vgl. J. WALLMANN, Philipp Jakob Spener, 1986, S. 145–150; G.A. KRIEG, Labadie, 1990; P.J. SPENER, Briefe 1, 1992, Nr. 84, S. 327. Bd. 3, 2000, Nr. 75, S. 344f; J. VAN DEN BERG, Frömmigkeitsbestrebungen, 1993, S. 99–103.

[106] Vgl. die Beilage zu Philipp Jakob Speners Brief an Johann Wilhelm Petersen vom 13.8.1677 bei P.J. SPENER, Briefe 3, 2000, Nr. 61, S. 275f.

[107] Der Auktionskatalog von Wincklers Bibliothek verzeichnet u.a. folgende Werke: J. DE LABADIE, Reformation de l'Eglise par le Pastorat, Middelbourg 1667; DERS., Idée d'un bon Pasteur et d'une bonne Eglise, Amsterdam 1667; C. HOBURG, Postilla Evangeliorum Mystica, Amsterdam 1663; DERS., Arndius redivivus sowie dess. Lebens-Lauff aufgesetzt von dessen Sohn Philipp Hoburg, Frankfurt a.M. 1677; DERS., Der Unbekante Christus, Frankfurt a.M. 1692; H. AMMERSBACH, Bereitschaft zur Verantwortung seiner Lehre, o.O. 1677; DERS., Kurze Erörterung einer academischen wohlgegründeten Censur, o.O. 1677; DERS., Memorial an die Theologische Facultät Helmstädt, Halberstadt 1678; vgl. Catalogus, 1721, S. 384. 417. 426. 438f.

[108] S.u. 2.7.3.

[109] Vgl. W.C. KRIEGSMANN, Symphonesis Christianorum, [1677]. Das Buch wurde 1690 in Leipzig von dem Verleger bzw. Drucker Heinichen abermals aufgelegt. Zu Kriegsmanns Schrift vgl. W. KÖHLER, Anfänge, 1907, S. 6f.

[110] Vgl. J. WINCKLER, An die geheiligten Häupter, 1694, S. 1057. Zu Johann Samuel Kriegsmann s.o. 2.7.1.

bislang nicht öffentlich angegriffen worden waren.[111] Das in der Forschung kaum ausgewertete Traktat soll hier kurz dargestellt werden, denn es erhellt die theologische Grundstimmung der Darmstädter Privatversammlung, hatte für Winckler lebenspraktische Konsequenzen und forderte ihn zur schriftlichen theologischen Reflexion der Collegia pietatis heraus.

Die Schrift *Symphonesis Christianorum* erschien – entgegen der Jahresangabe auf dem Titelblatt – bereits Mitte Dezember 1677 im Verlag von Johann David Zunner in Frankfurt a.M.[112] Kriegsmann hatte das Manuskript zunächst an Spener geschickt, der mit dem Text einverstanden war und angeboten hatte, einen Verleger zu vermitteln.[113] Von der Herausgabe einer zustimmenden Schrift über die Erbauungsversammlungen aus der Feder eines *politicus* erhoffte Spener eine breitere öffentliche Diskussion über den Nutzen der Collegia pietatis. Sein Verleger Zunner ließ die *Symphonesis Christianorum* wegen Überlastung seiner Frankfurter Pressen in Hanau drucken.[114] Gewidmet war die Schrift Ahasver Fritsch,[115] Hof- und Justizrat der Grafen von Schwarzburg-Rudolstadt, mit dem Kriegsmann nicht nur die berufliche Stellung, sondern auch das Interesse an religiösen Fragen verband. Fritsch, der ein großes briefliches Kommunikationsnetz mit Juristen, höheren Hofbeamten und Theologen unterhielt, gilt als einer der produk-

---

[111] Vgl. P.J. SPENER, Theologische Bedencken 3, 1702, fol. a4^r.

[112] Die Datierung ergibt sich aus zwei Briefen Philipp Jakob Speners vom 18.12.1677, in denen er sich gegenüber Ahasver Fritsch und wahrscheinlich Wilhelm Christoph Kriegsmann über die Veröffentlichung äußert. In den Messkatalogen vom Herbst 1677 (und später) ist die Schrift nicht aufgeführt; vgl. P.J. SPENER, Briefe 3, 2000, Nr. 97, S. 467f. Nr. 98, S. 469–471.

[113] Zur Veröffentlichungsgeschichte der »Symphonesis Christianorum« vgl. Philipp Jakob Speners Brief an Balthasar Mentzer vom 15.1.1678 ebd., Nr. 114, S. 557.

[114] Johann David Zunner (1641–1704), geb. in Frankfurt a.M., übernahm 1665 das väterliche Unternehmen, das unter seiner Leitung zu einem der wichtigsten Frankfurter Buchverlage des ausgehenden 17. Jh. aufstieg. 1668 ging er mit dem Drucker Balthasar Christoph Wust I. eine Verlagsgemeinschaft ein; 1687 übernahm er dessen theologisch ausgerichteten Buchverlag. Zunner war mit Spener seit etwa 1670 befreundet und verlegte bis in Speners Berliner Zeit dessen Schriften; vgl. J. WALLMANN, Philipp Jakob Spener, ²1986, S. 202f; P.J. SPENER, Briefe 1, 1992, Nr. 91, S. 359; Frankfurter Biographie 2, 1996, S. 585; J. BENZING, Buchdrucker, ²1982, S. 135.

[115] Ahasver Fritsch (1629–1701), geb. in Mücheln bei Merseburg, studierte in Leipzig und Jena und trat 1657 als Informator in den Dienst der Grafen von Schwarzburg-Rudolstadt in Rudolstadt. 1661 wurde er dort Hof- und Justizrat und promovierte zum Dr. jur. 1669 wurde er zum kaiserlichen Hof- und Pfalzgrafen ernannt. 1679 wurde er Kanzleidirektor und Konsistorialpräsident und 1687 Kanzler. Er veröffentlichte über 300 deutsche und lateinische Schriften und gab mehrere Liedersammlungen heraus. Zu den Liederdichterinnen Ämilie Juliane (1637–1706) und Ludämilie Elisabeth von Schwarzburg-Rudolstadt (1640–1672) unterhielt er enge Kontakte. Seit 1673 stand er mit Spener in Briefwechsel, der seine Manuskripte an den Verleger Johann David Zunner vermittelte; vgl. ADB 8, 1878, S. 108f; P.J. SPENER, Briefe 1, 1992, Nr. 163, S. 653; S. SCHUSTER, Aemilie Juliane, 2006. Spener übermittelte an Fritsch mehrfach Nachrichten über Kriegsmann und Winckler; vgl. z.B. P.J. SPENER, Briefe 4, 2005, Nr. 3, S. 10–14, hier S. 12; Nr. 30, S. 122–126, hier S. 124. Winckler besaß etliche Werke von Fritsch; vgl. Catalogus, 1721, S. 270. 308. 460.

tivsten Erbauungsschriftsteller des 17. Jh.[116] Er hatte im November 1676 die »Neue geistlich-fruchtbringende Jesus-Gesellschaft« gegründet, der am Rudolstädter Hof verschiedene Überlegungen und Veröffentlichungen zur Gründung einer frommen Gesellschaft vorausgegangen waren.[117] Dem Namen und der äußeren Struktur nach glich diese Gesellschaft der Weimar-Köthener »Fruchtbringenden Gesellschaft« sowie anderen elitären barocken Sozietäten: Es gab ein Mitgliederbuch, in das sich die akademisch gebildeten männlichen Mitglieder mit einem Gesellschaftsnamen, einem Symbol und einer Devise eintrugen, sowie bestimmte Gesellschaftsregeln.[118] Inhaltlich zielte die bewusst außerhalb der institutionellen Kirche angesiedelte Einrichtung darauf, das zerfallene Christentum durch geistliche Gespräche, gegenseitige Ermahnung und Seelsorge aufzurichten.[119] Die Gründung der »Jesus-Gesellschaft« wurde von der Öffentlichkeit mit Interesse wahrgenommen und von einigen Theologen wie Philipp Jakob Spener und Caspar Löscher auch kritisiert. Spener, der im Gegensatz zu Fritsch auf eine Erneuerung der Kirche durch eine innerkirchliche christliche Kerngemeinde setzte, riet diesem mit der Begründung von dem Projekt ab, dass diese Art von Sozietät »grossen éclat« verursache, »aller augen auff sich ziehet«, zu Verwechslungen mit anderen Sodalitäten und sogar zur Kirchenspaltung führen könne.[120] Der Gesellschaftsform stand Spener besonders skeptisch gegenüber. Dagegen sympathisierte der Jurist Kriegsmann, wie aus dem Widmungstext der *Symphonesis Christianorum* hervorgeht,[121] mit dem Plan der Gründung »Christlicher privat-Gesellschafften«, ohne allerdings klar zwischen inner- und außerkirchlichen Einrichtungen zu differenzieren.

In den ersten sieben der insgesamt 30 Kapitel zählenden Schrift unterscheidet Kriegsmann grundsätzlich zwischen öffentlich-kirchlichen und privaten Gesellschaften, die beide von Christus zum Bau des Christentums auf Erden eingesetzt worden seien. In der Institution Kirche geschehe die öffentliche Verkündigung des Wortes Gottes, die Austeilung der Sakramente und das öffentliche Gebet durch ordentlich berufene Prediger. Nach Mt 23 sei die Kirche Verheißungsträgerin und besitze die Schlüsselgewalt. Von

[116] Vgl. S. SCHUSTER, Aemilie Juliane, 2006, bes. S. 30–42.

[117] Zur »Neuen geistlich-fruchtbringenden Jesus-Gesellschaft« vgl. P.J. SPENER, Briefe 2, 1996, Nr. 9, S. 35f. Bd. 3, 2000, Nr. 8, S. 43f. Nr. 27, S. 120f. Nr. 62, S. 279–281; E. KOCH, Jesus-Gesellschaft, 2005; S. SCHUSTER, Aemilie Juliane, 2006, S. 143–164.

[118] Eine Parallele zu der von Ahasver Fritsch gegründeten christlichen Gesellschaft bildet die von Johann Valentin Andreae um 1620 projektierte »Societas Christiana«, eine elitäre Bruderschaft, die mit einer Akademie verbunden werden und nur zwölf gebildete Mitglieder umfassen sollte; vgl. M. BRECHT, Aufkommen, 1993, S. 160–162.

[119] Vgl. S. SCHUSTER, Aemilie Juliane, 2006, S. 150f.

[120] P.J. SPENER, Briefe 3, 2000, Nr. 62, S. 280. Zu Speners Kritik vgl. S. SCHUSTER, Aemilie Juliane, 2006, S. 158–161.

[121] Vgl. W.C. KRIEGSMANN, Symphonesis Christianorum, [1677], S. 2.

der Kirche – wie mangelhaft sie auch immer sei – solle sich kein Christ trennen, bis entweder Christus auf Erden eine Absonderung der Seinen verfügen oder am Jüngsten Tag die wahre unsichtbare Kirche triumphieren werde.[122] Daneben habe Christus mit Mt 18 auch private Gesellschaften eingerichtet. Hier sollen sich zwei, drei oder mehr Personen zusammenfinden, um Gott und Christus zu loben, sich gegenseitig zu erbauen, zu ermahnen und gemeinsam zu beten. Den Privatzusammenkünften sei nach Mt 18,19f die Erfüllung ihrer Gebete und Gottes Gegenwart verheißen. Das Reich Gottes brauche auf Erden beides: die kirchlichen und die privaten Versammlungen.

Die folgenden zehn Kapitel leitet der Autor mit dem Hinweis auf den Mangel an »wahrem Christentum« ein. Das zeitgenössische Christentum sei bloß ein äußerliches, das im Glauben, Leben und Sterben der Menschen keinen Niederschlag finde. Wolle man das »lebendige, innere Christentum« fördern, so müsse man zu dem bisher vernachlässigten Mittel der Privatzusammenkünfte greifen, deren Nutzen die Kirchengeschichte beweise. Wie Spener führt Kriegsmann die Privatkonvente auf die apostolische Zeit zurück, in der die Christen durch Agapefeiern und Hausversammlungen in enger Gemeinschaft gelebt hätten.[123] Sie ermahnten, unterrichteten, trösteten und bestraften sich gegenseitig, beteten zusammen und bereiteten sich so auf den öffentlichen Gottesdienst vor. In der Folgezeit habe man den Laien jedoch die Bibel aus der Hand genommen und sie in Glaubensfragen bevormundet. Die Institutionalisierung und Hierarchisierung der römisch-katholischen Kirche habe zu innerer Verarmung und ethischer Verrohung geführt. Zwar habe dann Martin Luther den öffentlichen Gottesdienst und das Lehramt gereinigt, dem Volk die Heilige Schrift in seiner Muttersprache zurückgegeben und Hausübungen zur Bibellektüre eingesetzt, wegen der »Boßheit der Leute« sei die Reformation jedoch nur teilweise – nur nach der Lehre, nicht aber in der praktischen Umsetzung – geglückt.[124] Später hätten andere Theologen wie Johann Arndt, Joachim Lütkemann und Heinrich Müller versucht, Luthers Werk zu vollenden und die Heiligung des Lebens einzuführen, seien aber als papistisch oder weigelianisch verketzert worden. Die Folge sei »das Un-reformirte Anti=Christische Leben unter uns«.[125]

---

[122] Vgl. ebd., S. 8f.

[123] Vgl. P.J. SPENER, Pia Desideria (1675), ³1964, S. 55; DERS., Sendschreiben, 1677, S. 68–72. Anders als Spener führt Kriegsmann jedoch als urkirchlichen Beleg für die Existenz von Privatversammlungen kein einziges Mal 1. Kor 14 oder Apg 15 an, sondern allein Mt 18,19f.

[124] Vgl. W.C. KRIEGSMANN, Symphonesis Christianorum, [1677], S. 3. 20f.

[125] Ebd., S. 26.

Im letzten Drittel seines Traktats empfiehlt Kriegsmann mit einer ethischen Begründung nachdrücklich die Einführung von Privatkonventen (Kapitel 19–24). In Anspielung auf den Dekalog und die sieben Hauptsünden beschreibt er das gesellschaftlich akzeptierte »eingebildete, äußerliche Christentum« anhand von zehn Vergehen: Hochmut, Rachsucht, Heuchelei, Geiz, Wollust, Entheiligung des Sabbats, Oberflächlichkeit, Völlerei, Lästerung und Selbstgerechtigkeit.[126] Gegen diese verwerflichen Lebenshaltungen stehe die biblische Verheißung Mt 18,19f und die praktische Erfahrung, dass in den Collegia pietatis Menschen »von Herzen«, also von Grund auf, verändert und Christus zugeführt werden könnten. Dadurch werde Gottes Anspruch an die Menschen eingelöst, Evangelium, Taufe und Abendmahl im Glauben an Christi Verdienst zu erfassen und Tod, Teufel, Sünde und Welt zu fliehen. Nur so könnten die drei Gnadengaben des Heiligen Geistes (Gebet, Tränen und Freude) im Menschen Raum gewinnen, das Fleisch gekreuzigt und die Herrlichkeit Gottes geschaut werden.[127] In den Privatübungen könnten Frauen und Männer diese Form »wahren Christentums« kennen lernen und die Heiligung des Lebens einüben. Merkmale eines wahrhaft christlichen Lebens, die der Autor durch einen mit dem vorherigen Sündenkatalog korrespondierenden Tugendspiegel beschreibt, seien Demut, Sanftmut, Ehrlichkeit, Bescheidenheit, Keuschheit, Sabbatheiligung, Ernsthaftigkeit, Mäßigung, Unterlassen von Lästerung und Selbstprüfung.[128] Bei dem Streben nach Heiligung gäbe es jedoch drei Einschränkungen: In Bezug auf die eigene Seligkeit solle man allein auf das Evangelium und die Rechtfertigung Christi vertrauen, nicht jedoch auf das Gesetz und eigenes Zutun. Zweitens sei das Verdienst Christi mit dem Glauben zu erfassen und nicht mit menschlicher Einbildung oder Vernunft. Schließlich müsse man bedenken, dass zwar kein Mensch die höchste Vollkommenheit nach dem Gesetz erlangen, wohl aber sich von Einzelsünden reinigen und die Vollkommenheit der apostolischen Christen erreichen könne: So könnte ein Prediger werden wie Timotheus oder Titus, ein *politicus* wie Dionysius, ein Hausvater wie Philemon, ein Knecht wie Onesimus, eine Magd wie Phöbe und eine Hausmutter wie die auserwählte Frau, an die Johannes schreibt.[129] Kriegsmann fasst zusammen: Die Privatkonvente geben dem Menschen Gelegenheit,

---

[126] Vgl. ebd., S. 29–32. Die christliche Tradition zählt seit Gregor I. sieben Hauptsünden, die zu weiteren Sünden führen: Stolz (*inanis gloria*), Habgier (*avaritia*), Neid (*invidia*), Zorn (*ira*), Unkeuschheit (*luxuria*), Unmäßigkeit (*gula*) und geistliche Trägheit (*acedia*). Als größte und umfassende Sünde gilt der Hochmut (*superbia*); vgl. LThK 4, 1995, Sp. 1212; RGG^4 7, 2004, Sp. 1883.

[127] Vgl. W.C. KRIEGSMANN, Symphonesis Christianorum, [1677], S. 33f.

[128] Vgl. ebd., S. 34–36.

[129] Vgl. u.a. 1. Kor 4,17; 2. Kor 7, 6f; Apg 17, 34; Phlm 1; Kol 4, 9; Röm 16, 1; 2. Joh 1. 13.

die Heil. Schrifft gnau zu forschen und sich inniglich zu appliciren/ also deren Himmlischer Krafft und Wirckung im Hertzen reichlich zugeniessen/ und vor sich in individuo theilhafftig zu werden/ nach dem Exempel anderer glaubigen Christen= Hertzen.[130]

Im Schlussteil der *Symphonesis Christianorum* warnt der Autor offen vor der Unterdrückung der Collegia pietatis (Kapitel 25–30): Die kirchliche und weltliche Obrigkeit möge sich nicht die Hände verbrennen, wenn sie das Feuer der frommen Herzen in den Privatversammlungen auslöschen wolle.[131] Wer sich gegen die Zusammenkünfte wende, sündige gegen Gott und müsse am Jüngsten Tage dafür büßen. Sodann entkräftet er vorweg einige Anschuldigungen, die gegen die Collegia pietatis vorgebracht werden könnten wie Irrlehre, Zusammenrottung und Aufruhr, Herabsetzung des öffentlichen Predigtamtes sowie die Zulassung von Frauen. Das Traktat schließt mit einem Segen für den von Kriegsmann anvisierten Adressatenkreis: die treuen »Public- und Privat-Staats=Diener[n] und Dienerin[nen]«.[132]

Im Hinblick auf das von Johann Winckler veranstaltete Collegium pietatis sind folgende theologische Tendenzen der Schrift *Symphonesis Christianorum* festzuhalten: Zunächst gilt, dass separatistische Anklänge völlig fehlen. Die sichtbare lutherische Kirche, als deren unantastbare Propria die Wortverkündigung, die Schlüsselgewalt und die Austeilung der Sakramente durch von der Obrigkeit berufene Geistliche genannt werden, bleibt alleinige Verheißungsträgerin. Zwar prangert der Autor den mangelhaften Zustand des Christentums in derben, volkstümlichen Bildern durchaus an, er kritisiert jedoch weder die theologischen Lehrinhalte noch die äußeren Ordnungen und Merkmale der Kirche. Tatsächlich attackiert er eine rein äußerliche Kirchlichkeit, der es an innerer Erfahrung und konkreter Bewährung des Glaubens im Leben der Gläubigen fehlt. Als hervorragendes Mittel zur Besserung empfiehlt er die Privatversammlungen, welche auf Mt 18,19f (als einzige Schriftstelle) sowie auf die apostolische Zeit zurückgeführt werden. Die Frage, ob es sich bei diesen um gemeindliche Einrichtungen handeln solle oder um Kreise, die auf privater Freundschaft beruhen, wird nicht ausdrücklich thematisiert.[133] Die Gesellschaften sollen ausgehend von der Erbauung des einzelnen Subjekts den Gemeindeaufbau von unten vorantreiben und haben in ihrer katechetischen, seelsorgerlichen und pädago-

130 W.C. KRIEGSMANN, Symphonesis Christianorum, [1677], S. 37.

131 Vgl. ebd., S. 51.

132 Ebd., S. 60.

133 Einerseits scheint Kriegsmann die von ihm projektierte Privatgesellschaft innerhalb der Gemeinde anzusiedeln, da er auf besondere Verbrüderungen, Regeln oder Gesellschaftsnamen verzichtet, welche auf den Plan einer weltlichen Sozietätsgründung hinweisen könnten. Andrerseits weist er der Geistlichkeit keine bestimmte Rolle in den Versammlungen zu und verzichtet auf eine präzise Standortbestimmung der Gesellschaft.

gischen Ausrichtung propädeutischen Stellenwert. Als methodische Inhalte nennt Kriegsmann Bibellektüre, Gespräch und Gebet. Die beabsichtigte Wirkung ist v.a. spiritueller Art: die individuelle Anwendung der Schrift, das »Schmecken« des göttlichen Wortes, Erleuchtung des Herzens, innere Salbung durch den Heiligen Geist, Reue, Reinigung von den Sünden des Geistes und des Fleisches, Streben nach Heiligung und Einswerdung der Christen.[134] In spiritualistisch anmutenden Wendungen hebt er auf die inneren Glaubensprozesse ab, die den Menschen ausgehend vom Herzen als dem einzigartigen Zentrum des Glaubens, Fühlens und Handelns vollständig erneuern. Zwar propagiert der Autor keine rigorose Weltflucht und schätzt in lutherischer Tradition die realen Lebensbedingungen nüchtern ein: Jeder Einzelne soll seinen Stand und Beruf als guter Christ und als gute Christin führen und darin Gott von ganzem Herzen dienen. Allerdings stellt er für die »wahren« Christen hohe ethische Maßstäbe auf, welche die Bändigung innerer Affekte ebenso betreffen wie das konkrete berufliche und politische Handeln. Mit dieser Neigung zu einem ethisch-religiösen Perfektionismus korrespondiert die schroffe Trennung zwischen »falschem« und »wahrem« Christentum.[135] Geradezu dualistisch wird zwischen dem falschen, antichristlichen, eingebildeten und äußerlichen Glauben und dem wirklichen, lebendigen und innerlichen Glauben, zwischen Verstand und Herz, feindlicher Welt und christlichem Konventikel unterschieden.

An den zitierten Begriffen und Denkmustern wird die Rezeption von mystischem und spiritualistischem Gedankengut deutlich, das u.a. durch die Theologen Johann Arndt, Joachim Lütkemann und Heinrich Müller in die lutherische Kirche tradiert wurde, welche Kriegsmann als Kronzeugen einer das »wahre Christentum« anstrebenden »Reformation des Lebens« benennt. Arndt, dessen Frömmigkeit, Kirchlichkeit und Rechtgläubigkeit auch innerhalb der lutherischen Orthodoxie weithin akzeptiert wurden,[136] rezipierte z.B. in seinen bekanntesten Erbauungswerken, den *Vier Büchern vom wahren Christentum* und dem *Paradiesgärtlein*, die deutsche mittelalterliche Mystik Johann Taulers, Meister Eckarts, der *Theologia Deutsch* sowie der *Nachfolge Christi* Thomas von Kempens.[137] Daneben nahm er romanische Mystiker (Angela de Foligno und Bernhard von Clairvaux) sowie deutsche Spiritualisten der Reformationszeit (z.B. Valentin Weigel) auf. Anklänge an

---

[134] Vgl. ebd., S. 34. 37. 42–47.

[135] Zur Kontrastierung von »wahrem« und »falschem« Christentums vgl. ebd., S. 22–28. 32. 36. 50.

[136] Zur Integration Johann Arndts in die lutherisch-orthodoxe Kirche vgl. H. SCHNEIDER, Johann Arndt als Lutheraner? (1992), in: DERS., Arndt, 2006, M. BRECHT, Philipp Jakob Spener und das Wahre Christentum, 1997, S. 179. 205f; H. GEYER, Verborgene Weisheit 1, 2001, S. 223.

[137] Vgl. W. ZELLER, Luthertum und Mystik, 1978; J. WALLMANN, Johann Arndt, 1995; H. GEYER, Verborgene Weisheit 1–3, 2001.

die von Arndt vermittelte mystische Frömmigkeit finden sich in der *Symphonesis Christianorum* in der Transponierung mönchischer *praxis pietatis* in den bürgerlichen und höfischen Alltag des 17. Jh. sowie in dem Verständnis einer gestuften Glaubensentwicklung, die sich im Herzen als dem Mittelpunkt individueller menschlicher Existenz vollzieht.[138] Daneben scheint Kriegsmann auch von Elementen der schwerer zu bestimmenden spiritualistischen Tradition, namentlich von der »nachlutherischen Gnosis« Jakob Böhmes beeinflusst gewesen zu sein.[139] Seinerseits durch die Mystik der *Theologia deutsch*, die Spiritualisten Kaspar Schwenckfeld und Valentin Weigel, den Naturphilosophen Paracelsus sowie durch Pansophie und Kabbala geprägt, beklagte auch Böhme in seinen verbreiteten Erbauungsschriften das Scheitern der lutherischen Reformation aufgrund menschlicher Verfallenheit und rief unmittelbar vor und nach Ausbruch des Dreißigjährigen Krieges zu Buße, Frömmigkeit und Nächstenliebe auf. Er propagierte die vollkommene Erneuerung von Kirche und Welt durch den lebendigen Glauben, verstanden als Eingang des Menschen in die »neue Geburt«. Die Einswerdung der Seele mit Christus, der dem »alten Adam« als »neuer Mensch« bereits innewohnt, veranschaulicht Böhme mit den mystischen Bildern der Hochzeit, Geburt und Auferstehung Christi in uns.[140] Im Gegensatz zu einem dogmatisch orientierten, »buchstabischen« Glauben münde der wahre, »wesentliche« Glaube in die Vereinigung des eigenen mit dem göttlichen Willen und in die Verwirklichung des Gotteswillens in Nächstenliebe und sozial-gesellschaftlicher Verantwortung.[141] An die Stelle der lutherischen Lehre von der imputativen Gerechtigkeit und »Einmal-Versöhnung« durch Christi Genugtuung tritt bei Böhme das Bild der eingeborenen Gerechtigkeit und Seinsverwandlung.[142] An Böhmes Prophetie der Erneuerung von *societas* und *ecclesia* durch die menschliche Wiedergeburt erinnert Kriegsmanns detaillierte Beschreibung des wahren, lebendigen Glaubens, seine Konzentration auf die inneren Glaubensprozesse (Erleuchtung, Salbung, Buße, Reinigung) und sein Interesse an der praktischen Umsetzung des Glaubens (Weltabstinenz, Heiligung des Lebens, Perfektionismus). Eine direkte Absage an die Satisfaktionslehre zugunsten der Wiedergeburt findet sich bei Kriegsmann nicht, wenngleich seine Hinweise auf

---

138 Vgl. ebd., S. 17f.

139 Zu Jakob Böhme (1575–1624) vgl. H. BORNKAMM, Luther und Böhme, 1925; E.H. PÄLTZ, Jacob Boehmes Gedanken, 1979; DERS., Böhme, Jacob, 1980, S. 749, M. BRECHT, Spiritualisten, 1993, S. 205–215.

140 Vgl. H. BORNKAMM, Luther und Böhme, 1925, S. 223–263, hier S. 224.

141 Vgl. ebd., S. 283–294; E.H. PÄLTZ, Böhme, Jacob, 1980, S. 751.

142 Vgl. E.H. PÄLTZ, Jacob Boehmes Gedanken, 1979, S. 104; M. BRECHT, Spiritualisten, 1993, S. 212.

die lutherischen Lehren über die Rechtfertigung, den rechten Glauben und die unvollkommene menschliche Natur mitunter eher apologetisch wirken.

Für die *Symphonesis Christianorum* sind zwei Impulse charakteristisch: starke Verinnerlichungstendenzen und klare ethische Anweisungen.[143] Sie werden insofern miteinander verbunden, als die innere Überwindung der »weltlichen« Begierden die Grundlage zur ethischen Anwendung der »Gottseligkeit« bildet, nämlich die Freiheit zu Kritik und Distanz gegenüber den materiellen und emotionalen Verführungen der »Welt«.[144] Im Hintergrund dieser Gedanken steht die Überzeugung, dass der verfallene Mensch durch Christen, die ihn mit Worten der Heiligen Schrift konfrontieren, von innen heraus vollkommen umgewandelt werden kann. Letztlich ist Kriegsmann von einer ethischen Zielperspektive bestimmt: der »Reformation des Lebens«,[145] die bei der individuellen Besserung ansetzt und zum Aufbau der »wahren« christlichen Kirche in der Welt führt. Dabei kann auf einen denkbaren Zusammenhang zwischen Kriegsmanns ethischer Orientierung und seinen Berufserfahrungen als Ratgeber am Fürstenhof als dem Zentrum politischen, wirtschaftlichen und kirchenpolitischen Handelns hier nur hingewiesen werden. Im Darmstädter Collegium pietatis, das Kriegsmann implizit als positive Keimzelle des von ihm projektierten »wahren« Christentums darstellte, müssen diese Ideale – Verinnerlichung des Glaubens, Rückzug aus der »Welt«, Aufbau des inneren Menschen und ethischer Perfektionismus – zumindest in Grundzügen geteilt worden sein.

Nicht zu übersehen ist, dass die von Kriegsmann vorgenommene Spaltung zwischen »wahrem« und »falschem«, »innerem« und »äußerem« Christentum daneben auch die für pietistische Gruppenbildungen typische Abgrenzung von der Außenwelt dokumentiert. »Denn in dem Maße, in dem sich die neuen Gruppen konsolidierten und ihren Mitgliedern neue Sinnorientierung vermittelten, entwickelten sich auch eine besondere Gruppenidentität und besondere Feindbilder«.[146] Während die neue Gemeinschaft mit »lebendigem« Christentum, ethischem Ernst und Wahrhaftigkeit identifiziert wird, versinnbildlicht die feindliche Außenwelt, d.h. im konkreten Fall der hessen-darmstädtische Hof und die mit ihm verbundene Amtskirche, Sittenverfall und religiöse Heuchelei. In theologischer Hinsicht reklamiert Kriegsmann für das Collegium pietatis den »wahren« lutherischen Glauben, der sich an der Stärkung der Laien, dem Bezug auf die Bibel als Richtschnur christlichen Lebens und der alltäglichen *praxis pietatis* als der geleb-

---

[143] Auch Spener hebt für das Traktat die Verbindung von individueller Erbauung (Verinnerlichung des Glaubens) und einem den Regeln Christi gemäßen Leben (ethischem Perfektionismus) hervor; vgl. P.J. SPENER, Briefe 3, 2000, Nr. 101, S. 479–500, hier S. 483.

[144] Vgl. W. SOMMER, Gottesfurcht, 1988, S. 311.

[145] Vgl. W.C. KRIEGSMANN, Symphonesis Christianorum, [1677], S. 20f.

[146] H. LEHMANN, »Absonderung«, 1979, S. 67.

ten Verbindung von Rechtfertigung und Heiligung erweist. Der Fürstenhof, seit Beginn des 17. Jh. immer wieder als hervorragendes Beispiel der Sittenlosigkeit herangezogen, wie es der genannte Hofpredigerspiegel Polykarp Leysers des Älteren veranschaulicht, und die vom höfischen Lebensstil infizierte Kirche werden dagegen beschuldigt, hinter diese reformatorischen Leistungen zurückzufallen. Aus sozialpsychologischer Perspektive handelt es sich bei der Trennung zwischen »In-Group« und »Out-Group« um den Versuch, eine Gruppenidentität zu stiften, die den Mitgliedern Sicherheit, Selbstwertgefühl, Sinnorientierung und Handlungsperspektiven vermittelt. Die sozialen Beziehungen zwischen dem Collegium pietatis und der Darmstädter Hofgemeinde wurden durch die mit der Gruppenbildung einhergehenden Rollenzuschreibungen stark belastet. Dabei konnte die Begeisterung, mit der Kriegsmann für das Experiment der Konventikelbildung warb, die sozialen Spannungen durchaus verschärfen.

c) Balthasar Mentzers Kurtzes Bedencken, *1677/78; 1691*

Der Aufruhr, welchen die Veröffentlichung der *Symphonesis Christianorum* hervorrufen sollte, war vorhersehbar. Schon Ende Dezember 1677 schrieb Philipp Jakob Spener über Kriegsmann:

> Er wird damit etliche der widrigen Theologorum hefftig wider den kopff gestossen und sich feinde erweckt haben, aber auch danck bekommen von einigen Göttlichen gemüthern, so die erbauung lieben und auff alle weise, die Christi reglen gemäß, suchen.[147]

Speners Vorhersage erfüllte sich schnell: Während die Frankfurter Pietisten wie Johann Jakob Schütz die Schrift positiv aufnahmen,[148] wandte sich der Darmstädter Hoftheologe Balthasar Mentzer dagegen und verfasste, angeblich auf Verlangen führender Geistlicher und der fürstlichen Herrschaft, um den Jahreswechsel 1677/78 eilig ein *Kurtzes Bedencken.*[149] Dieses war als »Privat-Bericht« gedacht und zirkulierte zu Mentzers Lebzeiten nur handschriftlich. Erst in der zweiten Phase der hessischen Streitigkeiten um die Collegia pietatis wurde der Text im März 1691 postum von Philipp Ludwig

---

[147] Philipp Jakob Speners Brief (evtl. an Abraham Hinckelmann von Ende Dezember 1677) bei P.J. SPENER, Briefe 3, 2000, Nr. 101, S. 483; vgl. Philipp Jakob Speners Brief an einen Theologen in Straßburg vom 29.1.1678 ebd., Nr. 118, S. 575f, hier S. 576.

[148] Vgl. Philipp Jakob Speners Brief an Balthasar Mentzer vom 15.1.1678 ebd., Nr. 114, S. 560.

[149] Vgl. B. MENTZER, Kurtzes Bedencken, 1691. Mentzer übermittelte Spener am 12.1.1678 das Missfallen des Landgrafen an Kriegsmanns Schrift. Wenngleich er Spener nicht offen über den Inhalt seines etwa gleichzeitig entstandenen »Kurtzen Bedenckens« informierte, äußerte er doch seinen Ärger über die durch die Privatzusammenkünfte entstandene Respektlosigkeit und den Ungehorsam gegenüber der Obrigkeit; vgl. P.J. SPENER, Briefe 3, 2000, Nr. 114, S. 556–561.

Abb. 16: Balthasar Mentzer (1614–1679)

Hanneken herausgegeben.[150] Wie seine spätere Instrumentalisierung zeigt, stellte das *Kurtze Bedencken* nicht nur eine Widerlegung von Kriegsmanns Werbeschrift für die Privatzusammenkünfte, sondern ein gründliches »antipietistisches Programm« dar, dem die Gegner des Pietismus in Hessen auch später sachlich kaum Neues hinzufügten.[151] Da die Stellungnahme erstens

[150] Winckler selbst übersandte 1690 das »Kurtze Bedencken« zur Veröffentlichung an Philipp Ludwig Hanneken, nachdem dieser öffentlich bedauert hatte, es nicht mehr zu besitzen; vgl. P.L. HANNEKEN, Sendschreiben, 1690, fol. A4r; J. WINCKLER, Wohlgemeintes Sendschreiben, 1690, fol. I3v.

[151] Zum »Kurtzen Bedencken« vgl. J. GEFFCKEN, Johann Winckler, 1861, S. 326–328; W. KÖHLER, Anfänge, 1907, S. 8–11, hier S. 11; H. STEITZ, Geschichte 2, 1962, S. 194–196; M. GIERL, Pietismus und Aufklärung, 1997, S. 213f. 219f.

die theologischen Auffassungen Mentzers spiegelt, der in der bisherigen Forschung oftmals einseitig als machthungriger Kirchenfürst dargestellt wurde,[152] und zweitens alle wesentlichen Streitpunkte vorzeichnet, die Winckler in seinen Apologien der Collegia pietatis gegenüber Balthasar Mentzer, Georg Conrad Dilfeld und Philipp Ludwig Hanneken abarbeiten sollte, verdient sie in diesem Kontext besondere Aufmerksamkeit.

Einleitend wird im *Kurtzen Bedencken* zwischen der Hauskirche und zufälligen erbaulichen Gesprächen einerseits und den Collegia pietatis andrerseits differenziert.[153] Neuerdings gebe es

> nach der Weise der Engelländischen Puritanen/ und Anleitung etlicher Holländischen reformirten Theologen sonderlich Gisberti Voëtii [...] beneben dem offentlichen Gottesdienst/ auch Eintzele oder privat Zusammenkünfften/ im Hauß von Mann= und Weibs=Personen/ Gelährten und Ungelährten/ auch theils in zimlich grosser Anzahl/ [...] darin man die H. Schrifft lese/ einfältig erkläre/ einander auch wohl frage/ erinnere und was zum rechten Glauben und Gottseeligen Leben erfordert werde/ deutlich vortrage/ und in summa wie allerdings recht Christlich zu leben/ gedultig zu leyden/ andächtig zu beten/ und die Christliche Liebe in allen Stücken zu üben/ und sich zum Christlichen und seeligen Abschied auß dieser Welt recht und seelig zu bereiten.[154]

Im Mittelpunkt der Schrift steht die Frage, ob die Collegia pietatis von Christus neben den öffentlichen Kirchenversammlungen eingesetzt worden seien und deshalb, auch ohne in den Kirchenordnungen enthalten und von der Kirchenleitung verordnet zu sein, notwendigerweise durchzuführen seien.[155] Diese Frage wird in mehrfacher Hinsicht verneint: Weder in der Bibel noch bei Luther oder anderen evangelischen Theologen sei angedeutet, dass Christus die Privatzusammenkünfte eingeführt habe. Das herangezogene Schriftzitat Mt 18,15–20 sei nicht beweiskräftig: In erster Linie handele es sich hier um eine gnadenreiche Verheißung, dass die Jünger an ihrer geringen Zahl nicht verzweifeln, sondern der Hilfe und des Beistandes Christi gewiss sein sollten. Andrerseits könne man aus dieser Stelle zwar die Aufforderung zum gemeinschaftlichen Gebet der Christen, zum Binden und Lösen des Gewissens und zur Aussöhnung streitender Parteien lesen,

---

[152] Vgl. z.B. J. GEFFCKEN, Johann Winckler, 1861, S. 325. 328; W. KÖHLER, Anfänge, 1907, S. 6. 15; H. STEITZ, Geschichte 2, 1962, S. 194.

[153] Mentzer selbst verwendet nicht den Terminus »Collegia pietatis«, sondern Bezeichnungen wie »einzelne Zusammenkünfte«, »Privatzusammenkünfte« oder »Privatkonvente«; vgl. B. MENTZER, Kurtzes Bedencken, 1691, S. 6. 8f. 15. 17. 34. Da auch Winckler den Begriff »Collegia pietatis« in seiner Apologie von 1679 nur sparsam benutzt und ihn nicht in Gegensatz zu dem häufiger gebrauchten Ausdruck »Privatzusammenkünfte« bringt, scheint die verwandte Begrifflichkeit keine Wertung der Privatkonvente auszudrücken. Eindeutig negativ besetzt ist bei Mentzer hingegen das Adjektiv »abgesondert; vgl. ebd., S. 32.

[154] Ebd., S. 6.

[155] Vgl. ebd., S. 8.

nicht jedoch die Forderung nach Privatkonventen.[156] Auch die kirchengeschichtlichen Beispiele, die Winckler anführt, belegen nach Mentzers Ansicht nicht die Collegia pietatis: Weder seien die paulinischen Hauskirchen Erbauungsversammlungen gewesen noch hätten die zitierten Kirchenväter Chrysostomos, Ambrosius, Hieronymus und Augustin von Christi Einsetzung derselben durch Mt 18 gesprochen. Luther habe zwar – wohlgemerkt in einer anderen kirchenhistorischen Situation – auf die Privatkonvente angespielt, diese jedoch nicht aus Mt 18 gefolgert.[157] Auch der von Luther weit gespannte Begriff des allgemeinen Priestertums rühre aus einer bestimmten geschichtlichen Situation und dürfe nicht dazu missbraucht werden, »einfältige ungelährte Leut« zur Beurteilung der kirchlichen Lehre und zur Herabsetzung des öffentlichen Predigtamtes zu ermächtigen.[158] Der angeführte Passus aus den *Schmalkaldischen Artikeln*, der zur Abwehr der Sünde neben Taufe, Predigt, Abendmahl und Absolution auch brüderliche Gespräche zur gegenseitigen Erbauung anführe, begründe ebenfalls nicht die Notwendigkeit von Privatversammlungen, da die genannten Mittel nicht gleichwertig seien.[159] Selbst Gisbert Voetius habe die Collegia pietatis nicht für notwendig, sondern lediglich für »erlaubt« und nützlich erklärt.[160] Sodann weist Mentzer in immer schärferem Ton auf die von den Collegia pietatis ausgehenden Gefahren hin. Erstens zeige sich, dass die Besucher,

> deren theils Gemüther schon ziemlich weit in der Trennung stehen; gar zu viel rühmens von ihrer Erleuchtung machen/ andere neben sich verachten/ von ihrer vorhin zu ihren Predigern getragenen Lieb und affection absetzen oder gar die Prediger syndiciren/ als hätten sie die Lehr von der Wiedergeburth/ Rechtfertigung/ Nachfolge Christi/ Verleugnung sein selbst nicht gebührlich/ in der rechten Reinigkeit und Vollkommenheit getrieben/ ja gar schimpflich von ihnen reden und schreiben.[161]

Zweitens verwischten die Privatzusammenkünfte, in denen nur auf Liebe und gute Werke geachtet werde, die Konfessionsgrenzen. Anstatt Andersgläubige durch die wahre Lehre zu bekehren, gemäß der richtigen evangelisch-lutherischen Einsicht, dass der Anfang im Glauben durch die Erkenntnis der wahren Lehre gemacht werde, versuche man in den Konventen,

---

[156] Vgl. ebd., S. 9–12.

[157] Vgl. ebd., S. 8.

[158] Ebd., S. 14; vgl. ebd., S. 21.

[159] Vgl. Schmalkaldische Artikel (1537), Teil 3, in: BSLK, [11]1992, S. 449; B. MENTZER, Kurtzes Bedencken, 1691, S. 15.

[160] Auf Gisbert Voetius wird auffällig oft Bezug genommen; vgl. ebd., S. 6. 9. 16f. 19–21; s.u. 2.7.3. Neben Spener, der jedoch nicht namentlich sondern nur unter Hinweis auf seine Veröffentlichung »Das Geistliche Priesterthum« (1677) erwähnt wird, stellt er für Mentzer den ernstzunehmendsten Anwalt der Collegia pietatis dar. Mentzer bezieht seine vorsichtige Kritik an Voetius auf den fünften Teil von dessen »Disputationes selectae« (1667); vgl. ebd., S. 6.

[161] Ebd., S. 16.

Fremde durch die Praxis der Liebe, d.h. durch Erfahrung, zu gewinnen. Drittens würden die in den Großstädten Danzig, Hamburg, Lübeck und Nürnberg mühsam unterdrückten Collegia pietatis wieder aufleben. Viertens verleiteten die Veranstaltungen zu einem falschen, spiritualistischen Verständnis der Schriften Johann Arndts. Da dieser, obgleich ein hochzuschätzender Theologe, allzu naiv Valentin Weigel rezipiert habe, sei er mit der Vorsicht zu lesen, die Johann Gerhard und Johann Adam Osiander ihm gegenüber empfahlen.[162] Fünftens zeige das Beispiel der »Neuen geistlich-fruchtbringenden Jesus-Gesellschaft«, der es mehr um äußeren Schein und Glanz als um wahre Erbauung gehe, zu welcher Eigenmächtigkeit und Respektlosigkeit gegenüber der Obrigkeit solche Konvente führten.[163] Schließlich beleidigten die Befürworter der Konventikel öffentlich ihre Mitchristen und Pfarrer. Sie meinten, »den Schlüssel der Erkantnuß allein« zu besitzen, und suchten die Trennung von der Gemeinde bzw. »eine gesegnete Verfolgung«.[164] Gerade diejenigen, die für sich besondere Frömmigkeit und Heiligung reklamierten sowie bei anderen Rachsucht und Egoismus kritisierten, rühmten ihre eigenen geistlichen Erfolge und würdigten andere Gläubige herab.[165]

Im dritten Teil des Gutachtens geht Mentzer auf die zwischen den Vertretern der Collegia pietatis und der Amtskirche zur Disposition stehende Frage nach dem Verhältnis von Rechtfertigung und Heiligung ein.[166] Unter Berufung auf die Bibel und die *Apologie zur CA* entfaltet er zunächst den lutherisch-orthodoxen Standpunkt zur Lehre von der Vollkommenheit: Erstens gelange man zur Vollkommenheit allein durch Gottes Gnade; zweitens erreiche man im irdischen Leben nicht die Vollkommenheit nach dem Gesetz. Sodann prägt er die Unterschiede zwischen Wiedergeburt bzw. Rechtfertigung und Erneuerung bzw. Heiligung ein: Sind Wiedergeburt und Rechtfertigung allein Gottes Werk, so kann der Mensch an seiner Erneuerung und Heiligung selbst mitarbeiten. Während die Rechtfertigung durch die Zurechnung von Christi Gerechtigkeit auf einmal geschieht, erfolgt die

[162] Vgl. ebd., S. 21f. Mentzer spielt hier Johann Arndt gegen Johann Gerhard aus, indem er darauf hinweist, dass Gerhard auf das Wort »Gelassenheit« in seiner »Schola pietatis« (1622/23) verzichtet habe, um nicht in den Verdacht spiritualistischer, »weigelianischer« Häresie zu geraten.

[163] Mentzer geht auffällig breit auf die »Neue geistlich-fruchtbringende Jesus-Gesellschaft« ein. Daran zeigt sich, wie ernst er diese als Vorbild für den Darmstädter Privatkonvent nahm; vgl. ebd., S. 22–25. Einem zweiten Druck des »Außschreibens von denen Fürstlichen Consistoriis zu Darmstadt und Giessen« (s.u.) waren die Gesellschaftsregeln beigegeben, um die Kritik an der Jesus-Gesellschaft kenntlich zu machen, vgl. E. KOCH, Jesus-Gesellschaft, 2005, S. 56f; S. SCHUSTER, Aemilie Juliane, 2006, S. 149.

[164] B. MENTZER, Kurtzes Bedencken, 1691, S. 25.

[165] In diesem Zusammenhang verweist Mentzer auf die pseudonyme Schrift: [C. HOBURG,] Spiegel der Missbräuche beim Predigtamt, o.O. 1644; vgl. ebd., S. 26.

[166] Vgl. ebd., S. 27–30.

zu gottgefälligem Handeln befähigende Erneuerung schrittweise. Sind Wiedergeburt und Rechtfertigung vollkommen, so bleiben Heiligung und Erneuerung stets unvollkommen. Außerdem weist der Autor auf die seelischen Folgen der Identifikation von Heiligung und Erlösung hin: Die Auffassung, dass die Gnade der Heiligung in Worten und Taten jederzeit zu gebrauchen sei, um nicht die Gnade der Erlösung zu verlieren, setze Christen »auff eine stätige Marterbanck des Gewissens«.[167] Dagegen unterstützt er die lutherisch-orthodoxe Ansicht, dass nicht die aus menschlicher Schwäche entspringende Sünde, sondern nur die vorsätzliche, mutwillige Sünde zur Verdammnis führe. Seine Ausführungen zum *ordo salutis* abrundend, zitiert er als autoritatives Kernstück der reinen Lehre Luthers Auslegung des 117. Psalms. Hier wird prägnant formuliert, dass menschliche Werke, Heiligkeit und Weisheit vor Gott nichts gelten, da Gott allein aus Gnaden und Barmherzigkeit Sünde vergibt, von Zorn absieht, Menschen zur Wahrheit führt, reinigt, erleuchtet, heiligt und rechtfertigt sowie zu seinen Kindern und Erben macht.[168]

Nur kurz, im Zuge abschließender allgemeiner Warnungen vor Ungehorsam, Respektlosigkeit, Freundschaften zwischen Männern und Frauen sowie Personen unterschiedlichen Standes, Aufruhr und Kirchenspaltung, schneidet Mentzer die zweite theologisch virulente Frage nach dem Verhältnis von äußerem und innerem Wort an. Er warnt vor der spiritualistischen Auffassung, es käme allein auf die innere Wirkung von Schrift und Lehre an, vor den Schriften von Johann Tauler und Thomas von Kempen sowie vor einem falschen Verständnis der *annihilatio* und *introversio sui*. Als besonders krasses Beispiel erwähnt er wiederholt Christoph Andreas Raselius, der in radikaler Weise Johann Arndts Lehre vom christlichen Leben vertrat und verdächtigt wurde, die Bewegung der Rosenkreuzer mitbegründet zu haben.[169]

Balthasar Mentzers *Kurtzes Bedencken* ist in vielerlei Hinsicht aussagekräftig. Es erhellt zunächst die Position des Verfassers zu den Collegia

---

[167] Ebd., S. 29.

[168] Vgl. M. LUTHER, Auslegung des 117. Psalms (1530), in: WA 31,1, S. 243. Gleichzeitig polemisiert Luther gegen die Auffassungen, dass sündigende Menschen aus Gottes Gnade fielen, dass menschliche Werke Gott beeinflussen könnten und dass Sünden mit guten Taten aufzuwiegen seien; vgl. ebd., S. 245f.

[169] Beispielhaft nennt er das Traktat: C.A. RASELIUS, Kurze Entschuldigung wider den ausführlichen Bericht der Prediger zu Lübeck, Hamburg und Lüneburg, o.O. 1634; vgl. B. MENTZER, Kurtzes Bedencken, 1691, S. 32; vgl. auch S. 6. 20. 23. 32f. Es handelt sich um Raselius' Antwort auf die Schrift des Ministerium Tripolitanum: Ausführlicher Bericht von den neuen Propheten, 1634. Christoph Andreas Raselius (1590– nach 1644) zählte zusammen mit Paul Felgenhauer, Nikolaus Teting, Johannes Piscator und anderen oppositionellen Schriftstellern und Predigern zu den sog. »neuen Propheten«; vgl. M. BRECHT, Spiritualisten, 1993, S. 220f; M. MATTHIAS, Johann Wilhelm und Johanna Eleonora Petersen, 1993, S. 229; S. WOLLGAST, Zum geistigen Umfeld, 1993, S. 349–351; T. KAUFMANN, Universität, 1997, S. 114.

pietatis: Wie seine relativ nüchterne äußere Beschreibung zeigt, war er offenbar nicht grundsätzlich gegen die Privatversammlungen eingestellt. Denn er stößt sich weniger an ihren Methoden wie Bibellektüre, Gespräch, Strafe, Lehre, Einübung christlicher Praxis, als daran, dass hier etwas praktiziert wurde, was in den von ihm mitherausgegebenen Kirchenordnungen nicht enthalten war. In erster Linie bemängelt er die Ordnungswidrigkeit, den Ungehorsam, die offene Kritik an der geistlichen Obrigkeit, die Arroganz und die Heterodoxie der Veranstalter. Als eine Ursache dieses Fehlverhaltens macht er ein falsches Verständnis der lutherischen Lehre vom allgemeinen Priestertums aus: »ihr angemastes allzuweit extendirtes Priesterthum«.[170] Bezüglich der Arbeitsweise der Versammlung kritisiert Mentzer lediglich die Vernachlässigung intellektueller Streit- und Überzeugungstheologie zugunsten einer an Erfahrungen anknüpfenden »Religion des Herzens«. Vehement bestreitet er jedoch jegliche biblische, altkirchliche oder reformatorische Legitimation der Privatkonvente. Dabei setzt er sich intensiv mit dem reformierten Theologen Gisbert Voetius auseinander, von dem nach seiner Einschätzung offenbar ein ernstzunehmender literarischer Einfluss bei der Gründung der hessischen Collegia pietatis ausging. Drittens spiegelt der Text speziell die Außenwirkung des Darmstädter Konvents, der dem Autor besonders deutlich vor Augen gestanden haben muss. Fast alles, was Kriegsmann und Winckler selbst über Inhalt, Ablauf, Teilnehmerschaft und theologische Ausrichtung mitteilen, wird hier bestätigt. Dabei werden die für Kriegsmanns Traktat konstatierten spiritualistischen Neigungen zu Weltabkehr, Verinnerlichung, Wiedergeburt und Perfektionismus negativ als Sektierertum, Überheblichkeit, Selbstbespiegelung, fromme Einbildung, Werkgerechtigkeit und theologische Naivität aufgefasst. Nur indirekt durch kritische Verweise auf Johann Arndt, den er als Rezipienten Valentin Weigels vorstellt, und auf Christoph Andreas Raselius, den er in Beziehung zu Christian Hoburg und den holländischen Mennoniten setzt, unterstellt Mentzer dem Kreis ein spiritualistisches Arndtverständnis und rückt ihn in die Nähe der »neuen Propheten«, der Rosenkreuzer und anderer schwärmerischer Gruppierungen.[171] Durch diese Definitionen und Grenzziehungen erklärt Mentzer sich selbst zum Anwalt des orthodoxen Luthertums, während er die von ihm als heterodox beurteilten Personen und Positionen in die Rolle des Neuen, Fremden und Falschen drängt.[172] Endlich versucht er, indem er auf die Charakteristika, die theologischen Differenzen

[170] B. MENTZER, Kurtzes Bedencken, 1691, S. 21.

[171] Diese Anspielungen sind auch auf dem Hintergrund des esoterischen Darmstädter Zirkels zu lesen, den Johann Tacke bis 1675 geleitet hatte; s.o. 2.7.1.

[172] Zur Auseinandersetzung der lutherischen Orthodoxie mit »Schwärmern« bzw. »Enthusiasten«, die zur Konfessionalisierung, Ausdifferenzierung und Pluralisierung der orthodoxen Theologie beitrug, vgl. T. KAUFMANN, Nahe Fremde, 2003, S. 189–195. 215–220. 239–241.

und Gefahren eingeht, die Collegia pietatis traditionsgeschichtlich einzuordnen. Dabei stellt er drei Hauptbezüge her: zum englischen Puritanismus, den er mit dem holländischen Reformiertentum (Gisbert Voetius) in einem Zuge nennt, zum Spiritualismus, dem er in auffälliger Weise auch die Mystiker (»Enthusiasten«) Thomas von Kempen und Johann Tauler sowie Valentin Weigel zurechnet, welche u.a. von Johann Arndt rezipiert worden seien, sowie zum Separatismus (Christian Hoburg, Jean de Labadie, Christoph Andreas Raselius, Rosenkreuzer und Mennoniten).[173] Ohne ein Verbot der Privatzusammenkünfte auch nur anzudeuten, entzog Mentzers *Kurtzes Bedencken* diesen den Boden. Wer sie fortan befürworten wollte, musste sie erneut biblisch und kirchenhistorisch legitimieren, ethisch oder seelsorgerlich begründen und grundsätzlich vom Verdacht der Neuheit, der Ordnungswidrigkeit, der Häresie und des Separatismus befreien.

d) Das Außschreiben von denen Fürstlichen Consistoriis*, 1678, und seine Folgen*

Zunächst zeitigte das Gutachten über das Konventikelwesen unmittelbare konkrete Wirkung: Auf landgräflichen Spezialbefehl wurde am 26. Januar 1678 das *Außschreiben von denen Fürstlichen Consistoriis zu Darmstadt und Giessen* herausgegeben,[174] das erste landesherrliche Edikt hinsichtlich der Collegia pietatis überhaupt.[175] An seiner Abfassung waren v.a. der Darmstädter Hoftheologe Mentzer und die drei Gießener Superintendenten Rudrauff, Misler und Hanneken beteiligt. Wie ein Vergleich mit dem *Kurtzen Bedencken* zeigt, folgt die Verlautbarung Mentzers Vorlage, ist jedoch kürzer und konzilianter formuliert. Eingangs wird zugestanden, die Privatversammlung

> seye eine solche Sache/ dabey zwar viel nützliche/ sehr herrliche/ recht Christliche und erbauliche Dinge/ münd= und schrifftlich erinnert und eingeführet/ auch bey einem und andern dardurch grosser Nutze geschafft werden möchte.[176]

Dann wird jedoch daran erinnert, dass die Collegia pietatis von Christus nicht eingesetzt, weder im Urchristentum noch in der evangelischen Kirche jemals üblich gewesen und auch in den geltenden Kirchenordnungen nicht enthalten seien. Außerdem zeige die aus Gesprächen und Briefen gewonnene

---

[173] Letztlich nennt Mentzer bereits alle Traditionslinien, die in der Pietismusforschung bis heute als mögliche theologische Vorläufer des deutschen Pietismus kontrovers diskutiert werden; vgl. J. WALLMANN, Anfänge, 1979, S. 13–17.

[174] Vgl. Außschreiben, [1678]. Ein zweiter Druck des »Außschreibens«, dem die Gesellschaftsregeln der Rudolstädter »Neuen geistlich-fruchtbringenden Jesus-Gesellschaft« beigegeben waren, erschien im gleichen Jahr; vgl. E. KOCH, Jesus-Gesellschaft, 2005, S. 56f.

[175] Zum »Außschreiben« vgl. P. GRÜNBERG, Philipp Jakob Spener 1, 1893, S. 186; W. KÖHLER, Anfänge, 1907, S. 11–13; M. BRECHT, Philipp Jakob Spener, 1993, S. 323.

[176] Außschreiben, [1678], fol.)(iij^{r}.

Erfahrung, dass die Kircheneinheit durch die Konvente stark gefährdet werde. Es wird daher verfügt, dass in Zukunft ohne landesherrlichen Konsens nichts über die Privatzusammenkünfte publiziert werden dürfe.[177] Insgesamt werden die Collegia pietatis zwar nicht grundsätzlich verboten, ihre Notwendigkeit jedoch eindeutig bestritten und gegen ihre Ausbreitung mit dem Publikationsverbot eingeschritten.

Bei dem Erlass des *Außschreibens* wurde anscheinend nicht ganz korrekt vorgegangen. Winckler berichtet in seiner 1690 erschienen Replik auf Hannekens *Sendschreiben an N.N. betreffend die so genandte Collegia pietatis*,

> daß es in Darmbstädtischem völligem Consistorio nicht ist vorgetragen und erörtert worden/ denn ich war damahlen ein fleissiger Consistorialis, hörete und vernahm aber von diesem Außschreiben darinnen nichts/ biß mir es gedrucket ins Hauß zugeschickt war; dergleichen bekandte mir auch ein ander Consistorialis daselbst.[178]

Folgt man Winckler, ging das *Außschreiben* auf die Initiative einiger weniger Konsistorialräte zurück, darunter wohl v.a. Mentzer und sein Neffe Hanneken, die zwar mit Billigung des Landgrafen, jedoch ohne Zustimmung des ganzen Konsistoriums, die Ausbreitung der Privatzusammenkünfte in Hessen-Darmstadt unterbinden wollten. Doch gerade dann, wenn man einen kleinen, eingeweihten Verfasserkreis voraussetzt, lässt der Text eine erstaunliche Zwiespältigkeit gegenüber den Privatkonventen erkennen: Einerseits werden die gute Absicht der Veranstalter und der mögliche individuelle Nutzen der Versammlungen durchaus anerkannt.[179] Andrerseits wirft man den Initiatoren vor, die evangelische Tradition und Kirchenordnung zu missachten, die Geistlichkeit zu beleidigen, die Teilnehmer auf häretische Gedanken zu bringen und Unfrieden zu stiften. Diese Ambivalenz setzt sich in den Konsequenzen fort: Zwar werden die Collegia pietatis weiterhin gestattet, ihre Bekanntmachung durch »Reden und Schreiben« jedoch »nicht approbir[t]« und die Veröffentlichung diesbezüglicher Schriften untersagt.[180] Dieser Befund unterstützt die Vermutung interessierter Zeitgenossen, dass das Mandat vielmehr eine Reaktion auf die *Symphonesis Christianorum* als ein Verbot der Collegia pietatis darstellte.[181] Wahrscheinlich zeigt sich an der Mehrdeutigkeit des *Außschreibens* zudem die Mehrstimmigkeit ihrer Verfasser bzw. eine gewisse Rücksichtnahme gegenüber

---

[177] Vgl. ebd., fol.)(iiij^r.

[178] J. WINCKLER, Wohlgemeintes Sendschreiben, 1690, fol. G2^v.

[179] Die diesbezüglichen Äußerungen ließen Spener das »Außschreiben« im Hinblick auf die Collegia pietatis eher positiv bewerten; vgl. Philipp Jakob Speners Brief an einen unbekannten Empfänger vom 12.4.1678 bei P.J. SPENER, Briefe 3, 2000, Nr. 155, S. 714–720, hier S. 717.

[180] Außschreiben, [1678], fol.)(iij^r.

[181] Vgl. P.J. SPENER, Briefe 3, 2000, Nr. 130, S. 633f. Nr. 180, S. 837.

den an der Beschlussfassung nicht beteiligten Räten und Assessoren. Allerdings sind wir über die Haltung der weltlichen Konsistorialräte zu den Collegia pietatis, z.B. des Juristen Johann Richard Malcomesius, nicht informiert. Möglicherweise waren sie ihnen gegenüber aufgeschlossener als die geistlichen Würdenträger, wofür zwei Beobachtungen sprechen könnten: Erstens muss Mentzer mit größerem Widerstand, d.h. nicht nur mit dem Protest Wincklers, gerechnet haben, da er es vorzog, das *Außschreiben* nicht dem gesamten Konsistorium vorzulegen. Zweitens fällt auf, dass hochrangige Regierungsmitglieder wie Johann Jakob Wolff von Todenwarth und das Ehepaar Malcomesius sich nicht scheuten, eine Woche nach dem Mandatserlass Wincklers Zweitgeborenen zusammen mit dem in Ungnade gefallenen Kammerrat Wilhelm Christoph Kriegsmann aus der Taufe zu heben.[182] Für die Theologen unter den Konsistorialräten gilt, dass Misler und Rudrauff Speners Reformideen positiv bewerteten, Hanneken und Mentzer sich jedoch aus unterschiedlichen Gründen strikt dagegen wandten. Hanneken hatte Speners eschatologische Erwartung und die Vorstellung vom allgemeinen Priestertum seit der Veröffentlichung der *Pia Desideria* scharf kritisiert. Mentzer wurde dagegen erst allmählich zu einem Gegner des Spener'schen Pietismus. Auf dem Hintergrund seines eigenen Lebenswerkes, der Schaffung einheitlicher, normativer Schul- und Kirchenordnungen für die Landgrafschaft, vertrat er gegenüber den Collegia pietatis v.a. das Ordnungsrecht: Er beharrte darauf, dass allein die in den evangelisch-lutherischen Bekenntnisschriften, hessen-darmstädtischen Kirchenordnungen und Pfarrverpflichtungen angezeigten Mittel zur Bewahrung der reinen Lehre, zur »Pflantzung der wahren Gottseligkeit« und zur Besserung des Nächsten zu nutzen seien.[183] In diesem Sinne bejahte er sogar solche Erbauungsversammlungen, die berufene Pfarrer mit Erlaubnis der Obrigkeit als verbindliche öffentliche Veranstaltungen für die ganze Gemeinde abhalten könnten, wie wir aus Speners Briefen wissen. Durch Kriegsmanns Publikation, die offen für die Etablierung privater Zusammenkünfte warb, fühlte Mentzer sich jedoch angegriffen.[184] Sowohl die grundsätzliche Kritik am »unreformierten, antichristlichen Leben unter uns« als auch die Vorwürfe rein äußerlicher Kirchlichkeit, eingebildeten, leblosen Glaubens und falschen Christentums sowie die an die Obrigkeit adressierte endzeitliche

---

[182] Zu Johann Christoph Wincklers Taufe am 3.2.1678 s.o. 2.7.1. Allerdings wurden Johann und Johanna Winckler seit Januar 1678 nicht mehr zu Paten bei Kindern von Darmstädter Hofbeamten gebeten; vgl. ZaEKHN, Kirchenbuch Darmstadt Stadt Nr. 3 (1658–1678), Film Nr. 2758.

[183] Vgl. Außschreiben, [1678], fol.)(iiij^{r}f.

[184] Das geht z.B. aus verschiedenen Briefen Speners vom Frühjahr 1678 hervor, in denen er mitteilt, Mentzer habe großes Missfallen an der »Symphonesis Christianorum« geäußert und einige Textabschnitte als direkt gegen sich gerichtet empfunden; vgl. P.J. SPENER, Briefe 3, 2000, Nr. 130, S. 634. Nr. 165, S. 759.

Strafandrohung müssen den verdienten und angesehenen Theologen der Landgrafschaft persönlich tief getroffen haben.

Wie das hessen-darmstädtische Landgrafenpaar zu den von Frankfurt a.M. kommenden religiösen Innovationen und speziell zu dem von seinem Hofprediger Johann Winckler in nächster Umgebung veranstalteten Collegium pietatis stand, ist bis heute ungeklärt.[185] Von Landgraf Ludwig VI. wissen wir, dass er seinem Ratgeber Mentzer großes Vertrauen entgegenbrachte und im Schul- und Kirchenwesen jahrzehntelang erfolgreich mit ihm zusammengearbeitet hatte. Von daher ist anzunehmen, dass er der Kritik seines prominentesten theologischen Beraters an den Privatversammlungen folgte. Andrerseits scheint er gegenüber den hermetischen Wissenschaften aufgeschlossen gewesen zu sein; jedenfalls tolerierte er den kleinen Kreis von Paracelsisten und Anhängern Jakob Böhmes an seinem Hof, dem sein Leibarzt Johann Tacke, der Burggraf Hans Eitel Diede zu Fürstenstein und der Kammerrat Wilhelm Christoph Kriegsmann angehörten. Über die persönliche Frömmigkeit des Landgrafen ist nur so viel bekannt, dass seine Gedanken und Gebete schon lange, seit der Regierungsübernahme 1661, in auffälliger Konzentration um den Wunsch kreisten, Gott möge ihm einen seligen Tod schenken.[186] Diese Todessehnsucht spiegelt sich auch in der geistlichen Dichtung des Mitgliedes der »Fruchtbringenden Gesellschaft«, v.a. in den nach dem Tod seiner ersten Frau entstandenen Gedichten.[187] Seinen Geburtstag beging Ludwig VI. seit 1673 nicht mehr mit »Freudenspielen«, sondern – parallel zu den 1662 eingeführten monatlichen Landesbuß- und Bettagen – als Buß-, Fast- und Bettag.[188] Interessant ist, dass der Landgraf von Außenstehenden durchaus als potentieller Befürworter der Collegia pietatis angesehen wurde. So äußerte Philipp Jakob Spener in einem wahrscheinlich an Johann Winckler gerichteten Brief vom 16. Februar 1678 die Hoffnung, der zur Zeit noch unschlüssige Landgraf möge in Zukunft mit seiner Autorität zum Aufbau des Reiches Gottes beitragen.[189] Kurz darauf wies er darauf hin, dass Mentzer den Fürsten zwar zum Erlass des *Außschreibens* habe bewegen können, nicht jedoch zu einem generellen Verbot der Collegia pietatis.[190] Insgesamt sah Spener in diesem Mandat sogar eine indirekte Unterstützung der Privaterbauung. Auch der weitere

[185] Zur unklaren Forschungslage vgl. H. MEISE, Ich, 2002, S. 408.

[186] Vgl. ebd., S. 262.

[187] Landgraf Ludwig VI. war 1661 unmittelbar nach seinem Regierungsantritt in die »Fruchtbringende Gesellschaft« aufgenommen worden, wo er den Beinamen »der Unerschrockene« trug. Zu seinem »Psalter« (1657) und den geistlichen Gedichten vgl. ebd., S. 278–288.

[188] Vgl. ebd., S. 381.

[189] Vgl. Philipp Jakob Speners Brief (wahrscheinlich an Johann Winckler) vom 16.2.1678 bei P.J. SPENER, Briefe 3, 2000, Nr. 122, S. 590–592, hier S. 591.

[190] Vgl. Philipp Jakob Speners Brief (evtl. an Ahasver Fritsch) vom 19.2.1678 bei P.J. SPENER, Briefe 3, 2000, Nr. 123, S. 593–602, hier S. 598f.

Verlauf der Auseinandersetzungen um die Hauptverantwortlichen des Darmstädter Collegium pietatis, Wilhelm Christoph Kriegsmann und Johann Winckler, zeigt, dass Landgraf Ludwig VI. nicht als treibende Kraft bei der Unterdrückung der Privatkonvente anzusehen ist.

Soweit wir wissen, war auch Landgräfin Elisabeth Dorothea nicht prinzipiell gegen die Collegia pietatis eingestellt. Sie war stark von der strengen lutherischen Frömmigkeit und Disziplin ihres Vaters, Herzog Ernst I. von Sachsen-Gotha, geprägt.[191] Johann Arndts *Vier Bücher vom wahren Christentum* waren ihr von Kindheit an vertraut. Sie hielt in Darmstadt tägliche Betstunden mit ihren Bediensteten, hörte mehrmals wöchentlich die Predigt in der Schlosskapelle oder ließ sich ersatzweise aus Arndts *Evangelienpostille* (1615/16) vorlesen, beichtete in ihrem Gemach und las häufig in der Heiligen Schrift.[192] Auch bei der Erziehung ihrer Kinder legte sie ausgeprägten Wert auf die Einübung lutherischer Frömmigkeit: Mehrmals täglich wurde mit ihnen gebetet, gesungen, Andacht gehalten und in der Bibel gelesen.[193] Dass die verwitwete Landgräfin die für den deutschen Duodezabsolutismus charakteristischen Finanzprobleme des Hauses durch Sparsamkeit konsolidierte,[194] Kleider- und Hochzeitsordnungen erließ, die sich insbesondere gegen die Zurschaustellung von Luxus richteten, sich für eine strengere Sonntagsheiligung einsetzte und auf ihrem Witwensitz in Butzbach (seit 1688) immer mehr der Privaterbauung zuwandte, trug zu der Vorstellung bei, dass sie den Spenerfreund Winckler unterstützt und gerne am Darmstädter Hof gehalten hätte.[195] Tatsächlich berichtet Johann Peter Scheffer im August 1679 aus Darmstadt, dass man Winckler, der mittlerweile Superintendent in Wertheim war, gerne zurückrufen würde.[196] Spener äußert sich Anfang 1679 in ähnlicher Weise.[197] Damit scheint die Landgräfinwitwe ein Beispiel dafür zu sein, dass im 17. Jh. gerade die Fürsten die reformtheologischen Ansätze aufgriffen, exemplarisch vorlebten und als Mittel der Herrschaftslegitimation bei der absolutistischen Neuordnung der

---

[191] Zur Frömmigkeit am Hof von Herzog Ernst I. von Sachsen-Gotha vgl. V. ALBRECHT-BIRKNER, Reformation, 2002, S. 56. 59–63.

[192] Zur Frömmigkeit von Landgräfin Elisabeth Dorothea; vgl. R. MACK, Obrigkeit, 1983, S. 34f; H. MEISE, Ich, 2002, S. 376–379. 383. 388. 402–407. 444–446.

[193] Vgl. F. KNÖPP, Konversionen, 1973, S. 162f. 175f.

[194] Landgräfin Elisabeth Dorothea tilgte in wenigen Jahren ihrer Regentschaft gut die Hälfte der auf 700 000 Gulden taxierten Schuldenlast des Darmstädter Hofes; vgl. E.G. FRANZ, Finanzplatz Frankfurt, 1898, S. 50.

[195] So z.B. J. GEFFCKEN, Johann Winckler, 1861, S. 4. 329f; ADB 43, 1898, S. 364f; W. KÖHLER, Anfänge, 1907, S. 15.

[196] Vgl. Johann Peter Scheffers Brief an Gottlieb Spizel vom 15.8.1679; AFSt Halle, K 44, fol. 287^r–290^r, hier fol. 289^v. Es wird allerdings nicht ersichtlich, welche Personen hinter diesem nicht weiter verfolgten Ansinnen standen.

[197] Vgl. z.B. P.J. SPENER, Briefe 4, 2005, Nr. 1, S. 6.

deutschen Kleinstaaten einsetzten.[198] Dagegen steht jedoch die Beobachtung, dass Elisabeth Dorothea während ihrer Regentschaft die höfische Festkultur zur öffentlichen Präsentation ihrer fürstlichen Macht breit entfaltete.[199] Sie veranstaltete im Schloss Opern, Ballette, Kostümfeste und Tanzabende, ließ das erste Darmstädter Theater ausbauen und förderte das Musikleben durch die Berufung Wolfgang Carl Briegels (1626–1712) zum Hofkapellmeister.[200] Bedenkt man, mit welcher Vehemenz Winckler Mitte der 1680er Jahre die Aufführungen im neuen Hamburger Opernhaus bekämpfte,[201] so wirkt das Verhältnis zwischen der Landgräfin und ihrem zweiten Hofprediger weit weniger eindeutig. Spannungen werden auch von Spener angedeutet: Winckler habe die Fürsten durch seine »Offenheit«, d.h. seine unverblümte und kritische Predigtweise, mehrfach beleidigt und »unterschiedlichen Unwillen deß zur freyheit geneigten Hof=Adels auf sich geladen«.[202] Im Hintergrund der Kritik an den höfischen Werten und Handlungsweisen könnte zudem das soziale Gefälle zwischen der landgräflichen Familie und dem Hofprediger stehen.[203] Auch die von Wincklers Gefährten Kriegsmann geübte schroffe Kritik an Kleider- und Möbelpracht, Spielen, Scherzen, Tanzen, übermäßigem Essen und Trinken, »unehrlicher« politischer Diplomatie und Geldanhäufung als Anzeichen »falscher«, rein äußerlicher Religiosität weist in der Frage christlicher Lebensführung gravierende Differenzen zum Fürstenstand auf.[204] Die These, dass Elisabeth Dorothea erst im Witwenstand zu einer Anhängerin des lutherischen Pietismus wurde, ist ebenfalls nicht zu halten: So ging z.B. die in der Literatur zur Unterstützung dieser Annahme häufig angeführte Berufung des Spenerfreundes Abraham Hinckelmann zum Oberhofprediger nach Darmstadt im Jahr 1687 auf einen Verwandten ihrer Schwiegertochter Markgräfin Dorothea Char-

[198] Vgl. D. BREUER, Absolutistische Staatsreform, 1984, S. 8–13.

[199] Vgl. J.R. WOLF, Hessen-Darmstadt, 1983, S. 124f; A. SCHMITT, Inszenierte Geselligkeit, 1997; H. MEISE, Ich, 2002, S. 423–433.

[200] Wolfgang Carl Briegel (1626–1671), geb. in Königsberg in Unterfranken, wurde 1645 Organist an der Johanniskirche und Lateinschullehrer in Schweinfurt, 1651 Hofkantor und Musikerzieher der fürstlichen Familie von Sachsen-Gotha. 1658 rückte er zum Musikdirektor und 1664 zum Hofkapellmeister auf. 1671 kam Briegel nach Darmstadt, wo er als Hofkapellmeister und Komponist weltlicher und geistlicher Musik wirkte. Er war seit 1646 mit Margaretha Bronner verheiratet; vgl. MGG Personenteil 3, ^{2}2000, Sp. 894–900.

[201] Zu Wincklers Eintreten gegen die Hamburger Oper vgl. J. GEFFCKEN, Der erste Streit, 1851; H. RÜCKLEBEN, Niederwerfung, 1970, S. 59–71; F. HARTMANN, Johann Heinrich Horb, 2004, S. 227–231.

[202] P.J. SPENER, Briefe 4, 2005, Nr. 1, S. 5, vgl. Bd. 3, 2000, Nr. 188, S. 867

[203] Vgl. L. SCHORN-SCHÜTTE, Prediger, 1985, S. 280.

[204] Vgl. W.C. KRIEGSMANN, Symphonesis Christianorum, [1677], S. 29–32. Zu welchen Auseinandersetzungen es führen konnte, wenn Angestellte des Hofes aus religiöser Überzeugung z.B. nicht tanzen wollten, zeigt das Beispiel Johanna Eleonora von Merlaus; vgl. J.E. PETERSEN, Eine kurtze Erzehlung, 1689, S. 271–279.

lotte von Brandenburg-Ansbach (1661–1705) zurück, und zwar auf Herzog Friedrich Carl von Württemberg in Winnental (*1652, 1674–1698).[205] Auch die vertrauten Ratgeber der Landgräfinwitwe, in politischen Dingen der Geheime Rat Johann Richard Malcomesius und in kirchlichen Angelegenheiten der Theologe Philipp Ludwig Hanneken, beides enge Verwandte Balthasar Mentzers, gehörten nicht zum neuen pietistischen, sondern zum traditionellen Flügel der Darmstädter Beamtenschaft.

Das am 26. Januar 1678 erlassene landgräfliche Presseverbot bezüglich der Collegia pietatis traf – wie von Mentzer sicher beabsichtigt – als Erstes die Schrift *Symphonesis Christianorum*. Aus einem Brief Speners vom 21. Januar 1678 geht hervor, dass der Autor bereits zuvor von Landgraf Ludwig VI. zur Verantwortung gezogen worden war, weil das Fürstenpaar mit der ohne sein Vorwissen erfolgten Veröffentlichung nicht einverstanden war.[206] Kriegsmann gab daraufhin eine – nicht überlieferte – schriftliche Rechtfertigung ab, in der er u.a. erklärte, dass er Oberhofprediger Mentzer nicht persönlich beleidigen wollte. Der Landgraf akzeptierte die Erklärung anscheinend widerspruchslos,[207] denn trotz anderslautender Gerüchte in Frankfurt a.M. und Darmstadt wurde Kriegsmann auch nach dem Erlass des *Außschreibens* nicht aus den Diensten des älteren Landgrafen entlassen, sondern von diesem gnädig wieder aufgenommen und sogar mit wichtigen Gesandtschaften betraut.[208] Wohl aber ließ Ludwig VI. einen Großteil der *Symphonesis Christianorum*, etwa achthundert Bücher, in Frankfurt a.M. aufkaufen, nachdem zuvor jedoch bereits mehrere hundert Druckexemplare versandt worden waren.[209] Außerdem führte er beim Frankfurter Rat am 1. Februar 1678 Klage wegen der Verbreitung verdächtiger Bücher in seinem Territorium, woraufhin dieser eine Verordnung erließ, keine Schriften mehr ohne obrigkeitliche Erlaubnis drucken zu lassen.[210] Mentzer war allerdings auch durch den Zensurerlass nicht zu besänftigen: In der zweiten Februar-

---

[205] Vgl. R. MACK, Obrigkeit, 1983, S. 36; DERS., Forschungsbericht, 1987, S. 191; Europäische Stammtafeln. N.F. 1, 1980, Tafel 125. Bd. I.2, 1999, Tafel 259.

[206] Zur Auseinandersetzung um Kriegsmann vgl. P.J. SPENER, Briefe 3, 2000, Nr. 115, S. 562–568, hier S. 564; vgl. auch Nr. 118, S. 576. Nr. 123, S. 598. Nr. 180, S. 837f. Nr. 221, S. 1050.

[207] Auch Spener bemerkt, dass Kriegsmann sich leicht entschuldigen konnte; vgl. ebd., Nr. 123, S. 598.

[208] Vgl. ebd., Nr. 221, S. 1050. Wie verbunden der Kammerrat Landgraf Ludwig VI. war, zeigt die Trauerschrift »Wilhelm Christoph Kriegsmanns Todesverachtung«, die er beim Tod des Fürsten als Einzelschrift 1678 in Hanau drucken ließ; vgl. Katalog der Leichenpredigten in der Hessischen Landes und Hochschulbibliothek Darmstadt, 1990, S. 179.

[209] Vgl. P.J. SPENER, Briefe 3, 2000, Nr. 155, S. 717. Nr. 180, S. 837. Nr. 221, S. 1050.

[210] Der Zensurerlass traf noch im gleichen Monat den Druck der zweiten Auflage von Speners »Geistlichem Priesterthum« (1677), für den laut Beschluss des Frankfurter Rats vom 21.2.1678 das Gutachten einer evangelisch-theologischen Fakultät eingeholt werden sollte; vgl. ebd., Nr. 123, S. 599f. Nr. 129, S. 630. Nr. 180, S. 838; P. GRÜNBERG, Philipp Jakob Spener 1, 1893, S. 187.

hälfte versuchte er, den Rat der Messestadt zur Ausweisung der Konventikelleiter Johanna Eleonora von Merlau und Otto Richardi zu bewegen,[211] und Mitte März musste Spener selbst befürchten, unter dem von Darmstadt ausgehenden Druck sein Collegium pietatis einstellen zu müssen.[212]

Wilhelm Christoph Kriegsmann wurde erst einige Zeit später unter der kurzen Herrschaft von Landgraf Ludwig VII., die zwischen dem Tod seines Vaters am 24. April 1678 und seinem eigenen Ableben am 31. August 1678 nur vier Monate währte, aus hessen-darmstädtischen Diensten entlassen. Zu Beginn der Regentschaft des knapp 20-jährigen Erben erhielt er wie etliche andere Regierungsräte des alten Landgrafen seinen Abschied unter dem Vorwand einer unbestreitbar notwendigen Reduzierung der Zahl der Räte am Hof.[213] Nur wenige politische Ratgeber wie Mentzers Schwiegersohn Johann Richard Malcomesius konnten im Amt bleiben. An diesen Entlassungen scheint der Superintendent maßgeblich beteiligt gewesen zu sein. Spener schreibt im Herbst 1679, nachdem Mentzer Ende Juli 1679 gestorben war, dass dieser »unter den letzten jungen Fürsten fast allein alles regieret/ und mit einer in das gantze reich bey nahe erschollenen reformation des hofs durch abschaffung oder änderung der vornehmsten räthe und bedienten grossen haß auf sich geladen«.[214] Einen ähnlichen Bericht liefert Johann Peter Scheffer, der Gottlieb Spizel im August 1679 mitteilt, dass Mentzer während der Regierung von Ludwig VII. »die Cantzeley und weltliche Händel [...] fast alleine administriret«.[215] Daneben wirkte an den personellen und organisatorischen Umstrukturierungen am Hof der Jurist Veit Ludwig von Seckendorff mit: Er war seit 1662 an der Reformierung des hessen-darmstädtischen Staats- und Finanzwesens beteiligt und wurde nach dem Tod von Ludwig VI. wieder nach Darmstadt gebeten.[216] Wann genau Kriegsmann in Darmstadt verabschiedet wurde, ist unklar. Aus einem ausführlichen, an Winckler gerichteten Brief vom 12. Juli 1678 geht hervor, dass er fast nahtlos in den Hofdienst von Kurfürst Karl I. Ludwig von der Pfalz (*1618, 1649–1680) übernommen wurde.[217] Er erhielt seine Kündi-

---

[211] Das belegen die Suppliken der Genannten beim Frankfurter Rat vom 21.2.1678; vgl. M. MATTHIAS, Johann Wilhelm und Johanna Eleonora Petersen, 1993, S. 92f; R. ALBRECHT, Johanna Eleonora Petersen, 2005, S. 76f.

[212] Vgl. P.J. SPENER, Briefe 3, 2000, Nr. 129, S. 626–631, hier S. 631.

[213] Vgl. Philipp Jakob Speners Brief an Gottlieb Spizel vom 27.9.1678 ebd., Nr. 202, S. 948.

[214] Philipp Jakob Speners Brief vom 15.9.1679 in P.J. SPENER, Theologische Bedencken 3, 1702, S. 321–324, hier S. 323; vgl. seine Briefe vom 8.7.1678 bei DERS., Briefe 3, 2000, Nr. 178, S. 827–832, hier S. 830; an Gottlieb Spizel vom 27.9.1678 ebd., Nr. 202, S. 949.

[215] Vgl. AFSt Halle, K 44, fol. 287^{v}.

[216] Daniel Richter (1616–1683), Amtmann in Sachsen-Gotha und politischer Ratgeber der Landgräfinwitwe Elisabeth Dorothea, warnte diese vor Seckendorffs starkem Einfluss; vgl. H. MEISE, Herrschaftsalltag, 2002, S. 115–118.

[217] Während der zweiten, 1658 geschlossenen morganatischen Ehe des Kurfürsten mit dem ehemaligen Hoffräulein Luise von Degenfeld (1634–1677) gab es keine Hofhaltung. Das Paar

gung also im Mai oder Juni 1678.[218] In der ersten Julidekade reiste er persönlich nach Mannheim und schloss einen Arbeitsvertrag als Kammerrat, nachdem man ihm zunächst sogar den Posten des Kammermeisters angeboten hatte, was ihm jedoch für den Anfang »zu groß« erschien.[219] Möglicherweise war die Berufung in die Pfalz mit Hilfe von Johann Jakob Schütz zustande gekommen, der mit dem Heidelberger Theologieprofessor und Kirchenrat Johann Ludwig Fabricius (1632–1696), einem einflussreichen Berater des Kurfürsten, zumindest in den Jahren zwischen 1673–1677 korrespondierte.[220] Kriegsmann berichtet, dass in den beiden längeren Audienzen, die ihm der Kurfürst gewährte, »von allerhand, sonderlich rebus Theologicis u. der materia meiner Symphoneseos« geredet, »auch der Jungfr: Merlau gedacht« sowie »von mir Meines Hhhn. Gevatters encomiasticè [τεχνη εγκωμιαστικη] erwehnet« wurde.[221] Bei der Einstellung wurden also sowohl die inhaltlich-theologischen Gründe, die zu seiner Verabschiedung in Darmstadt geführt hatten, als auch zwei wichtige Mitstreiter offen benannt. Schon Anfang August sollte Kriegsmann seine neue Stelle antreten. Am 15. September 1678 wurde er dann vom pfälzischen Kurfürsten offiziell zum »Kammer- und Rechnungsrat« ernannt.[222] Bei seiner Einstellung hegte Kriegsmann die Hoffnung, Johanna Eleonora von Merlau und Johann Winckler, die beide in Hessen nicht mehr gern gesehen waren,[223] bald in die Pfalz nachholen zu können: »Gebe Gott, wo es zu seinen Ehren gereicht, daß wir allda zusammen leben mögen, und jungfr: Merlau in viciniá«.[224]

e) Wincklers Weggang aus Darmstadt

Was sich um Winckler als dem zweiten Hauptverantwortlichen der Darmstädter Privatversammlung zwischen Februar und August 1678 am hessen-

---

lebte in Schwetzingen oder Mannheim, nicht jedoch in der Residenz Heidelberg; vgl. M. SCHAAB, Geschichte der Kurpfalz 2, 1992, S. 124–144, hier S. 129; Europäische Stammtafeln. N.F. I.1, 1998, Tafel 95.

218 Vgl. Wilhelm Christoph Kriegsmanns Brief an Winckler vom 12.7.1678 in SUB HH, Nachlass Johann Winckler, Nr. 81, S. 335–338.

219 Ebd., Nr. 81, S. 335.

220 Vgl. A. DEPPERMANN, Johann Jakob Schütz, 2002, S. 245–247. Der reformierte Theologe Fabricius hatte wie Kriegsmann Interesse an den Arbeiten Christian Knorrs von Rosenroth, an der Kabbala und an der Frage der Seelenwanderung; vgl. ebd., S. 247.

221 SUB HH, Nachlass Johann Winckler, Nr. 81, S. 335.

222 Vgl. AGL 7, 1810, Sp. 884.

223 Johanna Eleonora von Merlau hielt sich zwischen der Ausweisungsandrohung durch den Frankfurter Rat im Februar 1678 und ihrem Weggang aus Frankfurt a.M. im Herbst 1680 jeweils für längere Zeit bei befreundeten Familien auf, u.a. in Laubach und Erbach. Dies geschah wohl auch, um die Konfliktsituation zu entschärfen; vgl. R. ALBRECHT, Johanna Eleonora Petersen, 2005, S. 76.

224 Vgl. SUB HH, Nachlass Johann Winckler, Nr. 81, S. 337.

darmstädtischen Hof abspielte, war bisher unbekannt.[225] Auffällig ist, dass Spener in den vielen Briefen aus der ersten Jahreshälfte, in denen er an Johann Adolf Rhein, Ahasver Fritsch und andere Freunde der Collegia pietatis vom Schicksal Wilhelm Christoph Kriegsmanns und seines Büchleins schreibt, Wincklers Namen fast nicht erwähnt. Dafür mag es verschiedene Ursachen geben: Erstens nahm man vielleicht allgemein an, dass Winckler mit Mentzer verwandtschaftlich und beruflich derart verbunden war, dass er nicht gegen seinen Ziehvater Partei ergreifen würde.[226] Oder aber es war allen Eingeweihten bewusst, dass nicht Winckler, sondern Kriegsmann als treibende Kraft hinter dem Darmstädter Erbauungskreis stand. Drittens könnte Spener gewusst haben, dass Winckler mit der Veröffentlichung seines Freundes nicht völlig übereinstimmte.[227] Schließlich könnten Speners Briefe zumindest innerhalb von Hessen-Darmstadt mitunter kontrolliert worden sein,[228] sodass im Hinblick auf Wincklers unsichere Position Diskretion vonnöten war.

Die letzten Monate, die Winckler als Hofprediger in Darmstadt verbrachte, werden nun durch einen kurzen, schwer entzifferbaren Briefwechsel erhellt. Dieser besteht aus zwei Autographen Balthasar Mentzers und der Kopie des einzigen erhaltenen lateinischen Briefes Johann Wincklers und wurde von der bisherigen Forschung kaum ausgewertet.[229] Die von gegenseitigen Schuldzuweisungen und Rechtfertigungen geprägten Schreiben entstanden wenige Wochen nach Wincklers Abschied aus Darmstadt im Spätherbst 1678. Wie aus Mentzers erstem Brief vom 26. Oktober 1678 hervorgeht, waren der Korrespondenz bereits andere – nicht überlieferte – Versuche Wincklers vorausgegangen, sich mit seinem vormaligen Protektor zu versöhnen.[230] Mentzer reagierte auf diese Bemühungen abweisend, in-

---

[225] Winckler selbst äußerte sich über seinen Weggang aus Darmstadt nur zurückhaltend und defensiv, indem er einen Zusammenhang mit etwaigen Privatzusammenkünften im Nachhinein bestritt; vgl. J. WINCKLER, An die geheiligten Häupter, 1694, S. 1057.

[226] Für diese Annahme spricht, dass Spener dort, wo er Winckler nennt, stets auf dessen enge Verwandtschaft mit Mentzer hinweist; vgl. z.B. P.J. SPENER, Briefe 3, 2000, Nr. 180, S. 837. Nr. 188, S. 867. Nr. 190, S. 880. Nr. 207, S. 972.

[227] Das zeigt Wincklers späteres Gutachten über die Schrift; vgl. J. WINCKLER, Bedencken, 1679.

[228] Dass Speners Briefe von Dritten gelesen wurden, könnte z.B. das Schreiben der Theologieprofessoren Johann Nikolaus Misler, Kilian Rudrauff und Philipp Ludwig Hanneken andeuten, in dem sich die Autoren auf »D. Speners biszhero evulgirte[n] schriften, auch hie und da abgelassene[n] privatschreiben« berufen; vgl. das Antwortschreiben der theologischen Fakultät Gießen an Balthasar Mentzer vom November 1677 bei W.M. BECKER, Aus den Anfängen, 1903, S. 274.

[229] Vgl. Balthasar Mentzers Brief an Winckler vom 26.10.1678; Wincklers Brief an Mentzer vom 18.11.1678; Mentzers Brief an Winckler vom 1.12.1678; SUB HH, Nachlass Johann Winckler, Nr. 122, S. 505–508. Nr. 123, S. 509–512. Nr. 124, S. 513–516. Zur Auswertung vgl. bisher lediglich J. GEFFCKEN, Johann Winckler, 1861, S. 329f.

[230] Vgl. SUB HH, Nachlass Johann Winckler, Nr. 122, S. 505.

dem er bestritt, an dessen Weggang beteiligt gewesen zu sein. Daraufhin rekapituliert Winckler am 18. November 1678 mit höflichen, doch deutlichen Worten folgenden Geschehensverlauf: Der Superintendent habe ihn nach dem Tod Ludwigs VI. in ganz Darmstadt als »Quäker«, »Fanatiker«, »Neuerer« und »ohne göttliches Amt« verschrien, ihn bei der Hofgemeinde verlästert, die ihm zuvor aufgrund seiner Predigttätigkeit eng verbunden war, seine Freunde dazu gebracht, sich aus Furcht vor möglichen Konsequenzen von ihm abzuwenden, und schließlich auch den jüngeren Landgrafen, dessen Berater Veit Ludwig von Seckendorff sowie die Landgräfinwitwe gegen ihn aufgestachelt. Er selbst habe sich gegen die Vorwürfe und Demütigungen nicht gewehrt, da er mit Mentzer nicht in Feindschaft leben, sondern »*quia amare volo et removere omnia ingenui amoris obstacula*«.[231] Man habe ihn jedoch unmöglich behandelt: Während die hessendarmstädtische Regierung ihn für die seit langem erfolgte Anfrage als Prediger der Grafen von Solms nicht freistellen wollte, rief man ihn nun im August 1678 plötzlich in den Geheimen Rat und gab ihm »Freiheit«, als lutherischer Prediger nach Amsterdam zu gehen.[232] Dass er sich gegen diese Pfarrstelle entschied, für die ihn der Oberhofprediger mit Billigung Ludwigs VII., jedoch ohne Wissen der Landgräfinwitwe und der Räte empfohlen hatte, war von Mentzer übel aufgenommen worden. Winckler rechtfertigt seinen Entschluss, stattdessen die ihm gleichzeitig angetragene Berufung nach Mannheim angenommen zu haben, unter Verweis auf seine Liebe zum Vaterland, zum deutschen Volk und zur evangelisch-lutherischen Kirche sowie auf seine Verpflichtungen als Ehemann und Vater.[233] Außerdem erinnert er daran, dass es unsicher war, ob er in Amsterdam überhaupt angestellt würde, da dort auch Barthold Botsack als Kandidat im Gespräch war.[234] Auf diese Schilderung antwortete der Ältere in dem Bestreben, den Eindruck eines von Winckler ausgehenden Beziehungsabbruchs aufrechtzuerhalten und sich selbst von jeglicher Mitverantwortung freizusprechen,[235] mit einem letzten schroffen Brief vom 1. Dezember 1678. – Der Kontakt zwischen Winckler und Mentzer, der im darauffolgenden Sommer starb, scheint damit abgebrochen zu sein.

---

[231] Ebd., Nr. 123, S. 509.

[232] Vgl. ebd., Nr. 123, S. 510.

[233] Vgl. ebd., Nr. 123, S. 511.

[234] Barthold Botsack (1649–1709), geb. in Lübeck, studierte in Gießen, wo er 1672 zum Magister promovierte. 1676 wurde er Prediger an der Stadtkirche in Gießen und 1678 Pfarrer an der Katharinenkirche in Braunschweig. 1683 wurde er dort Superintendent und Dr. theol. 1693 ging er als Pfarrer an die deutsche St. Petrikirche nach Kopenhagen, wo er 1702 außerordentlicher Theologieprofessor und Konsistorialassessor wurde; vgl. P.J. SPENER, Briefe 3, 2000, Nr. 164, S. 755.

[235] Dass Mentzer keinesfalls als Urheber der Trennung von Winckler gelten wollte, wird von Spener bestätigt; vgl. ebd., Nr. 206, S. 967.

Der kurze Briefwechsel zwischen Mentzer und Winckler wird durch einige lateinische Briefe Speners an Gottlieb Spizel, Ahasver Fritsch und andere nicht sicher zu identifizierende Freunde ergänzt, die zwischen August und Oktober 1678 unmittelbar nach Wincklers Weggang aus Hessen entstanden.[236] Mit Hilfe von Speners Darstellungen kann Wincklers Abschied vom Darmstädter Hof folgendermaßen präzisiert werden: Während Wilhelm Christoph Kriegsmann und etliche andere Räte im Zuge der Regierungsumbildung zu Beginn der Herrschaft Ludwigs VII. im Frühsommer entlassen wurden, konnte Winckler sich zunächst am Hof halten, und zwar vermutlich aufgrund seiner exponierten Stellung als Schlossprediger, seinem Ansehen bei der Hofgemeinde und seiner Zugehörigkeit zum Mentzerclan. Doch wollte der Superintendent, der unter dem jüngeren Fürsten offenbar nicht nur in kirchlichen Angelegenheiten fast unumschränkte Macht genoss, auch ihn aus Darmstadt entfernen. In einer Hetzkampagne brachte er Winckler bei seiner Gemeinde, seinen Freunden, dem Hofadel, der landgräflichen Familie und einflussreichen Regierungsmitgliedern in Verruf und machte ihn in Darmstadt zur *persona ingrata*. Spener schreibt, er hätte am Hof lange Zeit »kaum Raum« gehabt[237] und sei »mit vielem verdruß müd gemacht« geworden.[238] Man hätte »zwar seine cassation nicht versucht, aber er [Winckler] merckte, daß er schel angesehen würde«.[239] Als Mentzer aus Amsterdam um die Empfehlung eines lutherischen Predigers gebeten wurde, ergriff er – mit Zustimmung des Landgrafen, jedoch unter Umgehung der Landgräfinwitwe und des Geheimen Rats – die Gelegenheit, seinen Verwandten auf unauffällige, die bisherige Protektion scheinbar fortsetzende Weise aus Hessen wegzulotsen. Auf ähnliche Weise betrieb er die Entlassung bzw. Versetzung anderer Anhängerinnen und Anhänger der neuen Frömmigkeitsbewegung unter den hessen-darmstädtischen Theologen, Landpfarrern sowie der niederen Hofbeamtenschaft: »*Alii aulae ministri inferioris sortis utriusque sexus itidem ob studium pietatis dimissi*«.[240] Personen werden von Spener nicht genannt, es könnte sich jedoch z.B. um die jungen Theologen Johann Peter Scheffer, Johann Jeremias Leuchter und

[236] Vgl. Philipp Jakob Speners Briefe (evtl. an Johann Ludwig Hartmann) vom 27.8.1678 bei P.J. SPENER, Briefe 3, 2000, Nr. 188, S. 865–874, hier S. 867f; (evtl. an Christian Kortholt) vom 2.9.1678 ebd., Nr. 190, S. 878–880, hier S. 880; an Gottlieb Spizel vom 27.9.1678 ebd., Nr. 202, S. 947–952, hier S. 948f; an Ahasver Fritsch vom 29.9.1678 ebd., Nr. 204, S. 955–959, hier S. 958f; (evtl. an Johann Wilhelm Petersen) vom 4.10.1678 ebd., Nr. 206, S. 962–969, hier S. 966f; (evtl. an Christian Kortholt) vom 6.10.1678 ebd., Nr. 207, S. 970–974, hier S. 972f; Spener gibt auch in einigen Druckschriften kurze Hinweise zu Wincklers Demission in Darmstadt, vgl. z.B. DERS., Warhafftige Erzehlung, 1697, S. 48.

[237] P.J. SPENER, Briefe 3, 2000, Nr. 190, S. 880: »*diu locum sibi vix fore*«.

[238] P.J. SPENER, Warhafftige Erzehlung, 1697, S. 49.

[239] P.J. SPENER, Briefe 4, 2005, Nr. 1, S. 5.

[240] Ebd., Nr. 202, S. 949; vgl. ebd., Nr. 180, S. 837.

den Hofmaler Pieter Rodingh und seine Frau Wendelina handeln, die Darmstadt ebenfalls verlassen mussten. Das Collegium pietatis, das weder von Mentzer noch von Winckler oder Spener explizit erwähnt wird, war unter Mentzers Druck wahrscheinlich spätestens nach dem Regierungswechsel im Frühsommer eingestellt worden.[241] Winckler seinerseits scheint im Sommer 1678 nicht offensiv nach einer anderweitigen Anstellung gesucht zu haben, was ihm allerdings auch kaum möglich war. Aufgrund seiner bisherigen Erfahrungen bei der Berufung durch Graf Johann Friedrich von Solms-Laubach zum Hofprediger nach Wildenfels, nahe Hof Wiesenburg in Sachsen, glaubte er, dass er von den hessen-darmstädtischen Landgrafen gar nicht freigegeben würde.[242] Vielleicht meinte er auch, durch sein enges Verhältnis zu Mentzer vor einer Entlassung geschützt zu sein. Jedenfalls hoffte er bis zuletzt, mit Zurückhaltung, Stillschweigen und Geduld die Differenzen über seine Person bereinigen und sich in Hessen halten zu können.[243] Auf diese Strategie sowie auf seine Belastung deutet Wincklers Rückzug aus Darmstadt zur Kur »im Sauerbrunnen« zwischen Ende Juni und Anfang Juli 1678 hin.[244] Wahrscheinlich reiste er in das hessen-darmstädtische Bad Ems, nahe Braubach, wohin er zeitlebens immer wieder zur Erholung fuhr.[245] Vielleicht wich er zeitweilig auch nach Frankfurt a.M. zu den Freunden Philipp Jakob Spener und Johann Jakob Schütz aus. Anfang August wurde Winckler dann von der Anweisung des Superintendenten im Geheimen Rat überrascht, sich mit Mentzers Empfehlungen in Amsterdam als Prediger vorzustellen. Kurz darauf traf jedoch die Berufung

---

[241] Erst aus späterer Perspektive schreibt Spener, dass sich der Oberhofprediger dem Collegium pietatis »hefftig widersetzet« habe; vgl. P.J. SPENER, Warhafftige Erzehlung, 1697, S. 48.

[242] Im Archiv der Grafen zu Solms-Laubach haben sich keine Quellen über eine Berufung Wincklers erhalten, so die Auskunft der Archivmitarbeiter vom 17.7.2002. Es kann daher an dieser Stelle nur auf einen Brief Speners sowie auf die frühe Literatur verwiesen werden, nach der Winckler im Jahr 1677 nach Wildenfels berufen wurde; vgl. P.J. SPENER, Briefe 4, 2005, S. 5; C. BÜSSING, Norm und Form, 1705, Anm. 40; J.H. ROLOFFS, Ehre der Ruhe, 1706, S. 99. Johann Friedrich von Solms-Laubach (*1625, 1665–1696), regierte seit 1665 in Wildenfels, trat 1676 als Herr zu Laubach und 1682 als Herr zu Utphe an. Er zog mit seiner Frau Benigna geb. Gräfin von Promnitz-Sorau und den Kindern jedoch erst 1680 von Wildenfels nach Laubach; vgl. Europäische Stammtafeln. N.F. 17, 1998, Tafel 51; M. MATTHIAS, Mutua Consolatio, 1996, S. 88; P.J. SPENER, Briefe 3, 2000, S. 700. Ob Johanna Eleonora von Merlau, Philipp Jakob Spener oder andere Personen an der Empfehlung Wincklers nach Wildenfels beteiligt waren, wissen wir nicht. In den überlieferten Briefen Speners an Gräfin Benigna von Solms-Laubach aus dem Jahr 1677 wird die Besetzung einer Predigerstelle nicht behandelt; vgl. ebd., Nr. 9. 26. 67.

[243] Vgl. SUB HH, Nachlass Johann Winckler, Nr. 81, S. 337.

[244] Vgl. ebd., Nr. 81, S. 336.

[245] Zuletzt fuhr Winckler ein Jahr vor seinem Tod im Juli 1704 nach Bad Ems. Zur Beschreibung dieser Reise vgl. J. SCHULTZE, Memoria Viri, 1705, S. 46f. Bad Ems war der bevorzugte Kurort der Landgrafen von Hessen-Darmstadt und Hessen-Homburg, die hier ein eigenes Badehaus besaßen, den über dem Kränchenbrunnen errichteten »Hessischen Hof«; vgl. Informationsblatt »Emser Kränchen«, 1997.

zum Prediger der lutherischen Gemeinde in der Festung Friedrichsburg und der Stadt Mannheim ein, ausgestellt am 9. August 1678 durch Kurfürst Karl I. Ludwig von der Pfalz.[246] Diese Bestellung hatte Kriegsmann seit Anfang Juli betrieben.[247] Da sich Landgraf Ludwig VII. von Hessen-Darmstadt, seine Stiefmutter Elisabeth Dorothea, Oberhofprediger Balthasar Mentzer und weitere hochrangige Regierungsbeamte zu diesem Zeitpunkt bereits auf der Reise nach Sachsen-Gotha befanden, wo die Hochzeit des jungen Fürsten mit Prinzessin Erdmuthe Dorothea von Sachsen-Zeitz gefeiert werden sollte, bat Winckler seinen Regenten und den Superintendenten brieflich um die Freistellung aus hessen-darmstädtischen Diensten zur Annahme der Pfälzer Garnisonspfarrstelle.[248] Er erhielt seine Entlassung in der letzten Augustwoche und reiste am 26. August 1678 zur persönlichen Vorstellung nach Mannheim ab.[249] Die Audienz verlief zur Zufriedenheit von Karl I. Ludwig, der, obwohl selbst reformierten Bekenntnisses, eine irenische, auf die Union der Protestanten gerichtete Kirchenpolitik betrieb. Mannheim gehörte zur Kurpfalz und war bis zu dem 1685 erlassenen Edikt des katholischen Kurfürsten Philipp Wilhelm von der Pfalz, das die Gleichberechtigung von Katholiken, Lutheranern und Reformierten festschrieb, reformiertes Territorium. Doch schon Karl I. Ludwig versuchte, durch Vorarbeiten zu einer konfessionsübergreifenden evangelischen Kirchenordnung (der gescheiterten *Concordien-Agende*) sowie eine gemeinsame Simultankirche (die 1680 eingeweihte Eintrachtskirche) die Vereinigung von Calvinisten und Lutheranern voranzutreiben.[250] Seit 1673 gestattete er lutherische Militärgottesdienste in der Zitadelle. Der überzeugte Lutheraner Winckler war aufgrund seiner quälenden Situation in Darmstadt und der in Aussicht gestellten guten Bezahlung gewillt, sich auf das Experiment einer Simultan-

---

[246] Zu Wincklers kurzer Amtszeit in Mannheim zwischen September 1678 und März 1679 vgl. F. WALTER, Johann Winckler, 1909; A. ERNST, Reformierte Kirche, 1996, S. 293. 325; C. FLEGEL, Lutherische Kirche, 1999, S. 122. Das Bestallungsdekret vom 9.8.1678, das Aufgaben und Entlohnung des Festungspredigers festlegt, befindet sich in handschriftlicher Kopie in SUB HH, Cod. Hans. III, 117–119 (Nr. 30) sowie abgedruckt bei F. WALTER, Johann Winckler, 1909, S. 126–128. Bereits im März 1679 nahm Winckler die Stelle des Superintendenten im fränkischen Wertheim an; vgl. Wincklers Brief an die Grafen von Löwenstein-Wertheim vom 28.3.1679 im Staatsarchiv Wertheim, Lit. B (168). Am 24.4.1679 wurde er in Wertheim eingeführt; vgl. seinen Brief an Spener vom 23.4.1679, AFSt Halle, A 159:1a, fol. 1–2.

[247] Vgl. SUB HH, Nachlass Johann Winckler, Nr. 81, S. 335. Nr. 123, S. 510.

[248] Wincklers Freistellungsgesuch oder das Entlassungsschreiben konnte ich nicht ermitteln.

[249] Vgl. P.J. SPENER, Briefe 3, 2000, Nr. 188, S. 868.

[250] Zur Kirchenpolitik von Karl I. Ludwig vgl. F. WALTER, Johann Winckler, 1909, S. 124. 128f; M. SCHAAB, Geschichte der Kurpfalz 2, 1992, S. 139; Europäische Stammtafeln. N.F. 16, 1995, Tafel 125; G. KÖBLER, Historisches Lexikon, [6]1999, S. 476–478; C. FLEGEL, Lutherische Kirche, 1999, S. 46–138. Der Kurfürst wurde in seiner toleranten Haltung gegenüber den Lutheranern von seiner lutherischen Frau Luise von Degenfeld, dem lutherischen Geheimrat und Großhofmeister Graf Wolfgang Dietrich zu Castell (1641–1709) sowie zahlreichen hohen Beamten und Offizieren bestärkt.

kirche (mit den Reformierten) einzulassen.[251] Schon am 1. September hielt er seine Abschiedspredigt in Darmstadt,[252] die eine öffentliche Danksagung an die Fürsten enthielt, ließ sich von den Konsistorialassessoren ein *Testimonium* über seinen ordnungsgemäßen Abschied aus Darmstadt ausstellen,[253] das Gerüchte über ein Zerwürfnis mit dem Hof oder der Kirchenleitung zu widerlegen geeignet war, und zog dann nach Mannheim um. Dabei kam ihm die Abwesenheit der landgräflichen Familie, ihrer wichtigsten Berater und der ganzen höfischen Hochzeitsgesellschaft sicher gelegen. Deren Reise nahm allerdings ein tragisches, von Spener als Strafe Gottes gewertetes Ende:[254] Ludwig VII. erkrankte auf der Fahrt zu seiner Braut an der Ruhr und starb am 31. August 1678 in Gotha. Landgräfinwitwe Elisabeth Dorothea kehrte Anfang September nach Darmstadt zurück, wo sie die Regierungsgeschäfte für ihren minderjährigen erstgeborenen Sohn übernahm. Sie, so Spener, hätte Winckler gar nicht nach Mannheim entlassen.[255] Ein Brief vom 5. Oktober 1678, in dem sie Winckler für sein – übrigens recht offenherziges und kritisches – Abschiedsschreiben dankt, belegt, dass sie ihm gegenüber relativ unvoreingenommen und über Mentzers Versuche, ihn aus Darmstadt zu entfernen, nicht informiert war.[256] Allerdings hat sie Winckler auch nach dem Tod seines Hauptgegners Mentzer im Juli 1679 nicht nach Darmstadt zurückgerufen.[257]

Dass Winckler den Briefwechsel mit Mentzer als eine der wenigen frühen Korrespondenzen bis zu seinem Tod aufbewahrte, lässt vermuten, dass er das unfreiwillige Ausscheiden aus dem Darmstädter Hofdienst, den unerfreulichen Abgang, das Zerwürfnis mit seinem Protektor und die gescheiterten Versöhnungsversuche lange Zeit nicht verwinden konnte. Mentzer war für Winckler in den ersten Jahren seiner beruflichen Laufbahn von überragender Bedeutung gewesen: Er hatte den aus Tübingen kommenden jungen Theologen im Frühjahr 1672 in sein erstes Pfarramt als Diaconus in Bad

[251] Winckler sollte in Mannheim aus der kurfürstlichen Kasse die hohe Summe von 300 Gulden jährlich bar erhalten, dazu im Wert von 100 Gulden Wein und Getreide sowie freie Wohnung; vgl. das Bestallungsdekret vom 9.8.1678 bei F. WALTER, Johann Winckler, 1909, S. 127.

[252] Vgl. P.J. SPENER, Briefe 3, 2000, Nr. 190, S. 880. Diese Abschiedspredigt wurde anscheinend nicht gedruckt und ist nicht erhalten.

[253] Vgl. das Testimonium der Assessoren des Darmstädter Konsistoriums vom 2.9.1678, unterschrieben von Johann Jacob Pettmann, abgedruckt bei J.D. WINCKLER, Modesta Animadversio, 1756, S. 94–96.

[254] Vgl. P.J. SPENER, Briefe 3, 2000, Nr. 202, S. 949.

[255] Vgl. ebd., Nr. 206, S. 967.

[256] Vgl. Wincklers Brief an Landgräfin Elisabeth Dorothea vom 17.9.1678 bei J.D. WINCKLER, Modesta Animadversio, 1756, S. 97–100; deren Brief an Winckler vom 5.10.1678 ebd., S. 101f.

[257] Erst 1705 wurde Winckler durch ihren Sohn, Landgraf Ernst Ludwig, zum Superintendenten, Beichtvater und Konsistorialrat nach Darmstadt berufen; er lehnte die Berufung jedoch ab; vgl. den Abdruck des Berufungsschreibens vom 2.1.1705 ebd., S. 104–106; J. SCHULTZE, Memoria Viri, 1705, S. 47.

Homburg v.d. Höhe eingeführt und wahrscheinlich ordiniert, ihn schon nach wenigen Monaten im Januar 1673 zum Metropolitan und Stadtpfarrer in Braubach befördert und Anfang 1676 an den landgräflichen Hof und in das Darmstädter Konsistorium geholt. Damit war Winckler innerhalb von vier Jahren zu einem seiner engsten Mitarbeiter sowie zu seinem möglichen Nachfolger aufgestiegen. Ohne die Fürsprache des mächtigen Kirchenvertreters wäre diese rasche Karriere, zumal ohne theologischen Doktorgrad, unmöglich gewesen. Auch in persönlicher Hinsicht hatte sich Mentzer für den Jüngeren verantwortlich gezeigt und die Einheirat in seine eigene angesehene Familie arrangiert. Winckler seinerseits muss zum Gelingen dieser paternalistischen Beziehung durch ein gewisses Maß an Unterordnung und Loyalität beigetragen haben. Denn bezeichnenderweise zerbricht das Verhältnis in dem Moment, in dem er beginnt, sich seinem väterlichen Freund zu widersetzen und selbstständige Positionen zu vertreten, sodass im Streit mit Mentzer auch ein Generationenkonflikt und ein Ablösungsprozess sichtbar werden. Trotzdem blieb der lutherisch-orthodoxe Oberhofprediger, Schul- und Kirchenreformer, Diplomat und Kirchenpolitiker, von dem er sich auch aufgrund der verwandtschaftlichen Bindung nie ganz lösen konnte,[258] als Vorbild wie als Antitypus eine prägende Figur für Wincklers theologische Biographie. Abgesehen von dessen übermäßiger Machtentfaltung unter dem jüngeren Landgrafen und den persönlichen Querelen in den letzten Monaten seiner Dienstzeit, sah Winckler den inhaltlichen Hauptdissens zwischen sich und seinem ehemaligen Förderer in zwei Fragen: dem Stellenwert der *praxis pietatis* bzw. der Heiligung des Lebens im Sinne eines öffentlichen christlichen Bekenntnisses sowie der Rechtmäßigkeit und Zielsetzung der Collegia pietatis. Dies geht jedoch nicht aus dem letzten Briefwechsel mit Mentzer, sondern aus einem früheren Schreiben Wincklers an Mentzer vom Frühjahr 1677 sowie aus der Verteidigungsschrift für die Privatzusammenkünfte hervor, die er in den folgenden Monaten verfasste.[259] An beiden Texten lässt sich ablesen, dass Winckler nicht nur durch die Orientierung an Johanna Eleonora von Merlau, Philipp Jakob Spener und Johann Jakob Schütz zu einem Anhänger der pietistischen Bewegung wurde, sondern auch durch die Abgrenzung gegen Balthasar Mentzer. Dieser zwang ihn durch immer schärfere Kritik, in die sich wohl auch eine gewisse Arroganz der Macht und eine Fähigkeit zur Intrige mischten, zu strittigen theologischen Themen Stellung zu beziehen wie dem Verhältnis zwischen der Rechtfertigung allein aus Gnaden und der Heiligung als Kennzeichen

[258] Seine Schwierigkeiten mit der Darmstädter Familie Mentzer werden z.B. in einem Brief Wincklers an Philipp Jakob Spener vom 27.5.1682 deutlich; vgl. AFSt Halle, A 159:6h, fol. 40–41, hier fol. 41^{r}.

[259] Vgl. SUB HH, Cod. Hans. III, 117–119 (Nr. 34); J. WINCKLER, Bedencken, 1679; s.u. 2.7.3.

der Gerechtigkeit bei Gott, der Wiedergeburt, dem spannungsreichen Verhältnis zwischen »frommen« und »unfrommen« Christen in der Kirche, der Bedeutung und den Möglichkeiten des Dienstes am Nächsten sowie den Aufgaben und Rechten der Laien bzw. der Ausübung des allgemeinen Priestertums. Er forderte Winckler heraus, seine eigenen Auffassungen zu formulieren, durch geeignete Bibelstellen und Zitate lutherischer Autoritäten zu belegen, argumentativ zu verteidigen und zu einem kohärenten Gesamtentwurf zu vereinigen. Gleichzeitig trieb Mentzer, der als Anwalt des orthodoxen Luthertums gegen die angeblich abweichenden Lehren der frühpietistischen Bewegung auftrat, Winckler durch theologische Ablehnung und soziale Ausgrenzung zur Identifikation mit den als heterodox eingestuften Inhalten und Personen.[260] Die Nähe zu Mentzer, die Zusammenarbeit mit ihm, seine Patronage, die Streitigkeiten sowie schließlich die Trennung nötigten Winckler zur inneren Klärung wie zur öffentlichen Darlegung seiner Positionen. Die Auseinandersetzung mit Mentzer ist von daher als ein wesentlicher katalytischer Faktor in seiner theologischen Entwicklung anzusehen.

2.7.3 Johann Wincklers Apologie: *Bedencken über Hrn. Wilhelm Christoph Kriegsmanns also genannte Symphonesin*, 1679

Unmittelbar nach seinem Abschied aus Darmstadt verfasste Johann Winckler im Herbst 1678 in Mannheim, wo er seit September als Prediger auf der Festung Friedrichsburg wirkte, eine Apologie der umstrittenen Schrift *Symphonesis Christianorum.*[261] Möglicherweise gab Philipp Jakob Spener den Anstoß dazu, der schon im April behauptet hatte, dass es »leicht werden wird zu zeigen, daß die erbauung unter einander GOttes befehl und in der ersten kirchen stätig üblich gewesen«, und den Wunsch äußerte: »Ich hätte nicht ungern gesehen, wo auch von dieser materie publice dargegen gehandelt worden wäre«.[262] Wincklers Buch wurde im Frühjahr 1679 unter dem Titel *Bedencken über Hrn. Wilhelm Christoph Kriegsmanns also genannte Symphonesin*[263] in Hanau (Grafschaft Hanau-Lichtenberg) in der

[260] Zur dialektischen Beziehung zwischen orthodoxem Luthertum und »Schwärmertum« vgl. T. KAUFMANN, Nahe Fremde, 2003, S. 205. 219.

[261] Der Zeitpunkt der Abfassung erschließt sich aus Wincklers einleitender Bemerkung, dass die Drucklegung der »Symphonesis Christianorum« nun »fast Jährig« sei; vgl. J. WINCKLER, Bedencken, 1679, S. 3. Spener berichtete bereits am 29.9.1678 an Ahasver Fritsch und am 4.10.1678 evtl. an Johann Wilhelm Petersen, dass Winckler an einer Verteidigung der Collegia pietatis arbeite und auch Kriegsmann eine Verteidigungsschrift bereithalte; vgl. P.J. SPENER, Briefe 3, 2000, Nr. 204, S. 958f; Nr. 206, S. 967.

[262] Ebd., Nr. 155, S. 717.

[263] Vgl. Teil II. 1.3, Nr. 2).

Aubry'schen Offizin von Johann Burchard Quantz gedruckt und von Karl Scheffer verlegt.[264] Nach der Tübinger Disputationsschrift von 1672 und der gedruckten Leichenpredigt von 1674 handelt es sich um Wincklers erste größere Monographie.

a) Aufbau und Inhalt der Schrift

Die umfangreiche, gut 150 Seiten starke Verteidigungsschrift der Collegia pietatis ist in eine kurze Einleitung und sieben Hauptkapitel gegliedert. Sie trägt keine Widmung, sondern bezieht sich, wie der Titel sagt, allein auf Kriegsmanns Buch. Die Ziele seines *Bedenckens* formuliert Winckler in der Einleitung: Zum einen beabsichtige er, die *Symphonesis Christianorum* und ihren Verfasser gegen den von »etliche[n] ungütige[n] Censores« erhobenen Vorwurf der »Phantasie und Neuerung«, Quäkerei und Spaltung zu verteidigen und so vor Missverständnissen zu schützen.[265] Als Freund der Privatkonvente spräche er hier auch in eigener Sache. Zum anderen wolle er, um zu vermeiden, dass »die Übung der Gottseligkeit zum Kennzeichen der Falschen/ die Unterlassung aber derselben für ein Merckmahl der warhaftigen Lutheraner« angesehen werde,[266] für die rechtmäßige lutherische Übung der Privaterbauung eintreten und die Praktizierung des Priestertums aller Gläubigen vorantreiben.

Im ersten Kapitel erörtert Winckler die Legitimation christlicher Gesellschaftsbildungen. Er beruft sich dabei auf 5. Mose 6,7, wo nach seinem Verständnis die Einsetzung von Hauskirchen angezeigt wird.[267] Der Befehl zu christlicher Erziehung und Mission erstrecke sich jedoch nicht nur auf den häuslichen Kontext, sondern umfasse alle Orte und Wege, auf denen Christen sich befinden, alle Menschen, denen sie begegnen, und alle Tätigkeiten, die sie verrichten: Überall und jederzeit solle man Gott loben, sein Wort verbreiten sowie die Erbauung und Besserung des Nächsten suchen. Der gemeinsame Glaube, der zur Vereinigung mit Christus führt, das Gesetz der Liebe und die Gemeinschaft der Heiligen verbinde Christen stärker

[264] Die Datierung der Veröffentlichung ergibt sich aus mehreren Briefen Philipp Jakob Speners. Er schreibt in einem Brief vom 15.9.1679, Winckler habe vor einem halben Jahr seine Schrift veröffentlicht; vgl. P.J. SPENER, Theologische Bedencken 3, 1702, S. 322; vgl. auch DERS., Briefe 4, 2005, Nr. 30, S. 124. Die bedeutende Aubry'sche Offizin in Hanau wurde nach dem Tod von Johann Aubry III. (1644–1672) bis etwa 1686 von dessen Witwe Susanne geb. du Faur für ihre unmündigen Söhne geführt. Ihr zweiter Ehemann Karl Scheffer (1641–1739) war Verleger und durch die Heirat seit 1677 Mitbesitzer der Druckerei. Da Scheffer kein gelernter Buchdrucker war, nahm er 1678 den Faktor Johann Burchard Quantz auf. Dieser stammte aus Hessen-Kassel und hatte von 1668–1677 als Stadtschullehrer und Drucker in Zweibrücken gearbeitet; vgl. J. BENZING, Buchdrucker, ^{2}1982, S. 191. 531.

[265] Vgl. J. WINCKLER, Bedencken, 1679, S. 3–9, hier S. 4.

[266] Ebd., S. 5.

[267] Vgl. ebd., S. 10–17.

miteinander als alle äußeren Ordnungen und sprenge – schon im Alten Testament – ein rein familiäres Vergesellschaftungskonzept.

Im zweiten Kapitel gibt Winckler eine genauere Definition der Privatzusammenkünfte. Zunächst unterscheidet er zwischen den »*Collegia privata Pietatis ordinaria & Stataria*«.[268] Während er die von Kriegsmann propagierten Konvente den allgemeinen, überall vorhandenen »*Collegia ordinaria*« zurechnet, zählt er unter die »*Collegia stataria*« besondere, von der Obrigkeit oder dem Predigtamt in bestimmte Ordnungen gefasste Privatzusammenkünfte. Die durch Regeln geordneten Kollegien werden von ihm favorisiert. Er leitet sie aus einer von der apostolischen Kirche bis in das Luthertum führenden kirchenhistorischen Tradition ab, die er u.a. durch das Collegium Apostolicum Jesu (Lk 4,16), die verschiedenen Schulen der Juden, die Versammlungen der Urchristen in den Häusern von Aquila, Priscilla, Philemon, Nymphas, Maria und Julia, die Fraternitäten aus der Zeit der Christenverfolgung, die »particular-Gesellschafft Gott-liebender Frauen« der Marcella, die mittelalterlichen Brüder- und Schwesternschaften der Waldenser und Beginen sowie die reformatorischen Hausgesellschaften belegt.[269] Luther, den Winckler ausführlich zitiert, habe Hausversammlungen für diejenigen befürwortet, »so mit ernst wollen Christen seyn«,[270] sie jedoch mangels geeigneter Personen in der Reformationszeit nicht selbst einsetzen können. Allerdings habe er nur solche Konvente gutgeheißen, die in »einer sonderbaren Ordnung« stehen bzw. eine »gewisse Societät« darstellen.[271] Auch sei mit Luther klar zwischen den Aufgaben der berufenen Geistlichen in der öffentlichen Kirchenversammlung (Taufe und Abendmahl) und denen der Laien in der Privatversammlung (Gebet und Bibellektüre) zu differenzieren. Dass die meisten nachlutherischen Theologen die christliche Privaterbauung nicht institutionalisierten, obgleich z.B. selbst Johann Conrad Dannhauer unter Berufung auf Mt 18,19f Christi »Affection zu den Collegiis« lehrte,[272] sei darauf zurückzuführen, dass sie des Synergismus verdächtigt wurden, sobald sie die *praxis pietatis* betonten. Deshalb sei in nachreformatorischer Zeit »das herrliche Kleinod der Christen/ das Königliche Priesterthum vielen Theologen verborgen« geblieben.[273] Nur vereinzelt, z.B. bei Johann Arndt,[274] im Projekt eines Collegio Pietatis Phi-

---

[268] Vgl. ebd., S. 17–48, hier S. 18. Die Herkunft der Bezeichnung »Collegia stataria« konnte ich nicht ermitteln.

[269] Vgl. ebd., S. 20–36.

[270] Ebd., S. 37; vgl. ebd., S. 38f. Winckler zitiert M. LUTHER, Vorrede zur Deutschen Messe (1526), in: WA 19, S. 75.

[271] J. WINCKLER, Bedencken, 1679, S. 40.

[272] Vgl. ebd., S. 47.

[273] Ebd., S. 44.

[274] Vgl. ebd., S. 44f. Hinter der verklausulierten Literaturangabe zu Johann Arndt verbirgt sich die »Dissertatio apologetica pro doctrina Beati Joannis Arnd« (Lüneburg 1621) in einer Ausgabe

ladelphico aus dem Jahr 1630, in der Privatversammlung des Amsterdamer Pastors Adolph Visscher sowie im Frankfurter Collegium pietatis, sei der Gedanke des allgemeinen Priestertums lebendig geblieben.[275]

Auf die kirchengeschichtliche Legitimation folgt im dritten Teil des *Bedenckens* eine Verteidigung der Collegia pietatis gegen den Vorwurf der Gefahr von Ketzerei und Kirchenspaltung und – damit verbunden – ein Plädoyer für deren positiven Nutzen.[276] Die geäußerte Furcht vor Irrlehre nimmt Winckler durchaus ernst, wenn er unter Bezug auf Gisbert Voetius und dessen Schüler Johannes Hoornbeek darauf hinweist,[277] dass möglichem Unheil mit Vorsicht und Reglementierungen seitens der Obrigkeit und des Predigtamtes vorzubeugen sei. Tatsächlich wolle der Satan den Privatzusammenkünften, die sein Reich bedrohen, Schaden zufügen. Doch Wachsamkeit und der gerade hier praktizierte Austausch mit anderen frommen und erfahrenen Christen könnten ungeübte Laien vor Irrglaube und Verführungen durch den Teufel bewahren.[278] Wie schon Chrysostomos lehre, erwachse aus der Verachtung von Freundschaft und Liebe Ungerechtigkeit, Missgunst und Ehrgeiz und daraus endlich die Ketzerei; dagegen müsse die Einigkeit im Glauben von der Eintracht im Herzen und dem Geist der Freundschaft getragen sein, wie sie gerade in den Privatkonventen gefördert würden.[279] Gegen übertriebene Ängste erinnert der Autor daran, dass die Collegia pietatis durch zwei biblische Verheißungen geschützt seien: die der Gebetserhörung (Mt 21,22) und die der Gegenwart Christi (Mt 18,20). Die Zusage der Gebetserhörung führt er mit einem Zitat aus Luthers Schrift *Von der Beicht* (1521) aus, in der das gemeinsame Gebet in Christi Namen als gegenseitiges »beichten/ rathen/ helffen und bitten/ was uns immer anligt« charakterisiert wird.[280] Die Verheißung von Christi Gegenwart beschreibt er mit eigenen Worten als »eine Versicherung der würcklichen Schutz-Leistung des HErrn wider alle Gefahr/ daß er sich selber solcher Ve[r]samblung gnädigst wolle annehmen/ sie dirigiren/ schützen/ und das besorgte Übel abwenden«.[281] Die Obrigkeit solle deshalb

---

von 1625, die Arndts Schüler Melchior Breler in dessen Todesjahr herausgab. Der Mediziner Breler, Arndts heftigster und schreibfreudigster Verteidiger, gehörte zum kirchenkritischen Flügel der Arndtschule; vgl. J. WALLMANN, Herzog August, 1980, S. 38–40.

[275] Vgl. J. WINCKLER, Bedencken, 1679, S. 45f. Informationen über das erwähnte »Collegium pietatis philadelphicum« konnten nicht ermittelt werden. Adolph Visscher (1605–1652), aus Amsterdam, studierte in Tübingen, wo er 1624 zum Magister promovierte. 1629 wurde er Pfarrer der lutherischen Gemeinde in Amsterdam; vgl. P.J. SPENER, Briefe 2, 1996, Nr. 56, S. 263.

[276] Vgl. J. WINCKLER, Bedencken, 1679, S. 48–72.

[277] Zu Gisbert Voetius s.u.

[278] Vgl. ebd., S. 51. 55f.

[279] Vgl. ebd., S. 56f.

[280] Winckler zitiert M. LUTHER, Von der Beicht (1521), in: WA 8, S. 184.

[281] J. WINCKLER, Bedencken, 1679, S. 59.

nicht bloß nach Wachsamkeit rufen, sie solle auch auf Gottes Fürsorge und Bewahrung vertrauen. Abschließend stellt Winckler einige konkrete Kriterien zur Veranstaltung ordentlicher, ungefährlicher Privatzusammenkünfte auf. In Bezug auf die Teilnehmer hält er fest, dass nicht alle Kirchenmitglieder geeignet seien: »ruchbare gottlose Leute/ welche nicht eins werden können zum Gebet«, »muthwillig-unwissende der Schrifft/ [...] und Gebets unerfahrne« sowie Irrgläubige seien fernzuhalten.[282] Nur

> die Frommen und Glaubigen/ welche den Geist der Gnaden und des Gebets empfangen/ Christi Nahmen lieben und ehren/ und also im Bekäntnüß des Glaubens und Besserung eines guthen Wandels sich bezeigen/ daß ihnen die Übung des Christenthumbs ein rechter ernst sey/ solche sind es/ so sich auff Christi Nahmen versammlen sollen.[283]

Den Inhalt der Versammlungen beschreibt Winckler in auffälligen Formulierungen als Verkündigung des Evangeliums: Es handele sich dabei »nach Christi Befehl [um] Gebett und Sein Nahme« bzw. »Handlung und Übung seines Nahmens«.[284] Hinsichtlich der Schriften müsse man darauf achten, »daß nicht verdächtige Bücher/ sondern GOttes Wort zuförderst und zwar in den Stücken/ die zum Glauben und gottseligen Leben klar anweisen/ gelesen und betrachtet wird«.[285] Zu Ort und Zeit bemerkt er, dass die »Häuser redlicher Christen/ und solche Zeit/ die weder der Kirchlichen Versammlung einige Versaumniß/ noch der Policey und Haußwesen einigen Abtrag verursachet«, für die Veranstaltung von Konventen geeignet seien.[286]

Im vierten Kapitel seines *Bedenckens* verteidigt Winckler die Collegia pietatis gegen den Vorwurf der Regelwidrigkeit und Neuheit.[287] So, wie der öffentliche Gottesdienst zwar von Gott angeordnet sei, zugleich aber der christlichen Obrigkeit unterstehe, gelte auch für die Privatkonvente

> daß die weltliche Obrigkeit solche den äusserlichen Umbständen nach/ nach allem Guth-befinden mit nützlichen und bequemen Ordnungen einzurichten allerdings bemächtiget/ und niemand der Glaubigen darwider seyn kan/ wann die Obrigkeit gewisse Zeit/ Orth und andere Stücke verordnet.[288]

Sodann werden die obrigkeitlichen Befugnisse jedoch eingeschränkt: Während die »*Collegia ordinaria*« in jedem Fall der obrigkeitlichen Leitung unterstehen, handele es sich bei statuierten Privatkollegien um ein von Gott

---

[282] Ebd., S. 66.
[283] Ebd., S. 68.
[284] Ebd., S. 69. 116.
[285] Ebd., S. 71.
[286] Ebd., S. 71f.
[287] Vgl. ebd., S. 72–91.
[288] Ebd., S. 73.

Johann Wincklers
Bedencken
über
Hrn. Wilhelm Christoph
Kriegsmanns
also genannte
SYMPHONESIN
oder
Büchlein
Von einzelen Zusammenkunfften
der Christen.

Verlegts Carl Scheffer/ Buchh.
In HANAU/
Druckts Johann Burckhard Quantz/ in der
Aubryschen Officin, Anno 1679.

Abb. 17: Titelblatt des *Bedenckens* (Hanau 1679)

befohlenes Stück des Christentums, ein göttliches Gesetz, gegen das die Obrigkeit nicht mit Kirchenordnungen einschreiten könne. Die in gegenseitiger Ermahnung, Trost und Strafe bestehende Erbauung der Christen sei eine »Göttliche/ heylige und nützliche Ordnung und Einsetzung«,[289] welche die Fürsten verpflichte, sie sowohl exemplarisch für sich selbst als auch für ihre Untertanen einzuführen. An etlichen alttestamentlichen und altkirchlichen Beispielen zeigt Winckler, dass Herrscher wie Mose, Josaphat, Hiskia und Konstantin der Große die biblische Aufforderung zu Erbauung und Belehrung (z.B. in 3. Mose 19,17; Kol 3,16; 1. Thess 5,11; Hebr 3,13)

[289] Ebd., S. 79; vgl. Außschreiben, [1678], fol.)(iij^r.

ernstnahmen und so das Ziel christlicher Herrschaft verwirklichten, dass »alles Volck/ Mann und Weib/ Jung und Alt/ Reich und Arm weissagte und Göttliche Sachen einer dem andern erklären könte (Numer. 11.29.)«.[290]

Unter dem Titel »Gründe/ daß Matth. 18. vers. 19. 20. die Einzele Zusammenkünfften angedeutet sind« unternimmt Winckler im fünften Kapitel eine Einzelexege des auch für den Text *Symphonesis Christianorum* wichtigsten Schriftbelegs für Christi Einsetzung der Privatkonvente.[291] Zunächst führt er aus, dass Mt 18,19f sich nicht auf die unmittelbar vorangehenden Verse 17f, sondern auf die Verse 15f beziehe. Daher sei in den Versen 19f nicht die Versammlung der ganzen Gemeinde, sondern die einzelner Christen gemeint, und zwar solcher, die nicht nur zuhören, sondern als »Zeugen« mitermahnen, mitlehren, mitstrafen und mitbeten. Wenn in Vers 15 nur die Bestrafung angeführt werde, so läge das daran, dass dies der schwierigste Teil der Erbauung sei. Dazu zählten jedoch auch andere Aspekte wie Lehre, Ermahnung, Trost und Fürbitte, »so in der Macht eines jeglichen CHristen stehen«.[292] Ziele der Privaterbauung seien »die Gewinnung des Bruders/ oder die Verwandlung seines sündlichen Standes in die Gnade der Wiedergeburt und Erneurung des H. Geistes«, womit in der Bibel der Stand der Rechtfertigung und Heiligung umschrieben werde, sowie die »Einmüthigkeit der Brüder« und die »Verbündung der Hertzen in Gott«.[293] In Wincklers Paraphrasierung lautet Mt 18,19 dann folgendermaßen:

> wo zween/ drey etc. so allbereit einmüthig gegen einander gesinnet sind und leben/ eins werden und sich bereden auff meinen Namen zum Gebeth und andern Geschäfften des Geistes sich zu versammlen/ und daran zu arbeiten/ daß ihre Einigkeit zu GOttes Ehre und ihrer Seelen Heyl/ grösser/ vester und beständiger werde/ so werde ihr einträchtiges Gebeth vom himmlischen Vatter unaußbleiblich erhöret/ und ihre Versammlung durch meinen Beystandt reichlich gesegnet werden.[294]

In einem zweiten exegetischen Schritt betont Winckler, dass in Mt 18,19f von einer besonderen Zusammenkunft einzelner Christen, mindestens aber von zwei bis drei Personen, die Rede sei. Auf eine spezielle Verabredung weise auch der im griechischen Urtext in Vers 19 verwandte Ausdruck συμφωνειν hin: Damit würden im Neuen Testament und in der Septuaginta Verabredungen und Gespräche bezeichnet, in denen Christen »miteinander sich bedeuten/ vergleichen und eins werden/ warum es ist/ das sie bitten/

[290] Vgl. J. WINCKLER, Bedencken, 1679, S. 79–90, hier S. 85.

[291] Vgl. ebd., S. 91–112, hier S. 91.

[292] Vgl. ebd., S. 97.

[293] Ebd., S. 97. 100. Zur Erläuterung von Inhalt und Zweck der christlichen Privaterbauung verweist Winckler auf 1. Kor 9,20; 1. Thess 5,11.14; Eph 5,11; vgl. ebd., S. 96–98.

[294] Ebd., S. 101.

oder von Geistlichen Sachen handlen wollen«.[295] Winckler bezieht den Terminus in erster Linie auf das gemeinsame Gebet:

Wie schwerlich aber in der Kirchen-Versammlung lauter solche mächtige Bätter können versammlet werden/ hat es jederzeit die Erfahrung gelehret und bezeuget/ daß mehr Böse als Gute daselbst zusammen kommen/ und viel bäten/ so nicht wissen/ wie und was sie bäten. Aber in einzeln Zusammenkunfften ist solche Gebäts-Harmonie möglich zu machen/ wann der Hauß-Vatter die Seinen/ ein Nechster den andern/ der Beleidigte seinen Beleidiger und sonsten bekannte/ vertraute/ fromme Hertzen durch GOTtes Beystand einander bewegen und auffmuntern Gott auß ungeheuchelten Hertzen umb ihr bewustes Anliegen anzuflehen.[296]

Im letzten Passus seiner Einzelexegese geht Winckler auf die Rezeption von Mt 18,19f im dritten Teil der *Schmalkaldischen Artikel* sowie in Luthers Büchlein *Von der Beicht* ein.[297] In den Lehrartikeln heiße es, dass man zum Evangelium neben Predigt, Taufe, Abendmahl und Beichte auch durch brüderliche Gespräche und Tröstungen gelange. In der Beichtermahnung bekräftige Luther, dass das brüderliche Gespräch und die gegenseitige Erbauung klar vom öffentlichen Predigtamt zu unterscheiden und als Mittel zur Förderung des Evangeliums zu schätzen seien.

Im sechsten Kapitel seiner Apologie führt Winckler den biblischen Nachweis, dass die ordentlichen Privatzusammenkünfte von Christus eingesetzt seien.[298] Dies ergebe sich erstens aus der Heiligen Schrift, in der Christus »sie als etwas ihm gefälliges und angenehmes anzeige und mit grossen Verheissungen segne«.[299] Zwar habe Christus keine bestimmte Form der Collegia pietatis angeordnet; daher sei der Spruch Mt 18,20 auf allerhand verschiedene Versammlungen wie Hausgesellschaften, Krankenbesuche und brüderliche Gespräche gedeutet worden. Hielte man aber diese Formen privater Erbauung für von Christus autorisiert, so gelte das auch für die Privatzusammenkünfte an sich. Außerdem seien zur Erfüllung der in der Bibel angezeigten Pflichten bestimmte Gelegenheiten nötig, »worinnen ein Christ seine Nächsten/ oder derselbe ihn/ nach der Gabe/ die ein jeglicher empfangen/ erbauen möge«.[300] Wenn Christus die gegenseitige Erbauung befehle, so schließe dieser Befehl auch alle Mittel zu seiner Ausführung ein, vornehmlich das der Collegia pietatis.

---

[295] Ebd., S. 106.

[296] Ebd., S. 108.

[297] Vgl. ebd., S. 109–112; Schmalkaldische Artikel (1537), Teil 3, in: BSLK, [11]1992, S. 449; M. LUTHER, Von der Beicht (1521), in: WA 8, S. 183f.

[298] Vgl. J. WINCKLER, Bedencken, 1679, S. 112–137.

[299] Ebd., S. 114.

[300] Ebd., S. 116; vgl. Röm 12,6 und 1. Kor 12,4–11. Als Belege für das biblische Gebot gegenseitiger Erbauung führt Winckler hier Jer 31,34; Mal 3,16; Mt 18,21f; Röm 15,14; Kol 3,16; 1. Thess 5,11; Hebr 3,13. 10,25 an.

In einem längeren zweiten Argumentationsgang versucht Winckler zu belegen, dass Jesus selbst die Privatkonvente eingesetzt habe. Er verweist dazu auf die Verheißungen der göttlichen Gebetserhörung und Gegenwart: Diese seien auf die Rechtfertigung und Heiligung der Christen bezogen, welche in der Privaterbauung ihren lebendigen Ausdruck fänden.[301] Zwar gründe die Pflicht zur Erbauung des Nächsten in einem allgemeinen, natürlichen Gesetz der Liebe, das Winckler mit zwei Chrysostomoszitaten beschreibt. Doch aufgrund seiner sündhaften Natur erlange der Mensch die Fähigkeit zur Erbauung erst im Stand der Heiligung und Rechtfertigung, »da er durch die Gnade des Vatters in Christo Geist/ Krafft/ Liecht/ Erkäntniß/ Regung und Bewegung zur Übung des Gesetzes der Liebe« bekommt.[302] Dies gelte im Neuen Testament als Eigenschaft des auserwählten Geschlechts des königlichen Priestertums (1. Petr 2,9). Auch nach Luther bestehe der Auftrag der Kinder Gottes darin, den Nächsten durch Lehre, Ermahnung, Fürbitte, Lobpreis, Bekenntnis und brüderliches Verhalten zu Gott zu führen.[303] Dieses Amt obliege allen Christen und werde nicht durch die Verschiedenartigkeit ihrer Gaben, ihrer Bildung oder ihres sozialen Standes beschränkt. Gott verleihe seine Kraft ja nicht nach menschlichem Ermessen, sondern sei in den Schwachen mächtig, z.B. in Abigail (1. Sam 25), der Magd des Naeman (2. Kön 5), der Samaritanerin (Joh 4) oder dem gekreuzigten Sünder (Lk 23). Für die gegenseitige Erbauung gelte darum:

> Kan einer seinem Nechsten zur Erbauung gantze Capitel der H. Schrifft nicht lesen noch erklähren/ so sage er ihm einige Sprüche: Hat er auch derselben nicht einen grossen Vorrath in dem Schatz seines Hertzen/ so nehme er was er hat/ dann auch fünff Wort im Sinn und gut gemeinten Hertzen sind besser zur Unterweisung eines andern/ als 10000. in Kunst.[304]

Das Kapitel schließt mit einem Plädoyer für die Stärkung der Laien gerade auch der unteren Stände: »Nach dem geistlichen Priesterthumb aber sollen alle Glaubige Meister in dem Göttlichen Wort und Richter der geistlichen Sachen seyn. [...] Das gehöret allen Menschen zu«.[305]

Im letzten Teil seiner Verteidigungsschrift erläutert Winckler anhand von drei Gesichtspunkten, dass die privaten Zusammenkünfte ebenso nötig seien wie die öffentlichen Kirchenversammlungen.[306] Erstens seien beide Versammlungstypen von Gott für die Menschen eingesetzt. Zwar stehe der Gottesdienst normalerweise wegen der dazu berufenen Pfarrer, der Sakra-

---

301 Vgl. ebd., S. 120f. 137.

302 Ebd., S. 125.

303 Winckler zitiert M. LUTHER, Das XIV. und XV. Capitel S. Johannis (1537), in: WA 45, S. 540. 595. 701.

304 J. WINCKLER, Bedencken, 1679, S. 130f (vgl. 1. Kor 14,19).

305 Ebd., S. 132f (vgl. Hebr 5,12).

306 Vgl. ebd., S. 138–156.

mente und der Zusammenkunft aller Gemeindeglieder über den Collegia pietatis, dennoch seien beide gleichermaßen notwendig. In Einzelfällen könne die Privaterbauung sogar wichtiger sein als das »öffentliche Opfer« (vgl. Hos 6,6).[307] Dies belegt Winckler abermals mit Zitaten der Kirchenväter Johannes Chrysostomos, Hieronymus und Augustin zu den größtenteils bereits bekannten Schriftstellen Mt 25,14–30; Kol 3,16; 1. Thess 5,11 und 1. Petr 4,10 sowie mit einem längeren Auszug aus einer Andacht Conrad Dieterichs zu Ps 51,15a. Der lutherisch-orthodoxe Theologe legt die Worte des vierten Bußpsalms, »Ich will die Übertreter deine Wege lehren«, als Appell an die Christen aus, ihre Nächsten im Glauben zu unterrichten, von Sünden abzubringen und zur Frömmigkeit anzuhalten. Darin bestehe die Praxis des geistlichen Priestertums, zu der alle Gläubigen ohne Unterschied aufgefordert seien.[308]

Für die Gleichwertigkeit von öffentlichen und privaten Erbauungsversammlungen argumentiert Winckler zweitens mit äußeren Begründungen: dem schlechten Zustand der lutherischen Kirche »in diesen letzten Zeiten/ da man gegen die Überhand-nehmende Gewalt der Höllen sich mit desto grössere Krafft Gottes versehen muß«,[309] sowie der seelsorgerlichen Not. Sein vordringliches Interesse gilt der seelsorgerlichen Verantwortung, die nicht nur die Prediger für die Laien, sondern alle Christen füreinander tragen. Der Mangel an gegenseitiger Unterstützung im Glauben rühre – mit den Worten des vormaligen Hannoverschen Generalissimus Justus Gesenius – daher, »daß unsere Hertzen leyder gantz erkaltet sind/ in Gottes-Forcht und Liebe/ und daß wir nicht voll Geistes sind«.[310] Tatsächlich würden in theologischen Schriften, auf Pastoralkonventen und bei Gesellschaften nur unnütze Streitgespräche geführt, die Neid und Zank hervorbringen, nicht jedoch die Erbauung fördern. Viel wichtiger sei es dagegen, sich über die »Verläugnung sein selbst/ Creutzigung seines Fleisches/ Wachsthum deß Glaubens/ Heiligung des Lebens und dergleichen« auszutauschen.[311] Denn die gegenseitige Besserung im Glauben und Lebenswandel sei ein spezifisch christliches Werk der Liebe, »ein Ebenbild Göttlicher Güte/ eine

---

[307] Vgl. ebd., S. 139.

[308] Zu Conrad Dieterich s.o. 2.4.2. Dieterich beruft sich in seinen Ausführungen zur Pflicht gegenseitiger Erbauung auf Mt 25,14–30; Lk 22,32; Röm 12,13; Gal 5,13. 6,2; Phil 2,4 sowie zum geistlichen Priestertum auf 1. Kor 12,7; 1. Petr 2,6; Offb 1,6; vgl. ebd., S. 142–144.

[309] Ebd., S. 146.

[310] Ebd., S. 148. Zu Justus Gesenius (1601–1673) vgl. ADB 9, 1879, S. 87f; NDB 6, 1964, S. 339f; I. MAGER, Georg Calixts theologische Ethik, 1969, S. 153–162; H.-W. KRUMWIEDE, Kirchengeschichte Niedersachsens 1, 1995, S. 217f; RGG[4] 3, 2000, Sp. 841f. Das Zitat konnte nicht ermittelt werden.

[311] J. WINCKLER, Bedencken, 1679, S. 149.

Nachfolge Christi/ ein Werck der Engel/ ein Schmuck der Christen/ eine Verrichtung von grosser Belohnung GOttes«.[312]

Abschließend wägt Winckler den Wert der öffentlichen und der privaten Versammlungen hinsichtlich der praktischen Bedürfnisse der Gläubigen ab. Er stellt fest, dass die erfahrenen Christen die Privaterbauung oftmals nicht bräuchten, die unerfahrenen Seelen jedoch durch die Predigt nicht ausreichend vor den täglichen Anschlägen des Teufels geschützt seien:

> Die geübte Sinne haben zum Unterscheid des Guten und des Bösen/ vermögen sich auß Gottes angehörten und betrachteten Wort zur Verwerffung des Bösen und Anwendung des Guten selbst helffen/ aber mit denen hat es andere Bewandniß/ welche unerfahren sind in dem Werck der Gerechtigkeit/ und sich umb die individualem applicationem und zueigendem Gebrauch des Wercks viel weniger verstehen/ als einer/ der in einem Handwerck ungeübet ist und sich doch getrauet auß den Büchern so davon geschrieben/ dasselbe ohne jemands besondere Anweisung zu lernen/ dann zu solchen Mechanicis haben wir Menschen noch einige natürliche Düchtigkeit/ aber zur heilwürdigen Übung des Göttlichen Worts gar keine (2. Cor. 3.12.).[313]

Das *Bedencken über Hrn. Wilhelm Christoph Kriegsmanns also genannte Symphonesin* schließt mit einer an Eph 5,19 anknüpfenden Aufforderung zur brüderlichen Privaterbauung und der zweiten Strophe des verbreiteten lutherischen Gesangbuchliedes »Herzlich lieb hab ich dich, o Herr«.[314] Der Liedtext wurde von dem Melanchthonschüler und späteren Generalsuperintendenten der Oberpfalz Martin Schalling im Jahr 1569 verfasst, unmittelbar nachdem er auf Befehl des zum Calvinismus übergetretenen Kurfürsten des Landes verwiesen worden war.[315] In der zitierten zweiten Strophe wird das Bekenntnis zur reinen lutherischen Lehre, verbunden mit der Bereitschaft zum Dienst an Gott und am Nächsten, welche das ganze Lied prägt, besonders deutlich. Zugleich schließt sich Wincklers Druckschrift damit gleichsam im Kreis, war doch am Anfang die Zielsetzung der Collegia pietatis ganz ähnlich als Einigkeit im Glauben, Lobpreis Gottes und geistliche Unterstützung des Nächsten beschrieben worden.[316]

---

[312] Ebd., S. 151.

[313] Ebd., S. 152f.

[314] Vgl. ebd., S. 156. Das Lied (heute: EG 397,2) zeigt als »gebeteter Katechismus« sowohl Anklänge an Luthers Kleinen Katechismus, Morgen- und Abendsegen als auch an die Psalmen (Ps 18,2. 31,1. 73,25–28); vgl. E. SOMMER, »Herzlich lieb«, 1960; Handbuch zum Evangelischen Kirchengesangbuch 3. Liederkunde 2, 1990, S. 191–194.

[315] Zu Martin Schalling (1532–1608) vgl. ADB 30, 1890, S. 566–569; BBKL 8, 1994, Sp. 1583–1585 (hier weiterführende Literatur); Komponisten und Liederdichter, 1999, S. 270.

[316] Vgl. J. WINCKLER, Bedencken, 1679, S. 12.

b) Wincklers Konzeption der Collegia pietatis

Im Hinblick auf den äußeren Bezugsrahmen von Johann Wincklers umfangreicher Verteidigung der Collegia pietatis ist festzustellen, dass die Monographie, obgleich in Mannheim verfasst, sich ganz auf den hessen-darmstädtischen Kontext bezieht. Das ist an dem wörtlichen Zitat aus dem vierten Kapitel des hessischen Ausschreibens besonders augenfällig, wird aber auch an dem längeren Textauszug von Conrad Dieterich, dem Verfasser der in Hessen gebräuchlichen Katechismen, den Anklängen an die hessen-darmstädtische *Ordnung von fleißiger Übung des Katechismus* und den vielen impliziten Bezügen zu Balthasar Mentzers *Kurtzem Bedencken* deutlich. Aber nicht nur hinsichtlich der gedanklichen Gesprächspartner, auch im Blick auf das Gemeindeleben, das ihm vor Augen steht, und die fürstliche Herrschaft, an deren religiöse Vorbildfunktion er appelliert, fühlt Winckler sich der Hofkirche und dem Collegium pietatis in Darmstadt offensichtlich noch stark verbunden.

Verglichen mit Kriegsmanns *Symphonesis Christianorum*, deren Verteidigung – v.a. gegen Mentzers Einwände – dieser Text ausdrücklich gewidmet ist, zeigt Wincklers stilistisch uneinheitliches, teilweise unstrukturiertes und redundantes Erstlingswerk einerseits den ungeübten Schriftsteller. Andrerseits beweist er in der sorgfältigen Exegese, welche die rabbinische Literatur wieder ausführlich einbezieht,[317] den zahlreichen Beispielen aus der Kirchengeschichte, den Belegen aus den Schriften der Kirchenväter (besonders des Johannes Chrysostomos), Luthers (besonders aus dem Buch *Von der Beicht*) und der orthodoxen Theologen Conrad Dieterich, Justus Gesenius und Johann Conrad Dannhauer sowie den praktisch-theologischen Argumenten, mit denen er die historische Faktizität, die Konformität mit der lutherischen Lehre und die praktische Notwendigkeit der Collegia pietatis belegen will, seine theologische Bildung sowie seine pädagogische, seelsorgerliche und kybernetische Erfahrung. Die wichtigsten Unterschiede zu Kriegsmanns Veröffentlichung liegen jedoch überraschenderweise in der inhaltlichen Definition der Privatzusammenkünfte. Ohne den Freund offen zu kritisieren, entfaltet Winckler in seinem *Bedencken* ein gänzlich anderes Bild christlicher Privaterbauung als dieser: Zunächst grenzt er die von Kriegsmann vertretenen »*Collegia pietatis ordinaria*«, bei denen es sich um zufällige Versammlungen und alltägliche Gespräche unter Freunden handele, unmissverständlich von seinem eigenen Entwurf pfarramtlich eingesetzter »*Collegia pietatis statiaria*« ab.[318] Er betont, dass die privaten Erbauungsveranstaltungen und die öffentlichen Kirchenversammlungen nicht

---

[317] Auffällig sind auch die positiven Bemerkungen über die vorbildliche jüdische Religiosität, vgl. ebd., S. 12. 21–24. 60f. 86f. 89f. 134–136; s.o. 2.3.4.

[318] Vgl. ebd., S. 18.

grundsätzlich gleichrangig seien; normalerweise sei der Gottesdienst wichtiger. Außerdem zwinge einen das Gewissen nicht jederzeit, sondern nur in bestimmten Situationen zum Halten von Collegia pietatis.[319] Mit diesen Einschränkungen korrespondiert eine abweichende Begründung der Privatkonvente: Während Kriegsmann wie Ahasver Fritsch deren Notwendigkeit aus dem moralisch-sittlichen Verfall, insbesondere im herrschenden Adelsstand, ableitet, führt Winckler sie primär auf den seelsorgerlichen Bedarf der Gemeindeglieder zurück. Damit verortet er die Privaterbauung anders als der Kammerrat eindeutig innerhalb der pfarramtlichen Gemeindearbeit.

Wincklers gegen Kriegsmann und Mentzer vorgetragenes Konzept christlicher Privatkonvente ist von folgenden Leitgedanken bestimmt: Im Bemühen um die Akzeptanz der Collegia pietatis durch die staatliche und kirchliche Herrschaft plädiert er für die Einsetzung von Privatversammlungen unter der Aufsicht des Predigtamtes, in denen fromme, »geeignete« Gemeindeglieder, anfangs unter der Leitung des Pastors, zusammenkommen, miteinander beten, die Bibel lesen und sich aus dem Gehörten im persönlichen Gespräch gegenseitig erbauen.[320] Welche Personen sich wann an welchem Ort versammeln und welche Bücher der Bibel sie lesen – das alles soll der Obrigkeit gemeldet werden, um möglichen Gefahren und Missbrauch vorzubeugen. Gleichzeitig betont er, dass der Gegenstand der Collegia pietatis, die gegenseitige Erbauung der Christen, nicht menschlichen Ordnungen unterliege, sondern als ein von Gott befohlenes Gesetz über diesen stehe und christlichen Herrschern in besonderer Weise aufgetragen sei.[321] Winckler widerspricht hier sowohl Kriegsmanns Auffassung, dass Erbauungsversammlungen *per se* gut, notwenig und legitim seien, als auch Mentzers Einwand, dass diese gegen die lutherischen Bekenntnisschriften, die gültigen Kirchenordnungen und die christliche Tradition verstießen. Er vermittelt zwischen beiden Positionen, indem er zwar an der biblischen Legitimation der Privatkonvente festhält, diese jedoch der Aufsicht der Kirchenleitung unterstellt.

Inhaltlich beschreibt Winckler die Privaterbauung in schwer verständlichen Andeutungen wie »Gebett und Sein Nahme« bzw. »Gebeth und Handlung des Worts Christi«.[322] Konkret sind darunter in Aufnahme der oben genannten Bibelstellen Lehre, Ermahnung, Warnung, Bestrafung, Trost und Fürbitte für die Geschwister im Glauben zu verstehen.[323] Durch ein aktives Laienchristentum in gegenseitiger geistlicher Verantwortung soll dem »Zerfall der Kirche« entgegengewirkt werden, der zwar nicht ausgemalt, jedoch

---

319 Vgl. ebd., S. 113.

320 Vgl. ebd., S. 20. 65–73.

321 Vgl. ebd., S. 73. 76–79. 83–85.

322 Ebd., S. 69. Zu der von Winckler verwandten besonderen Begrifflichkeit s.o. 2.7.1.

323 Vgl. ebd., S. 96f. 122.

mit Begriffen wie »Kaltsinnigkeit«, Faulheit und Scheinheiligkeit im Glauben angedeutet wird.[324] Der Gemeinschaftsgedanke, den Winckler sowohl aus dem gesamtbiblischen Gebot der Liebe zur Mitschöpfung (Menschen und Tieren) als auch mit den klassischen Philosophen Platon und Seneca aus einem »natürlichen« Drang der Menschen zur Vergesellschaftung sowie einem allgemeinen »Gesetz der Liebe« ableitet,[325] ist dabei von zentraler Bedeutung: Wiederkehrende Begriffe wie die der Verbündung, Brüderlichkeit, Gebetsharmonie, Einmütigkeit der Herzen, Einigkeit im Glauben, Verantwortung, Liebe und Dienst am Nächsten lassen erkennen, dass es dem Autor bei den Collegia pietatis erstens um ein integratives, dem Aufbau der ganzen Gemeinde dienendes Projekt, zweitens um eine Stärkung der Laien durch die Ausübung des allgemeinen Priestertums und drittens um eine nicht nur den Intellekt, sondern auch die emotionalen und geistlichen Fähigkeiten der Christen ansprechendes Konzept gelebten Glaubens geht. Ziel ist der Aufbau einer lebendigen Gemeinde durch Laien unterschiedlichen Standes und Geschlechts, die in gegenseitiger Verantwortung und Nächstenliebe die Freiheiten der Christen (Verkündigung des Evangeliums, Beichte bzw. Absolution, Lob Gottes und Fürbitte) überzeugend leben. Gerade in der Gegenüberstellung zur *Symphonesis Christianorum* gewinnt die Betonung der Gemeinschaft Kontur: Während Kriegsmann die Collegia pietatis als eine Verbindung frommer Herzen beschreibt, in der durch Gebet, Weltflucht und ethische Strenge die Vervollkommnung der eigenen Seele gesucht wird, legt Winckler den Akzent auf die geschwisterliche Erbauung, das gemeinsame Gebet und die geistliche Verantwortung füreinander. Nicht der Rückzug des Einzelnen aus der Welt, sondern die Stärkung der christlichen Gemeinde in der Welt durch einen gemeinschaftlichen Prozess, der immer mehr Menschen erfasst, steht hier im Vordergrund.

c) Der Gedanke des allgemeinen Priestertums

Die theologische Grundlage für Wincklers Konzept der Privaterbauung ist die Lehre vom allgemeinen Priestertum der Gläubigen. Diese spielt im *Bedencken über Hrn. Wilhelm Christoph Kriegsmanns also genannte Symphonesin* nur eine untergeordnete Rolle, indem sie nicht systematisch ausgeführt und nur an wenigen Stellen durch Verweise auf Luther und Conrad Dieterich theologisch legitimiert wird. Weil diese Lehre jedoch für den gesamten Pietismus von Anfang an ein wesentliches theologisches Denkmuster darstellt und weil sie auch von Winckler als implizite Begrün-

[324] Vgl. ebd., S. 39. 62f. 85. 108.

[325] Vgl. ebd., S. 15. 74f. 122–125.

dung der Collegia pietatis rezipiert wird,[326] soll ihre Genese im Luthertum kurz rekonstruiert werden. Seinen biblischen Ursprung hat der Gedanke vom allgemeinen Priestertum in 1. Petr 2,5.9 und Offb 1,6. 5,10. 20,6.[327] Hier wird die Erfüllung der alttestamentlichen Verheißungen in 2. Mose 19,6 und Jes 61,6 ausgedrückt: Der freie, direkte Zugang zu Gott ist durch Christus allen Gläubigen eröffnet worden. Das Priestertum der Christen konkretisiert sich in der Verkündigung des Evangeliums (Röm 15,16), in Fürbitte (1. Tim 2), in gegenseitiger Ermahnung und Stärkung (Kol 3,16; Gal 6,1f) und in Werken der Liebe (1. Kor 13; Gal 5).

Im Rückgriff auf die genannten neutestamentlichen Textstellen, verbunden mit 1. Kor 12 und Mt 16,19. 18,18f, hat Martin Luther in seinen reformatorischen Frühschriften, z.B. *An den christlichen Adel deutscher Nation* (1520) und *De instituendis ministris Ecclesiae* (1523), die Lehre vom allgemeinen Priestertum dargelegt.[328] In einer Situation, die er als Ausnahmezustand empfand, da Priester, Bischöfe und Papst nicht ihrer eigentlichen Aufgabe, der Verkündigung des Evangeliums, nachkamen, entfaltete er in prononcierter Weise den Gedanken des Priestertums aller Gläubigen: Der Glaube, in dem sich der innere Mensch mit Christus vereinigt und an seinen Eigenschaften Anteil erhält, und die Taufe, die auch als »neue Geburt« oder »Priesterweihe« bezeichnet wird,[329] konstituieren sowohl ein erneuertes Gottesverhältnis der Christen, die unmittelbare Gotteskindschaft, als auch ein verändertes Verhältnis zur Umwelt, die Gleichheit und Geschwisterlichkeit aller Christen vor Gott.[330] Außerdem befähigen und berechtigen sie die Getauften zu den von Christus in vorbildlicher Weise ausgeübten priesterlichen Ämtern des Opferns, Betens und Lehrens.[331] Im Anschluss an 1. Petr 2,5 und Röm 12,1 verortet Luther das Amt des Opferns einerseits im Selbstopfer durch Abtötung des alten Menschen *coram Deo* sowie andrerseits in Werken der Nächstenliebe und im Leiden für die Sünden der ande-

---

[326] Vgl. J. WINCKLER, Bedencken, 1679, S. 9. 44. 79. 91. 125. 132f. 144.

[327] Zu den neutestamentlichen Bezügen des allgemeinen Priestertums vgl. EKL³ 3, 1992, Sp. 1326–1328; D. SÄNGER, Priester/Priestertum, 1997, bes. S. 399f.

[328] Vgl. z.B. M. LUTHER, An den christlichen Adel deutscher Nation (1520), in: WA 6; DERS., Von der Freiheit eines Christenmenschen (1520), in: WA 7; DERS., Daß ein christliche Versammlung oder Gemeine Recht und Macht habe, alle Lehre zu urteilen (1523), in: WA 11; DERS., De instituendis ministris Ecclesiae (1523), in: WA 12; DERS., Epistel Sanct Petri (1523), in: WA 12; DERS., Der CX. Psalm (1535), in: WA 41.

[329] Vgl. M. LUTHER, An den christlichen Adel deutscher Nation (1520), in: WA 6, S. 407f; DERS., De instituendis ministris Ecclesiae (1523), in: WA 12, S. 178.

[330] Zum allgemeinen Priestertum bei Luther vgl. H. LIEBERG, Amt und Ordination, 1962; H.-M. BARTH, Einander Priester sein, 1990, S. 29–53; J. FREIWALD, Verhältnis, 1993; H. GOERTZ, Allgemeines Priestertum, 1997; DERS./W. HÄRLE, Priester/Priestertum, 1997, bes. S. 402–404; RGG⁴ 1, 1998, Sp. 316f.

[331] Vgl. M. LUTHER, Epistel Sanct Petri (1523), in: WA 12, S. 309; DERS., Der CX. Psalm (1535), in: WA 41, S. 183. 210.

ren, »den leuten zu gutem Exempel«.[332] Die priesterliche Fürbitte zielt auf die Vermittlung zwischen Gott und Mensch: Im Vertrauen auf die Zusage der Gebetserhörung in Joh 14,13 sollen Christen im Gebet an ihre Mitmenschen denken, deren Anliegen vor Gott bringen und für sie bitten. Das Lehramt, das Luther mit dem Amt der Wortverkündigung gleichsetzt, schließt unterrichten, ermahnen, trösten und strafen mit ein.[333] Es gilt als das höchste Amt, weil von ihm alle anderen priesterlichen Funktionen abhängen: »*docere, praedicare annunciareque verbum dei, baptisare, consecrare seu Eucharistiam ministrare, ligare et solvere peccata, orare pro aliis, sacrificare et iudicare de omnium doctrinis et spiritibus*«.[334] Mit der Behauptung, dass alle genannten geistlichen Tätigkeiten jedem einzelnen Christen möglich seien, polemisierte Luther in mehrerlei Hinsicht gegen das auf der exklusiven Heilsvermittlung durch den geweihten Klerus beruhende hierarchische Amtsverständnis der mittelalterlichen Kirche.[335]

In seinen späteren Schriften betonte Luther um der kirchlichen Ordnung willen das Amt gegenüber dem Stand.[336] Zwar hielt er prinzipiell am Gedanken des Priesterstandes aller Christen fest, er unterschied nun jedoch deutlicher zwischen öffentlichen und privaten bzw. häuslichen Funktionen. Dem öffentlichen Bereich, in dem das Pfarramt seinen Ort hat, stellte er die private Sphäre gegenüber, in der jeder Christ Gottes Wort verkündigen und priesterliche Tätigkeiten ausüben soll.[337] Dabei hielt er folgende Aufgaben für besonders wichtig: das Weitersagen des Evangeliums, die christliche Lehre und Erziehung durch die Hausväter und -mütter sowie die *mutua consolatio fratrum* einschließlich der Erteilung der Absolution. Anders als die Sakramente Taufe und Abendmahl, die Luther im häuslichen Bereich nur in Notfällen vorsah, hielt er die durch Laien vollzogene private Beichtseelsorge und Absolution für ebenso gültig wie die öffentliche.[338] Die besondere Betrachtung der Beichte rührt möglicherweise daher, dass die Grenzen zwischen dem persönlichen Gespräch und der Beichte sowie zwischen dem tröstenden Zuspruch und der Absolution in der Praxis tatsächlich

---

[332] M. LUTHER, Der CX. Psalm (1535), in: WA 41, S. 211.

[333] Vgl. ebd.

[334] Vgl. M. LUTHER, De instituendis ministris Ecclesiae (1523), in: WA 12, S. 180.

[335] Zur antirömischen Polemik vgl. H. LIEBERG, Amt und Ordination, 1962, bes. S. 24–39; J. FREIWALD, Verhältnis, 1993, S. 97–112; H. GOERTZ, Allgemeines Priestertum, 1997, S. 144–178.

[336] Zum Verhältnis von allgemeinem Priestertum und besonderem Amt vgl. H. LIEBERG, Amt und Ordination, 1962, S. 69–103; J. FREIWALD, Verhältnis, 1993, S. 170–173; H. GOERTZ, Allgemeines Priestertum, 1997, S. 179–198.

[337] Zur Bedeutung häuslicher Frömmigkeit im 16. und 17. Jh. vgl. P. VEIT, Hausandacht, 2001.

[338] Vgl. z.B. M. LUTHER, Von der Beicht (1521), in: WA 8, S. 183f; DERS., Eine kurze Vermahnung zu der Beicht (1529), in: BSLK, [11]1992, S. 728f; Schmalkaldische Artikel (1537), Teil 3, in: ebd., S. 449. Zur Sonderstellung der Beichte vgl. H. LIEBERG, Amt und Ordination, 1962, S. 72f; H. GOERTZ, Allgemeines Priestertum, 1997, S. 142. 160.

oftmals fließend sind. Zum anderen hängt der Sonderstatus der Beichte mit dem antirömischen Impetus der Lehre vom allgemeinen Priestertum zusammen: Gegen die Schlüsselgewalt als zentrales Machtinstrument des Amtspriesters betonte Luther unter Berufung auf Mt 16,18. 18,18f und Joh 20,21–23, dass der eigentliche Inhaber der Schlüssel Christus sei, der durch sein Wort den Menschen die Vergebung ihrer Sünden zuspricht.[339] Das Amt der Schlüssel auszuüben bedeute deshalb das Evangelium zu predigen wie umgekehrt gelte: Wer das Wort verkünden kann, der kann auch die Absolution erteilen. Schließlich wird die besondere Handhabung der Beichte durch die Auffassung vom überströmenden Reichtum der Gnade begründet: Gott sei so überschwänglich in seiner Gnade, dass er sie durch das mündliche Wort, durch Taufe, Abendmahl, Absolution »und auch per mutuum colloquium et consolationem fratrum« austeile.[340]

Die Wertschätzung des allgemeinen Priestertums zeigt sich im nachreformatorischen Luthertum z.B. bei Conrad Dieterich,[341] auf den Winckler sich ausdrücklich bezieht. In der breit zitierten erbaulichen Auslegung von Ps 51,15a argumentiert Dieterich mit dem Prinzip des allgemeinen Priestertums gegen die inzwischen verbreitete Auffassung, nur die Pfarrer seien – gegen Entlohnung – dazu verpflichtet, die Bibel zu studieren, zu predigen und andere zu lehren. Zwar hält Dieterich fest, dass das öffentliche Lehramt, »so in der Kirchen geschiehet«, nur ordentlich berufenen Predigern zusteht, er dringt aber darauf, dass alle Getauften, »Mann und Weib/ Herr oder Frau/ Geistlich oder Weltlich«, ihre Nächsten lehren, von Sünden abhalten und zur Frömmigkeit anleiten.[342] Interessanterweise begrenzt er dabei den Wirkungsbereich der Laien nicht ausdrücklich auf eine private oder häusliche Sphäre. Da alle Christen vor Gott »geistliche Priester« seien, müssten sie auch alle ihr »priesterlich Ambt mit Lehren/ Unterweisen/ Straffen/ Ermahnen und Warnen untereinander« ausüben.[343] Auffällig ist, dass Dieterich mit dem Ideal des geistlichen Priestertums nicht gegen die Exklusivität und Dominanz des besonderen Priesteramtes argumentiert. Er setzt es gegen die Weigerung der Laien ein, das ihnen auferlegte Priesteramt wahrzunehmen.

---

[339] Vgl. M. LUTHER, Von dem Papstthum zu Rom (1520), in: WA 6, S. 309f; DERS., De captivitate Babylonica (1520), in: ebd., S. 546f; DERS., De instituendis ministris Ecclesiae (1523), in: WA 12, S. 183f; vgl. dazu H. LIEBERG, Amt und Ordination, 1962, S. 58f; J. FREIWALD, Verhältnis, 1993, S. 110–112; H.-M. BARTH, Einander Priester sein, 1990, S. 40f.

[340] Schmalkaldische Artikel (1537), Teil 3, in: BSLK, [11]1992, S. 449.

[341] Für die nachfolgenden Bemerkungen ist darauf hinzuweisen, dass eine Untersuchung der Bedeutung des allgemeinen Priestertums in der lutherischen Orthodoxie noch aussteht.

[342] Vgl. J. WINCKLER, Bedencken, 1679, S. 143f.

[343] Ebd., S. 144.

Auch der orthodoxe Lutheraner Johann Gerhard betonte die Verpflichtung der Christen, ihre Nächsten zur »Gottseligkeit« zu führen. Im zweiten Buch seiner *Schola pietatis* (1622/23), in dem er nach den Hilfsmitteln fragt, die dem Einzelnen bei der Einübung christlicher Frömmigkeit zur Verfügung stehen, erinnert er daran, dass einer den anderen lehren und unterrichten, strafen und züchtigen, aufmuntern und trösten soll.[344] Auffälligerweise leitet er diese Aufgaben jedoch nicht aus dem Gedanken des Priestertums aller Gläubigen her, sondern aus dem Wesen der »Freundligkeit«, das in den Tugenden *caritas*, *concordia* und *prudentia* bestehe. Die brüderliche Verzeihung und Versöhnung der Christen untereinander, die Gerhard als wesentliche Voraussetzung des Abendmahlsempfangs zur Vergebung der Sünden thematisiert, werden nicht besonders begründet. Auf die Bedeutung des allgemeinen Priestertums kommt er, soweit ich sehe, allein bei der Betrachtung des »christlichen Standes« im ersten Buch der *Schola pietatis* zu sprechen: Nach dem Vorbild der Priester des Alten Testaments sollen alle Christen Gott in »Reinheit« (d.h. im Unterlassen von Werken der Sünde) opfern, und zwar durch Gebet, Tötung des Fleisches und gute Werke.[345] – Der stichprobenartige Versuch, anhand von zwei für Winckler maßgeblichen Theologen der Rezeption der Idee vom allgemeinen Priestertum in der lutherischen Orthodoxie nachzugehen, zeigt, wie unterschiedlich mit diesem Theologumenon umgegangen wurde: Während Conrad Dieterich es zur Aktivierung der Laien in Lehre und Seelsorge verwendet, bezieht Johann Gerhard es auf das Opferamt der Christen, welches das Lob Gottes, die Abtötung des alten Menschen und die Werke der Nächstenliebe einschließt. Beide konnten sich damit zu Recht auf Luther berufen.

In Aufnahme der Lehre vom allgemeinen Priestertum bei Luther sowie in der lutherischen Orthodoxie wurde »die auffrichtung und fleissige übung deß Geistlichen Priesterthums« für Philipp Jakob Spener zu einer wesentlichen Reformforderung.[346] Sein Verständnis der Freiheiten aller Gläubigen legte er ausführlich in dem Traktat *Das Geistliche Priesterthum* (1677) dar, die anderthalb Jahre vor der Entstehung von Wincklers Apologie publiziert

344 Vgl. J. GERHARD, Schola pietatis, Nürnberg ^{5}1653, S. 1005–1010, hier S. 1006f.

345 Vgl. ebd., S. 147f.

346 P.J. SPENER, Pia Desideria (1675), ^{3}1964, S. 58. Zur Rezeption Luthers vgl. die Sammlung von Lutherzitaten im Anhang zu P.J. SPENER, Das Geistliche Priesterthum, 1677, S. 76–113. 151–155. Zu den nachreformatorischen Theologen, die den Gedanken des allgemeinen Priestertums aufnehmen, vgl. den umfangreichen Zeugenkatalog ebd., S. 73–157. Hier werden u.a. Martin Chemnitz, Johann Arndt, Matthias Hoë von Hoënegg, Johann Gerhard, Johann Tarnow, Salomo Glassius, Johann Vielitz, Johann Conrad Dannhauer, Joachim Lütkemann, Theophil Großgebauer, Heinrich Müller und Balthasar Bebel genannt. Conrad Dieterich hingegen fehlt. Zum allgemeinen Priestertum bei Johann Vielitz vgl. R. ALBRECHT, Johanna Eleonora Petersen, 2005, S. 173f.

wurde und diesem ganz offensichtlich bekannt war.[347] In 70 katechismusartigen Fragestücken entfaltet Spener zunächst die biblischen Hauptbezüge sowie die Begründung des allgemeinen Priestertums durch die Taufe, in der »alle Christen/ ohne unterscheid/ alt und jung/ mann und weib/ knecht und freyer« zu geistlichen Priestern gesalbt werden (Gal 3,28).[348] Er unterstreicht, dass dies auch für Ungebildete und Frauen gelte.[349] Sodann beschreibt er die Aufgaben der geistlichen Priester: In der Nachfolge und Nachahmung Jesu Christi, »dem rechten Hohenpriester nach der ordnung Melchisedech« (vgl. Ps 110,4; Hebr 5–8),[350] dürfen und sollen alle Christen opfern, beten und segnen sowie das Evangelium verkünden. Stärker als bei Luther wird das Opfer auf das Selbstopfer der Christen bezogen, indem es primär als Absonderung von der Welt, Absage an den eigenen Willen, Heiligung, Buße, Gehorsam und Annahme des Kreuzes bestimmt wird.[351] Die zweite Aufgabe des geistlichen Priestertums besteht für Spener darin, dass Christen »vor ihre neben=menschen bey ihme [Gott] bitten/ und sie segnen sollen«.[352] Das stärkste Gewicht legt er auf das Recht zur Schriftauslegung und die damit gegebene Verpflichtung der Laien zu vermehrter privater Bibellektüre, zum Wachen über die Lehre der Amtsträger und zur Erbauung des Nächsten:[353] »Daß sie es [das Wort Gottes] vor sich selbst/ und bey oder mit andern handlen«.[354] Dabei hält er prinzipiell daran fest, dass sich das öffentliche Predigtamt und das allgemeine Priestertum nicht ausschließen, sondern ergänzen. Gleichwohl spricht er auch den Laien ausdrücklich die Kompetenz zu, die Bibel sogar in ihren schwierigen Passagen mithilfe des Heiligen Geistes richtig zu verstehen. Als Folge der persönlichen Auseinandersetzung mit der Schrift thematisiert er die gegen-

---

[347] Vgl. auch P.J. SPENER, Einfältige Erklärung, 1677, Fr. 598–609, S. 411–422. Zum allgemeinen Priestertum bei Spener vgl. H.-M. BARTH, Einander Priester sein, 1990, S. 54–78; H. GOERTZ/W. HÄRLE, Priester/Priestertum, 1997, S. 406f; R. ALBRECHT, Johanna Eleonora Petersen, 2005, S. 174–176.

[348] P.J. SPENER, Das Geistliche Priesterthum, 1677, Fr. 10, S. 7; vgl. ebd., Fr. 60, S. 63. Interessant ist die katechismusartige Struktur des Traktats: So wird das allgemeine Priestertum u.a. mit dem Dekalog bzw. dem Doppelgebot der Liebe, dem Glaubensbekenntnis, dem Vaterunser sowie der Lehre von Taufe und Abendmahl als den wichtigsten lutherischen Katechismusstücken begründet; vgl. ebd., Fr. 47–51, S. 54–57.

[349] Vgl. P.J. SPENER, Das Geistliche Priesterthum, 1677, Fr. 33f, S. 35–37. Fr. 60f, S. 63–66. Zur Ausübung des allgemeinen Priestertums durch Frauen vgl. R. ALBRECHT, Johanna Eleonora Petersen, 2005, S. 169–171. 176–179.

[350] P.J. SPENER, Das Geistliche Priesterthum, 1677, Fr. 4, S. 2.

[351] Vgl. ebd., Fr. 14–23, S. 9–21.

[352] Ebd., Fr. 24, S. 22.

[353] Vgl. ebd., Fr. 25–43. 70, S. 27–53. 71f.

[354] Ebd., Fr. 27, S. 28; vgl. ebd., Fr. 44, S. 53. Der Ausdruck »Handlung des göttlichen Worts« wird auch in den »Pia Desideria« gebraucht, wo damit unter Verweis auf Ps 1,2 »nicht nur bloß [...] anhörung der Predigten [...]/ sondern auch lesen/ betrachten/ darvon unterreden« gemeint ist; vgl. P.J. SPENER, Pia Desideria (1675), ^{3}1964, S. 56f. 60.

seitige Verkündigung des Evangeliums bzw. die Erbauung des Nächsten: Sie wird durch das Liebesgebot sowie die durch Taufe und Abendmahl gestiftete christliche Gemeinschaft begründet und äußert sich in Lehre, Ermahnung, Aufmunterung, Strafe und Trost.[355] Abschließend weist er auf den Wert privater Versammlungen hin, in denen Freunde die Predigt besprechen, gemeinsam die Bibel lesen und daraus Folgerungen für ihre *praxis pietatis* ziehen können.[356] Hier sieht er den bevorzugten Ort der Praktizierung des geistlichen Priestertums. Spener vertrat mit seiner Darlegung der Idee des allgemeinen Priestertums ein Modell christlicher Existenz, das ganz aus der persönlichen Begegnung mit dem Wort Gottes lebt und auf die Bezeugung des Evangeliums durch das Opfer des eigenen Lebens vor Gott sowie durch das geistliche Handeln am Nächsten zielt.[357]

An Wincklers *Bedencken über Hrn. Wilhelm Christoph Kriegsmanns also genannte Symphonesin* lassen sich nun etliche Übereinstimmungen sowohl mit der lutherischen Betonung der *mutua colloquia fratrum* als auch mit Speners Auffassung des geistlichen Priestertums beobachten. Da Winckler dieses Theologumenon nicht systematisch entfaltet, fehlen bei ihm die christologischen und pneumatologischen Begründungen, die Spener im *Geistlichen Priesterthum* gibt. Auf das Ganze gesehen teilt er jedoch das lutherische Verständnis, dass alle Christen durch Gottes Gnade unabhängig von ihrem Alter, ihrem Geschlecht, ihrem Beruf und ihrer Bildung in geistlichen Dingen untereinander gleichberechtigt sind. Noch deutlicher als Spener betont er das Recht und die Fähigkeit von Frauen und Nicht-Akademikern zum Priestertum aller Gläubigen, wenn er in seiner Begründung der Collegia pietatis auffällig viele biblische, altkirchliche und mittelalterliche Frauengestalten nennt und offen vor der Geringschätzung von Ungelehrten, Handwerkern und Dienstboten warnt.[358] Bezüglich der Aufgaben entfällt bei Winckler die Unterscheidung zwischen den priesterlichen Ämtern des Opferns, Betens und Lehrens. Er verlegt das allgemeine Priestertum, das er überwiegend als das »königliche Priestertum« bezeichnet, ganz in die »Handlung des Worts«, so die an Spener anklingende Terminologie, d.h. in die aktive Bezeugung des Evangeliums vor den Mitmenschen. Diese wird wie im *Geistlichen Priesterthum* als auf das Heil der anderen gerichtete Lehre, Ermahnung, Bestärkung, Strafe, Trost und Fürbitte beschrieben. Wie dort umfasst sie auch die Verpflichtung zum privaten Schriftstudium und zur Prüfung der öffentlichen Lehre.[359]

---

[355] Vgl. P.J. SPENER, Das Geistliche Priesterthum, 1677, Fr. 44–66, S. 53–69.
[356] Vgl. ebd., Fr. 63, S. 67.
[357] Vgl. H.-M. BARTH, Einander Priester sein, 1990, S. 72–74.
[358] Vgl. J. WINCKLER, Bedencken, 1679, S. 24–28. 33f. 36. 50. 65. 85. 127–131. 136.
[359] Vgl. ebd., S. 141f.

Im Vordergrund der Rede vom allgemeinen Priestertum steht bei Winckler jedoch eine priesterliche Funktion, die bei Spener nur am Rande Beachtung findet: das Binden und Lösen der Sünden.[360] Im Rückgriff auf Luthers Buch *Von der Beicht*, die Auslegung von Joh 14f (1537) und den dritten Teil der *Schmalkaldischen Artikel* nennt Winckler die Beichtseelsorge und die Sündenvergebung als wesentliche Aspekte der Privaterbauung, die zur Beratung, Ermahnung und Tröstung im geistlichen Gespräch selbstverständlich dazugehören.[361] In hervorragender Weise verwirklicht sich im gegenseitigen Binden und Lösen des Gewissens sowohl das allgemeine Priestertum als auch die Gemeinschaft der Christen. Der Glaubende, der dem Bruder oder der Schwester seine Sünde offenbart, vernimmt in deren Zuspruch die Stimme Gottes selbst. Durch die Geschwister im Glauben empfängt er Weisung für sein Leben und Vergebung. Das Beichtgespräch beinhaltet darum für Winckler immer sowohl die Kritik am Nächsten (Ermahnung, »Besserung« und Strafe) als auch die Bestärkung (Aufmunterung, Trost und Vergebung). Er schreibt: Zum »Elenchus moralis und blosse Bestraffung/ so mehr auß dem Gesetz als Evangelio fliesset [...] gehöret Gebeth/ Lehr/ Trost und Ermahnung auß dem Evangelio«.[362] Die moralische Zurechtweisung (das Gesetz) und die Vergewisserung der Gnade Gottes (das Evangelium) sind also stets miteinander verbunden. Dies drückt sich auch in Wincklers Einschränkungen der Privatbeichte aus: Zum einen soll nur den »Bußfertigen« die Absolution erteilt werden, also jenen, welche die Kritik akzeptieren, Reue zeigen und zu einer Änderung ihres Verhaltens gewillt sind. Zum anderen übergibt er die Schlüsselgewalt nicht automatisch jedem Getauften, sondern nur der *»ecclesia plantata«*, welche die gläubigen, »ernsthaften« Christen umfasst, die Buße und Heiligung als Folge der Rechtfertigung vor Gott praktizieren.[363]

Mit der Frage der Schlüsselgewalt verbindet Winckler das Thema der gegenseitigen Vergebung, indem er die in der praktischen Beichtseelsorge gar nicht als verschiedene »Sünden wider GOtt/ sich selbst/ und andere Nechsten« zu differenzierenden Vergehen wie z.B. »offenbahrer Unglaube/ Welt-Liebe/ blindheit des Hertzens/ Geringhaltung Gottes Worts und der Geistlichen Gaaben« gedanklich zusammenfasst.[364] Mehrfach behandelt er die Frage, wie damit umzugehen sei, dass Christen aneinander sündigen,

---

[360] In Speners Schrift treten die Äußerungen zu Beichte und Absolution in auffälliger Weise zurück; vgl. P.J. SPENER, Das Geistliche Priesterthum, 1677, Fr. 58, S. 62. 95f.

[361] Vgl. J. WINCKLER, Bedencken, 1679, S. 55. 57. 111. 114.

[362] Ebd., S. 97. Das drückt sich z.B. auch in der Gegenüberstellung von »Straffs- und erbauliche Mitteln« aus; vgl. ebd., S. 101.

[363] Vgl. ebd., S. 54f. 68. 114. 125. Zur Differenzierung von *»ecclesia plantata«* und *»ecclesia plantanda«* vgl. auch W.C. KRIEGSMANN, Symphonesis Christianorum, [1677], S. 54–56.

[364] J. WINCKLER, Bedencken, 1679, S. 96.

sich gegenseitig beleidigen, ärgern und kränken. Die Lösung sieht er unter Bezug auf Mt 18,15–20 im geschwisterlichen Gespräch: Durch Ermahnen, Überzeugen und Bitten soll der Beleidiger dazu gebracht werden, sein Fehlverhalten einzusehen und vor dem Beleidigten seine Schuld zu bekennen. So könne er aus der Macht der Sünde gerettet und für Gott gewonnen werden. Die gegenseitige Vergebung zielt daher in zwei Richtungen: auf die Herstellung christlicher Liebesgemeinschaft durch die Versöhnung der Geschwister im Glauben sowie auf die »Gewinnung des Bruders«,[365] also die Bekehrung des Einzelnen, welche sich in einer veränderten Lebenspraxis desselben erweisen muss.

Winckler charakterisiert das allgemeine Priestertum in seiner Apologie der Collegia pietatis also als Verkündigung des Wortes Gottes im geistlichen Gespräch, in dem Christen sich einander als Mittler zwischen Gott und Mensch zuwenden. Er setzt damit die Ausübung des Priestertums aller Gläubigen mit der gegenseitigen Privaterbauung quasi gleich. Während Spener den Begriff des geistlichen Priestertums v.a. auf die Bevollmächtigung zur Schriftauslegung anwendet und hier primär die Fragen des privaten Bibelstudiums und der Beurteilung kirchlicher Lehre reflektiert, bezieht Winckler ihn ganz auf die praktische Seelsorge als Dienst am Nächsten. Hier spielen Beichte, Absolution und gegenseitige Vergebung eine besonders wichtige Rolle. Bei seinen Überlegungen knüpft er nicht nur an das reformatorische Prinzip des allgemeinen Priestertums, sondern auch an die Rede von den »brüderlichen Gesprächen und Tröstungen« an, welche den Ort benennen, an dem Christen im Privatleben das öffentliche Lehr- und Strafamt der Kirche ergänzen sollen. Wie Spener weitet er den privaten Raum der Großfamilie, in dem die lutherische Orthodoxie vorrangig die Hausväter und -mütter zur Verkündigung des Evangeliums verpflichtete, auf den halböffentlichen Raum der Freundschaft und der Sammlung von Mitgliedern der christlichen Gemeinde aus.

Wie auch in seinem späteren *Sendschreiben an Hn. Philippum Ludovicum Hannekenium* (1690) über die Collegia pietatis argumentiert Winckler hauptsächlich von den vielfältigen seelsorgerlichen Aufgaben her für ein das öffentliche Predigtamt unterstützendes Priestertum der Laien:[366]

> Wie ist es nun möglich/ daß ein Lehrer und Prediger gegen die tausenderley Zufälle seiner Zuhörer/ welche sich nur in einer Stunde/ geschweige in einer gantzen Wochen an ihrer Seele ereignen/ hier mit lehren/ dort mit straffen/ und so fort in andern Stücken der Erbauung etwa in einer oder zwey Predigten gnügliche Mittel fürbringen könne? [...] Legt mit mir Hand an diesem Lehr=Ambt/ und wann ich in gemein mit

[365] Ebd., S. 94. 97.

[366] Vgl. J. WINCKLER, Wohlgemeintes Sendschreiben, 1690, fol. A3r–B2v.

allen rede/ so suche ein jeglicher unter euch besonders die Seelen Wohlfahrt seiner Nechsten.[367]

Hier zeigt sich für das Verhältnis zwischen Winckler und Spener ein wichtiger Unterschied: Winckler ist bei aller akademischen Bildung in erster Linie ein praktischer, religionspädagogisch und seelsorgerlich orientierter Theologe. Stärker als Spener, der auf der Grundlage der Lehre vom Priestertum aller Gläubigen eine veränderte Frömmigkeitspraxis lehrhaft und allgemein formuliert,[368] geht Winckler von der konkreten Gemeindesituation aus, und zwar sowohl von seinen eigenen Verpflichtungen und Möglichkeiten als lutherischer Hof- bzw. Stadtpfarrer als auch von den Lebensumständen, kirchlichen Gewohnheiten und Kenntnissen der Gemeindeglieder. In bildhafter, emotional aufgeladener Sprache beschreibt er den Nutzen der Privatzusammenkünfte für die Verkündigung des Evangeliums in Lehre und Seelsorge. Dabei hat er in fast ängstlicher Weise die Verantwortung vor Augen, welche Christen für die Seele ihres Nächsten tragen und welche für den Amtsträger als dem »Seelenhirten« besonders schwer wiegt.[369] Der wesentliche Impuls für die Aktivierung des geistlichen Priestertums geht bei ihm von der Aufgabe aus, mündige, mit der lutherischen Lehre vertraute Christen zu erziehen und sie im Alltag seelsorgerlich zu begleiten: »die Seelen in der heilsamen Lehre zu erbauen/ zu befestigen und fertig zu machen/ zu kämpffen über ihren allerheiligsten Glauben/ daß sie sich nicht wie Kinder wegen und wiegen liessen von allerley Wind der Lehre«.[370] Die lutherische Tradition des allgemeinen Priestertums, auf die er in seiner Apologie zurückgreift, bezieht er daher nicht theoretisch auf eine Reform der ganzen Kirche, sondern auf die praktische Gemeindearbeit: die Förderung gegenseitiger Seelsorge und Katechese durch den Aufbau »privater« Gemeinschaft.

---

[367] J. WINCKLER, Bedencken, 1679, S. 146f. Im zweiten Satz zitiert er Johannes Chrysostomos; vgl. z.B. ebd., S. 24. 56f. 70f. 119. 122–124. 131f. 140. 147. 150–152. Zu Johannes Chrysostomos (um 350–407) vgl. H. FREIHERR VON CAMPENHAUSEN, Griechische Kirchenväter, [8]1993, S. 137–152; J.-M. LEROUX, Johannes Chrysostomus, 1988; P. STOCKMEIER, Johannes Chrysostomus, [2]1994; LThK[3] 5, 1996, Sp. 889–892; R. BRÄNDLE, Johannes Chrysostomus: Bischof – Reformer – Märtyrer, Stuttgart 1999. Wincklers auffällige Vorliebe für diesen Kirchenvater sollte gesondert untersucht werden. Für Ahasver Fritsch wurde die Rezeption des Johannes Chrysostomus untersucht bei S. SCHUSTER, Aemilie Juliane, 2005, S. 43–45.

[368] Vgl. J. WALLMANN, Philipp Jakob Spener, [2]1986, S. 49.

[369] Vgl. J. WINCKLER, Bedencken, 1679, S. 121. 146f. 151f. 155. Die Überforderung, als einzelner Pfarrer für die Seelen aller Gemeindeglieder verantwortlich zu sein, führte Winckler am Anfang seiner Hamburger Tätigkeit in eine so tiefe Krise, dass er erwog, sein Amt niederzulegen; vgl. Wincklers Brief an Christian Kortholt vom 9.9.1688 in der Universitätsbibliothek Kiel (im Folgenden: UB Kiel); SH 406 A[4] (33); J. WINCKLER, Wohlgemeintes Sendschreiben, 1690, fol. A3[v]; DERS., An die geheiligten Häupter, 1694, S. 1024–1026.

[370] J. WINCKLER, Wohlgemeintes Sendschreiben, 1690, fol. A3[r].

d) Die Begründung der Collegia pietatis durch Mt 18,19f

Das zentrale Schriftwort, mit dem Winckler im *Bedencken über Hrn. Wilhelm Christoph Kriegsmanns also genannte Symphonesin* für die Einsetzung der Collegia pietatis durch Christus argumentiert, ist Mt 18,19f.[371] In Verbindung mit der matthäischen Gemeinderegel (Mt 18,15–17) und dem Doppellogion vom Binden und Lösen (Mt 18,18) sieht Winckler hier sowohl die äußere Form als auch Inhalt und Ziel der Privaterbauung angezeigt. Mit Mt 18,19f weist er darauf hin, dass schon zwei bis drei Laien ausreichen um eine Privatversammlung zu bilden, bei der Christus anwesend ist. Bezüglich des Inhalts ergeben sich für ihn das gemeinschaftliche Gebet und die gegenseitige Seelsorge als wichtigste Aufgaben der Privaterbauung. Die Bedeutung des in der Gemeinderegel thematisierten Aspektes der Kirchenzucht nimmt er hingegen zurück: Das Strafen werde in Mt 18 nur deshalb so ausführlich behandelt, weil es das schwierigste Element der Seelsorge darstelle, aus der sich andere, leichtere Aspekte wie Lehre, Aufmunterung, Warnung und Trost ableiten ließen. Das Ziel der Privaterbauung sieht Winckler in der Bekehrung des Einzelnen und in der Herstellung christlicher Gemeinschaft. Betrachtet man die Verse 18f unter dem Leitgedanken des gesamten Kapitels, der »Umkehr« und des »Kleinwerdens« im Dienst der Gemeinschaft (Mt 18,3f), dann haben die Suche nach den Verlorenen, das Vergeben und Heilen auch einen sachlichen Vorrang vor dem Ausschließen, Strafen und Binden.[372] Implizit vertritt Winckler durch die Bezugnahme auf das Jesuswort Mt 18,19f die Überzeugung, dass Christus bei allen priesterlichen Verrichtungen, die in seinem Namen geschehen – und nicht nur im öffentlichen Gottesdienst – gegenwärtig ist. Zusätzliche Bedeutung erhält diese Bibelstelle dadurch, dass Winckler die Verheißung der unbedingten Gebetserhörung (Mt 21,22) unmittelbar auf sie bezieht.[373] Aus der Zusammenschau der Zusagen der Gebetserhörung und der Gegenwart Christi an die kleine Gemeinde der zwei bis drei Christen ergibt sich für ihn Gottes Segen für die von Christus eingesetzten Collegia pietatis.

Unterstützung für die Deutung von Mt 18,19f auf Privatversammlungen, in denen eine gegenseitige Beichtseelsorge, gemeinsames Gebet und geistliche Gespräche praktiziert werden, bezieht Winckler aus Luthers Schrift *Von der Beicht*, seiner Auslegung der Zusage der Gebetserhörung in Joh 14,13f sowie den *Schmalkaldischen Artikeln*. In Wincklers Umkreis fällt dagegen auf, dass zwar auch Wilhelm Christoph Kriegsmann und vielleicht

---

[371] Vgl. z.B. J. WINCKLER, Bedencken, 1679, S. 17. 38. 46f. 57. 91–111. 114f. Zur Auslegung von Mt 18,19f vgl. U. LUZ, Das Evangelium nach Matthäus (Mt 18–25), 1997, S. 37–60.

[372] Vgl. ebd., S. 58.

[373] Vgl. J. WINCKLER, Bedencken, 1679, S. 57–60.

Johann Jakob Schütz die Privatübungen von Mt 18,19f her begründen,[374] Philipp Jakob Spener hier jedoch von anderen Texten her denkt. Bekanntlich führt er die Collegia pietatis in den *Pia Desideria* auf das in 1. Kor 14 beschriebene Modell der apostolischen Kirchenversammlungen zurück.[375] Diesen Text benutzt wiederum Winckler nicht als Begründung der Privatzusammenkünfte, sondern als einen historischen Beleg unter vielen.[376] An anderen Orten nennt Spener außerdem Röm 15,14; Eph 5,19; Kol 3,16; 1. Thess 4,18. 5,14 und Hebr 3,12. 10,24f als biblische Argumente für die Einrichtung von Privatversammlungen,[377] nicht jedoch das Wort Mt 18,19f, das er in einem Brief aus dem Jahr 1676 sogar noch fraglos auf die Ehe deutet.[378] Die genannten Bibelstellen wurden von Spener bereits 1670/71 auf die Praktizierung des geistlichen Priestertums bezogen und werden in diesem Sinne, nämlich als Charakterisierungen des gesamten priesterlichen Handelns und nicht als Begründung der Privatkonvente, auch in Wincklers Apologie zitiert.[379] Als ein Beispiel für Speners Reflexion der neutestamentlichen Bezüge der Collegia pietatis aus dem relevanten Zeitraum der Entstehung von Wincklers *Bedencken* kann ein Brief von Ende Juli 1678 dienen.[380] Ausgehend von Kol 3,16; 1. Thess 5,14; Hebr 3,12. 10,25 äußert Spener die Überzeugung, dass Christus neben den öffentlichen auch private Versammlungen eingesetzt habe, in denen wie in den Hausandachten und in den »*colloquia fratrum*« durch Strafe, Ermahnung und Versöhnung die Besserung des Nächsten gesucht werde. Sodann verteidigt er zwar im Hinblick auf Kriegsmanns *Symphonesis Christianorum* dessen Auslegung von Mt 18,19f unter Verweis auf Luther und die *Schmalkaldischen Artikel*, gibt jedoch zu bedenken, dass diese Bibelverse von anderen Theologen abweichend ausgelegt würden. Spener schließt sich Kriegsmanns Deutung nicht

---

374 Kriegsmann hebt in seinem Traktat wiederholt auf Mt 18,19f ab; vgl. W.C. KRIEGSMANN, Symphonesis Christianorum, [1677], S. 9–13. 26. 59. Die Bedeutung des Schriftzitats für Kriegsmanns Begründung der Collegia pietatis spiegelt sich auch in Mentzers Widerlegung; vgl. B. MENTZER, Kurtzes Bedencken, 1691, S. 11. 37. 45. 59. Schütz lässt Mt 18,19f in einem Brief vom Dezember 1676 anklingen: »gewiß es wird zweyer Personen Seuffzen, gebeth, und unschuldiger wandel ohne frucht nicht bleiben«; zit. nach A. DEPPERMANN, Johann Jakob Schütz, 2002, S. 104.

375 Vgl. P.J. SPENER, Pia Desideria (1675), ³1964, S. 55. Zu Speners Verständnis von 1. Kor 14 vgl. J. WALLMANN, Philipp Jakob Spener, ²1986, S. 296f; M. MATTHIAS, Collegium pietatis, 1993, S. 49f. 52.

376 Vgl. J. WINCKLER, Bedencken, 1679, S. 20. 125. 131. 145. 153.

377 Vgl. z.B. P.J. SPENER, Briefe 1, 1992, Nr. 84, S. 324–329, hier S. 325.

378 Vgl. P.J. SPENER, Briefe 2, 1996, Nr. 85, S. 392. Zu der v.a. in der Alten Kirche üblichen Deutung von Mt 18,20 auf die Ehe vgl. U. LUZ, Das Evangelium nach Matthäus (Mt 18–25), 1997, S. 54.

379 Vgl. Philipp Jakob Speners Brief an Gottlieb Spizel vom 10.1.1671 bei P.J. SPENER, Briefe 1, 1992, Nr. 89, S. 346–354, hier S. 352.

380 Vgl. Philipp Jakob Speners Brief an einen unbekannten Empfänger vom 23.7.1678 bei P.J. SPENER, Briefe 3, 2000, Nr. 185, S. 854–857.

an; er hält daran fest, dass die Erbauungsversammlungen durch Mt 18,19f nicht ausreichend begründet seien und die zuvor genannten Schriftstellen bessere, allgemein anerkannte und von den Gegnern schwerer zu widerlegende Belege darstellten.[381]

Fragt man, woher Kriegsmann und Winckler die Begründung der Collegia pietatis durch Mt 18,19f übernommen haben könnten, da sie anscheinend nicht von Spener stammt, ist an den reformierten Theologen Gisbert Voetius zu denken. Er wird in Wincklers Text neben den Verantwortlichen des Frankfurter Privatkonvents und dem Amsterdamer Pastor Adolph Visscher als einer der wenigen zeitgenössischen Gewährsleute für kirchliche Privatzusammenkünfte genannt.[382] Während wir nicht wissen, aus welcher Quelle Winckler über die Amsterdamer Versammlung informiert war,[383] entnahm er seine Kenntnisse über Voetius nach eigenen Angaben dessen Traktat *Von Eintzelner Versammlung der Christen* (1678), das wie Wincklers *Bedencken* in der Aubry'schen Offizin in Hanau gedruckt worden war.[384] Bei dieser Schrift handelt sich um die deutsche Übersetzung des fünften Teils von Voetius' *Disputationes selectae theologicae* (1667), die Johann Jakob Schütz wahrscheinlich im Frühjahr 1678 zur Verteidigung der *Symphonesis Christianorum* herausgegeben hatte.[385] Wie dem *Kurtzen Bedencken* zu entnehmen ist, in dem Balthasar Mentzer sich bereits um den Jahreswechsel 1677/78 mit dem Text von Voetius kritisch auseinandersetzt, war dessen lateinische Fassung jedoch schon vorher – spätestens seit Ende 1677 – als theologische Grundlage der Collegia pietatis in Darmstadt bekannt.[386] Dagegen scheint Spener sie vor der Veröffentlichung durch Schütz nicht gekannt zu haben.[387] In der deutschen Ausgabe klingt bereits im Un-

---

381 Vgl. ebd. Nr. 185, S. 857; vgl. auch Speners Brief (evtl. an Johann Jakob Zimmermann) vom Dezember 1677 ebd. Nr. 95, S. 443–463, hier S. 447; Speners Brief an einen unbekannten Empfänger vom 13.4.1680 bei P.J. SPENER, Briefe 4, 2005, Nr. 100, S. 382–405, hier S. 393. Zu Speners Abwehr einer Begründung der Collegia pietatis durch Christi Einsetzung derselben nach Mt 18 vgl. J. WALLMANN, Eine alternative Geschichte, 2002, S. 55.

382 Vgl. J. WINCKLER, Bedencken, 1679, S. 46. 48f.

383 Möglicherweise bildete der Maler Pieter Rodingh ein Verbindungsglied des Darmstädter Collegium pietatis nach Amsterdam; s.o. 2.7.1.

384 Vgl. G. VOETIUS, Von Eintzelner Versammlung der Christen, Hanau 1678. Die Schrift wurde von Johann Burchard Quantz in der Aubry'schen Offizin gedruckt, allerdings anders als Wincklers Buch von Johann Eichenberg verlegt. Leider konnte ich den Text nicht selbst einsehen.

385 Vgl. A. DEPPERMANN, Johann Jakob Schütz, 2002, S. 97. Spener nahm in einem Brief vom 12.4.1678 auf das Traktat Bezug, das vor kurzem in Hanau erschienen sei; vgl. P.J. SPENER, Briefe 3, 2000, Nr. 155, S. 716.

386 S.o. 2.7.2.

387 Vgl. A. DEPPERMANN, Johann Jakob Schütz, 2002, S. 97. Obwohl schon seit längerer Zeit Einwände gegen die Collegia pietatis erhoben wurden, stellte Spener erst nach dem Erscheinen der deutschen Übersetzung im April 1678 fest, dass man aus dieser Veröffentlichung von Voetius sehen könne, »wie leicht und kräfftig auff alle darüber machende einwürffe zu antworten seye«; P.J. SPENER, Briefe 3, 2000, Nr. 155, S. 716.

tertitel die Begründung der Privatversammlungen durch Mt 18,19f an: *Von Eintzelner Versammlung der Christen/ Wo ihrer zwey/ drey oder mehrere in dem Nahmen des HErrn zusammen kommen.*[388]

Bei der näheren Beschäftigung mit Gisbert Voetius (1589–1676),[389] dem hervorragenden Vertreter der niederländischen Reformbewegung der »nadere reformatie«, fällt auf, dass Winckler von ihm offenbar nicht nur die biblische Begründung der Collegia pietatis durch Mt 18,19f, sondern eine Reihe weiterer Gedanken zu deren Herleitung, Inhalt und Struktur übernimmt. Voetius, der auch in anderen Schriften wie *Exercitia et bibliotheca studiosi theologicae* (1644) und *Politicae ecclesiasticae* (1663–1676) die Einrichtung von Exerzitien forderte, in denen das Ideal des »gottseligen Christenlebens« verwirklicht werden sollte, unterschied grundlegend drei Formen der Prophezei:[390] die *prophetia publica*, welche in den öffentlichen Katechismusübungen der ganzen Gemeinde verwirklicht wird, die *prophetia privata*, welche ihren Ort in den Hausandachten hat, und die *prophetia privato-publica*, die in den Exerzitien von Freunden oder Studenten lebendig wird. Das Recht der Privatübungen begründete er neben der Schriftstelle Mt 18,20 durch folgende Sachverhalte: das urkirchliche Vorbild, das *mutuum officium sanctorum*, die Möglichkeit zur Übung der Gottseligkeit, die weltlichen Analogien in Zünften und Innungen sowie das allgemeine Bedürfnis nach Geselligkeit. Als Ziele definierte er die »*mutua instructio, consolatio, excitatio, concionum repetitio, scripturae lectio et meditatio*«; als Mittel nannte er die »*explicatio tum applicatio*« der Bibel.[391] Diese systematischen Definitionen und inhaltlichen Charakterisierungen der Collegia pietatis sind mit einem von der holländischen Synode in Leiden im Jahr 1629 angenommenen Reglement zusammenzusehen, an dessen Ausarbeitung Voetius beteiligt war und das folgende, später auch praktisch umgesetzte Richtlinien für die Veranstaltung von Privatkonventen vorgab:[392] Es beschränkte die Teilnehmerzahl auf maximal zehn Gemeindeglieder, begrenzte die Veranstaltungszeit auf die Zeiten, in denen kein öffentlicher

---

[388] Vgl. A. DEPPERMANN, Johann Jakob Schütz, 2002, S. 104f.

[389] Gisbert Voetius (1589–1676), geb. in Heusden, wurde nach dem reformierten Theologiestudium in Leiden 1611 Dorfpfarrer in Vlijmen und 1617 Pfarrer in Heusden. 1618/19 nahm er an der Dordrechter Synode teil. 1629 wurde er mit anderen mit der reformatorischen Umgestaltung der Stadt s'Hertogenbosch beauftragt. Seit 1634 war er Theologieprofessor an der neugegründeten Universität Utrecht, wirkte aber zugleich als reformierter Pfarrer in Utrecht. Er war durch Willem Teellinck, Godefridus Udemans, Guilielmus Amesius und den englischen Puritanismus beeinflusst; vgl. W. GOETERS, Vorbereitung, 1911, S. 17–20; J. VAN DEN BERG, Frömmigkeitsbestrebungen, 1993, S. 78–83; BBKL 12, 1997, Sp. 1549–1554; A. GOUDRIAAN, Voetius, Gisbert, 2000.

[390] Zur Forderung von Privatversammlungen bei Gisbert Voetius vgl. W. GOETERS, Vorbereitung, 1911, S. 92; A. DE GROOT, Pietas, 1978, bes. S. 125f; W. BELLARDI, Vorstufen, 1994, S. 125–128, hier S. 126f.

[391] Zit. nach ebd., S. 126.

[392] Vgl. ebd., S. 125.

Gottesdienst stattfand, und erlaubte als Lektüre nur diejenigen Schriften, die vom Kirchenrat freigegeben waren. Unnützes Fragen und langes Reden waren untersagt. Auf diese Bedingungen hatten sich die Teilnehmer bei ihrer Anmeldung beim Gemeindekirchenrat, der auch den Vorsitz der Versammlungen festlegen sollte, zu verpflichten. Zu der nach der scholastischen Methode entfalteten voetianischen Theologie seien lediglich einige Stichworte genannt: Als Zentralbegriff ist die *praecisitas* anzusehen, welche als Idealform der *pietas* (im Sinne des puritanischen Begriffs der »godliness«) die vollkommene Übereinstimmung der menschlichen Handlungen mit dem göttlichen Gesetz bezeichnet.[393] Daneben spielt das Thema der »Erfahrung« der Schrift als inneres, subjektives Erleben eine wichtige Rolle, ein Gedanke, der ebenfalls im fünften Teil der *Disputationes selectae theologicae* reflektiert wird.[394] Typisch für Voetius ist die Verbindung von puritanischer Strenge (z.B. strikte Sonntagsheiligung, Ablehnung von Kleider-, Haar- und Möbelpracht, Verbot von Tanzen und Rauchen) und verinnerlichter Spiritualität.

An dieser stark gerafften Darstellung der voetianischen Argumentationslinien für die Veranstaltung von Privatexerzitien lässt sich der Einfluss des Utrechter Theologen nicht nur auf Wincklers biblische Begründung der Erbauungsversammlungen durch Mt 18,19f, sondern auf sein ganzes Konzept kirchlich integrierter Collegia pietatis deutlich erkennen. Wincklers Herleitung der Privatübungen aus dem »Gesetz der Liebe« und der »Gemeinschafft der Heiligen«,[395] dem urchristlichen Vorbild und den Parallelen zu bürgerlichen Gesellschaften weist große Ähnlichkeit zu dessen Begründungen auf. Außerdem klingt in der Rede von einem natürlichen Liebesgesetz das von dem niederländischen Frühaufklärer Hugo Grotius vertretene Naturrecht der Sozialität an, das z.B. die an der Universität Straßburg lehrenden humanistischen Gelehrten Matthias Bernegger und Johann Heinrich Boecler in der von Winckler aufgenommenen Weise mit dem christlichen Liebesgebot verbanden.[396] Gerade die von Winckler selten verwandten, aus der griechischen Philosophie stammenden Zitate zu den Themen Freundschaft, Liebe und Vergesellschaftung deuten die Kenntnis der deutschen Humanisten des 17. Jh. wie auch die Abhängigkeit von Voetius an, dessen Beschreibungen der *pietas* als dem in den christlichen Tugenden tätigen

---

[393] Vgl. W. GOETERS, Vorbereitung, 1911, S. 83f; A. DE GROOT, Pietas, 1978, S. 124f; J. VAN DEN BERG, Frömmigkeitsbestrebungen, 1993, S. 80f.

[394] Vgl. O. WEBER, Dogmatik 1, 1955, S. 297.

[395] Vgl. J. WINCKLER, Bedencken, 1679, S. 15. 65.

[396] Vgl. F. VOLLHARDT, Christliche Liebe, 1997. Zu Hugo Grotius (1583–1645) vgl. H.R. GUGGISBERG, Grotius, Hugo, 1985. Zu Speners Rezeption von Hugo Grotius und Johann Heinrich Boecler vgl. J. WALLMANN, Philipp Jakob Spener, ²1986, S. 81–85.

Glauben oftmals humanistisch gefärbt sind.[397] Hinsichtlich der äußeren Verfassung der Collegia pietatis orientiert Winckler sich eng an den skizzierten Bestimmungen der holländischen Synode von 1629: Er übernimmt die Vorschläge zur Begrenzung der Besucherzahl, zur Auswahl der Teilnehmer und Teilnehmerinnen, zur Veranstaltungszeit sowie zur Aufsicht durch die kirchliche Obrigkeit. Auch im Hinblick auf die inhaltliche Gestaltung der Versammlungen – Lektüre, Meditation und Auslegung der Bibel sowie Lehre, Trost und Aufmunterung durch »den Gebrauch und die Übung des Glaubens« – scheint Winckler von Voetius beeinflusst worden zu sein.[398] Interessant ist schließlich die übereinstimmende Einschätzung der Bedeutung christlicher Gemeinschaft für das Wachstum im Glauben: Voetius ging davon aus, dass der Glaube eines Christen erst im Laufe des Lebens durch die Erziehung in der Gemeinschaft des Glaubens und der Frömmigkeit entsteht.[399] Er sah hier so etwas wie einen Bekehrungsprozess, in dem aus dem im Kind angelegten Keim der Wiedergeburt allmählich ein Bewusstsein der Sünde und daraus folgend im Gebet der Wunsch nach einer Verbesserung der Lebensführung erwacht. Allerdings zeigt er an dem inneren Vorgang der Bekehrung kein gesteigertes Interesse.[400] In diesem Prozess haben die *exercitia privata* insofern einen festen und notwendigen Platz, als hier die Glaubensentwicklung durch andere Menschen erzieherisch begleitet wird. Ähnlich stellt sich Wincklers Verständnis des persönlichen Glaubensfortschritts in den Privatzusammenkünften dar: Besonders in seinen Ausführungen zur Anleitung im Glauben, die »erfahrene« Christen den »unerfahrenen« geben können, oder in dem Vergleich, den er zwischen unerfahrenen Christen und ungeübten Handwerkern anstellt, wird deutlich, dass Winckler den Glauben auch als einen Lernprozess versteht.[401] Dabei reflektiert er wie Voetius – jedoch anders als z.B. Wilhelm Christoph Kriegsmann – nicht die innere Entwicklung, sondern hebt lediglich auf das Ziel ab: den »Stand der Rechtfertigung und Heiligung«.[402] Das möglicherweise ebenfalls von Voetius stammende Stichwort der »Erfahrung« im Glauben benennt bei Winckler keine besondere Gnade Gottes, welche die Starken vor den Schwachen auszeichnet. Er versteht darunter das Ergebnis praktischer, in den Konventen besonders gut durchzuführender Übung in der Auslegung der Heiligen Schrift und der Seelsorge. Gegenüber den As-

---

[397] Vgl. A. DE GROOT, Pietas, 1978, S. 123. Winckler zitiert z.B. in seiner Einleitung ein Gedicht Matthias Berneggers, in dem das Verhalten lutherischer Christen scharf kritisiert wird; vgl. J. WINCKLER, Bedencken, 1679, S. 7f.

[398] Zit. nach J. VAN DEN BERG, Frömmigkeitsbestrebungen, 1993, S. 82.

[399] Vgl. A. DE GROOT, Pietas, 1978, S. 125f.

[400] Vgl. W. GOETERS, Vorbereitung, 1911, S. 83.

[401] Vgl. J. WINCKLER, Bedencken, 1679, S. 152–154.

[402] Ebd., S. 97.

pekten der Übung und Erfahrung im Glauben treten Überlegungen zur Wiedergeburt bzw. Bekehrung in auffälliger Weise zurück. Ähnlich wie Spener verortet Winckler die Wiedergeburt traditionell im Sakrament der Taufe (Tit 3,5).[403] Er beschreibt Glauben als einen Lern- und Wachstumsprozess, der zwar auf der geistlichen Wiedergeburt und der im Glauben geschenkten Rechtfertigung vor Gott aufbaut, jedoch von außen durch die »Handlung des Wortes Christi« und die gegenseitige Erbauung in der christlichen Gemeinschaft gefördert werden muss.

Die überragende Bedeutung der Schriftstelle Mt 18,19f in den Entwürfen von Gisbert Voetius und Johann Winckler erklärt sich meines Erachtens aus dem besonderen Wert, den beide der Gemeinschaft zumessen. In den Verheißungen der Gebetserhörung und der Gegenwart Christi für die Versammlung weniger Christen sehen sie den Beleg dafür, dass der christliche Glaube nicht in erster Linie individuell, sondern gemeinschaftlich einzuüben und zu praktizieren ist. Damit verbindet sich ein weitaus stärkeres Interesse an den äußeren Mitteln der religiösen Erziehung bzw. Entwicklung als an den individuellen inneren Glaubensprozessen. Tatsächlich wird Christi Gegenwart hier ja weder dem Einzelnen an sich, dem Gebet oder den Werken des Einzelnen, noch dem ganzen Leib Christi bzw. der ganzen Kirche zugesprochen, sondern der kleinen christlichen Gruppe. In dieser Gruppe, die Winckler als von Vertrauen, Freundschaft, Liebe und Harmonie getragen charakterisiert, verwirklicht sich in vorbildlicher Weise die Liebesgemeinschaft der Christen, zu der die ganze Kirche aufgerufen ist. Zusätzlich zum öffentlichen und zum häuslichen Unterricht im Glauben sehen Voetius und Winckler hier eine dritte, zwischen beiden Lebensbereichen angesiedelte Möglichkeit der Förderung des Glaubens, die weniger als Konkurrenz, denn als – allerdings notwendige und von Christus gebotene – Ergänzung verstanden wird. Die persönliche Auseinandersetzung mit anderen vertrauten Christen durch die genannten Mittel der Privaterbauung, Lehre, Seelsorge und Gespräch, bildet für sie den notwendigen Rahmen, in dem der Glaube des Einzelnen reifen kann. Wincklers *Bedencken* zeigt, dass für ihn die *conventicula* den idealen Ort darstellen, an dem Christen die Rechtfertigung im Glauben durch die Verkündigung des Evangeliums und die gegenseitige Sündenvergebung erfahren sowie die Heiligung ihres Lebens exemplarisch einüben und reflektieren können.

e) Auswertung

Aus der Untersuchung der Apologie, die Johann Winckler zur Verteidigung der *Symphonesis Christianorum* seines Mitstreiters Wilhelm Christoph Kriegsmann verfasste, ergeben sich folgende Leitgedanken zur äußeren

[403] Vgl. M. MATTHIAS, Bekehrung, 2004, S. 52f.

Verfassung, inhaltlichen Gestaltung und theologischen Begründung der Collegia pietatis: In formaler Hinsicht befürwortet Winckler die Einrichtung geordneter Privatversammlungen von Seiten des Predigtamtes, wie dies in den Niederlanden seit Anfang des 17. Jh. praktiziert wurde.[404] Die von ihm vorgeschlagenen Richtlinien stammen offenbar hauptsächlich von dem reformierten Theologen Gisbert Voetius, dessen Disputationen über den Wert gemeinschaftlicher Übungen der Gottseligkeit spätestens seit Ende 1677 in Darmstadt als ernstzunehmende Empfehlung der Collegia pietatis bekannt waren. Wincklers von Voetius stark beeinflusstes Engagement für obrigkeitlich eingesetzte Versammlungen unterscheidet sich deutlich von den uns bekannten Positionen seiner Freunde: Auf der einen Seite wendet er sich behutsam gegen die Vorschläge von Wilhelm Christoph Kriegsmann. Dieser hatte, ohne deren Status näher zu erläutern, Gesellschaften empfohlen, in denen sich wenige Christen mit dem Ziel des persönlichen Austausches über ihren Glauben versammeln sollten. Vor dem Hintergrund der im 17. Jh. verbreiteten religiösen Sozietäten sowie der von Ahasver Fritsch gegründeten »Neuen geistlich-fruchtbringenden Jesus-Gesellschaft« liegt es nahe, dass Kriegsmann dabei an freie, von der Kirche losgelöste Gesellschaften dachte. Dieses Ansinnen war unter frommen Akademikern verbreitet, wie das Beispiel der Gründung des Frankfurter Privatkonvents im Jahr 1670 zeigt: Ohne Philipp Jakob Speners Intervention wäre möglicherweise eine solche *societas piarum animarum* entstanden.[405] Gegen das Modell frommer Sozietäten (»*Collegia pietatis ordinaria*«), deren Charakteristika institutionelle Unabhängigkeit, Selbstbestimmung, gegenseitige Freundschaft sowie Konformität hinsichtlich der sozialen Schicht, des Bildungsniveaus und des Frömmigkeitsstils sein sollten, setzt Winckler das Konzept kirchlicher Privatversammlungen (»*Collegia pietatis statarias*«). Diese sollen zwar auch von Freiwilligkeit und Freundschaft unter den Besuchern, grundsätzlich jedoch von kirchlicher Leitung, Kontrolle und Auswahl der teilnehmenden Gemeindeglieder nach dem Kriterium ihrer religiösen Erfahrung, unabhängig von Geschlecht, Alter und gesellschaftlichem Stand, bestimmt sein. Winckler möchte es außerdem nicht bei der Gründung vereinzelter Konvente belassen, sondern denkt daran, im Sinne des Gemeindeaufbaus fähige Konventsbesucher selbst zu Leitern weiterer Erbauungskreise auszubilden.[406]

Auf der anderen Seite steht Wincklers Konzept in krassem Widerspruch zu dem Weg in die Separation, den seine Frankfurter Gefährten Johann

---

[404] Vgl. J. VAN DEN BERG, Frömmigkeitsbestrebungen, 1993, S. 84f; W. BELLARDI, Vorstufen, 1994, S. 123f.

[405] Vgl. J. WALLMANN, Philipp Jakob Spener, ²1986, S. 270f. 277.

[406] Vgl. J. WINCKLER, Bedencken, 1679, S. 69.

Jakob Schütz und Johanna Eleonora von Merlau eingeschlagen hatten.[407] Schütz hatte sich spätestens seit 1675 von Speners offenem Collegium pietatis innerlich distanziert und es als einer der Ersten verlassen. Seit Ende 1677 nahm er auch nicht mehr am öffentlichen Abendmahl teil, das er nicht zusammen mit Unwürdigen empfangen wollte. In den kleinen, oftmals heimlich tagenden separatistischen Konventikeln, die unter seiner, Christian Fendes und Johanna Eleonora von Merlaus Leitung in Frankfurt a.M. bestanden, sah er weit bessere Möglichkeiten, enge Beziehungen untereinander zu pflegen, einzelne Christen zu einer rigorosen Nachfolgeethik zu motivieren und die Aufgaben des geistlichen Priestertums intensiv einzuüben. Schütz sah die Kirche zwar als »Babel« an, hielt eine Besserung durch Umkehr jedoch noch für möglich. Auch Johanna Eleonora von Merlau hatte sich bald nach ihrer Ankunft in Frankfurt a.M. von Speners offenem Collegium pietatis getrennt und im Saalhof zusammen mit Maria Juliana Baur von Eyseneck ein Konventikel mit gleichgesinnten Frauen und Männern gegründet. Hier wurde ohne Rücksicht auf die kirchliche Bekenntnisbindung und die geltenden Geschlechterkonventionen, nach denen Frauen auch Speners Privatversammlung nur schweigend beiwohnen durften, nach einer neuen Form entschiedenen christlichen Denkens und Handelns gesucht.[408] Wir wissen nicht genau, wann und von welcher Seite der Kontakt zwischen Winckler und den separatistischen Freunden und Freundinnen aufgegeben wurde.[409] Es scheint, als hätte Winckler wie Spener aufgrund ähnlicher inhaltlicher Vorstellungen sowie persönlicher Verbundenheit einen offenen Streit mit den radikalen Freunden gescheut.[410] Winckler wollte zwar wie diese durch die Gründung neuer Gemeinschaften den persönlichen Glauben der Einzelnen vertiefen und einen moralischen Lebenswandel fördern. Er vertritt jedoch die Auffassungen, dass die christliche Privaterbauung Sache der Kirche und nicht von Einzelpersonen sei, dass die Collegia pietatis der Eintracht der Christen und nicht der Spaltung dienen sollen und dass es auf einen Lernprozess im Glauben ankomme, der auch die Anfänger im Glauben, und nicht nur die besonders frommen Christen einschließe. Ausdrücklich wendet er sich gegen eine Trennung der Konventikel von der Kirche.[411]

Drittens weicht Wincklers Vorhaben auch von Speners Verständnis der Collegia pietatis ab. Spener hatte zwar zu Beginn seiner Privatversammlung einige andere Prediger sowie Angehörige des Magistrats auf privater Ebene über das Vorhaben informiert und sein Pfarrhaus als Versammlungsort zur

407 Vgl. A. DEPPERMANN, Johann Jakob Schütz, 2002, S. 103–107. 180–190.

408 Vgl. R. ALBRECHT, Johanna Eleonora Petersen, 2005, S. 65–69.

409 S.o. 2.3.3 und 2.5.2.

410 Vgl. A. DEPPERMANN, Johann Jakob Schütz, 2002, S. 184. 186f. 191f.

411 Vgl. J. WINCKLER, Bedencken, 1679, S. 67–69.

Verfügung gestellt, dachte jedoch nicht an eine weitergehende Kontrolle durch das Predigerministerium. Als aus dem kleinen geschlossenen Erbauungskreis nach kurzer Zeit eine große offene Versammlung geworden war, hielt er die kirchliche Anbindung der Veranstaltung offenbar durch seinen eigenen Vorsitz sowie durch den Tagungsort (die Barfüßerkirche) für gewährleistet. Unter dem Druck von außen, der nach dem Erscheinen von Kriegsmanns Traktat Anfang 1678 einen Höhepunkt erreichte, zog Spener sich zurück und empfahl, nur kleine »eingezogene« Hausübungen mit zwei bis drei Personen an wechselnden Treffpunkten zu halten, »damit nur 1. keine ziemlich starcke versamlung werde, 2. zeit, ort und personen nicht bestimmt seyn«.[412] Er wollte also die feste Organisationsform aufgeben, den Kreis verkleinern und den Kontakt untereinander intensivieren. Hier schlägt sich neben Angst vor Verfolgung auch eine Anerkennung des Reformkonzepts der Sammlung und Förderung der Frommen in der *ecclesiola* nieder, welches die radikalen Pietisten praktizierten.[413] Winckler schlägt wenige Monate später in seiner Apologie den entgegengesetzten Weg vor: Er rät zur kirchlichen Reglementierung, Normierung und Institutionalisierung der Privatübungen, um sie von den Verdächtigungen der Neuerung, der Häresie und der geistlichen Arroganz zu befreien. Der Plan zur institutionellen Verkirchlichung stammt wohl von seinem niederländischen Vorbild Gisbert Voetius sowie evtl. von Adolph Visscher, scheint aber auch ein Ergebnis der Auseinandersetzungen mit Superintendent Balthasar Mentzer zu bilden, der gegenüber Spener schon zu einem früheren Zeitpunkt auf Öffentlichkeit und Transparenz der Privatkonvente gedrungen hatte.[414]

Winckler siedelt die Privatzusammenkünfte eindeutig im Wirkungsbereich der Kirche an, indem er dem Pfarramt größtmögliche Machtbefugnisse gegenüber den Konventen einräumt. Diese werden lediglich durch den göttlichen Anspruch der gegenseitigen christlichen Erbauung beschränkt, den er als unbedingte Aufforderung zur Einsetzung von Erbauungskreisen versteht. Zwischen den beiden in der lutherischen Kirche bekannten Versammlungsformen, der öffentlichen Kirchenversammlung und der Familie, sieht er hier eine dritte, an die lutherische Tradition der *mutua colloquia et consolationes fratrum* anknüpfende Gemeinschaftsform, die zur religiösen Unterweisung geeignet ist. Diese verortet er weder im öffentlichen Bereich der Kirche noch in der privaten Sphäre der Familie, sondern im halböffent-

---

[412] Vgl. Philipp Jakob Speners Brief an Johann Adolf Rhein vom 21.1.1678 bei P.J. SPENER, Briefe 3, 2000, Nr. 115, S. 564f.

[413] Vgl. M. MATTHIAS, Collegium pietatis, 1993, S. 55f; A. DEPPERMANN, Johann Jakob Schütz, 2002, S. 125.

[414] Vgl. Philipp Jakob Speners Brief (evtl. an Balthasar Mentzer) vom 17.9.1677 bei P.J. SPENER, Briefe 3, 2000, Nr. 63, S. 283f.

lichen Raum der Freundschaft zwischen Christen.[415] Dass er um die potentielle Konkurrenz zwischen den öffentlichen Gottesdiensten und den halböffentlichen Erbauungsversammlungen weiß, zeigt sich an der bevorzugten Verwendung derjeniger Termini, die den privaten Charakter der Konvente besonders hervorheben (z.B. »Einzelne Erbauung«, »Einzelne Zusammenkünfte«, »Privat-Erbauung«). Statt des lateinischen Terminus »Collegia pietatis« benutzt Winckler außerdem deutsche Begriffe, die auch ungebildeten Menschen verständlich sind und den Hauptinhalt der Veranstaltungen, die Erbauung des Einzelnen, anzeigen.

Den Inhalt der Collegia pietatis beschreibt Winckler als gemeinsame Lektüre der Schrift, gegenseitige Erbauung und gemeinschaftliches Gebet. Unter Bezug auf die einschlägigen neutestamentlichen sowie einige alttestamentliche Texte konkretisiert er die Privaterbauung als gegenseitige Lehre, Ermahnung, Beichte, Strafe und Trost. Im Gegensatz zum Amt der berufenen Geistlichen, die öffentlich predigen, taufen und das Abendmahl austeilen, ordnet er den Laien die Bibellektüre, das Gebet und die Seelsorge zu. Den geschützten, vertrauten Raum der Privatübungen hält er für besonders geeignet, diese Tätigkeiten im wechselseitigen Austausch einzuüben. Das Ziel der gegenseitigen Erbauung besteht für Winckler sowohl im Glaubensfortschritt des Einzelnen durch die geistliche Interaktion in der Gruppe als auch in der Belebung der christlichen Gemeinde durch die Stärkung des Individuums. Dahinter steht einerseits die erkenntnistheoretische Vorstellung, dass der Glaube ein allmählich zu erwerbender *habitus* ist, dessen Entwicklung sich auf mehreren Ebenen menschlicher Wahrnehmung vollzieht. Auf der intellektuellen Ebene sollen alle Christen lernen, die Bibel selbst zu lesen, zu verstehen sowie für sich und andere auszulegen; auf der emotionalen Ebene sollen Christen fähig werden, ihren Glauben gemeinschaftlich, in gegenseitiger Zuwendung, Anteilnahme und Liebe zu leben; auf der praktischen Ebene sollen sie zu einem Bekenntnis ihres Glaubens angeleitet werden, das sich durch Selbstverleugnung, Kreuzigung des Fleisches und Dienst am Nächsten von anderen weltlichen Tugenden öffentlich sichtbar abhebt.[416] Andrerseits fußt dieses Konzept des Gemeindeaufbaus auf einer besonderen Wertschätzung der Gemeinschaft und Freundschaft, die durch die zentrale Stellung von Mt 18,19f belegt wird. Nur im Austausch mit anderen frommen Christen können Anfänger den Glauben lernen; der einzelne Pfarrer ist nicht in der Lage, eine so umfassende pädagogische, katechetische und seelsorgerliche Begleitung aller Gemeindeglieder zu leisten. Zwar beruft Winckler sich in seinen Ausführungen zu den Privatkonventen auf Luthers und Speners Gedanken der Sammlung von denje-

[415] Vgl. M. BRECHT, Pietismus, 1997, S. 267f.

[416] Vgl. J. WINCKLER, Bedencken, 1679, S. 149.

nigen, »so mit ernst wollen Christen seyn«,[417] er wendet ihn jedoch auf einen gemeinschaftlichen Lernprozess im Glauben an, der voneinander lernende Christen mit dem Ziel der Stärkung der Schwächeren zusammenschließt. Dadurch unterscheidet sich Wincklers Modell von solchen, die wie Speners Konzept der *ecclesiola in ecclesia* eine Sammlung und Förderung der Frommen in der Kirche beabsichtigen.[418] Mit der gleichen Tendenz bezieht Winckler auch die lutherische Lehre vom allgemeinen Priestertum nicht auf ein elitäres Priestertum weniger besonders begabter Christen, wie es z.B. Jane Leade, Johanna Eleonora von Merlau, Johann Georg Gichtel und Ernst Christoph Hochmann von Hochenau taten,[419] sondern auf ein gleichberechtigtes Priesteramt aller Getauften und Gläubigen. Auch Winckler deutet zwar mitunter einen besonderen Stand der Rechtfertigung an, der zusätzlich zur Taufe durch Erfahrung im Glauben und christliche Lebensführung (Heiligung) entsteht. Dominierend ist jedoch die von Martin Luther, Conrad Dieterich und Gisbert Voetius übernommene Vorstellung, dass das öffentliche Bekenntnis in Wort und Tat die Pflicht aller Christen sei, unabhängig von ihren verschiedenen Gaben, ihrem Beruf, ihrem Ansehen, ihrem Alter oder ihrem Geschlecht: Auch den Unwissenden sei die Erbauung des Nächsten möglich und seien es nur »fünff Wort im Sinn und gutgemeinten Hertzen«.[420] Neben die öffentliche Predigt, den Katechismusunterricht und die häusliche Andacht tritt in den Privatzusammenkünften eine weitere Methode der Verkündigung des Evangeliums: das partnerschaftliche Gespräch zwischen Laien, in dem Zweifel und Fragen, aber auch eigenständige Beiträge sowie persönliche Ratschläge zur *praxis pietatis* laut werden sollen. Implizit heißt das: Der Glaube kommt nicht nur aus der Predigt und dem Empfang der Sakramente, wie es die Orthodoxie im Anschluss an Paulus lehrt; er entsteht auch durch die Kommunikation und

---

[417] Ebd., S. 37; vgl. ebd., S. 38–40.

[418] Vgl. J. WALLMANN, Philipp Jakob Spener, ²1986, S. 260f. Folgt man hingegen der von M. Matthias vertretenen These, dass es bei Speners Modell der *ecclesiola* nicht um die Förderung der Frommen, sondern um die Anleitung der Frommen zur Unterrichtung weiterer Kreise geht, dann ist Wincklers Konzept von Privatzusammenkünften, die dem Gemeindeaufbau dienen, mit diesem Ansatz weitgehend identisch. Einen gedanklichen Austausch zwischen Winckler und Spener vorausgesetzt, ist dann jedoch weiterzufragen, warum Winckler den Terminus der *ecclesiola in ecclesia* nicht einmal in abgewandelter Form benutzt und warum so viele weitere inhaltliche und terminologische Unterschiede zwischen Speners und Wincklers Modellen vorliegen wie z.B. die unterschiedliche Bewertung fester Organisationsformen und die abweichende biblische Begründung. Meines Erachtens zeigt sich daran, dass Winckler die gedankliche Unschärfe zwischen der Aussonderung und Förderung der Frommen sowie der Unterrichtung weiterer Kreise in der Gemeinde durch die Frommen erkannte und durch das Modell kirchlicher Erbauungsversammlungen überwinden wollte; vgl. M. MATTHIAS, Collegium pietatis, 1993, S. 52–57.

[419] Vgl. R. ALBRECHT, Johanna Eleonora Petersen, 2005, S. 176–180.

[420] J. WINCKLER, Bedencken, 1679, S. 130.

Interaktion mit anderen Christen.[421] Zugleich zeichnen sich mit der Betonung der individuellen Glaubensentwicklung, der gegenseitigen Verantwortlichkeit, der existentiellen Frömmigkeit und der bibelkonformen Ethik neue theologische Schwerpunkte ab.

Johann Wincklers Entwurf kirchlicher Privatzusammenkünfte, die durch die geistliche Förderung des Individuums auf den Aufbau der ganzen Gemeinde zielen, schöpft aus verschiedenen theologischen Quellen. Er stützt sich zum einen auf die Kirchenväter, wobei der häufige Rekurs auf Johannes Chrysostomos, der für seine Begabung als volksnaher moralischer Prediger, für sein soziales Engagement für Arme, Fremde und Kranke sowie für seine Betonung der christlichen Nächstenliebe, Verantwortung und Gemeinschaft bekannt ist, besonders auffällt. Zum anderen beruft Winckler sich auf die jüdische Tradition, z.B. auf die Rabbiner Abraham ibn Esra und Isaak ben Jehuda Abrabanel. Als Vorbilder unter den lutherischen Theologen der Reformationszeit, der Orthodoxie und der zeitgenössischen Gegenwart führt er Martin Luther, Conrad Dieterich, Justus Gesenius und Philipp Jakob Spener an, während als wichtigster reformierter Theologe Gisbert Voetius erwähnt wird. Nach den kenntlich gemachten Lutherzitaten zu urteilen, schöpft Winckler weniger aus Luthers Frühschriften, welche die christliche Freiheit programmatisch entfalten, als aus den Texten, welche die gegenseitige geistliche Verantwortung der Christen als Seelsorge, Beichte und Gespräch füllen. Am häufigsten wird auf Luthers Büchlein *Von der Beicht* zurückgegriffen, mehrmals auch auf die *Vorrede zur Deutschen Messe* und *Das XIV. und XV. Capitel S. Johannis gepredigt und ausgelegt.* Explizit zum geistlichen Priestertum zitiert Winckler den hessischen Theologen Dieterich, der in seiner Predigt über Ps 51,15a das Desinteresse und die Trägheit der Christen kritisiert und die Ausübung des ihnen befohlenen Priesteramtes anmahnt. An einer einzigen Stelle wird auf Speners Schrift vom *Geistlichen Priesterthum* verwiesen.[422] Stellt man die naheliegende Frage, warum Winckler zum allgemeinen Priestertum gerade nicht Luther als dessen bekanntesten Anwalt, sondern Dieterich und Spener zitiert, so ist darauf hinzuweisen, dass für Winckler wie für die ganze lutherische Orthodoxie die übergeordnete Stellung der berufenen Geistlichen als unumstößlich gilt. Die Notwendigkeit des öffentlichen Amtes wird sowohl in Luthers späteren Schriften als auch von Dieterich und Spener betont. Winckler begründet die besondere Rolle des kirchlichen Predigtamtes in seinem Traktat nicht; er setzt voraus, dass die öffentliche Predigt sowie die Austeilung der beiden Sakramente Taufe und Abendmahl den berufenen Predigern vorbehalten sind. Das Priestertum der Laien, das zwar ebenfalls in der Mitt-

[421] Vgl. M. BRECHT, Pietismus, 1997, S. 267.
[422] Vgl. J. WINCKLER, Bedencken, 1679, S. 44.

lerschaft zwischen Gott und den Menschen sowie in der Verkündigung des Evangeliums besteht, ist für ihn dagegen in der privaten Bibellektüre und Lehre, im Gebet, in der Beichtseelsorge, in der Versöhnungsarbeit, im geistlichen Gespräch, in der Verantwortung für das Heil des Nächsten und in der eigenen beispielhaften Lebensführung angesiedelt. Winckler übernimmt also weitgehend Luthers inhaltliche Konkretionen des allgemeinen Priestertums, stützt sich dabei jedoch auf solche Schriften, welche die Aufgaben der Christen in unpolemischer Weise entfalten und nicht leicht als Kritik am kirchlichen Amt aufzufassen sind. An Wincklers Umgang mit der Lehre des allgemeinen Priestertums zeigt sich für die Bestimmung seines theologischen Standpunktes zum einen, dass er fest in der lutherischen Orthodoxie verwurzelt ist, deren gute Kenntnis ihm zugleich einen freien und differenzierten Umgang mit der Tradition ermöglicht. Zum anderen wird deutlich, dass er aus praktisch-theologischer und nicht aus systematisch-theologischer Sicht an gemeindepädagogischen Reformen interessiert ist. Auf der Suche nach intensivierten Formen christlicher Unterweisung, christlichen Handelns und Zusammenlebens kann er sich deshalb auch solchen Entwürfen öffnen, die dem traditionellen Luthertum fremd sind.

Tatsächlich fällt auf, dass Winckler sich in seiner Apologie nicht nur auf anerkannte lutherische Autoritäten, sondern auch auf Randfiguren des Luthertums wie den Arndt-Verteidiger Melchior Breler sowie auf den reformierten Vordenker der »nadere reformatie« Gisbert Voetius beruft. Von Voetius übernimmt Winckler die in den Niederlanden angewandten Vorgaben zur äußeren Struktur und pfarramtlichen Kontrolle der Privatexerzitien. Er scheint auch dessen Hochschätzung der kleinen christlichen Gemeinschaft, innerhalb derer sich die Glaubensentwicklung des Einzelnen durch die Unterstützung anderer erfahrener Christen vollziehen kann, geteilt zu haben. Dies zeigt sich an der herausragenden Bedeutung, welche das ganz auf die Aspekte der Gemeinschaft, Einigkeit und Freundschaft gedeutete Bibelwort Mt 18,19f für Voetius und Winckler besitzt. Schließlich könnte Winckler auch den voetianischen Gedanken der Präzisität als einer möglichst genauen Ausrichtung des praktischen Handelns an den Regeln der Bibel aufgenommen haben.[423] Wincklers Vorstellung der Collegia pietatis entwickelte sich also sowohl in Aufnahme der lutherisch-orthodoxen Theo-

[423] Johann Jakob Schütz' »Christliche Lebensregeln« (Frankfurt a.M. 1677), ein minutiöser neutestamentlicher Tugendkatalog, wird von Winckler jedoch weder in dem »Bedencken« noch in anderen frühen Veröffentlichungen wie der zweiteiligen Schrift vom »Bau des Christenthumbs« (1680/81) oder der »Antwort auff Herrn Georg Conrad Dilfeld« (1681) erwähnt; s. Teil II. 1.3, Nr. 3–5). Zu den »Christlichen Lebensregeln« vgl. A. DEPPERMANN, Johann Jakob Schütz, 2002, S. 171–180.

logie als auch im Rückgriff auf die reformiert-pietistische Tradition.[424] Zusammenfassend lässt sich sagen, dass Winckler aus dem Reformiertentum die Vorstellung der kirchlichen Verankerung der Collegia pietatis sowie ihre biblische Begründung durch die Zusagen der Gegenwart Christi und der Gebetserhörung in Mt 18,19f übernahm, aus dem Luthertum dagegen ihre inhaltliche Gestaltung als *mutua colloquia*, Beichtseelsorge und Ausübung des allgemeinen Priestertums.

Der Entwurf institutionalisierter Erbauungsversammlungen, den Johann Winckler 1679 im *Bedencken über Hrn. Wilhelm Christoph Kriegsmanns also genannte Symphonesin* der Öffentlichkeit vorlegte, zeichnet sich durch eine Vielzahl neuer Aspekte aus: In formaler Hinsicht stellen die Veranstaltungen eine neue kirchliche Gemeinschaftsform (die Privatversammlung) dar. In methodischer Hinsicht wird hier ein neues Konzept der Glaubensvermittlung (das Gespräch) propagiert. Inhaltlich geht es um die Fokussierung des Individuums und seiner Glaubensentwicklung, um die Reflexion der menschlichen Bedingungen christlicher Gemeinschaft (Verantwortung, Zuwendung, Liebe) sowie um die Konzentration auf eine spezifisch christliche Lebenspraxis des Einzelnen.

[424] Dies gilt auch für Schütz; vgl. ebd., S. 141–158, bes. S. 142. Dagegen hält J. Wallmann fest, dass die Entstehung des lutherischen Pietismus weder durch literarische Bezüge noch durch persönliche Beziehungen vom niederländischen reformierten Pietismus – mit Ausnahme des Labadismus – beeinflusst wurde; vgl. J. WALLMANN, Labadismus, 1995, S. 178. 180. 182. 186.

3. Resümee: Johann Winckler – ein lutherischer Pietist

3.1 Theologische Einordnung

Das abschließende Resümee der frühen Biographie Johann Wincklers steht unter zwei Leitfragen: zum einen der nach Wincklers theologischer Einordnung in das Spannungsfeld von lutherischer Orthodoxie und Pietismus, zum anderen der nach seinem Beitrag zur Entstehung der pietistischen Bewegung. Durch die mikrohistorische Aufarbeitung von Wincklers Ausbildungsweg, seiner Berufstätigkeit und seines Beziehungsnetzes wurden die Faktoren erhoben, die seine Glaubensvorstellungen maßgeblich prägten. Die Analysen seiner frühen Veröffentlichungen aus dem Bereich des akademischen Schrifttums, der Predigt und der Apologetik haben Schwerpunkte seiner Theologie und seines kirchlichen Handelns aufgezeigt. Dabei ist deutlich geworden, dass Winckler zwar in mancher Hinsicht als ein Vertreter der frühen pietistischen Bewegung, in vielen Bereichen aber auch als ein traditioneller Lutheraner gelten kann. Es ist nun auf der Basis der biographischen Darstellung sowie der Pietismusdefinition, die dieser Studie zugrunde liegt, zu prüfen, welche Hauptziele des Pietismus er teilte und welchen er fern stand, welche Anliegen der Orthodoxie er vertrat und wie er beide theologische Strömungen miteinander verband.

Um einen Zugriff auf die Unterschiede zwischen lutherischer Orthodoxie und kirchlichem Pietismus zu bekommen, folgt diese Arbeit dem engeren Pietismusbegriff.[1] Johannes Wallmann definiert den Pietismus als eine religiöse Erneuerungsbewegung, die innerhalb der lutherischen Kirche von Philipp Jakob Spener begründet wurde. Gemäß ihrer Programmschrift, den *Pia Desideria*, ging diese Bewegung in vier Richtungen innovativ über die Orthodoxie hinaus: mit der Forderung, die ganze Bibel müsse jedem Christen bekannt sein; in dem Drängen auf die Verwirklichung des allgemeinen Priestertums durch Mitsprache und Mitwirkung von Laien in geistlichen Dingen; durch die Sammlung der erweckten Christen in besonderen Veranstaltungen außerhalb des Gottesdienstes (Konventikel, Collegia pietatis); durch die »Hoffnung besserer Zeiten« vor dem Jüngsten Gericht, die zu einer gespannten eschatologischen Naherwartung sowie zu einem verstärk-

[1] S.o. Einführung in die Fragestellung.

ten missionarischen und sozialdiakonischen Engagement führte.[2] Neben diesen Neuorientierungen ist auch die für den Pietismus typische Betonung der Heiligung des Lebens (*praxis pietatis*) festzuhalten. Sie war oftmals mit dem Gedanken der Wiedergeburt oder Bekehrung verknüpft und konnte in kritische Selbstprüfung sowie in eine asketische Lebensweise münden.[3]

Im Blick auf Johann Wincklers Stellung zum frühen lutherischen Pietismus gilt zunächst, dass er mit dessen prominentesten Vertreterinnen und Vertretern freundschaftlich verbunden war. Dieses Faktum hat seit jeher dazu geführt, ihn dem Spener'schen Pietismus zuzurechnen. Bereits auf der sächsischen Residenz Wiesenburg begegnete er 1668 Johanna Eleonora von Merlau. In der Tübinger Zeit (um 1670) lernte er Philipp Jakob Spener kennen. Zu diesem entwickelte sich spätestens in den Auseinandersetzungen um die hessischen Collegia pietatis ein engeres Verhältnis, das in einen jahrzehntelangen theologischen Briefwechsel mündete.[4] Zu Johann Jakob Schütz bestand ebenfalls ein vertrautes Verhältnis. Die Patenbeziehungen und das Korrespondenznetz lassen erkennen, dass Winckler zu den Protagonisten des Frankfurter Pietismus vielfältige Kontakte unterhielt, die er durch Besuche und Briefe pflegte. Wichtig ist, dass er nicht erst später zu dem bereits bestehenden Freundeskreis hinzustieß, sondern diesen durch seine Beziehungen nach Wiesenburg wahrscheinlich mitbegründete.

Wincklers erste Ehefrau, Elisabeth Magdalena von Lindau, gehörte zu der Gruppe junger Frauen, die sich auf Schloss Wiesenburg um Johanna Eleonora von Merlau versammelt hatten. Die 1672 geschlossene Ehe war anscheinend ähnlich einer sog. pietistischen Streiterehe angelegt, in der Mann und Frau ihre Ehe unter das Primat der Ausbreitung des Wortes Gottes stellten.[5] Auf diese Ehevorstellung weist auch Wincklers Brautwerbung um Johanna Eleonora von Merlau hin: Allen Anzeichen nach sollte diese Ehe ebenfalls vorrangig der Förderung geistlichen Wachstums dienen. Winckler beurteilte weibliche Frömmigkeit positiv und förderte sie durch die von ihm veranstalteten Collegia pietatis. In seiner zweiten Ehe mit der erheblich jüngeren Johanna Kugelmann scheinen dagegen lutherisch traditionell die gegenseitige Versorgung sowie die gemeinsame Aufzucht der Kinder im Vordergrund gestanden zu haben.

---

[2] Vgl. J. WALLMANN, Frömmigkeit, 2004, S. 81f; vgl. auch M. JAKUBOWSKI-TIESSEN, Eigenkultur, 2004.

[3] Vgl. M. MATTHIAS, Bekehrung, 2004, S. 50–54.

[4] In dieser Korrespondenz scheint eine gleichberechtigte Beziehung bestanden zu haben – anders als in den vielen Fällen, wo Spener einseitig als Ratgeber fungierte. So ist z.B. bei Horb eine stärkere Abhängigkeit von Spener zu konstatieren; vgl. F. HARTMANN, Johann Heinrich Horb, 2004, S. 218f.

[5] Vgl. A. GESTRICH, Ehe, 2004, S. 510.

Inhaltlich folgte Winckler der durch Spener begründeten pietistischen Bewegung vor allem hinsichtlich der neuen Gemeinschaftsform der Collegia pietatis. Er eröffnete 1676 ein Konventikel am Darmstädter Hof und hat – anders als Spener – auch an seinen späteren Wirkungsstätten Erbauungsversammlungen gehalten. Bei der Gründung seines ersten Collegium pietatis orientierte er sich an mehreren Vorbildern: den studentischen Privatübungen seines Leipziger Mentors Andreas Beyer, dem Frankfurter Collegium pietatis von Schütz und Spener, das er ebenfalls selbst besucht hatte, sowie den Empfehlungen zur Einrichtung von kirchlichen Erbauungsversammlungen des niederländischen reformierten Theologen Gisbert Voetius. Wilhelm Christoph Kriegsmanns Schrift *Symphonesis Christianorum* lässt außerdem Bezüge zur religiösen Gesellschaft des Rudolstädter Kanzlers Ahasver Fritsch erkennen. Schließlich ist festzuhalten, dass Winckler in Tübingen mit anderen jungen Theologen zusammengetroffen war, die kurze Zeit später ebenfalls Collegia pietatis gründeten. Nach den bisherigen Erkenntnissen versammelte sich in Wincklers Darmstädter Konventikel ein kleiner Kreis von höheren Hofangestellten, Theologiestudenten und Angehörigen der örtlichen Pfarrerfamilien. Soziale Schranken wurden hier nicht in auffälliger Weise durchbrochen. Kennzeichnend ist hingegen, dass die Versammlung beiden Geschlechtern offen stand. Es wurde ein Abschnitt aus der Bibel gelesen, der Text zur gegenseitigen Erbauung im Gespräch ausgelegt und gemeinsam gebetet. Der Darmstädter Erbauungskreis war keine langfristige Institution; er wurde unter dem Druck von Superintendent Mentzer wahrscheinlich im Winter 1677/78 aufgelöst. Das Engagement für die Collegia pietatis, die Winckler auch in mehreren Schriften öffentlich verteidigte, ist als konstitutives Element für seine Zugehörigkeit zum frühen Pietismus anzusehen.

Mit der Propagierung des pietistischen Konventikelwesens eng verwoben ist Wincklers Interesse an der Aktivierung des allgemeinen Priestertums. In seiner Begründung der Collegia pietatis stellt dieses Theologumenon das wichtigste Argument dar. Er versteht die Erbauungsversammlungen als eine besonders geeignete Institution, um das Priestertum aller Gläubigen zu praktizieren: Durch die gemeinsame Lektüre der Heiligen Schrift vertiefen die Laien ihre Bibelkenntnisse; im Gespräch über das Gelesene üben sie sich in der Verkündigung des Evangeliums durch das Belehren, Trösten und Strafen anderer. Nachdrücklicher als Spener bezieht Winckler unter Berufung auf Luther das priesterliche Amt der Laien auf die Seelsorge, vor allem auf Beichte und Sündenvergebung im geschwisterlichen Gespräch. Das gegenseitige Binden und Lösen des Gewissens zählt er mit Verweis auf Mt 18,15–20 zu den wichtigsten Aufgaben jedes Christen. Hier verknüpfen sich für ihn in hervorragender Weise sowohl das allgemeine Priestertum des Einzelnen als auch die Gemeinschaft der Christen.

Im Blick auf sein Verständnis der *praxis pietatis* kann Winckler ebenfalls dem lutherischen Pietismus zugerechnet werden. Der rechtfertigende Glaube muss für ihn in einer wahrnehmbaren Heiligung des Lebens Ausdruck finden. In den ethischen Konkretionen bleibt er zurückhaltend, drängt jedoch immer wieder zu Gewissensprüfung, Buße und Umkehr. Wincklers Interesse gilt vorrangig der veränderten inneren Haltung der Gläubigen. Kennzeichen des wahren Glaubens, bei dem der Einzelne Gott und Christus mit seiner ganzen Existenz dienen will, sind für ihn die kritische Selbstprüfung und Selbstkontrolle, das unmittelbare Empfinden der göttlichen Gnade sowie die Anfechtung, also das Gefühl völliger Gottverlassenheit. Soweit wir wissen, haben diese Frömmigkeitsvorstellungen auch sein Familienleben und seine Berufspraxis geprägt.

Für den lutherischen Theologen Winckler besaß die Bibel als Offenbarungsquelle normative Autorität. Seine Hochschätzung derselben führte ihn wie viele andere Pietisten zu dauernden Bemühungen um das Verstehen und die Auslegung der Heiligen Schrift.[6] Er förderte das Bibelstudium durch die Gründung von Collegia pietatis, in denen Laien aller Stände die Schrift intensiv studieren und für das eigene Leben auslegen sollten. Auch im Gottesdienst unterstützte er das Bibellesen, indem er die Gemeindeglieder dazu ermutigte, die Bibel mitzubringen und bestimmte Texte nachzuschlagen.[7] Früher als Spener trat er seit 1689 mehrmals selbst als Herausgeber von Bibeln auf.

Johann Winckler teilte mit seinem öffentlichen Engagement für die Collegia pietatis, das allgemeine Priestertum, die Heiligung des Lebens und die Verbreitung der Bibel wesentliche Ziele des kirchlichen Pietismus. Sein theologisches Fundament bildete jedoch die lutherische Orthodoxie. Er war von der konfessionellen Theologie, die an den kursächsischen Fakultäten sowie an der Tübinger Universität gelehrt wurde, tief geprägt und vertrat alle wichtigen lutherischen Lehrmeinungen, z.B. zur Heiligen Schrift, zur Trinität, zu Rechtfertigung und Glauben, zur Erbsünde, den Sakramenten oder den letzten Dingen. In seinen frühen Veröffentlichungen bezieht er sich auf die Kirchenväter, Luther, die Bekenntnisschriften sowie autoritative Lehrer des nachreformatorischen Luthertums. Andere theologische Einflüsse, etwa aus dem Spiritualismus oder Puritanismus, sind dagegen literarisch kaum festzustellen – mit einer Ausnahme: Von Voetius, einem Vertreter der »nadere reformatie«, übernimmt Winckler die Anregungen zur kirchlichen Institutionalisierung der Erbauungsversammlungen.

Die Verwurzelung in der lutherischen Orthodoxie zeigt sich besonders deutlich in den Bereichen, in denen der Pietismus von dieser Tradition

---

6 Vgl. M. BRECHT, Bedeutung der Bibel, 2004, S. 102–104.

7 Vgl. J. WINCKLER, Wohlgemeintes Sendschreiben, 1690, fol. A4^{r}.

abweicht. So stimmen Wincklers Vorstellungen der *praxis pietatis* als Selbstprüfung, Heiligung und Gruppenbildung weitgehend mit den pietistischen Neubestimmungen christlicher Ethik überein. Er verknüpft jedoch die Forderung nach einer veränderten Existenz der Gläubigen nicht explizit mit dem Gedanken der Wiedergeburt bzw. der Bekehrung, der von Spener vorsichtig, und dann bei Francke als entscheidende Glaubenserfahrung breit entfaltet wird.[8] Dort, wo Winckler ausnahmsweise von Wiedergeburt spricht, folgt er der lutherisch-orthodoxen Lehre, nach der die Wiedergeburt durch den Heiligen Geist im Sakrament der Taufe geschenkt wird und den lebenslangen Erneuerungsprozess der Christen bezeichnet. Das geistliche Wachstum des Einzelnen geschieht nicht durch eine willentliche Entscheidung, sondern durch die Verkündigung des Wortes Gottes in Predigt, Sakrament, Lehre und Seelsorge. Nur indirekt nimmt er die Bekehrungsthematik auf, indem er die individuelle Erfahrung im Glauben betont, die durch die *praxis pietatis* vertieft wird. Zurückhaltung übt Winckler auch hinsichtlich der Vorstellung einer »Hoffnung besserer Zeiten« der Kirche vor dem Jüngsten Tag. In seinen frühen Schriften spielen chiliastische Ideen einer noch bevorstehenden irdischen Heilszeit keine Rolle. Vielmehr vertritt er die lutherische Erwartung des Jüngsten Gerichts mit der Wiederkehr Christi. In der Hamburger Zeit spricht er sich gegen den Chiliasmus aus und bestreitet dessen Übereinstimmung mit der lutherischen Lehre.[9]

Vom Ansatz her stehen auch Wincklers praktisch-theologische Bestrebungen in großer Nähe zu den Reformideen der Orthodoxie. Zum einen setzt er sich für die traditionellen Mittel des Gemeindeaufbaus ein, zu denen Predigt, Katechismusunterricht, Kirchenzucht und die in Hessen übliche Konfirmation zählen.[10] Diese Aufgaben fallen klar in die Zuständigkeit des geistlichen Standes. Zum anderen befürwortet er solche Erbauungsversammlungen, die kirchlich institutionalisiert und reglementiert sind. Er überträgt damit das traditionelle Modell, das die Initiative und Verantwortung für das geistliche Leben den Amtsträgern zuordnet, auf die neue pietistische Gruppenbildung der Collegia pietatis. Den Laien kommt, vor allem auf dem Feld der Seelsorge, eine mitwirkende Funktion zu. Die Aktivitäten der Laien und des Pfarrers dienen dem Aufbau der ganzen Gemeinde und richten sich vor allem an die schwachen und unwissenden Christen. Eine besondere Förderung der Frommen, von Spener mit dem Begriff der *ecclesiola in ecclesia* verbunden, ist bei Winckler kein erkennbares Ziel.

---

[8] Vgl. M. MATTHIAS, Bekehrung, 2004, bes. S. 52f. 58–65.

[9] Vgl. Wincklers Bekenntnis vom 17.5.1690, abgedruckt bei [J. WINCKLER], Gründliche Untersuchung, o.O. 1697; Nova Literaria Germaniæ, 1705, S. 198; J. GEFFCKEN, Johann Winckler, 1861, S. 365.

[10] Vgl. H. LEUBE, Reformideen, 1924.

Wincklers Haltung zur Bibel weist lutherisch-orthodoxe und pietistische Tendenzen auf. Einerseits lässt sich seit dem Studium in Tübingen ein vitales Interesse an der Entschlüsselung des Wortes Gottes beobachten, das semantische, religionsgeschichtliche und rabbinische Forschungen motiviert. Der exegetische Schwerpunkt ist an seinen Monographien, seinem Briefverkehr mit namhaften Orientalisten wie Hiob Ludolf, Abraham Hinckelmann und Hermann von der Hardt sowie am Buchbestand seiner Bibliothek abzulesen. Er folgt hier einer Strömung innerhalb der lutherischen Orthodoxie, welche die Unabhängigkeit der exegetischen Theologie von der Dogmatik betont. Andrerseits geht er mit pietistischen Tendenzen konform, die primär nach dem praktischen Nutzen der Heiligen Schrift und ihrer Bedeutung für das Leben des einzelnen Christen fragen. Beides, das theoretische Interesse an der semantischen und theologischen Bedeutung der Schrift sowie die praktische Frage nach ihrem erbaulichen Gehalt, steht bei ihm nebeneinander.

Bei der Beurteilung von Wincklers theologischer Position zwischen Pietismus und lutherischer Orthodoxie ist schließlich die zeitgenössische Außenperspektive zu beachten: Aufgrund seines Eintretens für die Collegia pietatis galt Winckler seit Ende der 1670er Jahre als Spenerfreund und Vertreter der neuen pietistischen Bewegung. Dabei spielen die Auseinandersetzungen mit dem hessen-darmstädtischen Superintendenten Mentzer eine wesentliche Rolle.[11] Mentzer warf Winckler das Abweichen von der lutherischen Lehre durch ein falsches Verständnis von Rechtfertigung und Heiligung vor und drängte damit ihn und die gesamte pietistische Gruppierung in die Rolle des Neuen, Fremden und Falschen.[12] Der Vorwurf der Neuerung wurde in wechselnden Streitfällen immer wieder gegen ihn erhoben. Winckler hat sich jedoch weder von Mentzer, noch später von anderen orthodoxen Theologen seine Zugehörigkeit zum Luthertum bestreiten lassen. Er war in seiner Selbstwahrnehmung ein rechtgläubiger Lutheraner. Dies dokumentierte er z.B. in den Hamburger Auseinandersetzungen um die Collegia pietatis und den Religionseid (1690), indem er sich erneut zum Konkordienbuch bekannte und die Lehren Andersgläubiger verwarf.[13] Außerdem trennte er sich schließlich von einigen alten Weggefährten, die wie Eberhard Zeller, Nikolaus Lange und Johanna Eleonora Petersen abweichende theologische Positionen vertraten. Auffällig ist, dass Winckler trotz seines orthodoxen Selbstverständnisses relativ lange Zeit den Kontakt zu diesen radikalen Pietistinnen und Pietisten hielt. Die Freundschaft zu Spe-

[11] Balthasar Mentzers Vorwürfe wurden 1690 durch Philipp Ludwig Hanneken erneuert, so dass sie für Winckler eine weitreichende Wirkung hatten.

[12] Vgl. H. LEHMANN, »Absonderung«, 1979.

[13] Vgl. Wincklers Bekenntnis vom 17.5.1690, s.o.

ner hingegen blieb zeitlebens bestehen. Auch an den Collegia pietatis, welche der Intensivierung des geistlichen Lebens auf der Grundlage der Heiligen Schrift dienten, hielt er stets fest. Auf der theologischen Grundlage des Luthertums vertrat Winckler die wesentlichen Ziele des frühen Pietismus. In seinem Wirken und seiner Person verband er beides: lutherische Orthodoxie und Pietismus.

3.2 Wincklers Beitrag zur Entstehung des Pietismus

Der Beginn des Pietismus als religiöse Erneuerungsbewegung ist auf das Engste mit der Einrichtung des Frankfurter Collegium pietatis im Sommer 1670 und der Veröffentlichung von Speners Programmschrift *Pia Desideria* im Jahr 1675 verbunden.[14] In dieser Zeit entwickelte sich zwischen Winckler, Schütz, Spener und anderen Gleichgesinnten ein reger Kontakt. Wenig später gründete Winckler die Darmstädter Erbauungsversammlung. Es folgten die Auseinandersetzung mit Mentzer sowie die erste schriftliche Kontroverse um die Konventikel. Aufgrund dieser Ereignisse wurde Winckler frühzeitig als ein Vertreter der pietistischen Bewegung identifiziert. Abschließend ist zu fragen, welchen spezifischen Beitrag er zur Entstehung des Pietismus leistete.

Nach allem, was wir wissen, hat Winckler während seines Pfarrdienstes in Hessen (1672–1678) wichtige Netzwerkarbeit für die frühe pietistische Bewegung geleistet. Durch seine vormalige Tätigkeit als Prinzeninformator auf Schloss Wiesenburg stand er mit Sophie Elisabeth von Schleswig-Holstein-Sonderburg-Wiesenburg sowie mit den Hofangestellten Johanna Eleonora von Merlau, Elisabeth Magdalena und Anna Sophia von Lindau in Kontakt. Auch mit den Grafen von Solms-Laubach, die im sächsischen Wildenfels residierten, war er bekannt.[15] Während seines Tübinger Studiums wurde er auf Spener und evtl. Schütz aufmerksam, die im Sommer 1672 mit von Merlau und Prinzessin Sophie Elisabeth zusammentrafen. Winckler könnte zwischen den regional getrennten Freundeskreisen, die zunächst unabhängig voneinander nach einer intensivierten Frömmigkeitspraxis suchten, als Mittelsmann fungiert haben. Jedenfalls stellte er zwischen ihnen ein wichtiges Bindeglied dar. Durch Briefe und Besuche, die auch weitere Personen einbezogen, festigte er die persönlichen Beziehungen zwischen den Gründerinnen und Gründern des frühen Pietismus.

Winckler gehörte zu den ersten jungen Theologen, die nach Speners Vorbild Collegia pietatis eröffneten. Er verstand die Erbauungsversamm-

---

[14] Vgl. J. WALLMANN, Pietismus, 1990, S. 37.

[15] Im Jahr 1677 wurde er von den Grafen zu Solms-Laubach als Hofprediger in Wildenfels angefragt; die Anstellung kam jedoch nicht zustande; s.o. 2.7.2.

lungen grundsätzlich als eine dritte, halböffentliche Form der Verkündigung des Evangeliums neben dem öffentlichen Gottesdienst und der privaten religiösen Unterweisung in der Familie. Als integraler Bestandteil des Gemeindelebens sollten sie der Stärkung der schwachen Christen dienen. Mit dem Ziel des Gemeindeaufbaus trat Winckler für Privatkonvente unter kirchlicher Leitung und Kontrolle ein. Damit unterschied sich sein Modell der Collegia pietatis sowohl von den frommen Sozietäten, die beispielsweise Kriegsmann befürwortete, als auch von Speners Gedanken der Aussonderung und Förderung der Frommen als auch von separatistischen Ansätzen, die Schütz und von Merlau vertraten. Wincklers Konzept gemeindlich verankerter Erbauungskreise stellte eine wichtige, zukunftsweisende Variante im frühen Spektrum der Collegia pietatis dar. Im kirchlichen Pietismus setzte sich dieses Modell langfristig fort.

In seinem *Bedencken über Hrn. Wilhelm Christoph Kriegsmanns also genannte Symphonesin* (1679) unternimmt Winckler eine ausführliche Begründung der Privatkonvente. Er stützt sich auf die bereits durch Spener vorgebrachten Argumente, denen zufolge die Konventikel eine legitime und sinnvolle Einrichtung seien, da sie der Verbreitung der Bibellektüre, der Förderung der *praxis pietatis*, der Verwirklichung des allgemeinen Priestertums sowie der Wiederbelebung der apostolischen Kirchenversammlungen dienen. Daneben führt Winckler neue Begründungen in die Debatte um die Collegia pietatis ein. Während Spener 1. Kor 14 als den wichtigsten Beleg für die Existenz urchristlicher Gemeindeversammlungen ansieht, zieht Winckler neben anderen Schriftzitaten Mt 18,19f als Kardinalstelle für das biblische Vorbild des geschwisterlichen Gesprächs heran. Die Gelegenheit zum erbaulichen Gespräch, in dem Christen sich auf der Grundlage der Bibel gegenseitig stärken, trösten, ermahnen und vergeben und so das Wort Gottes ausbreiten, stellt für ihn das Proprium der Erbauungsversammlungen dar und legitimiert diese als eine Verkündigungsform neben anderen. Die inhaltliche Ausrichtung, die kirchliche Anbindung und den biblischen Bezug übernimmt er offenbar aus Gisbert Voetius' *Disputationes selectae theologicae*. Winckler kann damit wie Schütz als ein Beispiel dafür gelten, dass der frühe lutherische Pietismus auch vom reformierten Pietismus beeinflusst wurde.[16] Aus dem lutherischen Traditionsgut zitiert Winckler v.a. das Büchlein *Von der Beicht* sowie die *Schmalkaldischen Artikel*, um die Rechtmäßigkeit und Notwendigkeit der Collegia pietatis zu erhärten. Dabei ist zum einen die Betonung der Beichtseelsorge auffällig. Sie ist möglicherweise im Zusammenhang mit der kritischen Gewissensprüfung und Selbstkontrolle zu sehen, die Winckler als entscheidende Frömmigkeitshaltung ansah. In diesem Kontext könnte der Beichte im seelsorgerlichen Ge-

[16] Vgl. A. DEPPERMANN, Johann Jakob Schütz, 2002, S. 142f.

spräch eine wichtige entlastende Funktion zukommen. Zum anderen sticht das Interesse an der Verwirklichung christlicher Liebe und Gemeinschaft hervor. Unter Berufung auf die matthäische Gemeinderegel schärft Winckler die geistliche Verantwortung der Christen füreinander ein. Diese gilt nicht nur für befreundete Christen, sondern für die ganze Gemeinde und kann besonders gut in kirchlichen Erbauungsversammlungen wahrgenommen werden.

Die Lehre vom Priestertum aller Gläubigen, die das theologische Fundament der Collegia pietatis bildete, bezog Winckler nicht nur allgemein auf Laien aller Stände, sondern ausdrücklich auch auf Frauen. Er stand weiblicher Frömmigkeit aufgeschlossen gegenüber, vermutlich aufgrund seiner Beziehungen zu den adligen Frauen auf Schloss Wiesenburg. Durch die Öffnung der Darmstädter Erbauungsversammlung für beide Geschlechter erweiterte er den Handlungsspielraum von Frauen im halböffentlichen Bereich und gab ihnen die Möglichkeit, das religiöse Leben mitzugestalten. Er unterstützte die Beteiligung von Frauen an der pietistischen Bewegung, die besonders von Vertreterinnen des Adels und des städtischen Patriziats eingefordert wurde, während sie jedoch von vielen Männern zum Anlass für eine grundsätzliche Pietismuskritik genommen wurde.[17]

Neben dem Komplex der Collegia pietatis trug Johann Winckler in der Frage der Bibelauslegung zur Entwicklung des lutherischen Pietismus bei. Er vertrat ein ausgeprägtes exegetisches Interesse, wie es in Teilen der protestantischen Orthodoxie seit Ende des 16. Jh. verbreitet war.[18] Im letzten Drittel des 17. Jh. wurde die orthodoxe Frage nach dem Literalsinn der Schrift von einigen Theologen dahingehend verschärft, dass die biblischen Begriffe weitgehend losgelöst von ihrer dogmatischen Fixierung auf ihren innerbiblischen Gebrauch hin untersucht wurden. Diese der jüdischen Exegese ähnelnde Auslegungsweise scheint Winckler in Tübingen kennen gelernt zu haben. Wie Philipp Jakob Spener, Johannes Olearius, Abraham Hinckelmann und Johann Heinrich May verfolgte auch Winckler das Ziel einer »Biblischen Theologie«,[19] verstanden als Ergebnis einer möglichst genauen Exegese, die philologische Forschungen, textkritische Überlegungen, innerbiblische Vergleiche und rabbinische Studien einschloss. Winckler verband diese exegetische Ausrichtung mit der Frage nach der praktischen Relevanz der Schrift. In seinen Predigten und Erbauungsschriften legte er die Bibel in elementarer, anschaulicher und eindringlicher Weise im Hinblick auf die Glaubenspraxis des Einzelnen aus, und zwar ausgehend von einer gründlichen Untersuchung der im Text verwandten Begriffe.

---

[17] Vgl. R. ALBRECHT, Frauen, 2004, bes. S. 526f.

[18] Vgl. J.A. STEIGER, Rezeption, 2000.

[19] Vgl. P.J. SPENER, Pia Desideria (1675), ^{3}1964, S. 25.

Dabei fragte er auf der Grundlage der lutherischen Auffassung von der Rechtfertigung des Menschen allein durch den Glauben v.a. nach der daraus folgenden Heiligung des Lebens, welche den christlichen Glauben als lebensbestimmenden Faktor ausweist. Während das erbauliche Interesse an der Bibel sich im Pietismus gleichsam zu einem neuen hermeneutischen Schlüssel entwickelte, wurde die wissenschaftliche Beschäftigung mit der Schrift nicht von allen pietistischen Gruppen weitergetragen.[20] Die Verbindung von historischer und sprachwissenschaftlicher Exegese mit einer auf die *praxis pietatis* zielenden Schriftauslegung kennzeichnet Winckler als einen Theologen im Übergang von lutherischer Orthodoxie zu frühem Pietismus.

Abschließend ist der Frage nachzugehen, welche Rolle Johann Winckler im Prozess der Ausdifferenzierung des frühen Pietismus spielte, der bereits Ende der 1670er Jahre einsetzte. Winckler war mit Johanna Eleonora von Merlau und Johann Jakob Schütz, die sich beide von Speners Collegium pietatis trennten und von denen Schütz sich darüber hinaus vom öffentlichen Abendmahl enthielt, eng verbunden. Auch mit Eberhard Zeller, der offen heterodoxe Positionen vertrat, war er gut bekannt. Soweit wir wissen, hat er lange Zeit den Kontakt zu den radikalen Vertreterinnen und Vertretern der pietistischen Bewegung aufrechterhalten. Er setzte sich z.B. noch 1688 für die Berufung von Johann Wilhelm Petersen nach Hamburg ein und beschäftigte Eberhard Zeller und Nikolaus Lange bis 1689 als Hauslehrer für seine Söhne.[21] Wie Spener lehnte Winckler den radikalen Pietismus nicht strikt ab, blieb jedoch in seiner eigenen Berufspraxis und Theologie ein engagierter Vertreter der lutherischen Kirche. Bezeichnenderweise trennte sich Winckler aufgrund der Abweichungen von der reformatorischen Lehre von den sektiererischen Freundinnen und Freunden.[22] Dagegen stand er den neuen Frömmigkeitsformen, die diese vertraten, wie den Konventikeln, der vermehrten Bibellektüre, dem ethischen Rigorismus und der Bußpraxis, offen gegenüber. Er versuchte, die pietistische Frömmigkeit innerhalb der lutherischen Kirche zu etablieren. Seine Forderung nach dem »wahren« Glauben, der sich in Wort und Tat äußert, richtete sich nicht an elitäre Zirkel, sondern an die breite christliche Bevölkerung. Durch seinen festen Bezug zur lutherischen Tradition trug Winckler dazu bei, im Unterschied zur sektiererischen Variante frühzeitig einen kirchlichen Weg im Pietismus kenntlich zu machen. Darin liegen die großen Ähnlichkeiten zu Spener, als dessen eigenständiger Weggefährte der lutherische Pietist Winckler gelten kann.

[20] Vgl. M. BRECHT, Bedeutung der Bibel, 2004, bes. S. 104–111.

[21] Vgl. M. MATTHIAS, Johann Wilhelm und Johanna Eleonora Petersen, 1993, S. 199; F. HARTMANN, Johann Heinrich Horb, 2004, S. 280f.

[22] Vgl. Wincklers Bekenntnis vom 17.5.1690 sowie seine Auseinandersetzung mit von Merlau in: J.H. HORB, Das Vielfältige und Schmertzliche Leiden, 1700, fol. a2^{r}–e3^{v}.

Teil II
Bibliographie der Druckschriften und Autographen Johann Wincklers

1. Die Druckschriften Johann Wincklers

1.1 Einleitung zur Forschungslage

Über den Umfang und Inhalt von Johann Wincklers Druckschriften informieren bis heute verschiedene fehlerhafte, unvollständige oder summarische Werkverzeichnisse aus dem 18. und 19. Jh. Einige dieser Verzeichnisse, welche große Verbreitung erfuhren, Erkenntnisfortschritte darstellten oder für die Erstellung der vorliegenden Bibliographie von Interesse waren, sollen kurz vorgestellt werden, denn sie markieren gleichzeitig wesentliche Etappen der frühen Winckler-Forschung.

Alle Werkverzeichnisse gehen wahrscheinlich auf die ältesten, im Todesjahr Wincklers erschienenen Register von Caspar Büssing und der Zeitschrift *Nova Literaria Germaniæ* zurück. Wincklers Hamburger Kollege Büssing gibt als Erster im Anhang seiner 1705 gedruckten Leichenrede auf Winckler ein Verzeichnis von dessen Monographien heraus.[1] Unter dem Titel *Scripta Johannis Winckleri* führt er 38 Druckschriften auf, wobei er mehrteilige Werke, Texte einer Gattung (z.B. *Copulation-Sermones*) und Schriften zu einer Streitsache (z.B. *Scripta in causa Renovationis Vocationis*) unter einer Ziffer zusammenfasst.

Die von Peter Ambrosius Lehmann herausgegebene Zeitschrift *Nova Literaria Germaniæ* führt im Mai 1705 zusammen mit einem lateinischen Nachruf auf Winckler unter 34 Ziffern viele von dessen Druckschriften ohne erkennbare Systematik auf.[2] Bereits auf Büssing verweisend, aber über diesen hinausgehend, werden in Kurzform viele Einzeltitel, oftmals auch Erscheinungsjahr und Druckformat der Schriften genannt. Unter den letzten drei Ziffern wird jedoch ein Großteil der Monographien lediglich summarisch erfasst: die *Scripta in causa Horbiana, videantur in Actis Hamburgensibus*, die *Scripta in causa Renovationis Vocationis* und *Verschiedene Ordinations-, Trauungs- und Leich-Sermonen, als auch einige Vorreden.*[3]

Zwei Jahre später nimmt Heinrich Pipping 1707 in seine Darstellung berühmter Theologen *Memoriam Theologorum* auch Winckler auf.[4] Auf den Abdruck der Trauerrede, die der Rektor des Hamburger Johanneums Jo-

---

[1] Vgl. C. BÜSSING, Gnade Gottes, 1705, S. 35f.

[2] Vgl. Nova Literaria Germaniæ, 1705, S. 196–200.

[3] Vgl. ebd., S. 200.

[4] Vgl. H. PIPPING, Memoriam Theologorum, 1707, S. 1625–1651.

hannes Schultze im Mai 1705 auf Winckler hielt, folgt ein Verzeichnis von insgesamt 51 Schriften. Hier werden erstmals die bislang summarisch erfassten gedruckten Predigten spezifiziert und sechs Vorreden und Herausgeberschaften Wincklers genannt. Pippings bibliographische Angaben zu Wincklers Druckwerk erfahren im 18. Jh. große Verbreitung.[5]

Einen wesentlichen Fortschritt in der Bibliographierung von Wincklers Druckschriften stellt Johannes Mollers Werkverzeichnis in dem biographischen Sammelwerk *Cimbria Literata* von 1744 dar.[6] Hier werden im Anhang eines ausführlichen lateinischen Artikels über Winckler unter den *Scripta Edita* 68 Monographien in chronologischer Reihenfolge aufgeführt. Moller gibt in Kurzform erstmals die Einzeltitel der meisten pietistischen Streitschriften an. Unter *Inedita et Promissa* nennt Moller acht angekündigte Werke Wincklers, die möglicherweise im Konzept oder im Manuskript erhalten waren.[7] Auf Moller beruhen seit Mitte des 18. Jh. diejenigen Lexika, welche Auskunft über Wincklers Druckschriften geben wie Johann Heinrich Zedlers *Universal-Lexicon* (1748),[8] Christian Gottlieb Jöchers *Allgemeines Gelehrtenlexikon* (1751)[9] und Friedrich Wilhelm Strieders *Grundlage zu einer hessischen Gelehrten- und Schriftstellergeschichte* (1819).[10]

Johannes Geffcken verzichtet in seiner 1861 erschienenen Teilbiographie auf ein Werkverzeichnis.[11] Er verweist auf die Zugänglichkeit der Druckschriften Wincklers im Hamburger Stadtarchiv und in der Stadtbibliothek. Höchstwahrscheinlich war Geffcken aber federführend an der Erstellung

---

[5] Vgl. z.B. E. UHSE, Curieuses Lexicon, ²1714, S. 1004f; A.C. BEUTHNER, Staats- und Gelehrten-Lexicon, 1739, S. 415–419.

[6] Vgl. J. MOLLER, Cimbria Literata 2, 1744, S. 990–1004.

[7] Von diesen bei J. Moller genannten Schriften habe ich keine auffinden können.

[8] Eine Vielzahl von Wincklers Druckschriften werden hier unvollständig aufgeführt, Ordinations-, Trau- und Vorreden nach Gattungen zusammengefasst. Unter Verweis auf Johann Friedrich Wincklers »Überschwengliche Gnade Gottes« von 1742 kündigt Zedler die Edition der nachgelassenen Werke Wincklers und eine Neuedition seiner Druckschriften an; vgl. GVUL 57, 1748, Sp. 516–526. In der Vorrede zu J.F. WINCKLER, Überschwengliche Gnade GOttes, 1742 (eine Predigtsammlung) kündigt dessen Sohn Johann Dieterich Winckler am 2.3.1742 an, »meines in GOtt ruhenden Groß-Vaters, des weiland um die hiesige Michaelitische Kirche wohlverdienten Pastoris und Rev. Ministerii Senioris, Herrn Johann Wincklers, sämmtliche Schrifften, welche schon eine geraume Zeit her viele vergeblich gesuchet und daher wieder aufgelegt zu sehen gewünschet, solchem Verlangen gemäß zusammen drucken zu lassen", ebd. fol.)(v. Zu dieser Neuauflage ist es offenbar nicht gekommen.

[9] Hier wird im Anhang an den Artikel über Johann Winckler nur eine kurze, ganz unvollständige Aufstellung seiner »vornehmste[n] Schrifften« gegeben; vgl. AGL 4, 1751, Sp. 2008f.

[10] F.W. Strieder macht 1819 relativ detaillierte Angaben zu den durch die »Nova Literaria Germaniæ« und Moller bekannten Druckschriften Wincklers. Mitunter gibt er kurze inhaltliche Hinweise zu den Texten und nennt die Streitschriften, auf die sich Winckler bezieht bzw. die dieser provoziert; vgl. F.W. STRIEDER, Geschichte 17, 1819, S. 141–152.

[11] Vgl. J. GEFFCKEN, Johann Winckler, 1861.

des jüngsten Werkverzeichnisses beteiligt,[12] das sich in dem von Hans Schröder 1883 herausgegebenen *Lexikon der hamburgischen Schriftsteller* befindet.[13] Wincklers Druckwerk ist hier erstmals streng chronologisch geordnet. Die Titelangaben sind erweitert, auch Vorreden und Herausgeberschaften werden aufgeführt. Insgesamt werden 67 Monographien sowie sieben Vorreden und Herausgeberschaften genannt, dabei finden jedoch nicht alle der durch Moller bekannten Monographien Berücksichtigung.[14]

Von den bei Moller und Schröder überlieferten Titeln von 70 Monographien und sieben Vorreden Johann Wincklers habe ich die meisten in öffentlichen deutschen Bibliotheken und Archiven ausfindig machen können. Nicht in allen Fällen ist es bisher gelungen, die Erstausgaben aufzuspüren. Auslagerungen und Verluste im Zweiten Weltkrieg haben die z.B. in Hamburg und Berlin im 19. Jh. noch reichhaltig vorhandenen Exemplare von Wincklers Schriften stark dezimiert. Zusätzlich zu den bisher bekannten Titeln habe ich zwei gedruckte Leipziger Universitätsdisputationen,[15] eine bislang unbekannte frühe Leichenpredigt aus dem Jahr 1673[16] sowie einige bisher noch gar nicht erfasste gedruckte Epicedien[17] auffinden können. Außerdem ist davon auszugehen, dass das Vorwort zu dem 1700 unter Wincklers Seniorat erschienenen *Hamburgischen Gesangbuch*[18] von diesem stammt. Die vorliegende Bibliographie ist als nahezu vollständig anzusehen. Rechnet man spätere Auflagen der Monographien nicht mit, so ergibt sich unter Abzug der unvollständig erfassten Epicedien eine Sammlung von 81 Titeln. Dabei entfallen drei Titel auf akademische Schriften (s. 1.2), 70 Titel auf Monographien (s. 1.3) und acht auf Vorreden (s. 1.4).

Bei dem vorliegenden chronologischen Verzeichnis der Monographien Wincklers handelt es sich um eine autoptisch kontrollierte Bibliographie, d.h. jeder Titel wurde von mir selbst in Augenschein genommen. Nicht festgestellte bzw. von mir nicht selbst eingesehene Schriften werden mit Kurztiteln aufgeführt. Die von mir kontrollierten Schriften sind mit ihrem vollständigen, möglichst druckgetreuen Titel (samt Impressum) aufgeführt. Das im Druck gebräuchliche Umlauten durch hochgestelltes e wird durch heutige Umlaute wiedergegeben. Geminationsstriche werden aufgelöst. Akzente, Satzzeichen, Ligaturen, Kursivschrift und Kapitälchen werden

---

[12] Vgl. H. SCHRÖDER, Lexikon 1, 1851, S. VI. Zu den Vorarbeiten und der Herausgabe des Lexikons der hamburgischen Schriftsteller vgl. ebd., S. I–VIII.

[13] Vgl. ebd. Bd. 8, 1883, S. 65–75.

[14] Außerdem ist eine Druckschrift falsch zugeordnet; vgl. ebd. S. 73, Nr. 55. (Der Text stammt von Johann Joseph Winckler.)

[15] S.u. 1.2, Nr. 1–2).

[16] S.u. 1.3, Nr. 1).

[17] S.u. 1.5.

[18] S.u. 1.4, Nr. 7).

abgebildet. Absätze bzw. Zeilenumbrüche sind durch Doppelstrich (||) markiert. Unter dem Titel sind zunächst – soweit bekannt – Drucker, Verleger, Druckort und -jahr, dann Umfang und Format der Schrift angegeben.[19] Darunter folgen kursiv die Standorte und Signaturen.[20] Weitere Auflagen sind unter der Ziffer des vorausgesetzten Erstdrucks einzeln aufgeführt. Die Standortangaben erheben keinen Anspruch auf Vollständigkeit. Bei mehreren Fundorten habe ich mich im Allgemeinen auf maximal fünf Nachweise in deutschen Archiven und Bibliotheken beschränkt,[21] wobei an erster Stelle die von mir verwandte Ausgabe steht. Nur für besonders stark vertretene Drucke sind in Einzelfällen eine größere Zahl von Standorten angegeben.

1.2 Verzeichnis der akademischen Schriften

1)
SCRUTINII || RELIGIONUM || DISPUTATIO II. || De || PAGANISMO || præcipuè || Gentis nobiliisimæ, || sub cujus Imperio Ecclesia N. T. cœ- || pit & crevit, || ROMANORUM || PRÆSIDE || HIERONYMO KROMAYERO, || S.S. Theol. Doct. ac Prof. Publ. || RESPONDENTE || M. JOHANNE WINCKLERO, Grimmâ || Misnico S.S. Theol. Cultore. || Die 20. August. Anno 1667. || horis & loco consvetis. || Typis JOH. WITTIGAU. ||
Leipzig: Johann Wittigau 1667
[22] S. 4°
<27> 4 Diss. theol. 85 (3):2

2)
COLLEGII ANTI-SOCIN. || *DISPUTATIO XX.* || DE || SS. TRINITATE. || *RESPONDENTE* || M. JOHANNE Winckler/ || Grimmens. SS. Th. Studioso. || d. 27. Junii 1668. || [in:] JOHANN. ADAMI SCHERZERI, || EGRANI, SS. Theol. D. & Profess. Primarii, || Colleg. Theol. Senioris, Ingenui Præsulatûs Misn. || Canonici, Consistorii, qvod Lipsiæ est, Electora- || lis & Ducal. Saxon. Adsessoris, & c. || COLLEGIUM || ANTI-SOCINIANUM || *CLIV* || DISPUTATIONIBUS PUBLICIS || ABSOLUTUM. || *Cum Indicibus necessariis.* || *LIPSIÆ,* || Sumptibus Hæredam FRIDERICI LANCKISII. || *Typis JOHANN. ERICI HAHNII.* || M. DC. LXXII. || [S. 169–177.]
Leipzig: Friedrich Lanckisch II./Johann Erich Hahn 1672
1264 S. 4°

---

19 Die Schreibweise der Namen der Drucker und Verleger folgt J. BENZING, Buchdrucker, ^{2}1982.

20 Die Bibliothekssigel folgen dem Sigelverzeichnis des Deutschen Bibliotheksinstituts Leipzig nach dem Jahrbuch der Deutschen Bibliotheken 59, 2001. Eine Auflösung der verwandten Sigel findet sich im Anhang. 4.

21 In einem einzigen Fall musste ein ausländischer Standort angegeben werden; s.u. 1.3, Nr. 66). Dieses Werk konnte ich nicht selbst einsehen.

<23> 252.37 Theol.
<3> AB 38 5/i (4)
FB Ev. Theologie G VI 691

3)
ORACULUM || DAVIDICUM, || PSALM. LI. vers. VII. || *Ecce in iniquitate genitus sum, & in peccato* || *concepit me mater mea.* || Ab || Adversantium Perversionibus || vindicatum. || DISSERTATIO I. || *Quam* || Divino annuente Numine, || Indulgente Ampliss. Facult. Theol. Tubing. || & || Moderante || DN. JOHAN. ADAMO OSIANDRO, || S. S. Theol. D. & P. P. longe Celeberrimo, Eccles. || Tubing. Superattendente vigilantissimo & c. Dn. suo || Patrono & Præceptore æternum co- || lendissimo. || *Theologorum Examini subjiciet* || Horis, locoque consuetis || JOHANNES WINCKLER, || Grimmâ Misnicus Author. || *Ad diem Mart.* || *TUBINGÆ,* || Typis JOHANN-HENRICI REISI, || ANNO M. DC. LXXII. ||
Tübingen: Johann Heinrich Reis 1672
36 S. 8 S. 4°
<1> Bf 4 (24)
3a)
anderer Druck (ohne Widmung):
Tübingen: Johann Heinrich Reis 1672
36 S. 8 S. 4°
<21> Ka I 600-110 (1)
<12> 4 Diss. 2222 (32)
<24> Theol. Diss. 4969

1.3 Verzeichnis der Monographien

1)
Geistlicher Krieger und Sieger || auffgesteckte || Ehren=Fahne/ || Welche || Dem Weiland Edlen und || Mannvesten || Hn. Johann Schaden/ || Wohlverdienten Hauptmann und Com= || mendanten der Vestung Marxburg/ || Nachdem derselbe den 18. Decembr. abgewichenen 1673. || Jahrs vor Mittag umb 11. Uhr in seinem Heyland JEsu Christo auch den || Tod selig überwunden/ und darauff den 21. desselben mit einer ansehnli= || chen und Volckreichen Leichbegängnuß in der St. Martin Kir= || chen zu Braubach zur Erden bestattet || wurde/ || Auß der Offenbahrung St. Johannis am andern Cap. || vers. 10. || In einer Leichen=Predigt zu letzten wohlverdienten Ehren || auffrichtete || M. Johann Winckler/ Pfarrer zu Braubach || und Metropolitanus. || Darmstatt/ || Gedruckt bey Henning Müllern/ Fürstl. Buchdr. || Im Jahr Christi 1674. ||
Darmstadt: Henning Müller 1674
32 S. 4°
<17> Gü 5525 (7)

2)
Johann Wincklers || Bedencken || über || Hrn. Wilhelm Christoph || Kriegsmanns || also genannte || SYMPHONESIN || oder || Büchlein || Von einzelen Zusammenkunff-ten || der Christen. || Verlegts Carl Scheffer/ Buchh. || In HANAU/ || Druckts Johann Burckhard Quantz/ in der || Aubryschen Officin, Anno 1679. ||
Hanau: Karl Scheffer/Johann Burchard Quantz 1679
156 S. 12°
<23> QuN 956 (2)
<39> Theol. 8° 636a/5 (1)
<Ha 33> 12 F 8 (5)
<15> 54-8-5107

3)
Der Bau || des || Christenthumbs || oder || Anweisung/ wie ein || Mensch sein Christenthumb || wol führen soll: || In || einer Predigt || auff das Neue Jahr 1680. || Der Evangelischen Ge= || meinde zu Wertheimb auß dem || ordentlichen Fest=Evange= || lio fürgestellet || Durch || Johann Wincklern || Superintend. daselbst. || Franckfurt am Mayn/ || Druckts Wendel Möwald. || Anno M DC LXXX. ||
Frankfurt a.M.: Wendelin Möwald 1680
91 S. 12°
<39> Theol. 8° 729/10 (4)
3a)
vgl. Nr. 45) Hamburg/Rudolstadt, Gottfried Liebernickel/Heinrich Urban 1697, S. 661–720:
Der Bau || des || Christenthums || oder || Anweisung/ || Wie ein Mensch sein Christenthum || wohl führen soll: || In einer Predigt auff das || Neue Jahr 1680. || Der Evangelischen Gemeinde || zu Wertheim aus dem ordentli= || chen Fest=Evangelio fürgestellet || Durch || Johann Wincklern/ || damal. Superintendent daselbst. ||
<39> Theol. 8° 790/4 (6)
<24> Theol. oct. 19531 (6)
<48> Theol. 8° 6476 (6)

4)
Fortgeführter Bau des Christentums oder Neujahrs-Predigt über Luk 2,21, Frankfurt 1681.
4a)
vgl. Nr. 45) Hamburg/Rudolstadt, Gottfried Liebernickel/Heinrich Urban 1697, S. 721–772:
Fortgeführter Bau || des || Christenthums || oder || Fernere Anweisung/ || Wie ein Mensch sein Christenthum || wohl führen soll: || In einer Predigt auff das || Neue Jahr 1681. || Der Evangelischen Gemeinde || zu Wertheim aus dem ordentli= || chen Fest=Evangelio fürgestellet || Durch || Johann Wincklern/ || damals Superintendent daselbst. ||
<39> Theol. 8° 790/4 (7)
<24> Theol. oct. 19531 (7)
<48> Theol. 8° 6476 (7)

5)
Johann Wincklers || Superintendent. zu Wertheim || Antwort/ || Auff || Herrn Georg Conrad || Dilfeld/ || Evangelischen Predigers || zu || Nordhausen/ || Also genante || Gründliche Erörterung || Der Frage || Von || Privat-Zusammenkunfften. || Hanau/ || Gedruckt und verlegt von Carl Scheffern/ || Im Jahr Christi 1681. ||
Hanau: Karl Scheffer 1681
60 S. 12°
<24> Theol. oct. 19530
<39> Theol. 8° 636a/5 (2)
<Ha 33> 67 F 10 (1)
<1> Dm 7780

6)
Trauer=Sermone || und || Leichen=Predigten/ || Bey der Beysetzung und Beerdigung der verblichenen Leichname || Der weyland || Hochgebornen Grafen und Herren/ || Hn. Ludwig Ernsts/ || Herrn || Friedrich Eberhards || Und || Hn. Gustav Axels/ || Herren Gebrüdere/ || Grafen zu Löwenstein/ || Wertheim/ Roschefort/ Viernenburg und Montagu/ Ober=Herren || zu Chassepierre/ Herren zu Scharpffen=Eck/ Breuberg/ Herbimont || und Neuschateau/ etc. || Darvon der Aeltere den 19. Sept. des Nachts zwischen 11. und 12. Uhr Anno 1681. || Der Mitlere/ den 23. Martii zwischen 11. und 12. Uhr Mittags: Der Dritte/ den 26. Martii des Nachts umb || 10. Uhr dieses 1683. Jahrs sanfft und selig in Derer Residentz=Statt Wertheim das Zeitliche gesegnet/ und die || Leichname/ des Ersten/ den 29. Septembr. gemeldeten 1681. Jahrs/ der Andern Beyden aber den 5. April. Abends || erwehnten 1683. Jahrs mit ansehnlichem Comitat daselbst in der Statt=Kirchen beygesetzet || und folgenden Tags in Ihre Grabes=Grufft einsencket worden. || Gehalten von || Dererselben gewesenen Beicht= Vättern/ || Johann Wincklern/ Superintendenten zu Wertheim/ || Und || Philipp Jacob Förtzschen/ Hof=Predigern und Stadt=Pfarrern || zu Löwenstein. || Franckfurt am Mayn/ || Getruckt bey Johann Dieterich Friedgen. || M DC LXXXIII. ||
Frankfurt a.M.: Johann Dietrich Friedgen 1683
83 S. 4°
<17> O 5246/40
<26> W 50810 fol
6a)
vgl. Nr. 45) Hamburg/Rudolstadt, Gottfried Liebernickel/Heinrich Urban 1697, S. 773–862. 863–942:
Leichen=Predigt/ || Über die Worte des Heil. Apostels || Pauli/ in der 2. Epist. an Timoth. IV. || v. 6. 7. 8. || Gehalten || von || Johann Wincklern/ || gewesenen Superintendenten zu || Wertheim. ||
<39> Theol. 8° 790/4 (8)
<24> Theol. oct. 19531 (8)
<48> Theol. 8° 6476 (8)
Johann Wincklers/ || gewesenen Superintendenten zu || Wertheim. || Gehaltene || Leichen=Predigt/ || Über die Worte des Heil. Apostels || Pauli/ in der Epistel an die Römer || Cap. XIV. v. 7. 8. 9. ||
<39> Theol. 8° 790/4 (9)

<24> Theol. oct. 19531 (9)
<48> Theol. 8° 6476 (9)

7)
Des Kreuzes Herrlichkeit oder Leichenpredigt aus 2. Tim 2,11–13, Wertheim 1684.
7a)
vgl. Nr. 45) Hamburg/Rudolstadt, Gottfried Liebernickel/Heinrich Urban 1697, S. 943–1002:
Des Creutzes || Herrlichkeit/ || Gezeiget || in einer Christlichen || Leich=Predigt/ || Über die Worte des Heil. Apostels || Pauli/ in der 2. Epistel an Tim. II. || v. 11. 12. 13. || von || Johann Wincklern/ || gewesenen Superintendenten zu || Wertheim. ||
<39> Theol. 8. 790/4 (10)
<24> Theol. oct. 19531 (10)
<48> Theol. 8° 6476 (10)

8)
Die Gewißheit || der || Seeligkeit/ || Welche || Christlichen Eltern || bey Absterben ihrer || Kinder/ || Zum Trost auß anlaß der Wort || deß H. Apostels Jac. II, 21. || Ist nicht Abraham unser || Vatter durch die Wer= || cke gerecht worden/ etc. || Offentlich für-getragen und || auff Begehren zum Truck || verfertiget hat || Johann Winckler/ || Superintendens zu || Wertheim. || Franckfurt/ || Verlegts Joh. David Zunner. || 1684. ||
Frankfurt a.M.: Johann David Zunner/Balthasar Christoph Wust I. 1684
142 S. 12°
<23> QuN 1098 (2)
<23> QuN 1099 (1)
<9> 520/Ft 130 (1)
8a)
vgl. Nr. 45) Hamburg/Rudolstadt, Gottfried Liebernickel/Heinrich Urban 1697, S. 309–384:
Die Gewißheit || Der || Seligkeit/ || Welche || Christlichen Eltern bey Abster= || ben ihrer Kinder/ zum Trost/ || aus Anlaß der Worte des H. Apostels Jac. II, 21. || Ist nicht Abraham unser Vater || durch die Wercke gerecht wor= || den/ etc. || öffentlich fürgetragen/ und auff Be= || gehren zum Druck verfertiget hat || Johann Winckler. ||
<48> Theol. 8° 6476 (4)
<39> Theol. 8° 790/4 (4)
<24> Theol. oct. 19531 (4)

9)
Johann Wincklers || Wertheimische Valet= || und || Hamburgische || Anzugs=Predigten/ || Deren jene zu Wertheimb in der Haupt=Kirchen || den 18 Septembr. als er nach GOttes Willen aus seiner über || fünff und ein halb Jahr daselbst verwalteten Inspection und Kirchen- || Ambt trat. Diese aber zu Hamburg den 4 Novemb. dieses lauf= || fenden 1684. Jahres/ als er zur Pastorat=Stelle der Kirchen || zu S. Michael solenniter introduciret wurde. || Vor Volckreichen Versamlungen gehalten und auff Begehren || zum Druck befördert worden. || HAMBURG/ || Ge-

druckt bey Georg Rebenlein/ E.E. Raths Buchdrucker. || In Verlegung David Völckers/ im H. Geist/ || bey welchem sie auch zu bekommen. ||
Hamburg: David Völckers/Georg Rebenlein 1684
48 S.+72 S. 4°
<H 46> A 650/3 (17)
<H 46> A 650/179 (Kapsel 1)
<23> QuN 110 (2-3)
9a)
vgl. Nr. 45) Hamburg/Rudolstadt, Gottfried Liebernickel/Heinrich Urban 1697, S. 1003–1080. 1081–1202:
Johann Wincklers/ || Wertheimische || Valet=Predigt || Gehalten in der Haupt=Kir= || chen zu Wertheim/ den 15. Se= || ptembris 1684. || über die Worte || Actor. XX. v. 22. ||
<39> Theol. 8° 790/4 (11)
<24> Theol. oct. 19531 (11)
<48> Theol. 8° 6476 (11)
Johann Wincklers/ || Hamburgische || Anzugs=Predigt/ || Gehalten zu Hamburg in der || Kirchen St. Michaelis den 4. No- || vembr. 1684. || Über die Worte des Heil. Apostels || Pauli in der 1. Epist. an die Cor. II. || v. 6. 7. ||
<39> Theol. 8° 790/4 (12)
<24> Theol. oct. 19531 (12)
<48> Theol. 8° 6476 (12)

10)
GOTT/ || des Menschen || Höchstes Guth/ || aus || Luc. X. v. 41. 42. || Der Christlichen Gemeinde zu S. Mi- || chaelis in Hamburg öffentlich für= || getragen/ || und || Auff begehren Frommer Christen in Druck || gegeben || von || Johan Winckler Pastore || daselbst. || HAMBURG/ || In Verlegung David Völckers im Heiligen Geist/ || ANNO 1685. ||
Hamburg: David Völckers 1685
[51] Bl. 4°
<24> Theol. qt. 7682
<Ha 33> 32 C 8
10a)
vgl. Nr. 45) Hamburg/Rudolstadt, Gottfried Liebernickel/Heinrich Urban 1697, S. 1 162:
GOTT/ || des Menschen || Höchstes Gut/ || Aus || Luc. X. v. 41. 42. || Der Christlichen Gemeine zu || St. Michaelis in Hamburg öf= || fentlich fürgetragen || von || Johann Winckler/ Pastore || daselbst. ||
<39> Theol. 8° 790/4 (1)
<24> Theol. oct. 19531 (1)
<48> Theol. 8° 6476 (1)

11)
Der || Uberschwängliche Reichthumb || der Gnade || JEsu CHristi/ || In || der Belohnung guther Wercke || sich erweisende/ || Der Christlichen Gemeinde am Sontag

Septu- || agesimæ zu Hamburg in der Pfarr=Kirchen zu || St. Michael vorgetragen/ || Und auff hohes Begehren sampt einen Anhang || der auch beliebten Andacht von den || Turcken=Kriegen/ || Zum Druck befordert || von || Johann Wincklern/ || Pastore daselbst. || HAMBURG/ || Gedruckt bey Georg Rebenlein/ in Verlegung || Hans Dosen in St. Nicolai Kirchen/ 1685. ||
Hamburg: Hans Dose/Georg Rebenlein 1685
84 S. 4°
<18> Scrin. A/424 (1)
<23> QuN 110 (4)
<Hel 1> II J 385
11a)
vgl. Nr. 45) Hamburg/Rudolstadt, Gottfried Liebernickel/Heinrich Urban 1697, S. 163–240. 241–308:
Der || Überschwängliche Reichthum || der Gnade || JEsu Christi/ || In der Belohnung guter || Wercke sich erweisende. || Der Christlichen Gemeinde am || Sontag Septuagesimæ zu Hamburg || in der Pfarr=Kirchen zu St. Mi- || chael vorgetragen/ || Auff hohes Begehren/ sammt einem || Anhang der auch beliebten Andacht || von den || Türcken=Kriegen/ || Zum Druck befördert || von || Johann Wincklern/ || Pastore daselbst. ||
<39> Theol. 8° 790/4 (2)
<24> Theol. oct. 19531 (2)
<48> Theol. 8° 6476 (2)
Johann Wincklers || Ohnvorgreffliche || Andacht || von den || Türcken=Kriegen. ||
<39> Theol. 8° 790/4 (3)
<24> Theol. oct. 19531 (3)
<48> Theol. 8° 6476 (3)

12)
Das || Vollkommene Alles unser Seelen || JEsus Christus || der Gecreützigte/ || In || Unterschiedlichen || Betrachtungen || erwiesen und zum Druck gegeben || Von || Johann Wincklern/ Pastorn zu St. Michael || in Hamburg. || Druckts Peter Ziegler/ im Jahr Christi 1689. ||
Hamburg: Peter Ziegler 1689
244 S. 4°
<39> Th. 710/18
<Ha 33> 28 C 5
12a)
späterer Druck
Hamburg: Gottfried Liebernickel 1697
244 S. 4°
<39> Theol 4° 283/5 (2)

13)
Das || Unvermögen || der || Wiedergebohrnen || In diesem Leben gantz ohne || Sünde zu seyn; || Aus || dem Rom. VII. cap. v. 14. biß 20. || Dominica Judica || ANNO 1689. || Der Christlichen Gemeine || zu St. Michaelis in Hamburg/ wie= || der Roberti Barc-

lai, eines so genanten || Qvackers/ Apologie achten Satz/ || öffentlich vorgetragen/ und || auf Begehren || Nicht sonder Vermehrung || in Druck gegeben || Von || Johann Wincklern/ Pastore || daselbst. || Hamburg/ Druckts Peter Ziegler. ||
Hamburg: Peter Ziegler 1689
312 S. 12°
<48> Theol. pract. 8° 8721
13a)
vgl. Nr. 45) Hamburg/Rudolstadt, Gottfried Liebernickel/Heinrich Urban 1697, S. 385–660:
Das || Unvermögen || Der || Wiedergebohrnen/ || In diesem Leben gantz ohne || Sünde zu seyn; || Aus dem Rom. VII. cap. v. 14. biß 20. || Dominica Judica, Anno 1689. || Der Christlichen Gemeine zu St. || Michaelis in Hamburg/ wider Roberti || Barclai, eines so genannten Qvackers/ || Apologie achten Satz/ öffentlich || vorgetragen || und auff Begehren || nicht sonder Vermehrung || in Druck gegeben || von || Johann Wincklern/ || Pastore daselbst. ||
<39> Theol. 8° 790/4 (5)
<24> Theol. oct. 19531 (5)
<48> Theol. 8° 6476 (5)

14)
Abdruck || (I) E. HochEhrw. Hamb. Minist. || publicirten REVERS || oder abgefassete FORMULA JURATÆ || (II) (Tit.salv.) Herrn || Johann Winckler/ || Pastor ad Div. Michael. in Hamburg abgelassenes || Send=Schreiben/ || Worinnen die Ursachen/ warumb die geschehene || SUBSCRIPTION des REVERSES, || rescindiret worden/ angezeiget. || (III) (Tit.salv.) Herrn || Abraham Hinckelmann/ || S.S. Theol. D. und Past. ad St. Cathar. in Hamburg || abgelassenes MISSIV || Worinnen Er Rev. Minist. VIII, Rationes vorstellet/ so ihm den || Revers zu unterschreiben/ abgehalten. || FRANKFURT/ || Gedruckt im Jahr Christi 1690. ||
Frankfurt a.M.: o.D. 1690
[12 Bl.] 17 S. (Wincklers Sendschreiben) 4°
<23> H 35.4° Helmst.
<Ha 33> 53 K 5
<Ha 33> 182 C 13 (15)
<1> Dm 8109 (2)
<15> Syst. Theol. 233 yw:1/18
14a)
anderer Druck:
Frankfurt a.M.: o.D. 1690
[10 Bl.] 4°
<1> Dm 8180
<48> Theol. 4° 3088 (22,2)
14b)
in: ACTA PIETISTICA, Frankfurt a.M. 1691.
Frankfurt a.M.: Thomas Michael Götze 1691
[10 Bl.] 4°
FB Ev.Theol. Hamburg: G VII p 11 (16)

<23> Tq Sammelbd. 1 (18)
<Ha 33> 51 D 12 (18)

15)
Johann Wincklers || Pastoris zu St. Michaëlis in Hamburg || Wohlgemeintes || Send=Schreiben || An || Den HochEhrwürdig/ Großachtbahr und || Hochgelahrten || Hn. PHILIPPUM LUDO- || VICUM HANNEKENIUM, || Der H. Schrifft hochberühmten Doctorem, || Professorem und Superintendentem zu Giessen etc. || Auf dessen || Send=Schreiben/ || Betreffende die so genandte || COLLEGIA PIETATIS. || Gedruckt im Jahr CHristi 1690. ||
[Hamburg]: o.D. 1690
[37] Bl. 4°
<18> Scrin A/1782 (1)
<H 46> A 638/17 (3)
<1> Dm 8150
<39> Theol. 4° 717-718 (3)
15a)
anderer Druck:
48 S. 4°
<3> AB 152940 (11)
<3> AB 55956 (12)
<1> Dm 8180
<Ha 33> 63 C 4 (7)
<Ha 33> 182 C 13 (15)
15b)
in: ACTA PIETISTICA, Frankfurt a.M. 1691.
Frankfurt a.M.: Thomas Michael Götze 1691
64 S. 4°
FB Ev.Theol. Hamburg: G VII p 11 (11)
<23> Tq Sammelbd. 1 (13)
<23> H 335.4° Helmst.
<Ha 33> 33 D 1 (9)
<Ha 33> 53 K 5 (11)

16)
Copulations-Sermon bei Verehelichung von Georg Andreas Crusius, Pastor, und Jungfrau Amalie Rosalie Pisendel, Hamburg 1690.

17)
Gründlicher Beweiß || der || Kinder=Tauffe || aus || Marc. X. v. 14. || den 23. Junii 1691. Jahrs; || Nach Pflicht der Zeit || kürtzlich der Gemeine Got= || tes zu S. Michaelis in Ham= || burg vorgestellet/ || Darauff mit mehrerm auß= || geführet/ und auf Begehren || zum Druck befördert || von || Johann Wincklern/ || Pastore daselbst. || HAMBURG/ || Verlegts Gottfried Liebernickel/ || Buchhändl. im Thum. 1692. / Druckts Peter Ziegler. ||
Hamburg: Gottfried Liebernickel/Peter Ziegler 1692

263 S., 12°
<23> Te 1471
<39> Theol. 8° 555/3 (1)
<39> Theol. 8° 119/7 (2)
<Ha 33> 7 H 27
<3> an Im 1018 (2)
<9> 520/Fp 283

18)
Schrifftmäßiges wohlgemeintes || Bedencken || über || das Send=Schreiben || an einige Theologos, || Betreffend die Frage: || Ob Gott nach der Auffahrt Chri= || sti nicht mehr heutiges Tages durch Göttliche Er= || scheinung den Menschen=Kindern sich offen= || bahren wolle? || Sampt einer erzehlten Specie Facti, von einer || Adelichen Jungfer; || Außgefertiget || von || JOHANN Wincklern/ Pastore zu St. Michaelis || in Hamburg. || In Verlegung Gottfried Liebezeits/ Buchh. in St. Joh. Kirch. || Druckts Peter Ziegler/ ANNO 1692. ||
Hamburg: Gottfried Liebezcit/Peter Ziegler 1692
123 S. 4°
<18> Scrin A/1774 (38)
<H 99> XV 133 (1)
<39> Theol. 4° 728-729 (5)
<23> Ts 60 (2)
<Ha 33> 33 D 3 (14)
<Ha 33> 182 C 13 (48)
18a)
zweite Auflage:
Hamburg: Gottfried Liebezeit 1692
98 S. 4°
<23> Db 145:23a
<Ha 33> 53 K 7 (2)
<Ha 33> 65 C 7 (12)
<9> 520/Fj 795 (17)
18b)
in: ACTA PIETISTICA, Frankfurt a.M. 1691.
Frankfurt a.M.: Thomas Michael Götze 1691
123 S. 4°
FB Ev. Theologie Hamburg: G VII p 11 (55)

19)
Johann Wincklers || Pastoris zu S. Michaëlis in Hamburg || Send=Schreiben || An || Dero HochEhrwürden || Herrn || Abraham Hinckelmann || SS. Th. D. || und hochverdienten Pastorem zu S. Catharinæ, || Betreffend || Einige Anmerckungen || über die Viertzig Sätze/ || Welche ein ohnbenamter Liebhaber des Böhmens || zum Grunde der Antwort auff die gedruckte für= || getragene 40 Fragen von Jacob Böhmens || Lehr gelegt. || HAMBURG/ || Bey Gottfried Liebernickel/ Buchhändl. im Dohm. || Druckts Peter Ziegler/ Im Jahr 1693. ||

Hamburg: Gottfried Liebernickel/Peter Ziegler 1693
132 S. 4°
<H 99> XV 133 (6)
<H 46> Smbd. 43 (64)
<23> H 331.4° Helmst. (31)
<Ha 33> 35 D 12 (3)
<Ha 33> 53 K 3 (31)
<1> Cs 11651

20)
Johann Wincklers || Pastoris zu St. Michaelis in Hamburg || Schutz= und Anrede || An || den Autorem || der außführlichen Beschreibung || des || Unfugs und Wesens || der || Pietisten. || HAMBURG/ || Bey Gottfried Liebernickel/ Buchhändl. im Dohm. || Druckts Peter Ziegler/ Im Jahr CHristi || 1693. ||
Hamburg: Gottfried Liebernickel/Peter Ziegler 1693
56 S., 4°
<18> Scrin. A/1782 (19)
<1> Dm 8004 (10)
<1> Dm 8484
<Ha 33> 33 D 5 (6)
<Ha 33> 49 A 1 (36)
<15> Kirchg. 1204-d

21)
Der unrechtmäßig || verqvackerte || gute Lutheraner/ || In Etlichen Predigten der || Christlichen Gemeine zu S. Michaelis || in Hamburg/ || aus Luc. VI. v. 22:23:24:25:26. || Vorgestellet/ durch || JOH. Wincklern/ Pastorem daselbst. || Die Erste Predigt/ am || 25. Tag des Aprilis/ 1693. || gehalten. || HAMBURG/ || Bey Gottfried Liebernickel/ Buchhändl. im Dohm. || Druckts Peter Ziegler/ Anno 1693. ||
Hamburg: Gottfried Liebernickel/Peter Ziegler 1693
24 S. 4°
<H 99> P 440/149,1
<H 46> A 638/7 Bd. 1 (25)
<H 46> Smbd. 42 (17)
<23> Ts 320 (5)
<Ha 33> 33 D 4 (23)
21a)
Hamburg: Gottfried Liebernickel 1694
24 S. 4°
<18> Scrin A/1917 (5)
<39> Th. 4. 720b-720c (1)

22)
Der unrechtmäßig || verqvackerte || gute Lutheraner/ || In Etlichen Predigten der || Christlichen Gemeine zu S. Michaelis || in Hamburg/ || aus Luc. VI. v. 22:23:24:25:26. || Vorgestellet/ durch || JOH. Wincklern/ Pastorem daselbst. || Die

Andere und Dritte Predigt/ || zusammen gezogen und gehalten den 2. || und 9. May. || HAMBURG/ || Bey Gottfried Liebernickel/ Buchhändl. im Dohm. || Druckts Peter Ziegler/ Anno 1693. ||
Hamburg: Gottfried Liebernickel/Peter Ziegler 1693
40 S. 4°
<H 99> P 440/149,2-3
<18> Scrin A/1917 (6)
<H 46> A 638/7 Bd. 1 (26)
<H 46> Smbd. 42 (17)
<23> Ts 320 (6)
<39> Theol. 4° 720b-720c (1)
<Ha 33> 33 D 4 (24)

23)
Der unrechtmäßig || verqvackerte || gute Lutheraner/ || In Etlichen Predigten der || Christlichen Gemeine zu S. Michaelis || in Hamburg/ || aus Luc. VI. v. 22, 23, 24, 25, 26. || Vorgestellet/ durch || JOH. Wincklern/ Pastorem daselbst. || Die Vierdte und letzte Predigt/ || gehalten den 16. Mäy/ im Jahr Christi || 1693. || HAMBURG/ || Bey Gottfried Liebernickel/ Buchhändl. im Dohm. || Druckts Peter Ziegler/ in obgedachtem Jahr. ||
Hamburg: Gottfried Liebernickel/Peter Ziegler 1693
48 S. 4°
<H 99> P 440/149,4
<18> Scrin A/1917 (7)
<H 46> A 638/7 Bd. 1 (27)
<H 46> Smbd. 42 (17)
<39> Th. 4. 720b-720c (1)
<Ha 33> 49 A 1 (21)

24)
Schreiben so D. Herr Winckler den 21. Aug.1693. || dem Rahte übergeben.
(= Lit. K.) in den Beilagen zu:
Das || Vollständige und Ausführliche || Hamburgische || DIARIUM || Worin gründlich und ohne passion erzählet || wird/ was fürnehmlich wegen des so genandten Buchs/ || die Klugheit der Gerechten in Aufferziehung der Kin= || der/ &c. So Mag. Horbius, Pastor zu St. Nicolai in Ham= || burg zum Druck befodert/ für Streitigkeit vorgefallen. || I. Was und wie das Ministerium dawider geprediget. || II. Wie sich E. E. Raht bey der Sache verhalten. || III. Wie die Prediger darüber selbst uneins || geworden/ und in einander gerahten/ auch deß= || fals einander auff denen Cantzlen angegriffen: und || IV. Wie Mag. Horbius seines Ambts entsetzet/ auch || endlich gar die Stadt verlassen müssen. || V. Wobey noch angefüget alle Schrifften des Ministe- || rij, so dem Rahte übergeben/ auch hingegen alle Decreta || und Conclusa E. E. Rahts so darauff erfolget. || VI. Wie nicht weniger der Revers so Mag. Horbius un= || terschrieben und von sich gestellet. || Allen Warheit liebenden Gemüthern zur zuverlässi= || gen und ausführlichen Nachricht/ von Tag zu Tag/ ohne || alle passion colligirt und zusammen getragen || von || Sincero Verimundo. || ANNO 1694. ||

Hamburg: o.D. 1693
52 S.+Beilagen 4°
<H 46> Smbd. 206 (55)
<18> Scrin A/1917 (1)
<15> Syst. Theol. 233-yw:2/36

25)
D. Abraham Hinckelmans || Vernünfftige || Abfertigung || Der Dritten || Schmäh=Schrifft || Hn. D. Johan Friedrich Mäyers/ || Nebst || beygefügten Brieffe || (Tit.) || Herrn Johann Wincklers/ || Pastoris zu S. Michaëlis. || Gedruckt im Jahr 1694. ||
Hamburg: o.D. 1694
[8 Bl.] 2 S. (Wincklers Brief) 4°
<H 99> XV 133 (10)
<H 46> Smbd. 42 (69)
<Ha 33> 65 C 7
<3> Ung VI 11 (27)
<15> Syst. Theol. 235 (K)
25a)
in: Acta Hamburgensia 2, 1695, S. 570–572.
<18> A/80936:2
<18> Scrin A/1732:2
<H 46> A 638/6 Bd. 2
<Ha 33> 54 G 14.15

26)
Johann Wincklers/ || Pastoris zu St. Michaelis. || und || D. Abraham Hinckelmans/ || Pastoris zu St. Catharin. || Gründlicher Beweiß/ || Daß || So wohl in der gantzen Zeit ihres allhier in Ham= || burg geführten Predig=Amts/ als auch noch letztens || in der Streit=Sache mit Hn. P. Horbio || Keine Gefahr der Verlie= || rung reiner und wahrer Lehre || Unter denen Lehrern || gewesen/ || Und also || Die neulichst entstandene grosse || Unruhe || Ohne Grund sey. || HAMBURG/ Gedruckt bey Peter Ziegler/ 1694. ||
Hamburg: Peter Ziegler 1694
36 S. 4°
<H 99> XV 133 (7)
<H 46> Smbd. 206 (23)
<18> Scrin A/1917 (13)
<23> Ts 319 (39)
<Ha 33> 33 D 10
<Ha 33> 53 K 6 (36)
<15> Syst. Theol. 233-yw:2/29
26a)
in: Acta Hamburgensia 2, 1695, S. 577–618.
<18> A/80936:2
<18> Scrin A/1732:2

<H 46> A 638/6 Bd. 2
<Ha 33> 54 G 14.15
<Ha 33>71 K 4

27)
Johann Wincklers/ || Pastoris zu St. Michaelis || Erste Eilfertige || Antwort || Auff das || Harte TRACTAMENT, || Welches || (Tit.) Hr. Johann Friedrich Mayer/ SS.Th.D. || und Pastor zu St. Jacobi || In seiner so genandten || Gelinden Züchtigung etc. || Ohngescheuet gebrauchet. || Hamburg/ Gedruckt bey Peter Ziegler/ 1694. ||
Hamburg: Peter Ziegler 1694
20 S. 4°
<H 46> Smbd. 43 (16)
<23> Ts 319 (37)
<3> an Ik 2002 (16)
<15> Syst. Theol. 233-yw:2/38
27a)
in: Acta Hamburgensia 2, 1695, S. 663–687.
<18> A/80936.2
<18> Scrin A/1732:2
<H 46> A 638/6 Bd. 2
<Ha 33> 54 G 14.15
<Ha 33> 71 K 4

28)
Johann Wincklers/ || Pastoris zu St. Michaelis. || und || D. Abraham Hinckelmanns/ || Pastoris zu St. Catharinen. || Abgenöthigte || Entdeckung || Der || Unchristlichen Sophistereyen/ || Welche || (Tit.) Hr. Johann Friedrich Mayer/ SS.Th.D. || und Pastor zu St. Jacobi || Zu Ihrer Beschimpffung ungescheuet || In seiner so genandten || Gelinden Züchtigung/ zc || gebrauchet. || Hamburg/ Gedruckt bey Peter Ziegler/ 1694. ||
Hamburg: Peter Ziegler 1694
48 S. 4°
<18> Scrin. A/1917 (15)
<H 46> Smbd. 43 (17)
<23> Ts 319 (54)
<Ha 33> 33 D 10 (2)
<Ha 33> 49 A 1 (22)
<3> Ik 2002 (18)
<15> Syst. Theol. 233-yw:2/39
28a)
in: Acta Hamburgensia 2, 1695, S. 688–756.
<18> A/80936:2
<18> Scrin A/1732:2
<H 46> A 638/6 Bd. 2
<Ha 33> 54 G 14.15
<Ha 33> 71 K 4

29)
Johann Wincklers/ || Pastoris zu St. Michaelis || Abgenöthigte || Bitt=Schrifft || An || E. HochEdl. Hochwei= || sen Rath/ und Löblichen || Bürgerschafft/ || Wegen || Deren in Schrifften außgekommenen || Beschuldigungen. || d. 27. Martii, ANNO 1694. || HAMBURG/ Gedruckt bey Peter Ziegler. ||
Hamburg: Peter Ziegler 1694
8 S. 4°
<H 46> Smbd. 43 (4)
<23> Ts 319 (49)
<15> Syst. Theol. 233-yw:2/35
29a)
in: Acta Hamburgensia 2, 1695, S. 756–762.
<18> A/80936:2
<18> Scrin A/1732:2
<H 46> A 638/6 Bd. 2
<Ha 33> 54 G 14.15
<Ha 33> 71 K 4

30)
Hn. D. Jo. Friedrich Mayers/ || Pastoris zu St. Jacobi || UnChristliche || Sophisterey/ || Die er in seinen letzten ge= || druckten Bogen allzugrob || gebrauchet. || Fürgestellet || Von || Johann Wincklern/ || Pastore zu St. Michaelis. || Hamburg/ Gedruckt bey Peter Zieglern. 1694. ||
Hamburg: Peter Ziegler 1694
28 S. 4°
<H 46> Smbd. 43 (19)
<H 46> Smbd. 206 (33)
<23> Ts 319 (43)
<Ha 33> 33 D 10 (7)
<15> Syst. Theol. 233-yw: 2/42
30a)
in: Acta Hamburgensia 2, 1695, S. 787–829.
<18> A/80936:2
<18> Scrin A/1732:2
<H 46> A 638/6 Bd. 2
<Ha 33> 54 G 14.15
<Ha 33> 71 K 4

31)
Johann Wincklers/ || Pastoris zu St. Michaelis || Gutes Gewissen/ || Gerettet || Wider die || Boßhaffte || Beschuldigungen || Hn. D. Jo. Friedrich Mayers/ || Pastoris zu St. Jacobi. || Hamburg/ Gedruckt bey Peter Zieglern. 1694. ||
Hamburg: Peter Ziegler 1694
24 S., 4°
<H 46> Smbd. 43 (21)
<H 46> Smbd. 206 (36)

<Ha 33> 33 D 10 (4)
<15> Syst. Theol. 233-yw:2/43
31a)
in: Acta Hamburgensia 2, 1695, S. 855–890.
<18> A/80936:2
<18> Scrin A/1732:2
<H 46> A 638/6 Bd. 2
<Ha 33> 54 G 14.15
<Ha 33> 71 K 4

32)
Hn. D. Joh. Friedrich Mayers/ || Pastoris zu St. Jacobi. || Unrichtige Sache/ || Denen || Evangelischen || Christen/ || Vor welcher Augen diese Schrifft kommet/ || Zu Gemüthe geführet. || Von || Johann Wincklern/ || Pastore zu St. Michaelis || Der Erste Theil. || ANNO 1694. ||
Hamburg: o.D. 1694
16 S. 4°
<H 46> Smbd. 43 (23)
<H 46> Smbd. 206 (49)
<23> Ts 319 (42)
<Ha 33> 33 D 10 (19)
<3> Ung VI 11 (29)
<15> Syst. Theol. 233-yw:2/49
32a)
in: Acta Hamburgensia 2, 1695, S. 948–969.
<18> A/80936:2
<18> Scrin A/1732:2
<H 46> A 638/6 Bd. 2
<Ha 33> 54 G 14.15
<Ha 33> 71 K 4

33)
Johann Wincklers/ || Pastoris zu St. Michaëlis, || An || Die geheiligte Häupter/ Getreue Vor= || steher und Christliche Gemeinde zu St. Mi- || chaëlis || Gerichtete || Zuge-müts=Führung || Der || Schmählichen Schrifft/ welche im Nahmen des || R. Ministerii zu Hamburg unter dem Titul: || Die Erste Abfertigung/ etc. || Zu vieler tausend Seelen schweren Aergerniß ans Tages || Licht gekommen/ mit angehengter || Kurtzen Ablehnung der unbilli= || gen Aufflagen. || Hamburg im Jahr 1694. ||
Hamburg: o.D. 1694
24 S. 4°
<H 99> XV 133 (8)
<H 46> Smbd. 43 (10)
<H 46> Smbd. 206 (31)
<23> Ts 319 (22)
<Ha 33> 65 C 6 (18)
<3> an Ik 2002 (19)

<15> Syst. Theol. 233-yw:2/31
33a)
in: Acta Hamburgensia 2, 1695, S. 1023–1064.
<18> Scrin A/1732:2
<18> A/80936:2
<H 46> A 638/6 Bd. 2
<Ha 33> 54 G 14.15
<Ha 33> 71 K 4

34)
Johann Wincklers/ || Pastoris zu St. Michaelis || Kurtze Rettung || Seiner Unschuld/ || Wider || Die hefftige ungegründete || Aufflagen/ || Welche 20 unterschriebene Herren || MINISTERIALEN in Hamburg/ in Ihrer || Andern Außfertigung || Wider alle Wahrheit || Ihm beygemessen. || Hamburg/ Im Jahr Christi/ 1694. ||
Hamburg: o.D. 1694
24 S. 4°
<H 46> Smb. 43 (13)
<H 46> Smbd. 206 (45)
<23> Ts 319 (24)
<Ha 33> 33 D 10 (6)
<15> Syst. Theol. 233-yw:2/51
34a)
in: Acta Hamburgensia 2, 1695, S. 1147–1179.
<18> A/80936:2
<18> Scrin A/1732:2
<H 46> A 638/6 Bd. 2
<Ha 33> 54 G 14.15
<Ha 33> 71 K 4

35)
Johann Wincklers/ || Past. zu St. Michaelis in Hamburg/ || Gründlicher || BEWEIS/ || Daß Er die || Hamburgische || Kirche nicht irre ge= || machet hat. || HAMBURG/ || Gedruckt bey Peter Ziegler/ Anno 1694. ||
Hamburg: Peter Ziegler 1694
56 S. 4°
<H 46> Smbd. 43 (25)
<H 46> Smbd. 206 (54)
<Ha 33> 33 D 10 (5)
<15> Syst. Theol. 233-yw:2/46
<39> Th. 4. 731-732 (36)
35a)
in: Acta Hamburgensia 2, 1695, S. 1289–1361.
<18> A/80936:2
<18> Scrin A/1732:2
<H 46> A 638/6 Bd. 2

<Ha 33> 54 G 14.15
<Ha 33> 71 K 4

36)
Die || Warhafftig vom Teuf= || fel erduldete || Versuchung || CHristi/ || auß || Matthæi Cap. IV. v. 1/11. || Wider || BALTHASAR BECKERN, Doct. || Theol. und gewesenen Prediger || in der Reformirten Kirchen || zu Amsterdam/ || Erwiesen. || Der Gemeine GOttes zu || St. Michaelis in Hamburg/ am 1. || Sonntag in der Fasten/ Anno 1694. || vorgetragen/ und auf Begehren/ vermeh= || ret zum Druck gegeben || Von || Johann Wincklern/ || Pastore daselbst. || Bey Gottfried Liebernickel/ Buch= || händler im Dohm. 1694. || Druckts Peter Ziegler. ||
Hamburg: Gottfried Liebernickel/Peter Ziegler 1694
192 S., 12°
<23> QuN 1074 (2)
<39> Theol. 8° 119/8 (2)
<39> Theol. 8° 541/3 (3)
<Ha 33> 4 H 3 (1)
<15> Pred. 2405

37)
Gründliche || Anweisung || Auß dem Evangelio || Matth. XXI. v. 1–9. || Wie ein wahrer Christ den || rechten Glauben gegen den || einreissenden Naturalismum, welchen || insonderheit Mr. Petrus Schauvin, ein || Frantzösis. gelahrter Flüchtling/ in sei= || ner Religione Naturali zu ver= || theidigen suchet: || Und das gute Gewissen gegen || den überhand genommenen Luxum || und Pracht in cultu proprio oder eigener äus= || serlicher Auf=führung des Menschen ha= || ben und behalten kan. || Der Gemeine Gottes zu S. Mi= || chaelis in Hamburg am 1. Sonntag || des Advents Anno 1694. Summarisch fürge= || tragen/ und mit mehrern außgeführet || zum Druck gegeben || Von || Johann Wincklern/ || Pastore daselbst. || Bey Gottfried Liebernickel/ Buchh. im Dohm. || Druckts Peter Ziegler. 1695. ||
Hamburg: Gottfried Liebernickel/Peter Ziegler 1695
192 S., 12°
<39> Theol. 8° 442/8 (2)
<39> Theol. 8° 119/8 (3)
<Ha 33> 4 H 3
<24> Theol. oct. 19532

38)
Copulations-Sermon bei Verehelichung Herrn Nicolaus Sprangers, Pastor, und Jungfrau Anna Margaretha Schlüter, aus Gen 24,50, Hamburg 1695.

39)
Ehren-Gedächtnisse für Frau Anna Dorothea von Buchwald und Frau Margaretha Hedwig von Ahlefeld, aus Röm 14,7–9, Hamburg 1695.

40)
Trauer=SERMON || Welchen in || Dem Trauer=Hause || Des Hoch= und Wohlgebohrnen Herrn || HERRN || HENRICH || Freyherrn von Delwig/ || Erbherrn zu Wietzendorff/ Zarensdorff/ || Blücher und Timpkenberg/ dieser Löbl. Stadt Hamburg und || dero Miliz hochverdienten General-Lieutnants und Ober=Commendanten, Wohlseligen/ || Vor der hochansehnl: Abführung || Dessen den 7. Januarii entseelten Leichnams || Zu seiner Ruhe=Kammer in der St. Michaëlis Kirchen || Zur || schuldigen Abdanckung || In || PRÆSENZ eines hochansehnl: COMITATS || den 12. Februarii Abends hielte/ || Und darauff auff hohes Begehren || Zum Drucke gabe || Johann Winckler/ Pastor daselbst.|| HAMBURG/ Gedruckt bey Sel. Peter Zieglers Wittwe. 1696. ||
Hamburg: Witwe Peter Ziegler 1696
8 S., 2°
<H 46> A 710/0804:001 (11)

41)
Johann Wincklers/ || Pastoris zu St. Michaelis in Hamburg/ || Vertheidi= || gung || Seines || Gründlichen Beweises || Der || Kinder=Tauffe || Gegen || Die Einwürffe || Etlicher Holländischen || Wider=Täuffer. || Hamburg/ bey Gottfried Liebernickel/ || Buchhändl. im Dohm. 1696. || Gedruckt bey Sel. Peter Zieglers Wittwe. ||
Hamburg: Gottfried Liebernickel/Witwe Peter Ziegler 1696
480 S., 8°
<39> Theol. 8° 790/4 (15)
<27> 8 Bud. Var. 712 (1)
<23> Tq 1352

42)
Die || Gründliche Untersuchung || Des XX. Cap. der Offenb. S. Joh. || Darinne der || UNGRUND || der Gründe des CHILIASMI, || so unter dem Einem H. D. Mayern Past. Hamb. || und K. S. O. K. R. || Großen und Kleinen/ || zu einem Zeugnis ihres Unglaubens/ und schweren Rechnung || von Joh. Wilh. Petersen D. || vorgeleget sind/ || in etlichen Stunden || klärlich gezeigt wird/ || Dessen erste Stunde/ || Darinne in einer || Vorbereitung || aus der Chiliasten eignen Worten/ aus den Gründ. und || Anleit. Zur Tab. Apoc. und aus dem innersten Wesen des Chiliasmi selbst/ || daß derselbe also gelehret wird/ und nicht anders könne/ daß er || (I) Die wahre Glaubens=Regul und Gnaden=Ordnung der Seligkeit verletze; || (II) Alle Articul der Augspurgischen Confeßion und Evangelischen Lehre anstosse; (III) Durch die Lehre vom Vergebung nach dem Tode/ einer Aufferstehung zum natürlichen || Leben/ sich noch alsdenn zubekehren/ und eignen Gnugthuung vor die Sünde im Feg= || Feuer/ Sicherheit einführe; || (IV) Durch die Verdammung unserer Gewissen darüber aus eigner Schuld sich der Brüder= || schafft verlustig mache; || kürtzlich doch Sonnenklar demonstriret wird/ || von || Beflissenen Christlicher Warheit. || Luc. 17. Die falschen Propheten in Schaaffskleidern/ werden zu euch sagen: Das Reich || Christi muß noch kommen in äusserlichen Geberden/ daß man davon sagen könne: || Siehe hie/ siehe da! gehet nicht hin/ folget und gläubet nicht. || Gedruckt im Jahr Christi 1697. ||
o.O.: o.D. 1697

24 S. 4°
<4> XIX CB 755 (16)

43)
Das gute Zeugnüß || Welches || Von || Dem Wohlseligen Ende || Des Weyland || HochEhrwürdigen und Wohlgebohrnen || HERRN || Hrn. ANDREÆ || von Cronenhelm/ || Dero Königl. Majest. zu Dennemarck/ Norwegen in denen Ober= || Appellations Consistoriis der beyden Hertzogthümer Schleßwig/ Holstein hoch = || verordnet=gewesenen Raths/ Præsidis, Probsten des Münsterdorffischen || Consistorii, wie auch in der Freyen Reichs=Graffschafft Ranzau Probsten/ || hochverdienten Pastoris Primarii der Königlichen Stadt und Vestung || Crempe/ und hochberühmten SS. Theolog. Doctoris. || An die || Hinterbliebene Wohlgebohrne || Frau Wittbe/ Frau Tochter/ || Herren Söhne || Zur || Tröstlichen Zufriedensprechung || Ihrer dißfalls hochbetrübten Hertzen || abstattete || JOHANN WINCKLER || Sein zuletzt gewesener Beicht=Vater und Successor in wohlgemeldter || Ranzauischen Probstey. || den 9. Januarii. 1697, || HAMBURG/ Gedruckt bey Sel. Peter Zieglers Wittwe. ||
Hamburg: Witwe Peter Ziegler 1697
8 Bl., 2°
<8> Qh 356

44)
Copulations-Sermon bei Verehelichung Herrn Valentin Heinsenius, Pastor, und Jungfrau Margararetha Klefekens, aus Luk 16,3, Hamburg 1697.

45)
Johann Wincklers/ || Pastoris zu S. Michaelis || in Hamburg/ || Ausführliche || Betrachtungen/ || über || Etliche || fürtreffliche Sprüche || der Heil. Schrifft/ || Welche weyland einzeln gedruckt/ nun aber || zusammen gefasset wieder auffgeleget worden/ || Sammt || des Autoris kurtzen Erklärung/ || über die schweresten Versicul des IX. Capitels || der Epistel an die Römer/ || Mit || Fünff nöthigen Registern versehen. || Hamburg/ || Verlegts Gottfried Liebernickel/ Buch= || händler im Dohm. || Rudolfstadt/ druckts Heinrich Urban/ 1697. ||
Hamburg/Rudolstadt: Gottfried Liebernickel/Heinrich Urban 1697
[23] Bl. 1202 S. 128 S. [13] Bl. 8°
darin: Nr. 4a). 6a). 8a). 9a). 10a). 11a). 12a). 13a). 15a). 43). 46a). 48b).
<39> Theol. 8° 790/4
<24> Theol. oct 19531
<48> Theol. 8° 6476

46)
Eine || Kurtze || Erklärung || Der schwersten VER- || SICULN des IX. Capittels || an die Römer. || Vormahls || In einem Collegio Herme- || nevtico || vorgetragen || Von || Johann Wincklern || Pastoris zu St. Michaelis. || Gedruckt bey Sel. Peter Zieglers Wittwe. ||
Hamburg: Witwe Peter Ziegler o.J. [bis 1697]
128 S. 8°

<18> Scrin A/1958 (1)
<23> Td 373
46a)
vgl. Nr. 45) Hamburg/Rudolstadt, Gottfried Liebernickel/Heinrich Urban 1697.
Anhang/ || Enthaltende || Eine || Kurtze || Erklärung || Der schwersten VER- || SICULA des IX. Capittels || an die Römer. || Vormahls || In einem Collegio Herme- || nevtico || vorgetragen || Von || Johann Wincklern || Pastoris zu St. Michaelis. ||
<39> Theol. 8° 790/4 (13)
<24> Theol. oct. 19531 (13)
<48> Theol. 8° 6476 (13)
46b)
Hamburg: Gottfried Liebernickel 1702
127 S. 8°
<23> Ts 218 (2)
<3> AB 40 28/i, 16 (3)
<9> 523/Fr 285 (3)

47)
Das Christliche || Wohlverhalten || der Gläubigen || In || Göttlicher Schickung/ || Zur || Besserung unserer Hertzen || Auff den || Sonntag Jubilate 1699. || Aus dem || Heil. Evangelio Ioh. XVI. v. 16/23. || Der || Christlichen Gemeine zu St. Mi- || chaelis in HAMBURG || Vorgetragen und auf Begehren in Druck || gegeben von || Johann Wincklern/ || Pastore daselbst. || In Verlegung Gottfried Lieber= || nickels/ Buchhändl. im Dohm. || Druckts Sel. Peter Zieglers. Wittwe.||
Hamburg: Gottfried Liebernickel/Witwe Peter Ziegler [1699]
166 S. 12°
<39> Theol. 8° 791/2 (1)
<32> 5,8:43 (3)
47a)
Hamburg: Witwe Peter Ziegler [1699]
166 S. 12°
<24> Theol. oct. 19532
<39> Theol. 8° 644/7 (2)

48)
Das kluge Verhalten || Eines Evangelischen PASTORIS, || In einer Gemeine/ || Die neben sich das Pabstthum hat: || Welches/ Als || Der Wohl=Ehrwürdige/ Groß=Achtbare und Hochgelahrte Herr || HERR || M. THEODORUS || WILHELMUS || von Jerusalem/ || Welchen Ein Hoch=Edler und || Hochweiser Rath zu Osnabrück zum PA- || STORE Primario der dasigen Kirchen zu St. Marien den 3. Oct. || dieses lauffenden 1699. Jahres hoch=geneigt beruffen/ || Darauff den 31. Octobr. || Bey Volckreicher Versamlung in der Kirchen zu St. Michaelis in || HAMBURG zu solchem PASTORAT solenniter ordiniret wurde/ || Anwiese und zum Druck gab || Johann Winckler/ || Pastor zu St. Michaelis, des R. Ministerii Senior, || und in der Reichs Fr. Graffschaft Ranzaw Probst. || HAMBURG/ Gedruckt bey Johann Christoph Ziegler. ||

Hamburg: Johann Christoph Ziegler 1699
[6] Bl. 2°
<H 46> A 650/179 (Kapsel 3)
<H 46> A 710/804 Bd. 1 (34)
<37> 2 Bio 96 - I,71

49)
Des Hamburgischen || MINISTERII || SENIOR || und || PASTORES, || Deuten an/ wie Sie die in der alten Bugenha= || gischen Kirchen=Ordnung angeordneten || Catechismus=Predigten/ || Dienstags nach den XXV. Trinitatis mit || GOtt in ihren Wochen=Predigten an= || fangen werden/ || und || Ersuchen ihre in Christo hertzlich geliebten || Gemeinen || Selbige fleißig und andächtig zu || besuchen. || HAMBURG/ || Bey Benjamin Schillern/ im Thum/ 1699. ||
Hamburg: Benjamin Schiller 1699
8 S. 4°
<18> Scrin A/1915 (31)

50)
Abgefassete || (Beliebte) || Ordnung/ || Wie es || so wol mit denen Vespern || an Sonn= und andern Feyertagen=A= || bend; Imgleichen mit dem Gottes=Dienst || an Sonn und andern Feyer=Tagen allhier in || Hamburg zu halten. || HAMBURG, Gedruckt bey Conrad Neumann/ Eines Edlen || und Hochweisen Rahts Buchdrucker/ 1699. ||
Hamburg: Conrad Neumann 1699
[5 S.], 4°
<H 46> 511-1 (Bestand »Ministerium«) III A 1 g (112, Bl. 444–449)
50a)
in: Hamburgisches Gesang=Buch, [Hamburg 1700], Anhang S. 73–79.
<H 99> Mi 2935

51)
COLLECTEN || Welche in unsern || Hamburgischen Kirchen || An Sonntagen/ auch Fest=Tagen || und Zeiten/ für dem Altar/ Theils Vor= || mittags vor der ordentlichen Lection, Theils nach || vollendeten Nachmittags Predigten/ in ge= || wöhnlichem Thone zusprechen. || HAMBURG, Gedruckt bey Conrad Neumann Eines Edlen || und Hochweisen Rahts Buchdrucker/ 1699. ||
Hamburg: Conrad Neumann 1699
[7 S.] 4°
<H 46> 511-1 (Bestand »Ministerium«) III A 1 g (113, Bl. 450–457)
51a)
in: Hamburgisches Gesang=Buch, [Hamburg 1700], Anhang S. 80–88.
<H 99> Mi 2935

52)
Heilsame || Bewegungs=Gründe/ || Sich von || Den Lüsten die= || ser Welt/ || Insonderheit || Der || Hurerey || Zu enthalten/ || Zu ererben den Segen des HErrn in || dem Neuen Jahre/ und so fort/ || Der || Christlichen Gemeinde zu St. Mi= || chaelis in

Hamburg aus dem Evangelio am Fest || der Beschneidung Christi Ao. 1702. fürge= || stellet und zum Druck gegeben || Von || Johann Wincklern/ || Pastore daselbst/ und Rev. Min. Seniore. || HAMBURG/ || Bey Gottfried Liebernickel/ Buchh. im Dohm. || Druckts Johann Christoph Ziegler/ 1702. ||
Hamburg: Gottfried Liebernickel/Johann Christoph Ziegler 1702
208 S. 8°
<23> Ts 218 (3)
<39> Theol. 8° 00767/17 (6)

53)
Der Trost eines Lehrers/ || Welchen || GOTT aus seinem Vaterland in die || Frembde zum Dienst seines H. Evan- || gelii beruffet/ || in einer || Kurtzen SERMON || aus || Johan. IV. v. 43. 44. || Als || Der WohlEhrwürdige/ Andächtige || und Wohlgelahrte || H. M. Herman || Krogman/ || von || E. HochEdlen und Hochw. Rath zu || Oßnabrück/ auch sämmtlichen ansehnlichen || Herren Kirchen Räthen daselbst || Zum || Prediger an S. Catharinen Kirchen ordent= || lich beruffen/ und darauf den 13. Junii, Ao. 1702. in || Hamburg in der Kirchen S. Michaelis bey ansehnlicher || Versammlung ordiniret wurde/ || angewiesen von || JOHANN Wincklern/ Pastore daselbst/ || und Rev. Minist. Seniore. || Hamburg/ bey Gottfried Liebernickel/ 1702. || Gedruckt bey Georg König. ||
Hamburg: Gottfried Liebernickel/Georg König 1702
o.S. 8°
<23> Ts 218 (1)

54)
Etliche || Send=Schreiben || Welche zwischen || E.Ehrw. MINISTERIO || in Hamburg || Und || Tit. Herrn. D. JOHANN || FRIEDERICH MAYERN, || General Superintendenten in Vor=Pommern/ etc. || Von wegen des vacirenden Pastorats zu S. || Jacobi gewechselt/ || Und || Von Rev. Ministerio daselbst zum Druck || gegeben worden. || Im Jahr Christi 1702. ||
Unter dem Seniorat Wincklers, aber ohne Angabe seiner Autorschaft verfasst.
Hamburg: o.D. 1702
16 S. 4°
<H 46> Smbd. 33 (5)
<H 46> Smbd. 210 (43)
54a)
anderer Druck:
Hamburg: Conrad Neumann 1702
[16 S.] 4°
<39> Th. 4. 747-748a (2)

55)
Johann Wincklers || PASTORIS zu St. MICHAELIS, || und R. MINISTERII SENIORIS, || Höchst=gemüßigte und freymühtige || Darlegung || Seiner || Unschuld und Ursachen/ || Die Ihn bewogen || In || Tit. Herrn Johann Friederich Mayers/ || General-Superintendenten in Vor=Pommern/ &c. || Vocations-Werck/ || Das

PASTORAT zu St. Jacobi betreffend/ || nicht zugehehlen! || Von Ihm in den Druck gegeben/ || Hamb. den 7. Novembr. 1702. || Zu finden bey Gottfried Libernickel/ || Buchhändlern im Dohm. ||
Hamburg: Gottfried Liebernickel 1702
27 S. 4°
<H 46> A 638/8 (3)
<H 46> Smbd. 33 (6)
<23> Ts 320 (26)
<39> Th. 4. 747-748 (3)
<Ha 33> 62 C 5 (43)

56)
Johann Wincklers || PASTORIS zu St. MICHAELIS, || und R. MINISTERII SENIORIS, || Abermahlige || Abgenöhtigte || Darlegung || Seiner Unschuld || Gegen || Die aus Grypswald von neuen eingelauf= || fene schwere || Aufflagen/ || Zum Druck gegeben || Hamburg den 23. Novembr. 1702. || Zu finden bey Gottfried Libernickel/ || Buchhändlern im Dohm. ||
Hamburg: Gottfried Liebernickel 1702
20 S. 4°
<H 99> XV 133 (13)
<H 46> A 638/8 (5)
<H 46> Smbd. 33 (8)
<23> Ts 320 (27)
<39> Th. 4. 747-748a (5)

57)
Eines Ehr=Würdigen hisigen || MINISTERII || Nohtwendiger und Wahrhaffter || Unterricht/ || Betreffend || Einige Ungegründete || Beschuldigungen/ || Welche in einer Schrifft/ || Benahmet || Wichtige Uhrsachen der Hoffnung || Sub dato 18. Januarij itzigen Jahrs hervorgegeben/ || Demselben auffgebürdet/ || Um ihrer lieben eingepfarreten Zuhörer willen || auch den Auswertigen zu Dienst mit gebührender Sanfft= || muht dargestellet. || Hamburg/ Gedruckt bey Conrad Neumann/ im Jahr 1703. den 30. Januarij. ||
Unter dem Seniorat Wincklers, aber ohne Angabe seiner Autorschaft verfasst.
Hamburg: Conrad Neumann 1703
[16 S.] 4°
<H 46> Smbd. 33 (17)
<39> Th. 4. 747-748a (13)

58)
Nichtige || Ursachen || der Hoffnung/ || So die (so genandte) Gemeine zu || St. Jacobi in Hamburg hat || Ihro Hoch=Ehrwürden || (Tit.) Hn. D. Johann Friedrich Mäyern/ || zu ihrem würdigen Pastore wieder zu erlangen/ || welche || Kürtzlich und deutlich zum abgenöhtigten || und schuldigen Unterricht der Gemeine zu || St. Michaëlis fürgestellet || JOHANN Winckler/ || Pastor daselbst/ und R. Minist. Senior. || Der Erste Theil. || Hamburg, bey Gottfried Liebernickel/ 1703. ||

Hamburg: Gottfried Liebernickel 1703
[20 S.] 4°
<H 46> A 638/8 (Nr 15)
<H 46> Smbd. 33 (18)
<23> Ts 320 (44)
<39> Th. 4. 747-748a (14)

59)
Nichtige || Ursachen || der Hoffnung/ || So die (so genandte) Gemeine zu || St. Jacobi in Hamburg hat/ || Ihro Hoch=Ehrwürden || (Tit.) Hn.D.Johann Friederich Mäyern/ || zu ihrem würdigen Pastore wieder zu erlangen/ || Welche || Kürtzlich und deutlich zum abgenöhtigten und schul= || digen Unterricht der Gemeine zu St. Michaelis || fürgestellet || JOHANN Winckler/ || Pastor daselbst/ und Rev. Minister. Senior. || Der Andere Theil. || Hamburg, bey Gottfried Liebernickel/ 1703. ||
Hamburg: Gottfried Liebernickel 1703
23 S. 4°
<H 46> A 638/8 (16)
<H 46> Smbd. 33 (18)
<23> Ts 320 (44)
<39> Th. 4. 747-748a (15)

60)
Nichtige || Ursachen || der Hoffnung/ || So die (so genandte) Gemeine zu || St. Jacobi in Hamburg hat/ || Ihro Hoch=Ehrwürden || (Tit.) Hn. D. Johann Friederich Mäyern/ || zu ihrem würdigen Pastore wieder zu erlangen/ || Welche || Kürtzlich und deutlich zum abgenöhtigten und schul= || digen Unterricht der Gemeine zu St. Michaelis || fürgestellet || JOHANN Winckler/ || Pastor daselbst/ und Rev. Minister. || Senior. || Der Dritte und Letzte Theil. || Hamburg, bey Gottfried Liebernickel/ 1703. ||
Hamburg: Gottfried Liebernickel 1703
[24 S.] 4°
<H 46> A 638/8 (26)
<H 46> Smbd. 33 (18)
<23> Ts 320 (44)
<39> Th. 4. 474-478a (25)
<Ha 33> 77 D 5 (13)

61)
JOHANN Wincklers || Pastoris zu S.Michaëlis und || R. Ministerii Senioris || Kurtze Antwort || Auff || Herrn Balthasar Stielckens, &c. || Grobe Beschuldigung. || Hamburg den 9 Febr.1703. || Hamburg/ bey Gottfried Libernickel. 1703. ||
Hamburg: Gottfried Liebernickel 1703
[8 S.] 4°
<H 46> A 638/8 (Nr 19)
<H 46> Smbd. 33 (21)
<39> Th. 4. 747-748a (18)
<Ha 33> 77 D 5 (11)

62)
Eines Ehrw. Hamburgischen || MINISTERII || Gnugsame || Hintertreibung || Einiger || Unbefugter Aufflagen/ || Wormit Selbiges || In || Balthasar Stilcken/ Hanß Jürgen Lütz/ || &c. &c. &c. &c. || Also rubricirten öffentlichen || LEGITIMATION || Sich hat müssen beschweren lassen/ || Allen GOtt und Wahrheit=liebenden Lesern || zur Prüfung/ || Denen AUTHOREN aber zur Confusion zu Tage geleget/ || Im Jahr Christi 1703. am 14. Febr. || HAMBURG, || Gedruckt bey Conrad Neumann/ E. Edlen Hochw. Rahts Buchdrucker. ||
Hamburg: Conrad Neumann 1703
[22 S.] 4°
<H 46> A 638/8 (22)
<H 46> Smbd. 33 (22)
<39> Th. 4. 747-748a (21)

63)
Johann Wincklers/ || Pastoris zu St. Michaëlis und Rev. Ministerii || Senioris || Wolgemeinte Anrede || An || Seine unbillige Hasser || in Hamburg/ || Zur Ablehnung der vom Auctore der || unumbstößlichen Gründen ihm imputirten gro= || ben Beschuldigung von den obhande= / nen Gefährlichkeiten in || Hamburg. || In Druck gegeben den 26. Mart. 1703. || HAMBURG/ Bey Gottfried Liebernickel/ im Dom. ||
Hamburg: Gottfried Liebernickel 1703
[36 S.] 4°
<H 99> XV 133 (14)
<H 46> A 638/8 (85)
<H 46> Smbd. 33 (50)
<3> AB 155239 (2)

64)
Eines Ehrwürdigen || MINISTERII || in HAMBURG || Besserer Beweiß/ || Daß der || So genandten Jacobitischen Deputirten || Renovations-Gesuch || Unverantwortlich sey/ || Und Sie dannenhero billig || Von E. Hoch=Edl. Raht und || Löblichen Bürgerschafft || Mit solchem Gesuch ab= und || An die Ordnung zu verweisen seyn. || Ihren herausgegebenen || Beweißthümen oder Remonstrationibus der Un= || Schuld Jacobitischer Gemeine || Entgegen gesetzt. || HAMBURG, Gedruckt bey Conrad Neumann/ E. E. Rahts Buchdr. || Anno 1703. den 4 July. ||
Hamburg: Conrad Neumann 1703
26 S.,4°
<H 46> A 638/8 (99)
<H 46> Smbd. 33 (53)

65)
Johann Wincklers || Pastoris zu S. Michaëlis und R. Ministerii Senioris || Treuhertzige Warnung || An || Alle unpartheyische/ gewissenhaffte und Tugend= || liebende Hamburger/ || Sich für || Balthasar Stielcke || Und seinem unruhigem Anhang || In Betrachtung der zeitlichen und ewigen Gefahr || mit höchster Sorgfalt und Fleiß wahrzunehmen. || Hamburg/ zu finden bey Gottfried Liebernickel/ im Dohm. ||

Hamburg: Gottfried Liebernickel 1703
32 S. 4°
<H 46> A 638/8 (102)
<H 46> Smbd. 33 (55)
<23> Ts 320 (35)
<3> AB 59904 (18)

66)
Des Hamburgischen Ministerii Christliches Bedencken über das so genandte Arcanum regium, die Religions-Vereinigung der Lutheraner und Reformirten betreffend, Hamburg 1703.
Unter dem Seniorat Wincklers ohne Angabe seiner Autorschaft verfasst.
Hamburg: Conrad Neumann 1703
64 S. 8°
BL London: 3910. eee. 1. (1)

67)
Neu=Jahrs || Segen/ || bestehende || In kräfftigen || Gemüths= || Bewegungen || zur Busse/ || Der Christlichen Gemeinde zu || St. Michaëlis in Hamburg am || Neuen Jahrs=Tage 1705. aus dem or= || dentlichen Fest=Evangelio fürgestellet/ || und zum Druck gegeben || Von || Johann Wincklern, || Pastore daselbst/ und Rev. Min. Seniore. || HAMBURG/ || Bey Gottfried Liebernickel/ Buchhändlern || im Dohm/ 1705. ||
Hamburg: Gottfried Liebernickel 1705
72 S. 12°
<39> Theol. 8° 739/17 (3)
<9> 520/Fp 283 (1)

68)
Erklärungen der Worte Pauli Hebr 4,3–11.

69)
Epistola ad D. Joh. Fechtium Germanica, doctrinam de Termino gratiae divinae peremptorio improbans, eamque verae pietati magis obesse, Rostock 1703.

70)
Zwei Passionsbetrachtungen: I. Jesus der Gekreuzigte, unsere Weisheit, aus 1. Kor 2,2. II. Jesus der Gekreuzigte, unsere Seelenvergnügung, aus Gal 3,13–14.

1.4 Verzeichnis der Vorreden und Herausgeberschaften

1)
Evangelisches || Handbüchlein/ || Darinnen unwiderleglich aus || einiger heiliger Schrifft erwiesen || wird/ || wie der so genandten Lutherischen || Glaub/ recht Catholisch: Der Bäpstler Lehr || aber im Grund irrig/ und wider das || helle Wort Gottes sey.

|| Zu Rettung der Himmlischen || Warheit/ zum Unterricht der Ein= || fältigen/ und im Pabstum schwe= || benden Christen/ || verfertiget || durch || Matthiasen Höe/ Churf. Sächsis. || Hof=Prediger zu Dreßden. || Mit einer Vorrede der Ehrwürdigen || Theologischen Fakultät zu Leipzig. || Nunmehr aber von neuen wieder gedruckt/ || sampt einer Vorrede || Johann Wincklers, Pastoris zu S. Mi- || chaelis in Hamburg. || HAMBURG, || In Verlegung Georg Wolfs/ 1686. ||
Hamburg: Georg Wolf 1686
[35] Bl. 384 S. 12°
<24> Theol. oct. 8287
<Ha 33> 15 L 4
<39> Theol. 8° 484/8 (1)
1a)
späterer Druck:
Hamburg: Georg Wolf 1687
384 S. 12°
<23> Tm 322 (1)

2)
BIBLIA, || Das ist/ || Die gantze || Heilige Schrifft/ || Altes und Neues || Testaments/ || Verteutschet durch || D. Martin Luthern: || Nach dem alten Wittenbergischen || Exemplar auffs neue übersehen: mit Sum= || marien/ Abtheilungen/ außgehenden Ver= || siculn/ und Concordantzien. || Dabey auch Hn. Johann Wincklers/ || Hamburgischen Pastoris, Vorrede; ferner || Hn. Johann Arndts Informatorium Biblicum; || Hn. D. Johann Gerhards Erklärung des Catechismi/ || und Trostbüchlein: || Nebenst Hn. D. Johann Habermanns || Morgen= Abend= und mehr Christl. || Gebeten/ || Und Hn. D. Martin Luthers und anderer || Geistreichen Männer Gesangbüchlein || befindlich. || Mit Churf. Sächs. und Fürstl. Brauns. || Lüneb. Durchl. || PRIVILEGIEN. || Lüneburg/ || Gedruckt und verlegt durch Johann Stern. || M DC LXXXIX. ||
Lüneburg: Johann von Stern 1689
[20] Bl., 628 S., 236 S., 156 S., 284 S. [2] Bl., 47 S. 12°
<24> B deutsch 168902
<23> Bibel-S. 8° 79
2a)
späterer Druck:
Lüneburg: Johann von Stern 1701
[20] Bl., 628 S., 236 S., 156 S., 283 S. [2] Bl., 46 S. 12°
<24> B deutsch 170104 (unvollsändiges Exemplar)

3)
H KAINH || ΔΙΑΘΗΚΗ, || Das ist/ || Das Neue || Testament || unsers HErrn JEsu || Christi/ || Griechisch und Teutsch/ || Mit einer Anleitung die Versi= || cul und Wörter/ welche Herr Leuß= || den in seiner Griechischen edition || gezeichnet/ zumercken/ || und || Vorrede || Herrn Johann Wincklers/ || Pastor. zu S. Michaelis in Hamb. / LUNEBURG/ || Verlegts Johann Georg Lipper/ || Anno 1693. ||
Lüneburg: Johann Georg Lipper 1693
[8] Bl. 1037 S. [1] Bl. 12°

<H 99> Mi 2034
<Ha 33> 4 F 1
<Ha 33> 61 H 7
<24> B griech. 169303

4)
Biblia, das ist die ganze H. Schrift Alten und Neuen Testaments deutsch, Ratzeburg 1695.
Ratzeburg: Sigismund Hoffmann 1695
2°
<1a> Bu 9835:2° (Standort 1:R)
<28> Fb-89 (Standort 28-MAG)

5)
Hamburg: Gottfried Liebernickel/Nikolaus Spieringk 1696
822 S. (+ 144 S. Vorrede) 8°
<39> Theol. 8° 746/2
5a)
Abraham Hinckelmanns/ || Weiland Doctoris Theologi, und hochverdien= || ten Pastoris zu S. Catharinen in Hamburg/ || Auserlesene || Predigten || Bestehende || In Gründlicher Erklärung || unterschiedlicher Biblischen Texte/ so || wol Alten als Neuen Testaments/ || Denen beygefüget || Einige Trost=Gründe || für Sterbende Christen/ || Aus des Seel. Hn. Doct. Eigenhändigen || Schrifften/ auff vieles Verlangen durch den Druck || mitgetheilet/ und mit vollkommenen Registern versehen. || Zum andernmahl gedruckt und vermehret || Nebst einer Vorrede || Herrn Johann Wincklers/ || Pastoris zu S. Michaelis. || Hamburg/ verlegts Gottfried Liebernickel/ || Druckts Nicolaus Spieringk/ 1697. ||
Hamburg: Gottfried Liebernickel/Nikolaus Spieringk 1697
1192 S. 8°
<23> Th 1263 (1)
<23> Yv 269.8° Helmst.

6)
Das Vielfältige und Schmertzliche || Leiden || Unsers hochverdienten Heylandes || JEsu Christi/ || Nach Anleitung verschiedener Texte || Alten und Neuen Testaments || Der Christl. Gemeinde zu S. Nicolai || in Hamburg || Zur heiligen Paßions=Zeit || in denen ordentlichen Wochen= || Predigten || Erbaulich vorgestellet || Von || Johann Heinrich Horben/ || Weyland Hochverdienten Pastore || selbiger Gemeinde/ || Nebst einer Vorrede || Hn. JOHANNIS WINCKLERS, || Pastoris zu S. Michaëlis in Hamburg. || HAMBURG/ || Verlegts Gottfried Liebernickel/ 1700. ||
Hamburg: Gottfried Liebernickel 1700
66 S. Vorrede 8°
<H 46> A 650/79
<3> AB 38 6/i, 5 (1)
<28> Fl-3228

7)
J.N.J. || Hamburgisches || Gesang=Buch/ || Zum || Heiligen Gebrauch || Des öffentlichen || Gottes Dienstes || Als auch derer || Hauß Andachten || Heraus gegeben || Von || Den Hamburgischen || Ministerio. || HAMBURG, || Bey Conrad Neumann || Und || Benjamin Schillern im Thum. ||
Hamburg: Benjamin Schiller/Conrad Neumann 1700
574 S. (+ [31 S.] anon. Vorrede + 88 S. Anhänge) 8°
<H 99> Mi 2935

8)
JOACH. MARTINI || Schumanns/ || Eltesten Pastoris am Fürstlichen Dom in || Schwerin/ || Schrift=mässig=behauptete || Sündlich= und Heßligkeit || derer so genannten || Schön=Flecken. || Nebst einer Vorrede || Salv. Tit. || H. JOHANN. Wincklers/ || Pastoris der Kirchen zu St. Michaelis, || und Senioris des Hoch=Ehrw. Mini- || sterii in Hamburg. || HAMBURG/ || Bey Gottfried Liebernickel/ Buchhänd- || ler im Dom/ 1704. ||
Hamburg: Gottfried Liebernickel 1704
36 S. Vorrede 8°
<1> Diez 8228^{g} *(3)*
<9> 520/Id 181 (8)
8a)
anderer Druck:
<7> 8 TH TH II, 660/51

1.5 Verzeichnis der Epicedien

1)
Hieronymus Rötel (†1676), Dr. med. und Professor der Medizin an der Universität Gießen. Leichenpredigt von Johann Georg Mettenius, Stadtprediger in Darmstadt.
Frankfurt a.M.: Christoph Wust 1676
8°
<39> LP F 8° IV 28 (Nr. 28, S. 70)

2)
Philipp Schlosser (1613–1675) Hof- und älterer Stadtprediger in Darmstadt, und Johannes Schlosser (1631–1676), dessen Bruder und jüngerer Stadtprediger in Darmstadt. Leichenpredigten von Johann Georg Mettenius, Stadtprediger in Darmstadt.
Darmstadt: Henning Müller 1677
77 S. 4°
<1> Ee 700-3225 (1, S. 81)
<17> O 6255/50 (S. 81)

3)
Grafen Ludwig Ernst (1627–1681), Friedrich Eberhard (1629–1683) und Gustav Axel (1632–1683) zu Löwenstein-Wertheim-Rochefort. Leichenpredigten von Johann Winckler, Superintendent, und Philipp Jakob Foertsch, Pfarrer.
Frankfurt a.M.: Johann Dietrich Friedgen 1683
83 S. 4°
<26> W 50810 fol (S. 75)

4)
Johanna Barbara Finck, geb. Mentzer (1641–1700). Leichenpredigt von Johannes Casparus, Stadtpfarrer in Lauterbach.
Marburg: J. Henrich Stock 1700
<4> VIII B 331db Personalia Hassiaca. Bd. 7 (S. 59)

2. Die Autographen Johann Wincklers

2.1 Einleitung zur Forschungslage

Während es seit den frühen Nachrufen und Lexika des 18. Jh. unvollständige Verzeichnisse der Druckschriften Johann Wincklers gibt, steht eine Zusammenstellung seiner Autographen bisher aus. Zwar berufen sich sowohl Johannes Geffcken (1861) als auch Hermann Rückleben (1970) auf Briefe Wincklers an Philipp Jakob Spener im Archiv der Franckeschen Stiftungen in Halle a.d. Saale, wobei Rückleben im Anhang zu seiner Dissertation auch etwa 50 Briefe Wincklers nennt.[1] Es fehlt jedoch eine systematische Erfassung der im Archiv der Franckeschen Stiftungen erhaltenen Briefe Wincklers an Spener. Briefe Wincklers an andere Personen sind bislang noch gar nicht erfasst.

Nach meinen Recherchen besitzt das Archiv der Franckeschen Stiftungen in Halle a.d. Saale knapp 90 Autographen Wincklers aus einem Zeitraum von insgesamt gut 20 Jahren (1679–1702).[2] Abgesehen von wenigen Ausnahmen handelt es sich dabei um Briefe an Philipp Jakob Spener aus dem Jahrzehnt zwischen 1679–1691.[3] Einige Briefe an Spener stammen aus der Zeit nach 1691. Ein weiterer kleiner Teil der Autographen stellt theologische Texte aus unterschiedlichem Anlass dar, von denen einige ebenfalls an Spener adressiert sind. Die Schriftstücke befinden sich zeitlich unsortiert in mehreren Archivbeständen: der Bestand A 159 umfasst 39 Briefe Wincklers aus den Jahren 1679–1689, darunter v.a. die frühe Korrespondenz aus der Wertheimer Zeit (1679–1684); der Bestand D 66 verzeichnet 19 Briefe aus den Jahren 1683–1696; der Bestand D 68 umfasst 26 Briefe aus den Jahren 1682–1699, darunter theologische Skizzen aus der Wertheimer Zeit und etliche Schreiben aus dem Jahr 1690. Einzelne Briefe Wincklers liegen in anderen Beständen. Wegen Wincklers undeutlicher Handschrift und der

[1] Vgl. H. RÜCKLEBEN, Niederwerfung, 1970, S. 366f.

[2] Die folgenden Angaben beruhen auf meiner Durchsicht der Briefe Wincklers im Archiv der Franckeschen Stiftungen in Halle a.d. Saale im September 2002.

[3] Dass die dichte Korrespondenz zwischen Winckler und Spener wechselseitig geführt wurde, belegen Wincklers regelmäßige Empfangsbestätigungen sowie direkte Antworten auf Speners Fragen. Briefe Speners an Winckler sind jedoch nur in weit geringerem Umfang erhalten; vgl. P.J. SPENER, Briefe 2, 1996, Nr. 118, S. 540.

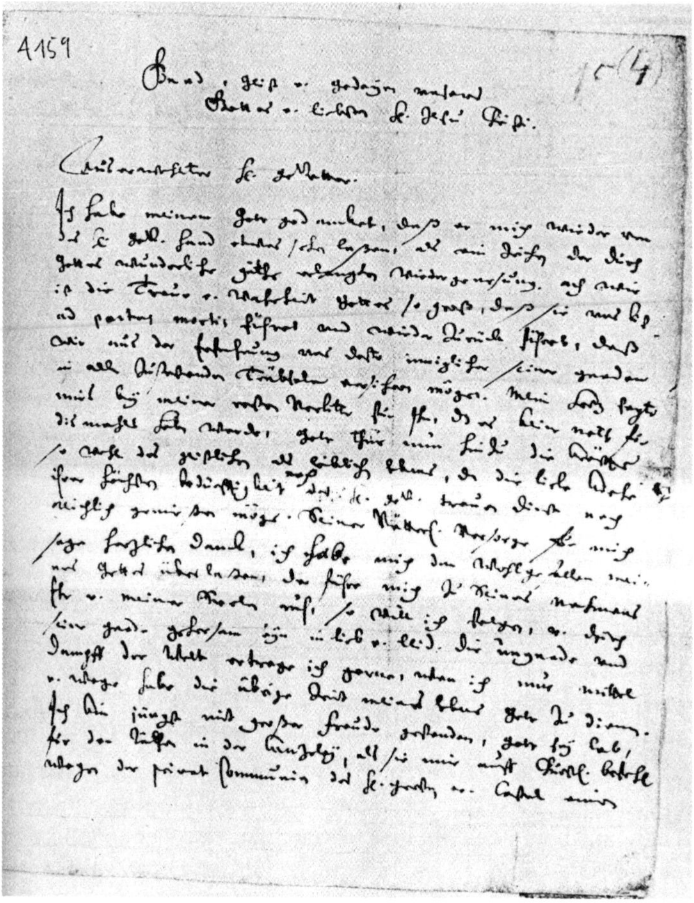

Randbeschädigung einiger Blätter sind die Briefdaten nicht immer zweifelsfrei feststellbar.[4] Eine durchgängige gründliche Lektüre der Briefe würde Korrekturen und genauere Datierungen ermöglichen. Die dichte Korrespondenz zwischen Winckler und seinem langjährigen Freund Spener stellt nicht nur eine Fundgrube für die Forschung zu Johann Winckler dar. Sie bietet auch Einsicht in das personelle Beziehungsgeflecht des frühen Pietismus und wesentliche theologische Streitfragen der Zeit, z.B. die Auslegung der Johannes-Offenbarung, das rechte Verständnis der Endzeit bzw. des Tausendjährigen Reiches, das Verhältnis von Rechtfertigung und Heiligung sowie in die Auseinandersetzung um den Hamburger Religionseid von 1690 und den Streit um die Collegia pietatis in Hamburg 1690/91.

---

4 Wincklers flüchtige Handschrift dürfte auch der Grund der teilweise falschen bzw. unvollständigen Katalogisierungen im Archiv der Franckeschen Stiftungen sein.

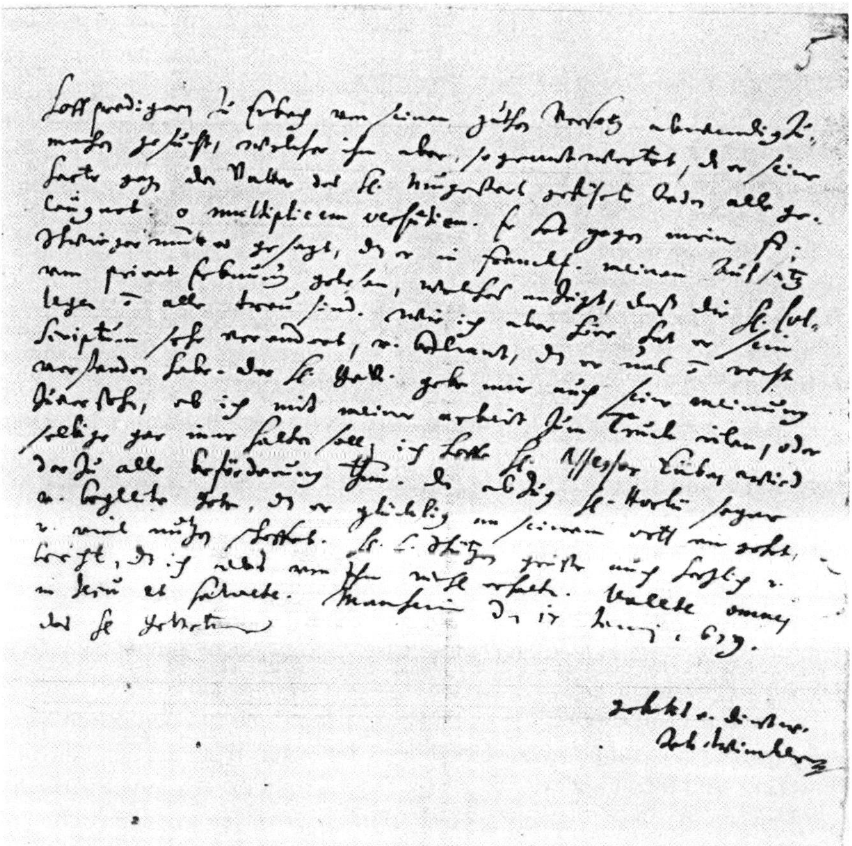

Abb. 18: Faksimile eines Briefes Wincklers an Spener vom 17. Juni 1679

Weitere, der umfangreichen Spenerkorrespondenz vergleichbare Briefsammlungen Wincklers habe ich nicht finden können. Es scheint mir auch fraglich, ob es jemals solche gegeben hat. Denn Winckler erinnert in den Briefen an Spener immer wieder an seine Zeitnot und bittet diesen um die Weitergabe von Nachrichten an Freunde im gemeinsamen Bekanntenkreis wie Johann Jakob Schütz und Johann Heinrich Horb. Ein kleineres, bislang unbekanntes Konvolut von 12 Briefen Wincklers an den Kieler Theologieprofessor Christian Kortholt (1633–1694) habe ich in der Universitätsbibliothek Kiel gefunden.[5] Die Schreiben stammen aus den Jahren 1688–1694

---

[5] Die Briefsammlung besteht aus neun Autographen Wincklers und drei Briefen von anderer Hand, die Winckler lediglich korrigierte und unterschrieb; vgl. Universitätsbibliothek Kiel (im Folgenden: UB Kiel); SH 406 A^4 (33–44). Der Briefwechsel ist nicht vollständig überliefert. Dies

und bilden das Gegenstück zu zehn Briefen Kortholts, die in Wincklers Nachlass überliefert sind.[6] Ähnliche kleinere Korrespondenzen gab es wahrscheinlich mit anderen befreundeten Amtskollegen wie Johann Heinrich Horb, Abraham Hinckelmann und Johann Heinrich May.[7] Außerdem ist anzunehmen, dass es in der Frühzeit (zumindest bis etwa 1680) briefliche Kontakte zu Johann Jakob Schütz, Wilhelm Christoph Kriegsmann und Johanna Eleonora von Merlau gab.[8]

In der Staatsbibliothek Hamburg habe ich in dem bisher noch nicht bibliographisch erfassten *Codex Hanseaticus* ein Konvolut mit etwa 40 Autographen gefunden, das Schriftstücke verschiedener Gattungen (Briefe, Konzepte, Briefkopien, Gutachten, einen Nachruf, ein Gebet und einen Aufruf) enthält, die teils von Wincklers Hand stammen, teils von anderen in seinem Auftrag geschrieben wurden, teils von anderen Personen an ihn gerichtet sind.[9] Leider sind diese Texte größtenteils undatiert und nicht namentlich adressiert.[10] Einzelne Briefe Wincklers von eher offiziellem Charakter befinden sich im Tübinger Universitätsarchiv, den Staatsarchiven in Darmstadt, Wertheim und Hamburg. Sie betreffen z.B. seine Doktorpromotion, Berufungsverhandlungen und Auseinandersetzungen mit dem Geistlichen Ministerium und dem Rat der Stadt Hamburg. Einiges spricht dafür, dass es weitere, ähnliche Schreiben Wincklers gab, die jedoch verloren zu sein scheinen.

Bei dem nachstehenden Verzeichnis handelt es sich um den ersten Versuch, einen chronologischen Überblick über die Autographen Johann Wincklers und ihre Fundorte zu geben. Insgesamt habe ich gut 130 Handschriften aus der Zeit zwischen 1672–1704 nachweisen können; darunter befinden sich jedoch auch einige handschriftliche Kopien seiner Schriftstücke durch andere. Gemäß den mir möglichen Datierungen stammt das erste Schreiben von 1672, das zweite von 1677, sechs Briefe entfallen auf die Mannheimer Zeit (1678/79), 32 Briefe auf die Jahre in Wertheim (1679–1684) und über 90 Briefe auf die Hamburger Zeit (1684–1704). Von den

belegen Bezüge auf fehlende Schreiben, z.B. in Wincklers Brief vom 5.10.1688 auf ein unbekanntes Responsum Christian Kortholts, wahrscheinlich vom September 1688; vgl. ebd. 34, fol. 1^{v}.

[6] S. Anhang. 2.2. Nr. 70–79).

[7] Zu den erhaltenen Briefen der Genannten s. Anhang. 2.2.

[8] Auf diese Vermutung weisen zwei erhaltene Briefe Wilhelm Christoph Kriegsmanns und die gute Kenntnis über das Ergehen Johanna Eleonora von Merlaus hin; s. Anhang. 2.2, Nr. 81–83).

[9] Vgl. SUB HH, Cod. Hans. III, 117–119. J. Geffcken hat diese Texte in seiner Winckler-Biographie ausgewertet und teilweise abgedruckt.

[10] Sie werden aufgrund der fehlenden Datierungen am Ende des nachstehenden Verzeichnisses aufgeführt.

letztgenannten Schreiben datiert fast die Hälfte aus den Jahren 1690/91.[11] Das folgende Verzeichnis erhebt keinen Anspruch auf Vollständigkeit. Vielmehr ist zu hoffen, dass eingehende Recherchen weitere Autographen Wincklers zutage fördern werden.

2.2 Verzeichnis der Autographen

27.6.1672 Tübingen — Universitätsleitung Tübingen
UA Tübingen: 16/6 (33)

2.4.1677 Darmstadt — Balthasar Mentzer II.
<18> Cod. Hans. III, 117–119 (Nr. 34)
(Briefkopie)

17.9.1678 o.O. — Landgräfin Elisabeth Dorothea von Hessen-Darmstadt
(nur im Druck erhalten)[12]

18.11.1678 Mannheim — Balthasar Mentzer II.
<18> Nachlass Johann Winckler, Nr. 123
(Briefkopie)

o.D. [1678?] o.O. — Philipp Jakob Spener
<Ha 33> A 159:16c (fol. 96–97)

5.1.1679 Mannheim — Philipp Jakob Spener
<Ha 33> A 159:16d (fol. 96a)

15.2.1679 Mannheim — Grafen Ludwig Ernst, Friedrich Eberhard, Gustav Axel und Carl Albrecht von Löwenstein-Wertheim
<Wh 1> StAWt-F 22 (26)

18.3.1679 Mannheim — Grafen Ludwig Ernst, Friedrich Eberhard, Gustav Axel und Carl Albrecht von Löwenstein-Wertheim
<Wh 1> StAWt-F 22 (26)

28.3.1679 Mannheim — Graf Maximilian Carl von Löwenstein-Wertheim
<Wh 1> StAWt-R Lit. B (168)

---

[11] Zur Datierung ist anzumerken, dass dort, wo nur ein Datum genannt ist, davon ausgegangen wird, dass es sich um den in den evangelischen Territorien bis Ende Februar 1700 üblichen alten Stil der Zeitrechnung handelt. Die Daten wurden von mir nicht in den neuen Stil übertragen. Dort, wo beide Daten als Bruch stehen, was z.B. in einigen offiziellen Berufungsschreiben der Fall ist, wird von mir der gewöhnlich im Nenner stehende neue Stil übernommen; vgl. H. GROTEFEND, Zeitrechnung, [13]1991, S. 24–28.

[12] Abgedruckt bei J.D. WINCKLER, Modesta Animadversio, 1756, S. 97–100.

23.4.1679 Wertheim Philipp Jakob Spener
<Ha 33> A 159:1a (fol. 1–2)

6.5.1679 Wertheim Philipp Jakob Spener
<Ha 33> A 159:1b (fol. 3)

17.6.1679 Mannheim Philipp Jakob Spener
<Ha 33> A 159:1c (fol. 4–5)[13]

17.3.1680 Wertheim Philipp Jakob Spener
<Ha 33> A 159:1d (fol. 6–7)

19.10.1680 Wertheim Philipp Jakob Spener
<Ha 33> A 159:4a (fol. 16–17)

27.12.1680 Wertheim Philipp Jakob Spener
<Ha 33> A 159:4b (fol. 18)

o.D. [1680/81] o.O. [Wertheim]
<18> Cod. Hans. III, 117–119 (Nr. 4)
(»Ehrengedächtnuß« auf Gräfin Ottilie von Löwenstein-Wertheim geb. Gräfin zur Lippe, nicht von Wincklers Hand)[14]

18.2.1681 Wertheim Philipp Jakob Spener
<Ha 33> A 159:4c (fol. 19)

8.5.1681 Wertheim Philipp Jakob Spener
<Ha 33> A 159:4d (fol. 20)

31.5.1681 Wertheim Philipp Jakob Spener
<Ha 33> A 159:4e (fol. 21)

5.9.1681 Wertheim Philipp Jakob Spener
<Ha 33> A 159:4f (fol. 22)

10.10.1681 Wertheim Philipp Jakob Spener
<Ha 33> A 159:4g (fol. 23)

23.10.1681 Wertheim Philipp Jakob Spener
<Ha 33> A 159:4i (fol. 25–26)

---

[13] Zum Faksimile des Briefes s.o. Abb. 17.

[14] Gräfin Ottilie zur Lippe (1639–1680) war seit 1667 mit Graf Friedrich Eberhard von Löwenstein-Wertheim (1629–1683) verheiratet und starb am 5.10.1680, sodass Wincklers Nachruf wahrscheinlich in den Wintermonaten 1680/81 entstand; vgl. Genealogisches Handbuch des Adels. Fürstliche Häuser 7, 1964, S. 254–260, hier S. 258.

30.12.1681 Wertheim Philipp Jakob Spener
<Ha 33> A 159:4h (fol. 24)

2.3.1682 Wertheim Philipp Jakob Spener
<Ha 33> A 159:4l (fol. 28–29)

11.3.1682 [Wertheim]
<18> Cod. Hans. III, 117–119 (Nr. 18)
(»Contracts Copia«: Abschrift eines Vertrages der Stadt Wertheim vom 17.4.1681)

27.5.1682 Wertheim Philipp Jakob Spener
<Ha 33> A 159:6h (fol. 40–41)

11.7.1682 Wertheim Philipp Jakob Spener
<Ha 33> A 159:6e (fol. 36–37)

23.8.1682 Wertheim Philipp Jakob Spener
<Ha 33> A 159:6f (fol. 38)

26.10.1682 Wertheim Philipp Jakob Spener
<Ha 33> A 159:6g (fol. 39)

9.12.1682 Wertheim Philipp Jakob Spener
<Ha 33> D 68 fol. 108–109
(Text zur Lehre von der Erbsünde)

31.1.1683 Wertheim Philipp Jakob Spener
<Ha 33> A 159:4k (fol. 27)

23.5.1683 Bad Homburg Philipp Jakob Spener
<Ha 33> A 159:6i (fol. 42)

4.7.1683 Wertheim Philipp Jakob Spener
<Ha 33> D 66 fol. 8–9

14.7.1683 Wertheim Philipp Jakob Spener
<Ha 33> A 159:6k (fol. 43)

22.9.1683 Wertheim Philipp Jakob Spener
<Ha 33> A 159:6l (fol. 44–45)

6.10.1683 Wertheim Philipp Jakob Spener
<Ha 33> A 159:6m (fol. 46)
(mit umfangreicher Beilage)

31.10.1683 Wertheim Philipp Jakob Spener
<Ha 33> D 68 fol. 84–85

29.12.1683 Wertheim Philipp Jakob Spener
<Ha 33> D 68 fol. 82–83

5.6.1684 Wertheim Philipp Jakob Spener
<Ha 33> A 159:6n (fol. 47–48)

17.7.1684 Wertheim Philipp Jakob Spener
<Ha 33> A 159:6o (fol. 49–52)

5.11.1684 Hamburg Philipp Jakob Spener
<Ha 33> A 159:6p (fol. 53)

31.3.1686 Hamburg Philipp Jakob Spener
<Ha 33> A 159:6d (fol. 36d)

1.4.1686 Hamburg Philipp Jakob Spener
<Ha 33> A 159:6c (fol. 36c)

7.4.1686 Hamburg Philipp Jakob Spener
<Ha 33> C 145:21
<18> Cod. Hans. III, 117–119 (Nr. 3)
(Gutachten über Speners Berufung nach Dresden)[15]

5.6.1686 Hamburg Philipp Jakob Spener
<Ha 33> A 159:6r (fol. 56–57)

12.1.1687 Hamburg Philipp Friedrich Firnhaber
<18> Cod. Hans. III, 117–119 (Nr. 1)

19.2.1687 Hamburg Philipp Jakob Spener
<Ha 33> A 159:6q (fol. 54–55)

2.3.1687 Hamburg Bürgermeister und Rat der Stadt Wertheim
<18> Cod. Hans. III, 117–119 (Nr. 1)
(betr. Philipp Friedrich Firnhabers Berufung nach Hamburg)

16.3.1687 Hamburg Philipp Jakob Spener
<Ha 33> D 68 fol. 132–133

18.4.1687 Hamburg Philipp Friedrich Firnhaber
<18> Cod. Hans. III, 117–119 (Nr. 1)

---

[15] Abgedruckt bei P.J. SPENER, Theologische Bedencken 3, 1702, S. 682–686.

4.5.1687 Hamburg Philipp Friedrich Firnhaber
<18> Cod. Hans. III, 117–119 (Nr. 1)

21.10.1687 Hamburg Philipp Jakob Spener
<Ha 33> D 68 fol. 93
(mit Beilage von Johann Heinrich Horb fol. 94–96 und Johann Winckler fol. 97–101)

25.11.1687 Hamburg Philipp Jakob Spener
<Ha 33> A 159:12 (fol. 46)

28.12.1687 Hamburg Philipp Jakob Spener
<Ha 33> A 159:13 (fol. 79–80)

1.2.1688 Hamburg Philipp Jakob Spener
<Ha 33> D 68 fol. 139

o.D. [1688] o.O. Philipp Jakob Spener
<Ha 33> D 68 fol. 86–88

4.5.1688 Hamburg Philipp Jakob Spener
<Ha 33> D 68 fol. 90–91

o.D. [1688] o.O. Philipp Jakob Spener
<Ha 33> D 68 fol. 92

30.5.1688 Hamburg Philipp Jakob Spener
<Ha 33> A 159:6b (fol. 36b)

7.8.1688 Hamburg Philipp Jakob Spener
<Ha 33> A 159:14 (fol. 89–90)

9.9.1688 Hamburg Christian Kortholt
<8> SH 406 A^4 (33)
(nicht von Wincklers Hand, nur von ihm unterschrieben)

5.10.1688 Hamburg Christian Kortholt
<8> SH 406 A^4 (34)
(nicht von Wincklers Hand, nur von ihm unterschrieben)

23.10.1688 o.O. Geistliches Ministerium Hamburg
<H 46> 511-1 (Bestand »Ministerium«) III A 1 g (9, S. 18f)

1.11.1688 Hamburg
<18> Cod. Hans. III, 117–119 (Nr. 27)
(Aufruf zur Gründung einer Bibelgesellschaft)[16]

8.11.1688 Hamburg Philipp Jakob Spener
<Ha 33> A 159:16a (fol. 93–94)

1.12.1688 Hamburg Philipp Jakob Spener
<Ha 33> A 159:16b (fol. 95)

27.2.1689 Hamburg Philipp Jakob Spener
<Ha 33> D 66 fol. 1–2

5.6.1689 Hamburg Philipp Jakob Spener
<Ha 33> D 66 fol. 3–4

21.6.1689 Holdenstedt Philipp Jakob Spener
<Ha 33> D 66 fol. 5

5.7.1689 o.O. n.n.
<18> Cod. Hans. III, 117–119 (Nr. 14)
(betr. Berufung zum Pfarrer der deutschen Gemeinde in Stockholm, nicht von Wincklers Hand)

8.11.1689 Hamburg Philipp Jakob Spener
<Ha 33> A 159:6a (fol. 36a)

18.2.1690 Hamburg Philipp Jakob Spener
<Ha 33> D 66 fol. 105–106

26.2.1690 Hamburg Philipp Jakob Spener
<Ha 33> D 66 fol. 67–68

11.3.1690 Hamburg Philipp Jakob Spener
<Ha 33> D 68 fol. 140

15.3.1690 Hamburg Philipp Jakob Spener
<Ha 33> D 68 fol. 110

17.3.1690 o.O. Samuel Schultze
<H 46> Cl. VII Lit. Hb 5 Vol. 1m
<H 46> A 638/7 Bd. 3 (9 bzw. 13) (Kopie)

---

[16] Abgedruckt bei J. GEFFCKEN, Johann Winckler, 1861, S. 260–263.

2.4.1690 Hamburg Philipp Jakob Spener
<Ha 33> D 68 fol. 111
(mit Beilage fol. 112)

13.4.1690 Hamburg Philipp Jakob Spener
<Ha 33> D 68 fol. 129–130
(mit Beilage fol. 131)

27.4.1690 Hamburg Christian Kortholt
<8> SH 406 A^4 (35)

3.5.1690 Hamburg Philipp Jakob Spener
<Ha 33> D 66 fol. 73–74

4.6.1690 Hamburg Philipp Jakob Spener
<Ha 33> D 66 fol. 76

o.D. [1690] o.O. Philipp Jakob Spener
<Ha 33> D 66 fol. 77–78

29.6.1690 Hamburg Philipp Jakob Spener
<Ha 33> D 66 fol. 6–7

15.7.1690 Hamburg Philipp Jakob Spener
<Ha 33> D 68 fol. 126–127

o.D. [1690] o.O. Philipp Jakob Spener
<Ha 33> D 68 fol. 128

26.7.1690 Hamburg Philipp Jakob Spener
<Ha 33> D 66 fol. 92–93

10.8.1690 Hamburg [Geistliches Ministerium Hamburg]
<18> Cod. Hans. III, 117–119 (Nr. 24)
(Erläuterung seiner Predigtweise in Kopie)

14.8.1690 Hamburg Geistliches Ministerium Hamburg
<Ha 33> D 88 fol. 12
(bekenntnisartiger Text unter einem Responsum von Samuel Stryk)

16.8.1690 Hamburg Abraham Hinckelmann und Johann Heinrich Horb
<H 46> Cl. VII Lit. Hb 5 Vol. 1m.

22.8.1690 Hamburg Philipp Jakob Spener
<Ha 33> D 68 fol. 123

o.D. [1690] o.O. Philipp Jakob Spener
<Ha 33> D 68 fol. 124–125

26.9.1690 Hamburg Philipp Jakob Spener
<Ha 33> D 68 fol. 134

3.10.1690 Hamburg Philipp Jakob Spener
<Ha 33> D 66 fol. 87

11.10.1690 Hamburg Philipp Jakob Spener
<Ha 33> D 66 fol. 88–89

18.10.1690 Hamburg Philipp Jakob Spener
<Ha 33> D 68 fol. 135–136

5.11.1690 Hamburg Philipp Jakob Spener
<Ha 33> D 68 fol. 121–122

3.12.1690 o.O. Johann Heinrich May
<18> Sup. ep. 4° 16 (255)

31.1.1691 Hamburg Philipp Jakob Spener
<Ha 33> D 68 fol. 117

3.2.1691 Hamburg Christian Kortholt
<8> SH 406 A^4 *(37a–b)*

4.2.1691 Hamburg Philipp Jakob Spener
<Ha 33> D 68 fol. 113–116

7.2.1691 Hamburg Philipp Jakob Spener
<Ha 33> D 68 fol. 119–120

1.4.1691 Hamburg Philipp Jakob Spener
<Ha 33> D 66 fol. 108a–110
(mit umfangreicher Beilage)

7.4.1691 Hamburg Philipp Jakob Spener
<Ha 33> D 66 fol. 111–112

12.6.1691 Hamburg n.n.
<18> Cod. Hans. III, 117–119 (Nr. 36)
(Responsum in Kopie)

21.6.1691 Hamburg Philipp Jakob Spener
<Ha 33> D 66 fol. 113

24.6.1691 Hamburg Christian Kortholt
<8> SH 406 A^4 (36)

28.6.1691 Hamburg Philipp Jakob Spener
<Ha 33> D 66 fol. 114–115

9.12.1691 Hamburg Christian Kortholt
<8> SH 406 A^4 (38)

5.3.1692 o.O. Johann Heinrich May
<18> Sup. ep. 4° 16 (257)

26.10.1692 Hamburg Christian Kortholt
<8> SH 406 A^4 (39)

[…].1692 o.O. n.n.
<18> Cod. Hans. III, 117–119 (Nr. 15)
(Notizen zu Themen wie Ehe, Enthusiasmus, Chiliasmus und das Ehepaar Petersen)

19.6.[1693] Hamburg Christian Kortholt
<8> SH 406 A^4 (44a–b)

Jubilate 1693 o.O. n.n.
<18> Cod. Hans. III, 117–119 (Nr. 21)

30.8.1693 Hamburg Christian Kortholt
<8> SH 406 A^4 (40)
(nicht von Wincklers Hand, nur von ihm unterschrieben)

24.11.1693 Hamburg Christian Kortholt
<8> SH 406 A^4 (41)

8.[12].1693 Hamburg Christian Kortholt
<8> SH 406 A^4 (42)

19.2.1694 Hamburg Rat der Stadt Hamburg
<Ha 33> D 66 fol. 200–201

8.3.1694 Hamburg Christian Kortholt
<8> SH 406 A^4 (43)

2.8.1695 Hamburg Alexander Junge
<Ha 33> C 296:151b
(Kopie eines gemeinsamen Responsum von Johann Winckler und Caspar Büssing zu den Katechismus-Fragen von Vagetius)

19.4.1696 o.O. Johannes Brunsmann
<18> Sup. ep. 4° 52 (115)
<18> Sup. ep. 83 (40) (Kopie)

2.10.1696 Hamburg Philipp Jakob Spener
<Ha 33> D 66 fol. 328–329

8.6.1698 o.O. n.n.
<18> LA: Winckler, Johann (Bl. 3–4) (Kopie)

4.4.1699 Hamburg Philipp Jakob Spener
<Ha 33> D 68 fol. 102–103

19.8.1699 o.O. Geistliches Ministerium Hamburg
<H 46> 511-1 (Bestand »Ministerium«) III A 1 g (89, S. 364)
<H 46> 511-1 (Bestand »Ministerium«) III A 1 h (110 bzw. 146)

23.6.1701 Wiesbaden n.n.
<18> Cod. Hans. III, 117–119 (Nr. 5)
(betr. Berufung nach Lübeck)

28.6.1702 Hamburg Philipp Jakob Spener
<Ha 33> A 113 (fol. 6–7)

17.4.1703 Hamburg n.n.
<18> Cod. Hans. III, 117–119 (Nr. 20)

[…].1703 o.O. n.n.
<18> Cod. Hans. III, 117–119 (Nr. 9)
(betr. Catharina Bebel)

24.9.1704 o.O. Landgraf Ernst Ludwig von Hessen-Darmstadt
<460> Bestand D4 (367)

9.12.1704 Hamburg Joachim Weickmann
<18> LA: Winckler, Johann (Bl. 1–2)
(Entwurf)

Dez. 1704 o.O. n.n.
<18> Cod. Hans. III, 117–119 (Nr. 6)
(betr. Berufung, nicht von Wincklers Hand)

o.D. o.O. Philipp Jakob Spener
<Ha 33> D 68 fol. 89

o.D. o.O. n.n.
<Ha 33> D 68 fol. 105–107
(Text zur Lehre von der Rechtfertigung)

o.D. o.O. Philipp Jakob Spener
<Ha 33> D 68 fol. 137–138

o.D. o.O. n.n.
<18> Cod. Hans. III, 117–119 (Nr. 16)
(»Theologisches Bedencken über einen Fall von Unzucht«)

o.D. o.O. n.n.
<18> Cod. Hans. III, 117–119 (Nr. 19)

o.D. o.O. n.n.
<18> Cod. Hans. III, 117–119 (Nr. 22)
(Konzept eines Briefes an den Rat zu Nidda)

15.10.[...] o.O. n.n.
<18> Cod. Hans. III, 117–119 (Nr. 26)
(»De Sabbatho«, nur teilweise von Wincklers Hand)

o.D. o.O. n.n.
<18> Cod. Hans. III, 117–119 (Nr. 35)
(»Kirchen Gebet«)

Anhang

1. Edition der frühesten Vita Johann Wincklers [1705][1]

[fol. 5] Johannes Winckler

Natus anno Christi 1642. d. 13. Julij St. Vet. die Margarethæ prope Grimmam, parentibus honestis Martino Wincklero et Maria Drechslerinn. Baptizatus d. 15. Jul.

Educatus fuit a parentibus, imprimis a B. Matre ad omnem pietatem: neque dn. primis annis institutione Scholastica frui potuit, sed nono demum ætatis anno Grimmæ in Scholam est deductus, quam ad 14^{tum} annum usus frequentavit: anno vero 1656. post ferias Paschales in Schola D. Thomæ Lipsiensi receptus sub manuductione Præceptorum, imprimis Frid. Rappolti, tum Conrectoris post Theolog. ibidem Professoris, cos studiorum fecit profectus, ut anno 1659. Studiosorum numero fuerit adscriptus; ex quo tempore ductu Professorum aliorumque publice docentium, imprimis M. Andr. Beyeri, post Pastoris Freybergensis in Misnia, studijs Philologicis et Philosophicis sedulam navavit operam. Post biennium Academiam relinquere coactus informationi liberorum ab alijs Grimma fuit adhibitus: neque tn. a Studiorum coepto tramite diverti se passus est, quia potius ita ea excoluit, ut anno 1664. Jenæ Brabeuta M. Olpio, Prof. Magisterij dignitate ornatus fuerit. Anno 1666. Lipsiam reversus ad Studium Theologicum et Homileticum animum serio adjecit, et non solum lectionibus Dnn. Professorum publicis ac privatis sedulo interfuit, sed et disputando aliquoties sub Kromayeri et Scherzeri præsidio, ut et concionando, ingenij et pietatis solentiam exferuit; donec anno 1668. erudiendis Ser.^{mi} Principis Philippi Ludovici, Holsatiæ ex Sunderburgica familia Ducis, filijs admoveretur, et tandem cum natu secundo Carolo Ludovico Tubingam in Collegium illustre ablegaretur, ubi triennium fere exegit.

Anno 1671. a Cer.^{mo} Principe Georgio Christiano, Landgravio Hassiæ Homburgæ (vor der höhe) commorante, ad diaconatum Homburgensem vocatus munus sacrum anno 1672. domin. Quasimodog. auspicatus est; quod sequenti anno 1673. mense Januario jubente Principe cum Pastoratu ac Metropolitanatu Braubachiæ prope Rhenum commutavit. Anno 1676. ineunte à Ser.^{mo} Principe Ludovico VI^{to} Landgr. Hassiæ, Concionator aulicus ac Consistorij Assessor Darmstadij clementissime constitutus fuit, unde anno 1678. Manhemium Pastor Ecclesiæ Lutheranæ vocatus est. Anno 1679. à celsiss. Comitibus Lovensteino-Wertheimensibus Pastor ac Superintendens Werthemij vocatus, ac. domin. Quasimodogeniti ibi receptus fuit. Anno 1684. d. 31. Aug. a Patronis et Juratis Ecclesiæ St. Michaëlis Hamburg. unanimiter in Pastorem electus, ac ab Ampliss. Senatu d. 1. Sept. vocatus fuit: cui vocationi morem gerens mense octobri huc appulit, et d. 4. Novembr. a B. Dn. D. Dav. Klugio, tum

---

[1] SUB HH, LA: Winckler, Johann, fol. 5f. Der hier erstmals nach dem Autograph edierte Text stellt mit ziemlicher Sicherheit die früheste Vita Johann Wincklers dar und wurde anscheinend von seinem ältesten Sohn Johann Friedrich Winckler verfasst; vgl. Biographie 1.3.1. Bei der Wiedergabe des Manuskripts wurden Geminationsstriche und Kürzel aufgelöst; die Groß- und Kleinschreibung, Hochstellung und Interpunktion folgen jedoch dem Original.

temporis Seniore solenniter introductus est. Anno 1695. a Celsiss. Comite Detlefo Comite de Rantzau Confessionarij et Præpositi Ecclesiarum Comitatus Rantzaviensis munere ornatus fuit; quod tamen anno 1701 crescentibus ex Senioratu laboribus rursus deposuit. Anno 1699. d. 7. Junij ab Ampliss. Senatu Senioratus in locum B. Dn. D. Sam. Schultzij ipsi est collatus.

Matrimonium primum contraxit Anno 1672. d. 11. Aug. Homburgæ cum Virgine Nobili Elisabetha Magdalena de Lindau, B. Joh. Wilhelmi de Lindau et B. Annæ Margarethæ de Lindau, natæ de Fronhorst, filia pia, quæ Braubachiæ anno 1673. d. 10. Octobr. ex difficili partu, quo infans quoque extinctus est, pie obdormivit. Anno 1674. d. 22. Nov. secundas nuptias celebravit Braubachiæ cum Virgine Johanna Kugelmannia, B. Joh. Georgij Kugelmanni, Consiliarij Erpacensis et Præfecti Michelstadiensis, ac Sophiæ Elisabethæ, natæ Mentzeriæ, filia, cum qua hactenus suavissime vixit.

Liberos ex secundo matrimonio progenuit duodecim, plurimos adhuc Dei gratiæ superstiter. Joh. Balthasarem et Joh. Christophorum, Werthemij pie defunctor: Joh. Fridericum, Professorem/ [fol. 6] Joh. Maximilianum, Mercatorem hujus loci: Joh. Antonium, Theologiæ Helmstadij nunc operam dantem: Joh. Christophorum, Juris Studiosum, septimo die ante Patrem Helmstadij febri ardente exstinctum: Joh. Gustavum, Hamburgi denatum: Joh. Sophiam: Joh. Ludovicum: Joh. Martinum: Joh. Hedwigam et Joh. Christianam.

Morbum quod attinet, vires, quas a natura habuit amplissimas, sensim multis laboribus ac ærumnis ita fuerunt confectæ, ut Scorbuto, modo pectus, modo pedes invadenti, resistere amplique haud valerent; cui licet medicamentis ac thermis, quas præcedenti quoque anno visitaverat, obviam ire conaretur, nihil tamen profecit, sed mali, quod totum corpus insederat, vis magis magisque eum prostravit, ut per ultimum semestre spatium domi se plurimum continere debuerit; et licet nonnumquam vires videbantur rediturae, ita ut sæpique, immo domin. Lætare adhuc publice concionari potuerit, mox tamen pristinus languor redijt, et omnem spem reconvalescendi abstulit. Quare cum finem vitæ instare probe perspiceret, SS. Eucharistiæ viatico d. 2. Aprilis instructus, ad piam placidamque mortem se composuit, quæ ipsi à Benignissimo Numine d. 5. Aprilis, ipsa Palmarum Dominica, hora sexta antemeridiana obtigit, postquam annos vivendo explesset 62. menses 8. dies 12.

2. Der Nachlass Johann Wincklers

2.1 Einleitung

In Johann Wincklers Nachlass, der sich in der Hamburger Staats- und Universitätsbibliothek Carl von Ossietzky befindet, sind in einem Folianten 155 an ihn gerichtete handschriftliche Briefe überliefert.[1] Während diese Briefsammlung der älteren Forschung bekannt war,[2] hielt die neuere Forschung sie für verschollen.[3] Bis heute werden die Briefe weder im gedruckten Handschriftenkatalog noch im neuen elektronischen Katalog der Bibliothek aufgeführt.[4] Es erscheint daher sinnvoll, die an Johann Winckler gerichtete umfangreiche Korrespondenz an dieser Stelle der Öffentlichkeit bekannt zu machen.

Die Briefe wurden offenbar unter der Aufsicht von Wincklers Enkelsohn Johann Dietrich Winckler (1711–1784),[5] zuletzt Hauptpastor an St. Nikolai und Senior des Geistlichen Ministeriums in Hamburg, zusammengestellt, nummeriert und paginiert.[6]

---

1 SUB HH, Nachlass Johann Winckler, 632 S., 2°. Die Seitenzählung ist leicht fehlerhaft: So fehlen die Seitenzahlen zwischen S. 451–460.

2 Vgl. z.B. ADB 43, 1898, S. 373.

3 Vgl. z.B. P.J. SPENER, Briefe 2, 1996, Nr. 118, S. 540.

4 Vgl. Theologische Handschriften 1–4, 1977–1998; HANS (Nachlass- und Autographenkatalog der SUB HH).

5 Johann Dietrich Winckler (1711–1784), geb. in Hamburg, war ein Sohn von Johann Friedrich Winckler. Nach dem Studium in Hamburg und Leipzig wirkte er 1736 als Professor für Rhetorik und Ethik, seit 1737 für Logik und Metaphysik am Hamburger Gymnasium. 1744 wurde er Superintendent in Hildesheim und promovierte in Rinteln zum Dr. theol. 1758 kehrte er als Hauptpastor an St. Nikolai nach Hamburg zurück, wo er 1779 Senior des Geistlichen Ministeriums wurde. Er gab die Schriften seines Vaters heraus und verfasste etliche erbauliche Texte; vgl. H. SCHRÖDER, Lexikon 8, 1883, S. 67. 76–86; ADB 43, 1898, S. 376f; F. HAMMER/H. VON SCHADE, Pastorinnen und Pastoren 1, 1995, S. 208. Der Nachlass von Johann Dietrich Winckler befindet sich in der SUB HH; er umfasst sieben Kisten mit an ihn gerichteten Briefen.

6 Dafür, dass Wincklers Enkel die nachgelassenen Briefe seines Großvaters zusammengestellt hat, sprechen zwei Beobachtungen: Zum einen sind die Briefe an Johann Winckler auf die gleiche Machart in einen ledernen, goldgeprägten Folianten gebunden wie die Briefe an Johann Friedrich Winckler. Beide Briefsammlungen enthalten ein Vorsatzblatt mit biographischen Angaben zum Empfänger sowie ein Briefregister von gleicher Hand. Zum anderen enthält Brief Nr. 139) von Johannes Olearius, der Wincklers Berufung nach Ostfriesland betrifft, folgenden handschriftlichen Zusatz: »Daß der selige Johann Winckler, mein in Gott ruhender Groß-Vater, diesen Ruff nach Ostfrießland gehabt, ist von denenjenigen Gelehrten, die sein Leben ertzehlet haben, nicht unerwehnet geblieben. Man sehe 3. Ex. des sel. Herrn D. Fabricii Memorias Hamburgenses, Vol. III. pag. 357. des sel. D. Pippings Memorias Theologorum, pag. 1644. die Nova Literaria Germaniae, A. 1705. pag. 197. Dieweil der selige Mann aber in dergleichen Dingen, wie einem rechtschaffenen Theologo gebührt, sehr gewissenhafft war, so verfuhr er nie anders, denn behut-

Er ließ den Band mit dem Titel *Epistolae autographae ad Joannem Wincklerum Seniorem Hamburgensem*, einer Kurzbiographie seines Großvaters sowie einem Inhaltsverzeichnis versehen, das jeweils die Nummer, soweit bekannt den Verfassernamen, das Abfassungsdatum und die Seitenzahlen der Briefe innerhalb der Sammlung nennt. Mitunter wird auch das Briefthema angegeben. Daran schließen sich in der alphabetischen Reihenfolge ihrer Verfasser 155 Autographen und zwei Briefkopien in verschiedenen Formaten an. Es befinden sich darunter zwei thesenartige Aufsätze von Wilhelm Christoph Kriegsmann und Johann Heinrich May (Nr. 83 und 118a), die Kopie eines Briefes von Winckler an Balthasar Mentzer II. (Nr. 123) sowie zwei Briefe von Philipp Jakob Spener (Nr. 146 und 147).

Die überlieferten Briefe stammen, von wenigen Ausnahmen abgesehen,[7] aus Wincklers Hamburger Zeit (1684–1705). Es handelt sich zum größten Teil um Schreiben von befreundeten Pfarrern und Professoren einerseits sowie von Theologiestudenten und Pfarramtskandidaten andrerseits. Von den mit Winckler befreundeten Theologen sind Abraham Hinckelmann, Johann Heinrich Horb, Johann Heinrich May und Christian Kortholt als Korrespondenten besonders stark vertreten. Bis auf ein Schreiben wurden alle Briefe von Männern verfasst.[8] Allerdings liegen selbst für diesen letzten Lebensabschnitt hier sicher nicht alle von Winckler empfangenen Briefe vor. Es fehlen u.a. die Schreiben, in denen er um die Annahme auswärtiger Pfarrstellen gebeten wurde, die Briefe von seinem langjährigen Freund Philipp Jakob Spener, seinen Hamburger Amtskollegen und den vielen Privatlehrern, die er im Laufe der Jahre engagierte, sowie die privaten Briefe.[9] Der Nachlass zeigt also wahrscheinlich nur einen Ausschnitt der an Winckler gerichteten Schreiben. Gleichwohl bildet er aufgrund seines Umfanges und der vertretenen Korrespondenten, darunter bedeutende Theologen und Wissenschaftler des ausgehenden 17. Jh. wie Christian Kortholt, Joachim Justus Breithaupt, Hiob Ludolf und Hermann von der Hardt, eine Fundgrube für die historische Forschung. Die enthaltenen Briefe bieten zu etlichen Themenkomplexen Material, nicht nur zu den beteiligten Personen, sondern auch zur pietistischen Briefkultur, zum Beziehungsnetz zwischen norddeutschen Theologen, zu den Verbindungen zwischen lutherischer Theologie und hebraistischer Sprachwissenschaft, zu den Hamburger Streitigkeiten um Johann Heinrich Horb, zu zahlreichen

---

sam und mit Zuziehung frommer Gottesgelehrten in Beurtheilung der an ihn gekommenen Vocationen. Daher ist Herr D. Olearius denn auch von ihm um das gegenwärtige Responsum gebeten worden, welches ich dem geneigten Leser anjetzt vor Augen lege.«

[7] Wichtige Ausnahmen bilden die Briefe von Wilhelm Christoph Kriegsmann (1678/79), Balthasar Mentzer II. (1679) und Philipp Jakob Spener (1681/82); vgl. Nr. 81–83). 122–124). 146–147).

[8] Der einzige von einer Frau verfasste Brief stammt von der Pastorenwitwe Christine Zitschaer, die Winckler um Hilfe in den Schwierigkeiten mit der zweiten Frau ihres Mannes bittet; s. Nr. 151).

[9] Für den eingeschränkten Überlieferungsbestand gibt es mehrere mögliche Gründe: Möglicherweise bewahrte Winckler gar nicht alle Briefe auf bzw. verwahrte die private Korrespondenz getrennt. Vielleicht ging auch ein Teil der Briefe verloren, wurde an die Verfasser zurückgesandt oder zerstört. Schließlich könnten auch die Nachkommen eine Briefauswahl getroffen haben. Das letzte Erklärungsmodell wird dadurch erhärtet, dass dem Enkelsohn Johann Dieterich Winckler offensichtlich sehr daran gelegen war, seinen Großvater von der Neigung zum Pietismus loszusprechen; vgl. J.D. WINCKLER, Modesta Animadversio, 1756, S. 81–106.

kleineren theologischen Einzelthemen sowie zu Fragen der Stellung der Hamburger Hauptpastoren, der Patronage jüngerer Pfarramtskandidaten durch angesehene ältere Theologen oder dem Hauslehrerwesen. Um einen schnellen Überblick zu geben, um wen es sich bei den in Wincklers Nachlass vertretenen Briefschreibern handelt, ist dem nachfolgenden Verzeichnis der Korrespondenten ein Fußnotenapparat mit kurzen biographischen Angaben beigefügt.

2.2 Verzeichnis der Korrespondenten[10]

1	Franciscus Alardus[11]	Neuenkirchen/Dithm.	13.9.1700	(S. 1–4)
2	Nicolaus Alardus[12]	Tönning	18.10.1688	(S. 5–8)
3	ders.	Oldenburg	3.3.1691	(S. 9–12)
4	Johann Wilhelm Baier[13]	Jena	19.7.1688	(S. 13–16)
5	Heinrich Baumhauer[14]	Tönning	26.3.1698	(S. 17–20)

[10] Die nachfolgende Aufstellung der an Winckler adressierten Handschriften folgt der bestehenden älteren Nummerierung und Paginierung. An erster Stelle wird die Briefnummer genannt, sodann der Verfassername, Ort und Datum der Abfassung und schließlich in Klammern die Seitenzahlen. Nicht alle Verfasser waren zweifelsfrei feststellbar; teilweise wurden zur Identifikation der Abfassungsort und der Briefinhalt herangezogen. Die Namensschreibung der Verfasser und Orte ist der heutigen Schreibweise angepasst.

[11] Franciscus Alardus (1653–1708), geb. in Süderau, Sohn des Süderauer Pastors Wilhelm Alardus, studierte seit 1673 in Rostock, seit 1676 in Gießen, seit 1677 in Leiden und seit 1679 in Kiel. 1680 wurde er Diaconus in Neuenkirchen (in Dithmarschen), im Jahr darauf Pastor daselbst. Er war in erster Ehe seit 1680 mit Margareta Witte und in zweiter Ehe seit 1690 mit Cäcilie Schultz verheiratet; vgl. O.F. ARENDS, Gejstligheden 1, 1932, S. 5.

[12] Nicolaus Alardus (1644–1699), geb. in Süderau, Bruder des Vorherigen, besuchte die höheren Schulen in Lemgo, Herford und Hannover und studierte seit 1664 in Gießen, seit 1666 in Marburg, seit 1668 in Helmstedt und seit 1669 in Kopenhagen. 1679 promovierte er in Kiel zum Dr. theol. 1675–1686 war er Pastor in Tönning, seit 1682 zugleich Propst von Eiderstedt und seit 1686 Generalsuperintendent von Oldenburg-Delmenhorst. Seit 1675 war er mit Elisabeth Mohrmann verheiratet. Als streitbarer Lutheraner gab er einen Katechismus heraus, der von 1689–1797 als Lehrbuch gebraucht wurde, sowie ein Gebetbuch, ein Gesangbuch und ein Bedenken zum Hamburger Religionseid von 1690; vgl. AGL 1, 1750, Sp. 186; H. SCHRÖDER, Lexikon 1, 1851, S. 25–27; ADB 1, 1875, S. 172f; O.F. ARENDS, Gejstligheden 1, 1932, S. 6; NDB 1, 1953, S. 121; H. BRUHN, Kandidaten, 1963, Nr. 156, S. 106; BBKL 1, 1990, Sp. 74.

[13] Johann Wilhelm Baier (1647–1695), geb. in Nürnberg, studierte in Nürnberg, Altdorf und Jena und wurde 1674 Professor für Theologie in Jena, 1675 außerdem Professor für Kirchengeschichte. 1694 wurde er erster Professor der Theologie an der neugegründeten Universität Halle. Er veröffentlichte das Lehrbuch »Compendium theologiae positivae« (1686; ²1691), das in großer Abhängigkeit von Johannes Musäus dessen Theologie weit über Jena hinaus verbreitete. Er vertrat die Theologie der Konkordienformel gegen jeglichen Synkretismus, betonte jedoch stärker als die meisten Orthodoxen die Ethik. Seit 1674 war er mit Johanna Katharina Musäus verheiratet, der Tochter des Kieler Theologen Petrus Musäus; vgl. AGL 1, 1750, Sp. 713f; ADB 1, 1875, S. 774; NDB 1, 1953, S. 543f; K. HEUSSI, Geschichte, 1954, S. 142f; W. GÖBELL, Universitätsgründung, 1984, S. 155; P.J. SPENER, Briefe 1, 1992, S. 164. Bd. 2, 1996, S. 313.

[14] Nicht ermittelt.

6	Balthasar Bekker[15]	Amsterdam	1.5.1695	(S. 21–24)
7	Johannes Braun[16]	Groningen	[?].11.1686	(S. 25–28)
8	Joachim Justus Breithaupt[17]	Erfurt	6.10.1688	(S. 29–32)
9	Johannes Colerus[18]	Amsterdam	13.11.1685	(S. 33–36)
10	ders.	ebd.	23.3.1686	(S. 37–38)
11	ders.	ebd.	22.10.1686	(S. 39–42)
12	ders.	ebd.	9.10.1688	(S. 43–44)
13	ders.	Den Haag	12.2.1694	(S. 45–48)
14	Theodor Dassow[19]	Kiel	17.8.1702	(S. 49–52)

[15] Balthasar Bekker (1634–1698), geb. in Metslawier in Friesland, studierte in Groningen als Schüler von Jakob Alting, dessen Schriften er postum herausgab. Seit 1655 war er Rektor der Lateinschule in Franeker, seit 1657 Pfarrer in Oosterlittens. Nach der Promotion zum Dr. theol. 1665 in Franeker wurde er 1666 dort Pfarrer, 1674 in Loenen a.d. Vecht, 1676 in Weesp und 1679 in Amsterdam. 1683 unternahm er eine längere Reise durch Belgien, Frankreich und England. Er veröffentlichte eine Untersuchung über die Kometen, einen Daniel-Kommentar (1688), eine Schrift für die Kindertaufe (1690), mehrere Kinderkatechismen und als Hauptwerk »Die bezauberte Welt« (1691–1693), eine cartesianisch begründete Schrift gegen Aber- und Hexenglauben, die großen Protest hervorrief. 1692 wurde er auf der Provinzialsynode zu Alkmaar als Pfarrer entlassen, von den Generalstaaten jedoch weiter besoldet; vgl. AGL 1, 1750, Sp. 896f; ADB 2, 1875, S. 299f; NNBW 1, 1911, Sp. 277–279; Biografische Index 1, 1997, S. 99. Bekkers Brief an Winckler ist abgedruckt bei J. GEFFCKEN, Johann Winckler, 1861, S 397.

[16] Johannes Braun (1628–1708), geb. in Kaiserslautern, studierte in Leiden bei Johannes Coccejus und machte eine mehrjährige Studienreise durch Frankreich, Deutschland und die Schweiz. Darauf wurde er Prediger der wallonischen Gemeinde in Zeeland, dann in Delft und 1661 in Nijmegen. 1679 wurde er als Nachfolger von Jakob Alting Professor für Theologie und Hebräisch in Groningen. Dort war seine von Coccejus beeinflusste Bundestheologie zwischen etwa 1686–1689 heftig umstritten; vgl. AGL 1, 1750, Sp. 1344f; NNBW 6, 1924, Sp. 189–191; Biografische Index 1, 1997, S. 193.

[17] Joachim Justus Breithaupt (1658–1732), geb. in Nordheim, studierte seit 1676 in Helmstedt und wurde 1680 Konrektor der Fürstenschule in Wolfenbüttel. 1681 ging er zu Christian Kortholt und wirkte als Privatdozent in Kiel, dann zu Philipp Jakob Spener nach Frankfurt a.M., von wo er 1684 als Extraordinarius für Homiletik nach Kiel zurückberufen wurde. 1685 wurde er Hofprediger und Konsistorialrat in Meiningen. 1687 promovierte er in Kiel zum Dr. theol. und wurde Pfarrer an der Predigerkirche, Senior des Geistlichen Ministeriums und Theologieprofessor in Erfurt. 1691 wurde er als Kollege von Paul Anton und August Hermann Francke zum Theologieprofessor in Halle, Konsistorialrat im Herzogtum Magdeburg und Prediger an der Domkirche berufen. 1705 wurde er außerdem Propst und Prälat am Kloster Unser Lieben Frauen sowie Generalsuperintendent von Magdeburg, 1709 Abt des Klosters Bergen. Er verfasste etliche theologische Schriften sowie Kirchenlieder; vgl. AGL 1, 1750, Sp. 1356–1358; ADB 3, 1876, S. 291f; NDB 2, 1955, S. 576; L. NOACK/J. SPLETT, Bio-Bibliographien, 2001, S. 69–103.

[18] Johannes Colerus (1647–1707), geb. in Düsseldorf, studierte in Gießen, Worms und Straßburg. 1671 wurde er lutherischer Pfarrer in Mühlheim a.d. Ruhr, 1678 in Weesp und 1679 in Amsterdam. 1693 wurde er nach s'Gravenhagen berufen, wo unter seinem Einfluss die Gemeinde von Den Haag in die sog. Haagsche Unie überging. Bekannt wurde er durch seine Biographie Baruch Spinozas (1705), die in mehrere Sprachen übersetzt wurde. Wincklers Sohn Johann Friedrich hielt sich 1698 bei Colerus auf; vgl. AGL 6, 1787, Sp. 409; NNBW 7, 1927, Sp. 310; Biografische Index 1, 1997, S. 295.

[19] Theodor Dassow (1648–1721), geb. in Hamburg, besuchte das Johanneum und das Hamburger Gymnasium und lernte bei Esdras Edzard und Jakob Abendana orientalische Sprachen. Er studierte seit 1669 in Gießen und seit 1673 in Wittenberg und machte dann eine akademische

15	Martin Diefenbach[20]	Frankfurt a.M.	24.9.1701	(S. 53–56)
16	Jakob Dornkrell[21]	Hamburg	8.1.1702	(S. 57–58)
17	Jakob Dörriern[22]	Kiel	1.4.1692	(S. 59–62)
18	Christian Wilhelm von Eyben[23]	Gottorf	11.11.1704	(S. 63–66)
19	ders.	ebd.	19.1.1705	(S. 67–70)
20	ders.	ebd.	2.2.1705	(S. 71–74)
21	ders.	ebd.	5.2.1705	(S. 75–78)
22	Johann Caspar Finck[24]	Lauterbach/Elsass	12.1.1703	(S. 79–80)

Reise durch Holland und England. 1678 wurde er in Wittenberg Professor der Poesie und der orientalischen Sprachen, 1699 Theologie- und Philosophieprofessor sowie Hauptpastor an St. Nicolai in Kiel. 1710 wurde er Probst in Rendsburg und 1713 Generalsuperintendent von Schleswig-Holstein. Als solcher unterdrückte er die Verbreitung pietistischer Literatur. Er verfasste mehrere kleine Schriften über alttestamentliche Archäologie und übersetzte talmudische und rabbinische Literatur. Seit 1686 war er mit der Tochter des Dresdner Bürgermeisters Dorothea Zink verheiratet; vgl. AGL 2, 1750, Sp. 36f; ADB 4, 1876, S. 762; O.F. ARENDS, Gejstligheden 1, 1932, S. 195; G. BEHRMANN, Hamburgs Orientalisten, 1902, S. 49; M. JAKUBOWSKI-TIESSEN, Früher Pietismus, 1983, S. 52–55.

[20] Martin Diefenbach (1661–1709), geb. in Frankfurt a.M., Schwiegersohn des Frankfurter Pfarrers Johann Georg Grambs, studierte in Wittenberg und Straßburg. Seit 1684 war er Gymnasiallehrer und seit 1686 Prediger an St. Peter und St. Katharinen in Frankfurt a.M. Schon während seiner Studienzeit stand er mit Spener in Verbindung. Diefenbach trat mit eigenen Schriften, u.a. zur Judenbekehrung, hervor; vgl. AGL 2, 1750, Sp. 115f; J. TELSCHOW/E. REITER, Evangelische Pfarrer, ²1985, S. 69; J. WALLMANN, Philipp Jakob Spener, ²1986, S. 272.

[21] Jakob Dornkrell (1643–1704), geb. in Lüneburg, studierte seit 1655 in Rostock und Helmstedt und seit 1665 in Kiel. 1668–1685 war er Pastor in Holdenstedt bei Uelzen. 1686 promovierte er in Rostock zum Lic. theol. und eröffnete in Lüneburg eine eigene Buchdruckerei. 1691 wurde er Pastor in Gülzow in Pommern. 1699 verließ er diese Stelle und zog nach Hamburg; vgl. AGL 2, 1750, Sp. 195f; H.W. ROTERMUND, Gelehrtes Hannover 1, 1823, S. 482; H. BRUHN, Kandidaten, 1963, Nr. 140, S. 104.

[22] Nicht ermittelt.

[23] Christian Wilhelm von Eyben (1663–1727), geb. in Gießen, war ein Sohn des Juristen Ulrich von Eyben. Er studierte seit 1680 in Helmstedt, seit 1681 in Gießen und dann wieder in Helmstedt Jura. Seit etwa 1685 wirkte er als Hof- und Regierungsrat von Markgraf Friedrich Magnus von Baden-Durlach und seit 1690 als Hof- und Regierungsrat von Herzog Georg Wilhelm von Braunschweig-Lüneburg. Seit 1698 war er holsteinisch-gottorfischer Staatsrat und herzoglicher Gesandter in Wien (1707) und Regensburg (1711). 1716 wurde er Minister von Herzog Ernst August von Braunschweig Lüneburg. Eyben war mit Lucia Barbara von Fabrice verheiratet. Er veröffentlichte historische und juristische Schriften; vgl. AGL 2, 1750, Sp. 454; H.W. ROTERMUND, Gelehrtes Hannover 1, 1823, S. 586f; Danmarks adels aarbog 22, 1905, S. 117f; Matrikel der Universitat Helmstedt 2, 1981, S. 220; Biographisches Repertorium der Juristen E, 1987, S. 546f.

[24] Johann Caspar Finck (1636–1706), geb. in Caldern, war seit 1657 Informator bei der Herrschaft Fürstenau (bei Erbach), seit 1663 Pastor in Michelstadt und seit 1666 Superintendent. Seit 1668 war er Pfarrer und Inspektor in Lauterbach. Er edierte 1670 Band 12 des »Lutherus Redivivus". Er war in erster Ehe seit 1664 mit Osterhold Marie Mentzer (1648–1665) verheiratet, Tochter von Balthasar Mentzer II., und in zweiter Ehe seit 1666 mit deren Cousine Johanna Barbara Mentzer (1641–1700), Tochter von Ludwig Mentzer; vgl. AGL 6, 1787, Sp. 1101; F.W. STRIEDER, Geschichte 8, 1788, S. 423f; HasSac 2, 1925, S. 44. Bd. 4, 1930, S. 322; P.J. SPENER, Briefe 1, 1992, S. 172. Winckler verfasste auf Fincks zweite Frau ein Epicedium; s. Teil II. 1.5, Nr. 4).

23	Johann Fecht[25]	Rostock	13.7.1693	(S. 81–88)
24	Johann Ernst Gerhard II.[26]	Gießen	5.8.1704	(S. 89–92)
25	T.T. Gödeke[27]	Quickborn	9.2.1701	(S. 93–96)
26	Heinrich Görssen[28]	Itzehoe	16.5.1702	(S. 97–100)
27	Peter Goldschmidt[29]	Sterup	6.2.1701	(S. 101–104)
28	Johannes Peter Grünenberg[30]	Rostock	[?].12.1701	(S. 105–108)

---

[25] Johann Fecht (1636–1716), geb. in Sulzburg im Breisgau, studierte 1655–1661 in Straßburg, wo er Schüler Dannhauers und Kommilitone Speners war, und während einer akademischen Reise u.a. in Wittenberg und Gießen. 1666 wurde er Pfarrer in Langendenzlingen, 1668 Professor für Hebräisch und Metaphysik am Gymnasium Durlach, 1669 Hofprediger, Kirchen- und Konsistorialrat und 1688 Generalsuperintendent der Markgrafschaft Baden-Durlach. Nach der Zerstörung Durlachs im Pfälzischen Krieg wurde er 1690 durch Speners Vermittlung Professor der Theologie und Superintendent in Rostock. In den 1690er Jahren wurde Fecht nach langjähriger Freundschaft mit Spener zum Gegner des radikalen Pietismus und des Chiliasmus. Gleichzeitig förderte er in Mecklenburg die Bibelverbreitung, das Schulwesen und die kirchliche Eigenständigkeit. Seit 1667 war er mit Maria Magdalene Obrecht (†1704) verheiratet; vgl. AGL 2, 1750, Sp. 539–541; ADB 6, 1877, S. 592f; NDB 5, 1961, S. 38f; P.J. SPENER, Briefe 1, 1992, Nr. 46, S. 177. Fechts Epicedium ist auch abgedruckt bei H. PIPPING, Memoriam Theologorum, 1707, S. 1646f. Der Brief betrifft Wincklers Berufung auf die Generalsuperintendentur in Ostfriesland, zu der es jedoch nicht kam.

[26] Johann Ernst Gerhard II. (1662–1707), geb. in Jena, ein Enkel Johann Gerhards, studierte in Jena und Altdorf, bereiste Norddeutschland und wurde 1694 Inspektor der Kirchen und Schulen von Sachsen-Gotha. 1697 promovierte er in Jena zum Dr. theol. und wurde 1700 Professor der Theologie in Gießen, wo er die lutherische Lehre gegen Johann Konrad Dippel verteidigte; vgl. AGL 2, 1750, Sp. 952; ADB 8, 1878, S. 772.

[27] T.T. Gödeke, ein Schwager Wincklers, war wahrscheinlich ein Sohn von Andreas Gödeke; s. Anhang. 2.2.

[28] Heinrich Görssen (1630–1707), geb. in Hamburg, studierte 1649 in Leipzig und seit 1650 in Wittenberg und wirkte dann als Informator bei Familie von Düring in Horneburg. Seit 1663 war er Pastor in Hechthausen a.d. Oste; vgl. H.W. ROTERMUND, Gelehrtes Hannover 2, 1823, S. 143; Pastoren der Landeskirchen Hannovers und Schaumburg-Lippes 1, 1941, S. 475; H. BRUHN, Kandidaten, 1963, Nr. 28, S. 88.

[29] Peter Goldschmidt (1662–1713), geb. in Husum, studierte seit 1681 in Kiel. 1690 wurde er Konrektor in Haderslev, 1691 Pastor in Sterup bei Flensburg, 1707 zweiter Domprediger in Güstrow und 1709 Superintendent in Parchim. 1711 promovierte er in Frankfurt a.M. zum Dr. theol. In Parchim 1711 entlassen, lebte er am Ende seines Lebens bei Hamburg, ohne jedoch auf eine Pfarrstelle berufen zu werden. Er veröffentlichte zwei Dämonologien, eine in der frühen Neuzeit seltene Gattung: »Höllischer Morpheus« (1698) und »Verworfener Hexen- und Zauber-Advokat« (1705); vgl. AGL 2, 1750, Sp. 1058f; O.F. ARENDS, Gejstligheden 1, 1932, S. 286; E. FEDDERSEN, Kirchengeschichte 2, 1938, S. 553–557; T.O. ACHELIS, Matrikel 1, 1966, S. 178.

[30] Johannes Peter Grünenberg (1668–1712), geb. in Harburg, studierte in Helmstedt und Kiel, wo er den Magistergrad erwarb. Darauf unternahm er eine Bildungsreise durch Holland und England (Oxford) und hielt sich zwischenzeitlich auch in Hamburg und Celle auf. 1691 wurde er Rektor in Otterndorf, 1694 Rektor in Harburg und 1696 Feldprediger in Brabant. 1698 erwarb er in Rostock den Doktorgrad und wurde zum Theologieprofessor, Superintendent und Konsistorialrat des Mecklenburgischen Kreises ernannt. Als Dekan, Prorektor und Rektor der Rostocker Universität vertrat er ein dogmatisch fixiertes Luthertum. Er verfasste exegetische, kontroverstheologische und polemische Schriften; vgl. AGL 2, 1750, Sp. 1212f; H.W. ROTERMUND, Gelehrtes Hannover 2, 1823, S. 185–187; H. BRUHN, Kandidaten, 1963, Nr. 281, S. 128; BBKL 18, 2001, Sp. 544–546.

29	Nikolaus Hanneken[31]	Lübeck	19.12.1704	(S. 109–112)
30	Hermann von der Hardt[32]	Braunschweig	22.9.1688	(S. 113–116)
31	ders.	ebd.	4.2.1690	(S. 117–120)
32	ders.	ebd.	16.8.1692	(S. 121–124)
33	Günther Heiler[33]	Lüneburg	7.10.1684	(S. 125–128)
34	Peter Hennings[34]	Wilster	31.3.1701	(S. 129–132)
35	Johann Hilmers[35]	Lübeck	8.9.1701	(S. 133–136)
36	Heinrich Heuwel[36]	Mainz	21.8.1676	(S. 137–138)

---

[31] Nikolaus Hanneken (1639–1708), geb. in Marburg, war ein Sohn von Justine Eleonore Mentzer und Meno Hanneken, Theologieprofessor in Marburg und Superintendent in Lübeck. Er studierte in Gießen, Leiden und Tübingen Medizin, erlangte dort 1663 den Doktorgrad und reiste anschließend drei Jahre lang durch Italien und Deutschland. Seit der gemeinsamen Studienzeit in Tübingen war er mit Johann Jakob Schütz befreundet. Seit 1677 war er Stadtphysikus in Lübeck; vgl. AGL 2, 1750, Sp. 1350f; F.W. STRIEDER, Geschichte 5, 1785, S. 242–254; A. DEPPERMANN, Johann Jakob Schütz, 2002, S. 53. Im vorliegenden Brief berät er Winckler in ärztlichen Fragen.

[32] Hermann von der Hardt (1660–1746), geb. in Melle bei Osnabrück, besuchte von 1671–1679 die höheren Schulen in Herford, Osnabrück, Bielefeld und Coburg. Seit 1679 studierte er in Jena, wo er 1683 zum Magister promovierte. Um 1682 hielt er sich zum Sprachstudium bei Esdras Edzard in Hamburg auf. 1686 studierte er in Leipzig, wo er mit Paul Anton und August Hermann Francke Freundschaft schloss und das Collegium philobiblicum besuchte. 1687 lebte er mehrere Monate bei Philipp Jakob Spener in Dresden, 1688 zusammen mit Francke bei Caspar Hermann Sandhagen in Lüneburg und in Hamburg, bevor er im gleichen Jahr Bibliothekar und Sekretär von Herzog Rudolf August von Braunschweig wurde. Von 1690–1727 war er Professor für orientalische Sprachen und Verwalter der Universitätsbibliothek in Helmstedt. Während er zunächst dem Pietismus anhing, wandte er sich später dem Rationalismus zu; vgl. AGL 2, 1750, Sp. 1361–1364; ADB 10, 1879, S. 595f; NDB 7, 1966, S. 668f; F. LAMEY, Hermann von der Hardt, ^{2}1974, S. 8–13; BBKL 2, 1990, Sp. 534f. In der Badischen Landesbibliothek Karlsruhe sind drei weitere Briefe von der Hardts an Winckler vom 20.5.1688, 27.10.1688 und 6.8.1689 überliefert.

[33] Günther Heiler (1645–1707), geb. in Halle a.d. Saale, studierte seit 1662 in Halle und Leipzig, wo er 1664 zum Magister promovierte. 1666 wurde er Hofprediger des Pfalzgrafen Georg Wilhelm zu Birkenfeld, 1668 promovierte er in Jena zum Dr. theol. und 1669 wurde er Inspektor des Fürstentums Birkenfeld. 1670 wurde er Superintendent und Konsistorialrat der verwitweten Gräfin Anna Magdalena von Hanau in Buchsweiler im Elsass, nach Vertreibung durch die Franzosen 1679 Hofprediger in Hanau, 1682 Hauptpastor an St. Johannis in Lüneburg und 1688 Generalsuperintendent von Pommern und Konsistorialrat in Stargard. Heiler, ein Schwager Speners, veranlasste Bibeldrucke, veröffentlichte Predigten sowie Erbauungsschriften; vgl. AGL 2, 1750, Sp. 1448f; ADB 11, 1880, S. 315f; Pastoren der Landeskirchen Hannovers und Schaumburg-Lippes 2, 1942, S. 102; K. VOM ORDE, Elite Gottes, 1995, S. 106.

[34] Peter Hennings (1659–1707), geb. in Itzehoe, studierte seit 1683 in Wittenberg und wurde 1685 Kandidat des Hamburger Geistlichen Ministeriums. 1690 studierte er in Jena, 1691 wurde er Diaconus in Wilster, 1702 Diaconus an St. Jakobi in Hamburg und 1704 außerdem Pastor am St. Hiobshospital in Hamburg; vgl. O.F. ARENDS, Gejstligheden 1, 1932, S. 343; H. BRUHN, Kandidaten, 1963, Nr. 245, S. 121; F. HAMMER/H. VON SCHADE, Pastorinnen und Pastoren 1, 1995, S. 20.

[35] Johann Hilmers (1674–1737), geb. in Lübeck, studierte seit 1693 in Kiel und seit 1697 in Jena. 1702 wurde er Diaconus, 1703 Archidiaconus und 1718 Pastor und Kircheninspektor in Burg auf Fehmarn. Seit 1720 war er Diaconus an St. Katharinen in Hamburg; vgl. AGL 2, 1750, Sp. 1608; H. SCHRÖDER, Lexikon 3, 1857, S. 253f; O.F. ARENDS, Gejstligheden 1, 1932, S. 352, F. HAMMER/H. VON SCHADE, Pastorinnen und Pastoren 1, 1995, S. 74.

[36] Heinrich Heuwel († nach 1727), Edler Herr von und zu Tiefenau, war als katholischer Jurist später kaiserlicher Reichshofrat in Wien; vgl. AGL 6, 1787, Sp. 1975f.

37	Abraham Hinckelmann[37]	Lübeck	22.11.1684	(S. 139–142)
38	ders.	ebd.	24.1.1685	(S. 143–147)
39	ders.	ebd.	26.1.1685	(S. 148–152)
40	ders.	ebd.	14.2.1685	(S. 153–156)
41	ders.	Darmstadt	6.12.1687	(S. 157–160)
42	ders.	ebd.	18.1.1688	(S. 161–162)
43	ders.	Frankfurt a.M.	11.5.[1688?]	(S. 163–170)
44	ders.	Gießen	5.1.1689	(S. 171–174)
45	Günther Otto Hoier[38]	Celle	30.4.1692	(S. 175–178)
46	ders.	ebd.	27.1.1692	(S. 179–180)
47	ders.	ebd.	29.8.1693	(S. 181–184)
48	Johann Heinrich Holl[39]	Pfedelbach	13.2.1685	(S. 185–188)
49	Friedrich Holtzhausen[40]	Frankfurt a.M.	20.9.1699	(S. 189–192)
50	ders.	Genf	2.9.1701	(S. 193–196)
51	Johann Christoph Holtzhausen[41]	Frankfurt a.M.	4.7.1684	(S. 197–200)
52	ders.	ebd.	18.4.1692	(S. 201–208)
53	ders.[42]	ebd.	19.4.1692	(S. 209–210)

[37] Zu Abraham Hinckelmann (1652–1695) s. Teil I. 2.3.4.

[38] Günther Otto Hoier (†1696), geb. in Hamburg, war 1684–1690 Pastor in Salzhausen bei Lüneburg. 1690 wurde er vierter, 1692 dritter und 1694 zweiter Pfarrer an der Stadtkirche in Celle; vgl. AGL 6, 1787, Sp. 2090; H. SCHRÖDER, Lexikon 3, 1857, S. 327f; Pastoren der Landeskirchen Hannovers und Schaumburg-Lippes 1, 1941, S. 162–164. Bd. 2, 1942, S. 337.

[39] Johann Heinrich Holl (1639–1699), geb. in Wertheim, studierte seit 1660 in Jena und seit 1664 in Gießen, wo er zum Magister promovierte. Er wurde Vikar in Urphar und Lindelbach, 1665 Pfarrverwalter in Bettingen, 1666 Pfarrer in Buchbrunn und Repperndorf und 1677 Hofprediger und Superintendent in Pfedelbach. Er heiratete in erster Ehe 1667 Anna Magdalena Crato (†1688) und in zweiter Ehe 1689 Anna Magdalena Walther (†1726); vgl. W. DANNHEIMER u.a., Ritterschaftliches Pfarrerbuch, 1979, Nr. 1216.

[40] Friedrich Holtzhausen (†1705), geb. in Cölln a.d. Spree, ein Sohn von Johann Christoph Holtzhausen, studierte seit 1690 in Jena, seit 1692 in Gießen und seit 1694 in Leipzig. 1698 hielt er sich bei Winckler in Hamburg auf. 1699 studierte er in Straßburg. 1704/05 war er französischer und deutscher Prediger in Frankfurt a.M.; vgl. Threni, 1705, S. 66; H. BRUHN, Kandidaten, 1963, Nr. 402, S. 150. 368; J. TELSCHOW/E. REITER, Evangelische Pfarrer, ²1985, S. 156.

[41] Johann Christoph Holtzhausen (1640–1695), geb. in Herford, studierte seit 1659 in Jena und wurde um 1661/62 Predigtamtskandidat und Informator in Hamburg. 1663 musste er wegen der Beteiligung an dem Konventikel von Stephan Döhren und kirchenkritischer Äußerungen Hamburg verlassen und ging erst zu Friedrich Breckling nach Zwolle, dann zu Heinrich Müller nach Rostock und zu Hermann Schuckmann nach Güstrow. 1667 wurde er Diaconus in Schildesche. 1670 promovierte er in Gießen zum Magister und wurde Pfarrer in Herford. 1675 wurde er Diaconus an St. Petri in Cölln a.d. Spree, wo er im gleichen Jahr wegen verweigerter Unterschrift unter den brandenburgischen Religionsrevers suspendiert und des Landes verwiesen wurde. 1676 kam er als Prediger erst nach Lemgo, dann nach Hildesheim, wo er 1681 amtsenthoben wurde. Seit 1682 wirkte er als Pfarrer an der Barfüßerkirche in Frankfurt a.M. Hier wandte er sich sowohl gegen die Reformierten als auch gegen Separatisten und Spiritualisten wie Robert Barclay und Jakob Böhme; vgl. AGL 2, 1750, Sp. 1682f; H. SCHRÖDER, Lexikon 3, 1857, S. 349–352; H. BRUHN, Kandidaten, 1963, Nr. 93, S. 96f; NDB 9, 1972, S. 559; P.J. SPENER, Briefe 2, 1996, Nr. 35, S. 172; F. BRECKLING, Autobiographie, 2005, S. 30.

[42] Dieser Brief ist nicht an Winckler, sondern an Stephan Döhren gerichtet und wurde wahrscheinlich dem Schreiben an Winckler beigelegt.

54	Johann Heinrich Horb[43]	Windsheim	20.9.1684	(S. 211–212)
55	ders.	ebd.	12.1.1685	(S. 213–216)
56	ders.	ebd.	20.1.1685	(S. 217–220)
57	ders.	Frankfurt a.M.	31.3.1685	(S. 221–224)
58	ders.	Schlems	29.1.1694	(S. 225–228)
59	ders.	ebd	17.2.1694	(S. 229–232)
60	Caspar Peter Hülsemann[44]	Hamburg	8.2.1691	(S. 233–234)
61	Johann Wolfgang Jäger[45]	Stuttgart	18.3.1703	(S. 235–238)
62	Stephan Jebsen[46]	Flensburg	30.1.1688	(S. 239–242)
63	Das Konsistorium zu Öhringen und Nauenstein		[?].1.1692	(S. 243–248)

[43] Johann Heinrich Horb (1645–1695), geb. in Colmar, studierte in Straßburg, Leipzig, Jena und Kiel und reiste als Hofmeister durch die Niederlande, England und Frankreich. 1671 heiratete er Speners Schwester Sophia Cäcilia (1640–1727). Im selben Jahr wurde er zuerst Hofprediger des Pfalzgrafen Christian II. von Birkenfeld in Bischweiler, dann Pfarrer in Trarbach a.d. Mosel und Inspektor und Konsistorialrat der Hinteren Grafschaft Sponheim. Nach heftigen Streitigkeiten, die Anfang 1678 zu seiner Amtsenthebung führten, wurde er 1679 Hauptpastor und Superintendent in Windsheim. 1685 wurde er Hauptpastor an St. Nicolai in Hamburg. Aufgrund der Streitigkeiten um seine Person musste er 1693 die Stadt verlassen und zog nach Schlems; vgl. AGL 2, 1750, Sp. 1705f; H. SCHRÖDER, Lexikon 3, 1857, S. 357–365; ADB 13, 1881, S. 120–124; NDB 9, 1972, S. 621f; P.J. SPENER, Briefe 1, 1992, S. 535; F. SANDER, Pastor, 1995. Der Brief vom 20.11.1684 ist wahrscheinlich nicht an Winckler, sondern an Spener gerichtet; möglicherweise gab Spener ihn an Winckler weiter.

[44] Caspar Peter Hülsemann (1647–1692), geb. in Bremen, studierte in Wittenberg, wo er 1670 zum Magister promovierte. 1675 wurde er Pastor in Freiburg a.d. Elbe und 1676 Diaconus an St. Jacobi in Hamburg. 1691 wurde er wegen Reden gegen den Rat der Stadt Hamburg kurzzeitig von seinem Predigtamt suspendiert; vgl. AGL 2, 1750, Sp. 1752; H.W. ROTERMUND, Gelehrtes Hannover 2, 1823, S. 427; H. SCHRÖDER, Lexikon 3, 1857, S. 425; F. HAMMER/H. VON SCHADE, Pastorinnen und Pastoren 1, 1995, S. 79.

[45] Johann Wolfgang Jäger (1647–1720), geb. in Stuttgart, studierte bis 1669 in Tübingen und wurde dann Informator der Prinzen Karl Maximilian und Georg Friedrich von Württemberg. 1680 wurde er außerordentlicher Professor für Geographie und Latein an der Tübinger Universität, 1681 Ordinarius für Griechisch, 1684 Professor für Moral und 1688 Professor für Logik und Metaphysik. 1692 promovierte er zum Dr. theol. und wurde Superintendent am Herzoglichen Stipendium. 1698 wurde er Abt und Generalsuperintendent des Klosters Maulbronn, 1699 Stiftsprediger, Universitätsvisitator und Konsistorialrat in Stuttgart, 1702 Kanzler, 1704 Primarius für Theologie und 1709 Abt zu Adelberg und Superintendent des Landes. Er war kirchengeschichtlich tätig und gab 1702 das neue verbindliche Kompendium für Theologie heraus. Jäger schätzte Spener, bekämpfte aber den Chiliasmus, den mystischen Spiritualismus und den in Württemberg Anfang des 18. Jh. einsetzenden Separatismus. 1679 heiratete er in erster Ehe Anna Magdalene Osiander, die Tochter Johann Adam Osianders, 1707 in zweiter Ehe Maria Katharina von Gülch, verw. Scheinemann; vgl. AGL 2, 1750, Sp. 1828f; ADB 13, 1881, S. 651; W. ANGERBAUER, Kanzleramt, 1972, S. 91–105; BBKL 2, 1990, Sp. 1433–1435.

[46] Stephan Jebsen (1651–1720), geb. in Rendsburg, besuchte die Schulen in Flensburg und Lübeck und studierte seit 1668 in Kiel, seit 1670 in Leipzig, seit 1673 in Königsberg und seit 1680 wieder in Kiel. 1684 unternahm er eine Bildungsreise durch Holland und England. In der Nachfol ge seines Vaters, Propst Johannes Jebsen, wurde er 1693 Diakon und 1694 Pastor an St. Marien in Flensburg; vgl. AGL 2, 1750, Sp. 1854; O.F. ARENDS, Gejstligheden 1, 1932, S. 399; T.O. ACHELIS, Matrikel 1, 1966, S. 156.

63a	Georg Christian Johannis[47]	Weikersheim	12.6.1683	(S. 249–252)
63b	ders.	ebd.	9.9.1683	(S. 253–256)
63c	ders.	ebd.	19.4.1685	(S. 257–260)
64	Friedrich Ernst Kettner[48]	Quedlinburg	20.2.1702	(S. 261–264)
65	Sebastian Kirchmayer[49]	Rothenburg o.T.	24.10.1683	(S. 265–268)
66	ders.	ebd.	4.10.1686	(S. 269–272)
67	ders.	ebd.	10.1.1687	(S. 273–276)
68	Franz Erdmann Christian Klug[50]	Seester	31.10.1700	(S. 277–280)
68a	Benjamin Stricker[51]	Horst	10.6.1699	(S. 281–282)
69	Cornelius Dietrich Koch[52]	Helmstedt	3.11.1702	(S. 283–286)
70	Christian Kortholt[53]	Kiel	7.4.1686	(S. 287–290)

[47] Georg Christian Johannis (1658–1735), geb. in Marktbreit in Franken, studierte in Wittenberg und Altdorf. 1682 wurde er Hofprediger der Grafen von Hohenlohe-Weikersheim, 1694 Feldprediger der brandenburgischen Truppen, 1695 Prediger der schwedischen Gesandtschaft in Wien, 1702 durch Graf Oxenstierna Professor für Geschichte in Zweibrücken, das er 1717 nach dem Tod seines Gönners verlassen musste. Teilweise in Zusammenarbeit mit Valentin Ferdinand von Gudenus veröffentlichte er eine Mainzer Geschichte; vgl. AGL 2, 1750, Sp. 1948; ADB 14, 1881, S. 97f; NDB 10, 1974, S. 443f. Die drei Briefe von Johannis wurden vom Konsistorium zu Oehringen und Nauenstein ihrem Brief an Winckler beigelegt.

[48] Friedrich Ernst Kettner (1671–1722), geb. in Stollberg, besuchte die Schule in Annaberg und studierte seit 1687 in Leipzig, wo er 1688 zum Magister promovierte. 1695 wurde er Informator der Prinzessinnen Anna Maria und Sophia von Sachsen-Weißenfels. 1697 wurde er Superintendent in Eckardsberg, 1701 Hofprediger der Quedlinburger Äbtissin Anna Dorothea und 1703 Superintendent, Konsistorialrat und Gymnasialinspektor von Quedlinburg. 1709 promovierte er in Jena zum Dr. theol. Kettner veröffentlichte Predigten und kirchenhistorische Schriften; vgl. AGL 2, 1750, Sp. 2076. Bd. 7, 1810, Sp. 288f.

[49] Sebastian Kirchmayer (1641–1700), geb. in Uffenheim, studierte in Altdorf und Wittenberg v.a. orientalische Sprachen, promovierte 1662 zum Magister, hielt öffentliche Kollegs und wurde 1667 Adjunkt der philosophischen Fakultät Wittenberg. 1667–1680 war er Professor am Regensburger Gymnasium. 1681 wurde er als Nachfolger von Johann Ludwig Hartmann Superintendent, Pastor primarius und Konsistorialassessor in Rothenburg o.T., später auch Gymnasialprofessor; vgl. AGL 2, 1750, Sp. 2099. Bd. 7, 1810, Sp. 392–394; P.J. SPENER, Briefe 4, 2005, S. 683f.

[50] Franz Erdmann Christian Klug (†1703), geb. in Ratzeburg, studierte seit 1689 in Greifswald und war seit 1693 Pastor in Seester; vgl. O.F. ARENDS, Gejstligheden 1, 1932, S. 152.

[51] Benjamin Stricker, geb. in Brandenburg, war 1670–1685 Kantor in Meldorf, seit 1685 Rektor in Glückstadt und seit 1693 Diaconus in Horst; vgl. O.F. ARENDS, Gejstligheden 2, 1932, S. 292. Es handelt sich um die Kopie eines Briefes von Stricker, die Franz Erdmann Christian Klug seinem Brief beilegte.

[52] Cornelius Dietrich Koch (1676–1724), geb. in Quakenbrück, studierte in Hamburg und Helmstedt und bereiste Holland. 1703 wurde er Professor für Logik und Metaphysik in Helmstedt, besuchte aber in der Folgezeit die Universitäten Leipzig, Jena, Halle und Wittenberg. 1710 promovierte er zum Dr. theol. 1723 wurde er Professor für dogmatische und moralische Theologie in Helmstedt; vgl. AGL 2, 1750, Sp. 2131f. Bd. 7, 1810, Sp. 594f; H.W. ROTERMUND, Gelehrtes Hannover 2, 1823, S. CXXXXV–CXXXXVII.

[53] Christian Kortholt (1633–1694), geb. in Burg auf Fehmarn, besuchte die Schulen in Burg, Schleswig und Schwerin und studierte in Rostock, Jena, Leipzig und Wittenberg. 1663 erwarb er in Rostock den Doktorgrad und wurde Professor für Griechisch, 1664 Professor der Theologie. Seit 1666 wirkte er an der neugegründeten Universität Kiel als Theologieprofessor, Primarius, mehrmals als Prorektor und zuletzt als Prokanzler. Unter seinen Schülern waren u.a. Joachim Justus Breithaupt und August Hermann Francke. Kortholt verfasste kirchengeschichtliche und

71	ders.	ebd.	28.11.1687	(S. 291–294)
72	ders.	ebd.	30.6.1690	(S. 295–298)
73	ders.	ebd.	12.11.1690	(S. 299–304)
74	ders.	ebd.	3.1.1691	(S. 305–308)
75	ders.	ebd.	[?].2.1691	(S. 309–312)
76	ders.	ebd.	3.8.1692	(S. 313–316)
77	ders.	ebd.	10.2.1693	(S. 317–320)
78	ders.	ebd.	15.3.1694	(S. 321–324)
79	ders.	ebd.	o.D.	(S. 325–330)
80	Gottfried Kohlreiff[54]	Neubrandenburg	24.1.1703	(S. 331–334)
81	Wilhelm Christoph Kriegsmann[55]	Darmstadt	12.7.1678	(S. 335–338)
82	ders.	Friedrichstadt	2.5.1679	(S. 339–342)
83	Beilage dess.			(S. 343–346)
84	Martin Krüger[56]	Braunschweig	18.8.1704	(S. 347–350)
85	Hermann Krochmann[57]	Gießen	1.11.1692	(S. 351–354)
86	ders.	ebd.	27.12.1692	(S. 355–358)
87	ders.	ebd.	18.2.1693	(S. 359–362)
88	ders.	Rostock	1.4.1694	(S. 363–364)
89	ders.	Osnabrück	26.7.1702	(S. 365–368)

erbauliche Schriften. Mit Spener freundschaftlich verbunden wandte er sich jedoch gegen den von Johann Wilhelm und Johanna Eleonora Petersen vertretenen chiliastischen Pietismus als »neue Religion«; vgl. AGL 2, 1750, Sp. 2149–2151. Bd. 7, 1810, Sp. 747–755; ADB 16, 1882, S. 725f; E. FEDDERSEN, Kirchengeschichte 2, 1938, S. 319–321; NDB 12, 1980, S. 601f; P.J. SPENER, Briefe 1, 1992, S. 367; BBKL 4, 1992, Sp. 524–527. Von Winckler sind zwölf Briefe an Kortholt aus den Jahren 1688–1694 erhalten, s. Teil II. 2.2.

[54] Gottfried Kohlreiff (1676–1750), geb. in Neustrelitz, war ein Sohn des Hofpredigers und Superintendenten Matthias Erasmus Kohlreiff. Er studierte seit 1692 in Rostock, seit 1694 in Halle, wo er den Magistergrad erwarb, dann in Leipzig und Wittenberg. 1698 wirkte er als Bibliothekar der Herzogin Marie von Mecklenburg-Strelitz, 1699 als Informator der Söhne des mecklenburgischen Ministers Edzard Adolf von Petkum in Hamburg, wo er Kontakt zu Winckler hatte. 1700 wurde er Privatdozent für Hebräisch an der Universität Kiel und promovierte zum Lic. theol. 1701 wurde er Pastor primarius in Neubrandenburg, 1704 Domprediger, Propst und Konsistorialrat in Ratzeburg. Er veröffentlichte hebraistische und theologische Studien, Schulbücher sowie das »Ratzeburgische Gesangbuch" (1715); vgl. AGL 7, 1810, Sp. 697f; H.W. ROTERMUND, Gelehrtes Hannover 2, 1823, S. 604; ADB 16, 1882, S. 453; H. SCHRÖDER, Lexikon 4, 1866, S. 147f; H. BRUHN, Kandidaten, 1963, Nr. 417, S. 153. 368.

[55] Zu Wilhelm Christoph Kriegsmann (1633–1679) s. Teil I. 2.7.1.

[56] Martin Krüger, Pastor und Senior in Braunschweig, nicht näher ermittelt.

[57] Hermann Krochmann (1671–1728), geb. in Hamburg, studierte seit 1692 in Gießen, seit 1694 in Rostock und dann in Greifswald, wo er 1697 zum Magister promovierte. Im gleichen Jahr wurde er kursächsischer Legationsprediger in Den Haag. 1701 arbeitete er als Katechet am Hamburger Werk- und Zuchthaus. 1702 wurde er dritter, 1704 zweiter Pastor an St. Katharinen in Osnabrück; vgl. AGL 2, 1750, Sp. 2170. Bd. 7, 1810, Sp. 890; H.W. ROTERMUND, Gelehrtes Hannover 2, 1823, S. 636; H. SCHRÖDER, Lexikon 4, 1866, S. 196f; H. BRUHN, Kandidaten, 1963, Nr. 373, S. 145; F. HAMMER/H. VON SCHADE, Pastorinnen und Pastoren 1, 1995, S. 99. Winckler ordinierte Krochmann 1702 in Hamburg zum Dienst an St. Katharinen in Osnabrück; die Ordinationspredigt wurde gedruckt; s. Teil II. 1.3, Nr. 53).

90	Johann Jakob Langjahr[58]	Kiel	5.2.1695	(S. 369–372)
91	Joachim Lehment[59]	Tribsees	13.6.1704	(S. 373–376)
92	Werner Martin Leuckfeld[60]	Marklohe	31.1.1693	(S. 377–380)
93	Christian Philipp Leutwein[61]	Pfedelbach	9.12.1682	(S. 381–388)
94	ders.	Gronau	19.2.1684	(S. 389–394)
95	ders.	o.O.	1.3.1685	(S. 395–398)
96	ders.	Waldenburg	4.3.1692	(S. 399–402)
97	ders.	ebd.	28.9.1696	(S. 403–406)
98	Caspar Lindenberg[62]	Lübeck	12.4.1702	(S. 407–410)
99	Gustav Daniel Lipstorp[63]	Stade	10.4.1693	(S. 411–414)
100	Nikolaus List[64]	Michelstadt	9.9.1690	(S. 415–418)

---

[58] Johann Jakob Langjahr (†1722), geb. in Durlach, studierte seit 1690 in Gießen und Kiel. Seit 1694 wirkte er als Hauslehrer bei Winckler in Hamburg. 1698 zog er zum Studium nach Kopenhagen; im gleichen Jahr wurde er dänischer Legationsprediger in Wien; vgl. H. BRUHN, Kandidaten, 1963, Nr. 357, S. 141.

[59] Joachim Lehment, Pastor, nicht näher ermittelt.

[60] Werner Martin Leuckfeld (um 1666–1747), geb. in Hamburg, war 1692–1698 Pastor in Marklohe bei Nienburg, 1699–1701 als Adjunkt seines Vaters Johann Martin Leuckfeld Pfarrer in Harburg und 1701–1747 Superintendent und Pfarrer in Gifhorn; vgl. Pastoren der Landeskirchen Hannovers und Schaumburg-Lippes 1, 1941, S. 315. 393. Bd. 2, 1942, S. 125; H. BRUHN, Kandidaten, 1963, S. 197.

[61] Christian Philipp Leutwein (1652–1728), geb. in Wertheim, war ein Sohn des Frankfurter Ratsherrn und späteren Wertheimer Stadtschultheißen Philipp Leutwein und mit Johann Jakob Schütz verwandt. Er besuchte das Gymnasium in Rothenburg o.T. und studierte 1670 in Straßburg, seit 1671 in Altdorf und seit 1674 in Tübingen, wo er 1675 zum Magister promovierte. 1676 wurde er Hofmeister der Prinzen von Pfedelbach. 1683–1685 war er Pfarrer in Gronau an der Bergstraße, 1685–1690 Pfarrer, Inspektor und Konsistorialrat in Wiesbaden und 1690–1728 Oberpfarrer und Superintendent von Waldenburg. Seit 1683 war Leutwein mit einer Tochter des Rothenburger Superintendenten Johann Ludwig Hartmann, Eva Christina (1662–1738), verheiratet. Er verfasste erbauliche und katechetische Schriften; vgl. AGL 7, 1810, Sp. 1733f; HasSac 4, 1930, S. 119; Baden-Württembergisches Pfarrerbuch 2,2, 1981, S. 152f. 264f; A. DEPPERMANN, Johann Jakob Schütz, 2002, S. 39. 104.

[62] Caspar Lindenberg (1665–1713), geb. in Lübeck, studierte in Rostock, Hamburg, Wittenberg und Leipzig und unternahm 1688 eine Bildungsreise durch Holland und England. 1692 wurde er Prediger an St. Johannis in Lübeck, 1707 Pastor an St. Petri in Lübeck. Er verfasste katechetische, talmudische und linguistische Schriften. Zusammen mit dem Kaufmann Joachim Haack wirkte er als Verbindungsmann August Hermann Franckes in Lübeck und unterstützte die Hallischen Anstalten; vgl. AGL 2, 1750, Sp. 2450f. Bd. 7, 1810, Sp. 1874; T. WOTSCHKE, August Hermann Franckes Briefwechsel, 1931, S. 113–118.

[63] Gustav Daniel Lipstorp (1664–1739), geb. in Stade, studierte Medizin in Frankfurt a.d. Oder und Leiden, wo er 1687 zum Dr. med. promovierte. 1687–1689 machte er eine Studienreise durch England, Frankreich, Italien, Österreich und Süddeutschland. 1689 wurde er Stadtphysikus in Stade. Der Brief enthält die Bitte, von Winckler mit Catharina Hedwig von der Meden getraut zu werden. Familie Lipstorp gehörte zu den Stader Pietisten; vgl. AGL 2, 1750, Sp. 2468. Bd. 7, 1810, Sp. 1940f; H. SCHRÖDER, Lexikon 4, 1866, S. 507f; M. MATTHIAS, Johann Wilhelm und Johanna Eleonora Petersen, 1993, S. 262. 273f.

[64] Nikolaus List (1642–1694), geb. in Michelstadt, war 1665–1666 Pfarrer in Güttersbach, 1666–1669 Diaconus in Michelstadt, 1669–1681 Pfarrer in Jugenheim a.d. Bergstraße und 1681–1694 Hofprediger und Oberpfarrer in Michelstadt; vgl. AGL 7, 1810, Sp. 1957; HasSac 1, 1921, S. 195. Bd. 4, 1930, S. 93. 96. 101.

101	Hiob Ludolf[65]	Frankfurt a.M.	30.12.1693	(S. 419–422)
102	ders.	ebd.	15.5.1697	(S. 423–426)
103	ders.	ebd.	14.5.1702	(S. 427–428)
104	ders.	ebd.	25.6.1702	(S. 429–432)
105	Heinrich Wilhelm Ludolf[66]	Hamburg	o.D.	(S. 433–436)
106	ders.	Moskau	6.3.1693	(S. 437–440)
107	Karl Christian Ludolf[67]	Frankfurt a.M.	3.6.1704	(S. 441–444)
108	Nikolaus Lütkens[68]	Leipzig	8.10.1702	(S. 445–448)
109	ders.	ebd.	8.10.1703	(S. 449–452)

---

65 Hiob Ludolf (1624–1704), geb. in Erfurt, stammte aus einer Erfurter Ratsfamilie. Er studierte in seiner Heimatstadt von 1639–1645 Medizin und Jura und promovierte 1658 zum Dr. jur. 1645 studierte er in Leiden Sprachen, 1646/47 bereiste er Frankreich und England. 1648 wurde er Hauslehrer des Barons von Rosenhahn, des schwedischen Gesandten in Paris, in dessen Auftrag er nach Italien und Schweden reiste. 1652 trat er in den Dienst von Herzog Ernst I. von Sachsen-Gotha, unter dem er 1652 Legationsrat, 1653 Prinzenerzieher, 1660 Hof- und Justizrat und 1664 Kammerdirektor wurde. Nach dem Tod des Herzogs zog er 1677 nach Frankfurt a.M. und wurde 1679 zum kaiserlichen Reichshofrat ernannt. 1680–1685 wirkte er als beratender Kammerdirektor des Kurfürsten Karl II. von der Pfalz. Ludolf gilt als Begründer der wissenschaftlichen Äthiopistik in Europa und veröffentlichte eine »Historia Aethiopica« (1681), verschiedene äthiopische, amharische sowie andere Lexika und Grammatiken. Als einer der gebildetsten Männer des späten 17. Jh. unterhielt er eine ausgedehnte Korrespondenz mit anderen Gelehrten und hatte etliche Schüler, darunter Johann Heinrich May, Wincklers Sohn Johann Friedrich, der von 1691–1693 in seinem Hause lebte, sowie Christoph Schlichting. Ludolf war dreimal verheiratet: in erster Ehe seit 1661 mit Emilie Maria Dimpfel (1639–1676), in zweiter Ehe seit 1682 mit Anna Katharina Müller (1642–1685) und in dritter Ehe seit 1694 mit Maria Catharina von Lersner (1642–1695), Tochter des Ratsherrn Philipp Christian von Lersner; vgl. AGL 2, 1750, Sp. 2574f. Bd. 8, 1813, Sp. 56–58; ADB 19, 1884, S. 394f; G. BEHRMANN, Hamburgs Orientalisten, 1902, S. 55f; Frankfurter Biographie 1, 1994, S. 471f; NDB 15, 1987, S. 303f; BBKL 5, 1993, Sp. 317–325; P.J. SPENER, Briefe 3, 2000, S. 25. Im Nachlass Johann Friedrich Wincklers befinden sich in der SUB HH ca. 50 Briefe Ludolfs aus den Jahren 1693–1703.

66 Heinrich Wilhelm Ludolf (1655–1712), geb. in Erfurt, war Slawist und Missionsreisender. Er lernte bei seinem Onkel Hiob Ludolf orientalische Sprachen und studierte seit 1675 in Jena. 1678 ging er als Sekretär der niederländischen Gesandtschaft nach England, trat dann in dänische diplomatische Dienste und wurde 1686 Sekretär des Prinzen Georg von Dänemark. 1692–1694 reiste er nach Russland und die Ukraine, um diplomatische, politische, wirtschaftliche und kirchenpolitische Verbindungen anzuknüpfen. Nach seiner Rückkehr verfasste er eine russische Grammatik und stand Zar Peter I. der Große bei dessen Auslandsreise 1697/98 als Mittelsmann zur Verfügung. Zu dieser Zeit kam er zu Francke nach Halle a.d. Saale, dessen Idee einer Universalkirche ihn stark beeindruckte und den er zur Gründung des Collegium orientale bewog. 1698/99 unternahm er eine Orientreise, um Verbindung zur griechischen Geistlichkeit aufzunehmen; vgl. AGL 8, 1883, Sp. 60; NDB 15, 1987, S. 304f; R. WILSON, Heinrich Wilhelm Ludolf, 1998.

67 Karl Christian Ludolf (*1664), Sohn Hiob Ludolfs aus erster Ehe, war kaiserlicher Resident in Frankfurt; vgl. NDB 15, 1987, S. 303.

68 Nikolaus Lütkens (1675–1736), geb. in Hamburg, besuchte 1692/93 das Hamburger Johanneum. Seit 1697 studierte er in Rostock, wo er 1698 zum Magister promovierte, und seit 1701 in Leipzig, wo er seit 1706 als Privatdozent lehrte. Dann unternahm er eine jahrelange Studienreise. 1708 wurde er Katechet am Hamburger Werk- und Zuchthaus. Von 1711–1731 wirkte er als Pastor in Billwerder; vgl. AGL 2, 1750, Sp. 2594. Bd. 8, 1883, Sp. 139f; H. SCHRÖDER, Lexikon 4, 1866, S. 598–601; H. BRUHN, Kandidaten, 1963, Nr. 492, S. 165; F. HAMMER/H. VON SCHADE, Pastorinnen und Pastoren 1, 1995, S. 114.

110	Johann Burckhard May[69]	Kiel	28.12.1692	(S. 453–456)
111	ders.	ebd.	28.3.1703	(S. 457–450)
112	Johann Heinrich May[70]	Gießen	21.10.1690	(S. 461–464)
113	ders.	ebd.	20.12.1690	(S. 465–468)
114	ders.	ebd.	19.5.1691	(S. 469–472)
115	ders.	ebd.	12.3.1692	(S. 473–476)
116	ders.	ebd.	16.4.1692	(S. 477–480)
117	ders.	ebd.	23.5.1692	(S. 481–484)
118	ders.	ebd.	1.11.1692	(S. 485–488)
118a	Beilage dess.			(S. 489–492)
119	ders.	ebd.	25.11.1692	(S. 493–496)
120	ders.	ebd.	22.11.1698	(S. 497–500)
121	ders.	ebd.	4.8.1700	(S. 501–504)
122	Balthasar Mentzer II.[71]	Darmstadt	26.10.1678	(S. 505–508)
123	Johann Winckler[72]	Mannheim	18.11.1678	(S. 509–512)
124	Balthasar Mentzer II.	Darmstadt	1.12.1678	(S. 513–516)
125	Felix Christoph Mentzer[73]	London	4.7.1694	(S. 517–520)
126	ders.	Kopenhagen	31.10.1701	(S. 521–524)
127	ders.	ebd.	20.1.1702	(S. 525–528)

[69] Johann Burckhard May (1652–1726), geb. in Pforzheim, war ein Bruder von Johann Heinrich May. Er war Lehrer am Gymnasium Durlach und seit 1693 Professor für Beredsamkeit und Geschichte an der Universität Kiel. Er korrespondierte mit Spener; vgl. AGL 3, 1751, Sp. 64f. Bd. 8, 1813, Sp. 453–455; ADB 20, 1884, S. 123; M. JAKUBOWSKI-TIESSEN, Früher Pietismus, 1983, S. 32.

[70] Johann Heinrich May (1653–1719), geb. in Pforzheim, studierte seit 1671 in Wittenberg. Seine orientalischen Kenntnisse erwarb er bei Johann Fecht (in Durlach), Eberhard Anckelmann und Esdras Edzard (in Hamburg), Sebastian Schmidt (in Straßburg) und Hiob Ludolf (in Frankfurt a.M.). 1683/84 wirkte May als Hofprediger des Pfalzgrafen Leopold Ludwig von Veldenz. 1684 wurde er Pfarrer an der St. Stephanskirche und Professor für orientalische Sprachen in Durlach. 1688 wurde er als Nachfolger von David Clodius Professor für orientalische Sprachen, außerordentlicher Theologieprofessor und Hofprediger in Gießen. 1689 wurde er Ordinarius, Superintendent der Marburger und Alsfelder Diözese, Konsistorialassessor, Stipendiatenephorus und Stadtpfarrer. Er hielt seit 1689 akademisch ausgerichtete Collegia pietatis und förderte den Pietismus in Hessen-Darmstadt durch Ämter- und Personalpolitik. Theologisch war May v.a. durch Philipp Jakob Spener und Johannes Coccejus beeinflusst. Er war dreimal verheiratet: in erster Ehe mit Sabine Helene Praun, Tochter von Michael Praun II. (1626–1696), in zweiter Ehe mit Anna Klara Hoffmann verw. Raumburger und in dritter Ehe seit 1717 mit Sophie Margarethe Holtzhausen, Tochter von Johann Christoph Holtzhausen; vgl. AGL 3, 1751, Sp. 65f. Bd. 8, 1813, Sp. 455–463; ADB 20, 1884, S. 123; HasSac 2, 1925, S. 109–111; G. BIUNDO, Evangelische Geistliche der Pfalz, 1968, Nr. 3373, S. 292; P.J. SPENER, Briefe 1, 1992, Nr. 104, S. 424. Bd. 3, 2000, Nr. 146, S. 686; BBKL 5, 1993, Sp. 1103–1105.

[71] Zu Balthasar Mentzer II. (1614–1679) s. Teil I. 2.4.2.

[72] Der Brief ist die Kopie eines Briefes von Winckler an Balthasar Mentzer II. in Darmstadt.

[73] Felix Christoph Mentzer (1672–1711), geb. in Demmin, studierte seit 1688 in Greifswald und war dann als Informator bei dem Grafen von Danneskiold angestellt. 1701 wurde er Diakon an der deutschen St. Petrikirche in Kopenhagen, 1711 Hauptpastor dort; vgl. H. BRUHN, Kandidaten, 1963, Nr. 325, S. 136.

128	Martin Michael[74]	Darmstadt	29.8.1689	(S. 529–534)
129	Peter Michaelis[75]	Verden	25.7.1689	(S. 535–538)
130	Johann Hartmann Misler[76]	Stade	10.3.1685	(S. 539–542)
131	ders.	ebd.	14.8.1686	(S. 543–546)
132	Nikolaus Möller[77]	Flensburg	11.12.1692	(S. 547–550)
133	Gottfried Müller[78]	Reichenbach	10.1.1705	(S. 551–554)
134	Heinrich Muhlius[79]	Kiel	19.2.1693	(S. 555–558)

---

[74] Martin Michael (um 1648–1690), geb. in Bretleben bei Sangershausen, studierte seit 1670 in Straßburg, wo er Informator im Haus von Johann Caspar Bernegger war. Nach einem Aufenthalt in Frankfurt a.M. wurde er 1679 Rektor in Wertheim, 1681 in Korbach, 1684 in Worms und 1689 in Darmstadt. Seit 1679 war er mit Speners Nichte Anna Dorothea Stoll (1661–1714) verheiratet; vgl. P.J. SPENER, Briefe 3, 2000, S. 999.

[75] Peter Michaelis studierte seit 1686 in Wittenberg. 1688 wurde er zweiter Pfarrer an St. Johannis in Verden, 1690 Pfarrer in Spenge, wo er 1705 amtsenthoben wurde. Er kam dann als Lehrer nach Hamburg; vgl. Pastoren der Landeskirchen Hannovers und Schaumburg-Lippes 2, 1942, S. 460; F.W. BAUKS, Evangelische Pfarrer in Westfalen, 1980, Nr. 4162.

[76] Johann Hartmann Misler (1642–1698), geb. in Marburg, ein Sohn des Theologieprofessors und Superintendenten in Gießen Johann Nikolaus Misler, studierte in Gießen und Wittenberg. 1665 wurde er Rektor in Worms. 1694 kam er als Gymnasialrektor nach Stade, wo er 1685–1691 gleichzeitig als Pastor an St. Pankratius wirkte. 1691–1698 war er Konsistorialrat und Superintendent am Verdener Dom; vgl. AGL 3, 1751, Sp. 554f. Bd. 8, 1883, Sp. 1797f; ADB 22, 1885, S. 10f; HasSac 2, 1925, S. 107f; Pastoren der Landeskirchen Hannovers und Schaumburg-Lippes 2, 1942, S. 393. 458; P.J. SPENER, Briefe 2, 1996, S. 373. 375. 656.

[77] Wahrscheinlich handelt es sich um Nikolaus Möller (†1740), geb. in Flensburg. Er studierte seit 1688 in Jena und seit 1702 in Rostock. 1705 wurde er Diakon in Drelsdorf und 1717 Pastor daselbst; vgl. O.F. ARENDS, Gejstligheden 2, 1932, S. 98. Möglicherweise könnte es sich auch um Nikolaus Möller (1664–1734), geb. in Handewitt, handeln. Dieser studierte seit 1683 in Kiel, seit 1688 in Leipzig und Jena, wo er im gleichen Jahr zum Magister promovierte und Adjunkt der philosophischen Fakultät wurde. 1693 studierte er in Königsberg und 1694 in Kopenhagen. 1695 wurde er zum Professor für Altertumsgeschichte nach Kiel berufen, wo er von 1696–1724 als Professor für Kirchengeschichte wirkte; vgl. AGL 3, 1751, Sp. 575. Bd. 8, 1883, Sp. 1874; T.O. ACHELIS, Matrikel 1, 1966, S. 181. Der Brief betrifft die Empfehlung eines Verwandten.

[78] Gottfried Müller (1675–1734), geb. in Reichenbach im Vogtland, studierte seit 1694 in Leipzig und Wittenberg, wo er 1704 den Magistertitel erwarb. Seit 1700 war er Diaconus in Reichenbach, von 1715–1726 war er Diaconus an der Dresdener Kreuzkirche, 1730 wurde er dort Mittagsprediger; vgl. H. BRUHN, Kandidaten, 1963, Nr. 415, S. 152.

[79] Heinrich Muhlius (1666–1733), geb. in Bremen, studierte seit 1686 in Hamburg (bei Esdras Edzard), Gießen, Frankfurt a.M. (bei Hiob Ludolf), Kiel und Leipzig, wo er 1690 zum Magister promovierte. 1691 wurde er in Kiel Professor für griechische und orientalische Sprachen, Poesie und Rhetorik. 1696 wurde er ordentlicher Theologieprofessor und Schulinspektor. Bereits 1698 wurde er Generalsuperintendent des gottorfischen Teils und damit zugleich Oberhofprediger, Oberkonsistorialrat und Propst der Propstei Gottorf. 1699 promovierte er in Kiel zum Dr. theol. Als das Ansehen seines Gönners und Verwandten, Geheimrat Magnus von Wedderkopp, am Gottorfer Hof sank, musste auch Muhlius nach Kiel zurückkehren. 1713–1733 war er Prorektor der Kieler Universität, wo er bereits 1706 zum ständigen Visitator und Inspektor ernannt wurde. Er vertrat einen gemäßigten Pietismus und übte eine tolerante Amtsführung, was ihn in Konflikt mit den orthodoxen königlichen Generalsuperintendenten Josua Schwartz und Theodor Dassow brachte; vgl. AGL 9, 1816, Sp. 168–173; ADB 22, 1885, S. 481f; O.F. ARENDS, Gejstligheden 2, 1932, S. 86; M. JAKUBOWSKI-TIESSEN, Früher Pietismus, 1983, S. 114f; DERS./H. LEHMANN, Pietismus, 1984, S. 297f.

135	Johannes Muhler[80]	Bremen	13.3.1692	(S. 559–562)
136	Ernst Mushard[81]	Hamburg	2.7.1704	(S. 563–566)
137	Johann Daniel Mylius[82]	Preußisch-Oldendorf	7.1.1700	(S. 567–572)
138	Christian Neubauer[83]	Bremen	2.4.1692	(S. 573–576)
139	Johannes Olearius[84]	Leipzig	9.9.1693	(S. 577–584)
140	ders.	ebd.	23.1.1695	(S. 585–590)
141	Heinrich Opitz[85]	Kiel	26.9.1701	(S. 591–594)
142	Johann Hieronymus von Petkum[86]	Itzehoe	12.11.1703	(S. 595–598)
143	Johann Riemer[87]	Hildesheim	19.8.1704	(S. 599–602)

80 Nicht ermittelt.

81 Ernst Mushard (1659–1729), geb. in Hamelwörden bei Stade, besuchte das Hamburger Gymnasium und studierte seit 1678 in Gießen, wo er zum Magister promovierte. 1680 wurde er als Nachfolger seines Vaters Prediger in Hamelwörden. 1690–1728 wirkte er als Diaconus an St. Michaelis in Hamburg; vgl. AGL 3, 1751, Sp. 776f. Bd. 9, 1816; Sp. 257f; H. SCHRÖDER, Lexikon 5, 1870, S. 462–464; F. HAMMER/H. VON SCHADE, Pastorinnen und Pastoren 1, 1995, S. 128. Der Brief enthält einen Bericht über Johann Volckmar und Christian Krumholtz an Winckler, der sich zur Kur in Bad Ems aufhielt.

82 Johann Daniel Mylius (1671–1701), geb. in Zella in Thüringen, studierte seit 1693 in Jena, seit 1695 in Halle a.d. Saale und wurde dann Prinzenerzieher in Ippenburg bei Hannover. 1699 wurde er erster Pfarrer in Preußisch-Oldendorf. Mylius war verheiratet mit der Pfarrerstochter Anna Margarete Fürstenau (*1677); vgl. F.W. BAUKS, Evangelische Pfarrer in Westfalen, 1980, Nr. 4368.

83 Nicht ermittelt.

84 Zu Johannes Olearius (1639–1713) s. Teil I. 2.2.1. Die vorliegenden Briefe behandeln Wincklers Berufung als Generalsuperintendent von Ostfriesland, die jedoch nicht zustandekam.

85 Heinrich Opitz (1642–1712), geb. in Altenburg in Thüringen, studierte seit 1662 in Wittenberg, Jena und Kiel. Hier lebte er zuerst im Haus von Petrus Musäus, dann bei Matthias Wasmuth und hielt orientalische Privatkollegs. 1670 machte er auf einer Studienreise durch Holland und England die Bekanntschaft namhafter Orientalisten. 1675 wurde er Professor für Griechisch, 1679 auch für altorientalische Sprachen in Kiel. 1689 wurde er Professor der Theologie für alt- und neutestamentliche Exegese, Polemik und Dogmatik und promovierte zum Dr. theol. 1704 wurde er Oberkonsistorialrat. Er verfasste ein hebräisches Lexikon und edierte eine Biblia Hebraica (1709); vgl. AGL 3, 1751, Sp. 1080f. Bd. 9, 1816, Sp. 1126–1129; ADB 24, 1887, S. 368f; W. GÖBELL, Universitätsgründung, 1984, S. 160.

86 Johann Hieronymus von Petkum (1657–1713), geb. in Hamburg, war der Sohn des Hamburger Hauptpastors Hermann von Petkum. Er studierte seit 1677 in Wittenberg, seit 1679 in Gießen, seit 1680 in Leipzig und Rostock und bereiste dann Holland und England. 1683 promovierte er in Wittenberg zum Magister und hielt sich danach eine Zeitlang in Hamburg auf. 1689–1692 war er Hofmeister des Prinzen Philipp Ernst von Schleswig-Holstein-Glücksburg, 1692–1694 Informator des Prinzen Karl von Dänemark und Norwegen und darauf Professor für Moral an der Kopenhagener Ritterakademie. 1697 promovierte er in Kopenhagen zum Lic. theol. und wurde Propst in Münsterdorf. Als solcher war er in die Auseinandersetzungen zwischen den Glückstädter Geistlichen Nikolaus Sibbern und Caspar Wildhagen verwickelt. Er unterstütze dabei die von Sibbern vertretene Position, die Speners Lehre von der Seligkeit der Gläubigen ähnelte, gegen Josua Schwartz; vgl. AGL 9, 1816, Sp. 2025; H. SCHRÖDER, Lexikon 6, 1873, S. 46–48; O.F. ARENDS, Gejstligheden 2, 1932, S. 153; M. JAKUBOWSKI-TIESSEN/H. LEHMANN, Pietismus, 1984, S. 291.

87 Johann Riemer (1648–1714), geb. in Halle a.d. Saale, erwarb an der Universität Jena den Magistergrad und wirkte dann dort als Privatdozent. 1678 wurde er Professor für Rhetorik und Poesie am Gymnasium Weißenfels, 1688 Pastor primarius in Osterwieck am Harz und 1691

144	Ulrich Thomas Roloffs[88]	Moskau	29.5.1700	(S. 603–604)
145	Gustav Schrödter[89]	Madrid	13.1.1701	(S. 605–608)
146	Philipp Jakob Spener[90]	Frankfurt a.M.	23.2.1681	(S. 609–612)
147	ders.	ebd.	11.10.1682	(S. 613–614)
148	Friedrich Winckeler[91]	Friedrichstadt	3.7.1698	(S. 615–616)
149	Franz Wörger[92]	Lübeck	16.10.1700	(S. 617–620)
150	ders.	ebd.	20.7.1702	(S. 621–624)
151	Christine Zitschaer[93]	Tondern	18.8.1697	(S. 625–632)

Superintendent in Hildesheim. 1693 promovierte er in Wittenberg zum Dr. theol. 1704 wurde er als Nachfolger Johann Friedrich Mayers Hauptpastor an St. Jakobi in Hamburg. Seit 1673 war er mit Maria Rosine Lujans (†1712) verheiratet. Riemer betätigte sich schriftstellerisch als Satiriker, Dramatiker und Romancier; vgl. AGL 3, 1751, Sp. 2094f. Bd. 9, 1816, Sp. 2143f; H. SCHRÖDER, Lexikon 6, 1873, S. 282–287; ADB 28, 1889, S. 564f; W. JENSEN, Hamburgische Kirche, 1958, Nr. 13, S. 134; F. HAMMER/H. VON SCHADE, Pastorinnen und Pastoren 1, 1995, S. 152. Der vorliegende Brief betrifft Riemers Dienstantritt in Hamburg.

88 Ulrich Thomas Roloffs (†1721), geb. in Pantlitz in Vorpommern, war ein Bruder des Hamburger Pastors Julius Henoch Roloffs. Er studierte seit 1683 in Rostock, seit 1685 in Königsberg und hielt sich von etwa 1691–1696 in Hamburg auf. 1696 wurde er lutherischer Pastor in Archangelsk, 1699 Prediger der Halleschen Mission in Moskau. Seit 1696 war er mit Christina Pohlmann verheiratet; vgl. T. WOTSCHKE, Pietismus in Moskau, 1930; H. BRUHN, Kandidaten, 1963, Nr. 311, S. 133f; F. HAMMER/H. VON SCHADE, Pastorinnen und Pastoren 1, 1995, S. 155.

89 Gustav Schrödter (†1722), geb. in Güstrow, studierte 1688 in Rostock und seit 1689 in Wittenberg, wo er 1691 den Magistergrad erhielt. 1693 wurde er Kandidat des Hamburger Geistlichen Ministeriums. 1696 wurde er in Rostock ordiniert und wirkte von 1698–1706 als dänischer Legationsprediger in Spanien und Frankreich. 1708 wurde er Pastor in Süderau in Holstein und Oberkonsistorialassessor, 1712 Pastor in Glückstadt; vgl. O.F. ARENDS, Gejstligheden 2, 1932, S. 246; H. BRUHN, Kandidaten, 1963, Nr. 338, S. 138. 371.

90 Zu Philipp Jakob Spener (1635–1705) s. Teil I. 2.4.1. An dieser Stelle befindet sich im »Register« ein Zusatz von gleicher Hand. »NB der Briefe Sp. an Johann Winckler müßen vielmehr gewesen. Der Freiherr C.H. v. Canstein bat sich von dem Sohne J.F. Winckler die Briefe Speners aus im Jahre 1718 (Briefe an J.F.W. N. 14) dort sind die Briefe Speners wohl geblieben«

91 Friedrich Winckeler, Soldat, nicht näher ermittelt.

92 Franz Wörger (1647–1708), geb. in Lübeck, studierte in Jena, Kiel und Helmstedt und wurde 1673 Prediger an St. Lorenz in Lübeck. Wegen seiner Streitlust wurde er nach mehreren Abmahnungen 1692 abgesetzt. Er war ein streitbarer und produktiver Schriftsteller; vgl. AGL 4, 1751, Sp. 2038–2040; ADB 44, 1898, S. 552f.

93 Christine Zitschaer, Tochter des Verwalters von Hellerupgard/Fyen, Simon Walther und dessen erster Frau, war die Witwe von Peter Zitschaer/Zitschler (1652–1697). Dieser war seit 1682 Hofprediger in Nykøbing, seit 1685 Schlossprediger in Glückstadt und seit 1693 Pastor und Probst in Tondern gewesen. Er starb vor Abfassung des überlieferten Briefes im Mai 1697; vgl. AGL 4, 1751, Sp. 2213; O.F. ARENDS, Gejstligheden 2, 1932, S. 389f.

3. Die Epiciediensammlung *Threni*, 1705

3.1 Einleitung

Die überlieferte Epicediensammlung[1] auf Johann Winckler entstand in den Monaten nach seinem Tod am 5. April 1705 auf Betreiben seines Sohnes Johann Friedrich Winckler.[2] Sie wurde zusammen mit der Leichenpredigt und dem biographischen Gedicht des Mathematikers und Theologen Caspar Büssing,[3] der anlässlich von Wincklers Beerdigung am 14. April 1705 gehaltenen Leichenrede des Gymnasialprofessors Georg Eliezer Edzard[4] sowie der bei einer Feierstunde in der Hamburger Gelehrtenschule, dem Johanneum, am 7. Mai 1705 gehaltenen Gedenkrede des Rektors Johannes Schultze[5] gedruckt. Die Sammlung wurde in der zweiten Hälfte des Jahres 1705 in Hamburg anonym – wahrscheinlich von Johann Friedrich Winckler – herausgegeben. Unter dem Titel *Threni,*[6] eine Anspielung auf die Klagelieder des Alten Testaments, umfasst sie auf 35 Seiten in Folio insgesamt 31 bzw. 34 Leichengedichte.[7] Diese sind teils in lateinischer, teils in deutscher und teils in holländischer Sprache verfasst.

Wie für die große Mehrzahl der bislang unerschlossenen Epicedien überhaupt,[8] gilt auch für die in den *Threni* versammelten Texte, dass sie in der bisherigen Winckler-Forschung nicht berücksichtigt wurden. Lediglich Johannes Moller gibt im Anhang seines biographischen Artikels unter den *Elogia* eine Reihe unvermittelter Zitate aus den *Threni* wieder.[9] Johannes Geffcken erwähnt eine umfangreiche Sammlung von Leichengedichten auf Winckler, ohne diese nach Inhalt oder Beiträgern auszuwer-

---

[1] Vgl. Threni, 1705 (benutztes Exemplar der Herzogin Anna Amalia Bibliothek Weimar). Das einzige weitere nachweisbare Exemplar der Trauerschrift verwahrt das Kommunalarchiv Minden. In diesem sonst identischen Druck sind der Epicediensammlung drei zusätzliche Gedichte eingefügt (S. 87*. 88*), welche in der nachfolgenden Liste aufgeführt werden. J. Geffcken spricht von einer Epicediensammlung in der Hamburger Stadtbibliothek mit über fünfzig Gedichten auf Winckler. Eine solche, weitaus umfangreichere Sammlung scheint nicht mehr vorhanden zu sein; vgl. J. GEFFCKEN, Johann Winckler, 1861, S. 228.

[2] Vgl. z.B. SUB HH, Nachlass Johann Friedrich Winckler, Nr. 37. 107. 182.

[3] Vgl. C. BÜSSING, Gnade Gottes, 1705; DERS., Norm und Form, 1705.

[4] Vgl. G.E. EDZARD, Elogium Funebre, 1705.

[5] Vgl. J. SCHULTZE, Memoria Viri, 1705.

[6] Diese Bezeichnung erscheint im 17. Jh. mehrfach als Titel für Epicediensammlungen; vgl. z.B. Deutsche Drucke des Barock. A/1, 1977, A 646; Catalogue of Books 4, 1994, T 424–T 429.

[7] Während das Exemplar der Herzogin Anna Amalia Bibliothek Weimar 31 Epicedien umfasst, führt das Exemplar des Kommunalarchivs Minden 34 Epicedien auf, s.o.

[8] Zum Forschungsstand und zur Literaturgattung »Epicedium« vgl. R. LENZ, De mortuis, 1990, S. 140–161 (dort weiterführende Literatur).

[9] Vgl. J. MOLLER, Cimbria Literata 2, 1744, S. 998f.

ten.[10] In dem Bestreben, die Texte selbst sowie die dahinter stehenden personalen Beziehungsgeflechte der Forschung zugänglich zu machen, gibt das nachfolgende Verzeichnis Auskunft über die Verfasser, den Umfang und die Fundstellen der bei Wincklers Tod gedruckten, bislang unbekannten Gedichte. Wie für die an Wincklers Korrespondenz beteiligten Personen sind auch für die Beiträger zur Epiciediensammlung im Fußnotenapparat kurze biographische Angaben beigegeben.

Die Epiciediensammlung für den Hamburger Hauptpastor und Senior des Geistlichen Ministeriums ist unter Berücksichtigung der damaligen Rangunterschiede aufgebaut: An erster Stelle stehen die lateinischen Leichengedichte der berühmten Theologieprofessoren Johann Fecht aus Rostock, Johann Heinrich May und Johann Ernst Gerhard dem Jüngeren aus Gießen, Johann Andreas Schmidt aus Helmstedt und Brandanus Heinrich Gebhard aus Greifswald (Nr. 1–5). Darauf folgen die Epicedien von angesehenen kirchlichen Würdenträgern wie Johannes Colerus, Johann Jakob Willius und Andreas Beyer (Nr. 6–9) und einem verwandten Beamten (Nr. 10). Die Gedichte Nr. 11–17 stammen von befreundeten jüngeren Pastoren. Die zweite Hälfte der Sammlung enthält die Epicedien der Hamburger Kollegen, zu denen im weiteren Sinne auch die Schullehrer Heinrich Conrad Bunemann und Johann Heinrich Duncker zählen, wiederum in der Rangfolge ihrer Verfasser (Nr. 18–27). Den ersten Abschluss bildet das Gedicht von Wincklers zukünftigem Schwiegersohn Balthasar Mentzer IV., Pastor in London. Später eingegangene *Carmina* (ab Nr. 29) wurden der Sammlung ohne Beachtung der Rangfolge der Verfasser angehängt.

3.2 Verzeichnis der Beiträger

1	Johann Fecht[11]	Rostock	lat.	S. 54
2	Johann Heinrich May[12]	Gießen	dt.	S. 54f
3	Johann Andreas Schmidt[13]	Helmstedt	lat.	S. 55
4	Johann Ernst Gerhard II.[14]	Gießen	lat.	S. 55
5	Brandanus Heinrich Gebhard[15]	Greifswald	lat.	S. 56

[10] Vgl. J. GEFFCKEN, Johann Winckler, Hamburg 1861, S. 228.

[11] Bei der folgenden Aufstellung wird die Namens- und Ortsschreibung der heutigen Schreibweise angepasst. Zu Johann Fecht (1636–1716) s. Anhang. 2.2.

[12] Zu Johann Heinrich May (1653–1719) s. Anhang. 2.2.

[13] Johann Andreas Schmidt (1652–1726), geb. in Worms, studierte in Altdorf und Jena, wo er 1676 den Magistergrad erwarb. Nach einer Reise durch Norddeutschland wurde er 1679 Adjunkt der philosophischen Fakultät Jena. 1683 wurde er in Jena Professor für Logik und Metaphysik und 1694 Professor für Theologie. 1695 promovierte er zum Dr. theol. und ging als Professor für Theologie nach Helmstedt, wo er bis zu seiner Emeritierung 1720 v.a. als Kirchenhistoriker und Mathematiker wirkte. 1699 wurde er Abt von Marienthal. Er veröffentlichte theologische, mathematische, historische und philologische Schriften; vgl. AGL 4, 1751, Sp. 294–297; ADB 31, 1890, S. 733f.

[14] Zu Johann Ernst Gerhard II. (1662–1707) s. Anhang. 2.2. Das handschriftliche Original seines Epicediums befindet sich in SUB HH, Cod. Hans. III, 117–119 (Nr. 32).

[15] Brandanus Heinrich Gebhard (1657–1729), geb. in Braunschweig, studierte seit 1676 in Jena und wirkte seit 1679 drei Jahre lang als Hauslehrer der Söhne des Grafen von Kielmannsegge

6	Johannes Colerus[16]	Amsterdam	holl.	S. 56f
7	Johann Jakob Willius[17]	Wertheim	lat.	S. 58
8	Andreas Beyer[18]	Freiberg	lat./dt.	S. 58f
9	Johann Balthasar Ritter[19]	Frankfurt a.M.	dt.	S. 59
10	Johann Ludwig Kugelmann[20]	Heilbronn	lat.	S. 59
11	Heinrich Albert Gödeke[21]	Quickborn	lat.	S. 60
12	Martin Diefenbach[22]	o.O.	lat.	S. 60f
13	Ulrich Mente[23]	Bremen	dt.	S. 61f
14	Hermann Krochmann[24]	Osnabrück	dt.	S. 62
15	Gottfried Müller[25]	Reichenbach	dt.	S. 62–64

in Hamburg, wo er orientalische Sprachen bei Esdras Edzard und Eberhard Anckelmann lernte. 1685 studierte er mit dem Schabbelschen Stipendium in Kiel. Bei seiner Rückkehr wohnte er bei Winckler in Hamburg. 1687 wurde er Professor für orientalische Sprachen in Greifswald, 1699 promovierte er zum Magister und 1702 zum Dr. theol. 1705 wurde er ordentlicher Professor der Theologie und Pastor an St. Jakobi. Während der dänischen Besatzung (1716–1721) wirkte er als Generalsuperintendent von Pommern, danach wieder als Theologieprofessor. Gebhard hatte Spener 1691 in Berlin kennengelernt und verteidigte dessen Lehren in Greifswald gegen seinen Gönner Johann Friedrich Mayer. Wincklers Sohn Johann Friedrich lebte während seines Studiums in Greifswald seit 1695 in seinem Haus; vgl. ADB 8, 1878, S. 481f; NDB 6, 1964, S. 118f; H. Bruhn, Kandidaten, 1963, Nr. 256, S. 123f.

16 Zu Johannes Colerus (1647–1707) s. Anhang. 2.2.

17 Johann Jakob Willius (1654–1717), geb. in Weikersheim, studierte seit 1672 in Jena und wurde 1678 Pfarrer in Sindolsheim. 1687 wurde er Stadtpfarrer in Wertheim, 1693 als Nachfolger von Winckler bzw. Johann Philipp Förtsch Oberpfarrer und Superintendent der Grafschaft Wertheim. Er heiratete in erster Ehe Elisabeth Bonhöfer und in zweiter Ehe Johanna Dorothea Firnhaber, Tochter von Wincklers Kollegen Philipp Friedrich Firnhaber; vgl. F.W. Strieder, Geschichte 17, 1819, S. 90; »Inspectionalia«, 1970, S. 50. 53.

18 Zu Andreas Beyer (1636–1716) s. Teil I. 2.1.3.

19 Johann Balthasar Ritter V. (1644–1719) stammte aus der Frankfurter Theologenfamilie Ritter. Er wurde nach dem Studium in Straßburg 1670 von Sebastian Schmidt ordiniert und wirkte zunächst als schwedischer Gesandtschaftsprediger in Paris. 1673–1716 war er deutscher und französischer Prediger der lutherischen Gemeinde an der Frankfurter Weißfrauenkirche; vgl. Threni, 1705, S. 59; ADB 28, 1889, S. 669; J. Wallmann, Philipp Jakob Spener, ²1986, S. 205; P.J. Spener, Briefe 1, 1992, Nr. 141, S. 572.

20 Zu Johann Ludwig Kugelmann s. Teil I. 2.5.3.

21 Heinrich Albert Gödeke (†1729), geb. in Quickborn, war ein Sohn des Quickborner Dichters und Pastors Andreas Gödeke und wahrscheinlich ein Neffe Wincklers aus der Familie seiner Frau. Er studierte in Kiel und Gießen und wurde als Nachfolger seines Vaters 1685 Adjunkt und 1688 Pastor in Quickborn; AGL 2, 1750, Sp. 1042f; vgl. O.F. Arends, Gejstligheden 1, 1932, S. 302; F. Hammer/H. von Schade, Pastorinnen und Pastoren 2, 1995, S. 157; Teil II. 3.2, Nr. 25).

22 Zu Martin Diefenbach (1661–1709) s. Anhang. 2.2.

23 Ulrich Mente (1658–1712), geb. in Hamburg, studierte seit 1674 in Lund, seit 1676 in Leipzig, wo er 1680 die Magisterwürde erlangte, und seit 1682 in Wittenberg. 1691–1697 war er als Nachfolger von Johann Hartmann Misler Pastor an St. Pankratius in Stade, 1697–1712 Pastor an der Bremer Domkirche. Er war seit 1692 mit Christine Maria Jung verheiratet; vgl. AGL 3, 1751, Sp. 440; H. Schröder, Lexikon 5, 1870, S. 203f; H. Bruhn, Kandidaten, 1963, Nr. 212, S. 115; Bremer Pfarrerbuch 2, 1996, S. 194.

24 Zu Hermann Krochmann (1671–1728) s. Anhang. 2.2.

25 Zu Gottfried Müller (1675–1734) s. Anhang. 2.2.

16	Felix Christoph Mentzer[26]	Kopenhagen	dt.	S. 64f
17	Friedrich Holtzhausen[27]	Frankfurt a.M.	lat.	S. 65f
18	Johannes Volckmar[28]	Hamburg	dt./lat.	S. 67f
19	Ernst Mushard[29]	Hamburg	dt.	S. 69–71
20	Justus Corthum[30]	Hamburg	dt.	S. 71
21	Joachim Morgenweg[31]	Hamburg	lat./dt.	S. 72
22	Johann Albert Fabricius[32]	Hamburg	dt.	S. 72–74
23	Andreas Heinrich Berghauer[33]	Ochsenwerder	dt.	S. 74f

[26] Zu Felix Christoph Mentzer (1672–1711) s. Anhang. 2.2.

[27] Zu Friedrich Holtzhausen (†1705) s. Anhang. 2.2.

[28] Johannes Volckmar (1660–1715), geb. in Hamburg, studierte 1679 in Leipzig und seit 1688 in Rostock und Kopenhagen. Im gleichen Jahr wurde er dänischer Legationsprediger in Paris. 1693 war er während des Parisaufenthalts des dänischen Kronprinzen Friedrich IV. dessen Hofprediger. 1694 wurde er Hauptpastor an St. Laurentius in Itzehoe und 1695 Propst von Münsterdorf und Pinneberg. 1696 kam er als Hauptpastor an St. Katharinen nach Hamburg, wo er 1705 Wincklers Nachfolger im Seniorat wurde. 1698 promovierte er in Wittenberg zum Dr. theol.; vgl. AGL 4, 1751, Sp. 1703f; H. SCHRÖDER, Lexikon 7, 1879, S. 525f; O.F. ARENDS, Gejstligheden 2, 1932, S. 340; H. BRUHN, Kandidaten, 1963, Nr. 237, S. 119; F. HAMMER/H. VON SCHADE, Pastorinnen und Pastoren 1, 1995, S. 196.

[29] Zu Ernst Mushard (1659–1729) s. Anhang. 2.2.

[30] Justus Corthum (1653–1724), geb. in Steinkirchen bei Stade, Sohn des dortigen Propsten Jodocus Corthum, wurde 1680 Adjunkt und 1682 Pastor in Sülfeld bei Stormarn. Seit 1696 war er Diaconus an St. Nikolai in Hamburg; vgl. O.F. ARENDS, Gejstligheden 1, 1932, S. 164; F. HAMMER/H. VON SCHADE, Pastorinnen und Pastoren 1, 1995, S. 29.

[31] Joachim Morgenweg (1666–1730), geb. in Hamburg, besuchte das Johanneum und lernte bei Esdras Edzard und Eberhard Anckelmann orientalische Sprachen. Seit 1689 studierte er in Leipzig. 1693 wurde er Sonntagsprediger und Katechet am Hamburger Werk- und Zuchthaus, 1696 Kompastor in Sülfeld und 1699 Pastor am Hamburger Waisenhaus. Aufsehen erregte seine um 1700 heimlich geschlossene Ehe mit Prinzessin Juliana Luise von Ostfriesland (1657–1715). In zweiter Ehe war er seit 1716 mit Juliane Luise Jensen verheiratet. Er verfasste nur wenige eigene Schriften (u.a. über die Waisenerziehung), sammelte jedoch eine große, ca. 6000 Bände umfassende Bibliothek. Die gut 200 Handschriften stammten größtenteils aus der Bibliothek von Abraham Hinckelmann; vgl. AGL 8, 1813, Sp. 2118; ADB 22, 1885, S. 234; H. SCHRÖDER, Lexikon 5, 1870, S. 385–388; G. BEHRMANN, Hamburgs Orientalisten, 1902, S. 55; O.F. ARENDS, Gejstligheden 2, 1932, S. 83; F. HAMMER/H. VON SCHADE, Pastorinnen und Pastoren 1, 1995, S. 124.

[32] Johann Albert Fabricius (1668–1736), geb. in Leipzig, studierte dort seit 1686. Seit 1694 lebte er als Amanuensis und Bibliothekar bei Johann Friedrich Mayer in Hamburg, wurde Kandidat des Geistlichen Ministeriums und predigte regelmäßig an St. Jakobi. 1699 promovierte er in Kiel zum Dr. theol. und wurde Professor für Moral und Rhetorik am Hamburger Gymnasium. Von 1708–1711 wirkte er zudem als Rektor des Johanneums. 1715 gründete er die »Teutsch-Übende Gesellschaft«. Als Polyhistor stellte er eine umfangreiche Sammlung biographischen und bibliographischen Materials über die gesamte antike, mittelalterliche und frühneuzeitliche Geschichte zusammen und gab Texte antiker Schriftsteller heraus. Seit 1700 war er mit Margaretha Schultze (†1736), Tochter des Rektors am Johanneum, verheiratet; vgl. AGL 2, 1750, Sp. 488–490; ADB 6, 1877, S. 518–521; NDB 4, 1959, S. 732f; H. BRUHN, Kandidaten, 1963, Nr. 369, S. 144; K.D. MÖLLER, Johann Albert Fabricius, 1937; E. PETERSEN, Johann Albert Fabricius 1–2, 1998.

[33] Andreas Heinrich Berghauer (1664–1728), geb. in Reddeber bei Halberstadt, studierte in Helmstedt und war 1696–1703 Pastor in Kirchtimke bei Bremen. 1703 wurde er Pastor in Ochsenweder bei Hamburg; vgl. AGL 5, 1784, Sp. 1721; H.W. ROTERMUND, Gelehrtes Hannover 1,

24	Heinrich Conrad Bunemann[34]	Hamburg	dt.	S. 76
25	Johann Heinrich Duncker[35]	Hamburg	dt.	S. 76f
26	Matthias Hartmann Phrygenius[36]	Fürstenberg	dt.	S. 78–80
27	Hermann Johann Dunte[37]	o.O.	dt.	S. 80f
28	Balthasar Mentzer IV.[38]	o.O.	dt.	S. 82–84
29	Johann Adam Schmidt[39]	Idstein	lat./dt.	S. 85–87
30	Johann Daniel Rauch[40]	Rüsselsheim	dt.	S. 87f
31	Johann Philipp Scholl[41]	Mosbach	lat./dt.	S. 88
32	Christoph Tobias Wiedeburg[42]	Helmstedt	lat.	S. 87*[43]

1823, S. 153; H. SCHRÖDER, Lexikon 1, 1851, S. 229; H. BRUHN, Kandidaten, 1963, Nr. 339, S. 138. 371; F. HAMMER/H. VON SCHADE, Pastorinnen und Pastoren 1, 1995, S. 11.

34 Heinrich Conrad Bunemann, Lehrer an Wincklers Armenschule, nicht näher ermittelt.

35 Johann Heinrich Duncker (†1733) studierte in Halle Theologie und kam dann als Lehrer in das Kirchspiel St. Michaelis nach Hamburg. 1725–1733 war er Pfarrer in Vörden bei Osnabrück. Er blieb auch von hier aus in Kontakt mit schleswig-holsteinischen Pietisten wie Bernhard Raupach, Johannes Tychsen, Johannes Thomsen und Johann Joachim Arends; vgl. Threni, 1705, S. 77; Pastoren der Landeskirchen Hannovers und Schaumburg-Lippes 2, 1942, S. 468; M. JAKUBOWSKI-TIESSEN, Früher Pietismus, 1983, S. 109f.

36 Matthias Hartmann Phrygenius, geb. in Fürstenberg in der Uckermark, studierte seit 1693 in Rostock, wo er 1696 zum Magister promovierte. Seit 1699 hielt er sich eine Zeitlang als Kandidat in Hamburg auf und stand bis 1705 mehrfach auf dem Wahlaufsatz für die Hamburger Hauptkirchen. 1713 wurde er Kandidat an der Londoner Dreieinigkeitskirche; vgl. H. SCHRÖDER, Lexikon 6, 1873, S. 53f; H. BRUHN, Kandidaten, 1963, Nr. 390, S. 148.

37 Hermann Johann Dunte, geb. in Reval, studierte seit 1696 in Rostock, seit 1698 in Leipzig und seit 1694 in Halle. 1707–1736 war er Pastor in Wesermünde-Lehe bei Bremerhaven. 1708 heiratete er Anna Elisabeth Clasings in Hamburg; vgl. H. BRUHN, Kandidaten, 1963, Nr. 429, S. 155. 368.

38 Balthasar Mentzer IV. (1679–1741), geb. in Gießen, war ein Sohn des Hamburger Mathematikprofessors Balthasar Mentzer III. Er lernte seit 1696 bei Esdras Edzard Sprachen, studierte seit 1698 in Wittenberg, seit 1700 in Leipzig und unternahm mehrere Studienreisen durch Deutschland und Holland. 1705 wirkte er als Informator in Kiel und Lübeck; 1707 reiste er nach London, Oxford und Cambridge. 1714 wurde er Pfarrer an der Londoner Dreieinigkeitskirche. 1722 wurde er Hofprediger und Konsistorialrat in Hannover, 1726 Generalsuperintendent von Calenberg und 1732 Generalsuperintendent in Hannover. 1717 heiratete er Wincklers Tochter Johanna Hedwig (1695–1754); vgl. B. MENTZER, Handbüchlein, 1938, S. 25; AGL 3, 1751, Sp. 445f. Bd. 8, 1813, Sp. 1461–1463; ADB 21, 1885, S. 375f; H. BRUHN, Kandidaten, 1963, Nr. 454, S. 158.

39 Johann Adam Schmidt war 1699–1709 Superintendent von Nassau-Idstein; vgl. R. MACK, Forschungsbericht, 1987, S. 219.

40 Johann Daniel Rauch (†1707), geb. in Erfelden, studierte seit 1662 in Gießen, wo er 1668 zum Magister promovierte. 1672–1687 war er Pfarrer in Bad Ems und 1687–1707 in Rüsselsheim; vgl. HasSac 1, 1921, S. 124. Bd. 2, 1925, S. 533.

41 Johann Philipp Scholl, Pfarrer in Mosbach a.d. Rhön (Nassau-Idstein), nicht näher ermittelt.

42 Christoph Tobias Wiedeburg (1647–1717), geb. in Halberstadt, studierte seit 1664 in Helmstedt und promovierte dort zum Dr. theol. Seit 1679 war er Professor für Mathematik und seit 1697 Professor für Moraltheologie an der Universität Helmstedt. Er verfasste mehrere theologische Schriften; vgl. AGL 4, 1751, Sp. 1946; ADB 42, 1897, S. 379; Matrikel der Universität Helmstedt 2, 1981, S. 167. 180.

43 Dieses sowie die zwei folgenden Gedichte befinden sich in dem Exemplar des Kommunalarchivs Minden auf den zwischen den S. 88. 89 eingefügten S. 87*. 88*.

33	Bernhard Hagenbruch[44]	Echzell	lat.	S. 87*
34	anonym[45]		lat.	S. 88*

[44] Bernhard Hagenbruch (1647–1718), geb. in Mühlhausen in Thüringen, wurde als Nachfolger Wincklers 1673 Diaconus und 1677 Pfarrer in Bad Homburg v.d. Höhe. Seit 1680 war er Pfarrer in Echzell, seit 1682 zugleich Metropolitan von Bingenheim und hessen-darmstädtischer Definitor; vgl. HasSac 1, 1921, S. 311. Bd. 2, 1925, S. 217. 469.

[45] Der nicht zu identifizierende anonyme Verfasser des Epicediums unterzeichnet mit »*Meritorum Wincklerianorum Admirator*«; vgl. Threni, 1705, S. 88*.

Quellen- und Literaturverzeichnis

Die Abkürzungen folgen dem Abkürzungsverzeichnis der TRE, zusammengestellt von Siegfried M. Schwertner (Sonderausgabe), Berlin/New York ^{2}1994.

1. Hilfsmittel

Abkürzungen aus Personalschriften des 16.–18. Jahrhunderts, hg. von Rudolf Lenz (Marburger Personalschriften-Forschungen 35), Stuttgart ^{3}2002.

ALAND, KURT, Hilfsbuch zum Lutherstudium, Bielefeld ^{4}1996.

Allgemeiner Porträt-Katalog. Verzeichnis einer Sammlung von 30 000 Porträts des sechzehnten bis neunzehnten Jahrhunderts in Holzschnitt, Kupferstich, Schabkunst und Lithographie, hg. von Hans Dietrich von Diepenbroick-Grüter, Hamburg 1931–1933 (Reprint Hildesheim 1967).

Archive in Hessen. Kurzführer, bearb. von Eckhart G. Franz (Darmstädter Archivschriften 11), Darmstadt 1996.

Bibliographie zur Geschichte der Universität Tübingen, hg. von der Universitätsbibliothek, bearb. von Friedrich Steck/Gisela Krause/Ernestine Stöhr (Contubernium. Beiträge zur Geschichte der Eberhard-Karls-Universität Tübingen 27), Tübingen 1980.

British Biographical Index. Bd. 1–7, ed. by David Banck/Theresa Mc Donald, München ^{2}1998.

Catalogue of Books printed in the german-speaking Countries and of german Books printed in other Countries from 1601 to 1700 now in The British Library. Bd. 1–5, London 1994.

DEGERING, HERMANN, Kurzes Verzeichnis der germanischen Handschriften der Preußischen Staatsbibliothek. Bd. 1–3, Leipzig 1925–1930.

Deutsche Drucke des Barock 1600–1720 in der Herzog August Bibliothek Wolfenbüttel. Abt. A–D. Bd. 1ff, begr. von Martin Bircher, bearb. von Thomas Bürger, München/New York/London/Paris 1977ff.

DIEFENBACH, LORENZ, Glossarium Latino-Germanicum Mediae et Infimae Aetatis, Frankfurt a.M. 1857 (Reprint Darmstadt 1997).

DÜNNHAUPT, GERHARD, Personalbibliographien zu den Drucken des Barock (Hiersemanns Bibliographische Handbücher 9,1–6), Stuttgart ^{2}1990–1993.

Familienarchiv Wolff von Todenwarth, bearb. von Eckhart G. Franz (Repertorien des Hessischen Staatsarchivs Darmstadt 20), Darmstadt 1984.

GERHARD, HANS-JÜRGEN/KAUFHOLD, KARL HEINRICH (Hg.), Preise im vorindustriellen Deutschland. Grundnahrungsmittel (Göttinger Beiträge zur Wirtschafts- und Sozialgeschichte 15), Göttingen 1990.

Gesamtverzeichnis des deutschsprachigen Schrifttums 1700–1900. Bd. 1–160, bearb. von Peter Geils/Willi Gorzny/Hilmar Schmuck, München/New York/London/Paris 1979–1987.

GROTEFEND, HERMANN, Taschenbuch der Zeitrechnung des deutschen Mittelalters und der Neuzeit, Hannover ^{13}1991.

GRUN, PAUL ARNOLD, Leseschlüssel zu unserer alten Schrift (Grundriß der Genealogie 5), Limburg a.d. Lahn 1935.

–, Schlüssel zu alten und neuen Abkürzungen (Grundriß der Genealogie 6), Limburg a.d. Lahn 1966.

Jahrbuch der Deutschen Bibliotheken. Bd. 59, 2001/02, hg. vom Verein Deutscher Bibliothekare, Wiesbaden 2001.

Katalog der fürstlich Stolberg-Stolberg'schen Leichenpredigten-Sammlung. Bd. 1–4, Leipzig 1927–1935.

Katalog der graphischen Porträts in der Herzog-August-Bibliothek Wolfenbüttel 1500–1850. Reihe A: Die Porträtsammlung, bearb. von Peter Mortzfeld, München/New Providence/London/Paris 1994.

Katalog der Leichenpredigten und sonstiger Trauerschriften in der Hessischen Landes- und Hochschulbibliothek Darmstadt, bearb. von Rudolf Lenz (Marburger Personalschriften-Forschungen 11,1–2), Sigmaringen 1990.

Katalog der Leichenpredigten und sonstiger Trauerschriften im Hessischen Staatsarchiv Darmstadt, bearb. von Rudolf Lenz (Marburger Personalschriften-Forschungen 13), Sigmaringen 1991.

Katalog der Leichenpredigten und sonstiger Trauerschriften in der Stadt- und Universitätsbibliothek Frankfurt am Main, bearb. von Rudolf Lenz (Marburger Personalschriften-Forschungen 29), Stuttgart 2001

Katalog der Leichenpredigten und sonstiger Trauerschriften in der Universitätsbibliothek Gießen, bearb. von Rudolf Lenz (Marburger Personalschriften-Forschungen 7,1–2), Marburg 1985.

Katalog der Leichenpredigten und sonstiger Trauerschriften in der Universitätsbibliothek Marburg, bearb. von Rudolf Lenz (Marburger Personalschriften-Forschungen 2,1–2), Marburg 1980 (Nachtrag: Marburger Personalschriften-Forschungen 12, Sigmaringen 1990).

MÖLLER, KURT DETLEV, Bestandsverzeichnis der von Goeze angefertigten Indizes, Hamburg 1956.

Repertorien des Hessischen Staatsarchivs Darmstadt. Bd. 38. Abt. E12: Adel und Standesherrn, bearb. von Jürgen Rainer Wolf, Darmstadt 1996

Repertorien des Hessischen Staatsarchivs Darmstadt. Bd. 39. Abt. D11: Hausarchiv Hessen-Homburg, bearb. von Jürgen Rainer Wolf, Darmstadt 1997.

Schrifttum zur Geschichte und geschichtlichen Landeskunde von Hessen. Bd. 1–3, bearb. von Karl E. Demandt (VHKN 17), Wiesbaden 1965–1968.

Sigelverzeichnis für die Bibliotheken der Bundesrepublik Deutschland, hg. von der Staatsbibliothek zu Berlin – Preußischer Kulturbesitz, München [13]2003.

Standeserhebungen und Gnadenakte für das Deutsche Reich. Bd. 1–5, hg. von Karl Friedrich von Frank, Schloss Senftenegg 1974.

STRÄTER, UDO/BUTTERWECK, CHRISTEL, Pietismus-Bibliographie, in: PuN 21, Göttingen 1995, S. 359–381.

Supellex Epistolica Uffenbachii et Wolfiorum. Katalog der Uffenbach-Wolfschen Briefsammlung. Bd. 1–2, hg. und bearb. von Nilüfer Krüger (Katalog der Handschriften der Staats- und Universitätsbibliothek Hamburg 8,1–2), Hamburg 1978.

Die theologischen Handschriften der Staats- und Universitätsbibliothek Hamburg. Bd. 1–4, hg. von Peter Jörg Becker/Nilüfer Krüger (Katalog der Handschriften der Staats- und Universitätsbibliothek Hamburg 2), Hamburg/Stuttgart 1977–1998.

Verzeichnis der gedruckten Briefe deutscher Autoren des 17. Jahrhunderts. Teil 1–2 (Repertorien zur Erforschung der frühen Neuzeit 12), Wiesbaden 1992/93–2002.

2. Quellen

ACTA || HAMBUR- || GENSIA. || Die || Klugheit der Gerechten/ || Die Kinder || Nach dem wahren Gründen || des Christenthums/ von der Welt || zum HErrn zu erziehen/ || Samt denen darüber gewechselten || Streit=Schrifften/ || [...] ALTONA/ || Gedruckt und verlegt bey Christian Reymers/ Königl. privil. || Buchdrucker. [1693]
Kurztitel: Acta Hamburgensia 1, 1693.

<18> A/1732:1
<H 46> A 638/6 Bd. 1

ACTA || PIETISTICA, || Oder || Kurtzer Begriff der gesam= || ten Schriften/ so beydes vor als wider || die so genante PIETISTEN zu Leipzig/ Ham= || burg/ Giessen/ und anderer Orten publiciret || worden. || Franckfurt || Bey Thomas Michael Götzen || A.C. 1691. ||
Kurztitel: ACTA PIETISTICA, 1691.
<Bibliothek des FB Ev. Theologie der Universität Hamburg> G VII p 11

ACTORUM || HAMBURGEN- || SIUM || PARS ALTERA: || Das ist: || Hamburgischer || ACTEN || Anderer Theil. || […] Gedruckt im Jahr 1695.
Kurztitel: Acta Hamburgensia 2, 1695.
<18> A/1732:2
<H 46> A 638/6 Bd. 2

Außschreiben || Von denen || Fürstlichen Consistoriis || zu Darmstadt und Giessen/ || An alle Pfarrer des Hessen=Darmbstät= || tischen Fürstenthumbs/ und dazu gehöriger Graff= || und Herrschafften. || Giessen/ gedruckt bey Löbl. Universität bestellten Buchtruckers || Friderich Kargers sel. Wittib. || [1678].
Kurztitel: Außschreiben von denen Fürstlichen Consistoriis, [1678].
<23> M:QuN 286,1 (20)

Die Bekenntnisschriften der evangelisch-lutherischen Kirche (1930), Göttingen [11]1992.
Kurztitel: BSLK, [11]1992.

(Beuthner, Arnold Christian,) Hamburgisches || Staats= und Gelehrten= || LEXICON, || Worin || Die Namen/ das Leben || und die Verdienste der= || jenigen Männer/ || Geist= und Weltlichen Standes/ || angeführet werden/ || Welche || von der heilsamen Reformation || bis auf die gegenwärtige Zeit/ || In dieser || Weltberühmten Stadt || und derselben Gebiete/ || Ein ansehnliches Ehren=Amt/ oder eine || hohe Würde bekleidet/ sich durch Schriften || berühmt gemacht/ daselbst gebohren und in || der Fremde Beforderung erhalten/ || Bereits aber das Zeitliche gesegnet haben. || Herausgegeben von || Arnold Christian Beuthner/ Hamb. || Hamburg/ bey Christian Wilhelm Brandt. 1739. ||
Kurztitel: A.C. Beuthner, Staats- und Gelehrten-LEXICON, 1739.
<18> A 1952/1978

Breckling, Friedrich, Autobiographie. Ein frühneuzeitliches Ego-Dokument im Spannungsfeld von Spiritualismus, radikalem Pietismus und Theosophie. Hg. und komm. von Johann Anselm Steiger (Frühe Neuzeit 109), Tübingen 2005.

(Brügge, Andreas van der,) JUSTA || VIRO || maxime Venerabili, Amplissimo atqve Excellentissimo || DOMINO || JOHANNI || WINCKLERO, || THEOLOGO INCOMPARABILI, || inqve Exemplum sæculi nato, || ad Ædem S. Michaëlis apud Hamburgenses PASTORI || qvondam optime & summe merito, || Reverendi ibidem Ministerii SENIORI gravissiomo, || Viro longiori vita dignissimo, || PATRONO & FAUTORI SUO, || dum in vivis erat, æstumatissimo, || Ac sine pari, || Pietatis atqve officii caussa || Moestissimos inter gemitus & suspiria || persoluta || ab || ANDREA van der BRÜGGE, || DAV. FIL. || LUBECÆ, || Literis Samuelis Struckii, A. M.DCC.V. ||
Kurztitel: A. van der Brügge, JUSTA VIRO, 1705.
<H 46> A 710/803 Bd. 1 (Nr. 196)

(Büssing, Caspar,) Die || Die Lehrer Sendende und Aufwen= || dende Gnade GOttes/ Wie sie || Die rechtschaffenen Lehrer der Wahrheit || und Gottseeligkeit || erklähret für || Von GOtt zum Heil gesandte/ || Den Bösen unerkandte/ || Den Frommen wohlbekandte/ || Dem Himmel zugewandte/ || Wunder. || Als || Die Verwunderungswürdige MIRA, || Der/ Hamburg über XX/ der gantzen Kirchen bey XXXIV. Jahre/ herrlich || leuchtende || Winck– und Wunder=Stern/ || Der Hoch=Ehrwürdige/ in GOTT Andächtige/ Hoch=Acht= || bare und Hochgelahrte Herr/ || Herr JOHANNES || Winckler/ || Hochfurtrefflicher Evangelischer Theologus, der Gemeine GOt= || tes zu St. Michaelis hieselbst Hochverdienter Pastor, des Ehrwürdigen Ministerii || Hochansehnlicher Senior und Scholarcha, || Am Palm=Sonntage/ den V. Aprilis, des MDCCV. Heil=Jahres/ || erloschen zu seyn schiene/ || Und dessen erblasseter Überrest/ zu seinem ruhigen

Schatten/ || am dritten Heil. Oster=Tage/ den XIV. desselben/ || Höchst=Volckreich und ansehnlich begleitet wurde. || Aus der gewöhnlichen Fest=Lection, || Apost. Geschicht XIII, 26–33. || An statt einer hie sonst nicht gebräuchlichen Leichen=Predigt/ || Dem Hoch=Seeligen/ zum Höchst=verdienten Ehren=Gedächtnüß/ || fürgestellet/ und/ auff inständiges Anhalten/ zum Druck übergeben || von || CASPARE BUSSINGIO, || SS. Theol. Lectore und Pastore in Summo Cathedrali Templo. || HAMBURG/ Bey Gottfried Liebernickel im Dom/ 1705. || Gedruckt mit Spieringischen Schrifften. ||
Kurztitel: C. BÜSSING, Gnade Gottes, 1705.
<23> Db 4° 625 (1)

(–,)Die || Norm und Form || Des/ || Auf den/ || Nach dem Winckelmaß ausgehauenen/ Auserwehlten köstlichen Eckstein/ || Winckelrecht und redlich=bauenden Zimmermans/ || Bey || Christ=mässiger Beerdigung der Gebeine || Des Weyland || Hoch=Ehrwürdigen/ in Gott Andächtigen/ Hoch=Acht=bahren und Hochgelahrten Herrn || Hrn. JOHANNIS || Wincklers/ || Hochfürtrefflichen Theologi, der Gemeine Gottes/ zu St. || Michaëlis in Hamburg/ Hochverdienten Pastoris, des Ehrwürdigen || Ministerii Hoch=ansehnlichen Senioris und Scholarchae. || Als dieselben || Den XIV. Aprilis, des M D C C V ten Heil=Jahres/ zu ihrer || Ruhestädte/ || in der Grossen Michaëlis Kirchen/ || eingetragen wurden; || Aus || Des Hoch=Sehligen Herren Senioris, || Gebuhrt/ Leben/ Lehre/ Leiden/ und Sterben/ || zum Trost || der sämbtlichen || Hochbetrübten Hinterbliebenen/ || unter mancherley Hindernissen/ eilfertig entworffen/ || von dem || Seinem auffrichtigen Herrn Winckler auch nach dem Tode getreuen || CASPARE BUSINGIO, || SS. Th. Lect. und Pastore am Dom. || Hamburg, || Gedruckt/ bey Johan Niclas Gennagel, auff St. Jacobi Kirchhoff || im Buchdrucker Wapen. ||
Kurztitel: C. BÜSSING, Norm und Form, 1705.
<H 46> A 773/58 (Kapsel 1)

(CARPZOV, JOHANN BENEDIKT,) Der im himmel angeschriebene || Name || Friedrich/ || dessen sich || Der Hoch=Ehrwürdige/ Magnificus, Großachtbare || und Hochgelahrte || Herr Friedrich Rappolt/ || der heiligen Schrifft fürnehmer Doctor, und || weitberühmter Professor Publicus, deß Stiffts zu Zeitz woler= || wehlter Canonicus und Dom=Herr/ deß grossen Fürsten Collegii Col- || legiatus, der Churfürstlichen Stipendiaten treufleißiger Ephorus, der || Meißnischen Nation ansehnlicher Senior auff der || Universität Leipzig/ etc. || offt erfreuet hat/ || bey dessen Christlichen/ ansehnlichen und volckreichen || Begräbniß/ || am heiligen Neu=Jahrstage Anno 1677. || in der Academischen Pauliner Kirchen || auß dem Spruch Rom. V,1.2. || /Nun wir sind gerecht worden durch den glauben/ etc.) || Schrifftmäßig erkläret || von || JO. BENEDICTO CARPZOV, || der H. Schrifft Lic. bey der Universität daselbst || Profess. Publ. und Predigern zu S. Thomas. || Leipzig/ || Gedruckt bey Johann Erich Hahnen. || 1678. ||
Kurztitel: J.B. CARPZOV, Friedrich Rappolt, 1678.
<23> Slg. Stolberg LP 18374

CATALOGUS || BIBLIOTHECÆ || WINCKLERIANÆ || a || Theologo quondam Celeberrimo, || JOHANNE WINCKLERO, || PASTORE & SENIORE || HAMBURGENSIUM, || νυν εν αγιοις, || magno studio ac sumtu undique || conquisitæ; || Quæ || Publica Auctionis Lege || In Ædibus REIMBOLDIANIS || In Platea || vulgo || Die reiche Strasse || appellata || Mense Octobri MDCCXXI. || divendetur. || HAMBURGI, || Literis KÖNIGIANIS. ||
Kurztitel: Catalogus, 1721.
<18> A/228749

(CUNO, ADAM CHRISTOPH CARL,) Gesammlete Nachrichten || von denen || Lebens=Umständen || und Schriften || Evangel. Lutherischer || Theologen, || ingleichen von andern || durch besondere Lebens= und Todes=Umstände || merkwürdigen Personen geistlichen Standes, || welche alle || in diesem XVIII. Seculo verstorben sind, || [...]| Erstes Decennium, || oder die Jahre von 1701. bis mit 1710. || Leipzig, 1769. || (S. 46f)
Kurztitel: A.C.C. CUNO, Gesammlete Nachrichten, 1769.
<7> 8 H L BI 1, 5205

(DILFELD, GEORG CONRAD,) Cum DEO || Gründliche Erörterung || der Frage. || Ob neben der öffentlichen Kirch=Ver= || samlung/ auch noch einige Privat und || Haus=Zusammenkunfften

zu Erbauung der Christ= || lichen Kirchen von nöthen und von Christo und denen || Aposteln eingesetzet und zu halten gebohten/ || auch in primitiva Ecclesia üblich || gewesen sey. || [...] Anno M DC. LXXIX. ||
Kurztitel: G.C. DILFELD, Gründliche Erörterung, 1679.
<23> 4° IX:167 (31)

(DREYHAUPT, JOHANN CHRISTOPH VON,) Beylage sub B. || Genealogische Tabellen || oder || Geschlechts=Register || sowohl || derer [...] Adelichen Familien || als auch || derer vornehmsten [...] Geschlechter || zu || HALLE || [...] HALLE/ gedruckt und verlegt durch Emanuel Schneider/ 1750. ||

(ECHLITIUS, CHRISTIAN GOTTFRIED,) Die selige Zufriedenheit der || Kinder GOttes/ || zu wohlverdienten und unvergänglichen || Denck= und Ehrenmahle || Der Weiland || Wohl=Gebohrnen Frauen/ || Fr. Annen Sophien || von Osterhausen/ || Gebohrner aus dem uhralten und berühmten || Geschlecht derer von Lindau/ || Des auch || Wohl=Gebohrnen Herrn/ || Hn. Georg Heinrichs || von Osterhaußen/ || [...] Lieb= und treu=gewesener Ehe=Liebsten/ || [...] Mittelst einer Gedächtniß=Predigt den 6. April. darauf/ || in der Kirchen zu München=Bernsdorff/ || aus dem 7. und 8. v. des 116. Psalms || vorgestellet/ und auf Belieben zum Druck übergeben || von || M. Christian Gottfried Echlitio, || Pfar. und Superint. zu Weida. || Mit Wertherischen Schrifften. || [Jena 1690].
Kurztitel: C.G. ECHLITIUS, Anna Sophia von Osterhausen, [1690].
<23> Slg. Stolberg LP 15339

(EDZARD, GEORG ELIEZER,) ELOGIUM FUNEBRE, || SEMPITERNÆ MEMORIÆ || VIRI || SUMME REVERENDI, AMPLISSIMI || ATQUE EXCELLENTISSIMI, || DOMINI || JOHANNIS || WINCKLERI, || IN ÆDE S. MICHAELIS SU- || PRA VIGINTI ANNOS PASTORIS || OPTIME MERITI, ET REVERENDI MI- || NISTERII SENIORIS GRAVISSIMI, || DICATUM || A || GEORGIO ELIEZER EDZARDO, || GR. L. ET HISTOR. PROF. P. ET H. T. RECTORE. || HAMBURGI, || Typis CONRADI NEUMANNI, Senatus atque Gymnasii Typographi, || ANNO M DCCV. d. XIV. April. ||
Kurztitel: G.E. EDZARD, Elogium Funebre, 1705.
<H 46> A 710/804 Bd. 1 (Nr. 129)
anderer Druck unter dem gleichen Titel in:
MEMORIARUM || HAMBURGENSIUM || Volumen Tertium, || cui præmittuntur || PETRI LAMBECII || Orationes & Programmata, || curante || JO. ALBERTO FABRICIO, || D. & Prof. Publ. Scholæque Rectore. || HAMBURGI, || Sumptu CHRISTIANI LIEBEZEIT, || A. C. M.DCCXI. || (S. 351–365)
Kurztitel: G.E. EDZARD, Elogium funebre Joannis Winckleri, 1705.
<18> HH 4325/1 (Bd. 3–4)

Die evangelischen Kirchenordnungen des XVI. Jahrhunderts. Bd. 1ff, hg. von Emil Sehling, Leipzig/Tübingen 1902ff.

(FABRICIUS, JOHANN ALBERT,) Trauer- und Trost-Gedancken/ || Über den Seeligen/ || Der Kirchen aber/ dieser gantzen Stadt/ sei- || ner Werthesten Gemeine und Vornehmen || Hause/ || Schmertzlichsten Abschied/ || Des || Weiland Hoch-Würdigen und Hoch- || Gelahrten HERRN || Herrn Johann || Wincklers/ || Hoch-Verdienten Pastoris zu || St. Michaelis, Scholarchæ, un des Hoch || Würdigen Ministerii Hoch-An- || sehnlichen SENIORIS, || Entworffen/ || Von der betrübten Feder || JOH. ALBERTI FABRICII, || Der H. Schrifft Doctoris und Prof. an || dem Löbl. Gymnasio allhier. || HAMBURG/ || Gedruckt bey Conrad Neumann/ || E. Edl. Hochweisen Rahts/ wie auch des Löbl. Gymnasii || Buchdrucker. 1705. ||
in:
MEMORIARUM || HAMBURGENSIUM || Volumen Tertium, || cui præmittuntur || PETRI LAMBECII || Orationes & Programmata, || curante || JO. ALBERTO FABRICIO, || D. & Prof. Publ. Scholæque Rectore. || HAMBURGI, || Sumptu CHRISTIANI LIEBEZEIT, || A. C. M.DCCXI. || (S. 366–370)
Kurztitel: J.A. FABRICIUS, Trost-Gedancken, 1705.
<18> HH 4325/1 (Bd. 3–4)

Herrn M. August Hermann Franckens vormahls Diaconi zu Erfurtt [...] Lebenslauff (1694), in: Lebensläufe August Hermann Franckes, hg. von Markus Matthias (KTP 2), Leipzig 1999, S. 5–32.

(FRITSCH, AHASVER,) Im Namen JESU! || AHASVERI || FRITSCHII || Tractätlein/ || Von || Christ=schuldiger || Erbauung deß Nächsten || durch gottselige Gespräche. || I. Thess. 5,11. || Bauet einer den andern/ wie ihr || denn thut. || Franckfurt am Mayn/ || In Verlegung Johann David Zunners. || Druckts Johann Dieterich Friedgen. || M DC LXXVI.
Kurztitel: A. Fritsch, Tractätlein von christ-schuldiger Erbauung, Frankfurt a.M. 1676.
<23> M: Ts 297 (3)

(GERHARD, JOHANN,) SCHOLA PIETATIS, || Das ist/ || Christliche vnd Heil= || same Vnterrichtung/ was für Vrsachen einen || jeden wahren Christen zur Gottseligkeit bewegen || sollen/ auch welcher Gestalt er sich an derselben || üben soll. || [...] Nunmehr zum fünfftenmal auffgelegt [...] Gedruckt zu Jena bey Georg Sengwald/ || In Verlegung Wolffgang deß Jüngern/ vnd Johann Andreas Endtern/ || Buchhändler in Nürnberg/ Anno 1653.
Kurztitel: J. GERHARD, Schola pietatis, ^{5}1653.
<18> A/200673

Grosses vollständiges Universal Lexicon aller Wissenschaften und Künste. Bd. 1–64, hg. von Johann Heinrich Zedler, Halle/Leipzig 1732–1750.

J.N.J. || Hamburgisches || Gesang=Buch/ || Zum || Heiligen Gebrauch || Des öffentlichen || Gottes Dienstes || Als auch derer || Hauß Andachten || Heraus gegeben || Von || Den Hamburgischen || Ministerio. || HAMBURG, || Bey Conrad Neumann || Und || Benjamin Schillern im Thum. || [1700].
Kurztitel: Hamburgisches || Gesang=Buch, 1700.
<H 99> Mi 2935

(HANNEKEN, PHILIPP LUDWIG,) Send=Schreiben || An N.N. || Betreffend die so genandte || COLLEGIA || PIETATIS, || Oder || Von den Biblischen Zusam= || menkunfften allerhand Leuten in Privat= || Häusern. || Von einem guten Freund zum Druck befördert. || Gedruckt im Jahr Christi 1690. ||
Kurztitel: P.L. HANNEKEN, Sendschreiben, 1690.
<18> Scrin A/1782

(HENCKEL, ERDMANN HEINRICH GRAF VON,) Die || letzten || Stunden || einiger || Der Evangelischen Lehre zugethanen und || in diesem und nechst verflossenen Jahren || selig in dem HERRN || Verstorbenen Persohnen/ || [...] Mit einer PRÆFATION || der Theol. Facultät zu Halle || EDITIO II. || Halle, in Verlegung des Wäysenhauses, 1722. || (Teil 1–2, Halle 1722/23)
Kurztitel: E.H. GRAF VON HENCKEL, Die letzten Stunden 1–2, ^{2}1722/23
<18> A/302190:1.2

(HINCKELMANN, ABRAHAM [Hg.],) AL-CORANUS || S. || LEX ISLAMITICA || MUHAM- || MEDIS, || FILII ABDALLÆ || Pseudoprophetæ, || Ad optimorum Codicum fidem edita || ex Museo || ABRAHAMI HINCKELMANNI, D. || HAMBURGI, || Ex Officina SCHULTZIO-SCHILLERIANA. || ANNO 1694. ||
Kurztitel: A. HINCKELMANN (Hg.), AL-CORANUS, 1694.
<18> Scrin A/435

HÜTTER, LEONHART, COMPENDIUM LOCORUM THEOLOGICORUM EX SCRIPTURIS SACRIS ET LIBRO CONCORDIAE. Lateinisch – deutsch – englisch., hg. von Johann Anselm Steiger. Bd. 1–2 (Doctrina et Pietas 2,3), Stuttgart/Bad Cannstatt 2006.

KESTNER, CHRISTIAN WILHELM, Medicinisches Gelehrten-Lexicon, Jena 1740.

(KRIEGSMANN, WILHELM CHRISTOPH,) Wilhelm Christoph Kriegsmanns || SYMPHONESIS || CHRISTIANORUM || Oder || Tractat || Von den einzelen und || privat-Zusammenkunfften || der Christen/ || Welche CHristus neben den || Gemeinen oder Kirchlichen Ver= || sammlungen zu halten eingesetzt. || Franckfurt/ || Bey Johann David Zunnern/ || Im Jahr Christi 1678. ||
Kurztitel: W.C. KRIEGSMANN, Symphonesis Christianorum, [1677].
<32> Q4:30 (M 1670)

LEGES ET STATUTA SCHOLÆ SENATORIÆ AD D. THOM. *Revisa & à Senatu Reipublicæ Lipsiensis pro utilitate & neceßitate ejus Scholæ, denuò sancita.* Anno M. DC. XXXIV. Mense Martio. GEORGIUS FABRICIUS ad studiosam juventutem. [...] Lipsiæ excudebat HENNINGUS Köler., in: Die Thomasschule Leipzig zur Zeit Johann Sebastian Bachs. Ordnungen und Gesetze 1634 – 1723 – 1733, hg. von Hans Joachim Schulze, Leipzig 1985.
Kurztitel: Leges et Statuta, 1634.

(LEHMANN, PETER AMBROSIUS,) Historische Remarques der neuesten Sachen in Europa, Theil 7 auf das 1705. Jahr, Hamburg 1706. ||
Kurztitel: P.A. LEHMANN, Historische Remarques, 1706.
<7> 8 H UN V, 451:7

(LUDOLF, HIOB,) Grammatica Aethiopica von Hiob Ludolf, hg. von Burchard Brentjes/Karl Gallus (Wissenschaftliche Beiträge der Martin-Luther-Universität Halle-Wittenberg 1986/37 = I 36), Halle a.d. Saale 1986 (Nachdruck der Ausgabe Frankfurt a.M. 1702).
<18> Y/8104

(LUDWIG, MICHAEL CHRISTIAN,) Christ=Fürstlicher || Lebens=Lauff/ || Der weiland || Durchlauchtigsten Fürstin und Frauen/ || Frauen Sophien Elisabethen/ || Hertzogin zu Sachsen/ Jülich/ Cleve und || Berg/ gebornen Hertzogin zu Schleßwig Holstein [etc.] || Wittben/ || Unserer gewesenen Gnädigsten Fürstin || und Frauen.
Kurztitel: M.C. LUDWIG, Sophie Elisabeth, [1684].
<23> Slg. Stolberg LP 19577 (S. 95–106)

LUTHER, MARTIN, Auslegung des 117. Psalms (1530), in: WA 31,1, S. 219–257.
–, Von der Beicht (1521), in: WA 8, S. 138–185.
–, Das XIV. und XV. Capitel S. Johannis gepredigt und ausgelegt (1537), in: WA 45, S. 465–733.
–, De captivitate Babylonica (1520), in: WA 6, S. 497–573.
–, An den christlichen Adel deutscher Nation (1520), in: WA 6, S. 404–469.
–, Daß ein christliche Versammlung oder Gemeine Recht und Macht habe, alle Lehre zu urteilen (1523), in: WA 11, S. 408–416.
–, Epistel Sanct Petri (1523), in: WA 12, S. 259–399.
–, Von der Freiheit eines Christenmenschen (1520), in: WA 7, S. 20–38.
–, De instituendis ministris Ecclesiae (1523), in: WA 12, S. 169–196.
–, Eine kurze Vermahnung zu der Beicht (1529), in: BSLK, [11]1992, S. 725–733.
–, Von dem Papstthum zu Rom (1520), in: WA 6, S. 285–324.
–, Der CX. Psalm, gepredigt und ausgelegt (1535), in: WA 41, S. 79–239.
–, Vorrede zur Deutschen Messe und ordnung Gottesdiensts (1526), in: WA 19, S. 72–113.
–, Werke. Kritische Gesamtausgabe. Bd. 1ff, Weimar 1883ff.

[MAYER, JOHANN FRIEDRICH,] Die Andere || Abfertigung || Herrn Johann Wincklers || Mit seiner/ so genanten: || An die geheiligte Häupter/ Getreue Vor= || steher und Christliche Gemeinde zu St. Michaëlis || Berichteten || Zugemüts=Führung || Der schmählichen Schrifft/ etc. || Gegeben || Von || Dem Ehrw. Predig=Ampt || in Hamburg. ||, in: Acta Hamburgensia 2, 1695, S. 1090-1146.
Kurztitel: [J.F. MAYER,] Andere Abfertigung, 1695.
<18> A/1732:2

MENTZER, BALTHASAR, Handbüchlein, hg. von Georg Hoffmann, Göttingen 1938.
(–,)Kurtzes || Bedencken/ || Von den Eintzelen Zu= || sammenkunfften/ || Wie dieselbe etlicher Orten wol= || len behauptet werden/ || Beneben auch andern nothwendigen || Erinnerungen. || Sampt einer Vorrede || Phil. Ludov. Hannekenii, SS. Th. Doct. || und Superintendenten zu || Giessen/ || Daselbst gedruckt || Bey Henning Müllern/ Anno 1691.
Kurztitel: B. MENTZER, Kurtzes Bedencken, 1691.
<18> Scrin A/1782 (6)
(–,)An die theologische Fakultät zu Giessen, Darmstadt 1677, in: Wilhelm Martin Becker, Aus den Anfängen der pietistischen Bewegung in Hessen, in: BHKG 1, Darmstadt 1903, S. 271–275, hier S. 272f.

(METTENIUS, JOHANN GEORG,) Zweyfacher und gedoppelter Traur=Schleyer: || Unterlegt mit || Zweyfach gedoppeltem Evangelischen Trost. || Das ist: || Zwey Schrifftmässige Traur=Trost= und || Leich=Predigten/ || Über zwey traurige Todtesfällen || Weyland deren || Wohl=Ehrwürdigen/ Hoch und Wohlgelehrten Herrn || leiblichen/ und in Christo Ambts=Gebrüdern/ || HERRN || M. Philippi Schlossers/ || Hoff= und ältern Statt=Predigers || in Darmdstadt/ || Und || HERRN || M. Johann. Schlossers/ || Jüngern Statt=Predigers in Darmbstadt/ || [...] Darmbstadt/ || Gedruckt bey Henning Müllern/ Furstl. Buchdr. 1677. ||
Kurztitel: J.G. METTENIUS, Traur=Schleyer, 1677.
<17> O 6255/50

MOLLER, JOHANNES, Cimbria Literata sive Scriptorum Ducatus utriusque Slevicensis et Holsatici. Bd. 1–3, Hamburg 1744.

NOVA LITERARIA || GERMANIÆ, || Collecta HAMBURGI, || Editaque Calendis MAJI MDCCV. || in: NOVA || LITERARIA || GERMANIÆ, || ANNI MDCCV. || Collecta Hamburgi; || Dedicata || Serenissimo Principi ac Domino, || DOMINO || ERNESTO || AUGUSTO, || Duci Saxoniæ, Juliæ, Cliviæ, Montium, || Angriæ & Westphaliæ, || & reliqua. || Cum Privilegio Potentissimi Poloniarum Regis || & Electoris Saxoniæ || HAMBURGI, Prostant apud BENJAMINEM WEDELIUM. || (S. 196–200)
Kurztitel: Nova Literaria Germaniæ, Mai 1705, 1705.
<18> A 1945/66

(PETERSEN, JOHANNA ELEONORA,) Eine kurtze Erzehlung/ || Wie mich die leitende Hand Gottes biß= || her geführet/ und was sie bei meiner || Seelen gethan hat, in: Gespräche || des || Hertzens || mit || GOTT/ || Erster Theil. || Auffgesetzet || Von || JOHANNA ELEONORA || PETERSEN, || Gebohrne von und zu Merlau. || PLOEN/ || Verlegts Siegfried Ripenau. || Gedruckt durch Tobias Schmidt/ || 1689. || (S. 235–295)
Kurztitel: J.E. PETERSEN, Eine kurtze Erzehlung, 1689.
<Ha 33> 27 F 8

–, Leben, von ihr selbst mit eigener Hand aufgesetzet. Autobiographie, hg. von Prisca Guglielmetti (KTP 8), Leipzig 2003.

(PIPPING, HEINRICH,) Ad || ACADEMIÆ LIPSIENSIS || per superius Semestre hybernum || RECTOREM MAGNIFICUM, || DOMINUM || D. GOTTLOB FRIDERICUM || SELIGMANNUM, || [...] RECTORUM ACADEMIÆ LIPSIENSIS, || Qui Seculo proxime elapso sibi invicem successerunt, || SYLLABUM || exhibet || M. HENRICUS PIPPING, LIPSIENSIS, || SS. Theologiæ Baccalaureus & in Patria Ecclesiastes. || LIPSIÆ, || Apud JO. LUDOVICUM GLEDITSCHIUM. MDCCI. ||
Kurztitel: H. PIPPING, RECTORUM ACADEMIÆ LIPSIENSIS, 1701.
<15> HB Univ. 356

(–,)TRIAS DECADVM, || MEMORIAM || THEOLOGORVM || NOSTRÆ ÆTATIS || CLARISSIMORUM || RENOVATAM EXHIBENS, || SACRO DECADVM SEPTENARIO [...] CVRANTE || M. HEINRICO PIPPING. || LIPSIÆ, || APVD THOMAM FRITSCH, || MDCCVII. ||
Kurztitel: H. PIPPING, Memoriam Theologorum, 1707.
<15> Litg. 517

(PLAGGE, ABRAHAM,) Das besungene Lob || des WINCKELS/ || Welches || als ein Neu=Jahrs=Opffer || überreichet worden || am Neu=Jahrs=Tage des itztlauffenden || Jahres || M DC XC. || Dem Hoch=Ehrwürdigen/ Hoch=Achtbahren und || Hochgelahrten Herrn/ || HERRN || Johan Winckeler/ || Ober=Pfarrherrn der grossen Gemeine zum || St. Michael in Hamburg/ || von || Abraham Plagge. ||
Kurztitel: A. PLAGGE, Das besungene Lob des WINCKELS, 1690.
<H 46> A 638/7 Bd. 3 (Nr.34)

Des Raths zu Leipzig Vornewerte Schul=Ordnung/ Publicirt Im Jahr Christi M. DC. XXXIV. Mense Martio. Leipzig Gedruckt bey Henning Kölern, in: Die Thomasschule Leipzig zur Zeit Johann Sebastian Bachs. Ordnungen und Gesetze 1634 – 1723 – 1733, hg. von Hans Joachim

Schulze, Leipzig 1985.
Kurztitel: Schul=Ordnung, 1634.

(ROLOFFS, JULIUS HENOCH,) Die Ehre der Ruhe || Derer Weyland Hoch= und Wohl= Verdienten/ || Nun aber in GOTT ruhenden || Kirchen=Lehrer/ || Bey trauriger Veranlassung eines sehr schmertzlichen Todes=Falles/ || Als || Der Weyland in dem Hause GOttes Getreue Knecht/ || Der Hoch=Ehrwürdige/ in GOTT=Andächtige/ || Hoch=Achtbahre und Hoch=Gelahrte Herr/ || HERR || JOHANNES || Winckler/ || Hoch=Erleuchteter/ und umb die Evangelische Kirche sonderlich zu || Homburg an der Höhe: zu Braubach: Darmstadt: Mann= und Wertheim || nach und nach beynahe XIV. zu Hamburg aber über XX. und also ins gesamt || in die XXXIV. Jahr Unsterblich=verdienter/ mit hoch=fürtreflichen || Theologischen Gaben ungemein ausgerüsteter Theologus: Der Gemeine || Gottes zu St. Michaelis allhie in Hamburg Hochverdienter Pastor, des Hoch= || Ehrw. Ministerii dieser Hoch=berühmten Stadt und dero zugehörigen Landen || Hochwürdiges Haupt und Senior, wie auch Hoch=Ansehnlicher des || Gymnasii und der Stadt=Schulen Ephorus, || Am Palm-Sonntage/ war der V. Aprilis, des verwichenen MDCCV. Jahres; || bald nach 6. Uhr Morgends/ durch eine Seel. Aufflösung zur ewigen Ruhe der Heiligen/ die || dem Volck GOttes in jener Palmen=Stadt fürhanden ist/ eingegangen || war; || Am negst=darauff=folgenden Ersten H.Oster=Tage/ || Aus dem gewöhnl. Fest=Evangelio.Marci XVI.1–8. || In heil. Andacht erwogen/ und der Christl. Gemeine bey dero Volckreichen Ver= || samlung aus der Alt= und Neu=Stadt/ zu ihrer Erbauung; Dem Hoch=seel. Herrn aber zu sei= || ner Ruhe höchst=verdienten Beehrung; || In der ordentlichen Haupt=Predigt zu St. Michaëlis || durch GOttes Gnade mündlich vorgetragen: || Nun aber auch mit nötigem Zusatz und weiterer Ausführung/ zu einigem Trost || der Leide–Tragenden Familie, zum verlangten Druck abgefasset und herausgegeben || Von || JULIO HENOCHO ROLOFFS, || Jüngstem Prediger zu St. Michaëlis allhie. || Auf eigene Kosten des Authoris in Hamburg gedruckt mit Greflingerischen || Schrifften/ 1706. ||
Kurztitel: J.H. ROLOFFS, Ehre der Ruhe, 1706.
<H 46> A 710/803 Bd. 1 (Nr. 195)

(SCHULTZE, JOHANNES,) MEMORIA || VIRI || SUMME REVERENDI, AM- || PLISSIMI ET EXCELLEN- || TISSIMI || DN. JOHANNIS || WINCKLERI, || τω νυν εν αγιοις, || & *quondam, in Urbe Hamburgo,* || Theologi, Pastoris Michaëlitani Primarii, || Plurimùm Reverendi Ministerii Senioris, & || Scholæ ad D. Johannis || Ephori, || *Celeberrimi ac longè Meritissimi,* || Divinis in Ecclesiam&Scholam Meritis || dicata, || inque Anniversariâ Scholæ Solennitate, || postridie Examinis Verni, || Anno M.DCC.V. die VII. Maji, || per || JOHANNEM SCHULTZE, || Gardelegiensem, & Johannei Hamburgensis Rectorem, || moesto ore animoque, || Recitata. ||
Kurztitel: J. SCHULTZE, Memoria Viri, 1705.
<32> Fl 170-1/20 (Nr. 6, S. 41–52)

ΣΚΙΑΓΡΑΦΙΑ LECTIONUM ET EXERCITIORUM, QVAE POST-hac Præceptores Scholæ Senatoriæ ad D. Thom. singulis diebus & horis, cum discipulis continuabunt, in: Die Thomasschule Leipzig zur Zeit Johann Sebastian Bachs. Ordnungen und Gesetze 1634 – 1723 – 1733, hg. von Hans Joachim Schulze, Leipzig 1985.
Kurztitel: ΣΚΙΑΓΡΑΦΙΑ, [1634].

SPENER, PHILIPP JAKOB, Bericht über Entstehung und Entwicklung des Collegium pietatis [1676], in: Ders., Briefe aus der Frankfurter Zeit 2, Tübingen 1996, Nr. 162, S. 683–688.

–, Briefe aus der Dresdner Zeit 1686–1691. Bd. 1, hg. von Johannes Wallmann, Tübingen 2003.

–, Briefe aus der Frankfurter Zeit 1666–1686. Bd. 1–4, hg. von Johannes Wallmann, Tübingen 1992–2005.

–, Consilia et Iudicia Theologica Latina. Pars 3, Frankfurt a.M. 1709 (Reprint Philipp Jakob Spener Schriften 16,2, hg. von Erich Beyreuther, Hildesheim/Zürich/New York 1989).

–, Eigenhändiger Lebenslauf (um 1682), in: Die Werke Philipp Jakob Speners. Studienausgabe. Bd. 1,1, hg. von Kurt Aland, Gießen/Basel 1996, S. 19–53.

–, Einfältige Erklärung christlicher Lehr, Frankfurt a.M. 1677 (Reprint Philipp Jakob Spener Schriften 2,1, hg. von Erich Beyreuther, Hildesheim/Zürich/New York 1982).

–, Das Geistliche Priesterthum, Frankfurt a.M. 1677 (Reprint Philipp Jakob Spener Schriften 1, hg. von Erich Beyreuther, Hildesheim/New York 1979, S. 549–731).

–, Letzte Theologische Bedencken und andere Brieffliche Antworten. Teil 1–3, Halle 1711 (Reprint Philipp Jakob Spener Schriften 15,1–2, hg. von Erich Beyreuther, Hildesheim/Zürich/New York 1987).

–, Pia Desideria (1675), hg. von Kurt Aland (KlT 170), Berlin ³1964 (Reprint 1990).

–, Schriften. Bd. 1ff, hg. von Erich Beyreuther, Hildesheim/Zürich/New York 1979ff.

–, Sendschreiben an einen Christeyffrigen außländischen Theologum, Frankfurt a.M. 1677 (Reprint Philipp Jakob Spener Schriften 1, hg. von Erich Beyreuther, Hildesheim/New York 1979, S. 733–851).

–, Theologische Bedencken und andere Brieffliche Antworten. Bd. 1–4, Halle 1700–1702 (Reprint Philipp Jakob Spener Schriften 11–14, hg. von Erich Beyreuther, Hildesheim/Zürich/New York 1999).

–, Warhafftige || Erzehlung/ || Dessen was wegen des so || genannten Pietismi in Teutschland || von einiger Zeit vorgegangen/ || Auß/ || Gelegenheit Hn. Gerhard || Craesi seiner Historiæ Quackerianæ einver= || leibter Historiæ Pietistarum und zu || dero Verbesserung || Auffgesetzt || Franckfurt am Mayn/ || In Verlegung Joh. Dav. Zunners || Im Jahr Christi 1697.
Kurztitel: P.J. SPENER, Warhafftige Erzehlung, 1697.
<18> A 1952/2567 (3)

–, Werke. Studienausgabe. Bd. 1,1–2, hg. von Kurt Aland, Gießen/Basel 1996/2000.

Die theologische Fakultät zu Giessen an Balthasar Mentzer, Darmstadt 1677, in: Wilhelm Martin Becker, Aus den Anfängen der pietistischen Bewegung in Hessen, in: BHKG 1, Darmstadt 1903, S. 271–275, hier S. 273–275.

THRENI || Quibus || Beatum obitum || VIRI || Summe Reverendi, Amplissimi atque || Excellentissmi || DN. JOHANNIS || WINCKLERI, || Theologi Celeberrimi, || Ad S. Michaëlis apud Hamburgenses Pastoris || longe meritissimi, Rev. Ministerii ibidem || SENIORIS, || Ut & || SCHOLARCHÆ, || Gravissmi, || Die V. April. Anno MDCCV. ipsa Palmarum Dominica || Inter lachrymas & suspiria suorum || placidissima morte extincti, || Et || Feria Tertia memoriæ Resurrectionis Christi sacra, mensis die XIVto. || Non sine maximo bonorum omnium || luctu & desiderio || elati, || prosequi voluerunt || Fautores, Affines, & Amici exteri. || HAMBURGI, Ao. MDCCV. ||
Kurztitel: Threni, 1705.
<32> Fl 170-1/20 (Nr. 6, S. 53–88)

UHSE, ERDMANN, Curieuses Lexicon der Kirchen-Lehrer, Leipzig ²1714.

(WILISCH, CHRISTIAN GOTTHOLD,) M. Christian Gotthold Wilischens, || Amts=Predigers zu St. Nicolai in Freyberg, || Kirchen=Historie || Der || Stadt Freyberg || Und || Der in dasige Superintendur || eingepfarrten || Städte und Dörffer, || Samt || Den Lebens=Beschreibungen der dasigen allermeisten ehe= || maligen und ietzigen Superintendenten und Prediger, || Wie auch einem besondern || CODICE DIPLOMATICO || FREIBERGENSI || Und || Zweyfachen Register. || Leipzig, || Zu finden bey Friedrich Lanckischens Erben. || 1737. ||
Kurztitel: C.G. WILISCH, Kirchen=Historie, 1737.
<Stadtarchiv Freiberg> 858

(–,)Die || armselige Geburt || des Immanuel, || in der allerersten || Nachmittags=Predigt, || am Andern Weyhnacht=Feyertage 1757. || in der St. Nicolai Kirche zu Freyberg, || Kraft einer milden Stifftung, || der versammleten Gemeinde || zur Erbauung vorgestellet, || von || M. Christian Gotthold Wilisch, || Amtsprediger zu St. Nicolai, und des Ministerii Sub-Senior. || Beygefügt ist || weiland || Herrn M. Andreas Beyers, || in die 56. Jahr lang, anfänglich um die Schule, || nachmals um die Kirche, zu Freyberg || wohlverdienten Lehrers, || sehr merkwürdiger Lebens=Lauf. || Freyberg, gedruckt mit Matthäischen Schriften. ||
Kurztitel: C.G. WILISCH, Geburt, 1757.
<Bücherei des Altertumsvereins Freiberg> Ba 24

(WINCKLER, JOHANN DIETERICH,) Modesta Animadversio || ad enarrationem vitae || beati IOANNIS WINCKLERI, || Rever. Ministerii olim Senioris & Pastoris ad D. || Michaelis Ham-

burgensis, || in cel. Christiani Gottlieb Joecheri universali || Eruditorum Lexico, Vol. IV. P. 2008sf. || obviam. ||, in: NOVA || BIBLIOTHECA || LVBECENSIS. || VOLVMEN VIII. || LUBECAE. || SVMTV IONAE SCHMIDII || AN. MDCCLVI. || (S. 81–106)
Kurztitel: J.D. WINCKLER, Modesta Animadversio, 1756, S. 81–106.
<35> Aa-A 85

(WINCKLER, JOHANN FRIEDRICH,) Johann Friederich Wincklers, || Weyland Pastoris zu St. Nicolai und Rev. Ministerii Senioris, || Überschwengliche || Gnade GOttes, || Nach ihren || Mancherley Wohlthaten || Aus den || gewöhnlichen Evangeliis || vormahls öffentlich vorgetragen. || Dritter und Vierter Theil || Nach des Verfassers erfolgtem seligen Absterben mit Fleiß übersehen || und nebst nöthigen Registern über aller vier Theile || zum Druck ausgefertiget || von || Johann Diederich Wincklern, || Prof. Publ. || Hamburg, || Bey Christian Wilhelm Brandt, 1742. ||
Kurztitel: J.F. WINCKLER, Überschwengliche Gnade GOttes, 1742.
<18> A 1946/41358

3. Literatur

Academia Gissensis. Beiträge zur älteren Gießener Universitätsgeschichte, hg. von Peter Moraw/Volker Press (VHKH 45), Marburg 1982.

ACHELIS, THOMAS OTTO, Matrikel der Schleswigschen Studenten 1517–1864. Bd. 1–3, Kopenhagen 1966/67.

ALAND, KURT (Hg.), Pietismus und Bibel (AGP 9), Witten 1970.

ALBERT, –, Bilder aus den Schulhäusern der Ephorie Grimma, meist dem 17. und 18. Jahrhundert entnommen, in: FS des Geschichts- und Altertumsvereins Grimma, Grimma 1911, S. 52–67.

ALBRECHT, RUTH, Frauen, in: Geschichte des Pietismus. Bd. 4, hg. von Hartmut Lehmann, Göttingen 2004, S. 522–555.

–, Johanna Eleonora Petersen. Theologische Schriftstellerin des frühen Pietismus (AGP 45), Göttingen 2005.

ALBRECHT-BIRKNER, VERONIKA, Reformation des Lebens. Die Reformen Herzog Ernsts des Frommen von Sachsen-Gotha und ihre Auswirkungen auf Frömmigkeit, Schule und Alltag im ländlichen Raum (1640–1675) (Leucorea-Studien zur Geschichte der Reformation und der Lutherischen Orthodoxie 1), Leipzig 2002.

L'Allemagne Dynastique. Les quinze Familles qui ont fait L'Empire. Bd. 1–7, hg. von Michel Huberty/Alain Giraud u.a., Clamecy 1976–1994.

Allgemeine Deutsche Biographie. Bd. 1–56, München 1875–1912 (Reprint Berlin 1967–1971).

Allgemeines Gelehrten-Lexicon. Bd. 1–11, hg. von Christian Gottlieb Jöcher, Leipzig/Bremen 1750–1897 (Reprint Hildesheim 1960/61).

Allgemeines Künstlerlexikon. Bio-bibliographischer Index A–Z. Bd. 1–10, München/Leipzig 1999/2000.

ANGERBAUER, WOLFRAM, Das Kanzleramt an der Universität Tübingen und seine Inhaber 1590–1817 (Contubernium. Beiträge zur Geschichte der Eberhard-Karls Universität Tübingen 4), Tübingen 1972.

APPOLD, KENNETH G., Das Melanchthonbild bei Abraham Calov (1612–1686), in: Themata Leucoreana. Melanchthonbild und Melanchthonrezeption in der Lutherischen Orthodoxie und im Pietismus. Referate des dritten Wittenberger Symposiums zur Erforschung der Lutherischen Orthodoxie (Wittenberg, 6.–8.12.1996), hg. von Udo Sträter, Wittenberg 1999, S. 81–92.

ARENDS, OTTO FREDERIK, Gejstligheden i Slesvig og Holsten fra Reformationen til 1864. Bd. 1–3, København 1932.

AXMACHER, ELKE, Praxis Evangeliorum. Theologie und Frömmigkeit bei Martin Moller (1547–1606) (FKDG 43), Göttingen 1989.

AXT-PISCALAR, CHRISTINE, Sünde VII. Reformation und Neuzeit, in: TRE 32, 2001, S. 400–436.

Baden-Württembergisches Pfarrerbuch. Bd. 2–3, bearb. von Max-Adolf Cramer, Stuttgart 1981–1991.

Von der Barfüßerkirche zur Paulskirche. Beiträge zur Frankfurter Stadt- und Kirchengeschichte (Studien zur Frankfurter Geschichte 44), Frankfurt a.M. 2000.

BARTH, HANS-MARTIN, Einander Priester sein. Allgemeines Priestertum in ökumenischer Perspektive, Göttingen 1990.

BAUER, HANS/LEANDER, PONTUS, Historische Grammatik der Hebräischen Sprache des Alten Testaments. Bd. 1, Halle 1922 (Reprint Hildesheim 1962).

BAUKS, FRIEDRICH WILHELM, Die evangelischen Pfarrer in Westfalen von der Reformationszeit bis 1945 (BWFKG 4), Bielefeld 1980.

BAUR, JÖRG, Auf dem Weg zur klassischen Tübinger Christologie. Einführende Überlegungen zum sogenannten Kenosis-Krypsis-Streit, in: Theologen und Theologie an der Universität Tübingen. Beiträge zur Geschichte der Evangelisch-Theologischen Fakultät, hg. von Martin Brecht (Contubernium. Beiträge zur Geschichte der Eberhard-Karls-Universität Tübingen 15), Tübingen 1977, S. 195–269.

–, Johann Gerhard, in: GK 7, Stuttgart/Berlin/Köln ^{2}1994, S. 99–119.

–, Luther und seine klassischen Erben. Theologische Aufsätze und Forschungen, Tübingen 1993.

–, Salus christiana. Die Rechtfertigungslehre in der Geschichte des christlichen Heilsverständnisses. Bd. 1: Von der christlichen Antike bis zur Theologie der deutschen Aufklärung, Gütersloh 1968.

Die Bau- und Kunstdenkmäler der Kreise Unter-Westerwald, St. Goarshausen, Untertaunus, und Wiesbaden Stadt und Land, bearb. von Ferdinand Luthmer (Die Bau- und Kunstdenkmäler des Regierungsbezirks Wiesbaden 5), Frankfurt a.M. 1914.

Beamtentum und Pfarrerstand 1400–1800. Büdinger Vorträge 1967, hg. von Günther Franz (Deutsche Führungsschichten der Neuzeit 5), Limburg a.d. Lahn 1972.

BECKER, WILHELM MARTIN, Aus den Anfängen der pietistischen Bewegung in Hessen, in: BHKG 1, Darmstadt 1903, S. 269–275.

BEHRMANN, GEORG, Hamburgs Orientalisten. Dem XIII. Internationalen Orientalisten-Kongress überreicht von der Averhoff-Stiftung, Hamburg 1902.

BELLARDI, WERNER, Die Vorstufen der Collegia pietatis bei Philipp Jacob Spener, Gießen 1994.

BENZING, JOSEF, Die Buchdrucker des 16. und 17. Jahrhunderts im deutschen Sprachgebiet (BBBW 12), Wiesbaden ^{2}1982.

BERG, JOHANNES VAN DEN, Die Frömmigkeitsbestrebungen in den Niederlanden, in: Geschichte des Pietismus. Bd. 1: Der Pietismus vom siebzehnten bis zum frühen achtzehnten Jahrhundert, hg. von Martin Brecht, Göttingen 1993, S. 57–112.

BEUTEL, ALBRECHT, Aufklärung in Deutschland (KIG 4,O2), Göttingen 2006.

–, Lehre und Leben in der Predigt der lutherischen Orthodoxie. Dargestellt am Beispiel des Tübinger Kontroverstheologen und Universitätskanzlers Tobias Wagner (1598–1680), in: ZThK 93, 1996, S. 419–449.

Biografische Index van de Benelux. Bd. 1–4, bearb. von Willemina van der Meer, München 1997.

Biographisch-Bibliographisches Kirchenlexikon. Bd. 1ff, begr. von Friedrich Wilhelm Bautz, hg. von Traugott Bautz, Nordhausen 1975ff.

Biographisch Woordenboek der Nederlanden. Teile 1–12, hg. von Abraham Jacob van der Aa, Haarlem 1852–1878.

Biographisches Lexikon für Mecklenburg. Bd. 1ff, hg. von Sabine Pettke, Rostock 1995ff.

BIUNDO, GEORG, Die evangelischen Geistlichen der Pfalz seit der Reformation. Pfälzisches Pfarrerbuch (Genealogie und Landesgeschichte 15), Neustadt a.d. Aisch 1968.

BLANKERTZ, HERWIG, Die Geschichte der Pädagogik. Von der Aufklärung bis zur Gegenwart, Wetzlar 1982.

BLASCHKE, KARLHEINZ, Die Universität Leipzig im Wandel vom Ancien Régime zum bürgerlichen Staat, in: Wissenschafts- und Universitätsgeschichte in Sachsen im 18. und 19. Jahrhundert. Nationale und internationale Wechselwirkung und Ausstrahlung. Beiträge des internationalen Kolloquiums am 26./27.11.1984 in Leipzig, hg. von Karl Czok (ASAW.PH 71,3), Berlin 1987, S. 133–153.

BLAUFUSS, DIETRICH, Breckling, Friedrich, in: TRE 7, 1981, S. 150–153.

– (Hg.), Pietismus-Forschungen. Zu Philipp Jakob Spener und zum spiritualistisch-radikalpietistischen Umfeld (EHS.T 290), Frankfurt a.M./Bern/New York 1986.

–, Pietismus und Reichsstadt. Beziehungen Philipp Jacob Speners nach Süddeutschland, in: ZBKG 45, 1976, S. 54–68.

–, Reichsstadt und Pietismus – Philipp Jacob Spener und Gottlieb Spizel aus Augsburg (EKGB 53), Neustadt a.d. Aisch 1977.

–, Seckendorff, in: TRE 30, 1999, S. 719–727.

BÖTTIGHEIMER, CHRISTOPH, Zwischen Polemik und Irenik. Die Theologie der einen Kirche bei Georg Calixt (Studien zur systematischen Theologie und Ethik 7), Münster 1996.

BOHN, KARL, Beiträge zu der Geschichte des alten Pietismus im Solms-Laubacher Land, in: Ich dien. FS Wilhelm Diehl, hg. von Hans von der Au/Heinrich Hassinger/Hermann Bräuning-Oktavio, Darmstadt 1931, S. 148–178.

BORNKAMM, HEINRICH, Luther und Böhme (AKG 2), Bonn 1925.

BRADEN, JUTTA, Hamburger Judenpolitik im Zeitalter lutherischer Orthodoxie 1590–1710 (HBGDJ 23), Hamburg 2001.

BRÄNDLE, RUDOLF, Johannes Chrysostomus: Bischof – Reformer – Märtyrer, Stuttgart 1999.

BRÄUNING-OKTAVIO, HERMANN, Aus Briefen Philipp Jacob Speners an den Grafen Johann Friedrich von Solms-Laubach, in: Ich dien. FS Wilhelm Diehl, hg. von Hans von der Au/Heinrich Hassinger/Hermann Bräuning-Oktavio, Darmstadt 1931, S. 179–195.

–, Das Darmstädtische Gesangbuch von 1670 bis 1779, in: Ich dien. FS Wilhelm Diehl, hg. von Hans von der Au/Heinrich Hassinger/Hermann Bräuning-Oktavio, Darmstadt 1931, S. 316–348.

–, Der Buchdruck in Darmstadt. Bd. 1: 1605–1764, Darmstadt 1934.

BRAUN, HELLMUT, Der Hamburger Koran von 1694, in: Libris et Litteris. FS Hermann Tiemann, hg. von Christian Voigt/Erich Zimmermann, Hamburg 1959, S. 149–166.

BRECHT, MARTIN, Ausgewählte Aufsätze. Bd. 2: Pietismus, Stuttgart 1997.

–, Chiliasmus in Württemberg im 17. Jahrhundert, in: PuN 14, 1988, S. 25–49.

–, Das Aufkommen der neuen Frömmigkeitsbewegung in Deutschland, in: Geschichte des Pietismus. Bd. 1: Der Pietismus vom siebzehnten bis zum frühen achtzehnten Jahrhundert, hg. von Martin Brecht, Göttingen 1993, S. 113–203.

–, Der württembergische Pietismus, in: Geschichte des Pietismus. Bd. 2, hg. von Martin Brecht/Klaus Deppermann, Göttingen 1995, S. 225–295.

–, Die Bedeutung der Bibel im deutschen Pietismus, in: Geschichte des Pietismus. Bd. 4, hg. von Hartmut Lehmann, Göttingen 2004, S. 102–120.

–, Die deutschen Spiritualisten des 17. Jahrhunderts, in: Geschichte des Pietismus. Bd. 1: Der Pietismus vom siebzehnten bis zum frühen achtzehnten Jahrhundert, hg. von Martin Brecht, Göttingen 1993, S. 205–240.

–, Einleitung, in: Geschichte des Pietismus. Bd. 1: Der Pietismus vom siebzehnten bis zum frühen achtzehnten Jahrhundert, hg. von Martin Brecht, Göttingen 1993, S. 1–10.

–, J.V. Andreae und Herzog August zu Braunschweig-Lüneburg. Ihr Briefwechsel und ihr Umfeld (Clavis Pansophiae 8), Stuttgart/Bad Cannstatt 2002.

–, Konzeptionen der Theologenausbildung, in: In Wahrheit und Freiheit. 450 Jahre Evangelisches Stift in Tübingen, hg. von Friedrich Hertel (QFWKG 8), Stuttgart 1986, S. 29–46.

–, Philipp Jakob Spener, sein Programm und dessen Auswirkungen, in: Geschichte des Pietismus. Bd. 1: Der Pietismus vom siebzehnten bis zum frühen achtzehnten Jahrhundert, hg. von Martin Brecht, Göttingen 1993, S. 278–389.

–, Philipp Jakob Spener und das Wahre Christentum, in: Ders., Ausgewählte Aufsätze. Bd. 2: Pietismus, Stuttgart 1997, S. 177–214.

–, Philipp Jakob Spener und die württembergische Kirche, in: Geist und Geschichte der Reformation. FS Hanns Rückert (AKG 38), Berlin 1966, S. 443–459.

–, Pietismus als alternative Geselligkeit, in: Geselligkeit und Gesellschaft im Barockzeitalter. Teil 1–2, hg. von Wolfgang Adam (Wolfenbütteler Arbeiten zur Barockforschung 28), Wiesbaden 1997, S. 261–273.

Bremer Pfarrerbuch. Die Pastoren der Bremischen Evangelischen Kirche seit der Reformation. Bd. 2, bearb. von Hartwig Ammann, Bremen 1996.

BREUER, DIETER, Absolutistische Staatsreform und neue Frömmigkeitsformen. Vorüberlegungen zu einer Frömmigkeitsgeschichte der frühen Neuzeit aus literarhistorischer Sicht, in: Frömmigkeit in der frühen Neuzeit. Studien zur religiösen Literatur des 17. Jahrhunderts in Deutschland, hg. von Dieter Breuer (Chloe. Beihefte zum Daphnis 2), Amsterdam 1984, S. 5–25.

– (Hg.), Religion und Religiosität im Zeitalter des Barock. Vorträge und Referate gehalten anlässlich des Jahrestreffens des »Wolfenbütteler Arbeitskreises für Barockforschung« 22.–25.8.1991 (Wolfenbütteler Arbeiten zur Barockforschung 25), Wiesbaden 1995.

BRUHN, HANS, Die Kandidaten der hamburgischen Kirche von 1654 bis 1825 (HKGR 3), Hamburg 1963.

BURMEISTER, KARL HEINZ, Münster, Sebastian, in: TRE 23, 1994, S. 407–409.

BURNETT, STEPHEN G., From Christian Hebraism to Jewish Studies. Johannes Buxtorf (1564–1629) and Hebrew learning in the seventeenth century (SHCT 68), Leiden/New York/Köln 1996.

BUTTLAR-ELBERBERG, RUDOLF VON, Stammbuch der Althessischen Ritterschaft. Enthaltend: die Stammtafeln der im ehemaligen Kurfürstentum Hessen ansässigen zur Althessischen Ritterschaft gehörigen Geschlechter, Kassel 1888.

–, Verpflanzte Stämme IV. Die von Lindau, in: Der deutsche Herold. Organ des Vereins für Heraldik, Sphragistik und Genealogie. Jg. 9, 1878, S. 90–92.

CAMPENHAUSEN, HANS FREIHERR VON, Griechische Kirchenväter, Stuttgart/Berlin/Köln [8]1993.

CONRADS, NORBERT, Ritterakademien in der Frühen Neuzeit. Bildung als Standesprivileg im 16. und 17. Jahrhundert (SHKBA 21), Göttingen 1982.

CZOK, KARL, Das alte Leipzig, Leipzig 1978.

–/ GROSS, REINER, Das Kurfürstentum, die sächsisch-polnische Union und die Staatsreform, in: Geschichte Sachsens, hg. von Karl Czok, Weimar 1989, S. 208–296.

Danmarks adels aarbog. Bd. 1ff, hg. von Rudolf Hiort-Lorenzen u.a., Kopenhagen 1884ff.

DANNHEIMER, WILHELM u.a., Ritterschaftliches Pfarrerbuch Franken (EKGB 58), Neustadt a.d. Aisch 1979.

DAUR, GEORG, Von Predigern und Bürgern. Eine hamburgische Kirchengeschichte von der Reformation bis zur Gegenwart, Hamburg 1970.

DEETJEN, WERNER-ULRICH, Vom Stift zu Tübingen. Assoziationen zu seinen Anfängen, in: In Wahrheit und Freiheit. 450 Jahre Evangelisches Stift in Tübingen, hg. von Friedrich Hertel (QFWKG 8), Stuttgart 1986, S. 15–28.

DEHIO, GEORG (Hg.), Handbuch der Deutschen Kunstdenkmäler. Hessen, bearb. von Magnus Backes, München/Berlin [2]1982.

– (Hg.), Handbuch der Deutschen Kunstdenkmäler. Rheinland-Pfalz. Saarland, bearb. von Hans Caspary/Wolfgang Götz/Ekkart Klinge, München/Berlin [2]1984.

– (Hg.), Handbuch der Deutschen Kunstdenkmäler. Sachsen II. Regierungsbezirke Leipzig und Chemnitz, bearb. von Barbara Bechter/Wiebke Fastenrath/Heinrich Magirius, München/Berlin 1998.

DEMANDT, KARL E., Geschichte des Landes Hessen, Kassel/Basel [2]1972.

DEPPERMANN, ANDREAS, Johann Jakob Schütz und die Anfänge des Pietismus (BHTh 119), Tübingen 2002.

Deutsches Biographisches Archiv. Microfiche-Edition, hg. von Bernhard Fabian, bearb. von Willi Gorzny, München 1982.

The Dictionary of National Biography. Bd. 1–22, Oxford 1882ff (Reprint Oxford 1937/38).

Dictionnaire de Biographie Française. Bd. 1ff, hg. von Michel Prevost u.a., Paris 1933ff.

DIEHL, WILHELM, Hassia sacra. Bd. 1–5, Friedberg/Darmstadt 1921–1931.

–, Martin Butzers Bedeutung für das kirchliche Leben in Hessen, in: SVRG 83, 1904, S. 39–58.

–, Neue Beiträge zur Geschichte der Collegia pietatis in Hessen-Darmstadt, in: HWDH 25, 1901, S. 187–194. 239–244.

–, Ordinations- und Introduktionsbuch des Darmstädter Definitoriums (1689–1806), in: BHKG 4, Darmstadt 1911, S. 1–52.

–, Zur Geschichte des Gottesdienstes und der gottesdienstlichen Handlungen in Hessen, Gießen 1899.

DIENST, KARL, Hessen, in: TRE 15, 1986, S. 263–279.

–, Konfirmation I. Historisch, in: TRE 19, 1990, S. 437–445.

DIETERICH, VEIT-JAKOBUS, Johann Amos Comenius (RoMo 466), Reinbek 1991.

DIETZ, ALEXANDER, Frankfurter Handelsgeschichte. Bd. 1–5, Frankfurt a.M. 1910–1925 (Reprint Glashütten i.T. 1970).

DIPPOLDT, GOTTFRIED EHREGOTT, Historische Beschreibung der kursächsischen Landesschule zu Grimma, Grimma 1783.

–, Schulbuch für Bürgerschulen der chursächsischen Lande, Leipzig ^{2}1801.

DÖRING, DETLEF, Samuel Pufendorf als Student in Leipzig. Eine Ausstellung (Schriften aus der Universitätsbibliothek Leipzig 2), Leipzig 1994.

–, Samuel Pufendorf und die Leipziger Gelehrtengesellschaften in der Mitte des 17. Jahrhunderts (SSAW.PH 129,2), Berlin 1989.

DORN, HUBERT, Edition der Nova Matricula Illustris Collegii, Deggingen 1969 [masch.].

DÜLMEN, RICHARD VAN, Gesellschaft der Frühen Neuzeit: Kulturelles Handeln und sozialer Prozeß. Beiträge zur historischen Kulturforschung (Kulturstudien. Bibliothek der Kulturgeschichte 28), Wien/Köln/Weimar 1993.

DUNKEL, JOHANN GOTTLOB WILHELM, Historisch-kritische Nachrichten von verstorbenen Gelehrten und deren Schriften. Bd. 1–3, Dessau/Köthen 1753–1760 (Reprint Hildesheim 1968).

EBELING, GERHARD, Was heißt »Biblische Theologie«?, in: Ders., Wort und Glaube. Bd. 1, Tübingen 1960, S. 69–89.

EBERL, IMMO, Die akademischen Würden in ihrer Tübinger Ausprägung, in: 500 Jahre Eberhard-Karls-Universität Tübingen. Beiträge zur Geschichte der Universität Tübingen 1477–1977, hg. von Hansmartin Decker-Hauff/Gerhard Fichtner/Klaus Schreiner, bearb. von Wilfried Setzler, Tübingen 1977, S. 347–366.

ECKHARDT, ALBRECHT, Beamtentum und Pfarrerstand in Hessen, in: Beamtentum und Pfarrerstand 1400–1800. Büdinger Vorträge 1967, hg. von Günther Franz (Deutsche Führungsschichten der Neuzeit 5), Limburg a.d. Lahn 1972, S. 81–120.

EMMERLING, ERNST, Die Geschichte der Darmstädter Malerei. Teil 1: Die Hofmaler, o.O. 1936.

Encyclopaedia Judaica. Bd. 1–16, hg. von Cecil Roth, Jerusalem 1971/72.

ENGEL, PETER, Die eine Wahrheit in der gespaltenen Christenheit. Untersuchungen zur Theologie Georg Calixts (GTA 4), Göttingen 1976.

ERNST, ALBRECHT, Die reformierte Kirche der Kurpfalz nach dem Dreißigjährigen Krieg (1649–1685) (Veröffentlichungen der Kommission für geschichtliche Landeskunde in Baden-Württemberg. Reihe B, 133), Stuttgart 1996.

Ernst der Fromme (1601–1675). Staatsmann und Reformer. Wissenschaftliche Beiträge und Katalog zur Ausstellung, hg. von Roswitha Jacobsen/Hans-Jörg Ruge (Veröffentlichungen der Forschungsbibliothek Gotha 39), Bucha 2002.

EULENBURG, FRANZ, Die Frequenz der deutschen Universitäten von ihrer Gründung bis zur Gegenwart, Leipzig 1904 (Reprint Berlin 1994).

Europäische Hofkultur im 16. und 17. Jahrhundert. Bd. 1–3. Vorträge und Referate gehalten anläßlich des Kongresses der Internationalen Arbeitskreises für Renaissanceforschung und des Internationalen Arbeitskreises für Barockliteratur in der Herzog August Bibliothek Wolfenbüttel vom 4.–8.9.1979, hg. von August Buck u.a. (Wolfenbütteler Arbeiten zur Barockforschung 8–10), Hamburg 1981.

Europäische Stammtafeln. Neue Folge. Bd. 1–17, hg. von Detlev Schwennicke, Marburg/Berlin/Frankfurt a.M., 1980–1998.

Evangelisches Gesangbuch. Ausgabe für die Nordelbische Evangelisch-Lutherische Kirche, Hamburg/Kiel 1994.

Evangelisches Kirchenlexikon. Internationale theologische Enzyklopädie. Bd. 1–5, hg. von Erwin Fahlbusch u.a., Göttingen [3]1986–1997.

EYBL, FRANZ, Predigt/Erbauungsliteratur, in: Die Literatur des 17. Jahrhunderts, hg. von Albert Meier (Hansers Sozialgeschichte der deutschen Literatur vom 16. Jahrhundert bis zur Gegenwart 2), München/Wien 1999, S. 401–419.

FAULENBACH, HEINER, Coccejus, in: TRE 8, 1981, S. 132–140.

–, Die Anfänge des Pietismus bei den Reformierten in Deutschland (AGP 4), 1979.

–, Die christliche Persönlichkeit bei Johannes Coccejus, in: Pietismus und Reveil. Referate der internationalen Tagung: Der Pietismus in den Niederlanden und seine internationalen Beziehungen, Zeist 18.–22.6.1974, hg. von Johannes van den Berg/Johannes P. van Dooren (KHB 7), Leiden 1978, S. 130–140.

–, Johannes Coccejus, in: GK 7, Stuttgart/Berlin/Köln [2]1994, S. 163–176.

FEDDERSEN, ERNST, Kirchengeschichte Schleswig-Holsteins. Bd. 2: 1517–1721 (SVSHKG 19), Kiel 1938.

FERTIG, LUDWIG, Die Hofmeister. Ein Beitrag zur Geschichte des Lehrerstandes und der bürgerlichen Intelligenz, Stuttgart 1979.

FINKE, MANFRED, Toleranz und ‚discrete' Frömmigkeit nach 1650. Pfalzgraf Christian August von Sulzbach und Landgraf Ernst von Hessen-Rheinfels, in: Frömmigkeit in der frühen Neuzeit. Studien zur religiösen Literatur des 17. Jahrhunderts in Deutschland, hg. von Dieter Breuer (Chloe. Beihefte zum Daphnis 2), Amsterdam 1984, S. 193–212.

FLEGEL, CHRISTOPH, Die lutherische Kirche in der Kurpfalz von 1648 bis 1716 (VIEG 175), Mainz 1999.

FRAAS, HANS-JÜRGEN, Katechismus I.1 Protestantisch. Historisch (bis 1945), in: TRE 17, 1988, S. 710–722.

–, Katechismustradition. Luthers kleiner Katechismus in Kirche und Schule (APTh 7), Göttingen 1971.

Frankfurter Biographie. Personengeschichtliches Lexikon. Bd. 1–2, hg. von Wolfgang Klötzer (Veröffentlichungen der Frankfurter Historischen Kommission 19,1–2), Frankfurt a.M. 1994–1996.

FRANZ, ECKART G., Der Finanzplatz Frankfurt und die Hof- und Staatsfinanzen der Hessischen Fürstenstaaten, in: BDLG 125, 1898, S. 43–62.

FRANZ, GUNTHER, Bücherzensur und Irenik. Die theologische Zensur im Herzogtum Württemberg in der Konkurrenz von Universität und Regierung, in: Theologen und Theologie an der Universität Tübingen. Beiträge zur Geschichte der Evangelisch-Theologischen Fakultät, hg. von Martin Brecht (Contubernium. Beiträge zur Geschichte der Eberhard-Karls-Universität Tübingen 15), Tübingen 1977, S. 123–194.

FREIWALD, JAN, Das Verhältnis von allgemeinem Priestertum und besonderem Amt bei Luther, Heidelberg 1993 [Diss. masch.].

FRIEDBERG, EMIL, Die Universität Leipzig in Vergangenheit und Gegenwart, Leipzig 1898.

FRIEDRICH, MARTIN, Die evangelische Theologie des Konfessionellen Zeitalters und ihre Sicht des Judentums, in: Im Zeichen der Krise. Religiosität im Europa des 17. Jahrhunderts, hg. von Hartmut Lehmann/Anne-Charlott Trepp (VMPIG 152), Göttingen 1999, S. 225–242.

–, Frankfurt als Zentrum des frühen Pietismus, in: Von der Barfüßerkirche zur Paulskirche. Beiträge zur Frankfurter Stadt- und Kirchengeschichte (Studien zur Frankfurter Geschichte 44), Frankfurt a.M. 2000, S. 187–202.

–, Von Marburg bis Leuenberg. Der lutherisch-reformierte Gegensatz und seine Überwindung, Waltrop 1999.

–, Zwischen Abwehr und Bekehrung. Die Stellung der deutschen evangelischen Theologie zum Judentum im 17. Jahrhundert (BHTh 72), Tübingen 1988.

Frömmigkeit in der frühen Neuzeit. Studien zur religiösen Literatur des 17. Jahrhunderts in Deutschland, hg. von Dieter Breuer (Chloe. Beihefte zum Daphnis 2), Amsterdam 1984.

FRÖR, KURT, Zur Interpretation der Kasseler Konfirmationsordnung von 1539, in: Reformatio und Confessio. FS Wilhelm Maurer, hg. von Friedrich Wilhelm Kantzenbach/Gerhard Müller, Berlin/Hamburg 1965, S. 161–179.

FUCHS, OSKAR, Die Mutter des Prinzen von Homburg, in: Der weiße Turm. Blätter für Geschichte, Kultur, Volkskunde und Schrifttum der Heimat. Beilage des Taunusboten 9, 1938, o.S.

Die Fürsten- und Landesschule St. Augustin zu Grimma in Vergangenheit und Gegenwart, hg. von Mitgliedern des Lehrerkollegiums, Grimma 1930.

GÄTJE, HELMUT, Lehre und Forschung in den vorderorientalischen Sprachen an der Universität Tübingen, in: Attempto 8, 1960, S. 20–26.

GALEOTA, GUSTAVO, Bellarmini, in: TRE 5, 1980, S. 525–531.

GECK, MARTIN, Johann Sebastian Bach. Johannespassion BWV 245, München 1991.

GEFFCKEN, JOHANNES, Balthasar Bekker in Amsterdam und Johann Winckler in Hamburg, in: ZVHaG 2, S. 425–436.

–, Der erste Streit über die Zulässigkeit des Schauspiels (1677–1688), in: ZVHaG 3, 1851, S. 1–33.

–, Johann Winckler und die Hamburgische Kirche in seiner Zeit (1684–1705) nach gleichzeitigen, vornehmlich handschriftlichen Quellen, Hamburg 1861.

–, Über die theologischen Responsa und deren Bedeutung im siebzehnten Jahrhundert, in: ZVHaG 1, 1841, S. 249–280.

Genealogisches Handbuch bürgerlicher Familien, begr. von Bernhard Koerner. Bd. 1ff, Berlin/Görlitz/Limburg a.d. Lahn 1889ff.

Genealogisches Handbuch des Adels, hg. vom Deutschen Adelsarchiv. Bd. 1ff, Glücksburg/Limburg a.d. Lahn 1951ff.

Geschichte des Pietismus. Bd. 1–4, hg. von Martin Brecht/Klaus Deppermann/Ulrich Gäbler/Hartmut Lehmann, Göttingen 1993–2004.

Geschichte des sächsischen Adels, hg. von Katrin Keller/Josef Matzerath, Köln/Weimar/Wien 1997.

Die Geschichte Hessens, hg. von Uwe Schultz, Stuttgart 1983.

Geschichte Sachsens, hg. von Karl Czok, Weimar 1989.

Geselligkeit und Gesellschaft im Barockzeitalter. Teil 1–2, hg. von Wolfgang Adam (Wolfenbütteler Arbeiten zur Barockforschung 28), Wiesbaden 1997.

Gestalten der Kirchengeschichte. Bd. 1–12, hg. von Martin Greschat, Stuttgart/Berlin/Köln [2]1994.

GESTRICH, ANDREAS, Ehe, Familie, Kinder im Pietismus. Der »gezähmte Teufel«, in: Geschichte des Pietismus. Bd. 4: Glaubenswelt und Lebenswelten, hg. von Hartmut Lehmann, Göttingen 2004, S. 498-521.

GEYER, HERMANN, Verborgene Weisheit. Johann Arndts »Vier Bücher vom Wahren Christentum« als Programm einer spiritualistisch-hermetischen Theologie. Bd. 1–3 (AKG 80, I–III), Berlin/New York 2001.

GIERL, MARTIN, Pietismus und Aufklärung. Theologische Polemik und Kommunikationsreform der Wissenschaft am Ende des 17. Jahrhunderts (VMPIG 129), Göttingen 1997.

GLEIXNER, ULRIKE, Todesangst und Gottergebenheit. Die Spiritualisierung von Schwangerschaft und Geburt im lutherischen Pietismus, in: Geschichte des Ungeborenen. Zur Erfahrungs- und Wissenschaftsgeschichte der Schwangerschaft, 17.-20. Jahrhundert, hg. von Barbara Duden/Jürgen Schlumbohm/Patrice Veit (VMPIG 170), Göttingen 2002, S. 75–98.

–, Zwischen göttlicher und weltlicher Ordnung. Die Ehe im lutherischen Pietismus, in: PuN 28, 2002, S. 147–184.

GÖBELL, WALTER, Universitätsgründung und Theologische Fakultät, in: Schleswig-Holsteinische Kirchengeschichte 4, Neumünster 1984, S. 135–172.

GOERTZ, HARALD, Allgemeines Priestertum und ordiniertes Amt bei Luther (MThSt 46), Marburg 1997.

–/ HÄRLE, WILFRIED, Priester/Priestertum II/1. Systematisch-theologisch, in: TRE 27, 1997, S. 402–410.

GOETERS, WILHELM, Die Vorbereitung des Pietismus in der reformierten Kirche der Niederlande bis zur labadistischen Krisis 1670, Leipzig 1911.

GOLDSCHMIDT, STEPHAN, Johann Konrad Dippel (1673–1734). Seine radikalpietistische Theologie und ihre Entstehung (AGP 39), Göttingen 2001.

GOUDRIAAN, AZA, Voetius, Gisbert, in: Metzler-Lexikon christlicher Denker, hg. von Markus Vincent, Stuttgart/Weimar 2000, S. 717f.

GRIMM, JACOB/GRIMM, WILHELM, Deutsches Wörterbuch. Bd. 1–16, Leipzig 1854–1971.

Grimma. Ein Lesebuch, hg. von der Stadtverwaltung Grimma, Radebeul 1999.

Grimmenser-Stammbuch 1900. Lebensnachrichten über Zöglinge der Fürstenschule Grimma vom Jahre der Gründung 1550 bis heute, hg. vom Verein ehemaliger Fürstenschüler, bearb. von Albert Fraustadt, Meißen 1908.

GROOT, AART DE, Pietas im Vorpietismus (Gisb. Voetius), in: Pietismus und Reveil. Referate der internationalen Tagung: Der Pietismus in den Niederlanden und seine internationalen Beziehungen, Zeist 18.–22.6.1974, hg. von Johannes van den Berg/Johannes P. van Dooren (KHB 7), Leiden 1978, S. 118–129.

GRÜNBERG, PAUL, Philipp Jakob Spener. Bd. 1–3, Göttingen 1893–1906.

GUGGISBERG, HANS R., Grotius, Hugo, in: TRE 14, 1985, S. 277–280.

GUNDEL, HANS GEORG, Gießen, Universität, in: TRE 13, 1984, S. 261–266.

HAHN, JOACHIM, Zeitgeschehen im Spiegel der lutherischen Predigt nach dem Dreißigjährigen Krieg. Das Beispiel des kursächsischen Oberhofpredigers Martin Geier (1614–1680) (HerChr Sonderbd. 9), Leipzig 2005.

HAIZMANN, ALBRECHT, Erbauung als Aufgabe der Seelsorge bei Philipp Jakob Spener (APTh 30), Göttingen 1997.

HAMMER, FRIEDRICH/SCHADE, HERWARTH VON, Die Hamburger Pastorinnen und Pastoren seit der Reformation. Teil 1–2, Hamburg 1995 (vervielfältigtes Manuskript).

HAMMERSTEIN, NOTKER, Prinzenerziehung im landgräflichen Hessen-Darmstadt, in: HJLG 33, 1983, S. 193–237.

Handbuch der historischen Stätten Deutschlands. Bd. 4: Hessen, hg. von Georg Wilhelm Sante, Stuttgart [3]1976.

Handbuch der historischen Stätten Deutschlands. Bd. 8: Sachsen, hg. von Walter Schlesinger, Stuttgart 1965 (Reprint Stuttgart 1990).

Handbuch zum Evangelischen Kirchengesangbuch. Bd. 3. Liederkunde 2, hg. von Joachim Stalmann/Johannes Heinrich, Göttingen 1990.

HARDACH-PINKE, IRENE/HARDACH, GERD (Hg.), Deutsche Kindheiten. Autobiographische Zeugnisse 1700–1900, Kronberg/Ts. 1978.

HAREIDE, BJARNE, Die Konfirmation in der Reformationszeit. Eine Untersuchung der lutherischen Konfirmation in Deutschland 1520–1585 (APTh 8), Göttingen 1971.

HARTMANN, FRANK, Johann Heinrich Horb (1645–1695). Leben und Werk bis zum Beginn der Hamburger pietistischen Streitigkeiten 1693 (Hallesche Forschungen 12), Tübingen 2004.

HAUSCHILD, WOLF-DIETER, Kirchengeschichte Lübecks. Christentum und Bürgertum in neun Jahrhunderten, Lübeck 1981.

–, Lehrbuch der Kirchen- und Dogmengeschichte. Bd. 1–2, Gütersloh [2]2000/01.

HEINZE, MAX, Das Königliche Konvikt an der Universität Leipzig, in: Mitteilungen der Deutschen Gesellschaft zur Erforschung Vaterländischer Sprache und Altertümer in Leipzig 10, 1912, Heft 1, S. 57–75.

HELBIG, HERBERT, Die Reformation der Universität Leipzig im 16. Jahrhundert (SVRG 171), Gütersloh 1953.

HENCHE, ALBERT, Zur Geschichte des Lindauer Gerichts, in: Alt-Nassau: Blätter für nassauische Geschichte und Kulturgeschichte 4, 1934, o.S.

HENKE, ERNST LUDWIG THEODOR (Hg.), Theologicorum Saxonicorum consensus repetitus fidei vere Lutheranae, Marburg 1846.

HEPPE, HEINRICH, Geschichte des Pietismus und der Mystik in der reformierten Kirche, namentlich der Niederlande, Leiden 1879.

–, Kirchengeschichte beider Hessen. Bd. 1–2, Marburg 1876.

HERMANN, KARL, Johann Albrecht Bengel. Der Klosterpräzeptor von Denkendorf. Sein Werden und Wirken nach handschriftlichen Quellen, Stuttgart 1937 (Reprint Stuttgart 1987).

HEUSSI, KARL, Geschichte der Theologischen Fakultät Jena, Weimar 1954.

HINTEREICHER, MARGARETE, Georg Christian von Hessen-Homburg (1626–1677). Offizier, Diplomat und Regent in den Jahrzehnten nach dem Dreißigjährigen Krieg (QFHG 58), Darmstadt/Marburg 1985.

HIS, EDUARD, Chronik der Familie Ochs genannt His, Basel 1943.

HOENDERDAAL, GERRIT JAN, Arminius/Arminianismus, in: TRE 4, 1979, S. 63–69.

HOFFMANN, BARBARA, Radikalpietismus um 1700. Der Streit um das Recht auf eine neue Gesellschaft (Reihe Geschichte und Geschlechter 15), Frankfurt a.M. 1996.

HOLL, KARL, Die Bedeutung der großen Kriege für das religiöse und kirchliche Leben innerhalb des deutschen Protestantismus, in: Ders., Gesammelte Aufsätze zur Kirchengeschichte. Bd. 3, Tübingen 1928 (Reprint Darmstadt 1965), S. 302–384.

HONECKER, MARTIN, Gerhard, Johann, in: TRE 12, 1984, S. 448–453.

Ich dien. FS Wilhelm Diehl, hg. von Hans von der Au/Heinrich Hassinger/Hermann Bräuning-Oktavio, Darmstadt 1931.

IGNASIAK, DETLEF, Das Politik- und Religionsverständnis Herzog Ernsts des Frommen von Sachsen-Gotha-Altenburg (1640–1675) im Spiegel kulturkritischer Schriften von Veit Ludwig von Seckendorff und Ahasverus Fritsch, in: Religion und Religiosität im Zeitalter des Barock. Bd. 1, hg. von Dieter Breuer (Wolfenbütteler Arbeiten zur Barockforschung 25), Wiesbaden 1995, S. 153–161.

Informationsblatt »Emser Kränchen«, hg. vom Staatsbad Bad Ems GmbH, bearb. von Hanna Michel, Bad Ems 1997 [masch.].

»Inspectionalia et alia memorabilia«. Die Kirchenbuch-Merkwürdigkeiten der Wertheimer Superintendenten Winckler, Förtsch, Willius und Renzler aus den Jahren 1680 bis 1728, hg. von Erich Langguth, in: Wertheimer Jahrbuch, hg. vom Historischen Verein Alt-Wertheim, 1963/6, 1970, S. 49–78.

Die Inspectionen Chemnitz, Stollberg, Zwickau und Neustädtel (Sachsens Kirchen-Galerie 9), Dresden [1842].

Die Inspectionen Leipzig und Grimma (Sachsens Kirchen-Galerie 10), Dresden [1844].

Interkonfessionalität – Transkonfessionalität – binnenkonfessionelle Pluralität. Neue Forschungen zur Konfessionalisierungsthese, hg. von Kaspar von Greyerz/Manfred Jakubowski-Tiessen/Thomas Kaufmann/Hartmut Lehmann (SVRG 201), Heidelberg 2003.

JACOBS, FRIEDRICH, Die Klugheit der Gerechten, oder der theologische Krieg in Hamburg, in: Ders., Erzählungen. Bd. 6, Leipzig 1828, S. 1–94.

1200 Jahre Bad Homburg v.d. Höhe, hg. vom Magistrat der Stadt Bad Homburg v.d. Höhe, Bad Homburg v.d. Höhe [2]1982.

500 Jahre Eberhard-Karls-Universität Tübingen. Beiträge zur Geschichte der Universität Tübingen 1477–1977, hg. von Hansmartin Decker-Hauff/Gerhard Fichtner/Klaus Schreiner, Tübingen 1977.

500 Jahre Eberhard-Karls-Universität Tübingen. Die Universität Tübingen von 1477 bis 1977 in Bildern und Dokumenten, hg. von Hansmartin Decker-Hauff/Wilfried Setzler, Tübingen 1977.

450 Jahre Universitätsbibliothek Leipzig 1543–1993. Geschriebenes aber bleibt. Ausstellungskatalog vom 19.5.–26.6.1993, Leipzig [2]1994.

JAKUBOWSKI-TIESSEN, MANFRED, Der frühe Pietismus in Schleswig-Holstein. Entstehung, Entwicklung und Struktur (AGP 19), Göttingen 1983.

–, Eigenkultur und Traditionsbildung: Geschichte des Pietismus. Bd. 4, hg. von Hartmut Lehmann, Göttingen 2004, S. 195–210

–/ LEHMANN, HARTMUT, Der Pietismus, in: Schleswig-Holsteinische Kirchengeschichte 4, Neumünster 1984, S. 269–334.

JAUMANN, HERBERT, Cap(p)ellus, Ludovicus, in: Metzler-Lexikon christlicher Denker, hg. von Markus Vincent, Stuttgart/Weimar 2000, S. 154f.

JEIDE, HARRY, Studies in Classical Pietism: The Flowering of the Ecclesiola (SCH 6), New York 1997.

JENSEN, WILHELM, Die hamburgische Kirche und ihre Geistlichen seit der Reformation, Hamburg 1958.

JETTER, WERNER, Katechismuspredigt, in: TRE 17, 1988, S. 744–786.

Die jüngere Matrikel der Universität Leipzig 1559–1809. Als Personen- und Ortsregister bearbeitet und durch Nachträge aus den Promotionslisten ergänzt. Bd. 1–2. Im Auftrage der Königlich-Sächsischen Staatsregierung hg. von Georg Erler, Leipzig 1909 (Reprint Nedeln/Liechtenstein 1976).

JUNG, MARTIN H., Frauen des Pietismus. Zehn Porträts von Johanna Regina Bengel bis Erdmuthe Dorothea von Zinzendorf, Gütersloh 1998.

JUNG, VOLKER, Das Ganze der Heiligen Schrift. Hermeneutik und Schriftauslegung bei Abraham Calov (CThM.ST 18), Stuttgart 1999.

Juristische Dissertationen deutscher Universitäten. 17.–18. Jahrhundert, hg. von Filippo Ranieri. Halbbd. 1–2 (Ius Commune. Sonderhefte: Studien zur Europäischen Rechtsgeschichte 27), Frankfurt a.M. 1986.

KANTZENBACH, FRIEDRICH WILHELM, Der Separatismus in Franken und bayerisch Schwaben im Rahmen der pietistischen Bewegung, in: ZBKG 45, 1976, S. 33–53.

KATCHER, AARON L., Christian Hebraists and Dutch Rabbis. Seventeenth Century Apologetics and the Study of Maimonides' »Mishneh Torah« (Harvard Judaic Texts and Studies 3), Cambridge/London 1984.

KAUFMANN, THOMAS, Dreißigjähriger Krieg und Westfälischer Friede. Kirchengeschichtliche Studien zur lutherischen Konfessionskultur (BHTh 104), Tübingen 1998.

–, Die Konfessionalisierung von Staat und Gesellschaft. Sammelbericht über eine Forschungsdebatte, in: ThLZ 121, 1996, Sp. 1008–1025. 1112–1121.

–, Nahe Fremde – Aspekte der Wahrnehmung der »Schwärmer« im frühneuzeitlichen Luthertum, in: Interkonfessionalität – Transkonfessionalität – binnenkonfessionelle Pluralität. Neue Forschungen zur Konfessionalisierungsthese, hg. von Kaspar von Greyerz/Manfred Jakubowski-Tiessen/Thomas Kaufmann/Hartmut Lehmann (SVRG 201), Heidelberg 2003, S. 179–241.

–, Universität und lutherische Konfessionalisierung. Die Rostocker Theologieprofessoren und ihr Beitrag zur theologischen Bildung und kirchlichen Gestaltung im Herzogtum Mecklenburg zwischen 1550 und 1675 (QFRG 66), Gütersloh 1997.

KELLER, KATRIN, Der sächsische Adel auf Reisen, in: Geschichte des sächsischen Adels, hg. von Katrin Keller/Josef Matzerath, Köln/Weimar/Wien 1997, S. 257–274.

Kirchen-Galerie Sachsens. 9. Abtheilung: Die Inspectionen Chemnitz, Stollberg, Zwickau und Neustädtel, Lieferung 10, 1840.

Kirche und Synagoge. Handbuch zur Geschichte von Christen und Juden. Darstellung mit Quellen. Bd. 1–2, hg. von Karl Heinrich Rengstorf/Siegfried von Kortzfleisch, Stuttgart 1968–1970.

KIRN, OTTO, Die Leipziger Theologische Fakultät in fünf Jahrhunderten. FS zur Feier des 500jährigen Bestehens der Universität Leipzig. Bd. 1, hg. von Rektor und Senat, Leipzig 1909.

KLÖTZER, WOLFGANG, Zur Geschichte des Lindauer Gerichts, in: NasA 69, 1958, S. 233–236.

KNAPP, THEODOR, Zur Geschichte der akademischen Würden vornehmlich an der Universität Tübingen, in: ZWLG 2, 1938, S. 48–116.

KNICK, BERNHARD (Hg.), St. Thomas zu Leipzig, Schule und Chor. Stätte des Wirkens von Johann Sebastian Bach. Bilder und Dokumente zur Geschichte der Thomasschule und des Thomanerchores mit ihren zeitgeschichtlichen Beziehungen, Wiesbaden 1963.

KNODT, MANFRED, Das Darmstädter Cantional von 1687 und andere Kirchengesangbücher in Hessen-Darmstadt, in: Aspekte protestantischen Lebens im hessischen und nassauischen Raum. FS Karl Dienst (Quellen und Studien zur hessischen Kirchengeschichte 1), Darmstadt 1995, S. 91–110.

–, Die Regenten von Hessen-Darmstadt, Darmstadt 1976.

KNÖPP, FRIEDRICH, Zu den Konversionen im Hessen-darmstädtischen Fürstenhaus an der Wende vom 17. zum 18. Jahrhundert, in: Beiträge zur Mainzer Kirchengeschichte der Neuzeit. FS Anton Philipp Brück, hg. von Franz Rudolf Reichert (QMRKG 17), Mainz 1973, S. 161–176.

KOCH, EDUARD EMIL, Geschichte des Kirchenliedes und Kirchengesangs der christlichen, insbesondere der deutschen evangelischen Kirche. Bd. 4/2, Stuttgart ^{2}1853.

KOCH, ERNST, Das konfessionelle Zeitalter – Katholizismus, Luthertum, Calvinismus (1563–1675) (KGE 2,8), Leipzig 2000.

–, Die »Neue geistlich-fruchtbringende Jesus-Gesellschaft« in Rudolstadt, in: PuN 31, 2005, S. 21–59.

KOCH, TRAUGOTT, Johann Habermanns »Betbüchlein« im Zusammenhang seiner Theologie. Eine Studie zur Gebetsliteratur und zur Theologie des Luthertums im 16. Jh. (BHTh 117), Tübingen 2001.

–, Mensch IX. Systematisch-theologisch, in: TRE 22, 1992, S. 548–567.

KÖBLER, GERHARD, Historisches Lexikon der deutschen Länder. Die deutschen Territorien und reichsunmittelbaren Geschlechter vom Mittelalter bis zur Gegenwart, Darmstadt ^{6}1999.

KÖHLER, WALTHER, Die Anfänge des Pietismus in Gießen 1689 bis 1695. Sonderdruck, Gießen 1907.

KÖRNER, HANS, Frankfurter Patrizier. Historisch-Genealogisches Handbuch der Adeligen Ganerbschaft des Hauses Alten-Limpurg zu Frankfurt am Main, München 1971.

KÖSTER, BEATE, Die Lutherbibel im frühen Pietismus (TAzB 1), Bielefeld 1984.

–, Evangelienharmonien im frühen Pietismus, in: ZKG 103, 1992, S. 195–225.

Komponisten und Liederdichter des Evangelischen Gesangbuchs, hg. von Wolfgang Herbst (HEKG 2), Göttingen 1999.

KRAUS, HANS-JOACHIM, Die Biblische Theologie. Ihre Geschichte und Problematik, Neukirchen-Vluyn 1970.

–, Geschichte der historisch-kritischen Erforschung des Alten Testaments, Neukirchen-Vluyn ^{3}1982.

KRIEG, GUSTAV A., Labadie, in: TRE 20, 1990, S. 362–365.

Krisen des 17. Jahrhunderts. Interdisziplinäre Perspektiven, hg. von Manfred Jakubowski-Tiessen, Göttingen 1999.

KROKER, ERNST, Katharina von Bora, ihr Geburtsort und ihre Jugendzeit, in: NASG 26, hg. von Hubert Ermisch, Dresden 1905, S. 251–273.

KRUMMACHER, HANS-HENRIK, Das barocke Epicedium. Rhetorische Tradition und deutsche Gelegenheitsdichtung im 17. Jahrhundert, in: Jahrbuch der deutschen Schiller-Gesellschaft 18, 1974, S. 89–147.

KRUMWIEDE, HANS-WALTER, Kirchengeschichte Niedersachsens. Bd. 1: Von der Sachsenmission bis zum Ende des Reiches 1806, Göttingen 1995.

Kulturdenkmäler in Hessen. Stadt Darmstadt, hg. vom Landesamt für Denkmalpflege Hessen in Zusammenarbeit mit dem Magistrat der Stadt Darmstadt, Braunschweig/Wiesbaden 1994.

Kulturdenkmäler in Hessen. Wetteraukreis II, hg. vom Landesamt für Denkmalpflege Hessen, Wiesbaden 1999.

LAMEY, FERDINAND, Hermann von der Hardt in seinen Briefen und seinen Beziehungen zum braunschweigischen Hofe, zu Spener, Francke und dem Pietismus (Die Handschriften der Badischen Landesbibliothek in Karlsruhe. Beilage 1), Wiesbaden ^{2}1974, S. 8–13.

LEHMANN, HARTMUT, »Absonderung« und »Gemeinschaft« im frühen Pietismus. Allgemeinhistorische und sozialpsychologische Überlegungen zur Entstehung und Entwicklung des Pietismus, in: PuN 4, 1979, S. 54–82.

–, Absonderung und neue Gemeinschaft, in: Geschichte des Pietismus. Bd. 4, hg. von Hartmut Lehmann, Göttingen 2004, S. 487–497.

–, Das Zeitalter des Absolutismus. Gottesgnadentum und Kriegsnot (CG 9), Stuttgart/Berlin/Köln/Mainz 1980.

–, Die Krisen des 17. Jahrhunderts als Problem der Forschung, in: Krisen des 17. Jahrhunderts. Interdisziplinäre Perspektiven, hg. von Manfred Jakubowski-Tiessen, Göttingen 1999, S. 13–24.

–, Einführung, in: Geschichte des Pietismus. Bd. 4, hg. von Hartmut Lehmann, Göttingen 2004, S. 1–18.

–, Horizonte pietistischer Lebenswelten, in: Ders., Protestantische Weltsichten. Transformationen seit dem 17. Jahrhundert, Göttingen 1998, S. 11–28.

–, Probleme einer Sozialgeschichte der Frommen im Zeitalter der Aufklärung, gezeigt am Beispiel von Matthias Claudius, in: Ders., Protestantische Weltsichten. Transformationen seit dem 17. Jahrhundert, Göttingen 1998, S. 29–48.

–, Protestantische Weltsichten. Transformationen seit dem 17. Jahrhundert, Göttingen 1998.

–, Religion und Religiosität in der Neuzeit. Historische Beiträge, hg. von Manfred Jakubowski-Tiessen/Otto Ulbricht, Göttingen 1996.

LENZ, RUDOLF, De mortuis nil nisi bene? Leichenpredigten als multidisziplinäre Quelle unter besonderer Berücksichtigung der Historischen Familienforschung, der Bildungsgeschichte und der Literaturgeschichte (Marburger Personalschriften-Forschungen 10), Sigmaringen 1990.

–, Leichenpredigt, in: TRE 20, 1990, S. 665–669.

LEROUX, JEAN-MARIE, Johannes Chrysostomus, in: TRE 17, 1988, S. 118–127.

LEUBE, HANS, Die Reformideen in der deutschen lutherischen Kirche zur Zeit der Orthodoxie, Leipzig 1924.

–, Kalvinismus und Luthertum. Bd. 1, Leipzig 1928.

–, Orthodoxie und Pietismus. Gesammelte Srtudien (AGP 13), Bielefeld 1975.

Lexikon für Kirchen- und Staatskirchenrecht. Bd. 1–2, hg. von Axel Freiherr von Campenhausen u.a., Paderborn/München/Wien/Zürich 2000–2002.

Lexikon für Theologie und Kirche. Bd. 1–11, begr. von Michael Buchberger, hg. von Walter Kasper, Freiburg/Basel/Rom/Wien [3]1993–2001.

LIEBERG, HELLMUT, Amt und Ordination bei Luther und Melachthon (FKDG 11), Göttingen 1962.

Liederkunde zum Evangelischen Gesangbuch, hg. von Gerhard Hahn/Jürgen Henkys (HEKG 3/2), Göttingen 2001.

LIST, CARL BENJAMIN, Geschichte der Evangelisch-Lutherischen Gemeine zu Mannheim, Mannheim 1767.

LORENZ, CHRISTIAN GOTTLOB, Die Stadt Grimma im Königreiche Sachsen. Bd. 1–3, Leipzig 1856.

LOTZ, FRIEDRICH, Geschichte der Stadt Bad Homburg vor der Höhe. Bd. 1–2, Frankfurt a.M. 1964–1972.

LÜBBECKE, FRIED, Kleines Vaterland Homburg vor der Höhe, Frankfurt a.M. 1956.

LUZ, ULRICH, Das Evangelium nach Matthäus (Mt 18–25) (EKK I/3), Zürich/Düsseldorf/Neukirchen-Vluyn 1997.

MACK, RÜDIGER, Die Gießener Theologen und der Pietismus in Hessen-Darmstadt, in: Ders., Pietismus und Frühaufklärung an der Universität Gießen und in Hessen-Darmstadt, Gießen 1984, S. 25–205.

–, Die Obrigkeit und der Pietismus in der Landgrafschaft Hessen-Darmstadt (1675–1750), in: JHKGV 34, 1983, S. 29–52.

–, Forschungsbericht: Pietismus in Hessen, in: PuN 13, 1987, S. 181–226.

–, Pietismus und Frühaufklärung an der Universität Gießen und in Hessen-Darmstadt, Gießen 1984.

MÄLZER, GOTTFRIED, Johann Albrecht Bengel. Leben und Werk, Stuttgart 1970.

MAGER, INGE, Aufnahme und Ablehnung des Konkordienbuches in Nord-, Mittel- und Ostdeutschland, in: Bekenntnis und Einheit der Kirche. Studien zum Konkordienbuch, hg. von Martin Brecht/Reinhard Schwarz, Stuttgart 1980, S. 271–302.

–, Chiliastische Erwartungen in der lutherischen Theologie und Frömmigkeit des 17. Jahrhunderts. Niedersächsische »Gewährsmänner« für Speners Hoffnung besserer Zeiten in der Kirche. Sonderdruck aus: ZBKG 69, 2000, S. 19–33.

–, Georg Calixt, in: GK 7, Stuttgart/Berlin/Köln ²1994, S. 137–148.
–, Georg Calixts theologische Ethik und ihre Nachwirkungen (SKGNS 19), Göttingen 1969.
–, Melanchthons Impulse für das evangelische Theologiestudium. Verdeutlicht am Verlauf der Wittenberger Universitätsreform und am Beispiel der Helmstedter Universitätsstatuten, in: Themata Leucoreana. Melanchthonbild und Melanchthonrezeption in der Lutherischen Orthodoxie und im Pietismus. Referate des dritten Wittenberger Symposiums zur Erforschung der Lutherischen Orthodoxie (Wittenberg, 6.–8.12.1996), hg. von Udo Sträter, Wittenberg 1999, S. 105–126.
MAHLMANN, THEODOR, Das neue Dogma der lutherischen Christologie. Problem und Geschichte seiner Begründung, Gütersloh 1969.
MAIER, GERHARD, Die Johannesoffenbarung und die Kirche (WUNT 25), Tübingen 1981.
MAIER, JOHANN, Mose ben Maimon, in: TRE 23, 1994, S. 357–362.
MARGGRAF, WOLFGANG, Bach in Leipzig (Brockhaus Miniaturen), Leipzig ²1985.
MARTI, HANSPETER, Dissertation und Promotion an frühneuzeitlichen Universitäten des deutschen Sprachraums. Versuch eines skizzenhaften Überblicks, in: Rainer A. Müller (Hg.), Promotionen und Promotionswesen an deutschen Hochschulen der Frühmoderne (Abhandlungen zum Studenten- und Hochschulwesen 10), Köln 2001, S. 1–20.
Die Matrikel der Universität Helmstedt. Bd. 2: 1636–1685, bearb. von Werner Hillebrand (VHKNS 9), Hildesheim 1981.
Die Matrikel der Universität Jena. Bd. 1–2, bearb. von Georg Mentz/Reinhold Jauernig/Marga Steiger, Jena/Weimar 1944–1977.
Die Matrikeln der Universität Tübingen. Bd. 2–3, bearb. von Albert Bürk und Wilhelm Wille, hg. in Verbindung mit der Württembergischen Kommission für Landesgeschichte von der Universitätsbibliothek Tübingen, Tübingen 1953.
MATTHIAS, MARKUS, Bekehrung und Wiedergeburt, in: Geschichte des Pietismus. Bd. 4, hg. von Hartmut Lehmann, Göttingen 2004, S. 49–79.
–, Collegium pietatis und ecclesiola. Philipp Jakob Speners Reformprogramm zwischen Wirklichkeit und Anspruch, in: PuN 19, 1993, S. 46–59.
–, Johann Wilhelm und Johanna Eleonora Petersen. Eine Biographie bis zur Amtsenthebung Petersens im Jahre 1692 (AGP 30), Göttingen 1993.
–, Mutua Consolatio Sororum. Die Briefe Johanna Eleonora von Merlaus an die Herzogin Sophie Elisabeth von Sachsen-Zeitz, in: PuN 22, 1996, S. 69–102.
–, Orthodoxie I. Lutherische Orthodoxie, in: TRE 25, 1995, S. 464–485.
–, Theologie und Konfession. Der Beitrag von Ägidius Hunnius (1550–1603) zur Entstehung einer lutherischen Religionskultur, Leipzig 2004.
MEISE, HELGA, Das archivierte Ich. Schreibkalender und höfische Repräsentation in Hessen-Darmstadt 1624–1790 (Arbeiten der Hessischen Historischen Kommission. Neue Folge 21), Darmstadt 2002.
–, »habe ich die politica bei H. Richter angefangen«. Herrschaftsalltag und Herrschaftsverständnis der Landgräfin Elisabeth Dorothea von Hessen-Darmstadt (1640–1709), in: Heide Wunder (Hg.), Dynastie und Herrschaftssicherung in der Frühen Neuzeit. Geschlechter und Geschlecht (Zeitschrift für Historische Forschung. Beiheft 28), Berlin 2002, S. 113–134.
MELTZER, CHRISTIAN, Historia Schneebergensis, Schneeberg 1716 (Reprint Stuttgart 1995).
MERK, OTTO, Biblische Theologie II. Neues Testament, in: TRE 6, 1980, S. 455–477.
Metzler-Lexikon christlicher Denker, hg. von Markus Vincent, Stuttgart/Weimar 2000.
MICHEL, DIETHELM, Hebräisch I. Altes Testament, in: TRE 14, 1985, S. 505–510.
MODROW, IRINA, Die sozial-religiösen Gruppenbildungen des Frühpietismus – eine Variante von Vorformen des modernen Assoziationswesens?, in: Geselligkeit und Gesellschaft im Barockzeitalter. Teil 1–2, hg. von Wolfgang Adam (Wolfenbütteler Arbeiten zur Barockforschung 28), Wiesbaden 1997, S. 309–320.
MÖLLER, KURT DETLEV, Johann Albert Fabricius. 1668–1736, in: ZVHaG 36, 1937, S. 1–64.

MOHR, RUDOLF, Der unverhoffte Tod. Theologie- und kulturgeschichtliche Untersuchungen zu außergewöhnlichen Todesfällen in Leichenpredigten (Marburger Personalschriften-Forschungen 5), Marburg 1982.

–, Protestantische Theologie und Frömmigkeit im Angesicht des Todes während des Barockzeitalters hauptsächlich auf Grund hessischer Leichenpredigten, Marburg 1964 [Diss. masch.].

MORAW, PETER, Kleine Geschichte der Universität Gießen von den Anfängen bis zur Gegenwart, Gießen [2]1990.

MÜHLENPFORDT, GÜNTER, Die »sächsischen Universitäten« Leipzig, Jena, Halle und Wittenberg als Vorhut der deutschen Aufklärung, in: Wissenschafts- und Universitätsgeschichte in Sachsen im 18. und 19. Jahrhundert. Nationale und internationale Wechselwirkung und Ausstrahlung. Beiträge des internationalen Kolloquiums am 26.–27.11.1984 in Leipzig, hg. von Karl Czok (ASAW.PH 71,3), Berlin 1987, S. 25–50.

MÜLLER, GERHARD, Antisemitismus VI. 16. und 17. Jahrhundert, in: TRE 3, 1978, S. 143–155.

–, Christlich-jüdisches Religionsgespräch im Zeitalter der protestantischen Orthodoxie. Die Auseinandersetzung Johann Müllers mit Rabbi Isaak Trokis »Hizzuk Emuna«, in: Glaube – Geist – Geschichte. FS Ernst Benz, hg. von Gerhard Müller/Winfried Zeller, Leiden 1967, S. 513–524.

–, Die Visitationen der Universität Leipzig zur Zeit des Dreissigjährigen Krieges, in: NASG 27, hg. von Hubert Ermisch, Dresden 1906, S. 18–59.

–, Protestantische Orthodoxie, in: KuS 1, Stuttgart 1968, S. 453–504.

MÜLLER, KARL, Kirchengeschichte. Bd. 2,1–2 (GThW 4/2,1-2), Tübingen 1911–1919.

MÜLLER, RAINER A. (Hg.), Promotionen und Promotionswesen an deutschen Hochschulen der Frühmoderne (Abhandlungen zum Studenten- und Hochschulwesen 10), Köln 2001.

Die Musik in Geschichte und Gegenwart. Personenteil. Bd. 1ff, hg. von Ludwig Fischer, Kassel/Stuttgart [2]1999ff.

Nachrichten von der Wincklerschen Familie in Hamburg, deren Stifter Herr Johann Winckler, weiland Senior eines hochehrwürdigen Ministerii und Hauptpastor zu St. Michaelis in Hamburg, gewesen, Hamburg 1773.

NEESSE, THOMAS, Zum Verhältnis der Kirche zur Arbeiterschaft in der Geschichte des Freiberger Bergbaus, in: HerChr 1987/88, S. 37–51.

Neue Deutsche Biographie. Bd. 1ff, Berlin 1953ff.

Neues allgemeines Deutsches Adels-Lexicon. Bd. 1–9, hg. von Ernst Heinrich Kneschke, Leipzig 1859–1870 (Reprint Leipzig 1929/30).

Neues Württembergisches Dienerbuch. Bd. 1–3, bearb. von Walther Pfeilsticker, Stuttgart 1957–1974.

NIEBERGALL, ALFRED, Die Anfänge der Ordination in Hessen, in: Reformatio und Confessio. FS Wilhelm Maurer, hg. von Friedrich Wilhelm Kantzenbach/Gerhard Müller, Berlin/Hamburg 1965, S. 141–160.

NIEKUS MOORE, CORNELIA, Praeparatio ad Mortem, in: PuN 19, 1993, S. 9–18.

Nieuw Nederlandsch Biografisch Woordenboek. Bd. 1–10, Leiden 1911–1937.

NOACK, LOTHAR/SPLETT, JÜRGEN, Bio-Bibliographien. Brandenburgische Gelehrte der Frühen Neuzeit. Mark Brandenburg 1640–1713, Berlin 2001.

O'BYRN, FRIEDRICH AUGUST, Die Herzöge von Holstein-Wiesenburg in Sachsen, in: Mitteilungen vom Freiberger Altertumsverein 17, 1880, S. 1–16.

ORDE, KLAUS VOM, Jacob Boehmes Gedanken über die Erneuerung des wahren Christentums, in: PuN 4, 1979, S. 83–118.

–, Philipp Jakob Spener und sein Frankfurter Freundeskreis, in: Von der Barfüßerkirche zur Paulskirche. Beiträge zur Frankfurter Stadt- und Kirchengeschichte (Studien zur Frankfurter Geschichte 44), Frankfurt a.M. 2000, S. 203–214.

–, Zur Ehre Gottes und zur Erbauung der Kirche Christi. Philipp Jakob Speners Gutachtertätigkeit bei der Neubesetzung der Hofpredigerstelle in Hessen-Darmstadt im Jahr 1687, in: PuN 21, Göttingen 1995, S. 104–130.

PÄLTZ, EBERHARD H., Böhme, Jacob, in: TRE 6, 1980, S. 748–754.

PAISEY, DAVID L., Deutsche Buchdrucker, Buchhändler und Verleger 1701–1750 (BBBW 26), Wiesbaden 1988.

Die Pastoren der Landeskirchen Hannovers und Schaumburg-Lippes seit der Reformation. Bd. 1–3, hg. von Philipp Meyer, Göttingen 1941–1953.

PAULSEN, FRIEDRICH, Geschichte des gelehrten Unterrichts auf den deutschen Schulen und Universitäten vom Ausgang des Mittelalters bis zur Gegenwart. Bd. 1, hg. von Rudolf Lehmann, Leipzig ^{3}1919 (Reprint Berlin 1965).

PETERSEN, ERIK, Johann Albert Fabricius. En Humanist i Europa. Bd. 1–2 (Danish Humanist Texts and Studies 18), København 1998.

Pietas in der Lutherischen Orthodoxie. Vorträge und Abhandlungen der Stiftung »Leucorea« an der Martin-Luther-Universität Halle-Wittenberg, hg. von Udo Sträter, Wittenberg 1998.

Pietismus und Neuzeit. Ein Jahrbuch zur Geschichte des neueren Protestantismus. Bd. 1ff, 1974ff.

Pietismus und Reveil. Referate der internationalen Tagung: Der Pietismus in den Niederlanden und seine internationalen Beziehungen, Zeist 18.–22.6.1974, hg. von Johannes van den Berg/Johannes P. van Dooren (KHB 7), Leiden 1978.

PILL-RADEMACHER, IRENE, »... zu nutz und gutem der loblichen universitet«. Visitationen an der Universität Tübingen. Studien zur Interaktion zwischen Landesherr und Landesuniversität im 16. Jahrhundert (Werkschriften des Universitätsarchivs Tübingen 1,18), Tübingen 1993.

PÖHLMANN, HORST-GEORG/AUSTAD, TORLEIV/KRÜGER, FRIEDHELM, Theologie der lutherischen Bekenntnisschriften, Gütersloh 1996.

PRANGE, CARSTEN, Die Zeitungen und Zeitschriften des 17. Jahrhunderts in Hamburg und Altona. Ein Beitrag zur Publizistik der Frühaufklärung (Beiträge zur Geschichte Hamburgs 13, hg. vom Verein für Hamburgische Geschichte), Hamburg 1978.

QUACK, JÜRGEN, Evangelische Bibelvorreden von der Reformation bis zur Aufklärung (QFRG 43), Gütersloh 1975.

Realencyklopädie für protestantische Religion und Kirche. Bd. 1–24, hg. von Albert Hauck, Leipzig ^{3}1896–1913.

Reformatio und Confessio. FS Wilhelm Maurer, hg. von Friedrich Wilhelm Kantzenbach/Gerhard Müller, Berlin/Hamburg 1965.

REIMERS, KARL, Zum 200jährigen Todestage Johann Wincklers, in: Hamburgisches Kirchenblatt 15, 1905, S. 126f. 134–147.

Die Religion in Geschichte und Gegenwart. Handwörterbuch für Theologie und Religionswissenschaft. Bd. 1–6, hg. von Kurt Galling, Tübingen ^{3}1957–1965.

Religion in Geschichte und Gegenwart. Handwörterbuch für Theologie und Religionswissenschaft. Bd. 1ff, hg. von Hans Dieter Betz u.a., Tübingen ^{4}1998ff.

REU, JOHANN MICHAEL (Hg.), Quellen zur Geschichte des kirchlichen Unterrichts in der evangelischen Kirche Deutschlands zwischen 1530 und 1600. Teil 1/2,2, Gütersloh 1911 (Reprint Hildesheim/New York 1976).

REYSCHER, AUGUST LUDWIG (Hg.), Vollständige, historisch und kritisch bearbeitete Sammlung der württembergischen Geseze. Bd. 11,3: Universitäts-Geseze, Tübingen 1843.

Rheinland-Pfalz/Saarland. Kunstdenkmäler und Museen (Reclams Kunstführer 6), Stuttgart ^{8}1990.

RITSCHL, ALBRECHT, Geschichte des Pietismus in der lutherischen Kirche des 17. und 18. Jahrhunderts (Ders., Geschichte des Pietismus 2), Bonn 1884.

RITSCHL, OTTO, Dogmengeschichte des Protestantismus. Grundlagen und Grundzüge der theologischen Gedanken- und Lehrbildung in den protestantischen Kirchen. Bd. 1–4, Leipzig 1908–1927.

ROSENTHAL, ERWIN I.J., Jüdische Antwort, in: KuS 1, Stuttgart 1968, S. 307–362.

ROTERMUND, HEINRICH WILHELM, Das gelehrte Hannover oder Lexikon von Schriftstellern und Schriftstellerinnen. Bd. 1–2, Bremen 1823.

RÜCKLEBEN, HERMANN, Die Niederwerfung der hamburgischen Ratsgewalt. Kirchliche Bewegungen und bürgerliche Unruhen im ausgehenden 17. Jahrhundert (Beiträge zur Geschichte Hamburgs 2, hg. vom Verein für Hamburgische Geschichte), Hamburg 1970.

RÜDIGER, WILHELM, Hessen-Homburgische Prinzenerzieher, in: Mitteilungen des Vereins für Geschichte und Altertumskunde zu Bad Homburg vor der Höhe 10, 1877, S. 23–33.

SACHSE, RICHARD, Die ältere Geschichte der Thomasschule zu Leipzig, Leipzig 1912.

Sächsisches Pfarrerbuch. Die Parochien und Pfarrer der Ev.-luth. Landeskirche Sachsens (1539–1939). Im Auftrage des Pfarrervereins für Sachsen bearb. von Reinhold Grünberg, Freiberg 1939–1940.

SÄNGER, DIETER, Priester/Priestertum I/4. Neues Testament, in: TRE 27, 1997, S. 396–401.

Sammlung aller MAGISTER-Promotionen, Welche zu Tübingen von Anno 1477–1755. geschehen, hg. von Johann Nicolaus Stoll, Stuttgart 1756 (Reprint Amsterdam 1972).

SANDER, FRIEDRICH, Der Pastor. Johann Heinrich Horb. (Hamburgische Lebensbilder in Darstellungen und Selbstzeugnissen 9, hg. vom Verein für Hamburgische Geschichte), Hamburg 1995.

SCHAAB, MEINRAD, Geschichte der Kurpfalz. Bd. 2: Neuzeit, Stuttgart/Berlin/Köln 1992.

SCHADE, HERWARTH VON, Zu Gottes Lob in Hamburgs Kirchen. Eine Hamburgische Gesangbuchgeschichte (AKGH 20), Herzberg 1995.

SCHÄFER, ROLF (Hg.), Oldenburgische Kirchengeschichte, Oldenburg 1999.

SCHENKER, ADRIAN, Polyglotten, in: TRE 27, 1997, S. 22–25.

SCHINDLING, ANTON, Wachstum und Wandel vom Konfessionellen Zeitalter bis zum Zeitalter Ludwigs XIV. Frankfurt am Main 1555–1685, in: Frankfurt am Main. Die Geschichte der Stadt in neun Beiträgen, hg. von der Frankfurter Historischen Kommission (Veröffentlichungen der Frankfurter Historischen Kommission 17), Sigmaringen 1991, S. 205–260.

Schleswig-Holsteinische Kirchengeschichte, hg. vom Verein für Schleswig-Holsteinische Kirchengeschichte. Bd. 1ff (SVSHKG 26ff), Neumünster 1977ff.

Schleswig-Holsteinisches Biographisches Lexikon. Bd. 1–5, hg. von Olaf Klose, Neumünster 1970–1979.

SCHMIDT, FRANK, Kirchenbau und Kirchenausstattung in der Landgrafschaft Hessen-Darmstadt von der Reformation bis 1803. Bd. 1–2, Heidelberg 1993 [Diss. masch].

SCHMIDT, MARTIN, Der Pietismus in Nordwestdeutschland, in: JGNKG 70, 1972, S. 147–178.

SCHMITT, AXEL, Inszenierte Geselligkeit. Methodologische Überlegungen zum Verhältnis von ‚Öffentlichkeit' und Kommunikationsstrukturen im höfischen Fest der Frühen Neuzeit, in: Geselligkeit und Gesellschaft im Barockzeitalter. Teil 1–2, hg. von Wolfgang Adam (Wolfenbütteler Arbeiten zur Barockforschung 28), Wiesbaden 1997, S. 713–734.

SCHNEIDER, HANS, Der fremde Arndt. Studien zu Leben, Werk und Wirkung Johann Arndts (1555–1621) (AGP 48), Göttingen 2006.

–, Der radikale Pietismus im 17. Jahrhundert, in: Geschichte des Pietismus. Bd. 1: Der Pietismus vom siebzehnten bis zum frühen achtzehnten Jahrhundert, hg. von Martin Brecht, Göttingen 1993, S. 391–437.

–, Die unerfüllte Zukunft. Apokalyptische Erwartungen im radikalen Pietismus um 1700, in: Manfred Jakubowski-Tiessen u.a. (Hg.), Jahrhundertwenden. Endzeit- und Zukunftsvorstellungen vom 15. bis zum 20. Jahrhundert (MPG 155), Göttingen 1999, S. 187–212.

–, Johann Arndt als Lutheraner? (1992), in: DERS., Der fremde Arndt. Studien zu Leben, Werk und Wirkung Johann Arndts (1555–1621) (AGP 48), Göttingen 2006, S. 61–82.

SCHORN-SCHÜTTE, LUISE, Prediger an protestantischen Höfen der Frühneuzeit. Zur politischen und sozialen Stellung einer neuen bürgerlichen Führungsgruppe in der höfischen Gesellschaft des 17. Jahrhunderts, dargestellt am Beispiel von Hessen-Kassel, Hessen-Darmstadt und Braunschweig-Wolfenbüttel, in: Bürgerliche Eliten in den Niederlanden und in Nordwestdeutschland. Studien zur Sozialgeschichte des europäischen Bürgertums im Mittelalter und in der Neuzeit, hg. von Heinz Schilling/Herman Diederiks (Städteforschung A,23), Köln/Wien 1985, S. 275–336.

SCHRADER, HANS-JÜRGEN, Hoburg, Christian, in: Schleswig-Holsteinisches Biographisches Lexikon 5, Neumünster 1979, S. 133–137.

–, Petersen, Johann Wilhelm, in: Schleswig-Holsteinisches Biographisches Lexikon 5, Neumünster 1979, S. 202–206.

SCHRENK, GOTTLOB, Gottesreich und Bund im älteren Protestantismus vornehmlich bei Johannes Coccejus. Zugleich ein Beitrag zur Geschichte des Pietismus und der heilsgeschichtlichen Theologie (BFChTh 2,5), Gütersloh 1923.

SCHRÖDER, HANS, Lexikon der hamburgischen Schriftsteller bis zur Gegenwart. Im Auftrage des Vereins für hamburgische Geschichte. Bd. 1–8, Hamburg 1851–1883.

SCHÜLER, THEODOR, Der Hof Armada und das Lindauer Gericht, in: Wiesbadener Tagblatt vom 11.2.1895, Nr. 70 (Abendausgabe), S. 5f.

Die Schulordnungen des Großherzogtums Hessen. Bd. 1–3, hg. von Wilhelm Diehl (MGP 27. 28. 33), Berlin 1903–1905.

SCHUSTER, SUSANNE, Aemilie Juliane von Schwarzburg-Rudolstadt und Ahasver Fritsch. Eine Untersuchung zur Jesusfrömmigkeit im späten 17. Jahrhundert (Arbeiten zur Kirchen- und Theologiegeschichte 18), Leipzig 2006.

SIEGELE-WENSCHKEWITZ, LEONORE u.a. (Hg.), Frauen Gestalten Geschichte. Im Spannungsfeld zwischen Religion und Geschlecht, Hannover 1998.

SOKOP, BRIGITTE, Stammtafeln europäischer Herrscherhäuser, Wien/Köln/Weimar ^{3}1993.

SOMMER, ERNST, »Herzlich lieb hab ich dich, o Herr«, in: JLH 5, 1960, S. 154f.

SOMMER, WOLFGANG, Die Stellung lutherischer Hofprediger im Herausbildungsprozeß frühmoderner Staatlichkeit und Gesellschaft, in: Ders., Politik, Theologie und Frömmigkeit im Luthertum der Frühen Neuzeit. Ausgewählte Aufsätze (FKDG 74), Göttingen 1999, S. 74–90.

–, Gottesfurcht und Fürstenherrschaft. Studien zum Obrigkeitsverständnis Johann Arndts und lutherischer Hofprediger zur Zeit der altprotestantischen Orthodoxie (FKDG 41), Göttingen 1988.

STAEHELIN, ERNST, Der Briefwechsel zwischen Johannes Buxtorf II. und Johannes Coccejus, in: ThZ 4, 1948, S. 372–391.

STAEMMLER, HORST, Die Auseinandersetzung der kursächsischen Theologen mit dem Helmstedter Synkretismus. Eine Studie zum »Consensus Repetitus fidei vere Lutheranae« (1655), hg. von Johann Anselm Steiger (Texte und Studien zum Protestantismus des 16. bis 18. Jahrhunderts 4), Waltrop 2005.

Standeserhebungen und Gnadenakte für das Deutsche Reich und die Österreichischen Erblande bis 1806. Bd. 1–5, hg. von Karl Friedrich von Frank, Schloss Senftenegg 1967–1974.

STEIGER, JOHANN ANSELM, Die Rezeption der rabbinischen Tradition im Luthertum (Johann Gerhard, Salomo Glassius u.a.) und im Theologiestudium des 17. Jahrhunderts, in: Chloe. Beihefte zum Daphnis 33, Amsterdam/Atlanta 2000, S. 191–252.

–, Johann Gerhard (1582–1637). Studien zu Theologie und Frömmigkeit des Kirchenvaters der lutherischen Orthodoxie (Doctrina et Pietas 1,1), Stuttgart/Bad Cannstatt 1997.

–, Kirchenordnung, Visitation und Alltag. Johann Gerhard (1582–1637) als Visitator und kirchenordnender Theologe, in: ZRGG 55, 3, 2003, S. 227–252.

STEIGER, RENATE, Gnadengegenwart. Johann Sebastian Bach im Kontext lutherischer Orthodoxie und Frömmigkeit (Doctrina et Pietas 2,2), Stuttgart/Bad Cannstatt 2002.

STEITZ, HEINRICH, Das antipietistische Programm der Landgrafschaft Hessen-Darmstadt von 1678, in: Der Pietismus in Gestalten und Wirkungen. FS Martin Schmidt, hg. von Heinrich Bornkamm/Friedrich Heyer/Alfred Schindler (AGP 14), Bielefeld 1975, S. 444–465.

–, Geschichte der Evangelischen Kirche in Hessen und Nassau. Teil 1–5, Marburg 1961–1977.

–, Katechismusunterricht, die Vorstufe evangelisch-kirchlicher Jugendarbeit in Hessen, Gießen 1936 (Sonderdruck: BHKG 11).

STIEDA, WILHELM, Aus der Geschichte des Leipziger Konvikts, in: Mitteilungen der Deutschen Gesellschaft zur Erforschung Vaterländischer Sprache und Altertümer in Leipzig 10, 1912, Heft 5, S. 77–80.

STOCKMEIER, PETER, Johannes Chrysostomus, in: GK 2, Stuttgart/Berlin/Köln ^{2}1994, S. 125–144.

STOEFFLER, F. ERNEST, Johann Arndt, in: GK 7, Stuttgart/Berlin/Köln ^{2}1994, S. 37–49.

STRELLER, KARL, Die Besiedelung und die territoriale Entwicklung des ehemaligen Gaues Zwickau von den Anfängen bis zum Ausgang des Mittelalters, in: HerChr 1971, S. 43–125.

STRIEDER, FRIEDRICH WILHELM, Grundlage zu einer hessischen Gelehrten- und Schriftsteller-Geschichte. Bd. 1–20, Marburg 1781–1868 (Reprint Göttingen 1988).

STROM, JONATHAN, Orthodoxy and Reform. The Clergy in Seventeenth Century Rostock (BHTh 111), Tübingen 1999.

Studium und Stipendium. Untersuchungen zur Geschichte des hessischen Stipendiatenwesens, hg. von Walter Heinemeyer (VHKH 37), Marburg 1977.

TAEGE-BIZER, JUTTA, Weibsbilder im Pietismus. Das Beispiel von Frankfurt am Main 1670–1700, in: Leonore Siegele-Wenschkewitz u.a. (Hg.), Frauen Gestalten Geschichte. Im Spannungsfeld zwischen Religion und Geschlecht, Hannover 1998, S. 109–136.

TAYLOR, ROBERT R., The Castles of the Rhine. Recreating the Middle Ages in Modern Germany, Waterloo 1998.

TELSCHOW, JÜRGEN/REITER, ELISABETH, Die evangelischen Pfarrer von Frankfurt am Main, Frankfurt a.M. [2]1985.

Themata Leucoreana. Melanchthonbild und Melanchthonrezeption in der Lutherischen Orthodoxie und im Pietismus. Referate des dritten Wittenberger Symposiums zur Erforschung der Lutherischen Orthodoxie (Wittenberg, 6.–8.12.1996), hg. von Udo Sträter, Wittenberg 1999.

Theologen und Theologie an der Universität Tübingen. Beiträge zur Geschichte der Evangelisch-Theologischen Fakultät, hg. von Martin Brecht (Contubernium. Beiträge zur Geschichte der Eberhard-Karls-Universität Tübingen 15), Tübingen 1977.

Theologische Realenzyklopädie. Bd. 1ff, hg. von Gerhard Krause/Gerhard Müller, Berlin/New York 1977ff.

THIESS, JOHANN OTTO, Versuch einer Gelehrtengeschichte von Hamburg nach alphabetischer Ordnung mit kritischen und pragmatischen Bemerkungen. Bd. 2, Hamburg 1780.

Die Thomasschule Leipzig zur Zeit Johann Sebastian Bachs. Ordnungen und Gesetze 1634 – 1723 – 1733, hg. von Hans Joachim Schulze, Leipzig 1985.

THÜMMEL, HANS-WOLF, Die Tübinger Universitätsverfassung im Zeitalter des Absolutismus (Contubernium. Beiträge zur Geschichte der Eberhard-Karls-Universität Tübingen 7), Tübingen 1975.

TIETZ, CLAUDIA, Zwei Briefe von Philipp Jakob Spener an Johann Winckler (Frankfurt a.M. 1681/82), in: ZRGG 3, 2004, S. 271–278.

TITZE, MARIO, Veit Hans Schnorr von Carolsfeld (1644–1715), in: Sächsische Lebensbilder. Bd. 4, hg. von Reiner Groß/Gerald Wiemers, Leipzig 1999, S. 283–297.

TRÖGER, KARL-WOLFGANG, Hermetica, in: TRE 18, 1989, S. 749–752.

URBAN, WACŁAW, Sozzini/Sozinianer, in: TRE 31, 2000, S. 598–604.

VEIT, PATRICE, Die Hausandacht im deutschen Luthertum: Anweisung und Praktiken, in: Gebetsliteratur der frühen Neuzeit als Hausfrömmigkeit. Funktionen und Formen in Deutschland und den Niederlanden, hg. von Ferdinand van Ingen/Cornelia Niekus Moore (Wolfenbütteler Forschungen 92), Wiesbaden 2001, S. 193–206.

VOGEL, CHRISTIAN DANIEL, Beschreibung des Herzogthums Nassau, o.O. 1843 (Reprint Vaduz/Liechtenstein 1991).

VOIGT, EDMUND, Döben – Golzern. Was wir aus ihrer Vergangenheit wissen, o.O. 1908; Grimma [2]1929.

VOLLHARDT, FRIEDRICH, Die christliche Liebe und das Naturrecht der Sozialität: Problembezüge im Werk von Johann Ludwig Prasch (1637–1690), in: Geselligkeit und Gesellschaft im Barockzeitalter. Teil 1–2, hg. von Wolfgang Adam (Wolfenbütteler Arbeiten zur Barockforschung 28), Wiesbaden 1997, S. 275–287.

In Wahrheit und Freiheit. 450 Jahre Evangelisches Stift in Tübingen, hg. von Friedrich Hertel (QFWKG 8), Stuttgart 1986.

WALLER, FRANÇOIS G., Biographisch Woordenboek van Noord Nederlandsche Graveurs, 's-Gravenhage 1938 (Reprint Amsterdam 1974).

WALLMANN, JOHANNES, Calixt, Georg, in: TRE 7, 1981, S. 552–559.

–, Calov, Abraham, in: TRE 7, 1981, S. 563–568.

–, Der alte und der neue Bund. Zur Haltung des Pietismus gegenüber den Juden, in: Geschichte des Pietismus. Bd. 4, hg. von Hartmut Lehmann, Göttingen 2004, S. 143–165.

–, Der Pietismus (KIG 4,O1), Göttingen 1990.

–, Die Anfänge des Pietismus, in: PuN 4, 1979, S. 11–53.

–, Die Eigenart der Straßburger lutherischen Orthodoxie im 17. Jahrhundert. Apokalyptisches Endzeitbewusstsein und konfessionelle Polemik bei Johann Conrad Dannhauer, in: Ders., Theologie und Frömmigkeit im Zeitalter des Barock. Gesammelte Aufsätze, Tübingen 1995, S. 87–104.

–, Eine alternative Geschichte des Pietismus. Zur gegenwärtigen Diskussion um den Pietismusbegriff, in: PuN 28, 2002, S. 30–71.

–, Frömmigkeit und Gebet, in: Geschichte des Pietismus. Bd. 4, hg. von Hartmut Lehmann, Göttingen 2004, S. 80–101.

–, Herzog August zu Braunschweig und Lüneburg als Gestalt der Kirchengeschichte. Unter besonderer Berücksichtigung seines Verhältnisses zu Johann Arndt, in: PuN 6, 1980, S. 9–32.

–, Johann Arndt (1555-1621), in: The Pietist Theologians. An Introduction to Theology in the Seventeenth and Eighteenth Centuries, hg. von Carter Lindberg, Malden/Oxford/Carlton 2005, S. 21-37.

–, Johann Arndt und die protestantische Frömmigkeit, in: Ders., Theologie und Frömmigkeit im Zeitalter des Barock. Gesammelte Aufsätze, Tübingen 1995, S. 1–19.

–, Kirchengeschichte Deutschlands seit der Reformation, Tübingen ^{4}1993.

–, Labadismus und Pietismus. Die Einflüsse des niederländischen Pietismus auf die Entstehung des Pietismus in Deutschland, in: Ders., Theologie und Frömmigkeit im Zeitalter des Barock. Gesammelte Aufsätze, Tübingen 1995, S. 171–196.

–, Philipp Jakob Spener und die Anfänge des Pietismus (BHTh 42), Tübingen ^{2}1986.

–, Pietas contra Pietismus. Zum Frömmigkeitsverständnis der lutherischen Orthodoxie, in: Themata Leucoreana. Melanchthonbild und Melanchthonrezeption in der Lutherischen Orthodoxie und im Pietismus. Referate des dritten Wittenberger Symposiums zur Erforschung der Lutherischen Orthodoxie (Wittenberg, 6.–8.12.1996), hg. von Udo Sträter, Wittenberg 1999, S. 6–18.

–, Reflexionen und Bemerkungen zur Frömmigkeitskrise des 17. Jahrhunderts, in: Krisen des 17. Jahrhunderts. Interdisziplinäre Perspektiven, hg. von Manfred Jakubowski-Tiessen, Göttingen 1999, S. 25–42.

–, Reich Gottes und Chiliasmus in der lutherischen Orthodoxie, in: Ders., Theologie und Frömmigkeit im Zeitalter des Barock. Gesammelte Aufsätze, Tübingen 1995, S. 105–123.

–, Theologiebegriff bei Johann Gerhard und Georg Calixt (BHTh 30), Tübingen 1961.

–, Theologie und Frömmigkeit im Zeitalter des Barock. Gesammelte Aufsätze, Tübingen 1995.

–, Vom Katechismuschristentum zum Bibelchristentum. Zum Bibelverständnis im Pietismus, in: Die Zukunft des Schriftprinzips, hg. von Richard Ziegert (Bibel im Gespräch 2), Stuttgart 1994, S. 30–56.

WALTER, FRIEDRICH, Johann Winckler, ein Vertreter des lutherischen Pietismus in Mannheim, in: Mannheimer Geschichtsblätter 10, 1909, S. 123–130.

WARTENBERG, GÜNTHER, Leipzig, Universität, in: TRE 20, 1990, S. 721–729.

WEBER, HANS EMIL, Reformation, Orthodoxie und Rationalismus. Bd. 1,2, Gütersloh 1940 (Reprint Darmstadt 1966).

WEBER, OTTO, Grundlagen der Dogmatik. Bd. 1–2, Neukirchen 1955–1962.

WEISS, VOLKMAR, Bevölkerung und soziale Mobilität. Sachsen 1550–1880, Berlin 1993.

–, Müller und Müllerssöhne im sächsischen Erzgebirge und im Vogtland in den Tälern und Nebentälern der Zwickauer Mulde, Zschopau und Weißen Elster (1540–1721) (Schriftenreihe der Stiftung Stoye 27), Neustadt a.d. Aisch 1996.

WEIZSÄCKER, CARL VON, Lehrer und Unterricht an der evangelisch-theologischen Facultät der Universität Tübingen von der Reformation bis zur Gegenwart (Festprogramm der evangelisch-theologischen Facultät zur vierten Säcularfeier der Universität Tübingen), Tübingen 1877.

WENZ, GUNTHER, Theologie der Bekenntnisschriften der evangelisch-lutherischen Kirche. Eine historische und systematische Einführung in das Konkordienbuch. Bd. 1–2, Berlin/New York 1996–1998.

WETZEL, KLAUS, Die reformierten Pfarrer und die reformierte Lehre in der Landgrafschaft Hessen-Homburg (1671–1866), in: JHKGV 30, 1979, S. 295–331.

WILDE, MANFRED, Die Ritter- und Freigüter in Nordsachsen. Ihre verfassungsrechtliche Stellung, ihre Siedlungsgeschichte und ihre Inhaber (Aus dem deutschen Adelsarchiv; Schriftenreihe 12), Limburg a.d. Lahn 1997.

–, Grundherrschaftliche Qualitäten von sächsischen Rittergütern bis zum 17. Jahrhundert; in: Sachsen im 17. Jahrhundert. Krise, Krieg und Neubeginn, hg. von Uwe Schirmer (Schriften der Rudolf–Kötzschke-Gesellschaft 5), Beucha 1998, S. 43–67.

WILSON, RENATE, Heinrich Wilhelm Ludolf, August Hermann Francke und der Eingang nach Rußland, in: Halle und Osteuropa. Zur europäischen Ausstrahlung des hallischen Pietismus, hg. von Johannes Wallmann/Udo Sträter (Hallesche Forschungen 1), Tübingen 1998, S. 83–108.

WINER, GEORG BENEDIKT, Die theologische Facultät zu Leipzig seit der Reformation. Urkundliches Verzeichniss ihrer Mitglieder, Leipzig 1843.

WINKLER, EBERHARD, Pfarrer II. Evangelisch, in: TRE 26, 1996, S. 360–374.

RUDOLF WISSELL, Des alten Handwerks Recht und Gewohnheit. Bd. 3, hg. von Ernst Schraepler (EHKB 7), Berlin [2]1981.

Wissenschafts- und Universitätsgeschichte in Sachsen im 18. und 19. Jahrhundert. Nationale und internationale Wechselwirkung und Ausstrahlung. Beiträge des internationalen Kolloquiums am 26./27.11.1984 in Leipzig, hg. von Karl Czok (ASAW.PH 71,3), Berlin 1987.

WITT, ULRIKE, Bekehrung, Bildung und Biographie. Frauen im Umkreis des Halleschen Pietismus (Hallesche Forschungen 2), Tübingen 1996.

–, Eine pietistische Biographiensammlung: Erdmann Heinrich Graf Henckels »Letzte Stunden« (1720–1733), in: PuN 21, FS Johannes Wallmann, Göttingen 1995, S. 184–217.

WOLF, JÜRGEN RAINER, Hessen-Darmstadt und seine Landgrafen in der Zeit von Barock, Absolutismus und Aufklärung (1650–1803), in: Die Geschichte Hessens, hg. von Uwe Schultz, Stuttgart 1983, S. 121-132.

WOLLGAST, SIEGFRIED, Zum geistigen Umfeld von Heinrich Schütz, in: Ders., Vergessene und Verkannte. Zur Philosophie und Geistesentwicklung in Deutschland zwischen Reformation und Frühaufklärung, Berlin 1993, S. 337–366.

–, Zur Widerspiegelung des Sozinianismus in der lutherischen Theologie und Schulmetaphysik im Reich, Danzig und Ostpreußen in der ersten Hälfte des 17. Jahrhunderts, in: Ders., Vergessene und Verkannte. Zur Philosophie und Geistesentwicklung in Deutschland zwischen Reformation und Frühaufklärung, Berlin 1993, S. 68–85.

WOLTERS, KARL JOHANN WILHELM, Die kirchlichen Zustände vor 200 Jahren, in: Hamburg vor 200 Jahren. Gesammelte Vorträge, hg. von Theodor Schrader, Hamburg 1892, S. 143–216.

WOTSCHKE, THEODOR, August Hermann Franckes Briefwechsel mit Lübeck, in: MVLG 15, 1931, S. 99–118.

–, Der Pietismus in Moskau, in: Deutsche wissenschaftliche Zeitschrift für Polen 18, 1930, S. 53–95.

–, Neue Urkunden zur Geschichte des Pietismus in Bayern, in: ZBKG 10, 1935, S. 165–177.

WUNDER, BERND, Hof und Verwaltung im 17. Jahrhundert, in: Europäische Hofkultur im 16. und 17. Jahrhundert. Bd. 1–3. Vorträge und Referate gehalten anläßlich des Kongresses der Internationalen Arbeitskreises für Renaissanceforschung und des Internationalen Arbeitskreises für Barockliteratur in der Herzog August Bibliothek Wolfenbüttel vom 4.–8.9.1979, hg. von August Buck u.a. (Wolfenbütteler Arbeiten zur Barockforschung 8–10), Hamburg 1981, S. 199–203.

WUNDER, HEIDE (Hg.), Dynastie und Herrschaftssicherung in der Frühen Neuzeit. Geschlechter und Geschlecht (Zeitschrift für Historische Forschung. Beiheft 28), Berlin 2002.

Im Zeichen der Krise. Religiosität im Europa des 17. Jahrhunderts, hg. von Hartmut Lehmann/ Anne-Charlott Trepp (VMPIG 152), Göttingen 1999.

ZELLER, WINFRIED, Leichenpredigt und Erbauungsliteratur im Protestantismus, in: Ders., Theologie und Frömmigkeit. Gesammelte Aufsätze. Bd. 2, Marburg 1978, S. 23–34.

–, Luthertum und Mystik, in: Ders., Theologie und Frömmigkeit. Gesammelte Aufsätze. Bd. 2, Marburg 1978, S. 35–54.

–, Theologie und Frömmigkeit. Gesammelte Aufsätze. Bd. 1–2, Marburg 1971–1978.

ZIMMERMANN, GEORG, Das Darmstädter Schloß und seine Baugeschichte, Darmstadt 1978.

Abbildungsverzeichnis

Abb. 1: Die Kirche in Döben, Privatfoto Claudia Tietz, 2000.
Abb. 2: Romanischer Taufstein, Privatfoto Claudia Tietz, 2000.
Abb. 3: Die Frauenkirche in Grimma, Privatfoto Claudia Tietz, 2000.
Abb. 4: Die städtische Knabenschule, Privatfoto Claudia Tietz, 2000.
Abb. 5: St. Thomasschule und St. Thomaskirche, aus: Die Thomasschule Leipzig zur Zeit Johann Sebastian Bachs. Ordnungen und Gesetze 1634 – 1723 – 1733, hg. von Hans Joachim Schulze, Leipzig 1985.
Abb. 6: Leipzig 1665, aus: Marggraf, Wolfgang, Bach in Leipzig (Brockhaus Miniaturen), Leipzig ²1985. © Bibliographisches Institut & F.A. Brockhaus AG, Mannheim
Abb. 7: Grundriss von Schloss Wiesenburg um 1750, aus: Streller, Karl, Die Besiedelung und die territoriale Entwicklung des ehemaligen Gaues Zwickau von den Anfängen bis zum Ausgang des Mittelalters, in: HerChr 1971, S. 43–125. © Evangelische Verlagsanstalt GmbH, Leipzig
Abb. 8: Äußerer Schlosshof Wiesenburg, Privatfoto Claudia Tietz, 2000.
Abb. 9: Das Collegium Illustre zu Tübingen um 1600, aus: Neyffer, Johann Christoph/Ditzinger, Ludwig, Illustrissimi Wirtembergici ducalis novi collegii, quod Tubingae qua situm qua studia qua exercitia accurata delineatio [o.O. um 1608], vorh.: Württembergische Landesbibliothek: W.G. oct. 2126. © Württembergische Landesbibliothek Stuttgart
Abb. 10: Der Speisesaal des Collegium Illustre, aus: Neyffer, Johann Christoph/Ditzinger, Ludwig, Illustrissimi Wirtembergici ducalis novi collegii, quod Tubingae qua situm qua studia qua exercitia accurata delineatio [o.O. um 1608], vorh.: Württembergische Landesbibliothek: W.G. oct. 2126. © Württembergische Landesbibliothek Stuttgart
Abb. 11: Braubach um 1655, aus: Taylor, Robert R., The Castles of the Rhine. Recreating the Middle Ages in Modern Germany, Waterloo 1998. © Wilfrid Laurier University Press, Waterloo, Ontario
Abb. 12: Grundriss der Stadtkirche St. Barbara, aus: Die Bau- und Kunstdenkmäler der Kreise Unter-Westerwald, St. Goarshausen, Untertaunus, und Wiesbaden Stadt und Land, bearb. von Ferdinand Luthmer (Die Bau- und Kunstdenkmäler des Regierungsbezirks Wiesbaden 5), Frankfurt a.M. 1914. © Landesamt für Denkmalpflege Hessen, Wiesbaden
Abb. 13: Seiteneingang St. Barbarakirche, Privatfoto Claudia Tietz, 2001.
Abb. 14: Das Darmstädter Schloss, Privatfoto Claudia Tietz, 2001.
Abb. 15: Schlosshof mit Paukergang (links) und Eingang zur Hofkirche (rechts), Privatfoto Claudia Tietz, 2001.
Abb. 16: Balthasar Mentzer (1614-1679), aus: Beamtentum und Pfarrerstand 1400–1800. Büdinger Vorträge 1967, hg. von Günther Franz (Deutsche Führungsschichten der Neuzeit 5), Limburg a.d. Lahn 1972. © C.A. Starke Verlag, Limburg
Abb. 17: Titelblatt des Bedenckens (Hanau 1679), aus: Johann Winckler, Bedencken, 1679, vorh.: Herzog August Bibliothek Wolfenbüttel: QuN 956 (2). © Herzog August Bibliothek Wolfenbüttel
Abb. 18: Faksimile eines Briefes Wincklers an Spener vom 17. Juni 1679, vorh.: Halle, Franckesche Stiftungen: AFSt/H, A 159 : 1c. © Studienzentrum August Hermann Francke, Halle

Verzeichnis der benutzten Archive und Bibliotheken

AUGSBURG
Staats- und Stadtbibliothek Augsburg

BERLIN
Staatsbibliothek zu Berlin - Preußischer Kulturbesitz, Haus 1 und 2
Fachbereichsbibliothek Ev. Theologie, Humboldt-Universität Berlin

BRAUBACH
Ev.-luth. Markusgemeinde Braubach

BRAUNSCHWEIG
Stadtarchiv Braunschweig

BÜDINGEN
Fürstlich Ysenburg- und Büdingensches Archiv

DARMSTADT
Hessische Landes- und Hochschulbibliothek
Hessisches Staatsarchiv Darmstadt
Zentralarchiv der Evangelischen Kirche in Hessen und Nassau

DRESDEN
Sächsische Landesbibliothek - Staats- und Universitätsbibliothek Dresden
Sächsisches Hauptstaatsarchiv Dresden

FRANKFURT A.M.
Stadt- und Universitätsbibliothek Frankfurt a.M. (Senckenbergische Bibliothek)

FREIBERG
Stadtarchiv Freiberg
Stadt- und Bergbaumuseum Freiberg

GIESSEN
Universitätsarchiv
Universitätsbibliothek Gießen

GÖTTINGEN
Niedersächsische Staats- und Universitätsbibliothek Göttingen

GOTHA
Forschungsbibliothek Gotha

GREIFSWALD
Universitätsbibliothek Greifswald

GRIMMA
- Kirchenarchiv Ev.-luth. Pfarramt Frauenkirche Grimma
- Kreismuseum Grimma
- Stadtarchiv Grimma

HALLE A.D. SAALE
- Bibliothek der Franckeschen Stiftungen Halle
- Universitäts- und Landesbibliothek Sachsen-Anhalt zu Halle

HAMBURG
- Archiv des Kirchenkreises Alt-Hamburg
- Bibliothek des Historischen Seminars der Universität Hamburg
- Fachbereichsbibliothek Ev. Theologie der Universität Hamburg
- Nordelbische Kirchenbibliothek Hamburg
- Staatsarchiv der Freien und Hansestadt Hamburg
- Staats- und Universitätsbibliothek Hamburg Carl von Ossietzky

HANAU
- Stadtarchiv Hanau

HANNOVER
- Niedersächsische Landesbibliothek Hannover

HELMSTEDT
- Ehemalige Universitätsbibliothek Helmstedt

JENA
- Thüringer Universitäts- und Landesbibliothek
- Universitätsarchiv Jena

KIEL
- Nordelbisches Kirchenamt – Archiv
- Universitätsbibliothek Kiel – Zentralbibliothek

LAUBACH
- Archiv der Grafen zu Solms-Laubach

LEIPZIG
- Sächsisches Staatsarchiv Leipzig
- Universitätsarchiv Leipzig
- Universitätsbibliothek Leipzig

LÜBECK
- Bibliothek der Hansestadt Lübeck

MANNHEIM
- Universitätsbibliothek Mannheim

MARBURG
- Hessisches Staatsarchiv Marburg
- Universitätsbibliothek Marburg

MINDEN
Bibliothek des Kommunalarchivs Minden

MÜNCHEN
Bayerische Staatsbibliothek München
Universitätsbibliothek München

ROSTOCK
Universitätsarchiv Rostock
Universitätsbibliothek Rostock

SCHLESWIG
Landesarchiv Schleswig-Holstein

SCHNEEBERG
Kirchenarchiv Ev.-luth. Pfarramt St. Wolfgang
Stadtarchiv Schneeberg

SCHÖNAU
Gemeindearchiv St. Rochus

STUTTGART
Württembergische Landesbibliothek Stuttgart

TÜBINGEN
Universitätsarchiv Tübingen
Universitätsbibliothek Tübingen

WEIMAR
Herzogin Anna Amalia Bibliothek Weimar

WERTHEIM
Staatsarchiv Wertheim

WIESBADEN
Hessisches Hauptstaatsarchiv Wiesbaden

WOLFENBÜTTEL
Herzog August Bibliothek Wolfenbüttel

Auflösung der Bibliothekssigel

<1>	Staatsbibliothek zu Berlin – Preußischer Kulturbesitz, Haus 1
<1a>	Staatsbibliothek zu Berlin – Preußischer Kulturbesitz, Haus 2
<3>	Universitäts- und Landesbibliothek Sachsen-Anhalt zu Halle
<4>	Universitätsbibliothek Marburg
<7>	Niedersächsische Staats- und Universitätsbibliothek Göttingen
<8>	Universitätsbibliothek Kiel – Zentralbibliothek
<9>	Universitätsbibliothek Greifswald
<12>	Bayerische Staatsbibliothek München
<15>	Universitätsbibliothek Leipzig
<17>	Hessische Landes- und Hochschulbibliothek Darmstadt
<18>	Staats- und Universitätsbibliothek Hamburg Carl von Ossietzky
<21>	Universitätsbibliothek Tübingen
<23>	Herzog August Bibliothek Wolfenbüttel
<24>	Württembergische Landesbibliothek Stuttgart
<26>	Universitätsbibliothek Gießen
<27>	Thüringer Universitäts- und Landesbibliothek Jena
<28>	Universitätsbibliothek Rostock
<32>	Herzogin Anna Amalia Bibliothek Weimar
<35>	Niedersächsische Landesbibliothek Hannover
<37>	Staats- und Stadtbibliothek Augsburg
<39>	Forschungsbibliothek Gotha
<48>	Bibliothek der Hansestadt Lübeck
<460>	Staatsarchiv Darmstadt
<H 46>	Bibliothek des Staatsarchivs der Freien und Hansestadt Hamburg
<H 99>	Nordelbische Kirchenbibliothek Hamburg
<Ha 33>	Bibliothek der Franckeschen Stiftungen Halle
<Hel 1>	Ehemalige Universitätsbibliothek Helmstedt
<Wh 1>	Staatsarchiv Wertheim

Register